風味の事典
THE *flavour* THESAURUS

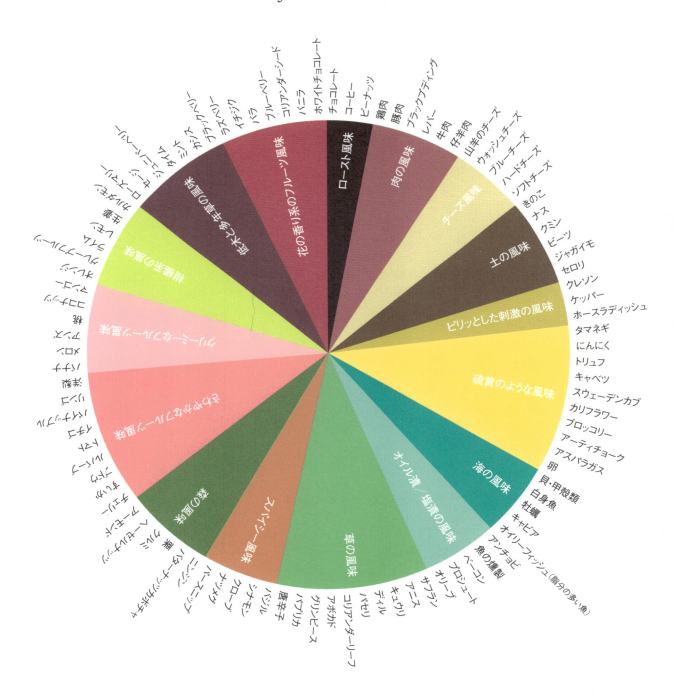

＊本書の構成の基礎となる「風味の輪」。99種の基本食材と、16種の風味のグループからなる。より詳しい説明は「はじめに」P.5 を参照。

料理についてのアドバイスをしてくれた母マリアン・スティーヴンズと、
文章についてのアドバイスをしてくれた夫ナット・セグニットに、
本書をささげます。

風味の事典

THE *flavour* THESAURUS

NIKI SEGNIT
ニキ・セグニット

曽我佐保子／小松伸子 訳

楽工社

目次
Contents

はじめに 5

ロースト風味
Roasted
11

チョコレート	Chocolate	12
コーヒー	Coffee	20
ピーナッツ	Peanut	25

肉の風味
Meaty
31

鶏肉	Chicken	32
豚肉	Pork	39
ブラックプディング	Black Pudding	48
レバー	Liver	53
牛肉	Beef	56
仔羊肉	Lamb	64

チーズ風味
Cheesy
71

山羊のチーズ	Goat's Cheese	72
ウォッシュチーズ	Washed-rind Cheese	78
ブルーチーズ	Blue Cheese	81
ハードチーズ	Hard Cheese	86
ソフトチーズ	Soft Cheese	94

土の風味
Earthy
99

きのこ	Mushroom	100
ナス	Aubergine	108
クミン	Cumin	111
ビーツ	Beetroot	116
ジャガイモ	Potato	120
セロリ	Celery	129

ピリッとした刺激の風味
Mustardy
133

クレソン	Watercress	134
ケッパー	Caper	138
ホースラディッシュ	Horseradish	142

硫黄のような風味
Sulphurous
145

タマネギ	Onion	146
にんにく	Garlic	152
トリュフ	Truffle	158
キャベツ	Cabbage	162
スウェーデンカブ	Swede	166
カリフラワー	Cauliflower	168
ブロッコリー	Broccoli	172
アーティチョーク	Glove Artichoke	175
アスパラガス	Asparagus	180
卵	Egg	183

海の風味
Marine
191

貝・甲殻類		Shellfish	192
白身魚		White Fish	200
牡蠣		Oyster	207
キャビア		Caviar	211
オイリーフィッシュ（脂分の多い魚）		Oily Fish	214

オイル漬／塩漬の風味
Brine&Salt
221

アンチョビ		Anchovy	222
魚の燻製		Smoked Fish	227
ベーコン		Bacon	231
プロシュート		Prosciutto	237
オリーブ		Olive	242

草の風味
Green&Grassy
247

サフラン		Saffron	248
アニス		Anise	251
キュウリ		Cucumber	258
ディル		Dill	263
パセリ		Parsley	267
コリアンダーリーフ		Coriander Leaf	270
アボカド		Avocado	276
グリンピース		Pea	280
パプリカ		Bell Pepper	286
唐辛子		Chilli	289

スパイシー風味
Spicy
297

バジル		Basil	298
シナモン		Cinnamon	302
クローブ		Clove	308
ナツメグ		Nutmeg	310
パースニップ		Parsnip	314

森の風味
Woodland
317

ニンジン		Carrot	318
バターナッツカボチャ		Butternut Squash	322
栗		Chestnut	326
クルミ		Walnut	329
ヘーゼルナッツ		Hazelnut	335
アーモンド		Almond	340

さわやかなフルーツ風味
Fresh Fruity
347

チェリー		Cherry	348
すいか		Watermelon	352
ブドウ		Grape	355
ルバーブ		Rhubarb	359
トマト		Tomato	363
イチゴ		Strawberry	370
パイナップル		Pineapple	375
リンゴ		Apple	380
洋梨		Pear	387

クリーミーなフルーツ風味
Creamy Fruity
391

バナナ	Banana	392
メロン	Melon	396
アンズ	Apricot	399
桃	Peach	402
ココナッツ	Coconut	405
マンゴー	Mango	411

柑橘系の風味
Citrussy
415

オレンジ	Orange	416
グレープフルーツ	Grapefruit	424
ライム	Lime	426
レモン	Lemon	431
生姜	Ginger	438
カルダモン	Cardamom	445

低木と多年草の風味
Bramble&Hedge
449

ローズマリー	Rosemary	450
セージ	Sage	456
ジュニパーベリー	Juniper	460
タイム	Thyme	463
ミント	Mint	468
カシス	Blackcurrant	474
ブラックベリー	Blackberry	477

花の香り系のフルーツ風味
Floral Fruity
479

ラズベリー	Raspberry	480
イチジク	Fig	484
バラ	Rose	488
ブルーベリー	Blueberry	491
コリアンダーシード	Coriander Seed	493
バニラ	Vanilla	497
ホワイトチョコレート	White Chocolate	502

人物紹介	506
参考文献	511
索引（レシピ）	515
索引（一般用語）	519
索引（組み合わせ）	533

はじめに

　自分がどれほどレシピ本に頼ってきたのか初めて自覚したのは、イギリスの料理研究家エリザベス・デイヴィッド〔1913-1992〕(→P.506) の『フランス地方料理』のレシピの下部分に、無数の爪あとがついているのに気がついたときでした。そこに刻まれていたのは、まぎれもなく私の臆病さの証でした。暗がりですがる手すりのように、レシピ本の指南にすっかり頼りきっていたのです。20年間も料理をしていれば、料理の基礎を理解し、自分の勘の赴くまま自由にアレンジできるようになっているはず。私は今まで本当に料理を学んできたのでしょうか？　それとも、ただなんとなくレシピに従ってきただけだったのでしょうか？

　私の母は、祖母譲りの料理の名人です。しかしレシピ本を2冊と、切り抜きを貼ったスクラップブックを1冊持っているだけで、めったに開くことさえありません。自分が持っている何十冊ものレシピ本は、料理に対する自信のなさの表れであり、原因でもあるのではないか？　そんな考えが私を悩ませました。

　その頃、ある夕食の集まりで、友人が2つの食材を使った料理を作ってくれました。私にとって、それはまったく考えもしない組み合わせだったのです。この2つを組み合わせるとおいしくなることを、彼女はどうやって知ったのでしょう？　さらに言えば、名だたるシェフが作り出すメニューにも、大胆な組み合わせや、驚くような風味の調和があります。

　彼らの食材に対するアプローチの根底にあるもの、それは風味と風味の組み合わせに対する深い洞察ではないでしょうか。ところが、少しばかり探求心を持っていたとしても、家庭で普通に生活していてはこうした研究に取り組むための用具も食材もありません。私は、ある風味を他の風味と組み合わせるにはどうしたらよいか、うまく調和するのはなぜなのか、それらの風味の共通点と相違点は何なのかを理解できる、入門書的なマニュアルが欲しくなりました。風味の百科事典のようなものです。しかし当時、その手の本はありませんでした。そこで、今思えばほとんどあきれるほど無知だったのですが、自分で作ろうと思い立ったのです。

　最初にしなければならなかったのは、風味のリストを作ることでした。99までは、ある程度無作為に書き出しました。ところが風味をひとつ残らず網羅する百科事典は、実用的ではないのです。そこで、主食となる炭水化物のうちジャガイモ以外は省くことにしました。一般に使われている調味料についても同様です。もちろん、米やパスタ、黒コショウ、酢、塩の風味について興味深い事例は山ほどありますが、これらの風味に合うものはあまりに幅広く、その適応性の高さゆえ省くことにしました。その他省いたもののなかには、たとえばズッキーニなど、なぜ省いたのだろうと不思議に思うものもあるかもしれません。ズッキーニ好きの人に対して私が言えるのは、ごめんなさい、この本ではズッキーニについて何も述べるつもりはありませんということです。風味に関する本は、いずれにせよどこか個人的主観にもとづいています。私が特におもしろいと思ったり、食べたいと思ったりする組み合わせについて書いているので、好みの問題による感覚の差が残ってしまうのは避けられません。

　大半の風味については、それぞれの項目を立てて記述していますが、合理性の観点から、非常に似た風味を持つ食材の場合には同じ項目に入れているものもあります。たとえばアニスの項目では、アニスシード、フェンネル、タラゴン、甘草、パスティス [pastis]*1 についても述べています。同じように、ベーコン

とハム、芽キャベツとキャベツも、異なる項目に容易に分けられるものではありませんので、やや居心地の悪さを感じながらも、両者をまとめた項目に入れてあります。乱雑さと、読者を退屈させる冗長さのどちらを選ぶか迷った際には、私はいつでも乱雑さを選びました。

そして、取りあげた風味の項目をより大きなカテゴリー（グループ）に分類しました。私たちの多くは、意識するかしないかは別にして、風味をグループ分けすることに慣れ親しんでいます——たとえば、ワインボトルの背面のラベルには、「花のような」「柑橘系の」「草のような」といった記述があり、そのワインがどんな味か想像することができます。同じように、グループ分けした風味にも、それらの風味を表現する見出しをつけました。それぞれのグループに属する風味は、共通の特質を持っています。またそれぞれのグループは、隣接するグループとどこかつながっているところがあります。そのため最終的には、風味のグループがつながって「風味の輪」（360°の円形図）を形作ることになりました。

「柑橘系の風味」のグループを見てみましょう。このグループには、オレンジやレモン、カルダモンといった、刺激のあるクエン酸風味のものが入っています。ところがカルダモンは、隣のグループ「低木と多年草の風味」の最初にあるローズマリーと共通する風味化合物を持っています。「低木と多年草の風味」のもう一方の端にはブラックベリーがあり、「花の香り系のフルーツ風味」グループの最初の風味につながっています。このようにして、風味が次の風味へ、グループは次のグループへとつながっていき、レモンから始まってブルーチーズで終わるといった風味の連鎖を経て、丸い円ができあがります。

この方法論に限界があることは承知のうえです。風味のなかには、容易に分類できないものもあります。たとえばコリアンダーシードは「花の香り系のフルーツ風味」に分類されていますが、「柑橘系の風味」または「スパイシー風味」に入れることもできます。また、食材の調理方法によっては、その特性が大きく変わってしまう可能性もあります。たとえばキャベツの風味は、生だとマスタードのようですが、加熱すると硫黄に似た風味になります。つまりこの「風味の輪」は、風味の理解のため議論の余地のない客観的な枠組みとして作ったわけでは決してなく、みなさんを風味の世界に案内するきっかけや、みなさんの興味をそそる方法として紹介したにすぎないのです。

次に、食材の組み合わせについてお話ししましょう。多くの場合、料理には主な材料が2つ以上使われているのは明らかです。でもしばらく考えた結果、原則的に一対の風味の組み合わせで、『風味の事典』を作りあげるという結論に達しました。

その理由は、第一に、私が最後まで正気を保つためです。たとえ風味を99個に限定したとしても、3個の組み合わせで書き始めると、15万6849もの組み合わせに向かい合わなければならなくなります。4851の組み合わせなら、このような本を書くのも楽しく読むのも、可能のように思えます。

第二に、明瞭であるためです。風味を味覚で評価するには、2つの風味の適合性を見るほうが、3つまたはそれ以上の風味の混合を見るより、ずっと簡単です。やむをえず他の材料が入っている料理のなかで（たとえば、タブーラ［tabbouleh］のなかのパセリとミントなど）、風味の組み合わせを論じるケースも多くありますが、強調したい事柄は常に、表題になっている組み合わせです。

これら風味の組み合わせについて、この本では詳細に述べてあります。風味の科学、歴史、文化、シェフの知恵、個人的偏見、なぜこの組み合わせがうまくいくのか、互いに引き立て合うものは何か、同じ風味の組み合わせを異なる料理法で調理するとどのような味になるのかなど、風味の組み合わせに関する疑問の答えになりそうなことならなんでも書きました。読者のみなさんが台所で試すことができるよう、ヴィクトリア時代のレシピ本と同様に、できるだけ簡潔なレシピも載せました。もし本文に書いてあるも

のを作りたくなったら、とりかかる前にレシピを最後まで読むことをおすすめします（→「ビーツ＆豚肉」P.117を読むと、この意味がわかると思います）。おわかりだと思いますが、塩味の料理には普通、塩を加えなければなりません。味見をして、食卓に出す前に味を調えます。作り終わったら火を止めて、不必要なものを取り出しましょう。レシピでわからないところがあったら、手を止めて考え、それでも解決しなかったら似たようなレシピを探して、解決策がないか探してみましょう。

　往々にして、答えは簡単に得られるものです。私が保証します。よりたくさんの風味の組み合わせを学べたという大きな満足感は、新たな一歩を踏み出す自信になります。レシピの手順に従うことは、外国語の慣用句集に載っている、出来合いの文章を繰り返すことに似ています。一方、さまざまな風味がどのように作用し合うのかを知ることは、言語そのものを学ぶことに似ています。それを知ることであなたは、手元にあるもので料理をし、材料が足りなければ適切な代用品を見つけ出し、思い通りに料理ができるようになります。そしてそれでも、ほとんど大失敗をしないことに驚くでしょう（とはいえ筆者は、料理のできばえにまでは責任は持てませんけれども……）。

　風味は、よく言われるように主観的な観点ですし、言葉で述べることは困難です。それでも、本題に入る前に述べておくべき事柄がいくつかあります。ワインの講座を受けている人は、風味と味は一緒ではないと言うでしょう。味は、舌と口のなかの他の場所で味わうことのできる5つの特性に限られています。すなわち甘味、塩味、酸味、苦味、そしてうま味（または味わい）です。一方風味は、主に嗅球※4を使って嗅覚で味わうもので、口の役割はずっと小さくなります。鼻をつまんで、ある食べ物が甘いか辛いかは言えるでしょうが、風味まではわかりません。ある特定の食べ物がどんなものなのか、簡単な素描※5を描き出すのが味で、細部を描きこむのが風味なのです。それでもなお、広く使われている一般的な用法では、「風味」という単語は「味」と混同される傾向にあります。また、食材の三叉特性も同じく、風味と混同されることが多くあります。三叉特性とは、唐辛子やコショウやマスタードの熱さや、メントールの冷たさ、赤ワインや茶に含まれるタンニンの渋みのことです。

　ただの基本的な味の成分の集まりではなく、そこからできあがる風味の特徴を述べることは、感情を述べるのと同じように、つかまえどころのない作業です。食材の風味はそれが含んでいる化合物によって決まるので、ある化合物を共通して持つ2つの食材が似たような風味になることは、客観的に考えてもわかるでしょう。たとえば、ホーリー・バジルとクローブは両方とも、オイゲノールという化合物を含んでおり、ホーリー・バジルはクローブのような風味をしています。しかし、クローブのような風味とはどのようなものでしょうか？　私にとっては、甘くて錆びたクギを吸いこんでいるような感覚です。ところが、まったく同じ味覚や嗅覚を持っている人はひとりとしていませんし、同じ体験をしたとしても、同じ言葉で表す人もいないのです。

　どこで生まれ、どのようなものを食べて育ってきたかということも、風味の感じ方や表現の仕方、風味の組み合わせ方に大きく影響します。私は、自分の意見をできるだけ客観的に補足できるように、専門家の意見を借りました。しかし、人それぞれがはぐくんできた風味の蓄積は、少しずつ異なるでしょう。数ある感覚のなかでも風味は、感性と記憶の倉庫となっているものです。嗅覚は、もっとも記憶を思い出させる感覚だと言われています。そのためある料理の風味を味わうと、私たちは最初にその料理を味わった時間や場所、あるいはもっとも記憶に残った体験に、瞬時に戻ることができます。『風味の事典』は、参考書のように見えるかもしれませんし、参考書のように読まれることもあるかもしれませんが、実際の内容に

かかわらず、主観的な本になってしまうのは避けがたいことでした。

　『風味の事典』を書いたことで、私は多くを学びました。とりわけ、異なる文化の人たちが当然のように使っている組み合わせを、より抵抗なく受け入れられるようになりました。しかし、生まれつき大雑把な人間なので、ごちゃごちゃとした現実のなか、私はいつでも決まった型、なんらかの確固とした秩序を探し求めています。そんな理由もあってこの本に、科学と詩と、私の母のジャムに対する思いを書き加えて、『風味の大百科』にできたらよかったなという思いがあります。

　必ずしも理想通りには仕上がりませんでしたが、この本を書く過程で私は、実に応用のきく多くの原則を学びました。たとえば、今ある風味を変化させたり、味に深みを与えたり、まろやかにしたり、ぐっと強めたりするためには、どのように他の風味を使えばいいのか、というようなことです。また、塩味、甘味、苦味、酸味、うま味のバランスをとることや、食感や温度の対比を最大限に利用することの重要性についても、ずっと敏感になりました。しかし結局のところ『風味の事典』は、事実とその関連性と印象と記憶を集めたものであり、読者が正確に何をするべきなのか述べているというよりは、読者自身の独自のレシピで料理をしたり他人のレシピを応用したりするときに、ひらめきを得られるように作られています。この本からあふれるひらめきを受け取って、活用してみてください。

ニキ・セグニット
ロンドン、2010年3月

※1　パスティス [pastis] .... フランスのリキュールの一種。
※2　タブーラ [tabbouleh] ... パセリのサラダ。
※3　ヴィクトリア時代 .... イギリスのヴィクトリア女王（在位1837-1901）時代。
※4　嗅球 .... 嗅覚に関する情報処理をする脳の組織。
※5　三叉特性 .... 脳内の三叉神経によって情報処理が行われ、これらの感覚が生じることからこう呼ばれる。

「仔羊肉とアンズ」は、足りないところを補い合うだけでなく、互いに不可欠であるという、より高い次元で共存する組み合わせのひとつである。いわば、神の心に存在する味である。このような組み合わせが発見されるのは、必然である。ベーコンと卵、ご飯と醤油、ソーテルヌワインとフォアグラ、白トリュフとパスタ、ステーキとフライドポテト、イチゴと生クリーム、ラムとにんにく、アルマニャック［Armagnac］※1とプルーン、ポートワインとスティルトンチーズ、魚のスープとルイユ［rouille］※2、鶏肉ときのこなどが好例である。五感を最大限に活用する味覚の探求者にとって、このような組み合わせを初めて口にしたときの衝撃は、天文学者が新しい惑星を発見した瞬間に匹敵する」

——ジョン・ランチェスター
『愉しみの負債』（1995）

※1　アルマニャック［Armagnac］...フランス・アルマニャック地方で醸造されるブランデー。
※2　ルイユ［rouille］................................サフランとにんにくを用いた辛味のあるペースト。

《凡例》
＊脚注と人物紹介（巻末）は、日本語版独自のものである。
＊以下については [] 内に原語を残した。
　・レストラン名
　・企業名、商品名、料理名、食材の名前等の固有名詞のうち、
　　文脈上カタカナ表記だけではわかりにくいと思われるもの

ロースト風味
Roasted

チョコレート
Chocolate

コーヒー
Coffee

ピーナッツ
Peanut

Chocolate

チョコレート

　チョコレートに幅広い風味をもたらすのは、その複雑な製造工程です。未調理のカカオ豆は渋く苦みがありますが、発酵させると、果物のような香りとワインやシェリーのような風味が生まれ、これをローストすると、ナッツや土、木、花、そして香辛料の香りなど、無限ともいえる風味が現れます。

　上質のチョコレートの風味を味わうには、ひとかけらを口蓋に押しつけながら溶かすのが一番です。チョコレートが甘ければ甘いほどすばやく風味が広がります。ココアの含有量が上がるにつれ、風味が広がるのに時間がかかるようになり、苦みと長さ（風味が口の中に残る時間）が増していくことに気がつくでしょう。カカオ含有量が99〜100％の場合、長時間、その風味を堪能することができます。この項目で「チョコレート」として取りあげるのは、ダークチョコレート、ミルクチョコレート、ココアです。ホワイトチョコレートは、別に取りあげます（→P.502）。

チョコレート&アーモンド

　親の罪悪感とはどんな味でしょう？　それはチョコレートとアーモンドの味——父親があわてて空港で子どものおみやげを選ぶとき、無造作にひっつかむアーモンド入りのチョコレート菓子トブラローネ［Toblerone］の材料の味——です。

　この組み合わせのおいしさの秘密は、チョコレートとアーモンドの生来の相性のよさに関係があるに違いありません。チョコレートを作る過程でカカオ豆をローストすると、豊かなナッツの風味が生まれます。同様に、アーモンドの風味は焼くとさらに強まり、チョコレートの風味の強さに負けないようになります。オーストラリア人シェフのクリストファー・タンによる「塩味アーモンド入りチョコレートスープ」で実際に試してみましょう。

---

recipe

《塩味アーモンド入りチョコレートスープ》

❶フライパンを弱めの中火にかけ、無塩バター大さじ1を溶かす

❷アーモンドフレーク45gを加え、4〜5分きつね色になるまで丁寧に炒る

❸火からおろして置いておく

❹水250ml、生クリーム100ml、グラニュー糖25g、ふるったココアパウダー 40gを片手鍋に入れて弱めの中火にかけ、泡立て器でかき混ぜながら砂糖を溶かす

❺2〜3分ほど静かに煮立たせ、刻んだダークチョコレート（カカオ分60％以上）100gを加える

❻泡立て器でなめらかになるまで混ぜ、小さなスープボウルに注ぎ入れ、アーモンドを散らし、フルール・ド・セル［fleur de sel］をふりかける

❼深皿4〜6個に分け、すぐにいただく

※1　トブラローネ［Toblerone］…スイスのチョコレート菓子。日本を含む100以上の国で販売されている。
※2　フルール・ド・セル［fleur de sel］…良質の塩田で取れる大粒の天然塩。フランス西部のゲランドやレ島産が有名。

チョコレート＆アニス→「アニス＆チョコレート」P.254
チョコレート＆アボカド→「アボカド＆チョコレート」P.277
チョコレート＆アンズ→「アンズ＆チョコレート」P.399

チョコレート＆イチゴ

　一般的な組み合わせです。ハートのような形と色を持つイチゴと、愛の象徴である甘ったるいチョコレートとの、ごく普通のカップルに思われます。私はどんな場合でも、この2つよりはチョコレートとヘーゼルナッツを選ぶでしょう。

チョコレート＆イチジク→「イチジク＆チョコレート」P.485
チョコレート＆オレンジ→「オレンジ＆チョコレート」P.420

チョコレート＆カシス

　フィンランドのゴシック・メタルバンドの歌詞のように、暗くて重い組み合わせで、人気の面ではいまひとつです。いくつかの有名な菓子メーカーが、チョコレートとカシスという組み合わせを大々的な宣伝とともに売り出しましたが、その後ひっそりと姿を消していきました。とはいえ、この組み合わせは、鎮静効果を持つ乳製品と一緒に使うと、比較的うまくいくことが多いようです。たとえば、カシスムースや、チョコレートソースをかけたフール[fool][※3]、生クリームとカシスをはさんだチョコレートガトーなどです。

チョコレート＆カリフラワー→「カリフラワー＆チョコレート」P.170

チョコレート＆カルダモン

　あやつり人形の背景にある黒いベルベットのカーテンのように、ダークチョコレートは、なめらかかつ完璧にカルダモンの風味を引き立たせます。カルダモンをたっぷりと使ってみてください。謎めいた柑橘類やユーカリの香り、木や花のような温かく芳しい特徴を感じることができます。カルダモンの粉をひとつまみ加えると、まったく普通のダークチョコレートが贅沢な味わいに変わることに私は気づきました。これから紹介するタルトは、おいしいことこの上なく、とても短時間で作れますが、冷蔵庫で2〜3時間冷やし固める必要があります。

recipe
《ダークチョコレートとカルダモンのタルト》
❶直径23cmのスイートタルト台を作って、焼いておく
❷カルダモンのサヤ10個を切り開き、種をすり鉢に入れて、すりこぎでつぶす
❸高脂肪生クリーム300mlを鍋に入れ、すりつぶした種を加えて、沸騰直前まで温める
❹火からおろし、粗く割ったダークチョコレート200g、無塩バター25gを加える
❺チョコレートとバターが溶けて完全に混ざるまでかき混ぜる

※3　フール［fool］…クリームと果物を使ったイギリスの菓子。

❻粗熱が取れたら（固まらないように注意）、タルト台に注ぎ入れ、冷蔵庫で2～3時間冷やす
❼固まったら、上からココアパウダーを振り、クレーム・フレッシュ［crème fraîche］をひとすくい
　添えていただく

チョコレート&栗

　19世紀のニューヨークで、デルモニコレストラン［Delmonico's restaurant］のシェフをしていたチャールズ・ランフォーファーは、ジャガイモをかたどった栗のアイスクリームに細切りアーモンドの芽をつけ、おろしたチョコレートを全体にまぶして、泥がついた本物のジャガイモのように見えるデザートを作っていました。

　これをいくつか作り、細かくおろしたチョコレートの土に埋めこんで、お客さまにスプーンでジャガイモを掘り起こしてもらうようにしたら楽しそうですね。見つからないのが心配なら栗のアイスクリームにチョコレートソースをかけるだけでもおいしいデザートになりますが、おもしろ味には欠けます。栗が好きだったら、アイスクリームを作るときに残った卵白でモンブランを作るのはどうでしょう。

チョコレート&クルミ

　ブラウニーでおなじみの組み合わせです。ひとつかみのクルミをチョコレートブレッド＆バタープディング［chocolate bread and butter pudding］に加えてもいいでしょう。あるいは、キャラメルをチョコレートとクルミに加えて、「タートル（カメ）」とも呼ばれるものを作ってみましょう。カナダで人気の菓子で、タートルの名前はその形からつけられました。

　ナッツ（通常はピーカンナッツかクルミ）をいくつか積みあげた上からキャラメルをかけてまとめ、さらにチョコレートをかぶせてなめらかな殻にします。チョコレートの下からナッツが飛び出て、カメの頭と足のように見えるのです。「チョコレート&アーモンド」（→P.12）にあるレシピにキャラメルを回しかけて、「タートルスープ」と名づけてはいかがでしょう。

　　チョコレート＆コーヒー→「コーヒー＆チョコレート」P.23

チョコレート&ココナッツ

　イギリス保健省は、マリファナを吸うことがより強い麻薬に走るきっかけになると警告しています。この理屈でいくと、ココアやフルーツなどの甘い風味をつけた刻みタバコを吸っていればタバコ中毒になるはずです。ココアの風味がするココナッツの繊維をわら紙で包むと、甘い紙巻きタバコを作ることができます。私がそれを吸ってみて、本物の紙巻きタバコのようないやな味にわずかに空咳が出るばかりでした。本物のタバコを初めて体験したときにも、「タバコなんてとんでもない」と思ったものです。

　私が教えこまれてきた通りにタバコ会社が卑劣ならば、なぜ製菓会社同様、タバコなしでは生きられないよう仕向けなかったのでしょう。すぐに、彼らは試してみたのだと思い当たりましたが、味についてはどうしようもなかったのでしょう。

　数年後、お菓子のことを考えていたとき、タバコと煙の香りのする一風変わったチョコレートはどうだ

※4　クレーム・フレッシュ［crème fraîche］…濃いサワークリーム。
※5　チョコレートブレッド＆バタープディング［chocolate bread and butter pudding］…チョコレート味のパンプディング。

ろうかと思いつきました。もしあなたがその種のものを求めているなら、プラリュ [Pralus] のタンザニア [Tanzanie]（タバコ、糖蜜、レーズンの香り）か、バヌアツ [Vanuatu]（スモーク、香辛料、甘草の香り）というチョコレートを試してみてください。タバコとココナッツの香りのするものなら、ミッシェル・クリュイゼル [Michel Cluizel] のマンガロミルク50% [Mangaro Lait 50%] がいいでしょう。これはミルクチョコレートで、名前の通り、50%ものカカオが含まれています。

チョコレート&シナモン→「シナモン&チョコレート」P.305
チョコレート&生姜→「生姜&チョコレート」P.441
チョコレート&すいか→「すいか&チョコレート」P.353
チョコレート&タイム→「タイム&チョコレート」P.465
チョコレート&チェリー→「チェリー&チョコレート」P.349

チョコレート&唐辛子

　奇抜だけれど大当たりという組み合わせのひとつで、世界中で受け入れられてきています。唐辛子は赤くなるにつれて甘く、果物のような風味になり、ビターチョコレートとよくなじむようになります。乾燥してより甘く、レーズンのようになり、革に似た香りがするようになるとさらによいでしょう。メキシコ料理でよく使用される乾燥唐辛子のムラート [mulato] とアンチョ [ancho] には、もともと、チョコレートの風味があると言われていますから、注意して味わってみてください。風味の相性を別にしても、チョコレートの脂肪分には唐辛子の辛さを和らげる働きがあります。

　たとえば、唐辛子がたっぷり入ったメキシコ風ソース「モーレ」がいい例です。「モーレ」とは「ソース」という意味で、さまざまな種類があります。乾燥唐辛子はほとんどのモーレに入っていますが、チョコレートは赤と黒のモーレにしか入っていないのが一般的です。モーレには唐辛子とチョコレートのほかに、さまざまな種類のドライフルーツ、パン、ナッツ、トマト、タマネギ、にんにく、種、乾燥および生のハーブ、香辛料、油、ラード、スープストックが入っています。

　何度もたたいたり、すったり、焼いたりして作るこのソースは、複雑に味がからみ合い、甘くてピリッと刺激のある味に仕上がります。ちなみに肉は、先に焼いてから調理の最後にソースに加えてもいいですし、肉だけを調理して（普通は焼きます）皿に盛り、上からソースをかけてもいいでしょう。

　できたてのモーレは主に、特別な機会にしか出されません。もし本格的なモーレに挑戦したいけれども、メキシコのチョコレート（粗くて濃く、多くの場合シナモンとバニラが入っています）が手に入らない場合、メキシコ料理シェフであるリック・ベイレスは、チョコレートのうち3分の1程度の量を無糖のココアパウダーに替えて作るとよいと言っています。

　モーレの話はさておき、アメリカの香辛料を売る店では、チリコンカンやシチュー、あるいはケーキやブラウニーに加えるために、ココア、チポトレペッパー [chipotle]、パプリカ粉をブレンドしたものを売っています。チョコレートクランチにフレーク状の乾燥赤唐辛子を2～3つまみ加えてみてもいいでしょう。私はこれを、インドネシアのクラカタウ火山になぞらえて、ミニ・クラカタウケーキと呼んでいます。トウモロコシの風味は唐辛子やチョコレートととてもよく合いますし、カリカリとした食感が楽しいケーキになります。

※6　チポトレペッパー [chipotle] …唐辛子を乾燥させ燻製にしたもの。

チョコレート&トマト

アメリカの食物史学者アリス・アーントは、チリコンカンやカポナータ [caponata]^{※7}、ケチャップ、ミートボールなど、トマトを使ったスパイシーなレシピに、チョコレートの風味をほんの少し加えることをすすめています。またメキシコ料理のコックは、一般的に、カカオやダークチョコレートは、菓子であると同時に香辛料でもあると考えています。彼らにとってチョコレートは、適量を使えば塩味の料理にコクと深みを加えるものであり、トマトのような酸味のある素材の鋭さを和らげてくれるものなのです。

チョコレート&ナツメグ

ミルクチョコレートを使うレシピは多くありません。ダークチョコレートを使うよりも難しいからです。たいていの場合ミルクチョコレートは、ダークチョコレートほどカカオの風味がせず、甘すぎることが多いのです。

もしダークチョコレートが苦手な場合、ミルクチョコレートとナツメグのタルトはいかがでしょう。ナツメグがチョコレートの風味を引き出し、甘ったるさを和らげてくれます。ナツメグは、クリーミーなカスタードタルトやエッグノッグ [eggnog]^{※8} に入れたときにも同様の効果を発揮します (→「卵&ナツメグ」P.188)。ミルクチョコレートは、カカオ含有量30%以上のものを使いましょう。

recipe

《ミルクチョコレートとナツメグのタルト》

❶ 「チョコレート&カルダモン」(→P.13)にあるレシピに沿って作るが、カルダモンの代わりに、ナツメグ1/4個をおろしたものを生クリームに加えて、沸騰直前まで温める

❷ チョコレートを入れて溶かし、少し冷ましてから、さらにナツメグ1/4個をすりおろして加える

❸ 味見をして、タルト台に注ぎ入れ、冷蔵庫で固まらせる

❹ 食べる直前に、さらにナツメグ少量をおろしかける

チョコレート&パイナップル→「パイナップル&チョコレート」P.377
チョコレート&バナナ→「バナナ&チョコレート」P.394
チョコレート&バニラ→「バニラ&チョコレート」P.499
チョコレート&バラ→「バラ&チョコレート」P.489
チョコレート&ビーツ→「ビーツ&チョコレート」P.117

チョコレート&ピーナッツ

フランスの作家アレクサンドル・デュマ〔1802-1870〕(→P.506) によると、スペイン人はピーナッツを、風味がカカオに似ていることからカコエッテ [cacohuette] と呼んだそうです。彼はさらに、スペイン人はカカオとピーナッツの風味の調和を利用して、値段の高いカカオを少しとピーナッツペーストを混ぜ合わせ、安いチョコレートまがいのものを作ったと書いています。

それから50年後の1912年、グーグークラスター [Goo Goo Cluster] という、チョコレート、ピーナッ

※7　カポナータ [caponata] …野菜のトマト煮。地中海地方の料理。
※8　エッグノッグ [eggnog] …牛乳にクリーム、砂糖、溶き卵を加えた飲み物。

ツ、キャラメル、マシュマロを組み合わせたものが、アメリカで最初のチョコレートバーとして登場しました。そして1920年代終わりまでに、リーシーズ［Reese's］がピーナッツバターカップを、マーズ［Mars］がスニッカーズ［Snickers］を発売しました。スニッカーズは、アメリカで大人気のチョコレートバーになり、今日でもその地位は不動のままです。

実際のところ、ローストしていないピーナッツは、チョコレートと一緒に食べてもそれほどおいしくありません。豆ですから青くさい野菜の味がします。ピーナッツとチョコレートを組み合わせた食品のほとんどが成功しているのは、ピーナッツをローストする過程でピラジンが生成されるためです。ピラジンは、チョコレートのロースト風味とよく合います。

チョコレートとピーナッツの組み合わせを使って家で軽食を作ってみてください。たとえば、バニラ・アイスクリームにローストして刻んだピーナッツとチョコレートソースをかけたサンデーや、ピーナッツバターとチョコレート・アイスクリームをミキサーにかけて作るミルクシェイクなどはどうでしょう。

ちなみにイギリス人シェフのポール・ヒースコートは、塩味チョコレートとキャラメルとピーナッツのタルトを作る際、通常使われるミルクチョコレートではなく、ダークチョコレートを使います。

チョコレート＆ブラックプディング→「ブラックプディング＆チョコレート」P.49

チョコレート＆ヘーゼルナッツ

19世紀後半のイタリア・ピエモンテ州でカカオが不足したおかげで、この夢のような組み合わせが広く世間に知られるようになりました。チョコレートをヘーゼルナッツの粉でかさ増ししたことから、結果として、ヌテラ［Nutella］ができあがりました。

当初は固い塊で、パスタ・ジャンドゥジャという名で売られていたものです。ジャンドゥジャとは、ピエモンテ州を象徴するカーニバルのキャラクターです。ジャンドゥジャは、今でもチョコレートとヘーゼルナッツで作られた甘いペーストを指す総称になっています。

1940年代には、母親たちがその塊をスライスしてパンにはさみ、子どもたちに渡しました。賢い子どもたちはパンを捨て、チョコレートだけを食べたので、20世紀半ばのピエモンテ州のアヒルは、パンをたらふく食べて丸々と太っていたに違いありません。

1951年には、チョコレートとヘーゼルナッツの混合物をやわらかくする技術が発達し、この商品はスーパークレーマ・ジャンドゥジャと新たに名づけられ、瓶に入れて売られるようになりました。そしてついに1964年には、世界中でもっと発音しやすいようにとヌテラという商品名に変わりました。今日では世界中でピーナッツバターよりも売れている商品となっています。

もしヌテラが甘すぎるようなら、チョコレートとヘーゼルナッツを使ったお菓子フェレロ・ロシェ（フェレロ［Ferrero］）か、バッチチョコ（バーチ［Baci］）に入っているジャンドゥジャを味わってください。あるいは、少し珍しいものがよければ、ヴァローナ［Valrhona］のカライブ・ノワゼット［Caraibe Noisettes］か、アメディ［Amedei］のピエモンテ州産ヘーゼルナッツ入りミルクチョコレートを試してみるといいでしょう（→「ナツメグ＆クルミ」P.311）。

チョコレート＆ベーコン

ヴォージュ・オ・ショコラ［Vosges Haut-Chocolat］の創立者で、ショコラティエのカトリーナ・マー

※9　ヌテラ［Nutella］…パンなどに塗るチョコレート・ペースト。
※10　ヴォージュ・オ・ショコラ［Vosges Haut-Chocolat］…シカゴ発祥のチョコレートブティック。

コフは、リンゴ材で燻製したベーコンと燻製塩に、ダーク・ミルクチョコレートを組み合わせ、「モーの ベーコンバー」という商品を作りました。

彼女は、6歳のときにメープルシロップをかけたチョコチップ入りパンケーキとベーコンを食べた時の 記憶からヒントを得たそうです。塩味と甘味という昔からある組み合わせに、ベーコンのスモーキーな要 素がほのかなアクセントを加えます。

コロラド州ボールダーにあるティー・アンド・ケイクス［Tea and Cakes］は、塩味と甘味の組み合わ せをさらに追求し、メープル風味のカップケーキに、わずかに塩を加えたダークチョコレートのガナッシ ュをかけ、上から細切りベーコンを散らしました。

チョコレート＆ホワイトチョコレート→「ホワイトチョコレート＆チョコレート」P.504
チョコレート＆ミント→「ミント＆チョコレート」P.470
チョコレート＆山羊のチーズ→「山羊のチーズ＆チョコレート」P.74

チョコレート＆洋梨

少量のチョコレートは洋梨の甘さをぐっと引き立てますが、量が過ぎると果物の風味を消してしまいま す。ポワール・ベルエレーヌ［Poires Belle Helene］[※11]は、これを証明する格好の例です。チョコレート をたっぷりかけるとこの料理の味を消してしまうことが多いので、控えめに使い、洋梨はバニラシロップ で煮て、チョコレートと洋梨の風味の橋渡しをするようにします。

ナッツも同じような橋渡し役をします。洋梨とチョコレートはどちらもヘーゼルナッツと相性がよく、こ の3つを使うとすばらしくおいしいケーキができあがります。その他にも、イギリス人シェフであるナイジェ ル・スレイター（→P.508）の少しカジュアルなお菓子を作ってみてください。砕いたフロランタン ［florentines］[※12]をホイップクリームに混ぜこみ、煮た洋梨の芯をくりぬいた穴に入れます。フロランタンは 市販のものでもいいですし、「生姜＆チョコレート」（→P.441）に載っているレシピを見てもいいでしょう。

チョコレート＆ライム

チョコレートライムは、伝統的なイギリスのお菓子です。口の中にライムキャンディーの酸っぱい味が 広がり、その青灰色の層がなくなると、バリバリと乾いたチョコレートの中心部分が現れます。残念なが らこの組み合わせは、なかなか他の形ではお目にかかれません。以前一度だけ、酸味のあるライムシャ ーベットを添えたすばらしくおいしいダークチョコレートタルトを、インテリアデザイナーのテレンス・コ ンラン（→P.508）が経営するレストランで食べたことがあります。

チョコレート＆ラズベリー

ラズベリーは、常にチョコレートタルトやプディングと合わせられる材料です。個人的な意見ですが、 ベリー類をチョコレートのデザートに散らすのは、ほとんどが飾りつけのためだと思います。チョコレー トとラズベリーをうまくつなぐための十分な生クリームがあればいいのですが、それがない場合、あるい はラズベリーが十分に熟していない場合、あたかも失敗をごまかしているかのような組み合わせにしかな りません。

バランスのとれたチョコレートとラズベリーの風味を味わうには、ヴァローナ［Valrhona］の味わい豊

※11 ポワール・ベルエレーヌ［Poires Belle Helene］…煮た洋梨にチョコレートソースをかけたフランス料理。
※12 フロランタン［florentines］…クッキー生地にキャラメルでコーティングしたナッツ類をのせ、焼きあげて作るフランス菓子。

かなチョコレートマンジャリ［Manjari］や、アマノ［Amano］のマダガスカル［Madagascar］のように、チョコレートのなかにラズベリーの強い香りが含まれているものを用意するといいでしょう。

チョコレート＆レモン→「レモン＆チョコレート」P.434
チョコレート＆ローズマリー→「ローズマリー＆チョコレート」P.453

Coffee

コーヒー

　チョコレートと同様にコーヒーも、豆として収穫されてからカップに注がれるまでに多くの工程を経ます。コーヒーの備える複雑さは、こうした多くの工程によって作り出されます。

　焙煎(ロースト)したコーヒー豆からは、これまでに800以上もの香りの成分が検出されています。生の豆は緑色で香りも弱いのですが、ローストすることによって1.5〜2倍にも香りが増し、豆が茶色になるにつれ風味を放つようになります。一般的に、豆が薄茶色になる頃には（ロースト時間9〜11分）、その豆本来の性質が現れてきます。つまり、それぞれの豆の特徴やその豆がどのような環境で生育したかが明らかになってくるのです。豆の色がより濃くなり（ロースト時間12〜13分）、表面が油っぽくなってくると、風味が際立って芳しく、チョコレートの風味が強くなってきます。

　コーヒーにはカシスやコリアンダーシード、クローブ、バニラ、チョコレート、ナッツの香りが含まれていて、これらすべての香りがうまく調和しています。それぞれの香りは、コーヒー店でみかけるシロップなどの風味づけに使われています。ティアマリア［Tia Maria］やカルーア［Kahlua］は両方ともコーヒー風味の酒ですが、明らかに異なる特徴を持っています。

コーヒー＆アーモンド

　すべての風味のうちでも、ローストしたコーヒーはとりわけ複雑です。なかでも魅力的なのがナッツの風味です。コーヒーがしばしばナッツと組み合わせられる理由は、ここにあるのかもしれません。クルミは、コーヒーの中に感じることのできるもっとも一般的なナッツの香りですが（→「コーヒー＆クルミ」P.22）、アーモンド（またはマジパン）も同じく、コーヒーから嗅ぎ取れる典型的な香りです。

　もしコーヒーを飲んでいるときにアーモンドの風味を感じることができなくても大丈夫。コーヒーは、粉砂糖をたっぷりまぶしたふわふわのアーモンド・クロワッサンのお伴にもぴったりですから、そこでもコーヒーとアーモンドの組み合わせを楽しむことができます。フランスの女性は、口の周りを真っ白にすることなくアーモンド・クロワッサンを食べられます。私には無理ですが。

コーヒー＆アボカド→「アボカド＆コーヒー」P.277

コーヒー＆オレンジ

　朝食のお伴です。もし手に入るなら、シチリアのサン・メテオホテル［San Matteo］が最高においしいオレンジとコーヒーのマーマレードを作っていますから、試してみてください。私は一度、濃いオレンジとコーヒーのアイスクリームを食べたことがあります。子どもの親権争いのように苦いのですが、最後にはクリームの甘さがすべてを解決します。オレンジとコーヒーのティラミスも、名前から想像する以上においしいものです。このティラミスは、次に紹介するオレンジとコーヒー豆から作った酒でこしらえることができます。

　このレシピは、フードライターであるパトリシア・ウェルズのレシピを改良したもので、もともとはブラ

ンデーを使用していました。私は、本当にただの自分の好みから、コーヒー豆をきっかり44粒使う方法が好きです。

---

recipe

《コーヒーとオレンジの酒》

❶大きめのオレンジを用意し、切りこみを44本入れる
❷ひとつひとつの切りこみに、コーヒー豆を1つずつ入れる
❸角砂糖44個を瓶に入れる
❹オレンジをのせて、ブランデーまたはラム酒またはウォッカ500mlを上から注ぎ入れる
❺44日間浸した後、オレンジの果汁を搾り、酒と一緒に混ぜ合わせて濾し、滅菌消毒した瓶に入れる

　または、冷暗所に置いて完全にほうっておき、444日後、埃をかぶっている状態のものを出してきて、だまされたと思って飲んでみてください。ふた口目には果汁を搾らなくてもとてもおいしいとわかるでしょう。完璧にバランスがとれて甘すぎず、複雑にからみ合ったコーヒーとオレンジの風味がいつまでも口に残ります。1日を終わらせる夜の1杯として、または朝の1杯としてもいいでしょう。

コーヒー＆カシス

　不思議なほど相性のよい組み合わせで、ワインのテイスティングをしていると、しばしば出会う香りです。

　イタリアのアルプス山脈に原生する、希少なラグレイン種の黒ブドウは、ワインに醸造されるとコーヒーとカシス両方の風味が出てきます。私は、フランスのオート・サヴォア県の国境で食べたヴァシュラン・グラッセという夢のようなお菓子で、この組み合わせに出会いました。メレンゲ、カシスのソルベ、ホイップクリーム、コーヒーアイスクリームを順に重ね、上からトーストしたアーモンドを散らしたものです。今まで口にしたなかで、一、二を争うほどおいしいお菓子でした。コーヒーは挽きたての豆の鮮やかな風味がしましたし、カシスは、加工したものでは甘味の加えすぎで失われてしまう、ほのかなムスクの香りがしました。

　コーヒー＆カシスの組み合わせを味わいたいなら、いろいろなパブロヴァ［pavlova］[※13]を試してみてもいいですし、コーヒーガトーにカシスのジャムを添えたものを試してもいいでしょう。

コーヒー＆カルダモン

　アラブの遊牧民族ベドウィン流のアラビックコーヒーのいれ方です。モロッコやアルジェリア、さらに言えばニューヨークのソーホー地区のアルジェリアン・コーヒーストアという店では、コーヒー豆とカルダモンそれぞれ同量を一緒に挽きます（もちろん比率は調整してもいいでしょう）。小さなカップに注ぎ、好みで砂糖と、コーヒーの苦みをまろやかにする芳香性の香辛料、オレンジフラワー・ウォーター1〜2滴を入れて飲みます。

※13　パブロヴァ［pavlova］…コーヒー風味のメレンゲに生クリームと甘すぎないカシスのコンポートを添えたもの。

私はこの風味を応用して、コーヒー味のアイシングのかかったカルダモンケーキを作ります。カルダモンを使うと、スポンジがやわらかく、芳しくなります。そこにコーヒー味のアイシングをかけると、生き生きとした味が加わります。

---

recipe

《コーヒー味のアイシングのかかったカルダモンケーキ》

❶ 砂糖とセルフレイジング・フラワー [self-raising flour][14]をそれぞれ175gずつ、室温にもどしたバター100g、カルダモンホール12個分からとった種をつぶしたもの、ベーキングパウダー小さじ1、牛乳大さじ4、卵2個を大きめのボウルに入れ、2～3分よくかき混ぜる

❷ 底の取れる20cmのケーキ型に油を塗ってクッキングシートを敷き、先ほどの生地を流し入れて180℃のオーブンで50～60分焼く

❸ オーブンから取り出して冷ます

❹ インスタントコーヒー小さじ2を湯大さじ2で溶き、バニラ・エクストラクトを2～3滴たらす

❺ これに粉砂糖125gを加えて混ぜ合わせる

❻ 水分をごく少量ずつ加えていき、半透明でさらさらしたアイシングを作り、ケーキに広げやすい固さにする

❼ ケーキが冷めたらアイシングをかけて広げる

カルダモンの味は、次の日のほうが強くなるので注意しましょう。

コーヒー&牛肉

カフェイン風味の赤身肉。アメリカ南部では、肉をコーヒーに漬けたり、肉にコーヒーをすりこんだりします。しゃれたレストランでも見かける手法ですが、これはおそらく、ローストしたコーヒーと焼いた牛肉には共通する風味があると言われているためでしょう。しかし私の経験からすると、なんとも行き当たりばったりな組み合わせに思えます。ステーキ肉をコーヒーに浸けてみましたが、なんとも言えない妙なにおいになりました。少なくともディナーでは、肉とコーヒーは別々に出したほうがいいでしょう。

コーヒー&クルミ

私はかねがね、クルミにはニコチンの特質が少しあると思っています。そう考えると、コーヒーとクルミがこれほどまでに自然に寄り添う理由を説明できるのではないでしょうか。公共の場でクルミを食べることが禁止されていなければ（なにしろナッツアレルギーの人が近くにいるかもしれませんから）、タバコとコーヒーの代用品となるものは、大きく切り分けたひと切れのコーヒーとクルミのケーキでしょう。

でも、おいしいケーキを見つけるのは難しいものです。コーヒースポンジはしっとりとして、アイシング（フロスティング）は甘すぎることなく、クルミはコクのあるものでなければなりません。

コーヒー & クローブ→「クローブ&コーヒー」P.308

※14　セルフレイジング・フラワー [self-raising flour] …ベーキングパウダー入りの小麦粉。セルフレイジング・フラワーが手に入らなかったら、薄力粉100g、ベーキングパウダー3g、塩1gを混ぜ合わせて使う。

コーヒー＆コリアンダーシード→「コリアンダーシード＆コーヒー」P.493

コーヒー＆シナモン

シナモンをコーヒー風味の焼き菓子に使うと、シナモンの味の強さと甘さが加わって、風味がぐっと豊かになります。メキシコのカフェでは、コーヒーをかき回すためにシナモンスティックを出してくれることがあります。香りが豊かになりますし、洗いものが少なくて済みます。

アメリカ人シェフであるトーマス・ケラー（→P.508）の有名な料理のひとつに、シナモンシュガーをまぶしたドーナツと、コーヒーカップに入れたカプチーノ風味セミフレッド［semifreddo］[※15]を組み合わせたものがあります。

コーヒー＆生姜

17世紀後半のイギリスのコーヒーハウスでは、ブラックコーヒーに生姜やクローブ、シナモン、スペアミントを好みで入れられるようになっていました。現在でもイエメンでは、コーヒー豆の殻を煮出したお茶に、生姜で風味をつけたものが人気です。このお茶はギシュルと呼ばれ、あっさりとした味で黄金色をしています。これを、とても甘いビンタルサン［bint al sahn］[※16]を食べながら飲みます。クリスマスの時期のコーヒーチェーン店は、エスプレッソ好きの客向けに、ミルク入りジンジャーブレッド風味の飲み物の代わりにこれを出すといいのではないでしょうか（→「生姜＆シナモン」P.440)。

コーヒー＆チェリー

デイヴィッド・リンチ監督のドラマ『ツイン・ピークス』で、誰がローラ・パーマーを殺したかに世界中がやきもきしている間、私の頭にあったのは、画面の中に入って、ダブルRダイナーでクーパー特別捜査官と一緒においしいコーヒーとチェリーパイを食べたいということでした。

コーヒー＆チョコレート

モカ（またはマタリ）というコーヒー豆の名前は、イエメンのモカという町の名に由来します。このコーヒーには、深くてまろやかなチョコレートのような後味があります。また、モカという名前は、個性に乏しいコーヒーにチョコレートを加えて風味を調えようとするさまざまな飲み物にもつけられてきました。これには、温めた牛乳とココアにエスプレッソをワンショット入れた飲み物も含まれています。

コーヒーとチョコレートの組み合わせは、ムースやトライフル、ケーキに用いたほうがずっとうまくいきます。あるいはこの2つを気がつかないほど少量使って、風味をより深くしてはいかがでしょうか。チョコレートのお菓子にコーヒーの風味を少量加えると、チョコレートの味がより深まります。逆もまたしかりです。

コーヒー＆バナナ→「バナナ＆コーヒー」P.392
コーヒー＆バニラ→「バニラ＆コーヒー」P.499

コーヒー＆バラ

バラなどの強烈な花の甘さを和らげるものとして、苦味のある風味が使われることがあります。私はふ

※15　セミフレッド［semifreddo］…イタリアの冷たいデザート。
※16　ビンタルサン［bint al sahn］…蜂蜜ケーキ。

だん、トルココーヒーを飲むことはありせん。アスファルトの液体のようにどろりとして苦いからですが、バラの風味のターキッシュデライト［Turkish Delight］※17があれば、バランスがとれます。

コーヒー＆ヘーゼルナッツ

　もしあなたがフランスかイタリアで、おいしそうなアイスクリームパーラーを見つけたら、アイスクリームを選ぶのに苦労するでしょう。そんなとき、思い出してください。コーヒーとヘーゼルナッツ、コーヒーとヘーゼルナッツ、コーヒーとヘーゼルナッツと。

コーヒー＆ホワイトチョコレート→「ホワイトチョコレート＆コーヒー」P.503
コーヒー＆山羊のチーズ→「山羊のチーズ＆コーヒー」P.73

※17　ターキッシュデライト［Turkish Delight］…砂糖とでんぷんとナッツで作るトルコのお菓子。

Peanut
ピーナッツ

生のピーナッツはいかにも豆という味がします。ローストしたり炒めたりすると、甘い風味が出てきて、チョコレートや肉や野菜の香りがかすかに漂うようになります。非常に複雑でふくよかな風味を持ち、濃厚な肉や甘味のある甲殻類、リンゴやライムのような酸味のある果物によく合います。すりつぶしてピーナッツバターにすると、より甘味と塩気が出て、心地よいわずかな苦味が加わります。ベーコンは何にでも合うと言う人がいますが、ピーナッツは本当に相手を選ばず、しかもベーコンと違って、国際舞台でも異文化でもアピールできる魅力を持っています。

ピーナッツ&アスパラガス→「アスパラガス&ピーナッツ」P.181

ピーナッツ&貝・甲殻類

サテのソースをつけると、串に刺した淡白なムール貝やエビが、ぐっと味わい深くなります。非常に強い風味を持つ、栄養たっぷりのブラジル料理ヴァタパーでは、貝や甲殻類を、パンでとろみをつけたピーナッツとココナッツのソースで煮こみます。エビとピーナッツを一緒にすると、ナッツのこってりとした甘さがエビに行き渡り、ちょうどよい味になります。

ピーナッツ&カシス→「カシス&ピーナッツ」P.476

ピーナッツ&キュウリ

インドのカマン・カカディは、皮をむいてさいの目に切ったキュウリ、ローストして砕いたピーナッツ、みじん切りにした生の青唐辛子、おろしたココナッツを混ぜ合わせて作ります。そこにレモン果汁、塩、砂糖、クミンを混ぜ合わせたドレッシングをかけます。油を含んだマスタードシードを、種がはじけて風味が出るまで加熱して加えることもあります。チャツネ［chutney］※18 のようにして食べてもいいでしょう。

ピーナッツ&牛肉

ペルーでアンティクーチョといえば、使われている材料を指すのではなく、串刺しにした肉をグリルであぶって焼く調理法を指します。インドネシアのサテと同じです。牛のハツ（心臓）を使うのが普通ですが、臓物ではない牛の肉を使うことも多くなってきています。ボリビアのアンティクーチョも同じですが、どの肉も、酢、にんにく、唐辛子、クミン、オレガノに浸けて味つけします。ペルーのものにはさらに濃厚なピーナッツと唐辛子のソースを添えます。どちらの国のアンティクーチョも、串にベビーポテト数個を刺すことがあります。

牛肉、ピーナッツ、ジャガイモの組み合わせは、タイのマッサマン・カレーを思い出させるかもしれません。タイ料理のシェフであるデイヴィッド・トンプソンによれば、ジャガイモと肉（いつも牛肉というわけではなく、仔羊肉や鴨肉もよく使われます）を加えた、濃厚でピーナッツたっぷりのこのカレーは、タ

※18　チャツネ［chutney］…野菜や果物にスパイスを加えて、煮込んだり漬けたりして作るソースやペースト状の調味料のこと。

イのカレーの中でもっとも手間がかかり、もっともおいしい一品です。

ピーナッツ＆ココナッツ

インドネシア料理では頻繁に使われる組み合わせです。米料理にピリッとした刺激を添えるために使われるスルンデン［seroendeng］は、おろしたココナッツをトーストして、タマネギ、にんにく、香辛料を加えて加熱し、ピーナッツを混ぜ合わせたものです。ルンペイエ・カチャン［Rempeyek kacang］は、スパイシーなココナッツミルクと米粉の生地に刻んだピーナッツを混ぜこみ、油で揚げたスナックです。誰もが知っているように、ピーナッツとココナッツは一緒にサテのソースや、昔からあるインドネシアのサラダ、ガドガドのドレッシングになったりします。ガドガドを軽視するわけではないですが、ガドガドは野菜の残りものを使いきる奥の手として、すばらしいレシピです。

---

recipe

《ガドガドのドレッシング》

❶ 皮なしのピーナッツ200gを190℃のオーブンで6〜8分ローストし、冷めたらフードプロセッサーで極細かくなるまで砕く

❷ 醤油50ml、パーム糖（またはブラウンシュガー）大さじ2、ライム果汁1/2個分、にんにく2、3かけをつぶしたもの（ベルギーエシャロット2〜3個を刻んだものと一緒に炒めておく）、好みで唐辛子を加える

❸ フードプロセッサーでなめらかになるまで回し、ココナッツミルク400mlを加えて、全体が混ざるまでもう一度回す

これを、煮たりゆでたりした野菜や生野菜にかけます。加熱したジャガイモを冷ましたものと、ゆでたサヤインゲン、生のもやしが一般的な組み合わせで、これにニンジン、ネギ、キャベツ、キュウリまたはレタスを加えると変化がつきます。ゆで卵、エビせんべい、炒めタマネギまたは豆腐を添えると見た目も鮮やかになります。

ピーナッツ＆コリアンダーリーフ→「コリアンダーリーフ＆ピーナッツ」P.274

ピーナッツ＆シナモン

カストリーズ・クレーム［Castries Crème］は、最初に強いピーナッツバターの風味がするピーナッツの酒です。メーカーによると、次第にスパイシーなシナモンとブラウンシュガーのかすかな香りが出てくるそうです（→「ピーナッツ＆リンゴ」P.29）。

ピーナッツ＆ジャガイモ→「ジャガイモ＆ピーナッツ」P.127

ピーナッツ＆セロリ→「セロリ＆ピーナッツ」P.130

ピーナッツ＆チョコレート→「チョコレート＆ピーナッツ」P.16

ピーナッツ&唐辛子→「唐辛子&ピーナッツ」P.293

ピーナッツ&トマト

西アフリカのシチュー、マフェで一般的に使われている組み合わせです。マフェは鶏肉や山羊肉、牛肉を使うこともありますし、いろいろな種類の野菜を入れることもありますが、必ずピーナッツとトマトのソースで煮こみます。次に紹介するのは、レシピとは呼べないほどざっくりしたものですが、イメージはわかってもらえると思います。

recipe

《マフェ》

❶ 大きめのタマネギ1個を刻んで、油でやわらかくなるまで炒める

❷ にんにく2、3かけをみじん切りにしたものと、赤唐辛子数本を刻んだものをタマネギに加える

❸ 大きめに切り分けた肉1kgを加え、焼き色をつける

❹ トマト缶1缶、トマトピューレ大さじ2、ローリエ1枚、ピーナッツバター125gを湯かストック500mlに溶かしたものを加える

❺ 1時間ほど弱火で煮こみ、ピーマン1個と根菜（ニンジン、サツマイモ、カボチャ、ヤムイモ――大きめのニンジン2本分の栄養があると言われている）を、ひと口サイズに切って入れる

❻ 野菜がやわらかくなるまで弱火で煮続け、やわらかくなったら火を止める

❼ 全体をぐるりとかき混ぜてから、ご飯やクスクス、キビにかけて食べる

ピーナッツ&鶏肉

整理整頓が好きな方は、四川料理のクンパオ・チキンを見ると落ち着くかもしれません。この料理ではピーナッツと、同じ大きさに切り揃えた鶏肉、唐辛子、ネギを合わせます。油で炒めて、唐辛子以外のすべてをきつね色にします。淡白でやわらかい鶏肉と歯ごたえとコクのあるナッツに、スパイシーなソースがからまって、それぞれの食感が楽しい一品です。

recipe

《クンパオ・チキン》

❶ 鶏胸肉2枚を1cm角に切り、薄口醤油大さじ1、紹興酒小さじ2、片栗粉小さじ2、塩小さじ1/2を合わせたものに浸ける

❷ 肉を浸けている間に、ネギ6本の白い部分を1cm幅に切り、乾燥唐辛子6本も同じように切る（辛さを抑えたい場合は種を取り除く）

❸ 砂糖大さじ1、黒酢大さじ1、水大さじ2、片栗粉小さじ1、薄口醤油小さじ1、オイスターソース小さじ1、ゴマ油小さじ1を合わせて置いておく

❹中華鍋にピーナッツオイル適量を熱し、唐辛子を加えて焦がさないように炒める

❺鶏肉を入れ、きつね色になったら、にんにく2かけをスライスしたもの、生姜2cmをみじん切りにしたもの、ネギを加え、鶏肉に火が通るまで炒める

❻先に作ったソースを加え、とろみとつやが出るまで煮詰める

❼ローストした無塩ピーナッツをたっぷりひとつかみ加え、手早くかきまぜてから皿に盛りつける

ピーナッツの代わりにカシューナッツを使ってもできますが、ピーナッツのほうがより本場の味に近づきます。

鶏肉とカシューナッツは、私にとって特別な存在です。初めて食べた中華料理だからです。そのときのことを母に説明しようとして、9歳の私はまったくなじみのない経験を言葉にするのに四苦八苦したものです。もやしのことをどう説明しようか? 生のジャガイモのようなシャリシャリと変わった食感のある、クワイのことは? それにこのやわらかくて塩味のとろりとしたものをどう説明する? 私はそれまで、そういったものを見たことがなかったのです（→「ピーナッツ&仔羊肉」P.29）。

ピーナッツ&ニンジン

イギリスの料理研究家ナイジェラ・ローソン（→P.508）は、レインボー・ルームのピーナッツとニンジンのサラダというレシピを編み出しました。彼女の母親が、同じような料理を食べたレストランにちなんで名づけたレシピです。彼女自身認めていますが、妙な組み合わせだと感じるかもしれません。でもおいしくできるので安心してください。特にワインビネガーを大胆に使うといいでしょう。ビネガーの渋みがナッツの油っぽさを消し、甘いニンジンと混ざり合って、全体をおいしくまとめあげます。ライム果汁たっぷりのアジアンサラダを思い出させるメニューです。

recipe

《ピーナッツとニンジンのサラダ》

❶ニンジン2本をグレーターで、繊維を切るように粗めの千切りにする

❷塩味のピーナッツ75g、赤ワインビネガー大さじ2、ピーナッツオイル大さじ2、ゴマ油数滴を加えて混ぜ合わせ、すぐにいただく

ピーナッツ&バナナ→「バナナ&ピーナッツ」P.395

ピーナッツ&バニラ

私は幸せな子ども時代を過ごしましたが、もしイギリスのハンプシャーで真っ白なバニラ風味のマシュマロフラフ[Marshmallow Fluff]※19が売られていたら、もっと幸せだったかもしれません。マシュマロフラフとピーナッツバターのサンドイッチを作ってほしいとねだったり、自分で作ったりできたのですから。

28　※19　マシュマロフラフ［Marshmallow Fluff］…マシュマロ味のスプレッド。

1枚の白パンにフラフを、もう1枚にピーナッツバターを塗り、2枚を押しつけて切り分ければできあがりです。

　　ピーナッツ＆豚肉→「豚肉＆ピーナッツ」P.45
　　ピーナッツ＆ブドウ→「ブドウ＆ピーナッツ」P.357

ピーナッツ＆ブロッコリー

　粒入りピーナッツバターは、ブロッコリーにぴったりです。まだ花の開いていないつぼみによくからまるからです。ブロッコリーを「ピーナッツ＆ココナッツ」（→P.26）で紹介しているドレッシングで和えて、サラダを作ってみてください。または、房の部分をきれいに切り分けるのが得意なら、それを「ピーナッツ＆鶏肉」（→P.27）で紹介しているクンパオという料理に入れてみてください。

　　ピーナッツ＆ミント→「ミント＆ピーナッツ」P.472

ピーナッツ＆ライム

　ライム風味（またはライムと唐辛子風味）の小袋入りピーナッツが、メキシコでは一般的に売られています。露店でも、ピーナッツを皮つきのまま豚脂で炒めて熱いうちにカップに入れ、ライム果汁を搾ったばかりのものを買うことができます。ピーナッツとライムは、タイやベトナムでもごく一般的に見られる組み合わせで、麺類やスープ、サラダの飾りつけに使われています。イギリスの料理研究家ナイジェラ・ローソン（→P.508）の「レインボー・ルーム・サラダ」（→「ピーナッツ＆ニンジン」P.23）に入っているワインビネガーと同様、油っぽいナッツにライム果汁の酸味が際立ちます。

ピーナッツ＆仔羊肉

　ボリビアでは、仔羊肉とピーナッツを使ってスープやシチューを作ります。西アフリカではマフェ（→「ピーナッツ＆トマト」P.27）を、タイではマッサマン・カレー（→「ピーナッツ＆牛肉」P.25）を、仔羊肉とピーナッツを使って作ります。

　東南アジアのサテでは、小さく切った仔羊肉を串に刺してグリルし、ピーナッツソースをつけて食べます。「サテ」という言葉は、材料を串に刺して炭火で焼く調理法を指し、特定の風味の組み合わせを指すものではありません。ヨーロッパでは、サテといえばピーナッツソースを添えたものが頭に浮かびますが、インドネシアでは、ケチャップマニス[kecap manis][20]や、トマトと唐辛子を合わせたものを添えることもあります。

　サテそのものについていえば、材料はなんでもOKです。仔羊肉、山羊肉、鶏肉、牛肉、魚介類、鴨の挽き肉、牛の臓物やタンやテール、水牛、カメ、豆腐など、串に刺すことができるものならなんでも使えます。

ピーナッツ＆リンゴ

　ピーナッツバターサンドイッチにジャムやゼリーを入れる代わりに、リンゴのすりおろしや薄切りを使う方は立派です。その正当性はさておき、酸味の強いグラニースミス種のリンゴをジャム代わりに使えば、

※20　ケチャップマニス［kecap manis］…醤油のような濃い色をした甘いソース。

甘いジャムを使うよりもすっきりとしたさわやかな味を添えます。リンゴと、ピーナッツバター＆カンパニー
［Peanut Butter & Co］のシナモン・レーズン味ピーナッツバターは格別においしい組み合わせです。
あるいは同社のメープルシロップ風味ピーナッツバターと合わせてもいいでしょう。瓶に入っているものを
買うこともできますし、同社が経営するニューヨークのピーナッツバター・カフェ［peanut butter café］
で食べることもできます。

肉の風味
Meaty

鶏肉
Chicken

豚肉
Pork

ブラックプディング
Black Pudding

レバー
Liver

牛肉
Beef

仔羊肉
Lamb

Chicken

鶏肉

　味の淡白な鶏肉は、食材のなかでモクレンのような存在だと言われていますが、にんにく40かけ（→「にんにく＆鶏肉」P.112）や、ローズマリー、タイム、レモンのような風味の強いものと一緒にしても負けない、しっかりとした肉感を持っています。脚、モモなど、よく運動している部分がもっとも美味で、皮つきや骨つきで調理すると特においしくできあがります。

　鶏肉は淡白だという評価は、皮と骨を取り除いた胸肉のせいでしょう。養鶏場で育てられたものは特にそうです。皮と骨のない胸肉は、肉食動物というよりは乾燥した豆腐のようです。そうは言っても胸肉の一番いいところは、料理にボリューム感を出し、塩味、甘味、ナッツの風味、果物の風味、スパイシーな風味、そして魚の風味といった、より個性的なソースの風味を損なわないことです。ここでは、七面鳥、ガチョウ、ウズラ、その他の猟鳥についても取りあげています。白鳥についても書いています。

　鶏肉＆アーモンド→「アーモンド＆鶏肉」P.342
　鶏肉＆アニス→「アニス＆鶏肉」P.254

鶏肉＆アボカド

　相性のよい組み合わせです。鶏肉をスモークすると、味に深みが増すでしょう。または、軽く焼いた松の実適量とレーズンひとつかみを加え、葉野菜と混ぜ合わせて、酸っぱいドレッシングをかけるといいでしょう。

　鶏肉＆貝・甲殻類→「貝・甲殻類＆鶏肉」P.196
　鶏肉＆牡蠣→「牡蠣＆鶏肉」P.209

鶏肉＆きのこ

　マイタケ[Grifold frondosa][1]はきのこの一種で、鶏が羽毛を逆立てた姿に似ていることから、この名前がつけられました。マスタケ[Laetiporus sulphureus][2]は、見た目が平たいチキンナゲットにそっくりで、食感も本物の鶏肉みたいです。でも、風味が似ているかどうかという点に関しては、意見が分かれています。きのこを片手1つかみか2つかみ鶏肉料理の鍋に入れると、鶏肉が、冷蔵庫からではなく、まさに森からやってきたばかりのような生き生きとした風味になります。キジやヤマウズラの蒸し煮に加えれば、足もとで小枝がポキリと鳴る音が聞こえるかのようです。

「アミガサタケと鶏肉のクリームソースがけ」には、素朴さはほとんどありません。アミガサタケは、その複雑で洗練された風味から、よくトリュフに似ていると言われます。アミガサタケにも、トリュフと同じように「白」と「黒」があり、アメリカのワイン評論家リチャード・オルニーは、両方とも「至高の味わいだ」と言っています。リチャードはまた、ソースやテリーヌに乾燥アミガサタケを使っても、生のアミガサタケにはとうていかなわないとつけ加えています。乾燥する過程で、蜜のような甘さがいくらか奪われ

※1　マイタケ［Grifold frondosa］…森の雌鳥（hen of the woods）の意。
※2　マスタケ［Laetiporus sulphureus］…森の鶏（chicken of the woods）の意。

てしまうようです。生のものでも乾燥のものでも、黒でも白でも、アミガサタケは必ず調理してから食べます。

鶏肉&キャビア

　アメリカの作家シルヴィア・プラス〔1932-1963〕（→P.508）の小説『ベル・ジャー』のなかで、登場人物のエスター・グリーンウッドは豪華な昼食会に出席して、ボウルに入ったキャビアを独り占めしようとたくらみます。エスターによれば、もし食事の席で何か間違ったことをしてしまっても、堂々としていれば、周りの人は、マナーが悪いというよりも個性的だと思うのです。

　"水の入ったゴブレットと銀食器とボーンチャイナがカチャカチャと鳴る音に隠れて、私は自分の皿に鶏肉の薄切りを敷きつめました。それから、パンにピーナッツバターを塗るように、鶏肉の上にキャビアを厚く広げました。そして、鶏肉のスライスを一枚ずつ指でつまんで巻き、キャビアがはみ出さないようにして、食べました"

　鶏肉&キャベツ→「キャベツ&鶏肉」P.163
　鶏肉&栗→「栗と鶏肉」P.326

鶏肉&クルミ

　シチューにナッツの粉を入れると、優れた隠し味になります。ナッツの軽くてバターのような風味が、肉と香辛料の濃厚な風味を吸って、味わい深く芳醇なソースに仕上げます。北インド（および世界中のカレー店）で人気のコルマは、アーモンド、カシューナッツまたはココナッツの粉をベースにしています。この調理法の起源はムガル時代までさかのぼります。

　チェルケスチキンというトルコ料理にも、この手法が使われています。湯がいて裂いた鶏肉を室温に冷まし、タマネギ、にんにく、クルミ粉、鶏のだし汁に浸したパン、それからコリアンダーの粉かシナモンを混ぜ合わせて作ったソースに浸けて食べます。

　グルジアには、鶏肉や魚、野菜を、クルミとたくさんの香辛料（シナモン、クローブ、コリアンダー、パプリカ粉、カイエンヌなど）を混ぜて煮こむサツィヴィという料理があります。チェルケスチキンとは違って、ナッツを補う目的でパンが使われることはありませんが、味のバランスを整えるために、酢やザクロ果汁のような酸っぱい風味が加えられています。イラン料理のフェセンジャンと同じように鶏肉で作ることもありますが、鴨で作ることのほうが多い料理です。クルミとザクロ果汁が合わさってできる渋みが、鴨の脂っこさを消してくれます（→「アーモンド&鶏肉」P.342）。

　鶏肉&クレソン→「クレソン&鶏肉」P.136
　鶏肉&グリンピース→「グリンピース&鶏肉」P.283
　鶏肉&ココナッツ→「ココナッツ&鶏肉」P.407

鶏肉&コリアンダーリーフ

　コリアンダーリーフ（パクチー）は、グリーンカレーなどタイの鶏肉料理に広く使われています。ベトナムではラウラム（ホットミント）が、チキンサラダやサマーロールに入れられています。ラウラムは植物学

的にはコリアンダーと関係はありませんが、コリアンダーと同じような柑橘系の風味を持ちます。違うの
は、やや刺激が少ないところくらいです。

マレーシアではラウラムは、ラクサレマクという麺のスープにちなんで「ラクサ・ハーブ」として知ら
れ、よく飾りとして添えられています。

鶏肉&サフラン→「サフラン&鶏肉」P.250

鶏肉&ジャガイモ

フランスのコートダジュールにあるアンティーブという町で、私はあるものに心奪われてしまいました。
ストライプの水着を着たライフガードにではなく、年季の入った自転式のロウティサリー(回転式グリル)
にです。

オーベルノン通りを散歩していて、黒い鉄と真鍮でできた、一風変わった美しい機械が目に入り思わ
ず足を止めました。スイスの芸術家ジャン・ティンゲリー〔1925-1991〕(→P.507)のきしりながら動く芸術
品のようで、違うところといえば、ローストチキンのにおいがするところでした。鶏肉が一列に刺さった幾
段もの鉄の棒が重力によって回転し、上から下へと楕円形を描きます。順番に火にあぶられた鶏肉の表
面は肌色からブロンズ色に変わり、その間にも機械の振動で脂が自然と落ちていきます。この機械は、
ゲームセンターのコイン落としゲームのようなおもしろい機能もあり、生の鶏を串に押しこむと、焼きあが
った鶏が下にあるトレイに落ちていきます。

トレイはカリカリのフライドポテトでいっぱいです。ポルトガル風の鶏肉とフライドポテト。これほどお
いしいものが世界にあるでしょうか? しかも、この肉のあぶり器のトレイにあるポテトには、さらに魅
力的な点があります。鶏肉から落ちてくる脂で、ねっとりとつややかにコーティングされているのです。

鶏肉&セージ

タマネギと一緒に詰め物やソースに使われるセージは、鶏肉の味わいを一段と高めてくれます。一方、
ややにおいの強い七面鳥は、刺激的なハーブの風味とうまく調和します。セージはガチョウともよく合い
ます。アメリカのフードライターであるハロルド・マギー(→P.509)は、ガチョウのような脂ののった鳥と
セージは特に合うと指摘しています。

セージとタマネギを詰めたガチョウにアップルソースを添える料理は、エリザベスI世から第二次世界
大戦時代までのイギリスで、典型的なクリスマスのごちそうでした。ヴィクトリア朝の終焉によって、ほと
んど(特に南イングランド)の人々は、ガチョウから七面鳥に切り替えていきました。ヴィクトリア女王自
身はどちらにも関心がなく、牛肉か少量のローストした白鳥を好みました。

鶏肉&セロリ→「セロリ&鶏肉」P.130

鶏肉&タイム

タイムはたびたび鶏の皮の下やお腹に詰められて、ローストチキンの風味づけに使われます。ですが、
ローストする前に鶏肉を塩水に浸けると、肉がジューシーになり、風味がより豊かになります。塩分が肉
に浸透するだけでなく、塩水にハーブや香辛料、もしくは野菜の香りを移しておくことができるからです。

recipe

《鶏肉のタイム焼き》

❶ 鍋に水500mlと、海塩70g、砂糖大さじ4、タイムの小枝12本（または乾燥タイム大さじ1）
を入れ、弱火で砂糖と塩が溶けるまで加熱し、砂糖と塩が溶けたら冷ます

❷ 冷水1.5Lを加え、冷蔵庫で冷やす

❸ 塩水にタイムの風味がついて冷たくなったら、鶏肉を洗って大きめのロースト用バッグ[※1]に入れる
このときバッグは、鶏肉がすっぽりと入り、かつ塩水を入れたとき鶏肉全体が浸かる大きさのも
のにする

❹ バッグに塩水を入れ、できるだけ空気を搾り出してから口を閉じる

❺ 冷蔵庫に4〜8時間入れておく。このとき、ときどき袋を動かそう

❻ 鶏肉を冷水でよく洗ってから、ペーパーナプキンなどで水分を拭き取る

❼ この後は、いつも通りに焼く。すぐに焼いてもいいし、ラップなどで包んで冷蔵庫に入れておけ
ば、1、2日後でも大丈夫

鶏肉＆卵→「卵＆鶏肉」P.187

鶏肉&タマネギ

　フランスの政治家で美食家でもあったブリア・サヴァラン〔1755−1826〕（→P.509）は、「鶏肉と台所の
関係は、キャンバスと芸術家の関係と同様だ」と書いています。他の風味を損なわない淡白な味という
点で、鶏肉はポロネギ（リーキ [leek]）と共通するところがあります。ポロネギの原産地は、『ヴィクトリ
ア朝初期の日常生活実用百科』（1855年）によると、ウェールズではなくスイスとするのが妥当です。コ
ッカリーキ・スープを飲んで、気分を害する人は誰もいません（ベジタリアンは別ですが）。コッカリー
キ・スープは昔から伝わるスコットランドの料理で、ポロネギ、プルーン、鶏肉のストックで作ります。

鶏肉&唐辛子

　ポルトガル人がアフリカのモザンビークから持ち帰ってきたのがペリペリ（ピリピリ）チキンです。ペリ
ペリチキンとは、オイル、唐辛子、塩、柑橘系の果汁に浸けた鶏肉を、火であぶるというシンプルな料
理です。ペリペリはアフリカの単語で唐辛子を指す総称ですが、普通は辛くてシンプルな風味を持つ、
鳥の目（バーズアイ）唐辛子という品種を指します。この料理が大好きなポルトガル人は、彼らの植民地
にも持っていきました。これには、1961年までポルトガル領だったインド西部のゴアも含まれ、そこでペ
リペリチキンはとても広く普及しました。ペリペリチキンが世界中に普及したことで、南アフリカのレスト
ランチェーン、ナンドーズ [Nando's] は、辛くて涙が出るような鶏肉料理の大衆市場に目をつけ、1987
年から5つの大陸でペリペリチキン専門のレストランをオープンさせました。その店舗数は近年ますます
増えています（→「生姜&唐辛子」P.441、「ピーナッツ&鶏肉」P.27）。

※3　ロースト用バッグ…肉を入れてそのままローストできるビニールバッグ。イギリスなどで普通に使われている。

鶏肉&トマト

　恐竜の形のチキンビッツを、たっぷりのトマトケチャップにつけて食べる方法から一度卒業すると、もうあのわくわく感を得ることは難しくなります。トマトと鶏肉は、チキンティッカ・マサラやチキンカチャトーレ、ハンターズシチューで互いに味を抑えながら支え合う関係にあります。

　悲しいことにハンターズシチューは、一対の野生の鶏をベストにひっかけて家に戻ってくる、シチリア農民の発明ではなく、1950年代から伝わるイギリスのレシピです。ハーブの香る鶏肉入りトマトソースに不満を言うような、保守的すぎたり、先進的すぎたりする男をつかまえることのないようにと、母から娘に伝えられました。

鶏肉&トリュフ→「トリュフ&鶏肉」P.159
鶏肉&にんにく→「にんにく&鶏肉」P.155

鶏肉&ハードチーズ

　1980年代には、チキン・コルドンブルーという料理の流行のようなものがありました。これは、皮と骨なしの鶏胸肉にグリュイエールチーズとハムのスライスを詰めるという、いくぶんバランスを欠いた料理です。ここで紹介する「プレ・オ・コンテ」のレシピは、これを改良したものですが、あえて皮と骨つきのローストチキンを使ったのは、チーズの持つ味の濃さや果物やナッツの風味、焦げた際の香ばしい味に負けない特質があるからです。

recipe

《プレ・オ・コンテ》

❶鶏肉は4つに切り分け、塩コショウを混ぜた小麦粉を軽くはたく
❷バターで焼き色がつくまで焼き、皿に移して冷めないように置いておく
❸この鍋に辛口白ワイン300mlとストロングマスタード大さじ2を入れて、鍋にこびりついた肉片をこそぎ落とす
❹このソースを、オーブン用の皿に移した鶏肉にかけ、200℃のオーブンで40分焼く。焼いている間に、2、3回ひっくり返す
❺細かくおろしたコンテチーズ100gをふりかけて、オーブンにもどし、さらに約5分焼く
❻チーズが色づき始めたらできあがり。ゆでジャガイモかご飯を添えていただく

鶏肉&バジル→「バジル&鶏肉」P.300
鶏肉&バナナ→「バナナ&鶏肉」P.394

鶏肉&バラ

　バラの花びら、またはローズウォーターと一緒に鶏肉を料理する方法は、ムガル料理やムーア料理、中世イギリスの台所では、一般的でした。メキシコの作家ラウラ・エスキヴェルの小説『赤い薔薇ソー

スの伝説』では、ヒロインのティタが、姉のヘルトゥルディスを、バラの花びらとウズラで作った料理で
快感の絶頂へと導きます。フランスの政治家で美食家でもあったブリア・サヴァラン〔1755-1826〕
(→P.509) は決してこの料理を認めなかったでしょう。彼の意見では、ウズラの風味は、すべての猟鳥の
なかでもこの上なく美味ですが、一方で、とてもはかなく、そのためシンプルにローストするか、包み焼
きにする以外の調理方法は、無粋以外の何物でもないということです。

　もしあなたがこの見解に賛同するなら、ソースのかかったウズラ料理には代わりに鶏肉を使ってみると
いいかもしれません。多くのシェフもそうしています。

　心理学者のホリングワースとポフェンバーガーは、「食感」による性質を考えなければ、ほとんどの人
は鶏肉と七面鳥とウズラの風味の違いがわからないと言っています。しかし食感を甘く見てはいけませ
ん。ヘルトゥルディスが、ねっとりとした小さなウズラの足をかじる代わりに、皮なしの鶏胸肉をむしゃむ
しゃ食べて、すばらしいひとときを過ごせたでしょうか。

鶏肉&パースニップ

　ローストしたパースニップは、ローストチキンの付け合わせにぴったりですし、クリスマスのローストター
キーには欠かせません。コックのなかには、本当においしいチキンスープを作るには、風味づけにパ
ースニップを使わなければならないと断言する人もいます。パースニップが手に入らない場合、イギリス
のシェフであるロバート・リードは、カレーパウダーひとつまみを入れると、はっきりとわからないレベル
でストックの味がよくなると言います。一方、きのこの皮を少し入れると、肉のような質感が加わります。
同じように、鶏の足をできあがった料理に入れると、とろりとしたゼラチンの食感が加わります。簡単で
安上がりなので試してみてください。

鶏肉&パプリカ

　本書のなかでもっとも簡単で、失敗のない組み合わせのひとつです。

---

recipe
《鶏肉とパプリカ》
❶パプリカ6〜8個（赤、黄色、オレンジを選ぶ。緑色は向かない）の種を取って、大きめに切り
　分ける
❷大きいテフロン加工の片手鍋に、パプリカと鶏モモ肉（皮つき、できれば骨つき）8本を入れ、
　中火にかける
❸最初の10分間は目を離さず、肉が鍋にくっつかないようにときどき肉を動かす。急にパプリカか
　ら水分が出てくるが、そのままにしておく
❹蓋をして、弱めの中火にし、鍋の中に油の浮いた甘い秋の色あいのストックが出てくるまで、30
　分加熱する
❺塩コショウで味を調え、ご飯やクスクス、フランスパンを添えて食べる

肉

鶏肉

添えるものは、鶏肉のソースをぬぐうことができるものならなんでもOKです。

鶏肉&ピーナッツ→「ピーナッツ&鶏肉」P.27
鶏肉&ブドウ→「ブドウ&鶏肉」P.356
鶏肉&ブルーチーズ→「ブルーチーズ&鶏肉」P.84
鶏肉&ヘーゼルナッツ→「ヘーゼルナッツ&鶏肉」P.337
鶏肉&ベーコン→「ベーコン&鶏肉」P.234

鶏肉&洋梨

　鶏肉と洋梨は、それほど合わないように思うかもしれませんが、ヤマウズラと洋梨を、ベーコン、ベルギーエシャロットとともにおいしいストックに入れて、蒸し煮にする料理はおすすめです。洋梨が繊細で果物のような甘さを保ったまま、濃厚な煮汁を吸います。クリスマス時期のディナーに向くでしょう。

---

recipe
《ヤマウズラと洋梨の蒸し煮》
❶油大さじ1を底の厚いキャセロールに入れて熱し、小さめのヤマウズラ4羽を焼く
❷肉を取り出して置き、その鍋に刻んだスモークベーコン150g、バター25g、皮をむいたまるごとのベルギーエシャロット20個、皮をむいて芯を取り4分の1に切った洋梨4個、刻んだにんにく1かけを入れて加熱する
❸エシャロットがきつね色にやわらかくなったら、肉を鍋にもどして、熱いチキンストック150mlを注ぎ入れる
❹調味料で味つけして蓋をし、160℃のオーブンで20〜25分加熱する
❺この状態で食卓に出してもかまわないが、肉を取り出してアルミホイルをかぶせておき、鍋をコンロにかけ、ゆでて皮をむいた栗200gを加え、かき混ぜながら温めて添えると、さらにいい

　デザートには、揚げたてできつね色の、リング状のリンゴフリッター5枚を添えると完璧です（→「バニラ&リンゴ」P.501）。

鶏肉&ライム

　柑橘系の果物と鶏肉との組み合わせは、世界中の料理に見られます。私は、有名なユカタン半島の郷土料理ソパ・デ・リマなどのように、スパイシーな鶏肉のスープに入っているライム果汁の酸っぱい風味が大好きです。ソパ・デ・リマは、裂いた鶏肉、唐辛子、千切りにしたトルティーヤを、鶏肉とトマトのスープに入れて食べる料理です。スープはシナモン、にんにく、オールスパイス、粒の黒コショウで味つけし、最後にライムをたっぷり搾って、コリアンダーリーフを飾ります。

鶏肉&レモン→「レモン&鶏肉」P.435

Pork

豚肉

　2つの大きな宗教で禁止されていることを除けば、豚肉は、世界でもっとも消費されている肉です。その味は牛肉よりも塩気が少なく、いくらか甘味があります。焼くと、上質の豚肉からは森林と農場の香りが混ざった、えもいわれぬ風味が出てきます。にんにく、きのこ、キャベツ、ジャガイモ、香りの強いハーブを添えると、風味はさらに豊かになり、酸味の強いリンゴを添えると、鮮やかなコントラストを描いて引き立ちます。甘いアニス、白コショウ、加熱したタマネギはすべて、豚肉の深い味わいを引き出します。

　肉の色は、その動物がどれほど体を動かすことができたかを示す指標になることを覚えておいてください。生の場合、風味豊かな豚肉は健康的なローズピンクをしています。赤黒くくすんだ色をしていたら、あまり体を動かしてこなかった証拠です。

豚肉＆アーティチョーク→「アーティチョーク＆豚肉」P.176

豚肉＆アニス

　料理する時間はどれぐらいありますか？　3時間あったら、豚バラ肉2kgを芳しいストックで蒸し煮にしてみてください。材料は（→「アニス＆白身魚」P.253）にあります。

recipe
《豚肉とアニスの蒸し煮》
❶豚の塊肉を、オーブン使用可の蓋つき鍋に入れて、水2Lを加え、弱火で沸騰させる
❷次に弱火でクツクツと煮ながら、アクを取り除く
❸他の材料をすべて入れてかき混ぜ、蓋をしてオーブンに入れる
❹130℃のオーブンで2〜3時間加熱。竹串が簡単に通るようになったらOK
❺肉を取り出し、鍋をコンロにかけて煮詰め、ソースにする
❻肉を切り分け、白いご飯に添え、ソースをかけていただく。刻んだ葉ネギまたはコリアンダーリーフなど、新鮮な葉類を散らして飾りにするといい

　時間が1時間しかない場合には、豚ヒレ肉ににんにくを差し込み、オリーブオイルを塗って、砕いたフェンネルシード小さじ1をふりかけ、220℃のオーブンで約30分焼きます。このとき、フェンネルの球根をスライスしたものを何枚か、肉の下に敷いてもいいでしょう。

　30分しかない場合は、甘くておいしいイタリアンソーセージを使って、パスタソースを作りましょう（→「豚肉＆トマト」P.43）。

5分しかない場合は、フェンネルの粒が見え隠れする、レース模様のローズピンクのサラミ、フィノッキオーナの包みを開けましょう。ホームメイドのピザにのせたり、1枚ずつ違う形に折りたたんで食べたりするために、買い置きしておくといいですね。

豚肉&アンズ→「アンズ&豚肉」P.400

豚肉&オイリーフィッシュ（脂分の多い魚）

「ウナギは豚肉とよく合う。なぜなら、ウナギは魚の中で最上のもので、豚は四足動物の中で最上のものだからだ」と、イギリスの作家ノーマン・ダグラス [Norman Douglas]〔1868−1952〕（→P.508）は、『台所のヴィーナス──愛の女神の料理読本』に書き、その後に、ウナギを詰めた子豚のレシピをあげています。ロマンチックなディナーの準備としてウナギを子豚に押しこむには、悪戦苦闘が必要です。ダグラスは、内臓を抜いた生後10〜15日の子豚に、骨抜きをして酢で洗ったウナギのぶつ切りと、コショウの実、クローブ、セージを詰めるとよいと書いています。

豚肉&貝・甲殻類→「貝・甲殻類&豚肉」P.197
豚肉&牡蠣→「牡蠣&豚肉」P.210
豚肉&きのこ→「きのこ&豚肉」P.105
豚肉&キャベツ→「キャベツ&豚肉」P.164
豚肉&キュウリ→「キュウリ&豚肉」P.261

豚肉&牛肉

アメリカ映画『グッドフェローズ』で登場人物のヴィニーが教えてくれています。本物のミートボールを作るには、3種類の挽き肉が必要だと。「豚肉は絶対に必要だ。豚肉が味を決める」でも、牛肉だって風味を持っています。色が白くて甘味のある豚肉に比べ、色が濃くて鉄分を含んでいますけれども。仔牛肉（ヴィール）は食感をよくするために使います。アメリカでは、豚肉、牛肉、仔牛肉の3種類の挽き肉が混ざって（等量の場合が多い）いるものを、ミートローフやミートボール・ミックスの状態で買うことができます。

ビーフシチューの風味と食感は、豚の皮を加えると豊かになります。豚肉のローストを作るときに、カリカリした皮が少なくなってしまいますが、少し切ってとって置きましょう。また豚脂（ラード）は、ポットローストで肉を焼くときに入れると、この上なくすばらしい風味を出してくれます。

豚肉&クミン

仔羊肉はしばしば、草の香り、ハーブの香り、低木林の香りなど、生育地によって味わいが違います。同じように豚肉は、クミンの持つ土のような風味がします。油を塗った豚ヒレ肉または骨つき肉にクミン粉をふりかけるか、以下のレシピ❶で作る芳しい液の中に浸けこんで味をしみこませてから調理しましょう。

豚肉&栗→「栗&豚肉」P.327

recipe

《豚肉のクミンソース焼き》

❶蜂蜜大さじ1、クミン粉小さじ2、赤ワイン大さじ5、オリーブオイル大さじ2、赤ワインビネガー
　大さじ1を、中サイズの密閉式ビニールバッグに入れて混ぜ合わせる

❷豚肉を入れてよくもみ、空気を抜いて閉める

❸冷蔵庫で数時間浸けてから、取り出して焼く

豚肉＆グリンピース→「グリンピース＆豚肉」P.284

豚肉＆グレープフルーツ

　何年か前のこと、私はカリブ海にあるアンティグア島の海岸で寝そべっていました。照りつける太陽の光、ヤシの木をゆらす涼しいそよ風、グラニュー糖のように細かな白砂、遠いモントセラトの火山は噴火から6カ月たってもまだ煙が上がっていて、まさに楽園のようでした。そのとき、どこからかポークジャーキーのにおいが漂ってきました。私はお腹が鳴るのを少しでも止めようと腹ばいになりました。ひとりの女性が海岸の木陰で、ドラム型のバーベキューセットでバーベキューをしていました。

　20分後、私は片手に、オールスパイスとスコッチボンネット・ペッパーで辛味を利かせたアツアツの豚肉を詰めた、焼きたての薄焼きパンを持ち、もう一方の手には、冷えたグレープフルーツソーダの缶を握っていました。

豚肉＆クレソン→「クレソン＆豚肉」P.137
豚肉＆クローブ→「クローブ＆豚肉」P.309

豚肉＆ココナッツ

　ベトナム料理ティッヘオコーチューは、ココナッツウォーター（牛乳ではありません）でゆっくりと加熱して焦がした豚肉とニョクマムで作ります。できあがりの直前にゆで卵を加えます。

　オーストラリア・メルボルンのシェフ、レイモンド・カパルディは、この組み合わせを使って、より洗練された料理を作りました。冷たいココナッツヌードルに、熱いゼラチン質の豚バラ肉の角切りを添えます。麺はもちろん、ココナッツミルクで煮た米粉麺などではなく、ココナッツミルク、唐辛子オイル、パームシュガーで作ったもので、寒天で固めてあります。甘草でできたひも状のお菓子のようにコシがあり、塗りたてのペンキのように真っ白です。ミントやコリアンダーなど、典型的なベトナムのハーブを飾り、ラクサ［laksa］[※4]のベネグレットソースを添えます。

豚肉＆コリアンダーシード→「コリアンダーシード＆豚肉」P.494

豚肉＆コリアンダーリーフ

　ポルトガルでは、コリアンダーはもっとも広く使われているハーブで、ポルトガル語でコリアンダーとい

※4　ラクサ［laksa］…香辛料が効いた東南アジアの麺料理。シンガポールやマレーシアでは一般的。サンスクリット語の「多くの［lakh］」が語源。

う意味のcoentradaという単語がメニューの中にある場合には、コリアンダーがたっぷり入っていることを表しています。人気のあるレシピは、コリアンダーとにんにくと豚の耳を合わせたものを、オイルと酢で和えて、冷たくして食べます。

　豚の耳は歯ごたえがありすぎる、と思う方なら、コリアンダーを使ったアジア料理はいかがでしょうか。肉夹馍[roujiamo]※5では、コリアンダーが肉の脂っぽさを消しています。もともとは中国・陝西省の郷土料理で、普通は屋台で売っています。いろいろな材料を使うこともありますが、一般的な組み合わせは、蒸した豚肉、たくさんのコリアンダー、ピーマンを平たいパンにはさみます。

豚肉&シナモン→「シナモン&豚肉」P.306
豚肉&生姜→「生姜&豚肉」P.443

豚肉&ジャガイモ

　塩気が利いて、土のにおいのする組み合わせです。ソーセージ&マッシュポテト、フランクフルトソーセージのポテトサラダ添え、ほっとするようなトスカーナ風ロースト(→「ローズマリー&豚肉」P.454)に使われます。ペルーでは、乾燥ジャガイモ、唐辛子、ピーナッツで作る煮こみ料理、カラプルクラ[carapulcra]でこの2つを一緒に使います。韓国では、豚の背骨、ジャガイモ、いろいろな香辛料を使ってカムジャタンというスープを作り、夜遅く、ビールを飲みすぎた後によく食べます。

豚肉&ジュニパーベリー→「ジュニパーベリー&豚肉」P.462
豚肉&すいか→「すいか&豚肉」P.353

豚肉&スウェーデンカブ

　スウェーデンカブは、つぶして蒸し煮か、ローストした塊肉の下に敷き、グレービーソース[gravy sauce]※6を吸わせるのが一番です。豚の手(脂ののった肩肉のこと。足よりも甘味があります)か、ほほ肉を使って試してみてください。両方とも通常はソーセージを作るときに使いますが、長時間蒸し煮にしてもおいしくなります。

豚肉&セージ→「セージ&豚肉」P.457

豚肉&セロリ

　セロリにアニスやフェンネルの特質を見出す人がいます。確かにセロリは、アニスやフェンネルと同じように豚肉ともよく合います。セロリシードは、豚肉加工食品店で、レバーのソーセージやミートローフに広く使われています。セロリの茎を、角切りにした豚肉、タマネギ、白ワイン、ストックと一緒に蒸し煮にし、アブゴレモノ(→「卵&レモン」P.190)でとろみをつけると、シンプルだけどおいしいギリシャ風シチュー、ヒリノ・メ・セリノができあがります。(→「プロシュート&セロリ」P.239)。

豚肉&タイム→「タイム&豚肉」P.466

※5　肉夹馍[roujiamo]…焼きたての肉をはさんだ中国のサンドイッチ。
※6　グレービーソース[gravy sauce]…肉汁から作るソース。

豚肉&卵

　豚肉と卵は一緒に、炒め物料理やソーセージ・マックマフィンに使われています。ゲイラパイでは、どちらの食材も隅から隅まで詰めてあって、決して表面だけに張りつけているわけではありません。ゲイラパイは、外側を湯練りペストリーの薄い皮がぐるりと包む長方形のパイで、その断面には、きらめくゼリー、豚挽き肉とベーコンがまだら模様をなすピンクの肉、ゆで卵の白身と黄身の楕円形が鮮やかに浮かび上がります。端正なポップアートを表現しているのかもしれません。私はスコッチエッグを見ても、同じことを感じます。どちらもこれという見本を見つけるのは難しいので、自分で作るのが一番でしょう。

recipe
《スコッチエッグ》

❶ スコッチエッグ4個を作るには、豚肩肉200gとストリーキーベーコン（燻製にしていないもの）75gをミンチにして、塩コショウで味つけする

❷ 4等分して、濡れた手で丸めてからカップ型にする

❸ ゆで卵4個の殻をむき、小麦粉をはたいて、卵の丸いほうを下にしてカップ状の肉にのせる

❹ 肉を広げて卵全体を包みこむ。このとき、穴があかないように気をつける

❺ 溶き卵に浸けてからパン粉をまぶし、油で7〜8分揚げる。このとき、全体が同じ色になるように、数回返す

　ウズラの卵を使って、ミニ・スコッチエッグを作ってもかわいいでしょう。(→「ブラックプディング&卵」P.48)。

豚肉&タマネギ→「タマネギ&豚肉」P.151
豚肉&ディル→「ディル&豚肉」P.265
豚肉&唐辛子→「唐辛子&豚肉」P.293

豚肉&トマト

　トマトの酸味は、豚肉の脂っぽい甘さとおいしいコントラストを描きます。上質のイタリアンソーセージ（できればフェンネル入り）を切り分けてトマトと一緒に炒めると、肉がくずれてトマトの汁と混ざり、濃厚で深みのあるラグーができあがります。

recipe
《ソーセージとトマトのラグー》

❶ オリーブオイルににんにく少量を入れてやわらかくなるまで加熱し、ソーセージ4本をスライスしたものを加え、少し色づくまで炒める

❷次にプラムトマト1缶（皮なし）を加え、スプーンでトマトをくずす。このときトマトの汁で、鍋の底
　にこびりついた豚肉のおいしいかけらをこそぎ落とす

❸塩コショウして、約20分弱火で煮こむ

❹パスタやポレンタ [polenta]^{※7}、パン、ご飯と一緒に食べる

　タイでは、トマトの甘味を効かせたナムプリック・オンという料理があります。炒めた唐辛子ペースト、
レモングラス、ベルギーエシャロット、にんにく、エビペースト、粗く刻んだトマト、豚挽き肉を、ナンプ
ラー（魚醤）とパームシュガーで味つけをして煮こんだディップです。生野菜やゆで野菜、蒸しご飯、フ
ライド・ポークスキンと一緒に食べます。

豚肉＆トリュフ→「トリュフ＆豚肉」P.160

豚肉＆にんにく

　豚肉に、これでもかというほど大量のにんにくを使ってみてください。この2つの食材は相性抜群で
す。フィリピンの煮こみ料理で、国民的料理とされるアドボは、大量のにんにくと肉（普通は脂身の多い
豚肉）、酢、醤油、ローリエ、コショウの実を合わせて作ります。手早く、あわてることなくアドボを作
る方法は、すべての材料を鍋に入れて沸騰させ、弱火にして蓋をし、肉がやわらかくなるまで約1時間コ
トコトと煮こむというものです。次に紹介する方法は、もう少し手間がかかりますが、ずっと風味豊かに
できあがります。

recipe

《フィリピンのアドボ》

❶豚肩肉または豚バラ肉500gを食べやすい大きさに切る

❷にんにくは球根1つから4かけを取り分けて、残りはつぶしておく

❸豚肉、つぶしたにんにく、醤油大さじ4、米酢125ml、ローリエ1枚、挽きたての黒コショウ小さ
　じ1（米酢の代わりに安いバルサミコ酢か中国黒酢を使ってもいい。少し違うが、おいしくできあ
　がる）をすべて一緒にして、数時間から24時間浸けこむ

❹鍋にすべてを移して、水をひたひたになるまで注ぎ、沸騰させる

❺蓋をして、肉がやわらかくなるまで弱火で煮こむ

❻濾し器で濾して、だし汁を鍋にもどし、とろみのあるグレービーソース [gravy sauce]^{※8} になるま
　で煮詰める

❼この間に、フライパンにピーナッツオイルを入れて熱し、豚肉を焼く

❽カリカリになったら、ソースの入った鍋にもどす

※7　ポレンタ [polenta] …トウモロコシ粉で作ったそばがきのようなもの。
※8　グレービーソース [gravy sauce] …肉汁から作るソース。

❾最後に、取り分けておいたにんにく4かけをつぶして、きつね色になるまで炒めてから、鍋に加える

❿数分間弱火で煮こみ、ご飯か、できればシナーゴというガーリックフライ・ライスに添える

ガーリックフライ・ライスは、冷飯とつぶしたにんにく、みじん切りにしたベルギーエシャロットを、少量の醤油で炒めるだけで作ることができます。

豚肉＆バターナッツカボチャ→「バターナッツカボチャ＆豚肉」P.323

豚肉＆パースニップ→「パースニップ＆豚肉」P.316

豚肉＆パイナップル→「パイナップル＆豚肉」P.378

豚肉＆ビーツ→「ビーツ＆豚肉」P.117

豚肉＆ピーナッツ

ピーナッツと豚肉は、アメリカ版の坦々麺でよく一緒に使われています。しかし、ピーナッツは本格的な四川風坦々麺では使いません。私の坦々麺は特に本格的ではないので、「スパイシーな豚肉とピーナッツのラーメン」と呼ぶべきかもしれません。

recipe

《担々麺風、スパイシーな豚肉とピーナッツのラーメン》

❶塩味のローストピーナッツ100gを粗く刻む

❷フライパンにピーナッツオイル大さじ1を入れて熱し、乾燥赤唐辛子を輪切りにしたものを炒めて香りをつける。このとき焦がさないように注意

❸豚挽き肉300gと、つぶしたにんにく1かけ混ぜ合わせておく

❹これをフライパンに入れて、肉が茶色くなって中に熱が通るまでじっくり炒める

❺余分な脂を切って火にもどし、ライトブラウンシュガー大さじ2、醤油大さじ1を全体にふりかける

❻刻んだピーナッツを少し取り分け、残りをフライパンに入れてかき混ぜる

❼別の鍋に、細麺か中細麺4玉を、チキンストック700ml、醤油大さじ2、ゴマ油小さじ1を合わせたものの中に入れてゆでる

❽深鉢4個を用意し、底にラー油少々を入れる

❾穴じゃくしを使って、麺を分け入れ、スープを大さじ数杯ずつ加え、炒めた豚肉を上にのせる

❿先ほど取り分けたピーナッツと、生の赤唐辛子の輪切りを飾る

豚肉＆ブドウ→「ブドウ＆豚肉」P.357

豚肉＆ブラックプディング→「ブラックプディング＆豚肉」P.49

豚肉&ブロッコリー

ブロッコリー好きな人が特に好むブロッコリーラーブは、南イタリアでたいへん人気がある品種です。普通のブロッコリーよりも辛味があり、スパイシーだと言う人もいます。私はこれに、強い鉄の味と甘草のかすかな塩味があることをつけ加えておきます。辛くてアニスのような特質を持ち、イタリアのポークソーセージ（多くの場合、唐辛子とフェンネルシードで風味づけられています）と合わせると絶品です。

次にあげる料理は、作り方が何通りもあります。ブロッコリーをパスタと一緒にゆでることもありますし、すべてをひとつの鍋に入れることもあります。ソーセージは丸のままでなければいけないと明記しているレシピもありますし、皮をはがさなければならないとするものもあります。また、ソーセージをひと口サイズに切り分けるレシピもあります。私は三番目の方法が好きです。

recipe

《ソーセージとブロッコリーのパスタソース》

❶ 切り分けたソーセージをオリーブオイルでじっくりと焼く
❷ 脂が少し溶けたところで、切り分けたブロッコリーを加え、ソーセージと一緒に15〜20分炒める。このとき、パスタのゆで汁大さじ1を時々加えて、ソーセージ味のだし汁を作り、ブロッコリーの房に吸わせてもいい
❸ オレキエッテ・パスタ [orecchiette pasta][9] と一緒に食べる

ソースとよく混ぜ合わせると、パスタの「小さな耳」にブロッコリーの緑の細かなつぼみが入って、ミニチュアのサラダボウルのようになります。

豚肉&ベーコン

ベーコンは、豚肉よりも年齢と経験を重ねたお兄さんのようなものです。豚肉とベーコンは協力して、本格的なイングリッシュ・ブレックファスト（ベーコン、ソーセージ）や、フランスのシュークルート・ガルニ [choucroute garnie][10]、驚くほどおいしいスペイン・アストゥリアス州の豆のシチュー、ファバダ（→「ブラックプディング&豚肉」P.49）を作りあげます。

ベーコンの鮮やかな赤は白い豚肉に色を添え、同時に塩味とブイヨンの風味も加えます。ポークパイを豚肉だけで作ると、都会人のさえない顔色のような色になってしまうので、ベーコンを加え、ピンク色を加えるといいでしょう。ベーコンと豚肩肉を1：3の割合で作るとおいしくできあがります（→「豚肉&卵」P.43）。

豚肉&洋梨→「洋梨&豚肉」P.390
豚肉&リンゴ→「リンゴ&豚肉」P.383

※9　オレキエッテ・パスタ [orecchiette pasta] …イタリアのプッリャ州やバジリカータ州などの地域を代表する耳形の小さなパスタ。
※10　シュークルート・ガルニ [choucroute garnie] …ザワークラウトの上にソーセージや豚肉をのせたもの。

豚肉&ルバーブ

　ルバーブのチャツネ［chutney］[※11]は、ポークチョップにおなじみの付け合わせですが、最近ではバーベキューやアジア風レシピでもこの組み合わせを見かけるようになりました。ルバーブの甘酸っぱい果物の風味は、いろいろな香辛料が混ざった複雑な風味を和らげてくれますし、甘辛いソースをさわやかにしてくれます。

豚肉&ローズマリー→「ローズマリー＆豚肉」P.454

肉

豚肉

※11　チャツネ［chutney］…野菜や果物にスパイスを加えて、煮込んだり漬けたりして作るソースやペースト状の調味料のこと。

Black Pudding
ブラックプディング

おいしいブラックプディングは、ベルベットのような食感と、濃厚でとろけるような甘さを備えています。フォアグラ好きの人も喜ぶに違いありません。

イギリスの朝食の定番であるブラックプディング、フランスのブーダン・ノワール［boudin noir］[※12]、スペインやアルゼンチンのモルシージャ、イタリアのサングイナッチョ、ドイツのブルートヴルスト、東ヨーロッパのキシュカと呼ばれているものはすべて、新鮮な血を使って作られていますが、血の他に加える材料は、国や地域、ソーセージメーカーによってさまざまです。問題の血は、特においしい風味を持つ豚の血を使うことが多いですが、仔羊肉の血も使われますし、叙事詩『オデュッセイア』では、動物の腸に雌山羊の血を入れて、祝宴の準備をします。オーツ麦、大麦、角切りの脂、米、松の実、栗、アーモンド、生クリームやそれらの組み合わせが、ブラックプディングの味を濃厚にするために使われます。また、肉や臓物が入っていることもあります。

混ぜた材料にソーセージメーカーがそれぞれの配合で味つけをし、腸か人工の皮に詰めてからゆでます。ブラックプディングは特に、リンゴや甘い根菜など秋の風味とよく合います。肉料理の風味を高める調味料として使ってもいいでしょう。

ブラックプディング&貝・甲殻類

モダンクラシックな組み合わせです。おしゃれなレストランではしばしば、色の白いホタテ貝が純真無垢少女のように震えながら、年老いた好色なブラックプディングの膝の上にのっています。

ブラックプディング&ジャガイモ

アイルランドでは、ブラックプディングにポテトパンケーキかチャンプを添えて食べることがあります。チャンプとは、バターを加えたマッシュポテトと葉タマネギを混ぜ合わせた料理です。同じような料理に、ドイツのヒンメル・オンド・イエタ［Himmel und Erde］[※13]がありますが、これはリンゴとジャガイモを組み合わせたもので、ジャガイモはマッシュしてあることも、切り分けただけのときもあります。ブラックプディングと一緒に食べることが多い料理です（→「ブラックプディング&タマネギ」P.49）。

ブラックプディング&卵

とてもイギリス的な組み合わせで、ブラックプディングはその時々で最高のものと釣り合います。ホタテとしゃれたサラダ野菜ばかり出す、ミシュランの星つきレストランのぴかぴかスプーンのような世界とは、はっきりと区別されています。

もう少し手のこんだものを作りたいと思ったら、ラビオリにブラックプディングとやわらかな卵黄1個を詰めるといいでしょう。皮を破ると、中から黄身がとろけ出てきます。セージ入りバターを添えて食べます。

ブラックプディングと卵を使って、もっと気取らない料理を作りたいなら、ブラックプディングとソーセージの肉を1:2で合わせて、スコッチエッグを作ってみてください。おいしくて濃厚なスコッチエッグが

※12　ブーダン・ノワール［boudin noir］…豚の血と脂を使ったフランスの腸詰のひとつ。
※13　ヒンメル・オンド・イエタ［Himmel und Erde］…「天と地」の意。

できあがります（→「豚肉&卵」P.43、スコッチエッグのレシピ参照）。

ブラックプディング&タマネギ

ジャガイモとブラックプディングとポロネギを合わせると、おいしいパテができあがります。

recipe
《ブラックプディングとポロネギのパテ》

❶大きめのジャガイモ4個をやわらかくなるまでゆで、水気を切ってつぶす。塩コショウで味つけするが、バターや生クリームは入れない

❷ジャガイモをゆでている間に、ポロネギ3〜4本を薄く輪切りにして、バターでやわらかくなるまで炒める

❸ポロネギをジャガイモと合わせ、マスタードパウダー多めのひとつまみ、白コショウひとふりを加え、切るように混ぜる

❹最後に、くずしたブラックプディング約150gを入れて混ぜる

❺これを水でぬらした手で、6〜8個の円形に形作る

❻時間があったら、冷蔵庫で最低30分休ませると、なおよい。こうすると、鍋のなかでパテがくずれない

❼パテに軽く小麦粉をふりかけ、完全に中が温まるまで、揚げ焼きにする（プディングにはすでに火が通っている）

❽両面がおいしそうなきつね色になったら取り出す

❾ホウレン草のサラダをマスタードの効いたドレッシングで和えて添える

グラスについだエール・ビールも必要ですね。

ブラックプディング&チョコレート

チョコレートと生クリームを混ぜ合わせたものに血を合わせると、イタリア風ブラックプディング、サングイナッチョになります。多くの場合、砂糖、砂糖漬けの果物、シナモン、バニラも加えます。サングイナッチョは他のブラックプディングと同じように、ソーセージの形に作られることもありますが、クリーム状のままで食べたり飲んだりすることもあります。野ウサギのシチューのレシピを思い起こす人もいるかもしれません。野ウサギのシチューは、ウサギ自身の血とダークチョコレートの中で肉を調理して作ります。

ブラックプディング&豚肉

今度友達がスペインに行くときには、サビスをひと袋買ってきてくれるよう頼んでおきましょう。サビスとは、ワックスビーンやライ豆よりも大きな白インゲン豆です。やわらかくて風味たっぷりなこの豆のピューレを口に入れるたび、天にも昇る心地になります。たとえそれが、豆を煮た濃厚なストック以外何も使っていなくても。

もし友達が忘れてしまった場合には、ワックスビーンやライ豆を使って、「ファバダ」と呼ばれるスペイン・アストゥリアス地方の料理を作ってみてください。十分においしくできあがります。

recipe

《ファバダ》

❶大きめの乾燥白インゲン豆500gを一晩水に浸けておく

❷翌日、この豆を大きめの鍋に入れ、スライスしたスパニッシュオニオン1個と、刻んだにんにく3かけを加える

❸水をかぶるくらいまで入れ、沸騰させる。必要に応じて、アクをすくい取る

❹丸のままのモルシージャ [morcilla] [14] 200g、調理用チョリソソーセージ200g（皮がはじけないように、表面にいくつか穴をあけておく）、豚バラ肉のスライス250g、燻製ベーコン3枚を加える

❺沸騰している湯を、材料がかぶるくらいまで足し、もう一度沸騰したら弱火にして、約3時間煮こむ。材料が水面から出てきたら、湯をつぎ足す。鍋を揺すって、材料がくっつかないよう注意しながら、かき混ぜる。その際、具材がくずれすぎないよう気をつける

❻最後の1時間は、味見をしながら、塩を加える

❼肉をひと口サイズに切りわけてから食べる

ブラックプディング&ベーコン

　ベーコンとブラックプディングの絆を、朝食のフライパンだけに閉じこめておくのはもったいないでしょう。サラダやピラフにしてもいいですし、豚肉と合わせてパイやシチューにしてもいけます（→「ブラックプディング&豚肉」P.49）。

ブラックプディング&ミント

　数年前、私は、1カ月にひとつの国と決めてそれに専念し、もっと料理について学ぼうと決めました。1日3食、インド料理やフランス料理、日本料理など、そのとき決めた国の料理以外は作りませんでした。

　スペインは最初に取りかかった国でした。イギリスのシェフであるサム&サム・クラークの『モロの料理の本』は、暑くて曇りがちな6月に読んだ本です。アバスコン・モルシージャ [habas con morcilla] [15] は、この季節の天候にぴったりでした。私はブラックプディングというと寒い季節と心温まる料理を連想し、みずみずしいソラ豆からは明るい夏の甘味を連想します。新鮮なミントは、どちらのグループにも属します。ミントは、寒さを懐かしく思う夏のハーブで、涼しげな風味を持ちます。

※14　モルシージャ [morcilla] …スペインのブラックプディング。
※15　アバスコン・モルシージャ [habas con morcilla] …「ソラ豆とブラッドプディング」の意。

recipe

《アバスコン・モルシージャ》

❶ モルシージャ [morcilla] 200gを太めの輪切りにし、オリーブオイル大さじ3を加えた鍋に入れて、中火で炒める

❷ 皮から中身がはじけ出たら、取り出して置いておく

❸ 同じ鍋で、にんにく2、3かけを薄切りにしたものと、フェンネルシード [fennel seeds] 小さじ[16] 1/2を加熱する

❹ にんにくがきつね色になったら、ソラ豆500gと水100mlを加え、3〜5分、ソラ豆がやわらかくなるまで加熱する

❺ 最後に、モルシージャを鍋にもどして温め直し、粗く刻んだミントをたっぷりひとつかみ加える

❻ 塩コショウで味つけして、トーストにのせて食べる

ブラックプディング&仔羊肉(ラム)

美しくて気取らない、ディナーパーティー用料理です。

recipe

《ブラックプディングと仔羊肉のロースト》

❶ 仔羊肉の骨なし腰肉750gを台の上に広げる

❷ ブラックプディングの皮を取り除き、肉の上に長さを合わせてのせる

❸ 肉を巻きあげ、紐でしばり、塩コショウで味つけ。180℃のオーブンで、約1時間ローストする。豚肉でもおいしくできる

ブラックプディング&リンゴ→「リンゴ&ブラックプディング」P.383

ブラックプディング&ルバーブ

リンゴと同じように、ルバーブの酸味は、ブラックプディングの濃厚な風味に爽快感を添えてくれます。簡単に作ることができる酸味の効いたルバーブのチャツネは、そのよい例です (→「ルバーブ&オイリーフィッシュ」P.360)。これを、アルゼンチンの屋台で売られているように、焼いたモルシージャをロールパンにはさんだモルシパンに添えて食べてみてください。

ブラックプディング&レバー

ブラックプディングとフォアグラを一緒にグリルする料理は、10年以上にわたって、イギリスのヨークシャーにあるアンドリュー・パーン (→P.506) のレストラン、ザ・スター・イン [The Star Inn] のメニューにのっています。フォアグラを、ブラックプディングのスライス2枚ではさみ、カラメル状にしたリンゴのス

※16　フェンネルシード [fennel seeds] …アニスのような甘い芳香のスパイス。

ライスをのせます。クレソンのサラダと、リンゴとバニラのチャツネを添えて盛りつけ、リンゴ酒を煮詰めたものをかけます。パーンは2008年に出版した本のタイトルを、この大人気の組み合わせにちなんでつけました。

Liver
レバー

　レバーを食べれば、動物の種類を見分けることができます。動物の年齢もまた、レバーの風味の強さとやわらかさの程度に影響します。仔牛のレバーと仔羊のレバーが一般的に、雄牛のレバーよりも好まれるのはこのためです。

　とはいうものの、手をかけて飼育され、牧草を食べて育った雌牛は普通、抗生物質をたっぷり与えられて放置された仔牛よりも、ずっと優れたレバーを持っています。レバーは体の毒素を浄化する器官ですから、大きなストレスにさらされてきた動物は、その分の化合物を新陳代謝しなければならず、最終的には料理に適する肉質が残らないのです。

レバー＆イチジク→「イチジク＆レバー」P.487

レバー＆オイリーフィッシュ（脂分の多い魚）

　ボラは「海のヤマシギ」と呼ばれることもあり、ヤマシギと同じように、その肝はとても価値があります。パテとして単独で料理したり、つぶして魚に添えるソースにしたりします。フランスのプロヴァンス地方では、ルイユ［rouille］[※17]に入れて、ブイヤベースに添えることもあります。日本では、あん肝（アンコウの肝）は、もっとも喜ばれる珍味のひとつで、ベルベットのようななめらかな食感は、ボラの肝よりも味に主張があり、海のフォアグラのようです。

レバー＆牛肉→「牛肉＆レバー」P.63
レバー＆セージ→「セージ＆レバー」P.459

レバー＆タマネギ

　タマネギの甘さが、レバーの苦くて塩味の利いた風味と対照的で、互いに引き立て合います。この組み合わせは世界中で昔から使われてきました。ポーランドでは、豚のレバーを細長く切ってパン粉をつけて揚げ、炒めタマネギの上にのせて盛りつけます。フィリピンでは豚レバーを、にんにく、タマネギ、豚肉少量と一緒に炒めるのが一般的です。イギリスでは仔羊肉のレバーをタマネギと一緒にソテーしたり、雄牛のレバーをマホガニー色の濃厚なシチューに入れて、蒸し煮にしたりします。インド料理のタンドリー・チキンレバーは、レバーを串に刺して焼き、タマネギののったアツアツの皿にのせて食べます。レバーとタマネギを使った料理で、もっともおいしいと評判です。

　しかし私にとって最高のレバーとタマネギの料理は、イタリア・ヴェネツィアのフェガト・アッラ・ヴェネツィアーナです。細長く切った仔牛のレバーを軽く炒めたものと、ゆっくりと加熱してとろけるほどにやわらかくなったタマネギを、ポレンタかご飯に添えて食べる料理です。

※17　ルイユ［rouille］…サフランとにんにくを用いた辛味のあるペースト。

レバー&唐辛子

レバーには、その際立った鉄の風味に負けない、強いパートナーが必要です。鶏レバーを辛いパプリカ粉とマスタードオイル、ヨーグルトを混ぜ合わせたインドのソースに浸け、その後炭火で焼いてみてください。シェフでありライターでもあるムデュラ・バルジェコは、インドのレストランのメニューでレバーを見かけることはめったにないが、家庭では頻繁に料理されていると記しています。小麦粉、唐辛子、クミン、ガラムマサラを混ぜ合わせたものを鶏のレバーにまぶし、にんにくの香りを移した油で炒め、炒めタマネギ、トマトとコリアンダーで作ったソースをかけて食べるそうです。

レバー＆トリュフ→「トリュフ＆レバー」P.161

レバー&にんにく

私は子どものころ、母に、「お弁当に卵のサンドイッチを入れないで」と頼みました。プラスチックのランチボックスのなかで、朝に調理した卵のにおいが強まって硫黄臭を放つようになり、それを嗅いだ級友たちが、鼻をつまんだり、吐きそうなふりをしたりする姿を見たくなかったのです。「わかった、卵サンドはなしね」と母は言いました。その後、両親がディナーパーティーを開いた翌日、ランチボックスの蓋を少し開けると、鶏レバー、にんにく、ブランデー、タイムの混ざった強烈なにおいが、教室中に漂いました。まるでグルメの巨人が歩き回ってゲップをしたかのようです。私は級友たちの嘲笑を受けながら、そのサンドイッチをちびちびとかじりました。

レバー&ビーツ

栄養学者は、ビーツは人間の肝臓にいいと言っています。私はさらに、皿の上のレバー(レバー)にもいいとつけ加えておきます。イギリス人シェフのファーガス・ヘンダーソンは、最初に鹿のレバーを試してみたとき、もっと苦くて鉄くさいと思っていたと書いています。実際にはとても甘くて繊細な味がし、ローストしたビーツによく合うと続けています。

レバー＆ブラックプディング→「ブラックプディング＆レバー」P.51

レバー&ベーコン

この古典的な組み合わせがうまくいく秘訣は、低脂肪のレバーを、脂分の多いベーコンが補っているからではないでしょうか。ベーコンをカリカリになるまで焼いて冷めないように置いておき、その間にベーコンの脂でレバーを手早く炒めてみてください。

仔牛のレバーはしばしば、レストランでベーコンと一緒に出されますが、仔羊肉のレバーもベーコンと一緒にすると、とてもおいしくなります。もし、レバーの風味が強すぎると思うなら、1時間ほど牛乳に浸して調理しましょう（アンチョビに同じことをする人もいます）。調理の前には紙ナプキンなどで軽くたたき、牛乳を取ることを忘れないでくさい。キャベツや卵と同じく、レバーの風味は、調理時間が長いほど強くなることを心に留めておきましょう。

レバー&リンゴ

　レバーに独特の風味を与えているのは、血です。哺乳動物や鳥の体のなかで、レバーは多くの血液が集まる場所のひとつです。ですから、濃厚できめ細かなブラッドソーセージと相性のよいリンゴが、レバーとも合うはずだと言っても驚くことはないでしょう。ヨーロッパでは、鶏レバーとリンゴを使って、ムースやパテ、テリーヌを作ります。

Beef
牛肉

　牛肉にあるのは主に、塩味とうま味で、甘味と酸味（それに、生肉の場合、苦味）も少し入っています。風味はさっぱりとして熟成感があり、ジューシーです。やや金属的な味もあって、ほとんどの豚や仔羊にあるような動物くささはありません。

　どの肉でもそうですが、風味は動物の種や、どのように飼育されてきたか、切り方、料理の方法によって変わります。牧草を食べてきた牛は、穀物を食べてきた牛よりも風味豊かです。ほとんどの牛肉は吊り下げて保管しますが、そうすることでより深く、はっきりとした風味になります。牛肉も他の肉と同じように、野菜や貝・甲殻類とよく合います。しかし一方で、ホースラディッシュやマスタードなど、辛い風味との相性のよさは格別です。

牛肉＆アニス→「アニス＆牛肉」P.253
牛肉＆アンチョビ→「アンチョビ＆牛肉」P.222

牛肉＆オイリーフィッシュ（脂分の多い魚）

　イタリアで有名な夏の料理ヴィテッロ・トンナートは、加熱した仔牛肉を冷やしてスライスし、ツナのマヨネーズソースをかけたものです。アメリカの料理研究家マルセラ・ハザンが注意を促していますが、ツナは必ず缶詰でなければいけません。生のマグロではソースにはならないのです。

　仔牛肉の代わりに鶏肉を使う手もあります。イギリスの料理研究家エリザベス・デイヴィッド〔1913−1992〕（→P.506）が、ポッロ（鶏肉）・トンナートのレシピを紹介していますから、鶏肉でもおいしくできるということです。鶏肉は仔牛肉の代用品と思うかもしれませんが、風味の点からいえば、加熱した牛肉に負けないほど缶詰のツナとよく合います。

　レイ・マルシリの著書『感覚主導のフレーバー分析』によると、「2−メチル−3−フランチオール」は、すべての風味化合物のうち特に肉の特質を持つもののひとつで、加熱した牛肉、鶏肉のだし汁、缶詰のツナなどに、とてもはっきりと感じることができるということです。

牛肉＆オリーブ→「オリーブ＆牛肉」P.243
牛肉＆オレンジ→「オレンジ＆牛肉」P.418
牛肉＆貝・甲殻類→「貝・甲殻類＆牛肉」P.193
牛肉＆牡蠣→「牡蠣＆牛肉」P.207

牛肉＆きのこ

　ステーキハウスでは普通、きのこの付け合わせが用意されています。牛肉ときのこは、ストロガノフや、アルコールを利かせたとろみのあるグレービーソース[gravy sauce][18]をかけたパイでも一緒に使われています。

※18　グレービーソース［gravy sauce］…肉汁から作るソース。

数年前、イギリス・ランカシャーのバーンリーにあるフェンスゲート・イン［Fence Gate Inn］で働いているシェフ、スペンサー・バージが、ひと切れ1000ポンドする牛肉ときのこのパイを作って話題になりました。そのパイには和牛2.5kg、シナモンのような香りのする珍しい日本のマツタケ1.5kg（とても貴重なので、厳重に保護管理された環境で採取します）、黒トリュフ、そして正統なブリティッシュパイにお決まりの材料、金箔が使われました。

とりわけ食通な人々は、和牛の質を本当に堪能するには、生またはレアの状態で食べるといいと主張します。

牛肉＆キャベツ→「キャベツ＆牛肉」P.160
牛肉＆グリンピース→「グリンピース＆牛肉」P.282

牛肉＆クルミ

18世紀のイングランドで、クルミの酢漬けが流行しました。クルミの殻が形成されていない、まだ青いうちに酢に漬けて保存したものです。自分で作る場合、クルミを夏のうちに収穫しておかなければなりません。ちょっとしたおつまみにぴったりです。原油のように黒く、ビーツに似たわずかな歯ごたえがあり、マイルドな辛味と、酢漬けになっていないクルミを思わせるかすかな風味があります。

クルミの酢漬けはよく、冷たいローストビーフやスティルトンチーズ、残りものの七面鳥など、クリスマスの食べ物と一緒に出されます。イギリス人シェフのファーガス・ヘンダーソンは、ビーフシチューにクルミの酢漬けを入れます。赤ワイン、大量のレッドオニオン、にんにく、ハーブ、味の濃いストックにクルミを加えて煮こみます。

牛肉＆クレソン→「クレソン＆牛肉」P.135
牛肉＆クローブ→「クローブ＆牛肉」P.308

牛肉＆ケッパー

牛肉とケッパーは相性がよいはずだと言っても驚かないでしょう。ケッパーはアブラナ科の熱帯地方の近縁植物で、イソチアシアン酸またはマスタードオイルを含みます。キューバではモスタシージャ［mostacilla］※19と呼ばれ、カリブ海にあるアルバ島やキュラソー島では、ジエバ［jeerba］※20 マスタードと呼ばれています。オリーブオイル、レモン果汁、刻んだパセリ、汁を切って水で洗ったケッパーを使ってドレッシングを作り、冷たいローストビーフにかけてみてください（→「牛肉＆卵」P.59）。

牛肉＆コーヒー→「コーヒー＆牛肉」P.22

牛肉＆ココナッツ

タイ料理レストラン、ブルー・エレファント［Blue Elephant］で食べたビーフペナンは忘れられない味でしたが、ザ・ファッティ・クラブ［The Fatty Crab］のビーフルンダンは衝撃的でした。両方とも東南アジア料理で、塩味と甘味が混ざり合う、ゆっくりと加熱したココナッツベースの煮こみ料理です。インドネシア発祥のルンダンのほうがより濃縮されていて、ココナッツミルクの水分がすべて蒸発するまで

※19　モスタシージャ［mostacilla］…小さなマスタード。
※20　ジエバ［jeerba］…ハーブ。

肉を炒めます。

　ここで使われるココナッツオイルが、料理を非常に香り高く仕上げます。料理に水分が残った段階で調理を止めると、カリオと呼ばれるものになります。汁気たっぷりのカレーであるペナンにそっくりです。カリオもペナンも、ベルギーエシャロット、にんにく、生姜またはガランガル [galangal]、唐辛子、レモングラスを使い、ペナンはこれにライムリーフ、コリアンダーの根、ナンプラー、たっぷりのピーナッツを加えます。

牛肉&シナモン

　ギリシャの肉料理に頻繁に使われているシナモンは、ムサカ [moussaka] とラザニア・アルフォルノの中間にあたるパスタ料理、パスティシィオに欠かせない材料です。マカロニと、香辛料で味をつけた肉とトマトソースを交互に重ね、上からベシャメルソースをたっぷりかけます。

　イタリアでパスティッチョという言葉は、パスティシィオと同じく「乱雑」とか「混乱」という意味を持ち、甘い材料と塩味の材料を混ぜ合わせて作ったパイを指すのに使います。イギリスの料理研究家エリザベス・デイヴィッド〔1913−1992〕(→P.506)のパスティッチョのレシピでは、ゆでたスパゲッティと、オレンジの皮とシナモンで風味づけした牛肉のラグーを交互に重ねたものを、スイートペストリーの台に入れ、上からもペストリーをかぶせて焼きます。南イタリアでは、塩味のパイに甘い生地を使うことは珍しくありません。

　イタリア人が牛肉をシナモンで味つけする習慣は、ローマ時代までさかのぼり、今では、ブラザーティ・ディ・コーダ・ディブエという、オックステールの蒸し煮料理にも使われています。この料理には、チョコレート少量を入れることもあります。

　　牛肉&生姜→「生姜&牛肉」P.440
　　牛肉&ジャガイモ→「ジャガイモ&牛肉」P.123

牛肉&ジュニパーベリー

　地中海西部にあるコルシカ島の料理、プレモナタ (またはプレボナタ) は、牛肉、仔山羊肉または山羊肉に、ワイン、トマト、パプリカ、ジュニパーベリーで作った濃厚な蒸し煮ソースを添えた料理です。

牛肉&スウェーデンカブ

　ある寒い日の午後、私たちはイギリス・コーンウォールのA390沿いのガソリンスタンドに車を停め、ビルのなかへ入りました。そこでは長距離トラックの運転手たちが、テーブルに座り、背を丸めながら何かを食べていました。そこにはメニューなどなく、従業員は英語があまり (あるいは、まったく) しゃべれないようで、私たちは、自分たちが欲しいものを指でさすしか方法はありませんでした。

　ほどなくして私たちも、自分たちの食べ物に覆いかぶさるようにしていました。スウェーデンカブ、カブ、ジャガイモが容器の底に薄く重なり、その上に、白コショウをふったやわらかな牛肉がたっぷりとのっています。蓋代わりのペストリーのすぐ下には、とろけるようなタマネギが広げてあり、その汁が肉の間にしみこみ、やわらかくして、野菜の層まで行き届いていました。そのためかパイ全体がタマネギの

※21　ガランガル [galangal] …東南アジアの生姜。
※22　ムサカ [moussaka] …挽き肉とナスを重ねてチーズソースをかけて焼いた、ギリシャやエジプトなど東地中海沿岸の伝統的な料理。

辛味と素朴な甘さに包まれ、肉のしっかりとした味を和らげていました。とてもシンプルですが、全体を包みこむ非常に繊細な味がしました。

　その後、私たちは肉入りパイを、おいしいモルティーザーズ［Maltesers］[23]の袋と一緒に持って帰りました。

　牛肉＆セロリ→「セロリ＆牛肉」P.130
　牛肉＆タイム→「タイム＆牛肉」P.464

牛肉＆卵

　ビーフタルタル［Beef Tartare］[24]を注文してみてください。生の牛肉はマイルドなアンモニアの風味と、ほのかなコショウの刺激、ごくわずかな魚の香りがします。生の卵黄は、肉の風味をはっきりと際立たせます。あなたの味覚がこれらの風味をどれだけ受け入れられるかは、牛肉と卵に混ぜ入れる、刻んだアンチョビ、ケッパー、ベルギーエシャロット、パセリ、マスタードの量と割合にかかっていると言っていいでしょう。たとえあなたが牛肉の生食に賛成できないとしても、シートベルトをしないドライブやパブでの喫煙と同様、孫に語り伝えるべき味でしょう。

牛肉＆タマネギ

　最初に作られたフィリー・チーズステーキ・サンドイッチは、ごく薄切りの牛肉とタマネギだけを、やわらかな白いロールパンにはさんだものでした。このサンドイッチは、アメリカ・フィラデルフィアのパット＆ハリー・オリビエリ兄弟が考案したもので、ホットドッグスタンドで売り出したところ、従来のものとは違い、評判になりました。プロヴォローネチーズを加えるようになったのは、何年か経ってからのことです。

　日本の牛丼では、牛肉とタマネギを同じように薄く切って炒め、醤油少量、みりん、水を加えて鍋でかき回しソースを作り。これをご飯にのせて食べます。

　グリアード・デ・マリネというフランスのリヨン風料理では、薄切りにした牛ランプ肉をオリーブオイル、赤ワインビネガー、ローリエ、オレンジの皮、クローブを混ぜ合わせた液に浸けます。味がしみこんだら、底の厚い鍋に肉と山ほどのタマネギとにんにくを交互に重ね、マリネ液をふりかけて数時間蒸し煮にします。ピリッとした刺激が欲しければ、アンチョビとにんにく少量を混ぜ合わせ、煮汁も少し加えてペースト状にし、調理の終了15分前に入れるといいでしょう。今までに一度でも仔牛肉のストックを使ったフレンチオニオンスープを食べたことがあれば、他の調理法で作ったスープは欲しくなくなるに違いありません。

　牛肉＆ディル→「ディル＆牛肉」P.263

牛肉＆唐辛子

　チリコンカンの「カン」は、普通牛肉を指しますが、豚肉と牛肉の合挽きも広く使われています。この料理は、アメリカ・テキサス州のサンアントニオで、19世紀後半に「チリクイーン」と呼ばれるヒスパニック系の売り子たちが、ランプの明かりの下に置いた大鍋で売ったのが始まりだと言われています。

※23　モルティーザーズ［Maltesers］…イギリスで人気のチョコレートボールの菓子。
※24　ビーフタルタル［Beef Tartare］…卵黄やネギ類を添えた粗引きの生の牛肉料理でユッケに似ている。

1940年代に改訂された安全衛生法で彼女たちは姿を消しましたが、チリコンカンは、本当のところはテキサス発祥のものです。

正統なチリコンカンに何を入れるかについては、熱のこもった議論が交わされていますが、ほとんどのレシピは、乾燥チリパウダー、クミン、オレガノを混ぜ合わせた香辛料を入れるということで一致しています。特におすすめの唐辛子はスモーキーな乾燥アンチョで、ここに風味の強いカイエンヌペッパー加えてピリッとした辛味を出します。

タイのウィーピング・タイガーは、牛肉と唐辛子の組み合わせを使った、まったく違う料理です。軽くあぶったビーフステーキを歯ごたえのあるサラダにのせ、唐辛子、ライム、ナンプラーを混ぜ合わせたソースをかけます。

牛肉&トマト

腕のいい漁師の父と料理上手な母の間に生まれ、小さな果樹園のオーナーで、ペストリーを作るのにうってつけの冷たい手の祖母を持つ姉と私が、加工食品に尋常でないほどの興味を示すのは当然のなりゆきでした。

私たちは、マントルピースのように角ばって、オレンジ色のパン粉をまとったフィッシュフィンガーや、どぎつい色のアイシングのかかった安っぽいケーキが欲しくて、しつこくせがんだものです。1970年代にポットヌードル［Pot Noodle］※25 が発売されたときには執拗にねだったので、ついに母が折れてくれました。

牛肉とトマトのポットヌードルをひとつ、小さな店で買ってきて、家族全員で囲みました。出始めのテレビに集まった時代のように、ひとつのカップをのぞきこみ、魚のえさのように乾いたものが温かい食べ物に変わる不思議な様子を凝視しました。麺と大豆を原料にした模造肉、フリーズドライした野菜にブイヨンパウダー、小袋入りのトマトケチャップを混ぜ合わせるという作業は、母のスパゲッティ・ボロネーゼを作る手にはおままごとのようでした。

その奇妙で薄っぺらな偽物を食べた感想はほんのわずかなものでした。バーベキュービーフ風味のポテトチップスの味がする、つるりとしたスープ状のものだったというだけです。

牛肉&トリュフ

牛肉にトリュフを添えて出すという、フランス料理とイタリア料理の手法は、それぞれの国の料理法について多くを語っています。トゥルヌド・ロッシーニは、中まで火を通したステーキの上にフォアグラひと切れをのせてマデイラソースをかけ、クルトンをのせます。黒トリュフを上から削り、たいていの場合ソースにも加えます。イタリア人は、カルパッチョの上から白トリュフ少量を削ることがありますが、これは白トリュフを加熱すると風味が飛んでしまうためです。フリルやひだ飾りのない白トリュフは、材料自体の味を前面に押し出してくれます。

牛肉&ニンジン

19世紀イギリスの上流階級の人々は、骨つきローストビーフにニンジンを添えて食べていました。労働者階級の人々は、胸肩肉のような安い牛肉を塩づけにした後ゆでて、ニンジンを添えて食べていました。ニンジンは、長い煮こみ時間の最後に鍋に入れました。同じようなユダヤ料理にツィメスと呼ばれるものがあります。牛肉とニンジンを煮たものに、蜂蜜、シロップまたはドライフルーツで甘味をつけたもので

※25　ポットヌードル［Pot Noodle］…アメリカのカップヌードルのようなもの。

す。

1850年代にイギリスの小説家サッカレー〔1811-1863〕(→P.507) が、牛肉とニンジンの組み合わせのおいしさと人気の高さを、『上流階級と下流階級のディナー』という随筆で示しています。60年以上たってもこの組み合わせは人気があり、ミュージックホールで歌われる歌『ゆでた牛肉とニンジン』(ハリー・チャンピオン作) になるほどです。

牛肉&にんにく

にんにくは、牛肉のしっかりとした特質を引き出します。骨つきのローストビーフににんにく風味のマッシュポテトを合わせたり、薄皮をむいたにんにくひとつかみをビーフストックに入れてやわらかくしてからピューレにし、照り焼きビーフの薄切り肉にかけるソースを作ったりしてみてください。シンプルに、肉に切れ目を入れて細切りのにんにくを突き刺してもいいでしょう。

牛肉&ハードチーズ→「ハードチーズ&牛肉」P.88
牛肉&パースニップ→「パースニップ&牛肉」P.314

牛肉&パセリ

イギリス・ロンドンのセントジョン・レストラン [St John restaurant] は、パセリサラダを添えた骨髄の料理で有名です。中程度の仔牛の骨髄入り骨を、骨髄が溶け出てしまわない程度に、とろりとするまでローストします。たっぷりのパセリ、スライスしたベルギーエシャロット少量、小粒のケッパー数粒を合わせたものに、オリーブオイルとレモンをふりかけたサラダが添えられて出てきます。トースト数枚とひと盛りの海塩も添えられています。

よく焼いたステーキにチミチュリソースをかけたものは、おいしいだけでなく、ナイフとフォークで食べることができ、家で作るのもとても簡単です。

recipe

《チミチュリソース》

❶イタリアンパセリひと束 (大きめの束) をみじん切りにして、オリーブオイル大さじ5、赤ワインビネガー大さじ2、つぶしたにんにく1かけ (または、2かけ)、調味料少量を混ぜ合わせる
❷好みの固さに焼いたステーキに添えて食べる

牛肉&パプリカ→「パプリカ&牛肉」P.286

牛肉&ビーツ

アメリカのニューイングランドでは、ビーツ、塩漬けの牛肉、タマネギ、ゆでたジャガイモ (角切りかマッシュしたもの) を使って、レッド・フランネル・ハッシュを作ります。朝ごはんにはそれを焼き、目玉焼きかポーチドエッグをのせます。酢漬けのガーキン [gherkin] を添えると、ラブスカウスという料理に

※26　ガーキン [gherkin] …小さなキュウリ。

肉

牛肉

61

なります。ドイツのハンブルクやイギリスのリバプールといったヨーロッパ北部の港街でよく見られる料理
で、できあがりの形はさまざまです。ハンブルクではこの中に塩漬けニシンをつぶしたものを入れたり、
卵やピクルスと一緒にロールモップス［rollmop］を添えたりすることもあります。

同じようなイギリス料理、ロブスカウスは、ハッシュというよりもシンプルな肉とジャガイモのシチュー
で、酢漬けのビーツ、赤キャベツまたはタマネギなど、ピリッと刺激のあるものを添えます（→「ケッパー＆
ビーツ」P.140）。

牛肉＆ピーナッツ→「ピーナッツ＆牛肉」P.25
牛肉＆豚肉→「豚肉＆牛肉」P.40
牛肉＆ブラックベリー→「ブラックベリー＆牛肉」P.477
牛肉＆ブルーチーズ→「ブルーチーズ＆牛肉」P.82
牛肉＆ブロッコリー→「ブロッコリー＆牛肉」P.172

牛肉＆ベーコン

風味のしっかりとした牛肉でも、ベーコンの深い風味に助けられることがあります。保存のために加工
した肉を使うと、料理にその風味が広くいきわたります。良質の脂については言うまでもありません。牛
肉の切り身の多くは脂がほとんどないので、風味豊かな脂分はいつでも大歓迎です。

フランスの精肉店では今でも、肉の切り身の上に脂身をきれいに縫いこんだものが置いてあります。パン
チェッタがスパゲッティ・ボロネーゼに加えられ、豚肉やベーコンの細切りがビーフ・ブルギニヨン
［beef bourguignon］に加えられるのも同じ理屈です。ドイツでは、牛の薄切り肉の間にベーコンとマス
タードとピクルスをはさんで巻き、ルラーデンという料理を作ります。同じような料理に、イタリアのサル
ティンボッカがあります。仔牛肉の赤身にプロシュートとセージの葉をのせて焼いたものです。

牛肉＆ホースラディッシュ

このもっともイギリス的な組み合わせは、ドイツが発祥だと思われます。16世紀のイングランドでは、
ホースラディッシュは、料理用ではなく医療用に使われていました。

当時の植物学者ジョン・ジェラルド〔1545-1611〕（→P.508）は、ドイツではホースラディッシュの根を、
イギリス人がマスタードを使うように魚料理や肉料理に添えていると記しています。ビーフ・オン・ウェッ
クサンドイッチは、アメリカ・ニューヨーク州バッファローの名物料理ですが、ドイツにも同じようなサン
ドイッチがあります。ウェックというのはドイツの方言で「ロールパン」という意味です。クメルウェックと
呼ばれる特定のパンには、コーシャーソルトとキャラウェイシードを混ぜたものがのっています。このパン
に、レアに焼いたローストビーフの薄切りとホースラディッシュをはさむのです。

ホースラディッシュと牛肉を組み合わせて、シチューを作ることもできます。煮こむとホースラディッシュ
の辛味が抜けてしまうので、ホースラディッシュは調理の最終段階で加えます。クリーム状のソースに入
れると、ストロガノフと同様、かすかに酸味のあるぴりっとした味が、濃厚な牛肉のソースの味を強調し
ます。

牛肉＆ミント→「ミント＆牛肉」P.469

※27　ロールモップス［rollmop］…ニシンの切り身を巻いて酢漬けにしたもの。
※28　ビーフ・ブルギニヨン［beef bourguignon］…牛肉の赤ワイン煮込み。

牛肉＆洋梨

　梨と牛肉は、人気のある2種類の韓国料理で一緒に使われています。ひとつは生の牛肉を使う料理、もうひとつは加熱した牛肉を使う料理です。ユッケは生のヒレ肉をごく薄切りにして、醤油、ゴマ、にんにく、葉ネギ、唐辛子を混ぜたもののなかに浸けた、特別な機会に作る料理で、アジアの梨を千切りにしたものと、時によって松の実少量を添えて食べます。ビーフタルタル同様、生の卵黄を牛肉に混ぜこんでもいいでしょう。

　プルコギは、薄切りにした牛肉を、すりおろした梨、レモン果汁、米酢、ゴマ油、ゴマ、にんにく、醤油、砂糖を混ぜ合わせた中に数時間浸けこんで、手早く炒めた料理です。サンチュに、ニンジン、キュウリ、ラディッシュなどの生野菜と一緒に包んで食べます。

　　牛肉＆ライム→「ライム＆牛肉」P.427

牛肉＆レバー

　広く知られているビーフウェリントンの、より素朴なバージョンです。本物のビーフウェリントンは、フォアグラのパテを周りに塗ったフィレステーキに、新鮮なトリュフを削って散らし、パイ皮で包みます。ひとつにまとめるとシンプルですし、それほど手間をかけずに作ることができます。肉をオーブンに長く入れたままにすると、水分が蒸発して肉が縮んでしまいます。かといって神経質になるあまり早く肉を取り出すと、生焼けのペストリーと牛肉になるでしょう。

　アメリカの作家ソール・ベロー〔1915-2005〕（→P.508）の小説『フンボルトの贈り物』にでてくる主人公チャーリー・シトリーンのために、ガールフレンドのドリス・スケルドが、ビーフウェリントンを作るとき、まさにそれが起こります。料理が不調の日もあるということを、心に留めておくといいでしょう。

　　牛肉＆レモン→「レモン＆牛肉」P.432

Lamb
仔羊肉(ラム)

　アメリカでは仔羊肉(ラム)は、風味の人気投票のうちで底辺に位置します。牛肉、鶏肉、魚、豚肉、七面鳥、仔牛肉よりも下ということです。1人あたりの消費量は、牛肉や鶏肉のわずか1パーセント。とても幼い羊の肉であっても、その風味は多くの人にとってにおいがきつすぎると感じるようです。「汗のような酸っぱさ」という風味の記述は、すばらしくおいしくてくずれるようなラムシャンクに、フォークを入れるのをためらわせるのに十分です。その特徴ある風味は、主として脂が源です。目をつぶって食べてみれば、多くの人が、仔羊の赤身肉と牛肉の風味を区別できないと気づくでしょう。それに、肉をつりさげることによって、幼い仔羊肉でも風味をよくすることができます。

　一方羊肉(マトン)は、2、3週間つりさげると風味が深まるだけでなく、ローストできるほどやわらかくなります。風味豊かな仔羊肉を使う楽しみのひとつは、強い風味を持つ他の食材に負けない点があげられます。たとえばローズマリーのような強い香気のあるハーブや、カレーやシチューに入っている大胆な香辛料と一緒にしても、圧倒されることはありません。

仔羊肉＆アーティチョーク→「アーティチョーク＆仔羊肉」P.178

仔羊肉＆アーモンド

　この豪華な組み合わせは、祝宴やふたりだけの特別な食事にぴったりです。仔羊丸ごと1頭に、米、香辛料、アーモンドを詰めるというモロッコの伝統料理がありますが、これを慎ましくして、骨を取った仔羊の肩肉を使って日常的な料理を作りましょう。あるいは、仔羊肉とアーモンドをゆっくりと加熱するタジン料理もいいですね。

　あるいは私のオリジナル料理である、モロッコ風仔羊肉のミートボールはいかがでしょう。香辛料で味つけした米と一緒に調理し、トーストしたアーモンドを散らします。タジン料理に負けないくらいおいしい料理ですが、数十分で作れます。

---

recipe
《仔羊肉とアーモンドと米のスープ》

❶ タマネギ1個を刻んで、油とバター少量でやわらかくなるまでゆっくり炒める。このとき、シナモンスティック1本を一緒に入れる

❷ タマネギを炒めている間に、仔羊の挽き肉500gにオールスパイス小さじ2と塩コショウを加えてよく混ぜ、クルミくらいの大きさのボール型に丸める

❸ サフランひとつまみを湯に浸す

❹ タマネギがやわらかくなったら、湯750ml、蜂蜜小さじ2、ザクロの糖蜜小さじ2、オールスパイ

※29　ベアルネーズソース [Béarnaise sauce] …フランス料理の伝統的なステーキソース。
※30　タラゴン [tarragon] …フランス語でエストラゴン。フランス料理で広く利用され、ベアルネーズソースやタルタルソースなどに使用される。
※31　ペルノ [Pernod] …フランス産のアニスのリキュール。

ス小さじ2、塩小さじ1、サフランを浸した湯を加え沸騰させ、ミートボールを加える

❺ 湯が煮立ってきたら、バスマティ米200gを加えてかき混ぜ、蓋をして火を弱め、10分間クツクツと煮る

❻ 調味料で味を調え、米の固さを調べる。米がふやけないように注意

❼ 米がやわらかくなったら、刻んだパセリ大さじ6、刻んだミント大さじ3、水気を切ったヒヨコ豆1缶を加えてかき混ぜる

❽ 十分に火を通し、トーストしたたっぷりのアーモンドフレークと、刻んだパセリまたはミント少量加えていただく

基本的に具の多いスープなので、サイドディッシュは何も準備しなくてもいいでしょう。

仔羊肉&アニス

　ベアルネーズソース［Béarnaise sauce］[29]のタラゴン［tarragon］[30]の切れのある風味は、牛肉ともっともよく合いますが、このソースはローストしたりグリルで焼いたりした仔羊肉にもぴったりです。次に紹介する夏向きの仔羊肉料理には、ペルノ［Pernod］[31]がアニスの温かな香りを添えます。

recipe

《仔羊肉とペルノ　プロヴァンス風》

❶ 角切りにしたタマネギとにんにく少量をオリーブオイルでやわらかくなるまで炒める

❷ 仔羊のロインチョップ8本に、塩コショウを加えた小麦粉をまぶし、タマネギに加え、焼き色をつける

❸ ペルノ45mlを注ぎ入れ、強火で1分加熱する

❹ さらに小さめのズッキーニ3本を薄い輪切りにしたもの、プラムトマト缶（皮なし）1缶を鍋に加え、トマトをスプーンで小さく刻む

❺ 塩コショウと、エルブド・プロヴァンス［herbes de Provence］[32]小さじ1、トマトピューレ大さじ1を加えて混ぜる

❻ 沸騰したら火を弱め、蓋をして45分間、ときどきかき混ぜながら煮こむ

❼ サフランライスかクスクスと一緒にいただく

仔羊肉&アンズ

　13世紀に書かれた『バグダッド料理の本』の中で、ミシュミシーヤ［mishmishiya］[33]という仔羊肉とアンズのタジンを紹介しています。仔羊肉とアンズは両方とも、甘い香辛料とよく合います。香辛料の切れのある風味が仔羊肉の脂っこさを消す一方で、ドライアンズの強い甘さが、仔羊肉、香辛料、アーモンドの甘味をぐっと軽やかにし、肉本来の味を引き出します。同時に、ムスクの香りの濃厚なアンズ

※32　エルブド・プロヴァンス［herbes de Provence］…フランスのプロヴァンス地方でよく使われるさまざまなハーブをブレンドしたもの。通常セイボリー、フェンネル、バジル、タイム、ラベンダーの花などが含まれる。製造元により調合は異なるが、タイムの香りが際立つ配合になることが多い。
※33　ミシュミシーヤ［mishmishiya］…「アンズの」の意。

は、仔羊肉のストック、シナモン、コリアンダー、クミンを吸ってまるまるとふくれあがり、料理ができあがる頃には甘すぎることもなく、果物の香りも薄くなっています。

アンズと仔羊肉を、先に述べたタジンと同じ香辛料を使ってピラフにしたり、刻んだドライアンズ、タマネギ、アーモンド、米またはクスクスを混ぜたものを仔羊肉に詰めたりしてもいいでしょう。

仔羊肉＆アンチョビ

私が特に大好きな組み合わせのひとつで、アンチョビが肉の風味を高めてくれます。作り方はいたって簡単。肩肉か脚肉に、ナイフであちこちに切りこみを入れ、そこに、水洗いした塩漬けアンチョビを差しこみます。私は肉2kgに対して、8〜12枚のアンチョビを使います。もっと切りこみをたくさん入れて、にんにく、またはローズマリーを差しこんでもいいでしょう。強い個性を持つ風味同士が、とてもうまく調和します。仔羊肉はいつも通りローストしましょう。アンチョビが肉に溶けこみ、よだれがでそうなほどコクのあるおいしい塩味になって、肉の風味を高めます。肉汁にいたっては、言葉にできないほどです。

仔羊肉＆貝・甲殻類→「貝・甲殻類＆仔羊肉」P.198
仔羊肉＆カルダモン→「カルダモン＆仔羊肉」P.448

仔羊肉＆キャベツ

フォーリコールは一般的なノルウェーの料理で、昔から過ぎゆく夏を惜しむ9月頃に食べられてきました。シンプルに、骨つきの羊肉（または仔羊肉）をキャベツと一緒に煮こみ、ゆでたジャガイモを添え、ビールかアクアビット［aquavit］[※34]を飲みながら食べます。なんだ、普通の料理じゃないかと思ったあなた、仔羊肉や羊肉からは濃厚で脂たっぷりのストックができることを思い出してください。

イタリアのベニスには、カストラディーナと呼ばれる、塩漬けにした燻製羊肉とチリメンキャベツの（ほんの少し）華やかな料理があります。これは11月21日に、土地の人々が健康に感謝する祭、マドンナ・デッラ・サルーテ祭を祝うために作られます。仔羊肉とキャベツは、かつてペストの流行で街が孤立し、飢餓の恐れがあったとき、近隣のダルマチア人たちがアドリア海を渡って送ってくれた食べ物にちなんでいます。

仔羊肉＆クミン

イギリス人ライターでシェフのフクシア・ダンロップは、著書『フカヒレと華北山椒』の中で、中国南西にある成都のウイグル遊民について書いています。彼女たちは、持ち運びのできるグリルを道に置いて、唐辛子とクミンで風味づけした塩辛い仔羊肉ケバブを売っています。彼女たちはマリファナも売っているので、警察が取り締まりを行っているときには影をひそめていますが、どこかに隠れていることはわかります。なぜなら姿は見えなくても、仔羊肉とクミンが焼けるにおいが、どこからともなく不意に漂ってくるからです。

仔羊肉＆栗→「栗＆仔羊肉」P.328

※34　アクアビット［aquavit］…ジャガイモを原料とし、キャラウェイシードで風味をつけた北欧の透明な蒸留酒。

仔羊肉&グリンピース

　仔羊肉のおいしさは、4月下旬のイースターが頂点ではなく、初夏に向かって風味が高まっていくのだということを、グリンピースが思い出させてくれます。初夏は、グリンピースがサヤの中ではちきれんばかりにふくらむ季節です。まるで短いTシャツからちらりと見えるお腹のようです。仔羊肉と新鮮なグリンピースは、仔羊が草を食んでいる草原のようにみずみずしく、目の覚めるような組み合わせです。肉をローストし、豆はゆでて、ほりたての新ジャガイモを添えるといいでしょう。または、イタリア北東部のエミリア・ロマーニャ風に、肉を小さく切り、バターとパンチェッタ、トマト、グリンピースで煮こんで、アニェッロ・アッラ・ロマニョーラにしてもいいですね。仔羊の挽き肉は、スパイシーで香りが強いインド風キーマカレーにしてみてください。グリンピースを散らして、ご飯かチャパティ[chapati]※35と一緒に食べます。

仔羊肉&ケッパー→「ケッパー＆仔羊肉」P.141
仔羊肉&コリアンダーリーフ→「コリアンダーリーフ＆仔羊肉」P.274

仔羊肉&サフラン

　イランのサフランは、スペインで採れる品種より甘い特質を持っています。イランはサフランの最大産出国と言えるので、国民食のチェロウ・ケバブが、仔羊肉または鶏肉のケバブとサフランライスからなるのは当然のことなのです。チェロウ・ケバブには、焦げ目をつけたトマトや、生の卵黄、レモンのような風味のスマック[sumac]※36をふりかけることもあります。湯気の立つ芳しいご飯は、普通、サフランバターをひとかけら加えて味つけしてあります。バターがご飯に溶けていくさまは、まるで太陽が溶けていくようです。サフランバターの作り方は次の通りです。

recipe

《サフランバター》

❶サフランの雌しべ30本を、すりこぎとすり鉢ですって、湯小さじ1を加えて置いておく
❷その間にレモン1個の皮をすりおろす
❸レモンの皮、サフランを入れた湯、（好みで）レモン果汁少量を、やわらかくしたバター100gと混ぜ合わせる
❹棒状に形を整え、ラップで包んで冷蔵庫で保管し、輪切りにして使う

仔羊肉&シナモン→「シナモン&仔羊肉」P.307
仔羊肉&ジャガイモ→「ジャガイモ&仔羊肉」P.128

仔羊肉&スウェーデンカブ

　ハギスを料理している部屋へ一歩踏み入れると、最初に気づくのが仔羊肉のにおいです。あらゆる肉のうち、仔羊肉ほど料理していることがすぐにわかる肉はありません。鶏肉や牛肉、豚肉にはない鎖状

※35　チャパティ［chapatis］…南アジア、東アフリカで普及しているパンのひとつ。薄いクレープのような形状。
※36　スマック［sumac］…酸味のあるアラブのスパイス。

の脂肪酸のためです。

　ハギスは、仔羊肉のにおいがとても強い料理です。この料理は、動物のレバー、心臓、肺などの臓物を使い、オートミール、スエット[suet]※37、コショウ、オールスパイス、クローブ、ナツメグを混ぜ合わせて作ります。スウェーデンカブとマッシュポテトはサイドディッシュとして欠かせません。スウェーデンカブの刺激的な甘さが、ハギスそのものの辛さと調和して、バグパイプのファンファーレのように花ひらきます（→「ジャガイモ&スウェーデンカブ」P.123）。

　　仔羊肉&セロリ→「セロリ&仔羊肉」P.132
　　仔羊肉&タイム→「タイム&仔羊肉」P.467
　　仔羊肉&タマネギ→「タマネギ&仔羊肉」P.151

仔羊肉&チェリー

　チェリーの風味は大きく2つのグループに分かれます。甘味の強いものと酸味の強いものです。サワー（酸味の強い）チェリーは、木からとって食べるには酸っぱすぎますが、甘味の強い種よりも風味が深いので、料理に向いています。モレロチェリー（フランスではグリオットと呼ぶ）とモンモランシーチェリーは有名なサワーチェリーで、中東やロシア、東ヨーロッパの料理に多く登場します。

　エジプト出身の料理本ライターで文化人類学者でもあるクローディア・ローデンが、米を詰めた仔羊の肩肉とサワーチェリーのソースのレシピを紹介しています。ヨーロッパでは、チェリーがアンズと同じくらい一般的に、仔羊肉とともに使われるようになっていることがわかります。アゼルバイジャンでは、濃厚な羊肉とジャガイモのシチューにサワーチェリーを添えます。また、トルコでは、ピラフの中にサワーチェリーと仔羊肉が入っているものを見かけるかもしれません。このピラフには、タマネギ、サフラン、アーモンド、ザクロ、フェタチーズ、ミント、パセリ、ピスタチオを入れることもあります。

　　仔羊肉&ディル→「ディル&仔羊肉」P.266
　　仔羊肉&トマト→「トマト&仔羊肉」P.368

仔羊肉&ナス

　私の想像ですが、ナスは仔羊肉のためにこの世に現れたのです。キッチンタオルのように、脂や肉汁を吸い取る性質がそのことを物語っています。ムサカ[moussaka]※38を食べるともっともよくわかりますが、角切りの仔羊肉にナスのピューレを添えるトルコ料理、ヒュンキャル・ベエンディや、仔羊肉とナスをシンプルに角切りにして串に刺し、炭火焼きにするパトゥルジャンケバブでもわかるでしょう。あるいは、まるごとのナスに仔羊挽き肉を詰め、ナスの皮にしわが寄って実がやわらかくなるまで焼き、これを薄切りにして、濃厚なヨーグルトを添えて食べる料理はいかがでしょうか。

　　仔羊肉&ナツメグ→「ナツメグ&仔羊肉」P.312
　　仔羊肉&にんにく→「にんにく&仔羊肉」P.156
　　仔羊肉&ピーナッツ→「ピーナッツ&仔羊肉」P.29
　　仔羊肉&ブラックプディング→「ブラックプディング&仔羊肉」P.51

※37　スエット[suet]…腎臓の固い脂肪部分。
※38　ムサカ[moussaka]…挽き肉とナスを重ねてチーズソースをかけて、焼いた、ギリシャやエジプトなど東地中海沿岸の伝統的な料理。
※39　ベアルネーズソース[Béarnaise sauce]…フランス料理の伝統的なステーキソース。

仔羊肉&ミント

　フランス人は、イギリス人がミントと仔羊肉の組み合わせを好むことが理解できないと言います。ミントソースの極度に酸っぱい味については、好みが分かれるのも仕方がないかもしれません。1747年、イギリスのフードライターのハンナ・グラッセ〔1708-1770〕(→P.509) は、豚の後肢の皮をはいでローストしたものにミントソースをかけると、仔羊肉のような味がすると書きました。豚肉と仔羊肉が本当に似ているというよりは、ソースの強烈な特質のおかげでそうなるに違いありません。とはいえ、仔羊肉のパートナーとしてのミントを甘く見てはいけません。仔羊肉は本質的にハーブの風味と相性がいいので、ミント特有の際立った清涼感を、仔羊肉の独特なにおいを和らげるために使うことができます。柑橘類も同様です。

　たとえば、アメリカ・ニューヨークにあるマリオ・バターリ (→P.510) のレストラン、バボ [Babbo] で出される仔羊肉とミントのラビオリを考えてみてください。また、パロワーズソースという、ベアルネーズソース [Béarnaise sauce] のタラゴンをミントに替えたソースはどうでしょう。このソースは、ローストまたはグリルした仔羊肉にかけます。

　アゼルバイジャンでは、ドースバラと呼ばれるミント入りスープに、仔羊肉の入った小さなトルテッリーニ [torellini] を浮かべます。ほとんどの場合サワークリームとにんにくを添えますが、酢とにんにくを好む人もいます。サワークリームも酢も酸味のある食材ですから、仔羊肉には酸っぱい味が合うということが、この組み合わせからもわかりますね。

仔羊肉&山羊のチーズ

　山羊のチーズと仔羊肉は、非常によく合うと言ってもよいでしょう。一般受けするには味が濃すぎるのではないかと思われましたが、そんな心配は無用でした。この2つの材料を、温かいフラットブレッド（平たいパン）で巻いたり、フィロ [filo] 生地で小さめに包んだりします。山羊のチーズとフェタチーズをくずして、仔羊肉のパスタソースにかけたり、仔羊肉のハンバーガーに入れたりしてもいいでしょう。山羊のチーズのベシャメルソースで作ったムサカ [moussaka] は、濃厚な味に仕上がります。口をさっぱりさせたければ、ホウレン草のベビーリーフをレモン入りのドレッシングで和えて添えるといいでしょう。

　　仔羊肉&ルバーブ→「ルバーブ&仔羊肉」P.362
　　仔羊肉&レモン→「レモン&仔羊肉」P.436
　　仔羊肉&ローズマリー→「ローズマリー&仔羊肉」P.454

※40　トルテッリーニ [torellini] …帽子形に巻いた具入りのパスタ。
※41　フィロ [filo] …小麦粉やトウモロコシの粉と水、塩、オイルで作った薄い皮。
※42　ムサカ [moussaka] …挽き肉とナスを重ねてチーズソースをかけて焼いた、ギリシャやエジプトなど東地中海沿岸の伝統的な料理。

チーズ風味
Cheesy

山羊のチーズ
Goat's Cheese

ウォッシュチーズ
Washed-rind Cheese

ブルーチーズ
Blue Cheese

ハードチーズ
Hard Cheese

ソフトチーズ
Soft Cheese

Goat's Cheese
山羊のチーズ

　山羊のチーズの風味は、とても軽いものから、ノルウェーの昔話のひとつで絵本にもなっている『三びきのやぎのがらがらどん』に出てくる一番大きな山羊のチーズのように非常に酸味の強いものまで多彩です。その酸味はビーツやバターナッツカボチャ、おいしいパンと蜂蜜の組み合わせなど、甘くて濃厚な材料とよく合います。昔からフェタチーズとハルミチーズは羊の乳か、羊と山羊の混合乳から作られてきました。この2つのチーズについてもここで取りあげています。なぜなら山羊のチーズの風味と共通している点がたくさんあるからです。

　どんなチーズもそうですが、山羊のチーズの風味は、その動物が何を食べてきたかによって大きく左右されます。2001年に、味覚や臭覚など感覚を評価する研究が行われた際、試食をした3分の2以上の人が、牧場で草を食べてきた山羊の乳から作った1日熟成チーズと、干し草や穀物などの濃厚飼料[※1]を食べてきた山羊の乳から作った1日熟成チーズとを正確に判別しました。20日間熟成したチーズになると、100%の人が判別できます。

　山羊のチーズ&アニス→「アニス&山羊のチーズ」P.256

山羊のチーズ&アンズ

　台所で立ってつまむのにぴったりの軽食です。まるまるとした乾燥アンズに、マイルドな刺激の山羊のチーズを詰め、そのコクの深さを味わってください。甘く芳醇なアンズの風味がチーズの塩気を際立たせ、総じてどこか仔羊肉を思わせる味になります。山羊のチーズは、調理した仔羊肉や羊肉と同じカプリル酸を含むため、似た風味があるのかもしれません。

　山羊のチーズ&イチジク→「イチジク&山羊のチーズ」P.486
　山羊のチーズ&オリーブ→「オリーブ&山羊のチーズ」P.246
　山羊のチーズ&きのこ→「きのこ&山羊のチーズ」P.107
　山羊のチーズ&キュウリ→「キュウリ&山羊のチーズ」P.262

山羊のチーズ&クルミ

　イギリス・ロンドンのエッジウェアロードを入ったところにある、パトフ [Patogh] というペルシャレストランは、私の一番のお気に入りです。チェロウ・ケバブ（→「仔羊肉&サフラン」P.67）と、クレーターのある月面のような巨大なパンを食べることができます。パンはオーブンから出したばかりの焼きたてに、炒めたゴマをふってあります。ドアから足を踏み入れると、肉を炭火であぶるにおいとパンを焼くにおいが漂ってきて、はやる気持ちを抑えられなくなります。

　パニールは、フェタチーズの白い小さな塊で、アイボリー石鹸のようになめらかなものです。通常はカリカリのクルミと一緒に料理に散らします。サブジという、新鮮な香味野菜を山のように使った肉料理に

※1　濃厚飼料…タンパク質や脂肪、炭水化物が多く含まれている飼料のこと。繊維質が多い牧草やワラなどは粗飼料という。

は、たいてい添えられていて、濃い味を和らげてくれます。サブジに使うのは、たっぷりのミント、タラゴン、ディル、葉ネギの根のふくらんだ部分などです。さわやかさと塩味のコントラストに加えて、手を使ってむしゃむしゃと食べる作法が楽しい料理です。家での簡単な前菜や昼ご飯にもいいでしょう。

山羊のチーズ＆クレソン→「クレソン＆山羊のチーズ」P.137

山羊のチーズ＆ケッパー

　オーストラリアの農業ライターE.A.ウェイスは、ケッパーの風味は主にカプリル酸によるもので、ケッパーのつぼみが酢漬けにされてから発生すると書いています。カプリル酸は単純な分子構造をしていながら、山羊のような刺激的なにおいがします。しかし、ケッパーのなかにある総量はほんの少しで、酢漬けの過程で刺激が和らいでいます。カプリル酸は、山羊のチーズの風味にも大きく関係しています。やわらかい山羊のチーズを使って、「ケッパー＆ソフトチーズ」P.140で紹介しているレシピを作ってみてください。とてもおいしくできあがります。

山羊のチーズ＆コーヒー

　コーヒーとチーズは、チョコレートとチーズ以上に相性が悪いように思えるかもしれません。でも、ノルウェーのエクタ・イエトオストは、コーヒーに合う唯一のチーズと言えるでしょう。

　エクタ・イエトオストは、チーズを作る過程で残った乳清で作ります。乳糖がカラメル状になるまで煮詰め、長方形の型に流し入れます。冷めるとなめらかで甘く、キャラメルのような色と味のものができあがります。これをスライスしてトースターやカリカリのビスケットにのせ、モーニングコーヒーを飲みながら食べます。フルーツケーキに添えたり、猟鳥の肉のソースに入れたりもします。

　牛乳で作ったイエトオストも同じように人気がありますが、伝統的にはこれは山羊の乳で作られてきました。

山羊のチーズ＆コリアンダーシード→「コリアンダーシード＆山羊のチーズ」P.495

山羊のチーズ＆コリアンダーリーフ

　メキシコでは、エンチラーダ［enchilada］[※2]やケサディーヤ［quesadilla］[※3]などに使われたチーズの脂っぽさを消すために、さわやかで柑橘系の風味がするコリアンダーリーフが使われます。メキシコ産チーズはアメリカ産に比べて探しにくいですが、メキシコ料理シェフであるリック・ベイレスによれば、ケソ［Queso］[※4]・フレスコは、山羊のフレッシュチーズと変わらないそうです。少し乾いて塩気があり、くずれやすければなおさらです。ケソ・アニェホは、パルメザンチーズか、できればペコリーノ・ロマーノチーズで代用できます。また、ケサディーヤに使うケソ・チワワの代わりには、マイルドチェダーチーズかモントレージャックチーズを使ってみてください。

　ベイレスは他にも、クリームチーズと山羊のチーズ、葉ネギ、サルサ少量、刻んだコリアンダーを混ぜ合わせてパンに塗り、トマトスライス数枚をのせるというレシピを紹介していますので、試してみてください。

※2　エンチラーダ［enchilada］…肉、チーズ、魚介などの具材を詰めたトルティーヤに唐辛子のソースをかけた料理。
※3　ケサディーヤ［quesadilla］…メキシコ料理のファストフードで、チーズをメインに挟んだトルティーヤ。
※4　ケソ［Queso］…スペイン語でチーズのこと。

山羊のチーズ&すいか

　サラダにこの2つの食材を入れると、とても彩りが鮮やかになります。塩辛いフェタチーズに合わせるには、ビーツのほうがなじみ深いかもしれません。でも、土の香りとしっかりとした甘味を持つビーツに対して、すいかはさわやかさで勝負します。

　事実、ギリシャ風サラダでは、すいかは大昔から使われてきた食材です。塩気のあるチーズとオリーブを使う場合、この2つの食材がすいかの果汁を出させてしまうので、水浸しになるのを避けるためすいかの実は食べる直前に加えましょう。また、「ローズマリー&すいか」P.452にあるすいかのバーベキューに、山羊のチーズを添えたら、どんなにおいしいだろうかと思うかもしれませんね。

　　山羊のチーズ&タイム→「タイム&山羊のチーズ」P.466
　　山羊のチーズ&チェリー→「チェリー&山羊のチーズ」P.350

山羊のチーズ&チョコレート

　イギリス人ショコラティエのポール・A・ヤングが開いた、チーズとチョコレートの組み合わせ試食会に参加した私たちは、最初にグロスターシャー産山羊のチーズ、サーニー10日熟成ものと、アメディ[Amedei]のダークチョコレート・カカオ分63%を合わせて食べてみました。その後、同じチーズのさらに熟成の進んだものと、ヴァローナ[Valrhona]のマダガスカル・マンジャリ[Madagascan Manjari]64%を一緒に食べてみました。

　チョコレートとチーズは合いそうにない、不快にさえ感じる組み合わせだと思うかもしれません。しかし一度口に入れると、チョコレートと牛乳（または生クリーム）にどれほど共通点があるか、さらに、いくつかの上質なチョコレートの風味（みずみずしいベリー類、ドライフルーツ、キャラメル）が、どれほどチーズと自然に調和するかがわかるでしょう。

　私たちはまた、コルストン・バセット[Colston Bassett]のスティルトンチーズにヴァローナ70%を合わせてみました。それから、ヤングが示したスティルトンチーズとポートワインのトリュフの組み合わせも。ポートワインのトリュフは、もともと季節限定で考えられたものですが、とても人気があったので今では一年中売られています。

　しかし、その試食会で脚光を浴びたのは、牛乳から作った、心地よい辛味と花の香りがする、アイルランドのおいしいウォッシュチーズ、ミリーンズとチョコレートの組み合わせでした。最初に外皮つきのままヴァローナ[Valrhona]のアビナオ[African]85%と組み合わせ、次に外皮をとってヴァローナ[Valrhona]のジヴァラ[Jivara]40%ミルクチョコレートと組み合わせてみました。あなたも、食後に出すチーズボードに、チョコレートを数種類のせてみたらどうでしょう。お客さまがチョコレートとチーズを一緒に食べられなくても、別々には食べられるでしょう。それにどちらもポートワインとよく合います。

山羊のチーズ&唐辛子

　いろいろな食べ物に辛味のある粉をたっぷりとまぶすというスペインの習慣は、カナリア諸島にまで及んでいます。そこでは、3種類ある地元のマホレロチーズのうちのひとつに、ピメントン[pimentón]※5をすりこみます。マホレロは、フェルテベントゥラ島産の脂肪分の多い山羊の乳から作る固くて白いチーズで、食感はマンチェゴチーズ[Manchego]※6と似ています。近くのテネリフェ島で作られるアリコチー

※5　ピメントン［pimentón］…スペイン料理に欠かせないパプリカパウダー。スモーキーでカツオ節のような風味が特徴。
※6　マンチェゴチーズ［Manchego］…スペインでは一般的な、ラマンチャ産の羊の乳を使ったチーズ。

ズは、ピメントンとゴフィオと呼ばれる炒った穀物を一緒にすりこみます。このチーズは、2008年のワールド・チーズ・アワードで最優秀賞を獲得しました。

山羊のチーズ&にんにく

　山羊のチーズとにんにくのピザは、イギリス・ロンドンのオルソ・レストラン［Orso restaurant］で20年以上作られ続けているメニューです。にんにくの甘い風味がチーズの強いにおいを和らげています。口いっぱいに濃厚な味が広がりますが、ピザ台は軽くパリパリとしていて、全体としては小さめなので、2枚目が欲しくなるおいしさです。「にんにく&バジル」P.156で紹介しているトマトソースを使って、同じように作ってみてください。

recipe
《山羊のチーズとにんにくのピザ》
❶ピザのベースにトマトソース少量を広げ、ごく薄切りにした山羊のチーズをのせる
❷オーブンを予熱している間に、皮つきのにんにく数かけをロースト用天板にのせてオーブンに入れる。オーブンが温まった頃には、にんにくにも軽く火が通っている
❸先に作ったピザににんにくを散らし、230℃で8〜10分焼く

　風変わりな刺激のある風味でも大丈夫な人なら、フジョーという食べ物も楽しめるかもしれません。山羊のチーズの熟成の浅いものと進んだものをおろして、にんにく、ハーブ数種、ブランデー、オリーブオイルと一緒に陶磁器の壺に入れたフランスの料理で、数カ月熟成させた後、フランスパンやベイクドポテトにつけて食べます。

山羊のチーズ&バジル→「バジル&山羊のチーズ」P.300
山羊のチーズ&バターナッツカボチャ→「バターナッツカボチャ&山羊のチーズ」P.324
山羊のチーズ&ビーツ→「ビーツ&山羊のチーズ」P.118

山羊のチーズ&ブラックベリー

　バノン、またはバノン・ア・ラ・フォイユは、フランスの山羊のチーズで、オードヴィー［eau de vie］[7]に浸してから、栗の葉で包みます。一度包むと約3週間で食べられるようになりますが、少し長く熟成させるとコクが出て、果物と木の香りが高まります。この香りがブラックベリーの粒々の間にからまって、その風味を引き立てます。

山羊のチーズ&ミント

　本物のハルミチーズは、山羊の乳と羊の乳を混ぜ合わせて作ります。塩を加えて乾燥させる段階で、ミントを加えることがよくあります。できあがったチーズは、柑橘系の風味のほかに、ミントの香りがほのかに漂います。ハルミと同じく、フェタチーズも塩水に浸けるチーズで、その塩味がミントの冷たさと

※7　オードヴィー［eau de vie］…色のついていない果物のブランデー。

おいしいコントラストを描きます。フェタと刻んだミント、チャイブ、挽いた黒コショウをつぶしながら混ぜ合わせ、小さなフィロ生地に包んで焼いてみてください。甘いものがよければ、スペイン・イビサ島に伝わるフラオというチーズケーキのようなプディングがいいでしょう。フラオは昔から、甘味を加えた新鮮な山羊のチーズとミント、アニス、蜂蜜を使って作られてきました。

山羊のチーズ&洋梨

　グラサレマチーズは、太陽がさんさんと降り注ぐスペインのカディス県産の山羊の（または羊の）チーズです。『マリーのチーズハンドブック』によると、このチーズは「羊の皮をかぶった狼」です。「甘く熟した洋梨とネクタリンの香りがして、チョコレートに浸した果物を思い起こさせます」とあり、このチーズと本、どちらも買いたくなってしまう記述ですね。このチーズに合わせるなら、バターの風味がするシャルドネワインがおすすめです。マンサニージャ・シェリーでもいいですね。

山羊のチーズ&ラズベリー

　ラズベリーは、乳のやさしい風味とほのかな柑橘系の香りが残る、熟成の浅いチーズとよく合います。両方を使ったフール［fools］[8]で試してみてください。

---

recipe
《山羊のチーズとラズベリーのフール》
❶ ラズベリー 300gはつぶし、高脂肪生クリーム200mlは軽く角が立つまで泡立てる
❷ やわらかめの新鮮な山羊のチーズ150gに、粉砂糖大さじ1とレモンひと搾りを加えて、やわらかくなるまで混ぜる
❸ これを生クリームに加え、ラズベリーも入れて、泡をつぶさないように混ぜこむ
❹ 味見をして甘さが足りなければ砂糖を足し、小さなボウル4つに分けて入れる

　山羊のチーズ&仔羊肉→「仔羊肉&山羊のチーズ」P.69
　山羊のチーズ&レモン→「レモン&山羊のチーズ」P.436

山羊のチーズ&ローズマリー

　山羊のチーズと仔羊肉とローズマリーは風味に共通点があります。イギリスのヘレフォードシャー産のペロッチ［Perroche］は、やわらかくてレモン風味の、低温殺菌していない山羊のチーズで、ローズマリーかタラゴンかディルのいずれかの上で転がし、これらのハーブをチーズの周りにまぶします。3種類とも試してみる価値がありますが、ローズマリーをまぶした、おだやかな柑橘系の香りが何と言っても一番です。次に紹介する山羊のチーズとローズマリーのタルトを作ってみてはいかがでしょう。

※8　フール［fools］…クリームと果物を使ったイギリスの菓子。

recipe
《山羊のチーズとローズマリーのタルト》

❶20cmのタルト型にショートクラスト・ペストリーを敷いて焼く

❷ポロネギ3～4本を輪切りにして、オリーブオイルでやわらかくなるまで炒める

❸塩コショウで味つけをして、少し冷まし、ペストリーの上に広げる

❹低脂肪生クリーム75mlに、外皮を取ったやわらかい山羊のチーズ100gを加え、泡立て器で混ぜ合わせる

❺混ざったら、卵2個、卵黄1個分、ごくみじん切りにしたローズマリー小さじ1、塩コショウを加えて、さらによくかき混ぜる

❻ポロネギの上から流しこみ、上から牛乳（約100～150ml）を注ぎ、190℃のオーブンで25～30分焼く

チーズ

山羊のチーズ

Washed-rind Cheese
ウォッシュチーズ

　塩水や他の液体でチーズを洗うという手法の起源は、中世にまでさかのぼります。ヨーロッパの修道士が、チーズを液体で洗うとバクテリアの増殖を促進することができ、酸味を抑えてより刺激のある風味にできることを発見しました。また、そうすると肉断ちの時期を耐える助けになることにも気づきました。

　イギリスのクランフィールド大学が実施した調査から、ビールで洗ったウォッシュチーズ、ヴィュー・ブローニュが、世界でもっともにおいが強いチーズだということが明らかになりました。マール［marc］[※9]で洗ったエポワスは、フランスでは、公共の交通機関で運ぶことが禁止されていますが、それよりもにおいが強いということです。

　一般的に、ウォッシュチーズはパンかクラッカーなど、味がおとなしめのものと一緒に味わうのが一番ですが、チーズ自身と同じくピリッとした刺激（クミン、酸味の強いリンゴ、生のタマネギなど）や、穏やかな土の香りを持つもの（ジャガイモなど）ともよく合います。ここでは、スティンキング・ビショップ、マンステール、ポン・レヴェック、ラングル、リヴァロ、ヴァシュラン、ケルティック・プロミスを取りあげます。

ウォッシュチーズ＆アニス

　マンステールやスティンキング・ビショップといったウォッシュチーズは、多くの場合、他の風味と合わせるには味の主張が強すぎるのですが、アニスなら試してみる価値があります。チーズを薄切りにするか、スプーンですくって、次に紹介する薄いフェンネルシードのクラッカーにのせてみてください。

---

recipe

《チーズのためのフェンネルシード・クラッカー》

❶薄力粉125g、ベーキングパウダー小さじ1/2、塩小さじ1/2、フェンネルシード小さじ2をボウルにふり入れる

❷オリーブオイル25ml、水125mlを少しずつ加えていき、全体がしっとりとして、ひとつにまとめられるようになったら、水を加えるのをやめる

❸5分こねてから、約5mmの厚さになるようにめん棒でのばす

❹ビスケットカッターで型抜きをする。直径5cmのクラッカーが約24個とれるはず

❺クッキングシートにのせ、ブラシで水を塗ってから、160℃のオーブンで25分焼く

好みで全粒粉を使ってもいいでしょう。セロリ、クミン、キャラウェイシードでも試してみてください。

ウォッシュチーズ＆クミン→「クミン＆ウォッシュチーズ」P.111

※9　マール［marc］…ワインの醸造に用いたブドウの搾りかすを再発酵させて蒸留したブランデー。

ウォッシュチーズ&クルミ

　クルミは、どんなチーズとも相性のいい食材ですが、刺激臭のあるウォッシュチーズのパートナーにもなれる数少ない食材のひとつです。クルミのほろ苦く渋みのある特質が、チーズの脂っぽい濃厚な味を消して、甘さを添えます。クルミパン、クルミ入りクラッカー、季節が旬ならば若くてやわらかい青クルミなど、どれもリヴァロチーズにそのまま合わせておいしいものばかりです。

ウォッシュチーズ&ジャガイモ→「ジャガイモ&ウォッシュチーズ」P.120

ウォッシュチーズ&にんにく

　ヴァシュラン・デュ・オードゥーブ、またはヴァシュラン・モン・ドールは、フランスのフランシュ・コンテ地方またはスイスのフリブール州産のとてもやわらかいチーズです。このチーズは、世界最高レベルのチーズを紹介するリストに頻繁にのっています。しわしわの防水シートのような外皮をはぐと、象牙色のフォンデュのような液体が出てきます。ミルキーで塩味があり、かすかに果物の風味がします。また、国境のフランス側で作られるオードゥーブ（低温殺菌はしていません）は、箱に使っているトウヒという木のにおいがぷんと漂ってきます。箱から直接スプーンで食べる人もいますが、私は指1本あれば十分だということに気がつきました。温めてもいいでしょう。

---

recipe

《オードゥーブチーズ》

❶オードゥーブチーズ箱の蓋を取り、箱をアルミホイルで包み、チーズの表面に穴をあけて、にんにくの細切りをいくつか刺す

❷辛口の白ワイン100mlを注ぎ入れて、180℃のオーブンで20分焼く

❸上質なパンですくって食べる

ウォッシュチーズ&ベーコン

　フランスのシャンパーニュ地方で作られるラングルチーズは、塩味の利いた小さなチーズで、その風味はよくベーコンと比較されます。見た目はつややかな黄色いポルトガル風カスタードタルトのようで、味はごく少量でもコクがあります。どのチーズも上部にくぼみがあって、その中にシャンパンやマール[marc]を少量注ぎ入れると、あっと驚くような風味に変わります。

　肉のような風味のチーズは、ラングルだけではありません。イタリアのおいしいタレッジョチーズには、牛肉に似た特質があると言う人もいます。フランスの小説家エミール・ゾラ〔1840-1902〕（→P.506）は、カマンベールチーズは鹿肉のようなにおいがすると考えていました。フランス人は、ノルマンディー産のリヴァロチーズを、「貧乏人の肉」と呼んでいました。私は、新鮮な山羊のチーズのなかには、肉屋のにおいのような味がするものがあると思っています。「ブルーチーズ&牛肉」P.82では、ステーキ脂の風味がするブルーチーズについて記してあります（→「ジャガイモ&ウォッシュチーズ」P.120）。

ウォッシュチーズ&洋梨

　リヴァロチーズは、フランス・ノルマンディーの牛からとれる脂肪分の多い牛乳から作った、においの強いねっとりとしたチーズです。ピリッとした刺激があり、洋梨によく合います。洋梨は、ノルマンディーの果樹園で豊富にとれますが、これは偶然ではないでしょう。この2つの材料を使ってタルトを作ってもいいですし、シンプルに、薄切りにしたものを皿に並べるだけでもOKです。お酒はとろりとした洋梨酒がよいでしょう。ペリーと呼ばれたり、フランスではポワレと呼ばれたりするものです。カルヴァドスは昔からリンゴで作られてきましたが、ドンフロンテという種類は30%以上の洋梨を含むので、リヴァロを食べながら飲むのにおすすめです。ちなみにスティンキング・ビショップチーズは、スティンキング・ビショップ種の洋梨で作ったペリーで洗います。

ウォッシュチーズ&リンゴ

　歯ごたえのあるリンゴは、穏やかな風味のウォッシュチーズとよく合います。タルト用の青リンゴの芯を取って薄切りにし、果物と草の香りのするポン・レヴェックチーズと一緒に食べてみてください。フランス人シェフのピエール・ガニェール（→P.509）は、ポン・レヴェックのシャンティクリーム（ホイップクリーム）を作って、リンゴのシャーベットに添えます。

　芯が固いウォッシュチーズには、リンゴといっても、リンゴ酒かアップルブランデーのカルヴァドスのようなものが合います。たとえばケルティック・プロミスチーズは、風味をよくするためにリンゴ酒で洗ったチーズのうちのひとつですが、これを食べるときには厚切りパンと一杯のリンゴ酒さえあれば、他には何もいりません。

Blue Cheese
ブルーチーズ

　ブルーチーズに青い色をつけているものは、ペニシリウム・ロックフォルティと呼ばれる粉末状の青緑のカビです。ブルーチーズの主な風味である果物と香辛料の香りは「ケトン2−ヘプタノン」から、みずみずしくて脂っぽく金属のような香りは「2−ノナノン」からきています。このほかにもブルーチーズには生産地と同じくらいさまざまな風味があり、その違いは、乳を出す動物がどんなものを食べてきたか、原乳が低温殺菌されたかどうか、使われているスターターとカビスターターの種類、保管された期間と場所などに左右されます。

　知っての通り、ロックフォールチーズは洞窟で熟成されます。AOC（原産地呼称統制制度）は、フランス・アヴェロン県のロックフォール・シュール・スールゾン村近くのコンバルー山の天然の洞窟で熟成されたものでないと認めていません。スティルトンチーズは地下室で寝かせますが、そこでは冷気がチーズに開けられた小さな穴を通り抜けられるようになっていて、カビの繁殖を助けます。

　ブルーチーズはペニシリウム・ロックフォルティで作られるものがほとんどですが、そのなかで注目すべき例外は、ブル・ド・テルミニヨンと呼ばれる幻のブルーチーズです。フレンチアルプスでごく少量しか作られないこのチーズは、牧場の草を食べた牛からとれる乳を使って作られ、自然に青色に発色します。ここで紹介するブルーチーズは他に、ゴルゴンゾーラ、カブラレス、ローグリバー・ブルー [Rogue River Blue]、シェパーズパース [Shepherd's Purse]、ビーンリー・ブルー [Beenleigh Blue]、フルムダンベールです。

ブルーチーズ＆アボカド

　アボカドとベーコンの組み合わせを食べられないのは菜食主義の欠点のひとつですが、コクのある塩味のブルーチーズがいくらか慰めになるでしょう。70年代風に、ブルーチーズのドレッシングをアボカドの種のくぼみに注いだり、薄切りにしたブリオッシュをトーストして、マッシュしたアボカドとレモン果汁を混ぜたものを広げ、くずしたブルーチーズをふりかけたりしてみてください。

ブルーチーズ＆イチジク

　茶色い乾燥イチジクは、甘いペドロヒメネス・シェリーを思い起こさせますが、黒紫色のミッション種のイチジクはポートワインを連想させます。この黒紫色のイチジクは、スティルトンチーズとこの上なく好相性です。この2つの食材を使って、スティルトンとイチジクのストロー [straw]※10 を作り、よく冷やした黄褐色のポートワインを飲みながら食べてみてください。夕暮れどきにブルーチーズとイチジクの組み合わせを味わうと、いつもの夜とはちょっと変わって楽しいものです。

※10　ストロー [straw] …細長いビスケットのようなもの。

recipe

《ブルーチーズとイチジクのストロー》

❶ フードプロセッサーに、薄力粉125g、くずしたスティルトン225g、バター50g、塩ひとつまみ、冷たい牛乳大さじ1〜2を入れ、ひとまとまりになるまで回す

❷ できあがった生地をめん棒でのばし、約30cm×20cmの長方形を作る

❸ はさみを使って、ミッション種の乾燥イチジク約8個を細長く切り、生地に軽く押しつける

❹ イチジクを内側にはさみこむように、生地を縦に半分に折る。生地は約15cm×20cmの長方形になっているはず

❺ めん棒で約5mmの厚さにのばし、パレットナイフを使って細長い帯状に切り、油を塗った天板に並べる

❻ 180℃のオーブンで約15分焼く

　この他にも、ブルーチーズとイチジクと固めの葉野菜でサラダを作り、ポートワインのドレッシングを合わせてもいいでしょう。このドレッシングを作るには、ポートワイン200mlを半分になるまで煮詰め、蜂蜜小さじ1を加えて冷まします。エクストラバージン・オイル大さじ3とバルサミコ酢大さじ2、塩コショウを加えて泡立て器でよく混ぜ合わせます。

ブルーチーズ＆きのこ→「きのこ＆ブルーチーズ」P.106

ブルーチーズ＆キャベツ

　「ブルーチーズ＆鶏肉」(→P.84) で紹介するブルーチーズ・ドレッシングは、コールスローにぴったりです。でもこのドレッシングには、朝、あなたをベッドから引きずり出すほどの力はありません。そのために必要なのは、アメリカ・ニューヨークのモモフク・ベーカリー［Momofuku Bakery］が作っている、キムチバターと甘いゴルゴンゾーラのクロワッサンでしょう。

ブルーチーズ＆牛肉

　ライターのピーター・グラハムによると、ブルーチーズには、適年齢の芳醇な牛の舌がぴったり合うそうです。ステーキ・オー・ロックフォール［Steak au Roquefort］[※11]は昔から作られてきた料理で、スペインでは同じような料理が、ケソ［Queso］[※12]・デ・カブラレスという、アストゥリアス地方のがっしりとした味のチーズを使って作られています。

　スティルトンチーズは、味の強いチーズバーガーにして、二日酔いの遅い朝食として食べると、味覚が目覚めます。ベルギー料理のカルボナード・デ・ブッフでは、くずしたブルーチーズひと握りを調理の最後に加えることがあります。スープのなかでチーズが溶けると、ビール風味のこってりとした味が出てきます。

　ブルーチーズと牛肉の組み合わせが大好きな人は、イギリス・ノースヨークシャーで飼育されている水牛の乳を使った、シェパーズパース・バッファローブルーチーズを探すべきでしょう。使っている乳の飽

※11　ステーキ・オー・ロックフォール［Steak au Roquefort］…牛ステーキにブルーチーズのソースをかけたもの。
※12　ケソ［Queso］…スペイン語でチーズのこと。

和脂肪が牛乳よりも高いので、この乳で作るチーズは、適年齢の牛からとれるおいしいランプステーキの脂を思わせる贅沢な風味をしていますし、食感もステーキと同じくとろけるようです。ひとつでチーズとステーキ、2つの味が楽しめるという一石二風味の食材です。菜食主義者にもいいですね。

ブルーチーズ&クルミ

　焼いたクルミには、ブルーチーズの風味を引き立てる何かがあります。何かの折に参考になるかもしれないので、覚えておいてください。ミルキーで甘く、ほろ苦い皮がついたクルミは、どんな種類のブルーチーズとも驚くほどよく合います。ブルーチーズとクルミは古典的な組み合わせですが、特にくずしたロックフォールチーズとクルミ、チコリのサラダは、昔から作られてきた料理です。このサラダは、エクストラバージン・オリーブオイル、リンゴ酢、生クリームを5：3：2で合わせ、塩コショウを入れてよく振ったドレッシングで和えると特においしくなります。

　羊の乳で作った、イギリス・デヴォン州産のビーンリーブルーチーズと一緒に、クルミをチーズボードにのせるのもいいでしょう。このチーズは、熟してくるとファッジのような食感になるとともに、強いピリリとした刺激が出てきます。または、くせがあることで有名なスペイン・アストゥリアス産のケソ・デ・カブラレスとクルミの組み合わせはどうでしょうか。このチーズは牛と戦うことができるくらい強烈です。

　　ブルーチーズ&クレソン→「クレソン&ブルーチーズ」P.137

ブルーチーズ&グレープフルーツ

　空飛ぶ車のように、時代遅れのモダンなコンビです。この2つの食材とレッドオニオン、ビーツ、パリパリのほろ苦いレタスを使ってサラダを作ってみてください。グレープフルーツ・マーマレードが手に入ったら、ブルーチーズと一緒にサンドイッチにすると、すばらしくおいしい軽食ができあがります。

ブルーチーズ&セージ

　甘くて塩味の利いたブルーチーズに苦味が加わればさらにおいしくなります。それにはセージが適役でしょう。

recipe

《ブルーチーズとセージのソース》

❶ バター25gを溶かし、大きめのセージの葉3枚を加えて30秒かき混ぜる
❷ 弱めの中火にかけ、くずしたゴルゴンゾーラチーズ75gと高脂肪生クリーム150mlを加え、溶けて混ざり合うようにかき混ぜる
❸ セージを取り除いて塩コショウで味を調え、パスタかニョッキにかけて食べる

　　ブルーチーズ&セロリ→「セロリ&ブルーチーズ」P.131

ブルーチーズ&鶏肉

ブルーチーズをバッファロー・チキンウイングと合わせます（「セロリ&ブルーチーズ」P.131）。でもこの組み合わせは味が濃厚なので、私は、サラダにすると味が和らいでいいのではないかと思います。ブルーチーズのドレッシングを作ってみてください。

recipe

《バッファロー・チキンサラダ》

❶マヨネーズ100ml、サワークリーム150ml、刻んだブルーチーズ60g、レモン果汁大さじ1、パセリ大さじ2、つぶしたにんにく1かけ、塩コショウ少々をよく混ぜ合わせる

❷これを冷蔵庫で冷やしている間に、セロリ2本を千切りにする

❸コスレタスの葉を、シーザーサラダを作るときのようにちぎる

❹骨と皮を取り除いた鶏胸肉4枚を薄切りにして、塩コショウを混ぜこんだ小麦粉をつけ、ピーナッツオイルとバターを合わせた中で焼く

❺鶏肉に火が通ったら、熱いうちに、バター大さじ2とホットソース大さじ4（フランクス・レッドホットがいいが、おいしくて辛いものならOK）を温めて、混ぜ合わせたものに入れて、全体にからめる

❻大きなボウルに、レタスとセロリを入れて、冷蔵庫で冷やしたドレッシングで和えて皿に盛り、鶏肉をのせる

インディア・ペールエールかドイツの小麦ビールを飲みながら食べます。

ブルーチーズ&トリュフ

フィレ・ミニヨン［filet mignon］[13]にかけるクリーミーなソースを作るには、一般的にはブルーチーズとトリュフを使います。フードライターのジャニファー・ハーヴェイ・ラングは、シュークリーム生地にブルーチーズとクリームチーズと生クリームを混ぜ合わせたものを詰め、上から削った黒トリュフをかけるというレシピを紹介しています。

私は以前、トリュフ風味の蜂蜜とスティルトンチーズのコンビに夢中になっていたことがありました。

ブルーチーズ&パイナップル

アメリカ人化学者のマーティン・ラーシュは、Khymosというサイトにあるブログで、定期的にTGRWT[14]なレシピの実験を行っています。ブルーチーズとパイナップルは、TGRWTの10番目のテーマでした。おもしろいことにラーシュは、「ブルーチーズとパイナップルには、世間で言われるような味やにおいの共通点を見いだすことはできなかった。だがそれは、広く受け入れられている、多くの他の組み合わせでもあることだ」と書いています。TGRWTでは他に、リンゴとバラ、アンズタケとアンズ、パルメザンチーズとココア、バナナとパセリの組み合わせについても実験済みです。

※13　フィレ・ミニヨン［filet mignon］…牛ヒレステーキ。
※14　TGRWT［They Go Really Well Together］…「一緒にすると本当においしい」の意。

ブルーチーズ&バターナッツカボチャ

カボチャのラビオリには、よくゴルゴンゾーラソースが使われます（→「ブルーチーズ&セージ」P.83）。味が奥深く、塩気の強いチーズが、カボチャの控えめな甘さとコントラストを描き出します。特に、ドルチェと呼ばれるマイルドな種類よりも、自己主張の強いゴルゴンゾーラピカンテを使うといいでしょう。

または、2cm角に切ったバターナッツカボチャを焼き、厚切りパンをトーストした上に積みあげます。ゴルゴンゾーラを上から散らし、グリルでさっと焼きます。シュペートレーゼ［Sätlese］[※15]と一緒にどうぞ。このワインは残留糖が多いので、焼き焦がしたカボチャとよく合います。一方、チーズの塩気の利いた刺激的な味とは対照的で、互いに味を引き立て合います。

ブルーチーズ&ブドウ→「ブドウ&ブルーチーズ」P.357
ブルーチーズ&ブルーベリー→「ブルーベリー&ブルーチーズ」P.492

ブルーチーズ&ブロッコリー

この2つの相性のよさを信じるかどうかは、あなたが刺激臭のある味をどの程度好むかによります。この2つの食材でスープかマカロニチーズを作ってみてください。あるいはもっと簡単な料理、切り分けた生のブロッコリーにマイルドな味のブルーチーズ・ドレッシングをかけたサラダなどはいかがでしょう。

ブルーチーズ&ベーコン→「ベーコン&ブルーチーズ」P.235

ブルーチーズ&桃

桃は、ゴルゴンゾーラにとてもよく合います。どちらも果物の香りとなめらかな特質を持っています。この2つの食材はよく一緒に、サラダやブルスケッタに使われますが、本当は皿とナイフがあれば他には何も要りません。

19世紀の探検家F.W.バービッジ〔1847-1905〕（→P.509）は、アジアの果物ドリアンの風味を、「コーンフラワー、腐ったチーズ、ネクタリン、砕いたハシバミ、パイナップル少量、スプーン1杯の古いドライシェリー、濃い生クリーム、アンズの果肉、にんにく少量をすべて混ぜ合わせてから煮詰め、ぼってりとしたカスタード状にしたもの」と述べています。シンガポールの多くのホテルでは最近、ドリアンを部屋に持ちこむことを禁じています。「麻薬、火器、ドリアンの持ちこみ禁止」とあります。

ブルーチーズ&洋梨

ブルーチーズには、洋梨の控えめな風味を消してしまうものもありますが、そのなかでもフルムダンベールは、マイルドなチーズと言えるでしょう。甘くてミルキーなこのチーズは、洞窟での熟成がもたらす穏やかなカビのにおいを放ちます。また、口に入れるとやっとわかる程度の甘口ワインが注入されています。ブルーチーズと洋梨は他にも、一緒にサラダ（→「洋梨&クルミ」P.388）に入っているのを見かけることがありますし、ブルーチーズのフォンデュに、洋梨の薄切りと、イチジクとクルミのパンが添えてあることもあります。

※15　シュペートレーゼ［Sätlese］…ドイツの最高クラスのワインカテゴリーのひとつ。「遅摘み」を意味し、通常より遅く収穫した完熟ブドウを使用するため、奥行きが深く、しっかりとした味わい。

Hard Cheese
ハードチーズ

　ここでは、チェダー、パルミジャーノ・レッジャーノ（パルメザン）、マンチェゴ、コンテ、グリュイエール、ペコリーノ、バークスウェル、マオン、リンカンシャー・ポーチャー［Lincolnshire Poacher］※16 など、幅広い種類のチーズについて述べています。チーズの風味は、乳の種類、乳の質、チーズ生産者の配合、微生物、それに熟成期間によって大きく左右されます。よいチーズ店は、同じチーズでも熟成期間の違うものをそれぞれ試食させてくれますから、熟成期間がどれほど風味に影響を及ぼすかをじかに感じることができます。

　多くのハードチーズは甘く、酸味と塩味があり、熟成するに従ってうま味成分が増していきます。そのままでも十分おいしいハードチーズが、他の食材と組み合わさると味を補い合いながら濃厚なまろやかさを増してくるのは、この多彩な味と脂肪含有量の高さのためです。赤ワイン、生タマネギ、クレソン、クルミは苦味をバランスよく添えるので、多くの場合ハードチーズとよく合います。ドライフルーツや調理済みトマト、タマネギのように甘いものは、チーズの塩味を引き出します。ハードチーズを試食するときには、クリーミーなもの、バター風味のもの、ココナッツ風味のもの、キャラメル風味のもの、果物の風味（特にパイナップル）のもの、硫黄の風味（刻んだゆで卵）のもの、加熱したもの、ローストしたもの、ナッツの風味のものを探してみてください。

ハードチーズ＆アーティチョーク

　イタリアでは、若い生のアーティチョークを紙のように薄く切って、オリーブオイル、レモン果汁、薄く削ったパルメザンで和えてサラダを作ります。苦味と酸味と塩気が共存して、すてきな前菜になります。

---

recipe

《アーティチョークのパルメザン和え》

❶アーティチョークは、色の濃い外側の葉をすべて取り除き、つぼみの先2〜3cmと、茎のほとんどを切り落とす。ジャガイモの皮むき器を使って、残った茎の皮をむく

❷全体にレモン果汁を塗って縦に半分に切り、繊毛があればスプーンで取り除く

❸半分に切ったつぼみを、それぞれ葉の先から茎まで縦にごく薄く切る。切ったらすぐに、レモン果汁を入れた水に浸していくと、変色を防ぐことができる

❹すべて切り終えたら、レモン水から取り出して、紙ナプキンなどでたたいて水気を切り、オリーブオイルで和える

❺塩コショウして、薄く削ったパルメザンをのせる

※16　リンカンシャー・ポーチャー［Lincolnshire Poacher］…チェダーチーズに似ている、濃厚なナッツの風味のチーズ。

ハードチーズ&アーモンド

　キーンズ［Keen's］のチェダーチーズにもモンゴメリー［Montgomery］のチェダーチーズにも、アーモンドの香りがあります。通常チェダーにはクルミを合わせる場合が多いですが、おいしいナッツの風味を持つチェダーとアーモンドが合わないわけがありません。マンチェゴチーズも同様です。本物のマンチェゴはスペイン中部ラマンチャ産の羊の乳から作られます。その芳しい風味が広がっていくのと同様に、チーズの人気も広がっていきました。熟成の浅いマンチェゴは、スペイン北部ガリシア地方の涼しい放牧地を思わせる、清々しい草の香りがします。より熟成が進んだものは、南部アンダルシアの海岸の、暑く乾いた塩の味を思い出させます。どちらのチーズも薄くスライスして、深皿に入れた塩味のローストアーモンドと一緒に食べます。運がよければ、皿に入っているのは、スペインのマーコナアーモンドかもしれません。ハート形をしたこのアーモンドは非常に香りがよく、ミルキーな風味で有名です。

ハードチーズ&アスパラガス

　アスパラガスには迷信があります。コックが大まじめに、「アスパラガスを料理するときには専用の鍋を使わなければならない」とか、「3回、反時計回りに回さなければならないが、満月の光の下では行ってはいけない」などと言います。秘教の教えはさておき、アスパラガスをシンプルにオーブンで焼いて、心地よい硫黄の香りがするパルメザンチーズを削りかけて食べましょう。

　アスパラガスの先に多めにチーズをかけるようにすると、穂先の間にチーズがからまって、チーズの風味がたっぷり楽しめます。

ハードチーズ&アニス

　マオンはスペイン・メノルカ産のハードチーズで、低温殺菌した牛乳を使って作り、塩とレモンの風味がします。昔から、薄切りにして新鮮なタラゴンの葉とオリーブオイル、黒コショウを合わせて食べられてきました。

　フード&旅行ライターのレオニー・グラスは、フランス中南部の山々に囲まれたカンタル県で作られるセミハードチーズ、サレールについて次のように書いています。「そこでは牛が、甘草、アルニカ、アリンドウ、アネモネなど、非常に芳しい草を食べて過ごしているので、これらすべての風味が牛乳の中に感じられる」。「ウォッシュチーズ&アニス」P.78で紹介しているフェンネルのクラッカーに添えて召しあがれ。

　ハードチーズ&アンズ→「アンズ&ハードチーズ」P.400
　ハードチーズ&アンチョビ→「アンチョビ&ハードチーズ」P.225

ハードチーズ&イチジク

　コンソルジオという、パルメザンを保護する協会は、24〜28ヶ月間熟成したパルメザンに組み合わせるものとして、乾燥イチジク、ヘーゼルナッツ、クルミ、プルーンをすすめています。これらの食材は、若い時期のミルキーな風味は少なくなっていますが、果物とナッツの香りが豊かになり、同時に溶かしバターの風味が醸成されてきます。そのため、パルメザンの組み合わせとして向いているのです。

　パルメザンも同じように、チーズの熟成が進むにつれ、ナッツの風味がよりはっきりとして、スパイシーな香り（特にナツメグ）が際立ってきます。

ハードチーズ&オレンジ→「オレンジ&ハードチーズ」P.421

ハードチーズ&貝・甲殻類→「貝・甲殻類&ハードチーズ」P.196

ハードチーズ&カリフラワー→「カリフラワー&ハードチーズ」P.171

ハードチーズ&きのこ→「きのこ&ハードチーズ」P.105

ハードチーズ&牛肉

　ベテランの試食調査員は、ハードチーズの風味を説明するのに、「肉汁のような」という言葉を使うかもしれません。ハードチーズにはストックの素のような特質があるという意味です。チーズバーガー好きの誰もが言うように、ハードチーズのなかには、牛肉との相性が特によいものが多数あります。

　私は、すばらしい自然食料品店についての本や、農業で生活をしていた古きよき時代を懐かしむ土臭い嘆きを綴った本に疲れると、ジョン・F・パーナーの『100ドルのハンバーガー』を手に取ります。この本は、空港近くのカフェとレストランのガイドブックで、肉やチーズバーガーの質、さらに滑走路の格づけをしています。美食に関する『空から見た地球』（ヤンアルテュス・ベルトラン著）のようなもので、たとえば「ユタ州のカナーブ市営空港のようにすばらしい眺望が楽しめる場所はどこか」とか、「カナーブ市営空港近くのヒューストンズ・トレイルズ・エンドカフェではすばらしくおいしいハンバーガーが食べられる」とか、「アーカンソー州のガストンズにある草の生えている仮設滑走路では、キャビンに泊まって湖でとれたマスを食べられる」などが書かれています。

ハードチーズ&クルミ→「クルミ&ハードチーズ」P.332

ハードチーズ&クローブ

　フリースナホルカース［Friese Nagelkaas］は、オランダ・フリースラント産のゴーダ風チーズです。ナホルとは、「爪」の意味で、爪の形をしたクローブを表しています。クローブを粉にして、クミン少量と一緒にチーズに加えてあります。もし今までにグリーン・アンド・ブラックス［Green&Black］のマヤゴールド・チョコレート［Maya Gold chocolate］を食べたことがあるなら、このチョコレートのチーズ版だと思えばいいでしょう。クローブとクミンが、ほのかなオレンジとレモンの香りのする強い刺激を与え、チーズをクリスマスの風味にしてくれます。

ハードチーズ&グリンピース→「グリンピース&ハードチーズ」P.284

ハードチーズ&ジャガイモ

　昔々、ざらざらした皮のベイクドポテトがいました。

　それは麦芽のおいしそうなにおいがしましたが、ばさばさのチェダーチーズがのっているので、みんなが食べるのはきまって流し場でした。誰もがそのおいしさとすばらしさを知っていましたが、舞踏会には決して招かれませんでした。

　ある日の夕方、ポテトがひとりでいると、魔法使いのおばあさんが現れて、土だらけででこぼこのかわいそうな野菜に、「お前の望みはなんだい」と聞きました。そこでポテトは言いました。「このざらざらの皮を取り除き、なめらかなシルクのようになって、フランスの一流レストランで食事をするような人々に食

べてもらいたい。その他には、何もいらない」と。

　魔法使いのおばあさんは、杖を振りました。ポテトは気が遠くなり、気がついたときにはパリの中心にあるランバサード・オーベルニュ［L'Ambassaded'Auvergne］というレストランにいました。ポテトは、レストランのお客さまがこれまで見たことがないほど、コクがあってなめらかなマッシュポテトになっていました。

　この料理はアリゴと言い、ジャガイモの他に、濃厚なライオールチーズ、にんにく、生クリーム、バターを使って作ります。すべての材料を、粘りがでるまで一緒にかき混ぜます。アリゴは、鍋から90〜120cm位の高さまで、切れることなく伸びるようになります。

　次の日、また魔法使いのおばあさんが現れて、「次の願いはなんだい」と聞きました。ポテトは昨晩から少し気分が悪かったので、今度は居心地がよく、しかもしゃれたものがいいなと思いました。おばあさんが杖を振ると、ポテトは薄切りにされて、温かくてなめらかなものの間にはさまっていました。そこにはグリュイエールチーズと、昔からの友人の生クリームとにんにくがいて、ポテトドフィノワーズになっていました。ポテトは、みすぼらしい皮から解放されてとてもうれしかったのですが、いたずらな生クリームとにんにくを相手に不安でした。

　次の夜、魔法使いのおばあさんがやってきて、「三番目の願いはなんだい」と聞いたとき、ポテトは少し疲れていました。「果物の風味がするねっとりとしたラクレットチーズのなかで、入浴してきてはどうだい」とおばあさんが提案しました。「コルニッション［cornichon］※17の一団と一緒かもね。それとも、なめらかな小石のようなニョッキになって、フォンティーナチーズのソースに包まれるというのはどうだい？」

「本当はね」ポテトは言いました。「一番やりたいことは、家に帰って、瓶入りビールと一緒にくつろぐことさ。それとチェダーチーズも少しね。ただしキーンズ［Keen's］のもの。それかウエストコム［Westcombe's］。今回のことでぼくは、あんな脂っこい薄っぺらなものにならなくても、ありのままでいいということがわかったのさ」

「その通りだよ」、魔法使いのおばあさんはそう言って、煙と一緒に消えていきました。

ハードチーズ＆ジュニパーベリー→「ジュニパーベリー＆ハードチーズ」P.461
ハードチーズ＆白身魚→「白身魚＆ハードチーズ」P.204

ハードチーズ＆セージ

　ダービーは、圧搾タイプの牛乳で作られたチーズで、チェダーチーズよりもやわらかく、繊細な風味をしています。

　セージダービーは、たくさんある風味のうちのひとつです。食料品店のなかには毒々しい緑色の塊を棚に置いているところもありますが、そのようなものは避けて、フラワーフォレスト・デーリー［Fowlers Forest Dairy］など、品質の確かなものを探しましょう。ここのチーズは、刻んだセージの葉を円盤形のダービーの真ん中に水平に散らしています。チーズを薄く切って、プロシュートと一緒にサンドイッチにしたり、目玉焼きと一緒にトーストにのせたりしてもいいでしょう。もしおいしいセージチーズが手に入らなかったら、強めのハードチーズとセージでスコーンを作り、温かいうちにバターを添えるといいでしょう。

※17　コルニッション［cornichon］…ガーキンのピクルス。

ハードチーズ&タマネギ

　チーズ&タマネギは、イングランドとアイルランドで売られた最初の味つきポテトチップスの風味です。しかし今では、この2つの食材を組み合わせた料理は、数えきれないほどあります。

　強いにおいを持つドイツのリンブルガーチーズは、生タマネギ、ライ麦パン、マスタードを添えて、強い黒ビールを飲みながら食べます。ウェールズではポロネギと、塩気のある白くて酸っぱいケアフィリーチーズを使って、野菜だけのグラモーガンソーセージを作り、パン粉とハーブをまぶします。昔ながらのフレンチオニオンスープは、グリュイエールチーズでグラタンにすると、濃厚なタマネギの風味にフルーティーな絶妙の香りが加わり、抱えこんで食べずにはいられなくなります。レッドオニオンのタルトはよく、山羊のチーズを真ん中にのせますし、イングランドのウェストミッドランド州で作られる羊のハードチーズ、バークスウェルには焦がしタマネギの強いにおいがあり、このにおいで2羽の鳥を殺せるほどです。

ハードチーズ&唐辛子

　イタリアのペコリーノチーズは、最初とてもスパイシーに感じるかもしれませんが、本当に辛いペコリーノが食べたければ、コン・ペペロンチーノチーズを買うといいでしょう。ペコリーノに、みじん切りにしたやや辛い乾燥赤唐辛子が点々と入っています。

　アメリカでは、ハラペーニョジャックチーズが同じ原理で作られていて、フォンデュ風にディップにし、トルティーヤチップスにつけて食べます。分解したナチョスのようなものです。コーンの風味が、ハードチーズと唐辛子の風味ととてもよく合います。作りたてのポップコーンに、チリパウダー、パプリカ粉、溶かしバター、おろしたパルメザン、塩を混ぜたものをまぶしてみてください（→「バターナッツカボチャ&唐辛子」P.323）。

ハードチーズ&トマト

　トマトとチーズは、固くなった薄いパンや皿に盛ったパスタを、想像もできないほどすてきな料理に変えてしまいます。この組み合わせにはうま味成分が豊富にあることが、この例によって証明されています。もっとも、どのイタリア人も口をそろえて言うように、この魔法を起こすにはよい材料を用意しなければなりません。

　一方で、上質のイギリス産チーズを持っていくと、多くの人が、それで料理をしてはいけない、それはチーズボードにのせて、チーズそのものの味を楽しむためにとっておくべきだと忠告してくれます。リンカーンシャー・ポーチャー・チーズのメーカーは、料理するためのワインを「料理用」ワインとして飲むためのワインと区別するのと同様に、チーズも「料理用」チーズは、ボードにのせて楽しむものより質の低いものにしてくださいとお願いしています。次に紹介する家庭料理には、私は軽めでフランスのコート・デュ・ローヌ産ワインを使います。この料理を私は、リンカーンシャー・ポーチャー・ポットと呼んでいます。ラタトゥイユが、チーズとワインのパーティーに行き、さんざん飲み明かして、ナスとズッキーニを置いてきてしまった状況を想像してください。

recipe

《リンカーンシャー・ポーチャー・ポット》

❶ 大きめのタマネギ1個を刻み、オリーブオイルを入れた鍋に入れて中火で5分、やわらかくなるまで炒める

❷ みじん切りにしたにんにく1かけと、大きめに切った緑または赤パプリカ（緑パプリカを使うと、色が鮮やかになる）1個を加え、さらに弱火で5分炒める

❸ 上質なプラムトマトの缶詰を1缶入れ、スプーンでくずす

❹ ドライハーブミックス少量、上質の赤ワイン100ml、水大さじ2、砂糖ひとつまみ、塩コショウ適量を加える

❺ 一度沸騰したら火を弱め、20〜30分煮こむ

❻ 味見をして、必要があれば塩コショウをする

❼ 食べる直前に、リンカーンシャー・ポーチャー・チーズ150〜200gを1cmのさいの目に切って加え、かき混ぜながら1、2分、中に火が通るまで加熱する

❽ 陶器製の深皿2枚に静かに注ぎ入れ、チーズが完全に溶けてしまう前に食べる。皮がパリっとしたパンは欠かせない

ハードチーズ＆鶏肉→「鶏肉＆ハードチーズ」P.36

ハードチーズ＆ナツメグ→「ナツメグ＆ハードチーズ」P.312

ハードチーズ＆パースニップ

　パースニップには、甘さを引き立ててくれるような、塩味の強い食材が非常によく合います。パルメザンチーズは、パースニップのパートナーとしてよく使われます。典型的な料理方法は、軽くゆでたパースニップに小麦粉とおろしたパルメザンをまぶし、オーブンでローストするというものです。または、パースニップのスープにパルメザンクリームをかけて飾りつけるのはどうでしょう。パルメザンクリームは、おろしたパルメザン大さじ1と刻んだチャイブ大さじ2を、泡立てた高脂肪生クリーム大さじ4に加えて、ゴムべらで切るように混ぜます。アメリカのフードコラムニスト、マーク・ビットマンは、パースニップのニョッキのレシピを紹介して、パルメザンとバター、セージをかけて食べるようすすめています。

ハードチーズ＆パイナップル

　チーズとパイナップルは、ごく自然に寄り添います。パイナップルのカプロン酸エチルの香りは、コンテやリンカンシャー・ポーチャー、パルメザンなど、世界でもおいしいと評判のチーズにも存在します。カプロン酸エチルは、クローブやイチジク、ワインにも自然に発生します。

ハードチーズ＆バジル

　もしも「カルトなレストラン」なるものがあるとすれば、ラ・メレンダ[La Merenda]がそうでしょう。ミシュランの星をとったフランス人シェフのドミニク・ル・スタンク（→P.508）は、ニースのプロムナードに

あるネグレスコホテル［Hotel Negresco］でコックとして働いていました。ところが彼は、失望した保安官のように星を返上すると、あまり洗練されていないオールドタウンに行き、コックを始めました。小さく、玉すだれのかかった、ケバブの店よりもかろうじて大きい、テーブルが10個しかない安レストランでした。

　おしゃれなカクテルグラス、花を生けた花瓶、雰囲気のある照明、ワインリスト、背もたれつきの椅子などはどれもありません。電話さえもありませんでした。黒板にチョークで書いたメニューを、テーブルに立てかけるか、膝にのせます。メニューは常にニースの郷土料理で、タリアテッレ・オー・ピストゥはほぼいつも含まれています。ピストゥはペスト［pesto］[19]にひねりを加えたもので、ペスト発祥の地リグーリア州の海岸沿いで作られるようになりました。

　松の実を使わず、パルメザンではなくエメンタールチーズを使うこともあるところが、ペストとの主な相違点です。ル・スタンクは、鮮やかなホウレン草のパスタにピストゥを合わせています。

ハードチーズ＆バナナ

　コンテチーズは、アルプスの生の牛乳を使って作る、フランスでもっとも人気のあるチーズです。熟成が浅いうちは生のヘーゼルナッツ、乾燥アンズ、ソフトキャラメル、ゆで卵の風味がします。十分に熟成したものは、コンテチーズ協会によると、「クルミ、ヘーゼルナッツ、栗、焼いたアーモンド、溶かしバター、香辛料の香りが、熟成したクリームや柑橘系の果物の香りでくるまってまろやかになり、コクのある風味を作り出している。そしてその味がいつまでも口のなかに残る」そうです。
革、ホワイトチョコレート、プルーンの香りもするかもしれません。コンテチーズのバイヤーおすすめのレシピを試してみてください。

---

recipe

《コンテチーズとバナナ》

❶白パンに、バナナとコンテチーズの薄切りと、エスプレット唐辛子をひとつまみ（この唐辛子については、「オイリーフィッシュ＆唐辛子」P.217）をのせる

❷グリルでチーズが溶けるまで数分間焼く

　バイヤーによると、バナナがチーズの複雑な風味を引き出し、唐辛子が「最後の押しの一辛」を添えるということです。

ハードチーズ＆ブドウ

　ブドウをチーズボードにのせると、無難に果物らしさを添えることができます。酸味があってほのかなレモンの香りがするウェンズリーデールチーズに、誰かがひと切れのフルーツケーキを合わせたことが発端で、新鮮なブドウを添えるようになったのでしょうか。真偽のほどはわかりませんが、ハードチーズとブドウは、とてもおさまりのよい組み合わせです。

　もちろん、チーズとブドウの相性のよさは、数々のチーズとワインの組み合わせを見ても明らかです。

※19　ペスト［pesto］…イタリア・リグーリア地方発祥の調味料のひとつ。バジリコの葉を基本材料とする。「ペスト・ジェノヴェーゼ」が代表的なペストである。

ワインの商売で使われる言葉に、「クラッカーと一緒に買い、チーズと一緒に売る」というものがあります。クラッカーは、バイヤーの鋭敏な味覚を中性にもどします。一方チーズには、舌の味蕾を脂肪とプロテインでカバーし、ワインの刺激的な渋味を薄める効果があります。

ハードチーズ&ブロッコリー

ブロッコリーには、固くて弾力の少ないチーズが合います。

食べられるようになるまでに18カ月かかるパルメザンチーズは、比較的熟成期間が長いチーズです。もし食料品店でカットして買う場合には、ホールチーズに刻印された日付を見てみましょう。熟成期間が3年から4年と長いパルメザンはスタヴェッキオと呼ぶこともあり（または特に古いものをストラヴェッキオと呼ぶこともあります）、より塩気があってスパイシーで、一般的に濃い味をしています。苦味の強いブロッコリーレイブにぴったりなのは、こういったチーズです。パスタやリゾットにしてみてください。

ハードチーズ&ベーコン→「ベーコン&ハードチーズ」P.234
ハードチーズ&洋梨→「洋梨&ハードチーズ」P.389
ハードチーズ&リンゴ→「リンゴ&ハードチーズ」P.382

Soft Cheese
ソフトチーズ

　ここで紹介しているソフトチーズの多くは、熟成が浅いうちに食べるので、新鮮な乳の風味が残っています。たとえば、モッツァレッラやカッテージのすっきりとしたミルキー風味や、ブリア・サヴァランやコルシカ・ブローチュのややコクのあるなめらかな味などです。ブリーやカマンベールのように表面が白カビで覆われたチーズは、熟成の浅いうちはバターの味がしますが、熟成が進むと刺激臭と土や野菜の香りがするようになり、酪農場というよりも農家の庭を思い出させるようになります。熟成が浅くて新鮮なものほど、塩味や果物（特にベリー類）の風味とよく合い、熟成が進んだものは、マッシュルームやトリュフといった土の香りのする食材とよく合います。

　ソフトチーズ＆アボカド→「アボカド＆ソフトチーズ」P.277

ソフトチーズ＆アンチョビ

　イギリスの料理研究家ナイジェラ・ローソン（→P.508）は、昼食に食べた、白パンにカッテージチーズをのせたサンドイッチついて書いています。バターを使わず、「だけどアンチョビを入れました。その塩味と強烈な味、安くてぱさぱさした缶詰のにおいのする魚が不作法に押し入ってくる感じで、食べ終わった後、確かに何かを食べたという充実感のようなものを感じました」。イタリア・ナポリのモッツァレッラ・イン・カロッツァという料理は、2枚の白パンの間にモッツァレッラチーズとアンチョビをはさみ、小麦粉と卵に浸し、揚げ焼きにしたものです。簡単な昼ご飯には、上質なピンクのアンチョビフィレを数枚、球の形のモッツァレッラと一緒に食べてもいいでしょう。ひとり用の食事にこの料理を用意する場合には、球形のモッツァレッラをまるごと用意すべきです。たくさん食べたいからというわけではなく、まるごと手で持って、おいしいリンゴを食べるようにかぶりつくという楽しみのためです。私は、最初にかぶりついたときの歯ごたえと、中の弾力が好きです。すぐに、アンチョビをひと切れ口に放りこみましょう。

　ソフトチーズ＆イチゴ→「イチゴ＆ソフトチーズ」P.372

ソフトチーズ＆イチジク

　シリアではイチジクが豊富にとれるので、朝食に、生のイチジクを真っ白なソフトチーズと一緒に食べます。イチジクを使って、粒々の食感のジャムを作ることもあります。

---

recipe
《クール・ア・ラ・クレームのイチジク添え》
❶湯750mlに砂糖200gを溶かし、粗く切った生イチジク500gを加える

❷一度沸騰したら火を弱め、ゆっくりと、とろみが出ておいしくなるまで煮詰める。鍋の底にくっつかないように注意

❸蓋つきの壺に入れて冷蔵庫で保存すると、1週間ほど持つ。このジャムに、バニラか、オレンジの皮とコアントロー［Cointreau］[20]を加えると、クール・ア・ラ・クレームに添えるコンポートになる

❹カッテージチーズ300g、クリームチーズ225g、高脂肪生クリーム250mlをなめらかになるまで混ぜ合わせる

❺これを、底に穴のあいたハート形の型4つに分け入れ、一晩置いて水を出す。底に穴のあいたハートの型を持っていなかったら、植木鉢（底に排水用の穴が開いているもの）にふきんを敷いて使う

　もし甘いのがお好みなら、粉砂糖大さじ2〜3杯を加えてもいいでしょう。でも少し酸っぱいくらいが、とても甘いイチジクとよく合います（→「イチジク&アニス」P.484）。

ソフトチーズ&カシス

　酸っぱくてほろ苦いカシスは、チーズケーキの甘ったるいクリームの味を消してくれます。もしチーズケーキを自分で作る時間がなかったり、冷蔵庫を占領する大きなケーキが欲しくなかったりしたら、ダイジェスティブ・ビスケットの上にクリームチーズを塗り、カシスのジャムをのせてみてください。偽チーズケーキのできあがりです。クリームチーズをケチってはいけません。歯が沈むくらいの厚さが必要です。

ソフトチーズ&きのこ

　熟成の進んだカマンベールチーズを室温で食べていると、獲れたてのきのこの入ったバスケットを置いて、芳しいワラの山に座り、トリュフを削った目玉焼きを食べている気分になります。白くなめらかな皮を作る菌、ペニシリウム・カマンベルティは、きのこの香りを特徴づける菌でもあります。この風味のハーモニーを利用して料理を作ってみましょう。カマンベールやブリーの蓋部分の皮を取り除いて、さっと火を通したきのこを散らし、オーブンに入れます。チーズが少し溶ければできあがりです。

　　ソフトチーズ&キャビア→「キャビア&ソフトチーズ」P.212

ソフトチーズ&クルミ

　秋は、クルミが一番おいしい季節です。そして、ラブナというやわらかいヨーグルトチーズを作るのにもぴったりです。このチーズの暖かな乳の風味が、クルミをとても甘く感じさせてくれます。

※20　コアントロー［Cointreau］…オレンジ風味のリキュール。

recipe

《ラブナ（ヨーグルトチーズ）のクルミと蜂蜜添え》

❶ 水きりか大きなザルに、水で湿らせた清潔なふきんを敷き、鍋かボウルの上に置く。このとき、出てくる液体に水切りが浸からないように、高さを調整する

❷ プレーンヨーグルト1Lに塩小さじ1を入れて混ぜ、先に用意した水きりに移す

❸ 室温に8時間ほど置いて水気を切る

❹ クルミオイルと刻んだクルミをのせて食べる

とろりとした蜂蜜や、温めた全粒粉パンを添えてもいいでしょう。シリアとレバノンでは、ラブナにクルミと乾燥イチジク少量を添えて朝食に食べます。

ソフトチーズ＆ケッパー→「ケッパー＆ソフトチーズ」P.140

ソフトチーズ＆魚の燻製

北アメリカでは、燻製サーモンとロックスという単語は同じ意味で使われます。厳密にいえば、ロックスは燻製ではなく塩水に浸けこむ手法で、市場に出るまでの長い時間、品質を保つために行われてきました。

19世紀の終わりにアメリカにやってきたロシアと西ヨーロッパからの移住民は、故郷では贅沢品のサーモンが豊富に簡単に手に入ることがわかると、たくさん食べるようになりました。同じ時期にクリームチーズが大量に出回るようになります。クリームチーズは、故郷でもなじみの乳製品と味が似ていましたし、ロックスの極度に塩辛い味を和らげるので、この2つの食材はすぐにユダヤ系アメリカ人の食卓には欠かせないものになりました。

食料品店のなかには、ベーグルの下半分に丸い掘りこみを作って、チーズをたっぷり入れられるようにしているところもあります（→「タマネギ＆魚の燻製」P.148）。

ソフトチーズ＆シナモン→「シナモン＆ソフトチーズ」P.304

ソフトチーズ＆セロリ

今の時代、セロリは19世紀よりも扱いが悪いかもかもしれません。当時、セロリは特別なグラスや銀の壺に差してテーブルに並べられていました。すっきりとしてほろ苦く、アニスの香りもするセロリは、チーズと一緒にチーズボードに盛りつけるほうがいいでしょう。意外かもしれませんが、セロリはクルミと同じ風味の特性を持ち、昔からチーズとも組み合わされてきました（→「クルミ＆セロリ」P.330）。フランス人シェフのミッシェル・ルー（→P.510）は、著書『エッグズ』の中で、カマンベールアイスクリームのレシピを紹介しています。彼はそのアイスクリームに、やわらかいセロリの葉と小さなラディッシュ、チーズ用ビスケットを添えています。

ソフトチーズ&トマト

　モッツァレッラチーズは昔から、トマトと一緒にサラダに入れられたり、ピザにのせられたりしてきました。よく熟れたトマトは、本物の水牛のモッツァレッラか、せめてブラータチーズと一緒に食べるといいでしょう。小さなきんちゃく袋の形をしたモッツァレッラに、濃い生クリームと刻んだモッツァレッラを混ぜたものを詰めこんだ状態を想像してみてください。それがブラータです。袋に切りこみを入れると、中身が喜びの声のようににじみ出てきます。精力あふれる乳の味が甘酸っぱいトマトの果汁と混ざり合って、忘れられないドレッシングになります。エクストラバージン・オリーブオイルと生バジル、塩コショウで、さらに味を豊かにしましょう。ブラータは、イタリア半島のブーツのかかとにあるプーリア州が発祥ですが、アメリカのチーズメーカーがその魅力に気づいて生産を始めました。

ソフトチーズ&トリュフ

　トリュフの香りは、にんにくとチーズに比較されることがあります。逆に、ブリー・ド・モー・チーズやサン・マルスラン・チーズは、トリュフのような特徴を持っているとたびたび言われます。おいしいブリーを手に入れて横半分に切り、2枚の円盤形にします。下半分の表面に薄く切ったトリュフを並べ、上半分をのせてサランラップで包みます。冷蔵庫に24時間入れた後、室温にもどして食べます。最初からトリュフの風味をつけてあるブリーも売っています。やわらかくて脂肪分の非常に多いブリア・サヴァランも、トリュフ風味のものが販売されています。

ソフトチーズ&ナス→「ナス&ソフトチーズ」P.108

ソフトチーズ&にんにく

　1950年代後半、フランスのチーズ職人フランソワ・ブルサンは、ソフトチーズと自分の好みで配合した生ハーブを一緒に食べてきた長年の習慣から、ブルサンチーズのガーリック&ハーブ味をひらめきました。今でもこのチーズは、ノルマンディー産の牛乳と生クリームを使い、独自の製法で作られています。このチーズをスライスしたバゲットに塗って渡すと、夫は大げさに肩をすくめて、「ガーリックパンみたいな味がする」と言います。その通り。何か問題でもあるかしら?

ソフトチーズ&バジル→「バジル&ソフトチーズ」P.299

ソフトチーズ&パプリカ

　フランスのコルシカ島では、ブロッチュという地元産のチーズなしに食事をすることはほとんどありません。リコッタチーズに似ている羊のチーズですが、ときどき少量の山羊の乳を混ぜこんでいることもあります。朝食では果物やジャムと一緒に、昼食ではソーセージやハムと、夕食ではカネロニ[cannelloni]^{※21}に入れて、ブロッチュを食べます。コルシカでは、吊るされた羊や山羊が海岸通りのヘアピンカーブを回ってくる、ぞっとするような光景に出くわすことでしょう(それらはその後、食肉に加工されます)。

　私たちはカルヴィの街で海岸沿いを散歩しようと、海岸のピクニックに申しこみをしました。ソーセージやハム、パン、トマトを買っていると、お店の主人に、ブロッチュの詰まった小さな赤パプリカを強く

※21　カネロニ[cannelloni]…イタリアのパスタの一種。筒状で大形。挽き肉などの具を詰めて食べるのが一般的。

すすめられました。2、3時間後、私たちは、昼ご飯を食べられる場所を探して、岩を登っていきました。私たちが昼ご飯を広げたちょうどそのとき、1匹のスズメバチが飛んできました。次にもう1匹。その後に9匹も。チーズの詰まったパプリカを私が口に持っていくと、1匹のスズメバチがチーズめがけて急降下してきます。追い払おうと手を振ったとき、プロシュートが一枚、岩に落ちてしまいました。1匹のスズメバチがそれを追いかけていき、その後をもう1匹、さらにそのすぐ後を残りのハチも続きました。

このアクシデントのおかげで、思いがけず私たちは平和にピクニックをすることができたのです。スズメバチはプロシュートが大好きなのでしょうか。それとも、ブロッチュにうんざりしているのでしょうか？私は考えた挙句、ブロッチュの甘い乳の風味は、パプリカの甘くいぶしたような味とぴったり合いますが、同時にパプリカに味を消されてしまったのだという結論に達しました。

ソフトチーズ&ブドウ

バターの風味がする熟成の浅いブリーチーズとブドウの組み合わせは、もっとも高い称賛を受けているイギリス料理のひとつです。イギリスでは、この2つの食材でサンドイッチを作ります。ブリーよりも強い味を持つアロマ・オ・ジェンデ・マーク・チーズは、ブドウの圧縮で残った種や皮、つると一緒に、ブドウのブランデーに1カ月間浸します。このチーズは、種や皮などをチーズの周りにつけたまま売られているので、市場に来る途中で秋の小道を転がってきたかのようです。

ソフトチーズ&リンゴ

熟成の浅いブリーチーズかカマンベールチーズを薄く切って、同じ大きさのリンゴの薄切りと一緒に食べてみてください。リンゴと一緒に、生クリームかバターを食べているような気分になります。もしくはこんな食べ方はどうでしょう。

---

recipe

《ソフトチーズとリンゴ》

❶箱入りのチーズをまるごと買ってワックスペーパーをはずし、チーズを箱にもどす
❷表面にフォークで穴をあけ、アップルブランデーを上から注ぐ
❸200℃のオーブンで20分焼く
❹くし形に切ったリンゴと一緒に食べる

甘いもの好きな人は、丸焼きにしたブリーにキャラメルソースをたらし、クルミを散らして、酸味のあるリンゴのくし切りと一緒に食べるほうが好みかもしれません。私も、熟成の進んだカマンベールとリンゴを一緒に食べるのが好きです。カマンベールは熟成が進むと、加熱したキャベツのような風味を帯びるようになります。この風味が果物とよく合うのです。

土の風味
Earthy

きのこ
Mushroom

ナス
Aubergine

クミン
Cumin

ビーツ
Beetroot

ジャガイモ
Potato

セロリ
Celery

Mushroom
きのこ

　ここでは、数あるきのこの中でも、マッシュルーム、アミガサタケ、ポルチーニ、アンズタケを取りあげています。トリュフについては書いていませんが、トリュフについては、ひとつの節を設けています（→P.158）。これらのきのこはすべて、風味を特徴づける「1-オクテン-3-オン」という化合物を含んでいます。きのこの質感は本当にさまざまですから、ここでは個々の風味よりも、どのように調理すればよいかということに重点を置いて説明します。

　きのこには、アーモンドや貝・甲殻類、肉、アニス、にんにく、ニンジン、腐った肉の味のするものがありますが、一般的には、どれも同じ風味のものとよく合います。なかでも、にんにくやベーコン、パルメザンなど、きのこ本来の風味を高めてくれるものと組み合わせるといいでしょう。

きのこ＆アスパラガス→「アスパラガス＆きのこ」P.180

きのこ＆アニス

　アニスに似た風味を持つタラゴンの心地よいさわやかな草の香りは、どんな種類のきのこにも合います。この2つの食材はクリームともよく合います。サワークリームに、タラゴンやきのこを加えてストロガノフ風にすると、とてもおいしくできあがります。

---

recipe
《サワークリームときのことタラゴンのソース》
❶大きなフライパンにバターと油を入れ、にんにく数かけを入れて中火にかける
❷にんにくが色づいたら、きのこ（必要ならば食べやすいように切る）を加える
❸塩コショウをして、きのこの汁気がすべて蒸発する前に、ブランデー少量を加える
❹ブランデーがなくなったら、フライパンを火からおろし、刻んだタラゴンと、ソースにするのに十分な量のサワークリームを加えてかき混ぜる
❺弱火にかけて火を通し、白いご飯にかけて食べる

　タラゴンヒラタケは、普通のヒラタケの近縁種ですが、強いタラゴンの香りがするところが普通のヒラタケとは違います。シロオオハラタケという肉厚の白いきのこはアニスの香りがあり、若くて傘がしまっている時期には味もアニスの風味がします。

きのこ＆アンズ

　きのことアンズは一緒に、鹿やウサギ、ウズラの詰め物になったり、牛肉や仔羊肉に添えられて、テ

※1　ヒメジ［red mullet］…海水魚で浅い砂地に生息。フランス料理では、ルージェ［rouget］と呼ばれ、魚料理の代表的な食材として利用される。

ーブルが傾くほど高く皿に積みあげられたりします。きのこ狩りの人たちはこのペアから、アンズタケ（ジロールタケ）が持つと言われるアンズの香りを思い出すことでしょう。

　その香りは、経験を積めば積むほど、何もない場所でもはっきりと嗅ぎ取ることができるそうです。アンズタケはピリッとした味と果物のような風味を持つため、シェフたちにたいへん人気がありますが、その香りは新鮮な状態のときだけしかなく、乾燥させると飛んでしまいます。

きのこ&オイリーフィッシュ（脂分の多い魚）

　きのこは森の地面のカビたにおいがしますが、このにおいは特に、淡水に生息するオイリーフィッシュの土の風味とよく合います。みじん切りにしたシイタケは、サーモンの切り身から最良の味を引き出します。

　また、サーモンを刻んだきのこ（と米）と組み合わせると、クーリビヤックという料理になります。フランスのパイ料理で、ロシアのクーリビヤカというイースト生地を使ったパイから考えだされたものです（クーリビヤカには、常に魚やきのこを入れるわけではありません）。イタリア料理のシェフ、アントニオ・カルルッチョは、アンズタケとヒメジ [red mullet]^{※1} は特に相性がよいと考えています。ヒメジの切り身をオリーブオイル、ライム果汁、塩コショウを合わせたものに浸けこみ、フライパンで焼くのです。このとき、最初に皮を下にして焼きます。

　もし家庭でこの料理を作る場合には、きのこを添えるといいでしょう。「きのこ&アニス」P.100で紹介しているレシピに沿って料理してみてください。でも、にんにくとタラゴンを使う代わりに、ベルギーエシャロットとパセリを使います。私は、サバなどの魚も同じようにして料理をします。この場合サワークリームは使わず、魚ときのこ両方に、さっとレモンを搾ります。

きのこ&貝・甲殻類

　甘くてやわらかいホタテと、濃厚で土の香り豊かな調理済みのきのこ（ポルチーニや、焼いたクリミニマッシュルームなど）を組み合わせると、互いの風味が際立って絶妙なコントラストを生みます。同じように、タイではトムヤムクンというココナッツミルクとレモングラスのスープで、ナッツの風味のするフクロタケとエビを合わせています。日本のシイタケとエビのギョウザは、うま味が倍増して口の中に広がります。フランスでは、ムール貝ときのこ、ときには牡蠣も使ってノルマンドソースを作り、魚、特にシタビラメにかけます。秋になるとアサリとアンズタケを買いあさり、両方の食材と相性のいいにんにく、ワイン、パセリと一緒に料理して楽しむ人々もいます。

　きのこの風味には、貝・甲殻類の風味を感じることもできます。ニオイベニハツは、北ヨーロッパやアメリカの針葉樹の森で採れるきのこで、シュリンプマッシュルームまたはクラブブリトルグルとも呼ばれます。このきのこを使うと、貝やエビ、またはカニの風味を料理に添えることができると言う人もいます。

　　きのこ&牡蠣→「牡蠣&きのこ」P.207
　　きのこ&牛肉→「牛肉&きのこ」P.56

きのこ&栗

　チェストナットマッシュルーム [chestnut mushrrom]^{※2} は、プラスチックの容器に入れられスーパーマ

※2　チェストナットマッシュルーム ［chestnut mushrrom］…直訳すると「栗きのこ」。日本のブラウンマッシュルームと同一。

101

ーケットの棚に並んでいる普通のマッシュルームを茶色にしただけではありません。日本のシイタケは、シイという、栗と同じ科に属する木から名づけられたもので、「タケ」はきのこという意味を持ちます。栗の木の仲間は、自然での共生に向いているため、きのこが生えてもたくましく生きることができるのです。

北イタリアでは、栗の粉を使ってタリアテッレを作り、土の香りのする甘い乾燥ポルチーニと一緒に食べます。きのこ、栗、ベルギーエシャロット、ベーコン、赤ワインを一緒にブルゴーニュ風に料理して、ペストリーかスエット[suet]※3で作ったクラストに入れて食べるのもいいですね。フードライターのリチャード・メイビーは、ポルチーニと栗を使ってスープを作りました。彼によれば、生栗でもいいけれど、真空パックの下ごしらえ済みの栗を使ってもまったく問題はないそうです。

---

recipe

《きのこと栗のスープ》

❶ 真空パックの栗250gにかぶるくらいの水を入れ、40分間弱火で煮こむ

❷ この間に、乾燥ポルチーニ30gを、かぶるくらいの湯に30分浸してもどす

❸ さいの目に切ったタマネギ1個とベーコン4枚を刻んだものを、少し多めのバターで炒め、ゆでた栗に加え、ポルチーニとポルチーニのもどし汁も入れる

❹ 15分煮こんだ後、何回かに分けてピューレにする

❺ 鍋にもどして再び火にかけ、好みで塩コショウをする

❻ 食べる直前にレモンをひと搾りと、フィノ・シェリーを大きめのシェリーグラス1杯分注ぎ入れる

きのこ&クルミ

どちらも木の風味がします。きのこの風味は、秋の森を散歩しながら大きく息を吸って味わう、重くて湿気を含んだ木の香りに似ています。クルミはホームセンターにある材木の、温かくて甘く、乾いた香りに似ています。

フランス南西部ではよく、きのこをクルミオイルで調理します。一方ヨーロッパと北アメリカの多くの地域ではしばしば、きのことクルミを使ってソースやスープ、サラダを作ります。生のブラウンマッシュルームやクリミニマッシュルームは繊細な風味を持つので、カリカリに焼いたナッツと合わせると、絶妙なコントラストを描き出します。マッシュルームとクルミを、クルミオイルとシェリービネガーのドレッシングで和え、山羊のチーズかブルーチーズ適量を加えてみてください。

ムースロン（芝生茸）は、きれいな環状に生えるきのことして知られ、加熱すると、かすかにアニスとアーモンドの風味がして、おいしくなります。乾燥させると、甘味と、ナッツの風味がします（クルミのような風味だと言う人もいます）。クッキーに入れてみてはいかがでしょうか。

きのこ&白身魚

イタリア人シェフのジョルジオ・ロカテッリは、イシビラメ（またはヒラメ）とポルチーニを組み合わせて料理を作りましたが、祖父がこの組み合わせを聞いたら「墓の中でひっくり返る」だろうと言っています。彼の経験によると、パセリがこの2つの食材の橋渡し役になるということです。

※3　スエット[suet]…牛や羊の脂。

きのこの専門家であるジョン・ライトは、魚、特に白身魚の「幸せな仲間」として、濃厚でバターの風味のするトランペットタケを取りあげています。ブナシメジも魚に合わせることが多い食材です。ブナシメジはナッツの風味と、人によっては貝・甲殻類の風味を持つとも言われ、加熱してもシャキシャキとした食感が残るのが特徴です。ヒラメのボンファム［sole bonne femme］[※4]のためにレシピ集を探し出してきましょう。

きのこ＆ジャガイモ→「ジャガイモ＆きのこ」P.121
きのこ＆ソフトチーズ→「ソフトチーズ＆きのこ」P.95

きのこ＆タイム

きのこには、タラゴンやパセリなど草の香りのハーブを合わせてもしっくりきますが、木の香りのハーブこそがベストパートナーです。タイムの持つ松をいぶしたような香りは、きのこの濃厚な土の風味と精妙にからみ合います。特に乾燥きのこがいいでしょう。リゾットやとろみのある白豆のシチューに入れたり、シンプルにトーストにのせたりしてみてください。

きのこ＆卵

ジャイアントパフボール［giant puffball］[※5]には、独特な風味があります。もし、きのこのフリッターが好きなら、このジャイアントパフボールをピアノの鍵盤サイズに薄切りにして卵とパン粉に浸し、油で揚げてみてください。または、フレンチトーストのように卵に浸してからバターで焼いて、朝食にしてもいいでしょう。

中国料理の木須肉［mu shu rou］[※6]には、炒めたユリのつぼみと繊細に味つけしたキクラゲが散らばり、スクランブルエッグの小さな「花」がところどころのっています。欧米では木須肉を小麦粉で作った皮に包んで食べることがあります。豚肉の細切りも（ときどき）入っています。（→「アスパラガス＆きのこ」P.180）。

きのこ＆タマネギ

温かくてやわらかく、心地よい組み合わせです。デュクセルは、みじん切りにしたきのことベルギーエシャロット（またはタマネギ）をバターでゆっくり炒めたものです。きのことエシャロットを重量比7：1の割合で作ってみてください。できるだけ大きなフライパンを弱火にかけ、エシャロットが色づかないように炒めます。次にきのこを加え、汁がすべて蒸発して、全体が黒っぽくやわらかくなるまで炒め続けます。デュクセルは、魚や鶏肉などにかけるソースとして使ったり、詰め物にしたり（ビーフウェリントンに入れる人もいます）、スクランブルエッグやオムレツに入れたり、シンプルにトーストにのせたりします。

ほかにも、きのことエシャロットのドレッシングはいかがでしょう。きのことエシャロットを刻んだものをもっと短い時間（きのこの汁がほぼなくなるまで）加熱します。赤ワインビネガー少量を加え、鍋にこびりついたきのこのかけらをこそげ落とします。これを皿に移して冷まし、オリーブオイルに入れて泡立て器で混ぜ合わせます。アーティチョークにかけると最高です。

※4　ヒラメのボンファム［sole bonne femme］…白ワイン、バター、きのこのソースをかけたヒラメで、フランスの伝統的な料理。ボンファムは「良妻」の意。
※5　ジャイアントパフボール［giant puffball］…直径が1m近くになる白いきのこ。
※6　木須肉［mu shu rou］…キクラゲと豚肉の卵炒め。中国・山東料理の代表的な一品で、金木犀（きんもくせい）の花のように美しい卵料理という意。

きのこ&ディル

　ロシアでは、ポルチーニをきのこの王様と呼んでいます。松の香りがするディルと合わせると、シベリアの森に飛んで行きたくなるような料理ができあがります。刻んだポルチーニをディル、塩コショウと一緒に煮こみ、バターとサワークリームを混ぜこんで、ピロシキやピエロギに詰めます。

　ロシアではまた、きのことディルを、「きのこ&アニス」P.100で紹介している料理と同じように調理して、ご飯やゆでたジャガイモに添え、冷やしたウォッカを飲みながら食べることもあります。タイ料理のシェフであるデイヴィッド・トンプソンによると、タイ北東部では、カレーにディルときのこを入れるそうです。国境近くにはディル好きのラオス人も住んでいます。

きのこ&トマト

　トマトときのこは、ステーキハウスのステーキの付け合わせになったり、本格的なイングリッシュブレックファストの一部として、ソーセージやベーコン、卵と一緒に皿に盛られたりします。この2つの食材は、初めてダンスを踊る男の子と女の子のように、間を空けて皿に盛られます。完全に打ち解けることはありませんが、ともに味を補い合ってパスタや魚のソースになることができます。イギリス・ロンドンにあるインド料理レストラン、モティ・マハル[Moti Mahal]では、きのこのスープ[shorba]に、タンドールで焼いたナンとトマトのチャツネを添えて出します。

きのこ&鶏肉→「鶏肉&きのこ」P.32

きのこ&トリュフ

　親戚のようなものです。トリュフは傘を広げませんが、菌根を作って生育するきのこです。

　トリュフオイルやトリュフペースト、トリュフバターはよく、きのこ料理の風味を高めるために使われます。香りはよくなりますが、ややあからさまです。

　2つの食材が判別できる状態で一緒に使うと粋でしょう。アメリカ・イリノイ州のキャロルズ・レストラン[Carlos'restaurant]では、きのこのスープにトリュフの泡をのせ、ポルチーニパウダーを散らして、カプチーノ風に仕上げています。

きのこ&にんにく

　味の淡白なきのこも、にんにくを加えることによって、野生の近縁種の持つ強い風味を帯びるようになります。とりわけ、にんにくとシイタケは特別な関係にあります。シイタケは、ランチオニンという化合物を含みますが、これは化学的に、にんにくやタマネギなどネギ属に見られるスルフィドに似ています。また、シイタケはにんにくやタマネギと同じように、料理全体の風味を高める特徴があるため、重宝されています。

　ランチオニンの量は、乾燥した後で水にもどすと極限まで増加します。そのため、生のシイタケを使って料理しても、干しシイタケを使った場合と同じ味にはなりません。にんにくの細切りをシイタケのひだに差しこみ、オリーブオイルをふりかけ、塩をふってからグリルか鍋で焼くと風味が増していいでしょう。

きのこ&ハードチーズ

　私たちが一般に食べている品種のきのこには、塩分が含まれていません。そこできのこの風味を存分に味わうためには塩気のある材料を加えたり、組み合わせたりしなければなりません。

　パルメザンチーズをきのこのリゾットやパスタ、ブルスケッタに加えると、塩気を添えてくれます。一方グリュイエールチーズは、マッシュルームと一緒にトーストにのせるといいでしょう。おろしたペコリーノロマーノに、みじん切りにしたきのこを混ぜ合わせると、ペストのような、ソースの原型に近いものになります。加熱済みのきのこ適量と、おろしたペコリーノ、炒ったクルミ、にんにく、パセリ（またはバジル、または両方）、オリーブオイルという、きのこと特によく合う材料ばかりをフードプロセッサーに入れ、好みの食感になるまで回します。味見をしながら調整しましょう。パスタにかけると最高ですが、これをバゲットに塗り、ステーキかソーセージをはさんでサンドイッチにすると、その上を行く至高の味になります。

きのこ&バターナッツカボチャ

　毒きのことカボチャは、おとぎ話には不可欠な組み合わせです。カボチャは甘味もありますが、茂みに生えているきのこにぴったりと寄り添う、土くさい側面もあります。果物やカボチャのような特徴をかすかに感じるアンズタケは、カボチャと組み合わせるにはぴったりの食材です。

　イギリス・ロンドンのレストラン、ザ・スクエア［The Square］のシェフであるフィリップ・ハワードは、ホタテに、カボチャのピューレ、アンズタケ、ポロネギ、黒トリュフを合わせました（彼はまた、ラングスティーヌ [langoustine]※7 にカボチャのピューレ、トランペットタケ、ハラタケのピューレ、パルメザンチーズのニョッキ、ジャガイモ、トリュフエマルジョンを合わせた料理も作りました）。ビストロ・ハワードが共同経営するキッチンW8［Kitchen W8］では、よりシンプルに、バターナッツカボチャとアンズタケを赤ワインのリゾットに入れ、半熟卵をのせました。

きのこ&パセリ

　味が濃くて土の香りがする秋のきのこを、少量のにんにくと一緒にオリーブオイルかバターで炒めます。そこにパセリを加えると、みずみずしい草の香りが加わります。しっとりとした草の香気を吸いこむと、朝日とともに起き、手にバスケットを携えて、朝露で湿った草原を歩いているような気分になります。

きのこ&豚肉

　ポルチーニはイタリア語で「小さな豚」という意味です。おそらく、きのこの茎部分のざらざらした表面が、剛毛の多い豚の皮のように見えるのでしょう（触るとそんなことはないのですが）。

　ポルチーニは、完全に火を通す必要があるという点でも豚肉と似ています。生で食べると腹痛を起こすかもしれません。しかしその風味はすばらしく、乾燥させても風味が落ちないばかりか、味わいが増すと多くの人が感じています。

　このポルチーニは、朝寝坊な都市の住人のためのきのこです。目をこすりながら冷蔵庫に行き、ワックスペーパーに包んだ豚肉とポルチーニのソーセージを食べるだけで、立派な朝食になります。また、ポルチーニはパウダー状のものや四角いストックの素になったものを買うこともできます。豚肉とポルチーニのパスタのソースや、香り高い麺のスープを作るときに便利です。

※7　ラングスティーヌ［langoustine］…日本では、赤座エビまたは手長エビのこと。

きのこ&ブルーチーズ

　ブルーチーズがブルーなのは、カビ（菌）のせいです。ですから、多くのブルーチーズ（特にゴルゴンゾーラチーズに顕著）に、菌類であるきのこの香りがあっても驚くにはあたりません。この2つの食材は、主要な風味化合物が共通しているからです。ゴルゴンゾーラとポルチーニのポレンタは、イタリアのトレンティーノ地方で広く食べられている料理です。ブルーチーズをワイルドマッシュルームのリゾットに混ぜてもいいですし、きのことブルーチーズにポロネギを加えて、おいしいスープにしてもいいでしょう。

　　きのこ＆ブルーベリー→「ブルーベリー＆きのこ」P.491

きのこ&ベーコン

　乾燥アミガサタケには、ベーコンを思わせる、燻製した肉のような風味があります。その風味の複雑さ（と値段）から、料理の主役を務めるべきだという声も高まってきています。そうはいっても、すべてのきのこ類と同じように乾燥アミガサタケも、ベーコンと一緒に料理をすると一段とおいしく生まれ変わります。ベーコンの塩気の利いた脂がひだや割れ目にしみこみ、風味が高まるのです。

　19世紀には、ア・ラ・フォレスティエールという料理は、アミガサタケと角切りベーコンの付け合わせを意味していました。最近ではマッシュルームを指すことが多いようです。マッシュルームとベーコンをオムレツやクレープに入れると味わい深くなりますが、ダブルクラストパイに入れると、マッシュルームの入ったルーがゼリー状のうま味成分になって、格別の味になります。クルートバロンという古いレシピは、現代でも作る価値がある料理です。

---

recipe

《クルートバロン》

❶焼いたきのことベーコンをトーストにのせ、牛の骨髄とパン粉をかぶせ、もう一度さっとグリルで　焼く
❷パセリを飾って、いただく

　牛の骨髄が手に入らない場合は、オリーブオイルか澄ましバター（バターを弱火にかけるか、湯せんで溶かして得られる上澄み）少量を使ってください。

きのこ&ミント

　イタリアのトスカーナ州では、ポルチーニはよく、ネピテッラまたはカラミンサ・ネペタと呼ばれるハーブと一緒に売られたり食べられたりしています。ネピテッラはミントに匹敵するほど木の風味が強いハーブで、ミントの代用として使うことができます。ネピテッラを刻んで薄切りにした生のポルチーニに散らし、薄く削ったペコリーノチーズ、一番上等のオリーブオイルをかけて食べてみてください。

きのこ&山羊のチーズ

　ツクリタケ［Agaricus bisporus］[※8] は、ホワイトマッシュルームのほか、大きくて茶色いブラウンマッシュルームやクリミニマッシュルーム、ベイビーベラなどがあり、ホワイトマッシュルームと比べて、ブラウンマッシュルームのほうがより強い風味を持ちます。6～7日すると、黒色のひだが見えるほど傘を一杯に広げ、ポータベラマッシュルームになります。

　1980年代までは、ポータベラは売り物にならないと思われており、きのこ園で働く人たちは、労働の報酬としてポータベラを持って帰っていました。その後、ポータベラのしっかりとした風味は、おしゃれなイタリア語の名前をつければ商品になるだろうと考える人が出てきて、すぐに名前がつけられました。

　ポータベラが売れるようになった理由のひとつは、その大きさと形にあります。すぐに食べられる菜食主義者用ハンバーガーとしてぴったりで、腹もちもします。その素朴な味は特に、心地よい刺激を持つ山羊のチーズとよく合います。

recipe
《ポータベラの山羊のチーズ詰め》

❶ポータベラ6個を、傘をひっくり返して、油を引いた天板に並べる

❷茎を残して、ひだをスプーンなどですくい出す

❸山羊のチーズ250gと、オリーブオイル大さじ1、刻んだパセリひとつかみ、たっぷりの塩コショウを一緒につぶし混ぜる

❹これを、ポータベラの傘に詰める。ポータベラはオーブンで焼くと少し縮むので、詰めすぎないように注意する

❺200℃のオーブンで15分焼き、さらに刻んだパセリを上からふりかけて食べる

きのこ&ローズマリー→「ローズマリー＆きのこ」P.451

土

きのこ

※8　ツクリタケ［Agaricus bisporus］…マッシュルームの和名であり、ホワイト種、オフホワイト種、クリーム種、ブラウン種の4つの品種に大別される。

Aubergine

ナス

　おいしいナスは、生のまま食べると淡白な甘いリンゴの味がしますが、加熱するととても深い味わいに変わります。油で揚げるととろけるようにやわらかくなり、これに甘くて心が暖まるような香辛料を加えると最高においしくなります。煮こんだりローストしたりすると、ムスクの香りのするきのこのような風味が出てきて、塩味の材料とよく合います。

　ナスを選ぶとき、しっかりとした風味と食感があるかどうか知りたくても、こっそりかじることができない場合は、実に張りがあるかどうかを見てみましょう。固く引き締まって、イルカの皮のようにつやがあるのが理想です。また、握ったときにキュッと音がするものがいいでしょう。

ナス＆クルミ→「クルミ＆ナス」P.331

ナス＆生姜

　日本のナスは他の地域のナスよりもマイルドで、考えられないほど皮が薄いので、探してみる価値があります。もし日本のナスが見つけからなかったら、他のナスでもいいので、日本風に料理してみましょう。日本のナスは、味噌や、これから紹介する生姜風味のつゆの味を吸収すると味わい深くなります。

recipe

《和風ナスの煮物　生姜風味》
❶ナス2、3本をひと口サイズに切り分け、塩をふって20〜30分置いておく
❷水で洗って軽く絞り、ペーパーナプキンなどでたたいて水気を取る
❸ピーナッツオイルできつね色になるまで焼き、おろした生姜大さじ1、醤油大さじ2、砂糖大さじ1、かぶるくらいの水を加える
❹アルミホイルかクッキングシートで作った落とし蓋をかぶせて、20〜30分弱火で煮こむ（鍋の蓋はしない）
❺葉ネギの緑の部分を輪切りにして添え、さらに（またはネギの代わりに）ゴマを散らす
❻炊いた米と一緒に食べる

ナス＆ソフトチーズ

　イギリスの料理研究家エリザベス・デイヴィッド〔1913−1992〕（→P.506）によると、ナスとチーズは決して理想的な組み合わせではないということです。もしあなたが今までに、繊細なモッツァレッラチーズの震える白い肩を、炭火で焼いたナスのやわらかなストールで包んであげたことがあったなら、この意見には同意できないでしょう（→「トマト＆ナス」P.366）。

ナス&唐辛子

　魚香茄子という四川料理がありますが、これは名前の響きから想像するよりずっとおいしいものです。「魚香」という単語は、魚そのものを表しているわけではなく、レシピにも魚は使われていません。これは調味法のことで、四川料理ではよく魚をこの調味法で味つけします。レシピを紹介しましょう。豚肉は常に入っているわけではありませんが、ここでは使います。

---

recipe

《魚香茄子》

❶ 小さくて細いナス700gを用意し、縦4つに切りわける

❷ 中華鍋に油450mlを温め、ナスを一度に数本ずつ揚げる

❸ やわらかくきつね色になったら、キッチンペーパーにとって油を切る

❹ 油大さじ数杯を残して、残りの油は捨てる

❺ 中華鍋をもう一度温め、豆板醤大さじ1〜2を加えて、油に混ぜこむ

❻ みじん切りの生姜とにんにくをそれぞれ大さじ2ずつ、豚挽き肉450g、輪切りにしたネギ大さじ3を加える

❼ 30秒間かき混ぜながら炒め、米酢（またはシェリー）大さじ3、米黒酢（または安いバルサミコ酢）大さじ3、砂糖大さじ2、花椒を炒ってすったもの大さじ1、赤唐辛子粉小さじ2を加える

❽ 強火で2分炒めてから、チキンストック125mlを注いで火を弱め、さらに3分加熱する

❾ 最後にナスを加えて、3分煮る

　もし、ナスを油で揚げたくない場合には、少量の油を使って揚げ焼きにしてください。同じ食感にはなりませんが、ソースがおいしいですから、食感の違いはほとんど気にならないと思います。

　ナス＆トマト→「トマト＆ナス」P.366

ナス&ナツメグ

　ナスにおろしたてのナツメグを加えたものを口に含んでみると、あまりのおいしさに声をあげてしまうでしょう。揚げナスにナツメグをまぶしたものを、円錐形の袋に入れて売るチェーン店を世界展開したら、大成功するかもしれません。イブリン・ローズは、「たっぷりの油でナスを揚げると、少ない油で揚げ焼きにしたときよりも、吸収する油分は少ない。なぜならナスの表面に膜ができるからだ」と書いています。もしくは揚げ焼きにする前に塩をふって水分を出すと、吸収する油分が少なくなります。どちらの方法で作るにしても、あらかじめ粉にして売っているナツメグではなく、必要に応じおろして使ってください。

ナス&にんにく

　ナスとにんにくでババガナッシュを作りましょう。ローストするかグリルで焼いてナスの皮をむき、生のにんにく、タヒニ [tahini]、オリーブオイル、レモン果汁、パセリと混ぜ合わせます。

※9　タヒニ [tahini] …ギリシャやアラブで使われる練りゴマのペースト。

ナス&パプリカ

　数あるトルコのナス料理のなかでも、パトゥルジャンビベルはもっとも広く作られている料理のひとつです。夕方になると、ナスとピーマンとオリーブオイルを炒めるにおいが国じゅうに漂うほどです。一度冷まして、2種類の簡単なソースと一緒に食べます。ひとつは、加熱済みのトマトとにんにくで作ったもの、もうひとつは濃いヨーグルトに塩とにんにくを混ぜ合わせて作ったものです (→「にんにく&タイム」P.154)。

　ナス&プロシュート→「プロシュート&ナス」P.240
　ナス&仔羊肉→「仔羊肉&ナス」P.68

Cumin

クミン

クミンシードは、瓶から出してすぐにかじると、ざらざらしていてとても食べられません。アニスやコリアンダーシードも同じです。これらの香辛料は乾燥していて、木の香りとカビくさいにおいがします。瓶の中の香りをいっぱいに吸いこむと、中古の衣装ダンスの中のようなにおいがして、既製のカレーパウダーの香りを思い出すかもしれません。幸いこれらの香辛料は、加熱することで変化します。炒ったりつぶしたりすると、ナッツとレモンの香りを放つようになり、油で炒めてダール［dhal］[※10]のような料理に入れると、鮮やかな辛味を添えます。

クミン&アンズ

タジン鍋の中では、さまざまなことが起こっています。たとえそれがクミンの香りを吸いこんでぷっくりとふくらんだアンズであってもです。クミンの持つ土の香りと埃っぽい刺激に、アンズの太陽と花と木の香りがどのように対抗しているかなど、知るよしもないでしょう。

デイヴィッド・アンセルが紹介するアルメニアのアンズスープのレシピでは、その相互作用がよりはっきりとわかります。アンズの原産地アルメニアでは、果物（特にチェリー）のスープが広く作られています。

---

recipe

《アルメニアのクミンとアンズスープ》

❶ タマネギ1個とニンジン1、2本を角切りにして、オリーブオイルで10分炒め、クミン粉小さじ2を加える

❷ 火を弱め、蓋をして10分、水分を出すように加熱する

❸ 赤レンズ豆250gと、水1.2Lのうち材料がかぶるくらいの量を加える

❹ くつくつと沸騰してきたら、20分煮る。豆が水から顔を出してきたら、水を継ぎ足す

❺ 火からおろして、刻んだ乾燥アンズ150g、塩少々、残りの水を入れて混ぜる

❻ フードプロセッサーなどを使い、必要ならば何回かに分けてピューレ状にする

クミンは、アンズジャムに入れてカマンベールチーズと一緒に食べてもいいでしょう。

クミン&ウォッシュチーズ

クミンシードとマンステールチーズは伝統的な組み合わせです。実際、あまりに昔から組み合わされてきたので、すでにクミンシードをまぶしてあったり、ふりかけてあったりするマンステールを店で買うことができるほどです。

フランスでは、マンステールに合わせるためのクミンブレッドを作っているベーカリーがあります。マン

※10　ダール［dhal］…カレーの一種。「ダール」はヒンディー語で豆類の総称。

ステールの原産地アルザスでは、このチーズをゆでたジャガイモと、たっぷりのローストしたクミンシードと一緒に食べます。とても男らしいこの組み合わせには、繊細で女らしい地元産のゲヴュルツトラミネール種の白ワインを添えるとバランスがよくなります。

他のウォッシュチーズもクミンと合わせてみてください。イギリス・ロンドンのレストラン、ガルビン・アット・ウィンドウズ［Galvin at Windows］では、スティンキング・ビショップチーズに、ジャージー・ロイヤルポテトサラダとクミンのチュイル［tuile］[11]を合わせて出しています。または、「ウォッシュチーズ＆アニス」P.78で紹介しているクラッカーを、レシピに従って作ってみてください。このとき、フェンネルシードは同量のクミンシードに替えます。

クミン＆オイリーフィッシュ（脂分の多い魚）

クミンはマグロとの相性が抜群です。クミンの強い風味が、濃厚で脂分の多い魚の味に負けることなく、対等に味を主張するからです。

recipe

《マグロのクミン焼き》

❶ マグロの切り身にオリーブオイルをすりこみ、クミン粉と塩コショウをたっぷり振り、さっと軽く焼く（1cmの厚さの切り身の場合、両面約1分ずつ）

❷ フライパンから出して2〜3分冷まし、細長く切り分ける

❸ 温めたコーントルティーヤかタコスにのせ、細切りのレタスかキャベツにライム果汁を和えたものをたっぷり、それに、酸味のあるマンゴーまたはトマトのサルサをのせる

❹ 最後にコリアンダー少量を飾る

クミン＆貝・甲殻類→「貝・甲殻類＆クミン」P.193

クミン＆カリフラワー

クミンとカリフラワーを一緒にローストすると、両者の本質的な特徴を損なうことなく、ナッツのような甘さが出てきます。

recipe

《クミン風味カリフラワーのロースト》

❶ カリフラワーを小さな房に切り分け、オイルで和えてから、クミン粉大さじ1をまぶす

❷ 180℃のオーブンで、やわらかくなるまで約30分間、1、2回かき混ぜながらローストする

❸ 塩をふり、温かいうちに食べる

112　※11　チュイル［tuile］…瓦の形をした薄い焼き菓子。

最初にカリフラワーを湯がいたり、蒸したりする人もいますが、必要ありません。周りが少し焦げたほうが、かえっておいしそうに見えます。私が最初にこの組み合わせに出会ったのはオランダのアムステルダムで、中東のコロッケのような食べ物、フェラフェルの中に入っていました。とても興味をそそられたので、その不思議な材料の正体を調べて解明せずにはいられませんでした。

クミン&キュウリ

イギリス人フードライターのシビル・カプールは、著書『テイスト』で、「クミンは、キュウリやナス、カリフラワーなど、苦味のある食材ととてもよく合う。材料の苦味を深めることで、逆に本質的な甘さを強調するからだ」と書いています。クミンをヨーグルトベースのキュウリのスープかライタ [raita]※12 に入れて、刺激を添えてみるとよくわかるでしょう。でも、少し違うものを作りたいなら、「ピーナッツ&キュウリ」P.25を参照してください。

クミン&コリアンダーシード

インド、中東、北アフリカの料理では、クミンとコリアンダーシードは、別々ではなく一緒に使われている場合が多いかもしれません。インドでは、粉のものもホールのものも、セットにして売られてさえいます。モロッコでは、強くて鋭い香りを添えるために辛いハリッサ [harissa]※13 に入れたり、屋台で売っている、紙に包んだ揚げヒヨコ豆にまぶしたりしていることもあります。エジプトでは、クミンとコリアンダーシードをゴマ、刻んだヘーゼルナッツ、塩コショウと混ぜ合わせて、デュカという有名なミックススパイスを作り、オリーブオイルとパンにつけて食べます。

フードライターのグリン・クリスチャンは、コリアンダーシードの奥に潜むオレンジの風味と、クミンのほのかなレモンの風味が、両者の強い相性のよさを裏づけていると信じています。私に言わせれば、クミンとコリアンダーシードはそれぞれ異なるものを持ち合わせていて、互いに補っています。コリアンダーは明るく強い香りを放ちますし、クミンは暗く荒々しいところがあります。

クミン&コリアンダーリーフ→「コリアンダーリーフ&クミン」P.271

クミン&ジャガイモ

カビくさい風味を持つクミンは、ジャガイモの持つ土の香りも同時に持ち合わせています。この2つの食材を合わせると、じめじめとした日曜の午後に、へとへとになって城跡を歩いている情景を思い浮かべるかも知れません。

しかし、インドのジャガイモ料理ジーラアルーでは、クミンとジャガイモの陰気な味はまったくしません。クミンとジャガイモを加熱すると、今までなかった甘さが出てきます。特にクミンはより芳しくなります。

recipe
《ジャガイモのクミン炒め》

※12　ライタ [raita] …野菜や果物をヨーグルトで和えたインドのサラダ。
※13　ハリッサ [harissa] …唐辛子を使ったペースト状で辛口の調味料。

❶皮つきのジャガイモをやわらかくなるまでゆでて水気を切り（ゆですぎないように注意）、乾いてから半分か4分の1に切り分ける

❷クミン、塩を加えて、きつね色になるまで炒める

❸刻んだ生のコリアンダーリーフを飾る

クミン&卵→「卵&クミン」P.185
クミン&ニンジン→「ニンジン&クミン」P.319

クミン&ビーツ

　土の香りを持っているクミンとビーツが、まったく合わないわけがありません。ビーツの甘さが、クミンのいぶしたような柑橘系の刺激によって、際立ちます。この2つの食材を使うと、味わい深いスープができあがります。クレーム・フレッシュまたはサワークリームを回しかけて、酸味を出しましょう。あるいは、クミンとビーツにヒヨコ豆を混ぜ合わせてディップにしてもいいでしょう。

クミン&豚肉→「豚肉&クミン」P.40
クミン&マンゴー→「マンゴー &クミン」P.412

クミン&ミント

　クミンと乾燥ミントの香りをいっぱいに吸いこむと、エジプトのカイロにいるような気分になります。仔羊のケバブかハンバーガーに、クミンと乾燥ミントを一緒に使ってみてください。ソラ豆と合わせてもいいですし、やわらかくて刺激のあるチーズと一緒にしてもいいでしょう。インドではラッシーに、塩と、クミンと乾燥ミントそれぞれ数つまみを入れて風味づけることもあります。

クミン&ライム→「ライム&クミン」P.427
クミン&仔羊肉→「仔羊肉&クミン」P.66

クミン&レモン

　レモンの風味を決める重要な化合物、シトラールはよく、洗剤や家具の光沢剤に使われています。クミンの風味はしばしば、汚れた靴下にたとえられます。だからといって、クミンを敬遠しないでください。おろしたレモンの皮1個分、クミン粉小さじ1/2、オリーブオイル大さじ2を混ぜあわせると、おいしいマリネ液ができあがります。魚の切り身2、3枚やラムチョップ数本を漬けるのにぴったりです。あるいは、次に紹介する、うっとりするほどおいしいダール[dhal]※14を作ってみましょう。

114　※14　ダール[dhal]…カレーの一種。「ダール」はヒンディー語で豆類の総称。

recipe

《クミンとレモンのダール》

❶チャナダール［chana dhal］^{※15} 250gを2時間水に浸した後、水気を切ってから鍋に入れ、冷水
500mlを注ぐ

❷クツクツと沸騰したら、アクをすくい取り、刻んだ生姜大さじ1、ターメリック小さじ1/4、好みで
唐辛子小さじ1/4を加える

❸蓋を少しずらしてかぶせ、ときどきかき混ぜながら約45分煮こむ。水分が足りなくなったら、沸騰
した湯を少量加える

❹ダールにほぼ火が通ったら、鍋にピーナッツオイル適量を入れて温め、タマネギ（大）1個をスラ
イスしたものをきつね色になるまで炒める

❺クミンシード小さじ2、ガラムマサラ小さじ1を炒めあがる直前に加える

❻タマネギをダールに加え、レモンの皮1/2個分とレモン果汁大さじ1〜2を入れてかき混ぜる

※15　チャナダール［chana dhal］…ヒヨコ豆の挽き割り。

Beetroot
ビーツ

あまり魅力的に思えない野菜です。濃密でずっしりと重く、ぼんやりとした甘さがあり、ゆでるのに2時間かかります。少なからず物置小屋のにおいがするし、そこらじゅうに赤い汁をつけます。

ゴールデンビーツも、かわいいピンクと白が同心円状に並んでいるキオッジャ種のビーツも、ロシアの人形の頬のように赤い、昔ながらのビーツにとっては脅威でもなんでもありません。

ビーツがこれほどまで普及した秘密は、甘さと土の香りの不思議なコンビネーションにあります。この風味が山羊のチーズのように、主に酸味や塩味、もしくは両方の味を持つ材料を引き立てます。ビーツの葉も同じ風味がし、サラダに入れたり、ホウレン草のように料理に使ったりします。

ビーツ&アンチョビ

甘いビーツは、山羊のチーズやケッパー、塩辛いアンチョビのように、塩気のある材料と一緒にすると、そのおいしさを最大限に味わうことができます。南フランスでは、ビーツを角切りにして、たっぷりのアンチョビ、にんにく、オリーブオイルと一緒に混ぜ合わせます。『ユーレマンのシェフの手引書』では、ビーツ、アンチョビ、小さなザリガニ、レタスのサラダは、美食家たちの間で有名で、フランスの作家アレクサンドル・デュマ〔1802-1870〕（→P.506）の名を取ってアレクサンドル・デュマ・サラダと名づけられたと書いてあります。

ビーツ&オイリーフィッシュ（脂分の多い魚）

スカンジナビア半島の国々とバルト諸国では、ビーツは一般的に、塩漬けの魚、特にニシンと組み合わせます。魚とビーツを、タマネギ、ジャガイモ、リンゴと一緒に混ぜ合わせ、酢か、ときにはマスタードの入ったマヨネーズで和えます。この料理はスウェーデンではシルサラダ、エストニアではロソリエと呼ばれています。

ボルンホルムというデンマークの島では、塩で炒めたニシンを黒いライ麦パンにのせ、ビーツと辛いマスタードを添えて食べます。ロンドンに本拠地を持つ燻製業者H.フォーマン&サン〔H.Forman&Son〕は、ビーツで漬けたサーモンを売っています。

ビーツ&オレンジ→「オレンジ&ビーツ」P.422
ビーツ&牛肉→「牛肉&ビーツ」P.61
ビーツ&クミン→「クミン&ビーツ」P.114
ビーツ&クルミ→「クルミ&ビーツ」P.333

ビーツ&クレソン

地球と鉄のような組み合わせです。ハッピーエンドで終わる、フランスの作家ゾラの小説のようです。ずばずばと物を言うクレソンに対して、田舎っぽくてピンクの頬をしたビーツが負けずに張り合っていま

す。みじん切りにしたたっぷりのクレソンとサワークリームを、ゆでたビーツにからめてください。オイリーフィッシュかレバー、またはレアステーキと一緒に召しあがれ。

ビーツ&ケッパー→「ケッパー＆ビーツ」P.140
ビーツ&ココナッツ→「ココナッツ＆ビーツ」P.409
ビーツ&ジャガイモ→「ジャガイモ＆ビーツ」P.127
ビーツ&卵→「卵＆ビーツ」P.189
ビーツ&タマネギ→「タマネギ＆ビーツ」P.150

ビーツ&チョコレート

　ビーツとチョコレートを使った、人気のある（少なくとも広く知られている）ケーキのレシピがあります。ケーキ作りのチャンピオンたちは、この組み合わせの甘美な味とチョコレートの深みを信じることができないでいます。私もそうでした。そして、そのケーキを試した今でも、信じることができません。
　甘くて、花の香りがするスパイシーなニンジンはおいしいケーキになります。おろしたニンジンはほろほろとして、素朴で愛らしい食感になります。しかし、チョコレートとビーツのケーキでは、ココアがビーツの風味のほぼすべてを消してしまい、土の香りが少し残るばかりです。このせいで、花壇に落とした安いチョコレートケーキのような味になっています。

ビーツ&ディル

　イタリア料理の父といわれるペッレグリーノ・アルトゥージ〔1820-1911〕(→P.509) は、19世紀に書いた書物で、「フィレンツェの人々は料理に多彩なハーブを使うが、ディルのすばらしい味には気づいていない。ディルとビーツの混合については、なおのことだ」と記しています。
　彼はロマーニャで、ビーツとディルの組み合わせを試してみました。ロマーニャではビーツとディルが、市場でひとつの束になって売られていました。北ヨーロッパと東ヨーロッパの料理では昔から、この2つは主要な食材です。ディルはしばしば、ボルシチの風味づけに使われますし、リトアニア発祥のシャルティバルシェというビーツの冷製スープには欠かせない食材です。ここで作り方を紹介しましょう。

recipe
《シャルティバルシェ》
❶酸味のある乳製品（ケフィアチーズ、バターミルク、サワークリーム）のベースに、水少量を入れて泡立て器でかき混ぜ、少し薄める
❷おろしたキュウリ、加熱しておろしたビーツ、刻んだゆで卵、ディル、チャイブをたっぷり加える
❸冷蔵庫で冷やして、冷たいゆでジャガイモとディルを添えて食べる

ビーツ&豚肉

　1846年出版のルイ・ユスターシュ・オドー著『フランスの家庭料理』のバルシチ（ボルシチ）のレシ

ピを紹介しましょう。

---

recipe

《バルシチ（ボルシチ）》

❶ ストック用の深鍋に、牛肉3600g、豚の燻製バラ肉900g、ハム225g、アミガサタケ30個、タマネギ、ポロネギ、ビーツの汁適量を入れる

❷ 全部を煮こんでブイヨンにし、濾し器で濾す

❸ そこへ、野ウサギ1匹、ローストした鶏と鴨を1匹ずつ入れる

❹ さらにビーツの汁を大量に加える

❺ 15分間沸騰させ、もう一度ブイヨンを濾して、卵の白身数個分に水少量を入れて、かき混ぜたものを加える

❻ 再び沸騰させてから濾す

❼ これまでにゆでた材料を食べやすいように切り分け、アミガサタケ、タマネギを薄切りにして、セロリとパセリの小枝をまぶした牛肉など、先に煮こんだ材料をブイヨンに彩りよく入れて食べる。フェンネル、焼いたソーセージ、ゴディヴォーの団子（仔牛の詰め物）も添える

　オドーは、ビーツの汁を取るレシピも紹介しています。ビーツの汁はしばしば、鮮やかな深紅色を残すために、肉とは別に料理することがあります。彼は最後にこうつけ加えています。「このスープは、指示した量よりもずっと少ない肉で作ることができます。もし仮にビーツの汁だけしか入っていなくても、それはバルシチになります」。この一文は私たちに、料理に取りかかる前、レシピを最後まで読むべきだということを示しています（→「タマネギ＆ビーツ」P.150）。

ビーツ＆ホースラディッシュ→「ホースラディッシュ＆ビーツ」P.143

ビーツ&山羊のチーズ

　生気あふれる刺激的な山羊のチーズは、甘いビーツの後味をすっきりと洗ってくれます。すばらしいことに、この2つの食材はここ10年間、必ずと言っていいほど一緒に調理されてきました。1990年代、ローストしたピーマンには、必ずトマトが組み合わされていたのと同様です。山羊のチーズのスフレにビーツのアイスクリーム。ホースラディッシュとビーツのタルトに山羊のチーズのメレンゲ。山羊のチーズのパンナコッタにビーツキャビア。ビーツと山羊のチーズを、あなたの好きなように組み合わせてみてください。私は、温かいグリンピースと砕いたクルミ適量と一緒に混ぜ合わせるのが一番おいしいと思います。また、かなり濃いピンク色になりますが、次に紹介するリゾットもいいでしょう。

recipe

《ビーツと山羊のチーズのリゾット》

❶小さいタマネギ1個をみじん切りにして、オリーブオイルでやわらかくなるまで炒め、リゾット用の
　米150gを加えて、全体に油が回るようかき混ぜる

❷白ワイン120mlを加え入れ、水分が蒸発するまで加熱する

❸火を通したビーツ250gを小さな角切りにするか、おろして混ぜ入れる

❹熱い野菜ストック750mlを、1度にお玉1杯ずつ入れ、絶えずかき混ぜながら、米が好みの固さ
　になるまで加熱する

❺細かくおろしたパルメザンチーズ大さじ数杯と塩コショウを加える

❻2皿に分けて盛りつけ、1cm角に切った山羊のチーズを散らして食べる。もしあればパセリを飾
　る

ビーツ&リンゴ→「リンゴ&ビーツ」P.382
ビーツ&レバー→「レバー&ビーツ」P.54

土

ビーツ

119

Potato
ジャガイモ

　ジャガイモは甘く、かすかに苦味があります（苦味が強く、皮が緑の場合には、堆肥を作るコンポストに入れるしかありません）。おいしいジャガイモは、バターとクリーム、ナッツ、土の風味がバランスよく混ざり合っています。

　焼くと、成熟したジャガイモの皮からは麦芽のような、埃っぽいココアの特質が出てきます。料理人はまず、風味ではなく食感でジャガイモを選りわける傾向にあります。ねっとりとしたものか、ふんわりしているか、歯ごたえがあるかを見定めて、ぴったりの料理方法を考えます。

　粘質系のジャガイモは普通、味も濃縮されています。一方、粉質系のジャガイモは、淡白な軽い味をしていると言われます。

　スコットランド作物研究所の研究員たちは最近、ジャガイモの中にあるうま味を生成する化合物の多さと、風味の強さには、直接的な相互関係があることをつきとめました。特に優良な品種は、フレヤという種から派生したものです。マヤゴールドという品種を探してみてください。このジャガイモの身はバターのような黄色をしていて、風味も濃厚です。フライドポテトにするととてもおいしく、ケチャップをつけないで食べたくなります。ジャガイモの甘さは特に、魚、ハードチーズ、キャビアなど塩味の食べ物と合わせたときに際立ちます。

ジャガイモ＆アーティチョーク→「アーティチョーク＆ジャガイモ」P.176
ジャガイモ＆アスパラガス→「アスパラガス＆ジャガイモ」P.181
ジャガイモ＆アンチョビ→「アンチョビ＆ジャガイモ」P.223

ジャガイモ＆ウォッシュチーズ

　温かくてフルーティーなヴァシュラン・モン・ドール（→「ウォッシュチーズ＆にんにく」P.79）が、やわらかなジャケットポテトにゆっくりとしみこんでいきます。フランスのサヴォア地方発祥の料理、タルティフレットでは、乳清で洗ったナッツ風味のルブロションチーズが、ジャガイモ、ベーコン、タマネギの上でとろけます（→「ハードチーズ＆ジャガイモ」P.88、「クミン＆ウォッシュチーズ」P.111）。

ジャガイモ＆オイリーフィッシュ→「オイリーフィッシュ＆ジャガイモ」P.216
ジャガイモ＆オリーブ→「オリーブ＆ジャガイモ」P.244

ジャガイモ＆貝・甲殻類

　この組み合わせには、すべての文化を見出すことができます。アメリカ・ニューイングランドのチャウダー、ベルギーのムール・フリット、イタリア・ベニスのジャガイモのニョッキ・クモガニのソースがけなどがあります。

　スペインのレストラン、ロメリッホ［Romerijo］では、水揚げされたばかりのマリスコス［mariscos］[※16]

120　※16　マリスコス［mariscos］…スペイン語で、貝・カニ・エビなどの魚介類。

やペスカードフリート［pescados fritos］に、黄金色をしたカリカリのフライドポテトを添えたものをお腹いっぱい食べることができます。

　ロメリッホは、活気のある海岸の町エル・プエルト・デ・サンタ・マリアで、一際目立っています。人通りの絶えないストリートに面したガラス棚には、ミニクルマエビやロブスターをはじめ、あらゆる種類のエビ、カニ、貝などが並んでいます。フライ料理とゆでた料理に特化して営業していて、海塩で味つけしたフライドポテトは、レストランの青と白のロゴ入りの紙をくるりと巻いた中に入れて渡されます。客は、店外のテーブルに座り、エビの首をもいだり、カニの繊細なオレンジの甲羅をはいで、プラスチックのバケツに放りこんだりしながら、喧騒の中、大声でおしゃべりをします。バケツにはすでに、カニのハサミや、タマキビガイの黒光りしている殻であふれんばかり。まるで、ブリューゲルの楽観主義な弟が書いた絵のようです。

　ミセリコルディア通りの角を曲がると、アペリティーボ［aperitivo］を食べられる場所がたくさん並んでいるのが目に入るでしょう。ここを楽しむコツは、オーク材製の樽で寝かせた白のリオハ産ワインをたっぷり飲みながら、いろいろな二枚貝や、触手を伸ばして氷の上にへばりついている怪物を、ひるまずにオーダーすることです。

　しかし、ロメリッホに行ってみたら、残っているのは山盛りのペルセベスだけだったということほど悲しいことはありません。ペルセベスは甲殻類で、見た目は、水中で甲冑を身に着けた小さな子豚の脚のようです。英語圏ではエボシガイとして知られていて、昔はカオジロガンの卵だと信じられていました。私の本を見て誰かに食べられるよりは、まだましな運命かもしれません。フライドポテトを添えてどうぞ。

ジャガイモ＆カリフラワー→「カリフラワー＆ジャガイモ」P.169

ジャガイモ&きのこ

　おいしい魚のスープには、心をかき乱すような海の深みが感じられるはずです。同じように、本物のワイルドマッシュルーム・スープにも、「スープの皮をかぶった狼」という別名に恥じないだけの魅力がなければいけません。そのためには異なる種類のきのこを混ぜて使い、風味に厚みを出しましょう。ブイヤベースにいろいろな種類の魚を使うのと同じです。

　私はイタリア人シェフのジェナーロ・コンタルドのレシピが好きです。新鮮なきのこと乾燥きのこをただ混ぜ合わせるだけではなく、ジャガイモを加えてとろみを出し、土の風味も添えています。

---

recipe
《ワイルドマッシュルーム・スープ》
❶ タマネギ1個を刻んで、オリーブオイル大さじ4でやわらかくなるまで炒め、刻んだワイルドマッシュルーム500gを加えてさらに5分間炒める
❷ 野菜ストック1L、水に入れてもどした乾燥ポルチーニ25g（もどし汁も一緒に）、皮をむいてみじん切りにしたジャガイモ1個を加える
❸ 一度沸騰させた後で火を弱め、20分間クツクツと煮こむ

※17　ペスカードフリート［pescados fritos］…魚のフライ。
※18　アペリティーボ［aperitivo］…もともとは、ディナー前の食前酒のこと。転じて、ドリンクを頼むとブッフェ形式の食事も提供してくれるシステムのこと。また、そのドリンクと食事のこと。

❹少し冷ましてから、フードプロセッサーなどでなめらかになるまで回す

❺もう一度加熱し、味見をして必要ならば塩コショウをする

パリパリの皮のパンを添えて、いただきます。

ジャガイモ&キャビア

イギリス・ロンドンのビバンダム［Bibendum］のシェフ、サイモン・ホプキンソンとリンジー・バーハムは、キャビアとトリュフはおそらく、他のどんな食材よりもジャガイモと組み合わせたときに味が引き立つと書いています。ジャガイモとトリュフは、ともに温かな土の香りを持っているので、調和のとれた組み合わせになります。一方キャビアとジャガイモは、対照的な組み合わせです。ジャガイモの持つ甘くて淡白なやわらかさが、プチプチとした魚卵の塩辛い複雑さを際立たせています。

ジャガイモとキャビアの組み合わせといえば、温かいロースト・ベビーポテトに冷たいサワークリームとキャビアをのせた料理がよく知られています。温かいものと冷たいものという温度の差が、さらに楽しいコントラストを生み出します（→「ジャガイモ&トリュフ」P.126）。

ジャガイモ&キャベツ

アイルランドでは、マッシュポテト＋ケール（またはキャベツ）＝コルカノンという料理になります。ポルトガルにも同じような素朴な料理、カルドベルデというスープがあります。ジャガイモとタマネギ、キャベツを使った田舎風のスープで、しばしば仕上げとして、適当に切ったチョリソを無造作にのせます。カルドベルデはもともとポルトガル北部のミーニョ地方の郷土料理ですが、今では国じゅうで食べられていますし、ブラジルでも同じくらい人気です。

ジャガイモは、粘質系より粉質系のものを使うとよいでしょう。スープを調理している間に、ジャガイモが煮くずれて、スープにとろみが出るからです。シーケールのように広い葉を持つガリシアキャベツが、スープに色と深みを与えます。ガリシアキャベツはポルトガル以外で手に入れるのは難しいかもしれませんが、若いキャベツや柔らかめの他のキャベツでも代用できます。

recipe

《カルドベルデ》

❶粉質系ジャガイモ1kgの皮をむいて適当な大きさに切り、塩を加えた1.5Lの水に入れて沸騰させる

❷火を弱め、やわらかくなるまで煮てから、湯の中で粗くつぶし、もう一度沸騰させる

❸みじん切りにした青野菜200gを加え、約10分煮こむ

ソーセージを入れたければ、ジャガイモと一緒に入れ、つぶすときに取り出して食べやすいように切り

分け、青野菜と一緒に鍋にもどします（→ブロッコリーの説明P.172と、「キャベツ＆タマネギ」P.163）。

ジャガイモ＆牛肉

　アメリカのフードライターであるハロルド・マギー（→P.509）は、旬の（つまり成長した）ジャガイモは、温度が7〜10℃の冷暗所で保存されると風味が高まり、酵素がゆっくりと働いて花や果物、脂の香りを作り出すと書いています。温度が低すぎるとでん粉が糖に変わります。すると、ジャガイモを加熱したときにカラメル化し、不愉快なほろ苦い風味のする濃い茶色のフライドポテトができあがり、とても食べられません。ジャガイモと牛肉の協力関係は、とても重要です。ステーキフリット、ハンバーガー＆チップス、最高の牛肉リブのローストポテト添え、または家庭で食べるコテッジパイなど、どの料理も、どちらか片方が欠ければ成り立ちません。

ジャガイモ＆クミン→「クミン＆ジャガイモ」P.113
ジャガイモ＆クレソン→「クレソン＆ジャガイモ」P.135

ジャガイモ＆グリンピース

　フライドポテトとグリンピースそのものには何の問題もありませんが、あまりに多くのパブや食堂やカフェで、つぶれた生焼けの冷凍ポテトが皿に盛られ、固くなって表皮が多面体のようにでこぼこのグリンピースが添えられて出てきます。目を閉じて、緑色のグリンピースとジャガイモのスープを思い浮かべながら食べるのが一番でしょう。または、インドのアルーマターはどうでしょう。この料理では、グリンピースとジャガイモが、生姜、にんにく、さまざまなスパイスでできたソースの中に入っています。

ジャガイモ＆ケッパー→「ケッパー＆ジャガイモ」P.139
ジャガイモ＆コリアンダーリーフ→「コリアンダーリーフ＆ジャガイモ」P.272
ジャガイモ＆魚の燻製→「魚の燻製＆ジャガイモ」P.228
ジャガイモ＆サフラン→「サフラン＆ジャガイモ」P.249
ジャガイモ＆白身魚→「白身魚＆ジャガイモ」P.202

ジャガイモ＆スウェーデンカブ

　マッシュポテトとスウェーデンカブを組み合わせると、クラップショットと呼ばれる料理になります。マッシュポテトとスウェーデンカブを1：1で合わせ、バターをたっぷり入れます。そこにチャイブかカリカリのフライドオニオンを加えます。皿に一緒に盛られてはいるけれども混ざり合ってはいないニープ［neeps］[19]とターティー［tatties］[20]は、ハギス［haggis］[21]のサイドディッシュとして欠かせない一品です。バターと一緒につぶされたターティーが、ハギスの甘いやわらかさに寄り添います。一方、ニープは、ナツメグによって元来持っている香りが強まり、肉の味に応えています。

ジャガイモ＆セロリ→「セロリ＆ジャガイモ」P.130

※19　ニープ［neep］…スエーデンカブのこと。カブに似ているが別種。英名はルタバガ。
※20　ターティー［tattie］…スコットランドでジャガイモのこと。
※21　ハギス［haggis］…羊の内臓を羊の胃袋に詰めてゆでたスコットランドの伝統料理。

ジャガイモ&卵

　もっとも簡単で安上がりな組み合わせです。とろりとした卵黄にどっぷりとつかった、肉厚でほくほくしたフライドポテトや、裏ごしポテトにのった目玉焼きがこの例です。また、タマネギ少量を添えれば、スパニッシュオムレツに必要なものがすべて揃います。甘くてケーキのようなオムレツと、やわらかくて土の香りのするジャガイモ、ほろ苦い炒めタマネギの組み合わせです。

　黄色いスパニッシュオムレツをひとつ、鍋からそのまま食べてみてください。次の日には味が深まってもっとおいしくなり、かすかに灰色の色合いが出てきます。あまりにかすかですから、パリパリした皮の白ロールパンにオムレツを滑りこませ、昔ながらのフライドポテトサンドイッチに卵味をつけたものだとしても、まったく問題はありません。

　私たちが、ある夜に食べたウエボス・コンパターテスという料理は少し田舎風かもしれませんが、これに勝るものはないと思います。私たちははじめ、スパニッシュオムレツか、卵とフライドポテトがのったイギリス人好みの料理だろうと思って、それをオーダーしました。出てきたものは上品な皿に、味のついていないポテトチップスが乱雑に山積みになっているものでした。卵が2個、スクランブルエッグになっているわけでも、完全に火が通っているわけでもない状態で添えられていました。自我の芽生えてくる頃の2歳児だったら、ぽいぽいと投げ捨てたでしょう。しかし、そのときは真夜中近くで、他の店はどこも開いていませんでした。

　バター風味のレース状の卵がからんだ、しめった薄切りジャガイモをフォークで切るのは難しく、私たちは袖まくりをし、指でつまんで食べました。それがとてもおいしかったのです。私たちは、ワイングラスに指の油の跡をつけながら、最後の一片まで食べつくしました（→「生姜&卵」P.440）。

ジャガイモ&タマネギ

　とても頼りになる食材なので、この2つでどれだけすばらしいことができるか、みんな忘れてしまっています。

　子どもの頃、ガレージにはいつも、ジャガイモとタマネギの麻袋がひとつずつ置いてありました。それらは、薪と同じ価値がありました。現在は、街の中心部にある小さなアパートに住んでいますが、道路に停めている車がガレージがわりです。なぜなら、車の中は薄暗く、食料品置き場のように涼しいからです。

　私はジャガイモとタマネギを、車のトランクで保管しています。アウトドア用品とブレーキ液の入ったプラスチックボトルの間で転がっているというのに、この実用性の高い野菜たちは、半時間もしないうちにポテトグラタンになったり炒めものになったり、なめらかなタマネギ入りマッシュポテトになったり、おろしてから焼いてロスティ［rösti］になったり、刻まれて、刺激と穏やかさのあるポテトサラダになったり、チーズと重ねて黄金色のパン・ハガティ［pan haggerty］になったりします。あるいは数個の卵とともに、何よりもおいしいスペイン風オムレツになっているかもしれません。ここにあげたものより、もっとずっとたくさんの料理法がありますね。

ジャガイモ&ディル→「ディル&ジャガイモ」P.265

※22　ロスティ［rösti］…スイスの郷土料理で、ジャガイモのパンケーキのようなもの。
※23　パン・ハガティ［pan haggerty］…フライパンにジャガイモとタマネギを重ね、チーズをのせたイギリスのオーブン料理。

ジャガイモ&唐辛子

　鋭い風味を持つパプリカ粉は、いぶしたような香りも持ち合わせています。この風味がジャガイモと合わさると、すばらしい味になります。パプリカ風味のポテトチップスは、ドイツで圧倒的に人気のある一品です。また、ジャガイモとパプリカ粉を使えば、すばらしくおいしいチリフライも作れます。

---

recipe

《パプリカ風味のフライドポテト》

❶オリーブオイル大さじ4とパプリカ粉小さじ3を、チャックつきの袋に入れて混ぜ合わせる

❷野菜カッターかカッターつきのフードプロセッサーを使って、大きなジャガイモ4個をだいたい1cm角のスティック状に切り分ける

❸キッチンペーパーなどでジャガイモの水分をたたいて取り、オイルとパプリカ粉を入れた袋に入れてもみ、全体にからめる

❹ジャガイモを取り出して天板にのせ、220℃のオーブンで20〜25分焼く。途中1、2回混ぜる

　オリーブオイルとパプリカ粉を混ぜ合わせた中に、カイエンヌペッパーを1〜2つまみ入れると、味にパンチが出ます（→「唐辛子&トマト」P.291）。

ジャガイモ&トマト

　この組み合わせはどこにあるだろうと、あちこち探し回らないでください。フライドポテトとケチャップです。欧米諸国では、間違いなくもっとも広く知れ渡った組み合わせです。フリット[frite][※24]の正確な起源ははっきりしませんが、「フレンチフライド・ポテト」という呼び名は、ハインツ[Heinz]のトマトケチャップが1876年に登場する少し前、19世紀なかばから使われるようになりました。ケチャップが唯一無二のものとなったのは、基本の5味をすべて有しているためです。すなわち、甘味、酸味、塩味、苦味、それに、たっぷりのうま味です。トマトにはもともとうま味があり、これはジャガイモにもあります。これが組み合わさって極上のおいしさになります。

　イギリスの料理研究家エリザベス・デイヴィッド[1913-1992]（→P.506）が、あるギリシャ料理のレシピを紹介しています。マッシュポテトに、皮をむいてみじん切りにしたトマト、輪切りにした葉ネギ、パセリ、溶かしバター、小麦粉を混ぜ合わせて丸く形作り、油で揚げるか焼くというものです。彼女は他にも、「トマトとジャガイモのクリームスープ」というフランス料理のレシピにも言及しています。手短かに紹介しましょう。

---

recipe

《トマトとジャガイモのクリームスープ》

❶ポロネギ2本の白い部分を刻み、バターでやわらかくなるまで炒める

※24　フリット[frite]…フランス語でフライドポテトのこと。

❷粗く切ったトマト225gを加え、トマトの汁がにじみ出てくるまで加熱する

❸次に皮をむいてさいの目に切ったジャガイモ350g、塩適量、砂糖少々、水700mlを加える

❹一度沸騰させてから火を弱め、25分クツクツと煮こむ

❺これをミキサーにかけて濾し器で濾し、きれいな鍋にもどして、生クリーム150mlを加える

❻中まで火を通して、パセリかチャービルを散らして食べる

イタリア・シチリアの離島パンテッレリーアでは、ゆでた新ジャガイモと生トマトを切ったもの、オリーブ、レッドオニオン、ケッパーをオリーブオイルとビネガーで和えて、インサラータパンチェスカというサラダを作ります。また、ジャガイモとトマトは、ニューヨーク・クラムチャウダーのベースにもなっています（→「唐辛子&トマト」P.291）。

ジャガイモ&鶏肉→「鶏肉&ジャガイモ」P.34

ジャガイモ&トリュフ

土でつながる友人同士です。16世紀のスペインの探検家が、コロンビアで初めてポテトを見たとき、ジャガイモにはトリュフに似た特質があるとして、「大地のトリュフ」と名づけました。普通のジャガイモ料理にトリュフの風味をしみこませると、両者の相性のよさが明確になります。トリュフ風味のマッシュポテトやポテトグラタン、トリュフオイルを混ぜこんだマヨネーズ入りポテトサラダなどです。

ジャガイモとトリュフは非常に相性がよいと信じるイタリア人シェフ、ジョルジオ・ロカテッリは、ポテトニョッキの上に黒トリュフを削りかけます。でも彼は、パスタ料理やリゾットには、白トリュフを好んで合わせます。

ジャガイモ&ナツメグ

ナツメグは、ジャガイモの粗雑な土くさい風味を消すために使われます。同じ目的で、カボチャやホウレン草にもよく使われ、ほんの少量おろして入れるだけで十分な効果を発揮します。ナツメグをこれらの食材にふりかけると、とてもおいしくなるので、食べすぎに気をつけなければなりません。

ジャガイモ&にんにく

スコルダリアはギリシャの料理で、つぶした生のにんにくをマッシュポテトに入れ、オリーブオイル、白ワインビネガーまたはレモン果汁少量を加えて、好みの固さになるまで混ぜたものです。卵黄をひとつ加えることもあります。アーモンド粉やパン、つぶした豆がジャガイモの代わりに、あるいは全体の量を増やすために使われることもあります。想像してみてください。この料理は白くてにんにくの香りがして、魚に添えると魚の味をぐっと引き立ててくれる料理です。シンプルに、温めたピタパンの細切りの上に盛るだけでもいいでしょう。

ジャガイモ&ハードチーズ→「ハードチーズ&ジャガイモ」P.88

ジャガイモ&パースニップ→「パースニップ&ジャガイモ」P.315

ジャガイモ&パセリ→「パセリ&ジャガイモ」P.268

ジャガイモ&ビーツ

　ジャガイモとビーツを合わせると、甘くて土の香りがする、濃いピンクのマッシュポテトができあがります。ビーツの持つ庭道具入れのにおいは、ゲオスミンという化合物によるもので、この化合物は、コイなど水底に住む淡水魚を捕まえたばかりのにおいにも含まれます。また、「ペトリコール」という、ふたりのオーストラリア人科学者によって名づけられた物質もこのにおいがします。ペトリコールは、乾いた期間の後、雨が降るときに放出される特徴的なにおいです。

　ジャガイモの土の風味は、これとは違う化合物から出ています。もしあなたが土の香りと風味が好きなら、マッシュルームやトリュフ、加熱したタマネギやにんにく、何種類かのチーズ、それに熟成したボルドーとブルゴーニュワインにも、そのような香りや風味を見出すことができるでしょう（→「牛肉&ビーツ」P.61）。

ジャガイモ&ピーナッツ

　ピーナッツには肉のような特徴があることが、ジャガイモと組み合わせるとはっきりします。コロンビアの街ポパヤンでは、フライドポテトとピーナッツを詰めたエンパナダス・ピピアンという小さなパイを作り、ピーナッツのソースをかけて食べます。インドネシアのガドガドサラダには普通、ゆでたジャガイモが入っています（→「ピーナッツ&ココナッツ」P.26）。タイでもジャガイモは、ピーナッツが混ざったマッサマンカレーに入れられることがあります。

　最後に、私の夫の得意料理のひとつ、ダルストンディナーを紹介しましょう。フィッシュ&チップスと同じようなものですが、すばらしいことに、それを食べにパブに行く必要はありません。ひと袋分の塩味のピーナッツを、ポテトチップスのソルト&ビネガー風味の袋に入れ、口をしっかり閉めて振ります。不思議なことに、想像できないほどおいしくなります。ラガービールのおつまみにぴったりです。

ジャガイモ&豚肉→「豚肉&ジャガイモ」P.42

ジャガイモ&ブラックプディング→「ブラックプディング&ジャガイモ」P.48

ジャガイモ&ベーコン

　イギリス・サフォーク州のA12号道路にあるファーマーズ・マーケットカフェを通り過ぎるとき、私は道路沿いにひとつのサインを見つけました。大きな文字で、ハム・ホック・ハッシュ[Ham Hock Hash][25]と書いてありました。それだけです。他にはなんのメニューも、営業時間も何も書いてありません。たった3つの単語で、どれほど多くの車がUターンしたことでしょう。

ジャガイモ&ホースラディッシュ→「ホースラディッシュ&ジャガイモ」P.142

ジャガイモ&ミント→「ミント&ジャガイモ」P.470

※25　ハム・ホック・ハッシュ[Ham Hock Hash]…燻製の豚脚肉とジャガイモなどの野菜を合わせた料理。

ジャガイモ&仔羊肉

部屋がひとつ必要です。この2つの食材はいつもいちゃいちゃしていますから。禁欲主義者の牛肉は、コテッジパイでジャガイモとともに詰めこまれても、一定の距離を保っています。一方、仔羊肉の脂は、イギリスのシェパーズパイやランカシャーホットポット［Lancashire's hotpot］[※26]、とろみがあってスパイシーなインドのゴシュト・アルでも、ジャガイモにしみこんでいきます。

イギリスの小説家エリザベス・ギャスケル〔1810-1865〕(→P.506) の『北と南』に登場する、紡績工場主ジョン・ソーントンは、農民の食べ物を好んだ最初のブルジョアのひとりと言われています。彼は労働者と一緒に食べているホットポットについて、「これほどおいしいディナーを食べたことはない」と言っています。

ホットポットを成功させる秘訣は、仔羊肉（または成羊肉）のおいしいネックエンド部分を使うことではなく、肉汁の中で肉に焦げ目をつけることや、肉とタマネギとジャガイモを何層にも重ねること、最後にジャガイモのスライスをかぶせる前に、少しばかりの腎臓を入れることがポイントです。

ジャガイモ&レモン→「レモン&ジャガイモ」P.433

ジャガイモ&ローズマリー

ローズマリーとジャガイモの相性のよさが、色味のないローマのピッツァ・ビアンカをたまらなく魅力的にしています。ピッツァ・ビアンカは、トッピングにジャガイモとにんにくを使用し、トマトはまったく使いません。普通、ユーコンゴールドなどの、しっかりとした風味の粘質系ジャガイモの新物を使います。

---

recipe

《ジャガイモとローズマリーのピッツァ・ビアンカ》

❶ 半ゆでにしたジャガイモをごく薄く切って、オイルを塗った、まだ焼いていないピザ台に少し重なるようにのせ、みじん切りにしたにんにく1〜2かけを散らす

❷ オイルとたっぷりの塩コショウをふりかけ、小枝から摘んだばかりのローズマリーの葉を散らす

❸ チーズ（パルメザン、モッツァレッラ、アジアーゴ）かタマネギをのせると、色は地味だが、風味がぐっと高まる

※26　ランカシャーホットポット［Lancashire's hotpot］…仔羊とジャガイモで作るイギリスの伝統的な煮こみ料理。

Celery

セロリ

　ここでは、セロリの茎、セロリアック［celeriac］、セロリシードについて述べています。セロリシードは、スモールエイジ［smallage］またはワイルドセロリから収穫されるもので、砕いてセロリソルトにします。

　セロリの茎、セロリアック、セロリシードはすべて、独特のセロリの風味の素となる2、3種類の成分を持っています（ハーブのラベッジも同じ成分を有しています）。セロリの風味が一番強いのがセロリシードで、ハーブと柑橘系の複雑な特質を持つとともに、温かさと苦味も持ち合わせています。なかには、レモンの風味が強いものもあります。

　セロリシードは、セロリの茎がないときや料理に使いにくい場合に便利な食材です。セロリの茎は、塩味がずっと強く、アニスの香りがします。一方セロリアックはマイルドで、セロリの風味に根菜の持つ甘さと土の香りがプラスされています。

　ラベッジの種と茎、葉はすべて料理に使うことができます。ラベッジから作られるコーディアルというアルコール飲料は、ブランデーと混ぜて飲みます。セロリの風味は非常に塩味が強く、ストックやブイヨンの味を連想させますから、スープやシチューに使うと、肉やシーフードの甘さを引き立てます。

セロリ&貝・甲殻類

　アメリカ・ニューイングランドのロブスターロールは、伝説に残るサンドイッチのひとつです。とてもシンプルに聞こえますが、正確な作り方については、さまざまな議論が飛び交っています。

　基本の形に関しては意見が一致しています。やわらかくて白いホットドッグパンに、たっぷりのロブスターの身をのせるというものです。しかし、レタスをのせるかのせないか、レタスと一緒にセロリものせるのか、それともセロリだけにするか、また、上から溶かしバターやマヨネーズをかけるかについては議論が分かれます。

　アメリカのテレビドラマ『ザ・ソプラノズ 哀愁のマフィア（シーズン6）』で、昏睡状態から目覚めたトニーが最初に欲しがるのは、ニューヨークのウェストヴィレッジにあるパールオイスター・バーのロブスターロールです。マフィアたちはなぜ太っているのか考えたことのある方なら、ロブスターロールに溶かしバターとマヨネーズの両方がかかっているからだと気づいたでしょう。

recipe

《ロブスターロール》

❶ロブスターの肉と、みじん切りにしたセロリ少量、ヘルマンのマヨネーズ、レモンひと搾り、塩コショウを混ぜ合わせ、冷蔵庫で冷やしておく

❷この間に、ホットドッグのパンを本のように開いて、バターを溶かしたフライパンで開いた内側を

※27　セロリアック［celeriac］…セロリの肥大化した根。
※28　スモールエイジ［smallage］…野生のセロリ。

土

セロリ

焼く
❸パンにロブスターの具を詰める

サンルームで寝転がり、ニューイングランドに思いをはせながら食べましょう。

セロリ&牡蠣→「牡蠣&セロリ」P.208

セロリ&牛肉

ゆっくり煮こむと、セロリは次第に甘くなってブイヨンの香りを帯びてきます。茎(ときには種も)は、蒸し煮やシチューに深みを加えるために使われます。

セロリの香りがするハーブ、ラベッジも同様です。ドイツでこのハーブは、マギーの四角いブイヨンの素に似た、肉やイーストのような風味を持っていることから、マギークラウトと呼ばれることもあります。鍋にマギーブイヨンを入れてもいいですが、セロリの茎を鍋の底に網の目状に並べて、その上に肉の塊をのせて料理をすると、おいしくてコクのあるグレービーソース[gravy sauce]^{*29}のベースができます。こうすると最後に残ったセロリも食べることができます。

ニューヨークに行く機会があったら、ドクターブラウン[Dr Brown]のセルレイソーダ[Cel-ray soda]を忘れずに試してみてください。おそらく、世界で唯一のセロリ味の炭酸飲料でしょう。ソルトビーフかパストラミのサンドイッチと一緒にどうぞ。

セロリ&栗→「栗&セロリ」P.326
セロリ&クルミ→「クルミ&セロリ」P.330
セロリ&白身魚→「白身魚&セロリ」P.202

セロリ&ジャガイモ

ローストしたてのセロリシードを砕いてポテトサラダに入れると、おいしい刺激が加わります。ジャガイモとセロリアックを一緒につぶしてもいいでしょう。水分が多くなりすぎないよう、ジャガイモとセロリアックは別々にゆでます。水気をよく切り、弱火にかけて水分を飛ばしてから、バターを加えます(→「トリュフ&セロリ」P.159)。

セロリ&ソフトチーズ→「ソフトチーズ&セロリ」P.96
セロリ&卵→「卵&セロリ」P.186
セロリ&タマネギ→「タマネギ&セロリ」P.149

セロリ&鶏肉

セロリは鶏肉の有能なパートナーです。以前ほどポピュラーではなくなりましたが、やはりすばらしい相手であることには変わりはありません。19世紀を通じて、イギリスとアメリカのフードライターは、ゆで

※29　グレービーソース[gravy sauce]…肉汁から作るソース。

た鳥の肉には当然のようにセロリソースを合わせていました。実際セロリのソースは、イギリスのクリスマスディナーの、牡蠣を詰めた七面鳥に昔から添えられてきました。

　イギリスのフードライターのハンナ・グラッセ〔1708−1770〕（→P.509）が、セロリのソースのレシピをいくつか紹介しています。あるレシピでは、セロリの茎を小さく切って、水少量で煮こみます。セロリがやわらかくなったら、メース［mace］[※30]、ナツメグ、塩コショウを入れ、バターと小麦粉を加えてとろみをつけます。他のレシピでは、仔牛のストック、生クリームまたはブイヨンを使います。

　近年の科学研究では、セロリが揮発性の成分を含んでいて、この成分がチキンストックの甘味とうま味をぐっと高めていることがわかりました。でも、実際に食べているときには認識できません。

セロリ＆トリュフ→「トリュフ＆セロリ」P.159
セロリ＆ナツメグ→「ナツメグ＆セロリ」P.311
セロリ＆ニンジン→「ニンジン＆セロリ」P.320

セロリ＆ピーナッツ

「丸太の上のアリたち」は、アメリカの子ども用おやつで、セロリの茎のくぼみ部分をピーナッツバターで埋め、レーズンを並べたものです。見かけのセンスのなさとは裏腹に、とてもおいしい一品です。セロリのシャキシャキとした食感とほろ苦さが、ピーナッツの塩気と油っこさ、レーズンの甘いブドウ風味とのバランスをうまくとっています。この材料を使って大人用のタイ風サラダを作ってみてはどうでしょう。

recipe

《セロリのタイ風サラダ》
❶ やわらかいセロリの茎4本を千切りにして、レーズン片手半杯分と混ぜ合わせ、「ライム＆アンチョビ」P.426で紹介しているドレッシングで和える
❷ ローストしたピーナッツ半つかみを粗く砕いて、半量をセロリに加えて混ぜ、残りの半量は上から散らす

セロリ＆豚肉→「豚肉＆セロリ」P.42

セロリ＆ブルーチーズ

　クリスマスの食卓の必需品です。または、ボクシングデー（12月26日）のスープに入っている、味のぼんやりとした脂っぽい代物です。あるいは、香辛料の効いたバッファローウイングの付け合わせにも使います。

　バッファローウイングは、油で揚げた鶏手羽にマーガリンと辛いソースをからめたもので、ブルーチーズのディップとセロリのスティックを添えて食べます。

　このように強い風味のものばかりを、食感や温度の違いを対比させながらひとつの皿に盛るというアイデアは大好きです。鶏肉、セロリ、ブルーチーズの組み合わせを楽しみたいなら、「ブルーチーズ＆鶏

※30　メース［mace］…ナツメグの皮で作るスパイス。香りはナツメグに似ているが、メースのほうが繊細でやわらかい。

肉」P.84を参照してください。

セロリ&プロシュート→「プロシュート&セロリ」P.239

セロリ&ホースラディッシュ

　ブラッディマリーの初期のレシピでは、セロリもホースラディッシュも入っていませんでした。自らカクテル発明家を名乗っていたジャック・プティオも同様で、1964年の『ニューヨーカー』に掲載したレシピでは、ウォッカ、トマト、カイエンヌ、レモン、ブラックペッパー、塩、ウスターソースを使っていました。その後に、セロリとホースラディッシュが欠かせないものになったのでしょうか?

　ホースラディッシュは鼻にすっきりと抜け、セロリの葉は頬をなで、トマトジュースが通るくぼみのあるセロリの茎は、お酒の席のおしゃべりを盛り上げる理想的な道具になります。もちろん、セロリとホースラディッシュを添えることで、このカクテルがそのまま食事になりますから、飲む人にとって必要なものはほとんど備わっています。

セロリ&仔羊肉

　ペルシャ料理では、セロリと仔羊肉を組み合わせてホレシュという料理を作ります「ルバーブと仔羊肉」P.362で紹介したレシピとほぼ同じですが、この場合はセロリをハーブと一緒に炒めてから肉に加えます。トルコとギリシャでは、セロリと仔羊肉をレモンのソースで煮こみます。シェフのフアン・アマドールは、ドイツのランゲンにある彼のレストランで、セロリアックとコーヒー、クルミと一緒に料理したアラゴン産仔羊肉の料理を出しています。

セロリ&リンゴ

　小説『アメリカン・サイコ』で、パトリック・ベイトマンの恋人イヴリンは、ウォルドーフサラダがおいしくないとわかったとき、取り乱してしまいます。次に紹介するレシピで作れば、同じ失敗をすることはないでしょう。

---

recipe

《ウォルドーフサラダ》

❶皮をむいて芯を取ったリンゴ3個、セロリの茎1、2本を刻む

❷これをクルミひとつかみ、マヨネーズ約大さじ1と混ぜ合わせる。マヨネーズを入れすぎないように気をつける

　クリスマスに、厚く切ったハムステーキと黄褐色のポートワインと一緒にどうぞ。

ピリッとした刺激の風味
Mustardy

クレソン
Watercress

ケッパー
Caper

ホースラディッシュ
Horseradish

Watercress
クレソン

　クレソンには、ほろ苦さとピリッとする刺激、ミネラルを含んだみずみずしさがあり、ローストした肉の付け合わせとしてたびたび登場します。しかし、料理の脇役であるだけでなく、脚光を浴びるだけの価値がクレソンにはあります。塩味や甘味のある材料に合わせると、すばらしい味を醸し出すからです。

　甘味のある牛乳かクリームと一緒に塩味のストックに入れれば最高のスープができあがりますし、塩味のバターを塗った甘いパンにはさめばサンドイッチにもなります。クレソンとサワークリーム、塩ひとつまみをミキサーにかけると、暑い午後、川のなかで足をぶらぶらさせているような、さわやかなソースができあがります。

クレソン&アンチョビ→「アンチョビ&クレソン」P.223

クレソン&オイリーフィッシュ（脂分の多い魚）

　トラウト［trout］[※1]とクレソン。組み合わせというよりは、むしろ再統合と言えるでしょう。トラウトはクレソンのやわらかい葉を食べますが、本当は、茎の間にいるワラジムシという小さな甲殻類を狙っているのです。世の中には、特に手を加えなくてもごく自然に寄り添う組み合わせというものがありますが、トラウトとクレソンもそのひとつで、最低限の下ごしらえだけで十分においしい料理になります。

---

recipe

《トラウトのクレソンソース》

❶ 2人分を作るには、トラウト2匹を、澄ましバターで片面5分ずつ焼く
❷ クレソン1束にサワークリーム150ml、レモンひと搾り、塩と砂糖ひとつまみずつを加え、ミキサーで混ぜ合わせてクレソンのソースを作り、トラウトにかける

　日本では、19世紀後半までクレソンは一般的ではありませんでしたが、クレソンを「おひたし」というサラダにすることがあります。クレソンひと束をさっと湯がいて氷水にとり、水気を切って食べやすい長さに切ります。だし（カツオ節のストック）、みりんと醤油少々を混ぜたもので和え、しばらくなじませた後、冷たくして食べます。

クレソン&オレンジ→「オレンジ&クレソン」P.418

クレソン&貝・甲殻類

　クレソンのピリッとした刺激は、貝・甲殻類の濃厚すぎる味を和らげてくれます。日本料理レストラ

※1　トラウト［trout］…養殖されたニジマスなど。

ン、ノブ［Nobu］は、クレソンとロブスターと黒ゴマのサラダを出しています。

　フレンチの巨匠アラン・デュカス（→P.506）は、クレソンとホタテのスープを作りますが、まるで会員制紳士クラブにあるチェスターフィールドソファのように、グリーンのスープがホタテをやさしく包みこんでいます。

クレソン＆牛肉

　タリアータはトスカーナの牛肉料理で、牛の厚切り肉の表面を焦げ目がつくように焼いてから薄く切り、生のルッコラの上に並べて、上から肉汁をかけたものです。上質の牛肉を引き立てる、すばらしい調理法です。ピリッと刺激のあるハーブを添えただけなので、肉の味を心ゆくまで楽しむことができるからです。

　ルッコラの代わりにクレソンを使ってイギリス風にしてはどうでしょう？　ローストビーフとたっぷりのクレソンをはさんだ厚いサンドイッチはおなじみですが、それにちょっとした変化を加えたものになります。ジャガイモを添えてみようなどとは考えないでください。タリアータのおいしさは、そのさわやかさなのに、ジャガイモを加えると風味は変わらなくても、粉状の重さが加わってしまいます。添えるのは、少しばかりのディジョンマスタードだけにしましょう。

クレソン＆クルミ

　クレソンのサンドイッチを作るのに、それほど手間はかからないでしょう。手をかけるとすれば、パンの耳をきれいに切り落とすことぐらい。もしクレソンの刺激が自家製クルミパンの味に負けてしまうようだったら、何か手を考えなければなりません。燻製サーモン少量か、ブリーチーズの薄切りをはさむといいでしょう。

　でも、パンの風味を引き出すクレソンの実力を見くびってはいけません。実際、パンそのものの味をぐっと引き出してくれます。マーク・ミラーとアンドリュー・マクラウクラン共著の『フレーバー・ブレッド』では、ルッコラとクレソンをはさんだフラットブレッドのレシピと、このレシピを応用した、クレソンとコリアンダーリーフとミントを使ったレシピを紹介しています。温めたクルミオイルにつけて召しあがれ。

　　クレソン＆グレープフルーツ→「グレープフルーツ＆クレソン」P.425

クレソン＆魚の燻製

　味が濃くて塩気の効いた魚の燻製と、クレソンの辛い刺激はよく合いますが、少しほっとできるような甘味が必要です。たとえば、クレソンと燻製トラウトのタルトに入れた卵と生クリームや、燻製サーモンとクレソンのホットサラダに入れたビーツ、クレソンのソースをかけたフィッシュケーキ［fish cake］[※2]に入れたジャガイモなどです（→「クレソン＆鶏肉」P.136）。

クレソン＆ジャガイモ

　中国人は、だし汁のように澄んだクレソンのスープ（豚肉ベースのことが多い）を好みます。フランスとイギリスでは、生クリームかジャガイモ、またはその両方を使って、濃厚なポタージュ風のスープを作ります。

※2　フィッシュケーキ［fish cake］…魚のすり身のコロッケ。

私はどんなクレソンも好きですが、束にして売られているもののほうが、より清々しく、ミネラルを含んだ香りがするように思います。対して、袋に詰めて売られているクレソンは、すぐに使わないとドロドロになってしまいます。クレソンを大量に使うなら、ランドクレスを育てることを考えてもいいでしょう。ランドクレス [landcress]※3 はクレソンと似た風味を持つ植物で、冬には覆いをかぶせてやれば、簡単に育ちます。風味が強いので、スープに入れるときにはクレソンよりも量を控えなければいけない、と言う人がいます。私だったら、ストックとジャガイモを多めに入れて、多めにスープを作りましょうと言います。

クレソン&卵

ガーデンクレス（ペパークレス）は、近似種であるクレソンよりも辛子油成分がやや少なく、辛味が控えめです。でもガーデンクレスもクレソンも、卵の暖かく穏やかな味に、おいしい刺激を与えます。指でつまんで食べるサンドイッチで、これほど味の対比がすばらしいものはありません。

イギリス・ロンドンのリッツホテル [The Ritz Hotel] では、アフタヌーンティーの軽食の一品として、マヨネーズ入り卵とクレソンをはさんだブリッジロール [bridge roll]※4 を出しています。また、クレソンを使ってオムレツを作っても美味ですし、半熟卵と刻んだチョリソ入りのサラダに入れてもいけるでしょう。

クレソン&鶏肉

ローストチキンとクレソンの組み合わせは、ローストビーフとホースラディッシュの温かい地域向けのものだと私は思っています。クレソンの辛くてピリッとした刺激が肉の甘さを強調する一方で、葉のさわやかなみずみずしさが軽さをもたらします。

フランスでは、クレソンは昔からローストチキンの付け合わせとして使われてきました。肉の甘さと葉の苦さに、カリカリの塩味の皮が加わったとき、とりわけすばらしい味になります。脂身の少ない胸肉だけを食べる場合は、オリーブ数個か、ナンプラーとライム果汁で作ったタイのドレッシングを添えると、クレソンと同じような働きをします。

鶏肉にかける温かいクレソンのソースを紹介しましょう。とても手早く作ることができます。

---

recipe
《鶏肉にかけるクレソンソース》
❶ ベルギーエシャロット2、3個をバターでやわらかくなるまで炒めて、白ワイン75mlを加え、約大さじ1の容量になるまで弱火で煮詰める
❷ 熱いチキンストックか野菜ストック400mlを加え、5分煮てから、生クリーム150mlを加える
❸ 全体が温まったら、刻んだクレソン150 ～ 200gを加え、1～2分加熱する
❹ 味見をして、必要に応じて塩コショウをして混ぜる

クレソン&パースニップ→「パースニップ&クレソン」P.314
クレソン&ビーツ→「ビーツ&クレソン」P.116

※3　ランドクレス [landcress] …クレソンには、水生植物の「ウォータークレス」と、陸生植物の「ランドクレス」があり、一般的なクレソンは、「ウォータークレス」のことを指す。
※4　ブリッジロール [bridge roll] …小さなホットドッグ用パンのようなもの。

クレソン&豚肉

中国南部では、クレソンと骨つき豚バラ肉をゆっくり煮こんで、あっさりした風味のスープを作ります。新鮮な生姜か、ナツメで、風味をつけることもあります。

クレソン&ブルーチーズ

スティルトンチーズの甘辛い味は、クレソンの苦くてピリッとした風味とすてきなコントラストを描きます。この2つの食材には、かすかな金属味も感じるかもしれません。フォークの先をほんの少し長く口に入れていると感じるような金属の味です。

ぜひともクレソンとブルーチーズに、洋梨とクルミを加えてサラダを作ってみてください。あるいは、クレソンとブルーチーズでスープを作ってもいいですし、スフレやタルトにしてもいいでしょう。
でも、バターのようなスティルトンチーズを、ひと口食べて歯が沈んでいくくらいの厚さでパンに塗り、クレソンを散らすことほど贅沢な食べ方はありません（→「パースニップ&クレソン」P.314）。

クレソン&山羊のチーズ

濃い青空が、そこにあるものをくっきりと浮かびあがらせるのと同様に、クレソンの苦さが、生気あふれる山羊のチーズの味を、よりすっきりと明瞭にします。両者とも同じような構成のミネラルを持っています。加熱したクレソンはピリッとした刺激が失われますが、それでもチーズとはとてもよく合います。特に、クレソンのスープに山羊のチーズを散らすと抜群のおいしさです。

あるいは生のクレソンと山羊のチーズでサラダを作り、クルミオイルとシェリービネガーで作ったドレッシングで和えます。山羊と同じように、クレソンの葉をのんびり咀嚼してはいかがでしょうか。

ピリッとした刺激

クレソン

Caper
ケッパー

　ケッパーは、風蝶木のつぼみです。味の薄い肉料理や昔ながらのシーフードカクテルに、活気を吹きこみます。まるで新しいアクセサリーが古いドレスを生き返らせるかのようです。また、はっとするような刺激や一種独特の風味、それに少量の塩水も含むので、特に魚料理に合わせるといいでしょう。

　塩漬けのケッパーは、水に漬けたものよりも独特の風味を残しています。塩漬けのケッパーを使う場合には、15分間水に浸してから使用すると、草とカラシの独特な味が際立ちます。シェフのなかには、水で洗ったケッパーをサラダやソースに使う前に、ハーブの入った白ワインに浸す人もいます。風蝶木の果実ケッパーベリーも、ここで取りあげます。

ケッパー＆アンチョビ

　ケッパーとアンチョビ少量を加えるだけで、淡白な料理や油っぽい料理が別のものに生まれ変わります。ソーイングキットを持つように、この2つの食材を小さな包みに入れて持ち歩き、料理の緊急事態用に備えておきましょう。レモンを加えると、少しやわらかな味になります。ケッパー、アンチョビ、レモンの3つを使うと、焼いたサーモンやマグロステーキ、ラムチョップの上にのせる風味つきバターができあがります。

recipe

《ケッパー、アンチョビ、レモン風味のバター》

❶アンチョビのフィレ4枚と、レモン果汁小さじ1、レモンの皮小さじ1/2を一緒につぶす
❷これを、室温でやわらかくしたバター125g、小粒のケッパー小さじ3〜4、塩コショウと一緒に
　混ぜ合わせる
❸四角く切ったラップにのせ、棒状に形作る
❹冷蔵庫で冷やして、使うときに輪切りにする

ケッパー＆オイリーフィッシュ（脂分の多い魚）

　ケッパーの重要な風味化合物イソチオシアン酸メチルは、強い辛味を持っています。この成分は、オイリーフィッシュの付け合わせとしてよく知られたホースラディッシュにも含まれています。

　ケッパーも同じように、魚の脂分を消して後味をすっきりさせます。オイリーフィッシュとケッパーを一緒にピザにのせると、至高の味わいになります。ピザ台にトマトソース（→「にんにく＆バジル」P.156）を広げ、ごく薄切りにしたレッドオニオン、缶詰のツナ、アンチョビ、オリーブ、ケッパーを並べ、230℃のオーブンで10分焼きます。

ケッパー＆オリーブ→「オリーブ＆ケッパー」P.243

ケッパー＆貝・甲殻類

　ケッパーはどんなシーフードともよく合います。アメリカ南部で広く作られているエビのピクルスには、塩漬けのケッパーではなく、酢によってやや風味が抑えられている酢漬けのケッパーを使うのが一般的です。この料理は、セビチェ［ceviche］[※5]に似ていますが、エビを加熱してあるところが違います（→「ケッパー＆白身魚」P.140）。

ケッパー＆カリフラワー→「カリフラワー＆ケッパー」P.169

ケッパー＆キュウリ

　コルニッションは、キュウリの仲間の小さな品種で、普通長さ3〜4cmで収穫されます。薄くてとげとげした皮と歯ごたえのある食感は、ピクルスにぴったりです。ケッパーと酢漬けにしたコルニッションを使って、タルタルソースを作ったり、ハーブと固ゆで卵と合わせてグリビッシュソースを作ったりします。

　また、ヨーロッパ中部で作られるやわらかくてスパイシーなチーズ、リプタウアーに混ぜ入れて、パプリカ粉とマスタード、チャイブで風味づけるのもいいでしょう。

ケッパー＆牛肉→「牛肉＆ケッパー」P.57

ケッパー＆魚の燻製

　燻製サーモンの付け合わせといえば、昔からケッパーと決まっています。魚の脂分を消し、ケッパー自身の非常に塩辛い味によって、魚を甘く感じさせるからです。ケッパーベリーも同じように使うことができ、塩漬けや燻製にした肉と合わせると、至高の味わいになります。

　ケッパーベリーは小さなオリーブくらいの大きさで、枝がついています。その枝をプツンと抜く感触がなんとも楽しい食材です。ケッパーがたるんだ袋のような食感なのに対し、ケッパーベリーは固く、中には種がいっぱい詰まっています。歯で噛み砕くと種が口じゅうに広がって、塩辛いざらざらとしたマスタードのようになります。風味はケッパーと似ていますが、いくぶんマイルドです。燻製サーモンのパテを塗った全粒粉パンのトーストと一緒に食べてみてください。

ケッパー＆ジャガイモ

　ケッパーはマイルドな風味に活力を与え、脂肪分を退けます。地中海風ポテトサラダ（→「ジャガイモ＆トマト」P.125）に入れるとおいしいですし、スコルダリア（→「ジャガイモ＆にんにく」P.126）に加えたり、アツアツの（特にソテーした）ジャガイモに添えたりしてもいいでしょう。

　ケッパーは冷たい油に入れ、徐々に熱するとよいということを覚えておいてください。熱い油に入れると、塩辛くて燃えるような小爆弾になる可能性があります。ゆっくりと長い時間をかけて加熱するほうが風味が増すのです。

　ギリシャでは、ケッパーの木の葉をジャガイモや魚と一緒に食べます。葉は、つぼみよりも辛くてタイムのような風味を持っています（→「サフラン＆ジャガイモ」P.249）。

※5　セビチェ［ceviche］…ラテンアメリカで食べられる新鮮な魚介のマリネ。レモンをたっぷり絞り、香草や唐辛子を好みで加える。

ケッパー&白身魚

　ケッパー入りのブラックバターをかけたエイは、間違いなく最高レベルの料理ですが、エイが絶滅危惧種であることを考慮して、この魚はメニューからはずしましょう。代わりに、ホタテにこのソースをかけてみてください。

　エイが安くて豊富だったころ、ずるがしこい鮮魚店は、エイのヒレを固めて「ホタテ」を作っていました。その甘さと繊細な風味が似ていると信じている人もいます。

---

recipe

《ケッパー入りバターソース》

❶ バター75gをフライパンに入れて、焦げないように気をつけながら、濃い黄金色になるまで煮詰める

❷ 白ワインビネガー小さじ1と、洗って水気を切ったケッパー大さじ1～2を加える

❸ かき混ぜてから、加熱済みのホタテか白身魚にかける

　牛の脳もいいでしょう。牛の脳は、昔からこのソースをかけるのが定番でした。ケッパーは、タルタルソースに欠かせない材料でもあります。

ケッパー&ソフトチーズ

　ケッパーとソフトチーズと燻製サーモンは、誰もが知っている組み合わせですが、魚がなくても十分においしいコンビです。水気を切ったケッパーをそのまま、アイボリー色の濃厚でずっしりとしたクリームチーズに混ぜてください。

　できればフランス産のノンパレイユ・ケッパーがいいでしょう。緑色のコショウの実かと思うほど小さなケッパーで、そのおいしさと、ラディッシュやタマネギのような風味が高く評価されています。クリームチーズとケッパーを混ぜたものを、クラッカーかライ麦パンに塗って食べると、ひと口ごとに広がるケッパーの味に小さな驚きを感じることでしょう。(→「ケッパー&キュウリ」P.139)。

　ケッパー&トマト→「トマト&ケッパー」P.365
　ケッパー&パセリ→「パセリ&ケッパー」P.267

ケッパー&ビーツ

　甘いビーツとぴりりと辛いケッパーのコンビは、ハニーマスタードのような組み合わせだと言えるでしょう。この2つの食材を、牛挽き肉とゆでたジャガイモ、タマネギに入れて混ぜ合わせ、円形にして焼くと、スウェーデンの人気料理ビフ・ア・ラ・リンドストロム(「牛肉&ビーツ」P.61で紹介したラブスカウスやレッド・フランネル・ハッシュとは違う)ができます。水で洗ったケッパーを、オリーブオイルと赤ワインビネガーのドレッシングに加えて、ビーツと山羊のチーズのサラダにかけるものいいでしょう。

ケッパー＆山羊のチーズ→「山羊のチーズ＆ケッパー」P.73

ケッパー＆仔羊肉

ケッパーの塩辛いほろ苦さが、仔羊肉の甘さにぴったりと寄り添います。上等のケッパーにはタイムとタマネギの香りが含まれますが、どちらも仔羊肉とよく合います。

次に紹介するレシピは、イギリスの料理家キース・フロイドのものです。彼によると、このレシピは6人分ですが、もっとソースを多くかけたければ、量を増やしてもいいそうです。

recipe

《羊肉のケッパーソースがけ》

❶楕円形の鍋に、羊モモ肉またはジゴ[gigot]※6 1本を入れ、水をいっぱいに注いでゆっくりと沸騰させる。水面に浮いてきた脂はすくう

❷ポロネギ6本、スウェーデンカブ2個、ニンジン3本、カブ4個をすべて大きめに切り分け、鍋に加えて約2時間、ゆっくり煮こむ

❸肉が煮あがる直前に、片手鍋にバター25gを入れて溶かし、小麦粉25gを加えて混ぜ、なめらかなペーストを作る

❹温めた牛乳150mlを注ぎ入れ、なめらかになるまで泡立て器でかき混ぜる

❺羊肉をゆでている鍋からとったストック150mlを加え、約20分ゆっくりと煮詰める

❻ビロードのようにつややかなソースができたら火を止める

❼洗って水気を切ったケッパー大さじ3〜4を入れて混ぜ、味見をして塩コショウをし、ソース用の容器に入れる

❽羊肉をストックから取り出して大皿にのせ、周りに野菜を盛ってソースをかける

（→「山羊のチーズとケッパー」P.73）

ケッパー＆レモン

2つの食材をマヨネーズに混ぜ入れるか、この2つでドレッシングを作って、燻製サーモンか魚のフライにかけてください。または、レモンとケッパーのスパゲッティを作って、塩味の利いた酸っぱい味を堪能してください。「レモン＆バジル」P.435にあるレシピに従い、バジルの代わりに水洗いしたケッパー大さじ1を使って作ります。（→「ケッパー＆アンチョビ」P.138）。

ピリッとした刺激

ケッパー

※6　ジゴ［gigot］…ロースト用の仔羊か成羊のモモ肉。

141

Horseradish
ホースラディッシュ

　ホースラディッシュは、乱暴者と紳士の両面をあわせ持っています。切ったりおろしたりすると、もともと備わっている防衛機能が辛くて苦い成分を放出して、涙が出たり鼻がツンとしたりします。そのためホースラディッシュは、その強さに立ち向かえるような自己主張のある風味を持つ食材と組み合わせるのが一般的です。たとえば燻製したもの、ローストビーフ、刺激のあるチーズ、スパイシーでドロリとしたトマトジュースなどです。

　さらに、少量を丁寧に扱えば、生のシーフードの繊細な風味を引き出してくれます。唐辛子やマスタードのような辛い材料と同様、口に運んだものに注意を向けさせる媒介としての働きもします。さわやかな特徴を持ち、加熱していないシーフードの生臭さや、ジャガイモやビーツの土臭さを消します。ここでは、ワサビについても述べています。

ホースラディッシュ&オイリーフィッシュ（脂分の多い魚）

　ホースラディッシュは、シンプルに料理したオイリーフィッシュのソースとして使われます。アイルランド人シェフのリチャード・コリガン（→P.510）は、ニシンを、ホースラディッシュを混ぜこんだ液に漬けています。また、ホースラディッシュをワサビのように使って、生のマグロやサーモンの寿司、刺身に辛味を添えてもいいでしょう。

ホースラディッシュ&牡蠣

　アメリカ・ニューオーリンズでは牡蠣を、ホースラディッシュあるいはトマトケチャップとホースラディッシュを混ぜたものでシンプルに和えます。ひやりとした食感の冷たい牡蠣と、鼻にツンとくるホースラディッシュが、口の中に順番に刺激を残していきます。テキーラをひと口飲んだ後のライムと同じです。ニューヨークのシェフ、デイヴィッド・バークは、加熱した牡蠣とホースラディッシュを使ってリゾットを作ります。

　　ホースラディッシュ&牛肉→「牛肉&ホースラディッシュ」P.62
　　ホースラディッシュ&グリンピース→「グリンピース&ホースラディッシュ」P.285
　　ホースラディッシュ&魚の燻製→「魚の燻製&ホースラディッシュ」P.229

ホースラディッシュ&ジャガイモ

　刺激とパンチのあるホースラディッシュでマッシュポテトを味つけしてからコテッジパイを作ると、さわやかさが加わります。または、ホースラディッシュのマヨネーズ（→「ホースラディッシュ&ベーコン」P.143）を使ってポテトサラダを作り、燻製サーモンや燻製サバ、燻製トラウトに添えましょう。

ホースラディッシュ&白身魚

純粋主義者[※7]は不満かもしれませんが、私は寿司につけたワサビが大好きです。酢飯にのせられたワサビは、緑色をした爆薬の塊のようです。ワサビとホースラディッシュは近似種で、両方ともピリッとした金属的な風味を持っています。この風味は植物がダメージを受けたとき、つまり、すりおろされた際の防衛反応として生成される揮発性硫黄化合物に由来します。

ホースラディッシュはワサビよりも、大根、あるいはクレソンに似た風味をしています。ヨーロッパのレストランで出されるワサビのほとんどは、本物のワサビではなく、ホースラディッシュを緑色に染めたものです。店で売っている多くの商品でも同じことが行われています。

ワサビを使うときには、量に注意してください。レンズ豆ほどの大きさでも、鼻にツンとくる刺激で熱い涙を流すことになるでしょうから、風味がやっとわかるくらい、ごく少量を使うのが賢明です。

アメリカのフードライターであるハロルド・マギー（→P.509）によると、もしつけすぎてしまった場合、口から息を吐き出すとワサビの香りが鼻腔を刺激することはなくなり、口に残った少量の香りだけが鼻を通っていくそうです。それができなければ、みんなと同じように涙を流しながら耐えるしかありません。

ホースラディッシュ＆セロリ→「セロリ＆ホースラディッシュ」P.132
ホースラディッシュ＆トマト→「トマト＆ホースラディッシュ」P.368

ホースラディッシュ&ビーツ

甘く芳醇なビーツが、強情なホースラディッシュをなだめます。この2つの食材を使ってサラダか、ウクライナ料理のスヴィキリのような薬味を作ってみてください。スヴィキリは、加熱したビーツと生のホースラディッシュをそれぞれおろし、6：1の割合で混ぜ合わせ、好みで塩、コショウ、砂糖、酢で味つけをしたものです。同じようなものにユダヤの甘いソース、レッドフレインがあり、ゲフィルテ・フィッシュという料理に添えて食べます。または、この2つの食材を使った古いロシアの料理、深紅色のボルシチに敬意を表しましょう。ホースラディッシュを混ぜこんだサワークリームをかけると、風味がぐっと引き立ちます。

ホースラディッシュ&ベーコン

ベーコンとトマトは互いに惹かれあっています。塩気と甘さと酸味、3つの味が惹かれ合わないわけがありません。トマトソースがベーコン類に頼りきっているのは、このためです。そういった習慣は私にもよくわかりますが、誰もが一度はホースラディッシュのソースを試してみるべきです。燻製ベーコンがある場合には特におすすめです。それが上等の品ならなおさら、ホースラディッシュと合わせるほうが絶対にいいと断言します。ケチャップが自己主張をするようなところで、ホースラディッシュは、燻製の香りの混じるベーコンの塩辛さをそっと補います。

recipe
《ホースラディッシュのソースとベーコンのオープンサンド》
❶おろしたホースラディッシュ大さじ1とマヨネーズ大さじ4を混ぜ合わせる

ピリッとした刺激

ホースラディッシュ

※7　純粋主義者…そのままの状態のものを好み、混ぜ物をきらう人たち。

143

❷全粒粉パンをトーストしたものに多めに塗る

❸その上にベーコンを置き、くし形に切ったアボカドと、パリパリのコスレタス（ロメインレタス）数
枚をのせる

ひと口食べると、歯が沈んでいくと同時に、目の球が上に向いていく感覚が味わえるでしょう。ホース
ラディッシュがベーコンを引き立てて、背後から刺激を加えています。

ホースラディッシュ＆リンゴ→「リンゴ＆ホースラディッシュ」P.385

硫黄のような風味
Sulphurous

タマネギ
Onion

カリフラワー
Cauliflower

にんにく
Garlic

ブロッコリー
Broccoli

トリュフ
Truffle

アーティチョーク
Glove Artichoke

キャベツ
Cabbage

アスパラガス
Asparagus

スウェーデンカブ
Swede

卵
Egg

Onion
タマネギ

フードビジネスで、最も使用頻度が高い食材です。ネギ属に含まれる品種には、チャイブのように軽くてハーブのようなさわやかなものから、ベルギーエシャロットの繊細で香水のような風味のもの、球根状のタマネギのように涙を出させる荒々しいもの、そして、ポロネギや葉ネギの野菜らしい青みを添えた土の香りのものまで、さまざまな風味がありますが、どの品種からもタマネギの風味を感じることができます。

生のタマネギは、鋭くてシャキシャキとした刺激をディップやサラダに添えます。焼いたり蒸したりすると甘くジューシーになり、周りが黒くなるまで焼くとほろ苦さと深みをもたらします。

タマネギ＆アンチョビ

ある雨の日のイタリア・ヴェネツィアで、友人たちと昼食をとるために、ドルソデューロの裏通りを歩いていました。私たちはメニューが少ししかなく、英語の通じないカフェを選びました。

私たちは、ヴェネツィアの郷土料理であるアンチョビとタマネギのビゴリを食べてみたいと思い、注文すると、ヴェネツィア名物のゴンドラのような大皿と、ソアーヴェワインのピッチャーがいくつも運ばれてきました。ビゴリは全粒粉スパゲッティに似ていますが、もっと太く、ナッツの風味がする粗い食感が特徴的なパスタです。このパスタが、タマネギとアンチョビとからまり、甘さと塩辛さの間の理想的な橋渡し役を演じています。

本物のビゴリが手に入らなくても、全粒粉スパゲッティを使って同じものを作ることができます。2人分の作り方です。

recipe

《タマネギとアンチョビのビゴリ》

❶タマネギ（大）3個を薄くスライスする

❷鍋を中火にかけ、オリーブオイル大さじ2～3を入れて熱し、タマネギを入れてやわらかくなるまで約20分炒める。タマネギが色づかないように注意する

❸炒め始めて10分ほどしたら、アンチョビ4、5枚を刻んで加える

❹かき混ぜながらアンチョビを少しくずし、塩コショウで味つけする。最初にアンチョビがどれほど塩辛いか確かめておく

❺パスタをアルデンテにゆでる

❻水気を切ったパスタと、取り分けておいたゆで汁約大さじ1を鍋にもどす

❼もう一度火にかけて、ソースを入れて混ぜ合わせる。甘さが欲しければ、タマネギのソースにカランツ [currants] 大さじ1を加える

※1　カランツ［currants］…干した山ブドウ。

このレシピを応用して、アンチョビと他のものを組み合わせてみてもいいでしょう。少量のローズマリーや、食べやすく切って軽く湯がいたブロッコリーなどいかがしょうか。ケッパーを散らすのもいいですね。

タマネギ&オイリーフィッシュ→「オイリーフィッシュ&タマネギ」P.216

タマネギ&オレンジ

　どちらも丸型のまま薄くスライスすると、シャキシャキとした食感のかわいらしいサラダになります。甘みの強いスイートオニオン種を探してみてください。タマネギの甘味が強ければ強いほど、ピルビン酸の生成量は少なくなります。

　ピルビン酸は防衛的な役割をするタマネギの化学物質で、強い刺激や後味を作りだしたり、切ったときに涙を誘発したりします。もしスイートオニオンがすぐに手に入らなかったら、切ったタマネギを冷たい水にさらしましょう。こうすると、切ったときにダメージを受けて放出される強い硫黄化合物が、いくぶん抑えられます。

　ブラッドオレンジとレッドオニオンは、皿にのせると見た目にもきれいです。多くの場合（必ずではありませんが）レッドオニオンは普通のタマネギよりも甘く、刺激も強くありません。

タマネギ&牡蠣→「牡蠣&タマネギ」P.208
タマネギ&きのこ→「きのこ&タマネギ」P.103
タマネギ&キャベツ→「キャベツ&タマネギ」P.163

タマネギ&キュウリ

　中国人の話によると、みずみずしくて冷たいキュウリは極度の「陰」で、温かくて明るく、強い風味を持つ乾燥タマネギは「陽」だそうです。しかし、小麦粉生地を焼いた皮に、パリパリに焼いた甘くていいにおいのするアヒルの肉の細切りと、キュウリとネギの千切りをのせ、とろみのある甘い海鮮醬をかけて包んだ北京ダックを見ると、陰も陽もよくわからなくなります。

タマネギ&牛肉→「牛肉&タマネギ」P.59

タマネギ&クローブ

　クローブを刺されたタマネギをかわいそうに思ってやってください。伝統的なイギリス料理のブレッドソースでは、クローブを刺したタマネギが最初から最後まで味を支えているのに、最後には捨てられてしまいます。パンが最後にやってきて、手柄をすべて独り占めしてしまうのです。

　しかし、ソースにたまらなく魅力的で特別な深みを与えているのは、芳しいクローブのくつろいだ温かさを吸いながらやわらかくなったタマネギの風味なのです。

　クローブの味がしみこんだ鶏肉とタマネギのサンドイッチを作ってみてもいいでしょう。約15cmのバゲットサンドイッチ2個の分量です。

recipe

《クローブ味の鶏肉とタマネギのサンドイッチ》

❶ スイートオニオン1個を薄切りにし、ピーナッツオイル大さじ1とバター少量、クローブ粉小さじ1/2を入れた鍋に加えて、ゆっくりとおいしくなるまで炒める

❷ パンを温め、焼きたての鶏肉を薄切りにする

❸ タマネギがとろけるようにやわらかくなったら、好みで生クリーム大さじ数杯を加え、全体を温める

❹ パンの上にタマネギを広げ、鶏肉のスライスを並べる

ピノ・ノワール種のワインと一緒に食べると最高です。

タマネギ&グリンピース→「グリンピース&タマネギ」P.283

タマネギ&魚の燻製

燻製サーモンの脂っこさを消してくれるレッドオニオンの輪切りは、一方でサーモンのしっかりとした風味ともよく合います。温めたベーグルにクリームチーズを塗り、サーモンとレッドオニオンをのせたものは格別です。

燻製サーモンが手に入らない場合は、ロックスを使ってもいいでしょう。しばしば燻製サーモンとロックスという単語は同じ意味で使われていますが、実際には違うものです。ロックスは塩水に浸けたサーモンで、タマネギと香辛料を入れることもあります。でも、燻製にはしません。本物のロックスは、漁師の口ひげと同じくらい塩辛いものです。

アメリカ・ニューヨークにあるラス&ドーターズ［Russ and Daughters］では、塩水に浸けたロックスを、ワインや、タマネギのピクルス入りクリームソースと一緒に売っています（→「ソフトチーズ&魚の燻製」P.96）。

タマネギ&ジャガイモ→「ジャガイモ&タマネギ」P.124

タマネギ&生姜

ネギと生姜は相性抜群です。中華料理には欠かすことのできない材料で、何にでも使えておいしいため、ただの豆腐でさえも香り高いごちそうに変えてしまいます。

イギリス人ライターでシェフのフクシア・ダンロップは、ネギと生姜を使って、肉や魚介類特有のにおいを抑える方法を説明しています。さらには、ネギと生姜を刻んで蒸した魚に散らしてから熱い油をかけて風味を出し、濃口の醤油少量を加えるというように、この2つの食材を調味料として使って食欲をそそる方法についても述べています。

私にとって生姜とネギは、新鮮なカニと一緒に炒めるのが一番です。手で殻を取り除くのに1時間はかかりますが、幸運なことに、冷めてもおいしい一品です。

タマネギ&セージ

　タマネギとセージが昔から詰め物に使われてきたのには理由があります。この2つの食材は、サクサクのパイ皮の下で、甘さと、ハーブのような深みとまろやかさを出します。詰め物に使われる主な理由は、この組み合わせが肉のようないいにおいを放つからでしょう。

　以下で紹介するブルスケッタでは、タマネギとセージが、カンネッリーニ豆と一緒になって、食べる人の心をわしづかみにします。このブルスケッタは、トーストにトスカーナ風豆の煮こみをのせたようなものです。

---

recipe

《タマネギとセージと豆のブルスケッタ》
❶みじん切りにしたタマネギ1個をオリーブオイルでやわらかくなるまで炒め、水気を切った缶詰の
　カンネッリーニ豆（400g入り）とみじん切りにしたセージ2、3枚を加える
❷弱火で5〜10分加熱し、粗くつぶして、塩コショウをする
❸軽く焼いたフランスパンを輪切りにして、上に先ほどの具をのせる
（→「鶏肉&セージ」P.34）

タマネギ&セロリ

　ニンジン、セロリ、タマネギをさいの目に切ると、ストックやスープ、シチューの香り高いベースを作ることができます。

　この香味野菜をシェフたちはミルポワと呼び、さらに塩気のあるベーコンや燻製にした脂肉を加えると、ミルポワ・オーグラになります。

　もっと甘みの少ないベースや、さわやかで野菜風味の強いベースが必要ならば、ニンジンを省いてください。淡い色のだし汁を作っていて、ニンジンの色がにじみ出てほしくなければ、ニンジンの代わりにパースニップを使います。

　ミルポワのように、タマネギ、セロリ、ピーマンの組み合わせを、アメリカ南部ルイジアナのケイジャン料理では「聖なる三位一体」と呼んでいます。一般的なミルポワは、タマネギ、ニンジン、セロリの量を2：2：1で作ります。

　　タマネギ&タイム→「タイム&タマネギ」P.464
　　タマネギ&卵→「卵&タマネギ」P.187
　　タマネギ&トマト→「トマト&タマネギ」P.366
　　タマネギ&鶏肉→「鶏肉&タマネギ」P.35

タマネギ&ナツメグ

　ナツメグは主に甘い味のするスパイスだと思われていますが、ほろ苦い味も持ち合わせているので、タマネギと一緒に使うと、その甘さをぐっと引き立たせます。

加熱してピューレにしたタマネギを牛乳で作ったベシャメルソースに入れ、ナツメグを加えるといいでしょう。あるいは、タマネギをバターでごくゆっくりやわらかくなるまで炒めてピューレにし、ナツメグをたっぷりふりかけます。好みでチキンストックか生クリームを加え、ソース状にします。どちらのソースも、ローストした豚肉や仔羊肉、鴨肉にかけます。

タマネギ&ニンジン→「ニンジン&タマネギ」P.321
タマネギ&にんにく→「にんにく&タマネギ」P.155
タマネギ&ハードチーズ→「ハードチーズ&タマネギ」P.90

タマネギ&パプリカ

夕方の早い時間にスペインやポルトガルの住宅地を歩いていると、夕食の準備にタマネギとパプリカを炒める甘いにおいが漂ってきます。同じ材料を使っているのに、いつも家で作るよりもいいにおいがするのはなぜでしょう？　私は、よりよい材料を使っているのと、輝く夕暮れの太陽、そして私自身が休暇でのんびりしているためだということにしています。

しかしスペイン料理を学ぶにつれ、辛抱強さが何よりの隠し味になっていることを発見しました。タマネギとパプリカを一緒に20分加熱すると、5分加熱したものよりも、本当に4倍おいしくなるのです。鍋から直接、きめの粗い白パンにたっぷりのせて、夕食に食べてみてください。実際にとてもおいしくできあがりますから。

タマネギ&ビーツ

ビーツの甘さと生タマネギの強い味を合わせると、互いに短所を補い合って非常にバランスのとれた味になります。加熱するとタマネギ自身が甘くなるので、次に紹介するタマネギとビーツのチャツネでは、ビネガーを加えることでバランスをとります。自家製のソーセージパンや、チーズサンドイッチのお伴にいかがでしょうか。

recipe
《タマネギとビーツのチャツネ》
❶タマネギ700gは角切りにし、生食用リンゴ450gは皮をむいて芯を取り、角切りにする
❷これに赤ワインビネガー300mlを加えて、やわらかくなるまで弱火で煮る。だいたい20分ほどかかる
❸ビーツ700gを角切りにして火を通したもの、赤ワインビネガー250ml、砂糖400g、塩小さじ1、生姜粉小さじ2を加え、さらに30分沸騰させながら煮る
❹熱いうちに滅菌処理したジャム瓶に入れ、きっちりと蓋をする。450g入りの瓶5個分ほどになる

タマネギ&豚肉

　味が控えめな豚肉は、どんなネギ類ともよく合います。にんにくとローストポーク、チャイブ入りの水餃子、ソーセージにかけるオニオングレービー、そして何よりも、豚肉とポロネギのソーセージ。ポロネギは、タマネギとキャベツの風味が混ざったクリーミーな味がする野菜です。そしてキャベツは、何よりも豚肉に合う食材です。

　　タマネギ&ブラックプディング→「ブラックプディング&タマネギ」P.49
　　タマネギ&ベーコン→「ベーコン&タマネギ」P.234

タマネギ&ミント

　にんにくくさい息にはパセリ、タマネギくさい息にはミントが効きます。1980年代のリグレイ[Wregley]のダブルミントのコマーシャルにこういうものがありました。レストランで女の子Aが、男の子たちが今晩どこに連れていってくれるかしらと考えながら、女の子Bに「ねえ、私の髪型決まってる？」と尋ねます。女の子Bは「もし私があなただったら、髪の毛よりもそのタマネギくさい息のことを気にするわ」と言います。

　私はそのコマーシャルを見て、ガムを買う気がわいてくることは決してなく、男の子とのデートでは刺激のある食べ物は控えなければならないと肝に銘じただけでした。もし、ミントのライタ[raita]の残り香を漂わせながら、タマネギのバージ[bhaji]味のキスをしても、私のことを好きでいてくれる人がいたら、その人が運命の人だったのかもしれません（→「唐辛子&ミント」P.294）。

タマネギ&仔羊肉

　昔から仔羊肉や羊肉のローストにかけるのは、タマネギのソースと決まっていました。イギリスのフードライターのチャールズ・キャンピオンは、この組み合わせを見ると、彼の母親がいつも頼りにしていたレシピを思い出すと言っています。大量のタマネギをバターでやわらかくなるまで炒め、牛乳とナツメグ、黒コショウを加えて煮こみ、片栗粉と生クリームを加えてとろみを出します。とてもおいしいソースだったので、よく覚えているそうです。

　小説『ロシアより愛をこめて』で、ジェームズ・ボンドは仔羊肉とタマネギのケバブが好きだという設定になっています（映画版ではカットされていますが）。トルコ人の連絡係ダーコが、ケッベと発音するもの（仔羊挽き肉にチャイブとコショウを混ぜこんで焼いたり揚げたりしたもの）をもりもりと食べている横で、ボンドは、炭火焼きにしたとても幼い仔羊肉と味つきご飯、山盛りのタマネギをたらふく食べていました。その晩、彼が何の行動も起こせなかったとしても不思議はありません。

　　タマネギ&レバー→「レバー&タマネギ」P.53
　　タマネギ&ローズマリー→「ローズマリー&タマネギ」P.452

硫黄のような

タマネギ

※2　ライタ[raita]…野菜や果物をヨーグルトで和えたインドのサラダ。
※3　バージ[bhaji]…インドの揚げ料理でかき揚げに似ている。

151

Garlic
にんにく

肉やシーフード、緑野菜、それにトリュフさえも、にんにくをほんの少し加えるだけで、風味の輪郭がはっきりと鮮明になります。

にんにくはまた、ジューシーな風味も添えます。マイルドに出したいときには、刻まずに丸のままの小片を熱した油に入れて、味を油にしこませます。はっきりとした味を出したければ、生のにんにくをつぶしてペースト状にします。

にんにくには2つのタイプがあります。茎の先部分がやわらかいものと固いものです。やわらかいものは、スーパーマーケットや縄に編みこんだものなどでもっともよく見かけるタイプで、栽培するのも簡単です。一方固いものは、やわらかいものより優れた風味を持っています。

さまざまな種類のにんにくを使ってガーリックブレッドやアイオリソース［aioli］[※4]を作り、実際に比べて味わいながら、辛さや甘さ、土の香り、金属的な香り、果物の香り、ナッツの香り、ゴムの香り、花（ユリ）の香りなど、いろいろな特徴を探してみてください。エレファントガーリックは普通のものよりマイルドな風味を持ち、いわゆるにんにくの仲間よりは、ポロネギの仲間であると考えられています。

にんにくはパウダー状、フレーク状、ペースト状のものや、塩で風味をつけたもの、刻んで瓶づめにしたものなども売られています。でも私は、こういった加工食品の味には強引なところがあって、新鮮なにんにく片にあるような土の香りやプンと立ちあがる揮発性(きはつせい)のにおいに乏しいと考えています。

にんにくの主な用途は、塩味の料理の風味を引き立てることにありますが、パンやパスタのような甘くて薄味のベースや、ローストガーリックを散らしたリゾットやご飯などに、おいしい下味をつける役割もします。

にんにく&アーモンド

ここで紹介する、スペインの伝統的な冷たいスープ、アホブランコのレシピでは、アーモンドと生のにんにくをフードプロセッサーで回します。にんにくの風味がもっとも際立つ方法であることは間違いありません。にんにくには、アリインと呼ばれるスルホキシド化合物が含まれていて、切ったりつぶしたりすると、これがアリシンという物質に変わります。その後アリシンは、つぶしたにんにく特有の香りの素となるスルフィド化合物になります。

激しくつぶせばつぶすほど、たくさんのアリシンが作り出されます。アホブランコでは、アーモンドがにんにくの刺激を和らげますし、冷たくすることでも風味が抑えられますので、にんにくの量を減らそうとしないでください。

---

recipe

《アホブランコ》

※4　アイオリソース［aioli］…南フランスでよく使用されるソースの一種。にんにく、卵黄、オリーブ油、レモン汁などを混ぜる。

❶耳を取った古い白パンひとつかみを、水か牛乳に浸す

❷フードプロセッサーに、皮なしのアーモンド粉200g、軽く絞って水気を切ったパン、皮をむいて
つぶしたにんにく2かけを入れ、ペースト状になるまで回す

❸プロセッサーの刃を回しながら、オリーブオイル大さじ3を注ぎ口から入れ、続いて冷水750ml
も入れる

❹塩コショウで味を調え、好みでシェリービネガー（大さじ1〜3）を入れてかき混ぜる

❺キリリと冷たく冷やして、ブドウを飾って食べる。必要ならばブドウの種は取っておく
（→「アーモンド＆メロン」P.345）

にんにく＆アンチョビ→「アンチョビ＆にんにく」P.224

にんにく＆ウォッシュチーズ→「ウォッシュチーズ＆にんにく」P.79

にんにく＆オイリーフィッシュ→「オイリーフィッシュ＆にんにく」P.218

にんにく＆オリーブ→「オリーブ＆にんにく」P.245

にんにく＆貝・甲殻類→「貝・甲殻類＆にんにく」P.196

にんにく＆カリフラワー→「カリフラワー＆にんにく」P.171

にんにく＆きのこ→「きのこ＆にんにく」P.104

にんにく＆キャベツ→「キャベツ＆にんにく」P.163

にんにく＆キュウリ

　中国料理のシェフ、ケン・ホムは、上海で食べたキュウリのピクルスのサラダについて書いています。刺激の強い生にんにくを使ったものでしたが、彼は焼にんにくを使って、刺激を抑えるよう作り直しました。

　にんにくとキュウリが使われているもっとも有名な料理といえば、ギリシャのザジキでしょう。ヨーグルトが全体をまろやかにしていますが、それでもなおにんにくの刺激が個性を主張しています。

recipe
《ザジキ》

❶キュウリ1本の種を取り、粗くおろすか角切りにして、水分をできるかぎり搾り出す

❷ヨーグルト250g、にんにく1かけに塩をかけてつぶしたもの、刻んだミント大さじ1〜2と混ぜ
合わせる（羊か山羊の乳から作ったヨーグルトを使ってもよい。これらの乳から作ったヨーグルト
は、特にキュウリと合う）

❸脂たっぷりのラムチョップとパリッとした皮のパンと一緒に食べる。または、薄味のストックでの
ばして、さっぱりとした冷たいスープにしてもいい

硫黄のような

にんにく

153

冷蔵庫で味をなじませている間に、キュウリから水が出ることを覚えておいてください。

にんにく&牛肉→「牛肉&にんにく」P.61
にんにく&クルミ→「クルミ&にんにく」P.331
にんにく&コリアンダーシード→「コリアンダーシード&にんにく」P.493
にんにく&コリアンダーリーフ→「コリアンダーリーフ&にんにく」P.273

にんにく&生姜

　よい警官と悪い警官[5]に例えることができる組み合わせです。生姜はよい警官です。新鮮で、風味が軽く、肉やシーフードや野菜の甘さを引き出す技に優れています。一方、にんにくはぶしつけで大雑把で、強情で卑しい印象があります。
　インドのシェフたちは、生姜とにんにくのペーストを使って、肉を浸けこんだりソースを作ったりします。皮をむいたにんにくと生姜それぞれ同量をフードプロセッサーにかけますが、このとき材料100gにつき水大さじ1ほどを加えます。冷蔵庫に入れると2、3週間持ちますし、冷凍庫に入れればもっと長持ちします。

にんにく&白身魚

　アイオリ［aioli］ソースを使うと、普通の白身魚が少し豪華になります。アイオリでとろみをつけたプロヴァンスの魚の煮こみ料理、ブーリッドなどはよい例です。
　スコルダリアはギリシャのディップソースで、にんにくで風味をつけたマッシュポテトのようなものです。焼いたり煮たりした魚の切り身と一緒に食べると最高です（→「ジャガイモ&にんにく」P.126）。

にんにく&ジャガイモ→「ジャガイモ&にんにく」P.126
にんにく&ソフトチーズ→「ソフトチーズ&にんにく」P.97

にんにく&タイム

　にんにくとタイムの組み合わせは、にんにくとローズマリーよりも穏やかで、野菜、仔羊肉、鶏肉、オリーブなど塩味のものならなんでも、びっくりするような味に変えてしまいます。
　アメリカのワイン評論家リチャード・オルニーは、おいしいラタトゥイユには、たっぷりのタイムとにんにくが欠かせないと考えています。次に紹介するきわめて簡単なレシピは、彼のアドバイスに従っているので、もう二度と失敗してゴミ箱に放りこむようなことはなくなるに違いありません。

---

recipe

《ラタトゥイユ》

❶ナス1本、赤タマネギ1個、赤パプリカ1個、ズッキーニ（小）3本を小さめに切り（角切りではない。ワインのコルク栓を半分に切ったサイズ）、厚めのオーブン使用可の皿に入れ、皮なしのプラムトマト缶1缶を加える

---

[5]　よい警官と悪い警官…尋問に使用される戦術で、悪い警官が対象者に非難や侮蔑をし、よい警官がかばうことで、対象者の共感を得て情報を話させる方法。

❷スプーンでトマトをくずし、にんにく8かけを薄切りにしたもの、タイム8枝を入れ、オリーブオイルをたっぷり2、3回振り入れて、塩コショウをして混ぜ合わせる

❸190℃のオーブンで1時間、途中1、2度かき混ぜながら焼く

❹皿に入れる前に、赤ワインビネガー大さじ1を加えて、味に締まりを加えてもいい

そば粉のパンケーキにのせたグリュイエールチーズととてもよく合います。

にんにく&タマネギ

　台所は香気に満ちています。ところが中国の仏教僧は、タマネギ、にんにく、ベルギーエシャロット、チャイブ、ポロネギを、「五辛」または「5つの悪臭を放つもの」とし、煩悩を増長するという理由で断っています。ヒンドゥー・バラモン文化でも、タマネギとにんにくに対して同じような規律が存在します。一方ジャイナ教は、生物を取りこんでいるという畏れから、タマネギとにんにくだけでなく根菜類も避けています。

　代わりに、バラモン教とジャイナ教は、アサフェティダの茎からとれる樹脂状の物質を使うことがあります。これはピリッと刺激のあるネギ属の風味がします。

　アサフェティダは、「悪魔の糞」や「神の食べ物」という2つの呼び名を持つことでも知られています。これを聞くとトリュフを表す「華麗な」あるいは「ぞっとするような」という2つの表現を思い出すかもしれません。生のアサフェティダの樹脂は、吐き気がするほど硫黄のにおいがします（粉状にするとそうでもありません）が、加熱すると、食べ物に強い土の香りと塩気を吹きこむようになります。インド料理でもっとも一般的に使われていますが、原産はイランです。イランでは肉をのせる皿をアサフェティダでこすって、においをつけることもあります。

　ローマ時代、アサフェティダはとても貴重だったので、ローマ時代の美食家アピキウスのレシピ本では、レシピの半分に使われています。もし感性に刺激が欲しくてたまらなかったら、にんにく、タマネギ、葉ネギ、ポロネギ、チャイブの5つのネギを使用したスープを試してみるといいかもしれません。

にんにく&唐辛子→「唐辛子&にんにく」P.291

にんにく&トマト→「トマト&にんにく」P.366

にんにく&鶏肉

　チキンキエフ［chicken Kiev］[※6]の難しいところは、溶けたガーリックバターが肩まで飛んでくるのをかわさなければならないことです。自分の身の安全を図るなら、「鶏肉と40かけのにんにく」という古いフランス・プロヴァンス地方のレシピに戻ったほうがいいでしょう。名前が示す通り、鶏肉を40かけのにんにくと一緒にローストするだけです。

　にんにくは皮をむかず、皮のとがった先の部分は切り落としておきます。こうすると、焼いた丸いフランスパンの上に、熱々の甘いガーリックペーストを皮から直接搾りだすことができます。にんにくはローストすると完全に特質が変わり、攻撃的な強い刺激がなくなってカラメルのような甘さになり、栗の風味も出

※6　チキンキエフ［chicken Kiev］…ウクライナおよびロシアのカツ料理。バターを鶏胸肉で巻き、衣をつけて焼く（または揚げる）。

てきます。しかし、その芳醇でとろけるような味の代償として、ローストしたにんにくがいつまでも息に残ります。

にんにく&トリュフ→「トリュフ&にんにく」P.159
にんにく&ナス→「ナス&にんにく」P.109

にんにく&バジル

　缶詰のトマトに、にんにく数かけとバジル数枚を入れたものは、奇跡以外の何物でもありません。にんにくとバジルがトマトの風味の可能性を限度いっぱいに引き伸ばします。

　にんにくが缶詰のトマトに含まれる有機硫黄化合物ジメチルスルフィド（DMS）の強い風味を、おいしい植物性の方向へ引っ張っていきます。一方で、バジルは、トマトが缶詰にされる過程で失った野菜のほのかな草の香りを引き出し、ソースを軽くさわやかにします。

recipe

《にんにくとバジルの風味豊かなトマトソース》

❶にんにく4、5かけを粗く刻んで、オリーブオイルでやわらかくなるまで炒める
❷にんにくがやや色づいたら、ホールのプラムトマト缶4缶と適当にちぎったバジル片手山盛り1杯
　分を加える
❸トマトをくずして塩コショウをし、煮立たせる
❹一度煮立ったら火からおろし、木べらを使いながら濾し器で濾す
❺にんにくとバジルの破片とトマトの芯を取り除き、ソースを鍋にもどす
❻弱火で煮詰めて、熱い沼にあぶくが立つような状態になるまで加熱する。粗いケチャップのように
　なるはず

　これを使ってパスタやピザを作ってみてください。残ったソースに生のバジルの葉2、3枚を入れて、冷蔵庫にひと晩入れておくと、この世のものとは思えない味に仕上がります。

にんにく&パセリ→「パセリ&にんにく」P.269
にんにく&豚肉→「豚肉&にんにく」P.44
にんにく&ブロッコリー→「ブロッコリー&にんにく」P.173
にんにく&ヘーゼルナッツ→「ヘーゼルナッツ&にんにく」P.337
にんにく&ミント→「ミント&にんにく」P.471
にんにく&山羊のチーズ→「山羊のチーズ&にんにく」P.75

にんにく&仔羊肉

　スペイン・バルセロナには、稼働中の鍛冶工場のようなインテリアの宿があります。ビリヤード台の大

きさのグリルにのせた焼き網には、仔羊肉の大きな切り身とアーティチョークの塊、ポロネギに似たカルソッツという野菜がのって、ジュージューと音を立てています。ウェイターが粗い白パンの厚切りとまるごとのトマト、にんにくのセットを持ってきてくれます。それを使って、自分でパ・アム・トゥマカット［pa amb tomàquet］※7をこしらえるのです。

私はこれを、脂ののった塩味のラムチョップひと山と、アイオリソース［aioli］と一緒に食べましたが、アイオリの強さが脂っぽい肉の甘さに鋭い刺激を添えていました。にんにくの辛さがおさまると、仔羊肉を口に入れるごとに甘く感じるようになるのです。

メインの料理を食べ終わったとき、隣のテーブルの人が、タンジェリン［tangerine］※8のシャーベットを頼むといいよと教えてくれました。私たちはそのアドバイスをありがたく受けることにしました。シャーベットはタンジェリンのすべてを、香りも色も一緒に超低温で保存しているかのような味がしました。

にんにく&レバー→「レバー&にんにく」P.54

にんにく&ローズマリー

にんにくとローズマリーの力強い風味は、アウトドア料理にぴったりの組み合わせです。この2つの食材を、バーベキューの仔羊肉や豚肉、ウサギ肉にのせたり、ローストした新ジャガイモの風味づけに使ったりしてみてください。また、にんにくとローズマリーを使って香ばしいガーリックブレッドを作ってもいいですね。あるいは、「アーリオ・オーリオ」風にシンプルなパスタにすると、寒い季節の夕方にも夏を感じることができるでしょう（→「唐辛子&にんにく」P.291）。

---

recipe

《にんにくとローズマリーのパスタ》

薄切りにしたにんにく適量を、小さく切ったローズマリー（1人につき小さじ1/2ずつ）と一緒にオリーブオイルに入れて温め、ゆでたスパゲッティを入れて混ぜ、おろしたパルメザンチーズをたっぷりかける

硫黄のような

にんにく

※7　パ・アム・トゥマカット［pa amb tomàquet］…スペイン・カタルーニャ料理のひとつ。パンににんにくとトマトを塗り、オリーブオイルと塩で味つけしたもの。
※8　タンジェリン［tangerine］…ミカン属の柑橘類で、マンダリンオレンジと同種。マンダリンよりも実が大きく味が薄いが、香りが強い。

Truffle
トリュフ

　トリュフは倹約して使われ、そのムスクの香りと刺激のある複雑な風味に匹敵する食材は他にありません。一般的に新鮮なトリュフの高い値段は、こうしたトリュフの貴重さを示しています。

　一方「トリュフ風味」は、みなさんもよくご存じの通り、いろいろなところで見かけます。白トリュフの風味は、ビス（メチルチオ）メタンと呼ばれる化合物の形で合成できるようになりました。これを使ってトリュフオイルが作られ、ときにはよく考えられることもなく、何千というレストランの料理に入れられています。テーブル脇で削るトリュフの質が悪くて風味がしない場合、オイルが注入されていることもあります。

　人工のトリュフオイルにも長所はあります。マッシュポテトやキャベツ、カリフラワー、マカロニチーズを驚くほど香り高く仕上げることができます。また、本物のトリュフを味わったことがない人に、それがどんな味なのか教えてくれるのは間違いありません。小説の全編を読みとおすよりも、要点をかいつまんだ記事を読むほうが、その本の主題を理解することができるのと同じです。

トリュフ&アーティチョーク→「アーティチョーク&トリュフ」P.176
トリュフ&アスパラガス→「アスパラガス&トリュフ」P.181

トリュフ&貝・甲殻類

　トリュフとロブスターは、とりわけ調和のとれた関係を築くことができます。白トリュフの風味の素となる主要化合物「ビス（メチルチオ）メタン」は、硫黄とにんにくと香辛料の香り、そしてきのこの特質を持っていますが、これはもともとロブスターにも見出すことができるものです（シイタケや、カマンベールなどの刺激的なチーズにも存在）。他の甲殻類やホタテもよくトリュフと合わせられますが、これにキャベツを加えたものもたびたび見かける組み合わせです。

トリュフ&カリフラワー→「カリフラワー&トリュフ」P.171
トリュフ&きのこ→「きのこ&トリュフ」P.104

トリュフ&キャベツ

　トリュフ特有の風味は数多くの化合物によるものですが、主に風味の素になっているのは有機硫黄化合物のジメチルスルフィド（DMS）で、この風味を見つけるようにトリュフ狩りの豚や犬は訓練されています。トリュフ栽培者のガレス・リナウデンは、DMS濃度が高いものは、煮たキャベツのようなにおいがすると書いています。本物のトリュフに対抗して作ったトリュフ風味のオイルをかぐと、同じようなにおいがするかもしれません。イギリス人シェフのマルコ・ピエール・ホワイトは、トリュフとキャベツのハーモニーを生かして、トリュフ風味のキャベツスープを作りました。日本食レストラン、ノブ［Nobu］では、トリュフ風味の焼きキャベツとステーキを一緒に出しています。

※9　シャルキトリー［charcuterie］…ハム、ソーセージなどの肉加工品。　　※10　クネル［querelle］…すり身団子。
※11　肥鶏のドゥミ・ドゥイユ［poularde en demi-deuil］…ドゥミ・ドゥユは白と黒の喪服を意味するフレンチスタイルの一種で、肥鶏のきつね色の皮の下に黒トリュフのスライスを差しこんだもの。

トリュフ&牛肉→「牛肉&トリュフ」P.60
トリュフ&ジャガイモ→「ジャガイモ&トリュフ」P.126

トリュフ&セロリ

フードライターのエリザベス・ルアードは、セロリアックのピューレと同量のマッシュポテト、たっぷりの生クリーム、削ったトリュフ少量を混ぜ合わせることをすすめています。トリュフが「古い靴下、ラグビーの試合後のロッカールーム、洗っていない下着、変性アルコール、雨の土曜日のガスポンプ」のにおいがする、慣れ親しんだ味であると気づいて思いついた組み合わせだそうです。

トリュフ&ソフトチーズ→「ソフトチーズ&トリュフ」P.97

トリュフ&卵

新鮮なトリュフが手に入ったら、卵数個と一緒に密封容器に入れておくべきです。1、2日かけてトリュフの風味を脂肪分たっぷりの卵黄にしみこませてから、シンプルなオムレツかスクランブルエッグ、目玉焼きを作ります。もったいないと思うことはありません。脂肪はトリュフの風味を放出して広めるために欠かせないものです。なかでもバターと鴨脂を使うと抜群においしくできあがります。

シェフのなかには、卵と一緒に皿に盛ったトリュフの風味を高めるためににんにくを使う人もいます。トーストしたパンや、卵を溶く容器の内側にあらかじめこすりつけておくのです。

トリュフ&鶏肉

20世紀始めのフランス・リヨンのレストランでは、他の都市とは違って、女性のシェフまたはキュイジニエールが采配をふるっていました。なかでももっとも腕利きだったのが、伝説のメール・フィユーでした。デュケンヌ通りにある彼女の小さなレストランでは、客はいつも同じ、シャルキトリー[charcuterie]、カワカマスのクネル[quenelle]、アーティチョークのフォアグラ添え、それに肥鶏のドゥミ・ドゥイユ[poularde en demi-deuil]を頼みました。

イギリス・ロンドンのレストラン、アイヴィー[Ivy]では、鶏肉とトリュフを使ってプーレ・ド・ランドのローストを作っています。アイヴィーのレシピ本を書いたA.A.ギルは、レシピを学ぶために書いたのだと言っています。

プーレ・ド・ランドのローストは、ドゥミ・ドゥイユよりも手がかかります。部分的に骨を取った鶏のモモ肉に、ベルギーエシャロット、マッシュルーム、パン粉、パセリ、フォアグラを混ぜたものを詰め、ゆでてから、鶏の他の部分と一緒にローストします。モモ肉に、胸肉、グラタン・ドフィノワーズ[gratin dauphinoise]、鶏肉とモモ肉のストックで作ったとろみのあるグレービーソース[gravy sauce]、黒トリュフを添え、マデイラワインを合わせます。

トリュフ&にんにく

にんにくは、トリュフの風味を引き出すため一緒に使われることがよくあります。フランスの政治家で美食家でもあったブリア・サヴァラン〔1755−1826〕(→P.509)によれば、自分と「この上なく正直な人たち」が、フランス・ピエモンテ産の白トリュフは「傷ひとつない完全なにんにくの味」がするということで

※12 グラタン・ドフィノワーズ[gratin dauphinoise]…南フランス名物のジャガイモのグラタン。
※13 グレービーソース[gravy sauce]…肉汁から作るソース。

意見が一致したそうです。

　黒トリュフは、白トリュフよりもにんにくの風味が少なく、甘味とカビのにおいがやや強くて、森を思わせるはっきりとしたきのこの風味がします。白トリュフも黒トリュフもにんにくと自然に調和しますから、発泡スチロールさえも芳香で味わい豊かなごちそうに変えてしまうでしょう。

トリュフ&豚肉

　ディズニー映画『スイスファミリー・ロビンソン』では、海賊の襲撃から逃れた家族のうち、ひとりを除いて全員が無人島で生きていく覚悟を決めます。それからほどなくして、イノシシとトリュフを見つけます。

　映画ではファミリーの父が、「昔、自分が食べたヨーロッパ産のトリュフは、固く皮のようなものだった。これとはまったく違っている」と言います。輸送に長時間かかって新鮮さを失ったトリュフしか食べたことがなかったからでしょう。

　トリュフは、土から採取された瞬間から酸化が始まります。最初はとても強い香りを放ちますが、やがて穏やかな苦味に変わって香りが消えていきます。2004年のチャリティーオークションでは、ある団体が、今までに見つけられたなかで2番目に大きなトリュフを2万8000ポンド〔当時の相場で約550万円〕で落札しました。その後そのトリュフは、イギリス・ロンドンのレストラン、ザッフェラーノ［Zafferano］の冷蔵金庫に鍵をかけて保管されました。それから4日間、レストランの支配人はポケットに鍵を入れて旅行に出かけてしまい、彼がもどってくるまでに、トリュフはダメになってしまいました。

　トリュフを新鮮なまま保存する有効な方法は今もありません。先のスイスファミリーは、トリュフ風味のイノシシ肉のサラミやモルタデッラソーセージ、パンチェッタ、あるいは母国のトリュフ風味セルブラソーセージを作って、この問題を解決したのかもしれません。

トリュフ&ブルーチーズ→「ブルーチーズ&トリュフ」P.84

トリュフ&ベーコン

　どんなものでも、ベーコンと一緒にするとおいしくなります。これはトリュフでも同じことです。イギリス人のリチャード・ドルビーが書いた『トリュフとシャンパン』の1833番目のレシピを紹介しましょう。

recipe

《トリュフとベーコン》

❶きれいに拭いたトリュフ10〜12個を用意する。シチュー鍋にベーコン数枚を敷き、トリュフを入れる

❷ローリエ1枚、ブーケガルニ1束、細切りにしたベーコン少量、ストック適量、ハム1〜2枚、シャンパン1瓶を加える

❸表面にバターを塗った紙で落とし蓋を作って入れ、鍋の蓋をかぶせ、鍋を熱い灰の上にのせる

❹火をつけて1時間煮こむ

❺できあがったらさらしで濾し、ナプキンを敷いた上にのせて食卓に出す

トリュフ&レバー

　黒トリュフをちりばめたフォアグラは、金のフェラーリと同じくらい「控えめ」な組み合わせです。フランスの食文化研究者マグロンヌ・トゥーサン・サマ（→P.509）は、トリュフをそのまま使うと、フォアグラのすばらしい特質を損なうと書いています。これを改善するには彼女の意見によると、黒トリュフにベーコンの小片を巻いて紙でくるみ、弱火のオーブンで焼いてから薄く削ぎ、フォアグラのスライスの上に散らすといいとのことです。

　トリュフとレバーは、ア・ラ・ロッシーニ（トゥルヌド・ロッシーニ［Tournedos Rossini］[※14]）でよく一緒に使われます。この料理では牛フィレ肉が、トリュフとフォアグラの強力な橋渡し役を担っています。アメリカ・ニューヨークにあるダニエル・ブールーのビストロモダン［Bistro Moderne］では、フォアグラとトリュフをパルメザン味の丸パンにはさんで作ったハンバーガーを出していますが、このハンバーガーでも牛肉が同じような役割を果たしています。

硫黄のような

トリュフ

※14　トゥルヌド・ロッシーニ［Tournedos Rossini］…牛ヒレ肉のロッシーニ風。ロッシーニは19世紀に活躍したイタリアの作曲家であり、美食家。

Cabbage
キャベツ

　ここでは、保存処理されたキャベツや芽キャベツなども含めて、さまざまな種類のキャベツを取りあげます。また、生キャベツの新鮮なピリッとした風味から、普通のキャベツを十分に調理すると漂う硫黄のにおいまで、幅広い風味についても述べています。塩漬けのザワークラウトとキムチという両極端な風味も扱っています。

　加熱したキャベツは、にんにく、タマネギ、トリュフ、マスタードなど、他の刺激的な食材とも非常によく合います。塩味のベーコンやアンチョビはキャベツの苦味を消しますが、これはベーコンが芽キャベツの味を和らげることを考えると、納得がいくでしょう。上品な風味が重宝されているチリメンキャベツや白菜（または菜っ葉）は、炒め料理に使うと、縮れた葉にソースがよくからまります。おもしろいことに、キャベツはリンゴとの相性がとてもよく、芽キャベツは乾燥クランベリーとレッドカラントのジャム双方と合います。

キャベツ&貝・甲殻類

　有機硫黄化合物のジメチルスルフィド（DMS）はキャベツの風味を決める重要な成分で、「キャベツのような」とか「かすかな海の香りの」というように、さまざまに表現されます。「海の香り」という表現は本当にぴったりで、この成分は緑の（いくつかの茶色がかったものも含みます）海藻のにおいにも大いに関係があります。DMSは貝・甲殻類にも存在し、ホタテの主要な風味は、DMSを生成する前駆物質[※15]からきています。DMSは、より本物に近い魚介類の風味を再現するのに使われてきています（いつも成功するわけではありませんが）。

　さらに、家庭料理を作る者にとってはもっと重要なことに、キャベツは貝・甲殻類と非常に相性がよいことがわかっています。エビのすり身と白菜の団子をひと口かじってみると、それがよくわかるでしょう（→「トリュフ&キャベツ」P.115）。

キャベツ&牛肉

　アイルランド系アメリカ人は、コンビーフとキャベツの盛り合わせは自分たちが作り出した料理だと言い張るかもしれませんが、これはアイルランドの伝統料理ではありません。アイルランドでは、ゆでて厚切りにしたハムステーキにキャベツを添えて食べるほうが一般的でした。

　19世紀半ば、アイルランドからアメリカへ大量の移民が押し寄せた頃、アメリカではアイルランドよりも牛肉がずっと豊富に安く手に入りました。そこで、新たにアイルランドから来た移民は、ハムと同じように牛肉を保存処理してから料理するようになり、付け合わせにはこれまでと同じキャベツとジャガイモを添えました（ユダヤ系の人々は、牛の胸肉に香辛料をまぶして塩水に浸け、燻製にしてパストラミにします）。

キャベツ&栗→「栗&キャベツ」P.326

※15　前駆物質…化学反応において他の化合物を生成する物質のこと。

キャベツ&魚の燻製→「魚の燻製&キャベツ」P.228

キャベツ&生姜→「生姜&キャベツ」P.440

キャベツ&ジャガイモ→「ジャガイモ&キャベツ」P.122

キャベツ&ジュニパーベリー→「ジュニパーベリー&キャベツ」P.460

キャベツ&卵→「卵&キャベツ」P.184

キャベツ&タマネギ

キャベツ（または芽キャベツ）とタマネギは、イギリス人の大好きな残りもの料理、バブル・アンド・スクイーク[※16]のジャガイモに風味を添えます。19世紀には、残りものの牛肉とキャベツを一緒に焼いたものでしたが、今日では肉なしで作られています。

私はこの料理が大好きなので、日曜日にローストチキンに添えるジャガイモを料理するときには、多めに用意することがよくあります。

最近では加工食品会社でも、できあいのバブル・アンド・スクイークを売っています。

キャベツ&唐辛子→「唐辛子&キャベツ」P.290

キャベツ&鶏肉

クリスマスの食卓にある芽キャベツは、不要だと思う人がいるかもしれません。しかし、グルコシノレートという化合物を多く含むために感じられる芽キャベツのほろ苦さは、太った七面鳥やスタッフィング、ブレッドソース、ローストポテト、パースニップ、チポラータ［chipolata］[※17]、栗との味のバランスをとります。

もし芽キャベツの苦味が好きではなかったら、トンプソン&モーガン［Thompson&Morgan］のトラファルガーF1［Trafalgar F1］という品種を種から育てるといいかもしれません。この芽キャベツは甘味が強いように改良されたもので、販売している会社は、子どもたちが「もう1個」欲しがるに違いないと主張しています。また、今まで食べた芽キャベツのなかで一番おいしいと思わなかった場合には、返金するとまでうたっています。

キャベツ&トリュフ→「トリュフ&キャベツ」P.158

キャベツ&ナツメグ→「ナツメグ&キャベツ」P.311

キャベツ&ニンジン→「ニンジン&キャベツ」P.319

キャベツ&にんにく

アメリカの作家マーク・トウェイン〔1835-1910〕（→P.509）が『まぬけのウィルソン』で書いたように、「カリフラワーは、大学教育を受けたキャベツにほかならない」としたら、黒キャベツは、イタリア・トスカーナ州に別荘を持っているキャベツです。しかし、上品すぎて簡単な家庭料理には使えないというわけではありませんから、次に紹介するおいしいブルスケッタに使ってみてください。

※16　バブル・アンド・スクイーク［bubble and squeak］…残りもののジャガイモと肉とキャベツを混ぜて、炒めた料理。
※17　チポラータ［chipolata］…ソーセージの一種。

recipe

《黒キャベツのブルスケッタ》

❶黒キャベツの芯を取り除き、葉を数分さっと湯がく

❷湯からあげて冷まし、絞って水気を切る

❸これを刻んで、にんにくの風味をつけたオリーブオイルで炒める

❹塩コショウをして、固めの白パンをトーストしたものにのせて食べる

私は唐辛子フレークひとつまみを散らし、ごく薄く削ったパルメザンチーズをのせることもあります。新鮮な黒キャベツが手に入らなかったら、ケールで作ってもおいしくできます。

キャベツ＆豚肉

キャベツは豚肉の脂っぽさをおいしく変えてくれます。たとえば、フランス・アルザスの郷土料理シュークルート・ガルニや、伝統的なイギリスのサイドディッシュであるローストポークのバター風味キャベツ添え、日本のトンカツに添えられたシャキシャキの千切りキャベツなどです。

でも、この2つの食材を堪能できる私のお気に入り料理は、フランス料理のシューファルシ（キャベツの肉づめ）です。キャベツの葉1枚1枚に肉を包んで、カエルの行列のように並べる形のものや、ラザニアのように肉とキャベツを交互に重ねる形のものなど、いろいろなスタイルがありますが、私が一番おいしいと思うのは、ボーリングボールの大きさと重さに作ったシューファルシです。食べる際はエダムチーズのようにくし形に切り分けて、中身が見えるようにします。作り方は次の通りです。

recipe

《シューファルシ（キャベツの肉づめ）》

❶ベルギーエシャロット2個とにんにく3かけをみじん切りにして、やわらかくなるまで油で炒める

❷耳をとったパン30gを少量の牛乳に浸す

❸豚肩肉300g、牛ステーキ肉300g、豚バラ肉150gを挽き肉にする

❹エシャロットとにんにく、くずしたパンを肉に加え、卵1個、刻んだパセリとチャイブそれぞれ大さじ1ずつ、乾燥タイム小さじ1/2、塩コショウ適量、そしてこの料理をとてもおいしく仕上げてくれるもっとも重要な、世界でもっとも美しい香辛料ミックス、カトルエピス［quatre-èpice］を^{※18}小さじ1/2加える

❺チリメンキャベツをまるごと10分間下ゆでし、冷めたら葉を折り取らないように1枚ずつむいていく

❻キャベツの玉が小さなタンジェリンの大きさになったら玉を切り取り、その場所に同じ大きさに丸めた肉の詰め物を入れる

❼今度は葉を1枚ずつもとにもどしていくが、このとき1枚かぶせるごとに詰め物適量をはさみこ

※18　カトルエピス［quatre-èpice］…白コショウ、ナツメグ、クローブ、生姜を合わせた、辛さと甘さ、強い風味が混ざり合った香辛料。

み、最終的にはもとのキャベツの形にして、開いてこないよう糸で結ぶ

❽最後に、キャベツが入る大きさの蓋つき鍋にバター大さじ数杯を溶かし、小さなタマネギ1個とニンジン1/2本をそれぞれ刻んだものを加えて、やわらかくなるまで加熱する

❾ブーケガルニと塩コショウ適量を入れ、チキンストックまたは野菜ストック250mlを加えてキャベツを沈め、蓋をして1時間半、弱火で煮こむ

❿火が通ったらキャベツを取り出し、冷めないように保温しておく

⓫その間に煮こんだ汁をソース入れに濾し入れて、キャベツにかけて食べる
（→「クローブ＆生姜」P.308）

キャベツ＆ブルーチーズ→「ブルーチーズ＆キャベツ」P.82

キャベツ＆ベーコン

　大きくてずうずうしく、あか抜けない組み合わせで、洗練されることを嫌います。19世紀の料理家イザベラ・ビートン〔1836−1865〕（→P.506）は、この2つを使った料理を消化するには、丈夫な胃が必要だと書いています。次に紹介する温かい秋の料理は、パンツァネッラにヒントを得たものです。とても素朴な料理なので、盛りつけも素朴なデザインの皿がいいでしょう。

recipe

《秋のパンツァネッラ》

❶少し古くなったチャバタ半分を適当な大きさにちぎり、グリルで焼く

❷小さな芽キャベツ500gを半分に切ってオリーブオイルで和え、180℃のオーブンで15分焼く

❸この間に、にんにく1かけを刻み、葉ネギ5本は1cmの輪切りにする

❹にんにく、葉ネギ、ベーコンの細切り200gを、オリーブオイル大さじ2を加えたフライパンに入れ、ベーコンが茶色く色づき、脂がたっぷり溶け出てくるまで弱火で炒める

❺穴杓子で具を取り出し、芽キャベツと焼いたチャバタと和える

❻これをオーブンにもどして火を止め、そのまま予熱で温める

❼ベーコンとネギを炒めたフライパンに、赤ワインビネガー大さじ2を入れて、沸騰させながら肉片などをこすりとり、水またはチキンストック大さじ1〜2を加えて1分加熱する

❽これを、オーブンから出した芽キャベツなどの具にふりかける

❾塩コショウをして、乾燥クランベリー大さじ2を加えて混ぜ合わせ、温かいうちにいただく

キャベツ＆仔羊肉→「仔羊肉＆キャベツ」P.66
キャベツ＆リンゴ→「リンゴ＆キャベツ」P.381

硫黄のような

キャベツ

Swede
スウェーデンカブ

スコットランド人と同じようにスウェーデンカブの自然な辛味を味わおうとすると、その刺激的でピリッとした甘さと濃密な新鮮さに衝撃を受けるかもしれません。

スコットランドでは、スウェーデンカブの味つけに、よくナツメグを使います。甘くてスパイシーなスターアニス（八角）も、スウェーデンカブにはぴったりです。また、根菜やローストしたにんにくのように、甘くて土の香りのするものもいいでしょう。パースニップやジャガイモと違って、スウェーデンカブは生でもおいしく、ラディッシュのように辛くて甘い風味がします。

スウェーデンカブ＆アニス

スウェーデンカブとスターアニスを、味わい深いアジアの蒸し煮料理に使ってみてください。あるいは、イギリス人シェフのヒュー・ファーンリー・ウィッティングストール（→P.509）がするように、残りもののガチョウの肉と一緒にパイに入れてみるのもいいでしょう。アニスの強い甘さがスウェーデンカブの塩味を引き立て、一方でアニスの深い芳香が、スウェーデンカブのどこか粗野な味を隠してくれます。

スウェーデンカブ＆牛肉→「牛肉＆スウェーデンカブ」P.58
スウェーデンカブ＆ジャガイモ→「ジャガイモ＆スウェーデンカブ」P.123

スウェーデンカブ＆ナツメグ

スウェーデンカブは、キャベツとターナップの交配種と考えられていて、キャベツとターナップ同様、ナツメグに頭があがりません。スコットランドではニープスという、バターを入れてつぶしたスウェーデンカブの味つけに、よくナツメグが使われます。もっと北の地域では、フィンランド人がランットゥ・ラーティッコと呼ばれる、同じような料理を作ります。ニープスと違うところは、つぶした状態がよりなめらかで、ハムや豚肉の付け合わせにされているという点です。どちらの料理も、名前の難しさ比べをしなければ、甲乙つけがたい味です（→「ジャガイモ＆スウェーデンカブ」P.123、「仔羊肉＆スウェーデンカブ」P.67）。

スウェーデンカブ＆ニンジン

学校では、スウェーデンカブとニンジンは、水を吸ってまるまるとふくらんだスティックの状態で出されます。みんな必ず、ニンジンだけ食べて、スウェーデンカブは皿の端っこに寄せて残します。科学者によれば、苦い野菜、いえ、野菜だけではなくすべての苦味に対する嫌悪感は、遺伝的に定められたもので、「6－n－プロピルチオウラシル」化合物に対する反応だそうです。この化合物を、風味を研究する科学者たちは「プロップ」と呼んでいます。たとえば、もしブロッコリーのなかにプロップを見つけることができたら、あなたは全人口のなかで「味利き」な25％のうちのひとりかもしれません。けれどもこの称号は、聞こえがいいわりには面倒なだけです。「味利き」な人は女性が多く、ブロッコリーなどのアブラナ属やグレープフルーツ、ブラックコーヒーに耐えがたいほどの刺激を感じます。75％の人々は、まった

くプロップを感じません。

　私は子どもの頃、スウェーデンカブが嫌いでした。これは味利きなせいかと思っていたのですが、10代後半には、嫌いではなくなっていまいました。ニンジンはスウェーデンカブに甘味を添えます。また、ニンジンとスウェーデンカブは、たっぷりのバターと白コショウを入れてマッシュすると、格別の味になります。

スウェーデンカブ＆豚肉→「豚肉＆スウェーデンカブ」P.42
スウェーデンカブ＆仔羊肉→「仔羊肉＆スウェーデンカブ」P.67

硫黄のような

スウェーデンカブ

Cauliflower
カリフラワー

アブラナ属のなかで色がもっとも薄いのがカリフラワーですが、風味が薄いわけではありません。房を大きめに切り分けてさっと蒸したカリフラワーは、クッチーナビアンカ［cucina bianca］[※19] の真髄で、口にすると徐々に気持ちが穏やかになります。一方、ローストしたり炒めたりピューレにしたりすると、ムスクの香りと土のにおいがいっぱいに広がり、しっかりとしたスパイシーな風味と組み合わせると最高です。濃厚なチーズ、唐辛子、クミン、にんにくと合わせるといいでしょう。カリフラワーの甘さが際立ちます。

カリフラワー＆アーモンド

イギリス人シェフのアンソニー・フリンは、スペインのレストラン、エル・ブリ［El Bulli］で働いていましたが、今ではイギリスのリーズにある自分のレストラン、アンソニーズ［Anthony's］でコックをしています。そこで彼は、カリフラワーのトライフルを考えだしました。ピューレ状にしたカリフラワーと生クリーム、ブドウのジャム、ブリオッシュを組み合わせて作ります。彼は他にも、カリフラワーとアーモンドのクレームキャラメル（カスタードプリン）を思いつきました。塩味のカラメルの上にカリフラワーのピューレで作ったクレームキャラメルをのせ、温かいアーモンドクリームをかけたデザートです。

カリフラワー＆アンチョビ→「アンチョビ＆カリフラワー」P.222

カリフラワー＆貝・甲殻類

カリフラワーのピューレは軽くあぶったホタテにかけることが多く、その苦い風味が貝の甘さと対照的で、焦がした表面のほろ苦さとうまく調和します。

違う風味にするなら、日本人料理研究家の千葉真知子による、湯がいたカリフラワーとブロッコリー、新鮮なカニ肉を、醤油、みりん、ゴマ油、日本酒、砂糖を混ぜ合わせたドレッシングで和えたものがあります。彼女は、ワインを合わせるなら、リースリング種のハルプトロッケンワインがぴったりだと言っています。

カリフラワー＆キャビア→「キャビア＆カリフラワー」P.211
カリフラワー＆クミン→「クミン＆カリフラワー」P.112

カリフラワー＆クルミ

私は昼食を食べに、ある小さなカフェによく行きました。そこでは生のカリフラワー、クルミ、デーツを使った、この上なくおいしいサラダを作っていました。

今になって、レシピを教えてもらえばよかったと後悔しています。そのドレッシングを再現するのはとても難しかったのです。同じようなものは作れるのですが、何かが足りません（読者の方で、それが何かわ

※19 クッチーナビアンカ［cucina bianca］…「白い料理」と、「素材の味を生かした繊細な料理」という2つの意。

かったら教えてください）。混ぜこんだドライフルーツと、生カリフラワーの持つ白キャベツの風味から、レーズンを入れたコールスローを思い出すかもしれませんが、より歯ごたえのある食感とデーツの強い甘味、それにサワークリームによって、明らかに違うものに仕上がっています。

recipe

《カリフラワーとクルミとデーツのサラダ》
❶カリフラワーは長さ2cm、幅1cmほどの小房に切り分ける
❷カリフラワー100gにつき、マジュール・デーツ1個を刻み、ハーフのクルミ5、6個をさらに半分に割る
❸すべてボウルに入れ、（カリフラワー約200〜300gにつき）サワークリーム150ml、レモン果汁小さじ2、グラニュー糖小さじ2、塩小さじ1/4、黒コショウ少々を混ぜ合わせたもので和える
❹よく混ぜ合わせたらできあがり

カリフラワー&ケッパー

　カリフラワーは手間のかからないブロッコリーです。アブラナ科の親戚である深緑のブロッコリーは、陽気で鉄分が豊富で複雑です。一方、カリフラワーは静かな環境を切望していて、チーズの毛布の下で気持ちよく横たわっています。もし少し刺激が欲しければ、ケッパーを入れるといいでしょう。でも、入れすぎてはいけません。添えるだけです。

recipe

《カリフラワーのケッパー風味》
❶刻んだタマネギ1個をオリーブオイルでやわらかくなるまで炒める
❷唐辛子フレークと刻んだにんにくを加えて数秒かき混ぜる
❸湯がいたカリフラワーの房、パン粉、レーズンを加えて、パン粉がきつね色になるまで炒める
❹最後にケッパーとパセリを加えて全体に火が通ったら、リガトーニ [rigatoni] [20]と一緒に軽く混ぜて食べる

カリフラワー&サフラン→「サフラン&カリフラワー」P.249

カリフラワー&ジャガイモ

　アブラナ科のどんな野菜も同じですが、カリフラワーは切れば切るほど、硫黄の味が強くなります。ピューレにしてスープにすると、おとなしい味から、安酒を飲んだ日曜学校の先生よりもにおいが強く刺激的になります。とはいえその粗雑な香りは、生クリームやジャガイモで抑えることができますので、次で紹介するアルゴビスープのベースに使ってみてください。

※20　リガトーニ [rigatoni] …マカロニ状のパスタ。

アルゴビは、香辛料で味つけしたカリフラワーとジャガイモを使った人気のインド料理で、汁気があるものも、ないものもあります。スパイシーな野菜スープは往々にして、カレー味のどろどろ状になっていてがっかりすることが多いものですが、この料理は、生き生きとした鮮やかな刺激が料理に精気を吹きこんでいます。

recipe
《アルゴビスープ》
❶ タマネギ1個をみじん切りにして、ピーナッツオイルでやわらかくなるまで炒める
❷ ごくみじん切りにした生姜小さじ1、種をとって刻んだ青唐辛子1本、ターメリック粉小さじ1/4、コリアンダー粉小さじ1/2、クミン粉小さじ1を加えて混ぜる
❸ 皮をむいて角切りにしたジャガイモ150g、小房に分けたカリフラワー1/2個分を加え、香辛料をまぶすように混ぜる
❹ 冷水750mlを加えて沸騰させ、15〜20分、野菜がやわらかくなるまで弱火で煮こむ
❺ 粗熱を取ってフードプロセッサーに入れ、なめらかになるまで回す
❻ コリンアンダーリーフを刻んで飾る

カリフラワー&チョコレート

イギリス人シェフ、ヘストン・ブルーメンソール（→P.509）は、自分がどれほどカリフラワーを好きか示すために、チョコレートを持ちだしてきました。できあがった物は、カリフラワーのリゾットと、カリフラワーとチョコレートゼリーのカルパッチョでした。このアイデア料理では、それぞれの構成要素が順番に風味を出し、ゼリーで大切に包みこんだチョコレートからはじけ出す苦味で最高潮に達します。

ブルーメンソールはこのチョコレートを、食事の最後を締めくくるエスプレッソにたとえました。この料理の準備として、彼は、カリフラワーのストック、カリフラワーのクリーム、円盤形のカリフラワー、乾燥カリフラワー、カリフラワーのブルーテソース［veloutè sauce］、角切りのチョコレートゼリー、円盤形のチョコレートゼリーをこしらえ、そのうえリゾットも作ったのです。

カリフラワー&唐辛子

カリフラワーは油で揚げると、まったく別のものになり、甘く、ほとんどムスクのような味となめらかな食感が出てきます。私はカリフラワーをイカのから揚げのように揚げて、チリソースを添えて食べるのが好きです。

recipe
《塩コショウ風味のカリフラワーとチリソース》
❶ カリフラワーはマッシュルームの大きさに切り分け、コーンフラワー、塩、黒コショウを混ぜ合わ

※21　ブルーテソース［veloutè］…色の薄いストックとルーのソース。

せたものをまぶす

❷ピーナッツオイルかヒマワリ油で揚げて、スイートチリソースをディップにして食べる

カリフラワー&トリュフ

トリュフと加熱したカリフラワーの風味には、共通する部分があります。アメリカのフードライターであるデイヴィッド・ローゼンガーテンによれば、カリフラワーのリゾットには、もともとほのかなトリュフの香りが存在し、食べる直前に白トリュフを削りかけて、この香りを高めるといいそうです。

彼はトリュフの風味は、チーズ、にんにく、カリフラワー、セックスを組み合わせたものだと評します。言いかえると、八百屋と一緒に寝るようなものです。

カリフラワー&ナツメグ

フランスでカリフラワーを普及させたのはルイ14世でした。彼は、カリフラワーをストックでゆで、ナツメグで味つけしてから、温かいうちにバターをのせて食べるのが好きでした。

カリフラワー&にんにく

カリフラワーとにんにくのスープかピューレを食べたことがある人なら、加熱してすりつぶす過程が、この2つの食材の風味をもっとも強く引き出すことに気づくでしょう。この組み合わせを見ると、非常に熟成の進んだカマンベールチーズで作ったカリフラワーチーズ［cauliflower cheese］[22]を思い出します。カリフラワーとにんにく小片を一緒にローストすると、甘いナッツの風味がする味わい深い一品になります。

カリフラワー&ハードチーズ

アメリカ・ニューヨークのユニオンスクエアで開かれる青物市場で、さまざまな色のカリフラワーが並ぶ一角を見つけました。アイボリー、紫、ライムグリーンなどがあり、なかでもチェダーカリフラワーと呼ばれる薄いオレンジのものは、今までに見たことがない種類のものでした。もし私が博識ぶる人間だったら、そのカリフラワーの色を、ダブルグロスター［Double Gloucester］[23]と、もっと正確に言ったでしょうが、それは口に出さず、屋台の主人に、これはどんな味ですかとだけ聞きました。「カリフラワー」と、彼は馬鹿にしたように答えましたが、ともかく私はこれを買いました。

その時点で、その日の夕食はカリフラワーチーズにすることに決めていました。実は、ダブルグロスターチーズを使って作りたかったのです。濃いバターの風味と柑橘類とタマネギの香りが、おいしいチーズソースになると思ったからです。でもそのときはダブルグロスターが手元になかったので、固いグリュイエールチーズを使いました。チーズの強いナッツの風味が、カリフラワーの風味とよく合っていました。

カリフラワー＆ブロッコリー→「ブロッコリー＆カリフラワー」P.172

※22　カリフラワーチーズ［cauliflower cheese］…軽く湯がいたカリフラワーにホワイトソースをかけ、チーズをのせて焼いたもの。
※23　ダブルグロスター［Double Gloucester］…チェダーに似たイングランド産の高脂肪の硬質チーズ。

硫黄のような

カリフラワー

Broccoli

ブロッコリー

　ブロッコリーは品種によって、苦味と甘味の比率がさまざまです。カラブリーゼはよく知られた生育の早い品種で、特に甘味が強いものです。パープル・スプローティングはもっと強い刺激と深みがありますし、ブロッコリーレイブは一番強い苦味を持ちます。

　カイラン[kai-ran]※24はカラブリーゼと関係が深く、同じように甘味が強い品種ですが、茎と葉が多くて花蕾が少ないので、水分を多く含みます。庭園ライターのジョイ・ラーコンが、カイランのおいしさと、それがどれほど簡単に育てられるかについて述べています。彼女はまた、カイランと、名高いポルトガルのトロンクーダキャベツとの植物学的な類似点についても書いています。

　どの品種のブロッコリーも、塩味の食材とよく合います。そのためブロッコリーは、イタリア料理ではアンチョビやパルメザンチーズと、イギリスではブルーチーズと、中国では醤油や豆鼓[トウチ]と、よく組み合わせて使われます。

　　ブロッコリー＆アンチョビ→「アンチョビ＆ブロッコリー」P.225

ブロッコリー＆カリフラワー

　もじゃもじゃのカラブリーゼ[calabrese]※25とカリフラワーはともに、ヤセイカンラン種に属します。ブロッコリーもカリフラワーも、さまざまな風味化合物を持っています。生でかじってみてもわかりますが、加熱することでさらに違いがはっきりし、ブロッコリーの持つ深い鉄の苦味に対して、カリフラワーの濃厚な硫黄のにおいがわかるでしょう。

　ブロッコフラワーという交配種は、ご想像の通り見かけは変わったカリフラワーで、味はかすかにブロッコリーです。私の経験からするとブロッコリーは好き嫌いが分かれる野菜ですから、似せて作っただけの野菜は（似ていないものよりも）、私にとっては意味がありません。

　緑色のカリフラワーには別の品種もあります。おそらくロマネスコという名前が一番よく知られているでしょう。緑がかった黄色の色と、昔のタイの寺院を思わせるフラクタル図形の様相が、有名でもあり、人々をとまどわせる原因にもなっています。ロマネスコは、カリフラワーやブロッコリーよりもマイルドで、硫黄のにおいも少ない品種です。

ブロッコリー＆牛肉

　ほろ苦さと鉄の味という、対照的な味を併せ持つ組み合わせです。この2つの食材を炒めて、塩気のあるオイスターソースや生姜、にんにくで風味づけると、人気のアメリカ風中華料理の炒め物のできあがりです。疲れていて体が生肉の苦い鉄の味を欲しているときには、軽くあぶったステーキに、にんにくとアンチョビで炒めたブロッコリーを添えるといいでしょう。

　　ブロッコリー＆クルミ→「クルミ＆ブロッコリー」P.334

※24　カイラン[kai-ran]…中国ブロッコリー。
※25　カラブリーゼ[calabrese]…イタリア産のブロッコリー。

ブロッコリー&唐辛子

カリフラワーと同じように、ブロッコリーもローストするとコクが出て甘味が増します。赤唐辛子（乾燥して燻製にしてあるものか、生で甘味のあるもの）は組み合わせるのにぴったりの食材です（→「アンチョビ&ブロッコリー」P.225）。

ブロッコリー&にんにく

健康的に食べることができるおいしい組み合わせです。ブロッコリーとにんにくを、生姜と一緒に炒めてオイスターソースをからめたり、ブロッコリーとにんにくをアンチョビと一緒に炒めて（アンチョビは入れなくてもよい）パスタと和える、昔ながらの料理を作りましょう（→「アンチョビ&ブロッコリー」P.225）。

または、次に紹介するタイ風の麺料理はいかがでしょうか。1人分の材料です。

recipe

《ブロッコリーとにんにくの焼きそば》

❶卵入り乾麺1玉を、水でもどしたら、水気を切り、ペーパーナプキンなどで水分を取っておく
❷中華鍋にピーナッツオイル大さじ1を温め、にんにく3かけを四等分に切り分けたものを炒める
❸にんにくが色づいたら穴杓子で取り除き、置いておく
❹麺と小房に分けたブロッコリー100gを加え、3分間、常にかき混ぜながら炒める
❺軽くほぐした卵を入れてかき混ぜ、麺とよく混ぜ合わせる
❻薄口醤油小さじ2、濃口醤油小さじ1、オイスターソース小さじ1、砂糖小さじ1、水大さじ1を混ぜて作ったソースを加えてよく混ぜ合わせ、1分加熱する
❼白コショウを軽く振り入れて、先に炒めたにんにくを飾っていただく

ブロッコリー＆ハードチーズ→「ハードチーズ&ブロッコリー」P.93
ブロッコリー＆ピーナッツ→「ピーナッツ&ブロッコリー」P.29
ブロッコリー＆豚肉→「豚肉&ブロッコリー」P.46
ブロッコリー＆ブルーチーズ→「ブルーチーズ&ブロッコリー」P.85

ブロッコリー&ベーコン

ブロッコリーとパンチェッタを組み合わせると、ほろ苦くて塩気の利いた、極上の味が生まれます。サンドライトマトやパルメザンチーズ、松の実、唐辛子を加えるとイタリア風の組み合わせになりますが、甘酸っぱくて塩辛く、うま味のある味からアジア風とも言えるでしょう。

硫黄のような

ブロッコリー

recipe

《ブロッコリー、パンチェッタ、松の実、サンドライトマトのリングイネ》

❶ 松の実75gを軽く炒って冷ましておく

❷ 大きなフライパンを中火にかけ、オリーブオイル大さじ3を入れて、乾燥唐辛子10本と、薄切りにしたにんにく6かけを加えて香りを移し、にんにくが色づいてきたら、唐辛子とにんにくを取り出す

❸ リングイネ400gをゆでる

❹ その間に角切りにしたパンチェッタ200gを、にんにくの香りを移したオイルに入れる

❺ パンチェッタがカリカリになったら、小房に切り分けたブロッコリー400gを入れ、オイルをよくからめて4分加熱する

❻ 薄切りにしたサンドライトマト100gを加えて、さらに1分加熱する

❼ パスタをゆでた湯大さじ3〜5を加えて、具をほぐす

❽ パスタの水気を切ってフライパンに入れ、松の実の半量を加える

❾ 火を止めて塩コショウをし、よくかき混ぜる

❿ 4皿にわけて、残りの松の実をたっぷりと散らし、おろしたパルメザンをふる

ブロッコリー&レモン

　長所がいろいろあるにもかかわらず、ブロッコリーは調理した後とても速く冷めてしまうのが難点です。この点についてはイギリス・ロンドンにあるイタリアンレストラン、オルソ［Orso］が解決策を示しています。

　オルソでは温かい（熱々ではない）ブロッコリーにレモン果汁をひと搾りかけて出します。もし、何の説明もなくそのようにして出されたら、客は失望するかもしれません。ですが彼らは上手に言葉を添えて、あらかじめ客に次のように言うのです。

「ブロッコリーはほんのり温かい状態でお出しします。じっくりと焼きこんで、パチパチとはぜるローストポークと同じくらい非常においしいので、ローストポークと一緒に注文しないのはもったいないですよ」。

Glove Artichoke
アーティチョーク

アーティチョークはアザミの花ですが、その平凡な正体からは、この不思議で複雑な風味を想像することはできません（→「アーティチョーク＆仔羊肉」P.178）。アーティチョークは、シナリンと呼ばれるフェノール化合物を有していて、これはすぐ後に食べたものを甘く感じさせる特殊な効能を持っています。シナリンは一時的に味蕾にある甘味の感覚器官を抑えます。アーティチョークをかじった後に水をひと口すすると、舌からフェノール化合物が流れ落ちて感覚器官が働き始めます。突然のできごとに、脳が、たった今砂糖を口いっぱい飲みこんだのだと勘違いするのです。これを使ってパーティーゲームができます。

けれども、このアーティチョークの効果はワインにとっては迷惑です。ワインの敵は私の敵でもありますから、ワインとアーティチョークの間に橋渡し役の食材を入れて、影響を最小限に抑えましょう（または、アーティチョークを食べた後、ワインを飲む前に何かひと口食べればいいのです）。あるいはワインをやめて、チナール［Cynar］を飲めばいいかもしれません。チナールは、アーティチョークの風味がするイタリアの酒です。

アーティチョーク＆貝・甲殻類

アーティチョークはシナリンという化合物を含んでいます。この化合物は不思議な、偽物のような甘さを与えます。貝・甲殻類は、自然で心地よい甘さを持っていますし、塩味がアーティチョークのおいしさを強調するので、この2つの食材の相性はぴったりです。

ゆでたアーティチョークの固い外葉と中の紫色の葉、繊毛を取り除いて「カップ」を作り、マヨネーズかヴィネグレットソースで和えたカニやロブスター、エビを入れてみてください。あるいは、ゆでたアーティチョークハート（アーティチョークの中心部分）を薄切りにして、カニ肉、マヨネーズ、みじん切りにしたベルギーエシャロット、おろしたパルメザンチーズと混ぜ合わせ、ハーブを混ぜこんだパン粉をかけて焼くと、ホットディップができあがります。オーブンから出したてをクラッカーにつけて食べます。カクテルパーティーに出してもいいでしょう。

アーティチョーク＆牡蠣

17世紀初め、『イタリアの果物、ハーブ、野菜』という写本で、ジャコモ・カステルヴェートロは、小さな加熱用アーティチョークと牡蠣、牛の骨髄を使って作る小さなパイについて言及しています。

現代では、アーティチョークと牡蠣を使う料理といえば、スープや、牡蠣好きの多いアメリカ・ルイジアナのビスク［bisque］[26]がもっとも人気です。

アーティチョーク＆グリンピース→「グリンピース＆アーティチョーク」P.280

※26　ビスク［bisque］…エビ、カニなどの甲殻類を使ったクリームスープ。

アーティチョーク&ジャガイモ

　エルサレム・アーティチョーク（和名：キクイモ）は、通常のアーティチョークとは関係ありませんが、風味が似ていることからこう名づけられました。

　多くの人が、エルサレム・アーティチョークは、普通のアーティチョークと上質のジャガイモを混ぜたような味だと言います。消化しにくい性質が、これほどまで知れ渡らなければ、間違いなくもっと広く普及したでしょう。普通のアーティチョークとジャガイモの組み合わせは、もっと胃にやさしいものです。

　フランス・プロヴァンスでは、アーティチョークとジャガイモの両方を薄切りにしてオリーブオイルとにんにくで一緒に焼きます。フランス人シェフのオーギュスト・エスコフィエ（→P.507）は、にんにくの代わりにトリュフ、オリーブオイルの代わりにバターを使って、この料理をとても豪華なものにしました。あるいはこの2つの食材をマヨネーズで和え、冷たいサラダにしてもいいでしょう。煮たアーティチョークの葉から葉肉を削りとって入れると、ぐっと味が引き立ちます。

　イタリアでは、この2つの食材をスープに入れたり、レシピ本『シルバースプーン』によると、パイに入れたりします。

アーティチョーク&トリュフ

　1891年、ロシアの劇作家であるアントン・チェーホフ（→P.506）は、兄にあてた手紙で、モナコ・モンテカルロのレストランについてぼやいています。「彼らは料理にものすごい量の付け合わせを添えて、山のように食べさせる…ほんの少量の料理にも、大量のアーティチョークとトリュフ、ナイチンゲール（サヨナキドリ）の舌など、ありとあらゆるものが添えてある」。

　アーティチョークはしばしば、トリュフやフォアグラなど非常に高価な材料と組み合わせられてきました。このことは、アーティチョークの魅力が尋常ではなかったことを示しています。今日でも高級レストランでは、アーティチョークとトリュフは一緒に出されます。フランス料理の3つ星シェフ、ギー・サヴォワ（→P.507）は、土の香りのする（とはいえ「地味」ではない）スープ、ダアーティショー・ア・ラ・トリュフノワール[d'artichaut à la truffe noire][※27]という特徴的な料理を作ります。きのこ入りブリオッシュにトリュフバターをのせたものを添えます。

　　アーティチョーク&ハードチーズ→「ハードチーズ&アーティチョーク」P.86

アーティチョーク&豚肉

　フランスとイタリアでは、下ごしらえをしたアーティチョークの葉の間に、豚挽き肉かソーセージの肉を詰めます。作るのも食べるのも手間がかかりますが、風味の組み合わせとしては最高で、豚肉がアーティチョークの葉にしみこみ、おいしい塩気を添えます。

　この2つの食材を使ってパイを作りましょう。

recipe
《アーティチョークと豚肉のピクニックパイ》

※27　ダアーティショー・ア・ラ・トリュフノワール［d'artichaut à la truffe noire］…アーティチョークと黒トリュフ。

❶缶詰のアーティチョークハートの水気を切って洗い、それぞれ半分に切って、キッチンペーパーなどでたたくように水気を取る

❷直径20cmのパイ型にショートクラスト・ペストリーを敷きつめ、ソーセージの中の肉250gを広げる

❸その上にアーティチョークを並べ、さらにソーセージの肉250gをかぶせるように広げる

❹ペストリーで蓋をして縁をしっかりと貼りつけ、真ん中に小さな穴をあけて、180℃のオーブンで1時間焼く

冷やして、たっぷりのサラダとピクルスを添えて食べると最高です。

アーティチョーク＆プロシュート→「プロシュート＆アーティチョーク」P.237

アーティチョーク＆ベーコン

　イタリアのラツィオ州でボーイフレンドと私は、おとぎ話のように美しい景色の中を自動車で飛ばしながら、その後の不幸せな結末にまっしぐらに突き進んでいました。私たちはずっと激しく言い争いをしていたので、道路に掲げられたおいしそうな広告を見てようやく、お昼の時間はとうに過ぎていて、ふたりとも腹ぺこだということを思い出したのです。

　ふたりの不穏な空気を察知したのでしょう、お母さんのようなイタリア人女主人は、かわいそうに思ってか、私たちをオリーブの木の下のテーブルに案内してくれました。ありがたいことにすぐに彼女は、ラベルの貼っていない冷たい辛口白ワインと大きなスプーン、テラコッタの皿を持ってきてくれました。

　テラコッタの皿に盛られた料理は、表面がパン粉とチーズに覆われ、火山の溶岩のように、熱いあぶくが生まれてははじけていました。ボーイフレンドが、いえ、ボーイフレンドだった人がスプーンを取って表面の皮を破ると、湯気とともに、リガトーニとパンチェッタ、そしてアーティチョークが、パルメザンチーズのかかった濃厚で甘味と塩気のあるベシャメルソースから次々と現れました。

　「空腹は最高の調味料だ」と言いますが、オリーブの木の下で昼食を食べても、人間関係の局面は終わりのときを迎えていました。私たちは互いにほほえみ、私は、ふたりのグラスになみなみとワインを注ぎました。彼がパスタを皿に取りわけました。アーティチョークの持つ苦くてナッツの風味のする青くさい味が、パンチェッタとチーズの濃厚な味をすっきりと洗ってくれます。それは、私がそれまで経験したなかで一番すてきなラストデートでした。あなたも恋人関係が破たんしたら、リガトーニをゆでましょう。

recipe

《アーティチョークとパンチェッタのグラタン》

❶リガトーニ200gをゆで、その間にタマネギ1個とにんにく2かけをみじん切りにして、薄切りにしたパンチェッタ75gと一緒に、オリーブオイルでやわらかくなるまで炒める

硫黄のような

アーティチョーク

❷加熱済みのアーティチョークボトム4〜6個（瓶づめの上質のものがいい）を6つにスライスする

❸ボウルに牛乳125ml、高脂肪生クリーム150ml、おろしたパルメザン50gを入れて混ぜ合わせる

❹このときまでにパスタはアルデンテになっているはず。パスタの水気を切って鍋にもどし、牛乳とクリームとチーズを混ぜ合わせたものを加え、タマネギとアーティチョークも入れる

❺かき混ぜて塩コショウで味を調え、耐熱皿に移す

❻丸いモッツァレッラチーズを薄切りにして、上に並べ、パン粉50gとおろしたパルメザンチーズ25g混ぜ合わせたものを一面にかぶせ、200℃のオーブンで30分焼く。途中表面が焦げそうになったら、アルミホイルをかぶせる

冷やした安いイタリア産白ワインを飲みながら召しあがれ。

アーティチョーク&ミント

　アーティチョークのきまじめさは、ミントで引き立ちます。この2つの食材を使う料理といえば、カルチョーフィ・アッラ・ロマーナです。アーティチョークの固い葉と茎の皮をむき、やわらかい葉の間に、刻んだミントとにんにくを入れます。次に、水、レモン果汁、オイル、ミントを混ぜ合わせたものの中に、茎を上にして入れて煮ます。

　仔羊肉とアーティチョークのシチューでも、たっぷりのミントを散らして飾りにします。

アーティチョーク&仔羊肉

　アーティチョークの風味の説明は、室内ゲームのようです。ある人はアスパラガスに少し似ていると言いますが、私の意見では、アスパラガスはもっと青くさいものです。

　アーティチョークボトムはカラブリーゼ［calabrese］[28]の茎を、きのこの入った野菜ストックの中でやわらかくなるまでゆで、バターをたっぷりのせたような味に、白目製品の香りを合わせたような風味がすると思います。アーティチョークの風味はすばらしいものですが、食感となると本当に魔法のようで、濃密でやわらかくなめらか、野菜のフォアグラとも言えるでしょう。

　イタリアとスペインでは、アーティチョークは春の野菜で、仔羊肉と合わせると季節の料理になります。特にシチューがいいでしょう。仔羊肉は、牛肉や豚肉とは違う方法で、野菜の苦味を和らげるような気がします。

　仔羊肉とアーティチョークのシチューで問題になることといえば、アーティチョークをむいて刻まなければならないことだけです。映画『シザーハンズ』に出てくる両手がハサミの人造人間と一緒に、手遊びをしているようなものですね。缶詰や冷凍のアーティチョークを使おうと思うかもしれませんが、それではいけません。風味も食感も新鮮なアーティチョークには、決してかないません。痛みに耐えてこその風味なのです。

※28　カラブリーゼ［calabrese］…イタリア産のブロッコリー。
※29　白目…錫と鉛の合金。

アーティチョーク&レモン

　イースターの時期にイタリア・ローマに飛んで、カルチョーフィ・アッラ・グイダの入った紙袋を自分で買ってみてください。これは、アーティチョークをまるごと揚げたものです。くし形に切ったレモン数切れとナプキンをひと束つかんで、熱々のうちに木の下に座って食べます。ゆでたり蒸したりしたアーティチョークはワインとはいまひとつ合いませんが、揚げたものは、熟成の浅い酸味の効いた辛口のプロセッコ［prosecco］とよく合います。道行く人の視線を気にせずに、木の下で、酒瓶と茶色い紙袋を持ちながらくつろいでいられるならの話ですが。

※30　プロセッコ［prosecco］…イタリア産のスパークリングワイン。

Asparagus
アスパラガス

　塩気のある乳製品は、アスパラガスとこの上なくよく合います。バター、パルメザンチーズ、オランデーズソースはどれも、アスパラガスの甘さや硫黄のにおいのする植物性の風味とすばらしいコントラストを描き出すだけでなく、その風味を高めてくれます。

　硫黄の風味のする他の食材、卵や甲殻類、にんにくも、アスパラガスとうまく調和します。最初に土から出てくるアスパラガスの細い穂先はスプルーと呼ばれ、十分に成長したものよりも風味が明確な傾向にあります。

　ホワイトアスパラガスは緑のものと同じ種から生えてきますが、葉緑素の生成を抑えるために土をかぶせてあります。色がないのと同じく、風味もほとんどありません。ホワイトアスパラガスが好きな人は、繊細でマイルド、または「上品な」と評しますが、私は、豊かなナッツの香りがしない、ぬるぬるした活力のない管にはなんの魅力も感じません。緑のアスパラガスが持つ豊かなナッツの香りこそが、先に述べたような食材と合うのです。

　アスパラガスを人にすすめるのが大好きなスペイン人は、アスパラガスをサラダに入れるとき、どういうわけか、葉野菜の中に隠すように盛りつけます。まるでシェフの忘れられた指のようです。

　アスパラガス＆アーモンド→「アーモンド＆アスパラガス」P.340

アスパラガス＆アニス

　アニスに似た風味を持つタラゴンは、やや緑がかった葉のはかなげな雰囲気からは想像もできないような風味を備えています。タラゴンがどれほどビネガーやマスタード、ピクルスに味を添えるかを思い出してください。アスパラガスはそれ自身にあまり風味がないので、たびたびタラゴンと組み合わされます。タラゴン（とベルギーエシャロット）で風味づけしたベアルネーズソースをアスパラガスの穂先にかけてもいいでしょう。アスパラガスとタラゴンと卵という3つの食材を使ってオムレツを作ってもいいですし、ココット皿に入れてオーブンで焼いたり、温かいタルトを作ったりするのもおすすめです。タルトではアスパラガスを放射線状に並べて模様を作ります。

　アスパラガス＆オイリーフィッシュ→「オイリーフィッシュ＆アスパラガス」P.214
　アスパラガス＆オレンジ→「オレンジ＆アスパラガス」P.417
　アスパラガス＆貝・甲殻類→「貝・甲殻類＆アスパラガス」P.192

アスパラガス＆きのこ

　アミガサタケをアスパラガスと組み合わせると、すてきな季節の料理になります。アミガサタケは炭化した土に生えることが多いきのこです。生だとかすかにいぶしたような香りを放ち、アスパラガスのような硫黄の風味と合うのは、この生育環境のためかもしれません。アメリカ・ニューヨークにあるシャンテレ

ル［Chanterelle］のシェフ、デイヴィッド・ウォルタックは、アスパラガスのフランにソテーしたアミガサタケを添え、牡蠣とマデイラワインで作ったなめらかなソースをかけました。

卵は、アスパラガスとアミガサタケの風味とひときわよく合い、一緒に使うと3つの味が絶妙に混ざり合います。昔から作られているウフ・ジェシカは、卵と刻んだアミガサタケ、アスパラガス、上質のミートストック少量を耐熱容器に入れて、オーブンで焼いた料理です。

アスパラガス＆グリンピース→「グリンピース＆アスパラガス」P.281
アスパラガス＆白身魚→「白身魚＆アスパラガス」P.200

アスパラガス＆ジャガイモ

アスパラガスもジャガイモも、土の香りとナッツの香りを持ち合わせています。イギリスのフードライター、ジェイン・グリグソン〔1928-1990〕（→P.507）は、ゆでた新ジャガイモとアスパラガスに、半熟卵と自家製パン、バター、ロワール地方の白ワインを合わせて昼食にすることをすすめています。

フランス・ロワール地方のサンセール産白ワインと、ニュージーランドのソーヴィニヨン・ブラン・ワインは同じ品種のブドウから作られ、アスパラガスの特徴を備えています。ですからこれらのワインは、アスパラガスという難しい野菜とぴったり合うのです。

アスパラガス＆卵→「卵＆アスパラガス」P.183

アスパラガス＆トリュフ

ピーター・レーヴィンは自著『アフロディジアクス［媚薬］』で、アスパラガスには利尿作用があり、腎臓を刺激して、「尿路を興奮させる」と記しています。

アスパラガスのスープの上に黒トリュフを削るか、トリュフオイル少量をたらしてみてください。アスパラガスは加熱すると、強い硫黄のにおいと甘味が増し、黒トリュフと特に合うようになります。

トリュフ抽出物の分析により、トリュフには雄豚の性ホルモンが微量に含まれることがわかりました。雌豚が森を一日じゅう引きずり回され、トリュフを取るために下草のにおいをかがされても、おとなしくしているのはこのためです。ぜひ、あなたもデートでアスパラガスとトリュフのスープを作ってみてください。でももし彼がこのスープを気に入ったら、どういう意味か考えこんでしまうかもしれませんね。

アスパラガス＆ハードチーズ→「ハードチーズ＆アスパラガス」P.87

アスパラガス＆ピーナッツ

舞踏会用のドレスを着てダーツをするようで、不釣り合いな組み合わせに思えるかもしれませんが、実際のところ、アスパラガスの濃厚で肉のような風味はとてもピーナッツと合います。特にアジア風に仕上げるといいでしょう。アスパラガスを蒸して、次に紹介するピーナッツのドレッシングで和えてみてください。

硫黄のような

アスパラガス

recipe
《アスパラガスのピーナッツドレッシング和え》
❶ ヒマワリ油大さじ3、レモン果汁大さじ3、薄口醤油大さじ2、砂糖ひとつまみ、塩コショウ少々
　を混ぜ合わせる
❷ ローストして刻んだピーナッツ（塩なし）100gを加えて混ぜる
❸ 蒸したアスパラガスと合わせて和える

アスパラガス＆プロシュート→「プロシュート＆アスパラガス」P.237

アスパラガス＆ミント

　アメリカ人シェフ、ダニエル・ブールーは、アスパラガスを生のミントとレモンの皮を加えた少量の水の上で蒸し、エクストラバージン・オリーブオイル、レモン果汁、ミントで和えます。この方法を自分でも試してみる場合には、ミントを控えめに使ってください。せっかくのアスパラガスを、歯ブラシにしたくはないでしょうから。

アスパラガス＆レモン→「レモン＆アスパラガス」P.431

Egg
卵

　鶏の卵をひとつひとつ食べてみると、それぞれに違う風味の特徴があることがはっきりとわかります。運がよければ、バターのようにとろりとして、もともと塩味がする卵黄に当たるかもしれません。この卵を半熟にすると、マイルドだけれどとてもおいしいディップソースができます。

　卵の風味の違いは主に、産み落とされてからの日数や保存状態によります。また、その鳥の食べたものにも左右されます。希少で高価なカモメの卵は、魚の風味がし（どうやらペンギンの卵も同じようです）、ガチョウとキジの卵は獣くさいにおいがすると言う人もいます。私は、どちらの卵もそのような味に感じたことはありません。ウズラと鴨の卵はしばしばクリーミーだと評されますが、これは主に白身に対する黄身の量が多いためです。

卵&アスパラガス

　ゆでたアスパラガスを半熟卵につけると、たまらなくおいしくなります。特に、イギリス人シェフのヒュー・ファーンリー・ウィッティングストール（→P.509）が教えてくれる小技通り、卵の上部を切り落とし、卵黄ひとつにつきバター少量とリンゴ酢数滴を加え、オランデーズソースのようにするといいでしょう。

　アスパラガスはまた、オーブンで焼く卵焼き（→「アスパラガス&きのこ」P.180）やフリッタータ[31]にも入れます。

　私はなんとなく、フリッタータにマイナスの感情を覚えます。少なくとも、どこにでも現れるその存在が気に入りません。「それを捨てないで、フリッタータを作りましょう」、「何も思い浮かばないなら、フリッタータを作りましょう」、「卵があるなら、フリッタータをつくることができます！」などなど、いろんな場面で登場します。食べ慣れた味で何にでも合わせやすく、実用的で細かいことにこだわりません。練習着と同じようなものです。

　　卵&アニス→「アニス&卵」P.254

卵&アンチョビ

　目玉焼きの上にアンチョビが横たわっているのを見たら、おそらくその下には、ヴィーナシュニッツェル［Wiener schnitzel］[32]があるでしょう。アンチョビと卵（ケッパーを加えることもあります）で飾りつけたものは、ヴィーナシュニッツェル・ア・ラ・ホルシュタインと言います。

　この料理は、プロイセンの外交官フリードリヒ・フォン・ホルシュタインにちなんで名づけられました。彼はこれを朝食に食べていたと言われています。いくつかのバリエーションがあり、キャビアやサーモン、ビーツ、ピクルス、ロブスターを加えるものもあります。

　スコッチウッドコックは、スクランブルエッグをトーストにのせて、アンチョビを飾るという、古いイギリスの料理です。いかにも朝食用に思えますが、実際には、ヴィクトリア朝の上流階級の家で、6品のコース料理の最後に出されていました。この料理を試してみようと思うなら、「先に出される5品を食べない

※31　フリッタータ［frittata］…イタリアの卵焼き。
※32　ヴィーナシュニッツェル［Wiener schnitzel］…ウィーン風仔牛のヒレ肉。

硫黄のような

卵

こと」と、「アンチョビを牛乳に浸して風味を和らげること」をすすめます。

ナシレマッは、ココナッツライスにピーナッツとキュウリ、ゆで卵、焼いたアンチョビ、スパイシーなトマトソースを添えた、マレーシアの料理です。

卵&オイリーフィッシュ→「オイリーフィッシュ&卵」P.216

卵&貝・甲殻類

ドレストクラブは、休日になると車を分解して、またもとに組み立てなおして時間を過ごす人のためのレシピです。

recipe

《ドレストクラブ》

❶カニと卵をゆでて殻をむき、カニ肉を取り出す

❷卵の白身はみじん切りにして、卵黄は裏濾しする

❸カニみそは、刻んでマヨネーズと和える

❹カニ肉にはレモン果汁をふって混ぜておく

❺カニみそをカニの甲羅に広げ、その上にカニ肉と刻んだ卵を、旗のように境界線をはっきりさせて並べる

❻パセリを飾って、マヨネーズ少量を横に添えて食べる

最初にカニ肉を食べ、繊細で上品なおいしさを味わってから、味の濃いものを食べていきます。カニみそはカニの消化器官の一部で、カニが持つすべての風味を含んでいます。

もし、このおいしさよりも名前が気にかかってしょうがないなら、もう少しわかりやすいクラブルイ・サラダはいかがでしょうか。このサラダは、20世紀初めにアメリカのウェストコーストで作られ始めた、カニ肉と卵のサラダで、レタスと「ルイ」という名のドレッシングを添えます。このドレッシングは、サウザンドアイランド・ドレッシングにとてもよく似たものです。

卵&牡蠣→「牡蠣&卵」P.208

卵&きのこ→「きのこ&卵」P.103

卵&キャビア→「キャビア&卵」P.212

卵&キャベツ

お好み焼きはよく、日本のピザと表現されますが、これは、サラミを肉風味のキュウリと呼ぶのと同じくらい意味のないたとえです。お好み焼きは乱暴に訳すと、「あなたの好みで」という意味です。丸くて平べったいベースに、好みでトッピングと味つけを選ぶという点ではピザに似ていますが、食感と風味はまるで違います。

recipe

《お好み焼き》

❶刻んだキャベツ、おろした山芋、みじん切りにしたネギ、卵、小麦粉、水を混ぜ合わせて作った生地を、ホットプレートに流し入れ、形を整える

❷豚肉、ベーコン、イカまたはキムチ (→「唐辛子&キャベツ」P.290)、またはこれらを全部と、その他の好みのものをのせて、中まで火を通す

❸最後に、マヨネーズ、辛味のある茶色いソース、カツオ節、海苔を、自由に絵を描くようにのせる

卵&牛肉 →「牛肉&卵」P.59

卵&クミン

クミンは、温かみのある土の香りがします。炒めてつぶし、塩を混ぜて、卵につける調味料にすると、セロリシードに勝るとも劣らない味になります。キャラウェイシードでも試してみてください。

ウズラの卵をやわらかめにゆでて殻をとったものを皿にピラミッド型に盛り、クミン、セロリシード、キャラウェイシードの3つの風味をつけた塩を添えましょう。お客さまが自分の好みの塩をかけて食べるようにします。

卵&クレソン →「クレソン&卵」P.136

卵&グリンピース

ご飯をたくさん炊いてください。中国では、卵炒飯はおかずではなく、それだけで食事になると考えられています。そして、その目的にかなうべく作られます。ご飯、卵、グリンピースという3つの食材しか使わないのに、とても味わい深くできあがります。

でも、この他に2、3品の材料を加えると、神のお告げを聞いたかのように味が完璧になります。

recipe

《卵炒飯》

❶スモークベーコン2、3枚とタマネギ (小) 1個をみじん切りにして、ピーナッツオイル大さじ2で炒める

❷冷めたご飯を茶碗約4杯分加え、ほぐすようにして炒める

❸グリンピースひとつかみを散らし、全体に火が通ったら、卵2個を溶いたところに醤油少量を入れて混ぜ合わせたものを少しずつ注ぎ入れる

❹卵に火を通しながら、ときどき全体を返す

硫黄のような

卵

炭素鋼か鋳鉄（ちゅうてつ）の中華鍋を使い、適度な量の塩コショウで味つけすると、風味がよくなります。中国人にとっては中華鍋そのものが食材で、熟練したシェフはこれを使うことで、料理をさらにおいしくできます。広東人は「中華鍋の魂」とか「中華鍋の息づかい」と表現しますが、これは風味と熱、煙のコンビネーションのことで、鍋から最高のものを引き出す方法を知ることで生まれる技です。

卵&ココナッツ

カヤはココナッツのジャム（または、凝固したもの）のようなもので、ココナッツミルク、卵、砂糖を使って作ります。東南アジアではどこででも、バターを塗ったトーストに塗って朝食に食べます。同じ材料を使って、簡単だけれどおいしいココナッツカスタード・プディングを作りましょう。

recipe
《ココナッツカスタード・プディング》
❶卵4個と砂糖100gを合わせて泡立て器で泡立て、ココナッツミルク250mlを少しずつ混ぜ入れる
❷ラムカン皿4個に注ぎ入れ、耐熱皿に並べる
❸沸騰している湯を、ラムカン皿の2/3の高さになるまで耐熱皿に注ぎ入れる
❹150℃のオーブンで40分、中身がちょうど固まるまで焼く
（→「ココナッツ&シナモン」P.406）

卵&魚の燻製→「魚の燻製&卵」P.229
卵&生姜→「生姜&卵」P.440
卵&ジャガイモ→「ジャガイモ&卵」P.124
卵&セージ→「セージ&卵」P.456

卵&セロリ

セロリソルトと固ゆで卵は、昔からある組み合わせです。セロリの持つ柑橘類と松の香りのなかには、卵のかすかな硫黄のにおいをぐっと引き立てる何かがあります。ウズラ、鴨、鶏の卵にセロリソルトをかけたものは、至高の一品ですし、カモメの卵にセロリソルトをかけたものは、しゃれたレストランのメニューにのるほどです。

カモメの卵は鶏の卵の値段の約10倍しますが、これは産卵時期が短いからという理由だけでなく、単純に採集者免許を持っている人の数が少ないためです。

ご存じのようにセロリソルトはいろいろなところで買えますが、セロリシードを軽く焼いて海塩と一緒にすりつぶせば、自分でも作ることができます。セロリシードと海塩を1：6の割合で混ぜて、試してみてください。

一方、イギリス人シェフのファーガス・ヘンダーソンは、おろしたセロリアックを塩と一緒に焼いてセロリソルトを作り、冬のアイデア料理に使います。熱々のセロリアックをつぶしてバターを加えたものに、く

ぼみをいくつか作り、それぞれに卵を入れ、白身が固まって黄身が半熟の状態になるまで、オーブンで焼いたものです。

卵&タマネギ

ユダヤ料理では、ゆで卵と葉ネギをみじん切りにしてシュマルツ［schmaltz］[33]と一緒に混ぜ、塩コショウして冷蔵庫で冷やし、ハッラー［challah］[34]やライ麦パンと一緒に前菜として食べます。

料理研究家のモーリー・カッツェンの手にかかると、より刺激的になり、サワークリームとホースラディッシュ、黒コショウで作ったドレッシングにパセリとクレソンを加えて、先ほどの料理にかけます（→「ジャガイモ&卵」P.124）。

卵&ディル

ディルのさわやかですっきりとした風味は、卵の、硫黄のにおいのする素朴な味と対照的です。卵をゆでて風味を最大限に引き出し、ディルの強い柑橘系の草の香りに負けない味にして組み合わせると、最高においしくなります。卵とディルのシンプルなサンドイッチは、どんな料理にも負けません。

卵&唐辛子→「唐辛子&卵」P.291

卵&トマト

ウオヴォ・アル・プルガトーリオ、または「煉獄の卵」は、とろみがあって温かい唐辛子入りトマトソースの中に、卵を落としたナポリの料理です。中東のシャクシュカ、ラテンアメリカのウエボス・ランチェロスも、同じような方法で作られています。

トマトソースに入れる卵をスクランブルにするほうを好む人もいます。その他の人は、卵をつぶさずにソースの中に滑らせ、鍋の蓋をして、卵が固まるまで弱火で煮こみます。他にも、卵を入れてから鍋を傾けたり回したりして透明な白身に熱を通し、白身が固まったら卵黄をほぐしてソースの中に混ぜこむ方法もあります。

もしこれらの方法がどれもいささか田舎くさく思えるなら、ヘンリー・ジェイムズの小説『大使たち』でストレザーがヴィオネ伯爵夫人をもてなしたヘンリー・ジェイムズ風ランチを試してみてもいいでしょう。ストレザーなじみの、セーヌ川左岸にある小さな店で、真っ白なテーブル掛けをはさんで、ストレザーと夫人はオムレット・オ・トマト［omelette aux tomates］[35]を食べながら、麦わら色のシャブリを飲みます（→「パプリカ&卵」P.287）。

卵&鶏肉

想像するよりもよそよそしい組み合わせです。この2つの食材を使った、西洋風レシピを思い浮かべようとして、みなさんは頭をひねったことでしょう。チキンオムレツが浮かんだでしょうか。でも、本当にあなたはそれが好きですか？

動物とその卵を一緒に食べるということには、外国の文化を受け入れて無理に自国流に変化させた居心地の悪さがあるかもしれません。ただしこの居心地の悪さは、アジア料理の伝統にはないものです。

中国では、鶏肉のスープや鶏肉の炒飯、中華鶏粥に卵を割り入れます。日本では、親子丼という丼

※33　シュマルツ［schmaltz］…鶏の脂。
※34　ハッラー［challah］…ユダヤ教徒が安息日や祝祭日に食べるパン。
※35　オムレット・オ・トマト［omelette aux tomates］…トマト入りのオムレツ。

があり、鶏肉、卵、タマネギを、醤油、だし、みりんを混ぜ合わせたものに入れて煮て、ご飯にのせて食べます。

卵&トリュフ→「トリュフ&卵」P.159

卵&ナツメグ

　　エッグノッグは、クリスマスの午後、買い物の疲れをいやすのにぴったりの飲み物です。ラム酒かブランデー、またはイタリア・シチリア産のマルサラワイン大さじ3と牛乳大さじ4、卵黄1個分、氷適量をカクテルシェーカーに入れます。よくシェイクしてグラスに濾し入れ、香りのよい、おろしナツメグをふりかけます。寒い地方からやってきたような飲み物で、最初にナツメグの温かな刺激が感じられ、穏やかでとろみのある牛乳へと続き、最後にラム酒の香りが残ります。

　　次に紹介するエッグノッグのタルトはとてもおいしいので、クリスマスプディングの代わりに作りたくなってしまうかもしれません。

---

recipe

《エッグノッグのタルト》

❶低脂肪生クリーム150mlを沸騰直前まで温める

❷卵黄3個分とグラニュー糖75g、塩ひとつまみ、たっぷりのおろしたナツメグを泡立て器でよくかき混ぜる

❸生クリームを加えてゆっくり混ぜる

❹清潔な鍋に注ぎ入れて、弱火で、絶えず混ぜながら加熱する

❺木べらの表面に残るくらいとろみがついたら、火からおろして置いておく

❻顆粒ゼラチン小さじ2を湯小さじ4に入れて完全に溶かし、先ほど作ったカスタードクリームに加えて混ぜる

❼ラム酒大さじ3、ブランデー大さじ1、バニラ・エクストラクト小さじ1/2を加え、さらに混ぜて、グラスか陶器製のボウルに濾し入れる

❽ナツメグ少量をおろし入れ、冷蔵庫に入れる

❾カスタードが固まる前に、卵白3個分を軽く角が立つまで泡立てる

❿これを、ゴムべらを使って泡をつぶさないようにカスタードに混ぜ入れ、あらかじめ焼いておいた、直径23cmの深めのスイートペストリー台に流し入れ、固まるまで冷蔵庫で冷やす

⓫食べるときには室温にもどし、おろしたてのナツメグをさらにたっぷりふりかける

　　砕いたビスケットを敷きつめた台を使って作ってもいいでしょう。

卵&バナナ

　　日本ではオムレツは卵焼きと呼ばれ、醤油や砂糖を入れて焼きます。甘味を加えたオムレツは、フラ

ンス料理では昔から確固とした地位を持ち、中にジャムや果物のコンポート、ときには松の実を包んで、デザートとして出されます。なんてすてきなアイデアでしょう。次に紹介するレシピはとても簡単なので、起きぬけの寝ぼけた状態でも、朝食と一緒に用意することができるでしょう。

---

recipe

《バナナのオムレツ》

❶卵3個を使って、いつものようにオムレツを作る。ただし、卵を溶くときに、グラニュー糖大さじ1と塩ひとつまみを加える

❷バターで焼いて、小さなバナナをつぶすか、1.5mm程度に薄切りにしたものをのせて包みこむ

卵&バニラ

バニラは、特にペストリーやデザートで嫌がられる卵の風味を消してくれます。生クリーム、牛乳、砂糖、小麦粉、卵、バニラをさまざまに組み合わせると、ウー・ア・ラ・ネージュ [oeufs à la neige][36] や、クレームキャラメル（カスタードプディング）、クリームブリュレ、バニラスフレ、バニラ・アイスクリーム、クレームアングレーズ（カスタードクリームとも）などが作れます。

卵&パセリ→「パセリ&卵」P.268
卵&パプリカ→「パプリカ&卵」P.287

卵&ビーツ

キウィバーガーの中でも、ひときわ特徴的な材料です。マクドナルドのキウィバーガーは、1991年にニュージーランドで初めて売り出されました。その後販売中止になったときには多くの人ががっかりして、また販売してほしいという声が多数あがりました。

ニュージーランド人シェフ、ピーター・ゴードンがコンサルタントをしている、イギリスのチェーン店グルメバーガー・キッチン [Gourmet Burger Kitchen] では、キウィバーガーにパイナップルのスライスを足して販売を始めました。ビーツとパイナップルが舌にまとわりついてきます。仮装パーティーのつもりで普通のパーティーにやってきたおかしなカップルのようです。目玉焼きがコクを加えてはいますが、フライドポテトを添えればいいのではないでしょうか？

卵&豚肉→「豚肉&卵」P.42
卵&ブラックプディング→「ブラックプディング&卵」P.48

卵&プロシュート

卵黄のスクランブルエッグは、卵白のオムレツに対する「美食家」のこだわりです。卵黄のスクランブルエッグはとびきり濃厚で、強烈なバター風味がしますが、同時にクロテッドクリームの軽くて濃密な食感も持っています。卵黄3個分と全卵1個、バター少量を使って作ってみてください。パルマハムを添える

※36　ウー・ア・ラ・ネージュ [oeufs à la neige] …火を通していないメレンゲを卵の形にして、薄いカスタードに浮かべたもの。

と、ベーコンエッグを豪華にしたようになります。

卵&ベーコン→「ベーコン&卵」P.233

卵&レモン

　ギリシャでは、アブゴレモノ［Avgolèmono］[37]は、ソース状のものもスープ状のものも、広く作られています。

　フードライターのアラン・デイヴィッドソン［1924-2003］(→P.506)は、アブゴレモノが、卵とレモンという2つの食材の相性のよさをどれほど表現しているかについて書きしるしています。レモン風味のマヨネーズを見てもわかるでしょう。

---

r e c i p e

《アブゴレモノスープ》

❶鶏肉のだし汁1Lを沸騰させ、米かオルゾパスタ（米形のパスタ）を加える

❷米やパスタがもう少しでゆであがる頃になったら、卵2個とレモン果汁1個分を泡立て器で混ぜ合わせる

❸玉杓子1杯分のだし汁を卵に加えて混ぜ、鍋を火からおろす

❹卵とレモンを混ぜ合わせた液を、少しずつ鶏肉のだし汁に加えて、かき混ぜる

（→「セロリ&仔羊肉」P.132）

※37　アブゴレモノ［Avgolèmono］…「卵とレモン」の意。

海の風味
Marine

貝・甲殻類
Shellfish

白身魚
White Fish

牡蠣
Oyster

キャビア
Caviar

オイリーフィッシュ(脂分の多い魚)
Oily Fish

Shellfish
貝・甲殻類

　ここでは、二枚貝と甲殻類を扱い、牡蠣は別にひとつの節として取りあげます（→P.207）。ムール貝とアサリ、ハマグリは、甘エビやロブスター、ホタテよりも塩気があり、強い風味を持っています。

　カニの味は、カニみそがどの程度入っているかによって、二枚貝とエビ類の間のどこかに位置します。カニみそは深い海の風味がするので、カニの白身肉に混ぜるといいでしょう。

　フードライターのアラン・デイヴィッドソンは、カニのはさみと脚の肉は、ロブスターの肉と風味も食感も似ていると書いています。ロブスターは、特に金に糸目をつけない人たちが、秘密にしておきたい食材かもしれません。けれども多くの人が、カニはロブスターより秀でてはいないにしても、ロブスターと同等だと考えています。イギリス人シェフであるヒュー・ファーンリー・ウィッティングストール（→P.509）は、ロブスターの値段はカニの5倍するが、5倍おいしいわけではないと述べています。

貝・甲殻類＆アーティチョーク→「アーティチョーク＆貝・甲殻類」P.175

貝・甲殻類＆アーモンド

　ゆでたエビの香りはしばしば、ナッツのようだと評されます。ローストすると、よりはっきりとアーモンドに似た香りを放つようになります。

　エビの持つアーモンドの香りは、芳しいインドカレーに使われているアーモンド粉や、スペインのアーモンドベースのソースと非常によく合います。ナッツ（まるごとでも刻んでもいいでしょう）と一緒に炒めて、アメリカ風中華料理のエビとアーモンドの炒め物を作ってもいいでしょう。エビとアーモンドの風味は、ご飯、特にバスマティ米に添えると、さらに引き立ちます。

貝・甲殻類＆アスパラガス

　グリンピースやトウモロコシと同様、アスパラガスも収穫したらできるだけ早く食べなくてはいけません。一度土から離れると、アスパラガスは自身の中にある糖分を消費し始めます。その度合いは他の一般的な野菜よりも急速で、風味も一緒に失われていきます。

　5～6月のアスパラガスはもっともやわらかく、エビや甘くて新鮮なカニを合わせると、緑の楽園のようにふんわりとした風味が口の中に広がります。

　2、3束ほどのアスパラガスに、新鮮なカニ、おいしいパンと塩味の利いたバター、レモン2、3個、冷たいソーヴィニヨン・ブラン・ワイン1本も必要です。早獲りのイチゴもあるといいでしょう。

　水を沸騰させ、アスパラガスを入れます。パンにバターを塗って、ワインを開け、レモンを1/4に切ります。アスパラガスがゆだったらすぐにバターをのせ、たっぷりのカニ肉と一緒に食べましょう。

貝・甲殻類＆アニス

　アニスは貝・甲殻類の甘さを引き立てて、さわやかにします。アニスによく似た風味のタラゴンのバタ

ーを添えたロブスターや、フェンネルと一緒に料理したムール貝は、昔から作られている伝統的な組み合わせです。ビスクでは、ブランデーの代わりにペルノ［Pernod］[※1] 少量を使ってもいいでしょう。鶏胸肉をタラゴンで風味づけるシンプルなレシピは、エビで作ることもできます（→「アニス&鶏肉」P.254）。

貝・甲殻類&アボカド→「アボカド&貝・甲殻類」P.276

貝・甲殻類&オイリーフィッシュ→「オイリーフィッシュ&貝・甲殻類」P.215

貝・甲殻類&オリーブ→「オリーブ&貝・甲殻類」P.243

貝・甲殻類&カリフラワー→「カリフラワー&貝・甲殻類」P.168

貝・甲殻類&きのこ→「きのこ&貝・甲殻類」P.101

貝・甲殻類&キャベツ→「キャベツ&貝・甲殻類」P.162

貝・甲殻類&キュウリ→「キュウリ&貝・甲殻類」P.258

貝・甲殻類&牛肉

サーフンターフ［surf 'n' turf］[※2] という言葉は、1960年代のアメリカで生まれたと考えられています。これほど長く食べ続けられている理由は、ロブスターと牛肉の相性が特によいかどうかということよりも、その覚えやすい名前や、ちょっと高めの値段から築かれた地位によるのでしょう。

牛肉の風味は、アンチョビや牡蠣などの海産物と組み合わせると引き立ちます。この基本的な原理は、たくさんのシェフによって応用され、今までにさまざまな組み合わせが生まれてきました。フォアグラとホタテ、骨髄とタコ、オックステールとアンコウの尾などです。

ところで、ワニ肉は貝・甲殻類と仔牛肉を足して2で割ったような味がすると言われています（→「牡蠣と牛肉」P.207）。

貝・甲殻類&クミン

現存する最古のレシピ本『古代ローマの調理ノート』に、エビなどにかけるクミンソースが紹介されています。クミンを、唐辛子、ラベッジ［lovage］[※3]、パセリ、乾燥ミント、蜂蜜、ビネガー、だし汁と一緒に混ぜ合わせます。

最近クミンは、インドやメキシコ、アメリカの南西部で、貝・甲殻類とよく組み合わせられています。にんにく、クミン粉、唐辛子粉、オイルをかきまぜて、マリネ液を作ります。

貝・甲殻類&クルミ→「クルミ&貝・甲殻類」P.329

貝・甲殻類&クレソン→「クレソン&貝・甲殻類」P.134

貝・甲殻類&グリンピース

グリンピースのピューレやリゾットにのせたホタテは、どこかモダンクラシックですが、貝・甲殻類とグリンピースの組み合わせはちっとも珍しくありません。次に紹介するレシピは、ヒエット、ホージントン、バトラーの3人によって書かれた中世料理の本『Pleyn Delit;Medieval Cookery for Modern Cooks』に載っているものです。

※1　ペルノ［Pernod］…フランスのペルノ・リカールがつくるアニス風味のリキュールの商品名。
※2　サーフンターフ［surf 'n' turf］…肉と魚介類、特にステーキとロブスターを組み合わせた料理。
※3　ラベッジ［lovage］…セリ科の植物。

recipe

《エビをのせたグリンピースのピューレ》

❶ スプリット・グリンピース400gを水に浸しておく

❷ 水1Lの中に入れてやわらかくなるまで弱火で煮たら、置いて冷ます

❸ フードプロセッサーに、アーモンド粉50g、できるだけ細かいパン粉15gを入れて混ぜ合わせ、
　プロセッサーを回したまま、グリンピース、塩小さじ1/2、白ワインビネガー小さじ4、生姜粉小
　さじ1/4、カルダモン粉小さじ1/4、シナモン粉とクローブ粉ひとつまみずつを、少しずつ入れて
　いき、塩コショウで味つけする

❹ グリンピースのピューレを鍋に入れ、ゆっくりと加熱する

❺ この間に殻をむいたエビ500gをさっと炒める

❻ 深皿にピューレを入れ、その上にエビを並べる

貝・甲殻類＆グレープフルーツ→「グレープフルーツ＆貝・甲殻類」P.424

貝・甲殻類＆ケッパー→「ケッパー＆貝・甲殻類」P.139

貝・甲殻類＆ココナッツ

　休日気分にさせてくれる組み合わせです。エビに乾燥ココナッツのもじゃもじゃした衣をつけて油で揚げると、手軽なお酒のおつまみができあがります。冷たく冷やした瓶入りビールと紙ナプキンの束が必要ですね。

　ブラジルのバイアでは、ヴァタパーという人気の料理があり、エビなどの甲殻類と魚を、パンでとろみをつけたココナッツミルクのシチューで煮こみます。

貝・甲殻類＆コリアンダーリーフ

　標準的な貝・甲殻類と比べて、ムール貝は特に濃厚な味を持ちます。濃厚で塩辛い肉の食感を持ち、ときにはほのかなバターやキャラメルの香りがすることもあります。

　この特徴からムール貝は、特にタイ料理に使われるさまざまな食材と巧みに調和し、同じように深い風味を持つナンプラーに負けない味を添えます。コリアンダーやレモングラス、ライム、唐辛子（さらにこれらを組み合わせたもの）は、すべてムール貝と非常によく合います。

　ムール貝をグリルかアルミホイルの上であぶり焼きにしてから、みじん切りにしたコリアンダーリーフをのせ、レモンをひと搾りかけてみてください。ムール貝を焼くには8分ほどかかるでしょう。貝の口が開いたら焼きあがりです。

貝・甲殻類＆魚の燻製

　フィッシュパイに欠かせない材料です。魚の燻製が白身魚よりも深い風味を出し、マッシュポテトのやわらかいベッドで丸まったピンクのエビが、見た目のかわいらしさだけでなく、ぷりっとした食感も添えています。

しかし、魚の燻製もエビも入れすぎてはいけません。白身魚のほうが多くなければならないのです。同じことが、シュークルート・ドゥ・ラ・メール［choucroute de la mer］[※4] にも言えます（→「魚の燻製＆キャベツ」P.228）。

貝・甲殻類＆サフラン→「サフラン＆貝・甲殻類」P.249

貝・甲殻類&白身魚

スカンピは、いくつかの国ではエビの種類のひとつとされているかもしれませんが、イギリスではパン粉か小麦生地の衣をつけ、通常はフライドポテトと一緒に皿に盛られているエビのことを指します。

アンコウは昔、エビの形に切り分けられてパン粉をつけ、スカンピとして売られていました。その後、誰かがアンコウを甲殻類として売るほうがアンコウとして売るよりもずっといいということに気づき、1990年代には値段も人気も上がって、今では絶滅危惧種に指定されています。

イギリスのフードライター、ジェイン・グリグソン〔1928-1990〕(→P.507) は、アンコウについて次のように述べています。「アンコウはしばしばロブスターと比較されるが、私にしてみれば、それはどちらにとっても公平ではない。たとえアンコウが、私の"4つのお気に入り"（シタビラメ、イシビラメ、ウナギ、ロブスター）の次に好きな魚だとしてもだ」。

ロブスターとアンコウは確かに、両方とも心地よい噛みごたえがあって食感が似ていますし、味覚検査では、アンコウの、特に皮近くの黒ずんだゼラチン状の身の風味は、甲殻類と類似していることが明らかになっています。

アンコウから話はそれますが、マトウダイとカレイは昔から甲殻類のソースをかけて食べられてきましたし、数個のムール貝やアサリ・ハマグリをグリンピースと一緒にバターと白ワインで煮ると、どんな白身魚にも合う、貝の味がしみ出た美しいソースができあがります。

貝・甲殻類＆ジャガイモ→「ジャガイモ＆貝・甲殻類」P.120
貝・甲殻類＆セロリ→「セロリ＆貝・甲殻類」P.129
貝・甲殻類＆タイム→「タイム＆貝・甲殻類」P.463
貝・甲殻類＆卵→「卵＆貝・甲殻類」P.184
貝・甲殻類＆ディル→「ディル＆貝・甲殻類」P.263

貝・甲殻類&唐辛子

チリクラブは、シンガポールを代表する料理です。カニを生唐辛子、生姜、にんにくと一緒に炒めて、チリソース、ケチャップ、醤油、砂糖、ゴマ油を混ぜたとろみのあるソースでからめます。最後に溶き卵を入れることもよくあり、ご飯や、饅頭と呼ばれるパンと一緒に食べます。饅頭は、ソースを最後の一滴までぬぐうのに便利です。

マレーシアとシンガポールでは、サンバル・ブラチャンという、焼いたエビペーストと生唐辛子を一緒につぶして、ライム果汁で溶いた調味料があります。同じような調味料がタイにもあり、ナムプリック・カピと呼ばれています。

※4　シュークルート・ドゥ・ラ・メール［choucroute de la mer］…ザワークラウトの上に魚介類をのせた料理。

貝・甲殻類&トマト→「トマト&貝・甲殻類」P.364

貝・甲殻類&鶏肉

　スペイン・カタルーニャ料理のマールイ・モンターニャ[mar y muntanya]※5は、肉と甲殻類（鶏肉とエビが多い）を、砕いたナッツとトマトとにんにくで作った、ピカーダ[picada]※6に似たとろみのあるソースと合わせた料理です（→「ヘーゼルナッツ&にんにく」P.337）。

　鶏肉とエビまたはムール貝は、スペインのパエリアや、アメリカ・ルイジアナ州のガンボ[gumbo]※7、ジャンバラヤでも一緒に使います。フランス・ローヌ＝アルプの郷土料理、プレ・オ・エクルヴィス[poulet aux écrevisses]※8は、ブレス産の鶏肉とスイス国境近くのアルプス山脈の川から獲ったザリガニという、2つの地元食材を利用しています。チキンマレンゴは、ナポレオンがマレンゴの戦いでオーストリア軍に勝ったとき、その勝利を祝って作られたと言われ、トマト、にんにく、ワインで作ったソースに鶏肉を入れ、油で揚げたザリガニを飾りました。

　ブラジルでは鶏肉と、たっぷりの辛い乾燥エビを合わせて、シンシン・ヂ・ガリーニャを作ります。東南アジアではご存じのように、鶏肉と甲殻類（乾燥したものでも、生のものでも）を使って、数えきれないほどの種類のカレーや炒め物を作ります。二枚貝もいろいろな料理に使い、アサリやハマグリは、鶏肉と一緒に中華料理や韓国料理に使います。フランスのブルターニュでは、鶏肉を、アサリとサムファイア[samphire]※9と一緒にソテーします。

　　貝・甲殻類&トリュフ→「トリュフ&貝・甲殻類」P.158
　　貝・甲殻類&ナツメグ→「ナツメグ&貝・甲殻類」P.310

貝・甲殻類&にんにく

　にんにくの持つ豊かな硫黄の風味は、貝・甲殻類の風味を何倍にも引き立てますが、特に煮こんだ二枚貝との相性は抜群です。

　スパゲッティ・ボンゴレは、にんにくの香り漂うからみあった黄金色のパスタに、クリーミーで噛みごたえのあるアサリが見え隠れしています。イタリアンパセリが、オイルたっぷりの濃厚な味を引き立ててくれます。

貝・甲殻類&ハードチーズ

　この組み合わせは常に議論の的になっていますが、魚とチーズの組み合わせほどではないでしょう。ロブスター・テルミドールは、ロブスターの肉を、グリュイエールチーズとマスタードで味つけしたクリームに混ぜたものです。パルメザンチーズとカニ肉を使うと、大胆な風味のタルトやスフレを作ることができますし、クモガニとチーズとチリソースを混ぜ合わせたものを、カニの甲羅に詰めてグリルであぶり焼きにする料理もあります。

　エビはよく、フェタチーズと一緒にサラダにします。トマトたっぷりのプロヴァンス風ソースに入れたエビの上にフェタチーズを散らしてもいいでしょう。

※5　マールイ・モンターニャ[mar y muntanya]…海と山の意。
※6　ピカーダ[picada]…スペインの調味料。
※7　ガンボ[gumbo]…アメリカ・ルイジアナ州発祥のシチューまたは、スープ料理。スープストックと肉または甲殻類、野菜などで作られる。

貝・甲殻類&バジル

バジルに含まれる柑橘類とアニスの香りは、バジルと貝・甲殻類との組み合わせを上品にします。バジルにはシトラールという化合物が含まれますが、これはレモンやレモングラスの風味の素にもなっているものです。ロブスターとマンゴーとバジルのサラダは、フランス人シェフのアラン・サンドランス(→P.506)の代表料理ですが、これはおそらく、エビとパパイヤとレモングラスという、ベトナムで昔から食べられてきた組み合わせにヒントを得たものでしょう。

貝・甲殻類&バターナッツカボチャ→「バターナッツカボチャ&貝・甲殻類」P.322
貝・甲殻類&バニラ→「バニラ&貝・甲殻類」P.498
貝・甲殻類&パースニップ→「パースニップ&貝・甲殻類」P.314

貝・甲殻類&パイナップル

甲殻類の甘く塩気のある味と、パイナップルの甘酸っぱい味との組み合わせは、本格的なアジア料理ではごく一般的ですし、中華料理のテイクアウトにある、不気味な甘酸っぱい偽物にもよく使われています。インドのパールシー[Parsee]料理[10]では、甲殻類とパイナップルを、コルミノ・パティオという、タマリンドを入れた甘酸っぱいカレーに入れますし、東南アジアでは、数えきれないほどのカレーやスープに使っています。

まだ十分に熟れていないパイナップルを買ってしまったとき、覚えておくといい事実があります。パイナップルは一度木からもいでしまうと、それ以上甘くはなりません。

貝・甲殻類&パセリ

razor clam〔「カミソリガイ」の意。日本ではマテガイ〕は砂浜に見える貝の形から、ぴったりの名前がつけられました。しかし一度捕まると、魚屋の氷の上に積み重なり、殻から舌をだらしなく出しています。殻から出ている食用部分は、まるで暑い日の子犬の舌のように頼りなげです。マテガイは他の二枚貝とまったく同じような味がしますが、身にボリュームがあります。白ワイン、にんにく、パセリと一緒に料理するか、イタリア人がするように貝殻から直接身を吸ってください。

貝・甲殻類&パプリカ

赤パプリカを細切りにしたものは、貝やエビ、カニのパスタ用ソースや炒め物、スペインのパエリア風料理、エビの甘酢炒めに入っています。そのほろ苦い味が、エビなどの濃いナッツの風味とからみ合います。しかし、私たちはこれまで細切りにしたパプリカを気にかけたことがあったでしょうか？　目立たない場所で献身的に働く逸材です。

貝・甲殻類&ピーナッツ→「ピーナッツ&貝・甲殻類」P.25

貝・甲殻類&豚肉

ポルトガルでは、豚肉をアサリ、パプリカ、タマネギと一緒に煮こんだ、ポルコ・ア・アレンテジャーナという料理を食べずに過ごすことはできません。この料理の魅力は、アサリの小さくて噛みごたえのあ

※8　プレ・オ・エクルヴィス[poulet aux écrevisses]…鶏のエクルヴィスソース。
※9　サムファイア[samphire]…海岸の岩などに生息するセリ科の植物。
※10　パールシー[Parsee]…8世紀にペルシャからインドにのがれたゾロアスター教徒の子孫のこと。

る身ではなく、貝の中にあるすばらしくおいしい汁にあります。この料理のうち一番重要な風味の一部を担っていて、牡蠣で作ってもおいしくできあがります。

この組み合わせが生まれた理由のひとつとしてまことしやかに伝えられているのが、ポルトガルの豚は肉が魚くさいという話です。長い海岸線で暮らしてたくさんの魚介類を食べているためで、地元の人々はそのにおいを消すため、アサリと一緒に調理するようになったということです。

しかしおそらく、貝・甲殻類と豚肉は昔から豊富に手に入り、しかも一緒に料理するととてもおいしいというだけの理由に思えます。この料理の味はすばらしく、かつてポルトガルの植民地だったマカオでも作られるようになり、そこでいくつかのバリエーションも生まれて現地の人たちに親しまれています。

貝・甲殻類＆ブラックプディング→「ブラックプディング＆貝・甲殻類」P.48
貝・甲殻類＆ベーコン→「ベーコン＆貝・甲殻類」P.231
貝・甲殻類＆マンゴー→「マンゴー＆貝・甲殻類」P.411

貝・甲殻類＆ライム

油で揚げたコンクガイ [conch][※11] に、シーフードカクテルソースをかけ、ライムをさっと搾ると最高です。コンク貝の風味はホタテとアサリの中間で、食感は、ホタテと体操用のマットを混ぜ合わせたようなものです。前菜のセビチェにしてもいいでしょう（→「ライム＆白身魚」P.428）。身をたたいて人間が食べられるくらいにやわらかくし、薄切りにしたタマネギとたっぷりのライム果汁（レモンと同じく、貝の身をやわらかくする働きがあります）を入れて混ぜ合わせます。乱獲が問題になっている食材でもあります。養殖のコンク貝は歯にはやさしいのですが、野生のものほど風味豊かではありません。

貝・甲殻類＆仔羊肉

あまり知られていない、肉と貝・甲殻類の組み合わせのひとつです。それでも以前は、仔羊肉はザルガイとよく一緒に料理されていました。ジョン・ファーレイが19世紀初めに書いたレシピ本には、羊の骨抜き脚肉のローストにほぐしたカニまたはロブスターの身を添えて、レモンの皮とナツメグで味を調えたレシピが載っています。イギリス人シェフのマルコ・ピエール・ホワイトは、仔羊肉にザルガイ [cockle][※12]とタイム添えた料理を、イギリス・ロンドンにある彼のレストランのひとつ、マルコ [Marco] のメニューに載せています。

貝・甲殻類＆リンゴ→「リンゴ＆貝・甲殻類」P.381

貝・甲殻類＆レモン

イギリス・コーンウォールにあるキャッジス・コーブの海岸は、イングランドに唯一残された浜釣りのできる場所です。

子どもの頃、近くのサーディン [sardine][※13] 貯蔵庫を改装した店でカニのサンドイッチを食べてから、生きのよい貝・甲殻類を籠から出す父の手伝いをするのが、夏休みのお決まりの行事でした。

コーンウォールの海岸で獲れるブラウンクラブは、深い海藻の風味がして、甲羅の中はまさに脚のついた肉入りパイのようでした。新鮮なうちならレモン以外何も必要なく、さっとかけたレモンの果汁が肉

※11　コンクガイ [conch] …ホラガイに似た巻き貝。
※12　ザルガイ [cockle] …貝殻表面の放射状の畝が特徴の二枚貝。
※13　サーディン [sardine] …マイワシ類など数属の小魚の総称。

のすみずみまでしみ渡ってカニの甘さを引き出します。

　レモン果汁を搾ると甘さが際立つのは、どんな貝・甲殻類にもあてはまり、フリュイ・ド・メール［fruits de mer］[※14] の生の海産物でも、タコやテナガエビをグリルした料理でも同じです。必要なものは、くし形に切ったレモンだけ。それに魚介類に合うきりっとしたシャブリもです。

※14　フリュイ・ド・メール［fruits de mer］…貝・甲殻類の盛り合わせ。

White Fish

白身魚

　海水魚の風味は、体のバランスを保とうとする繊細な努力の結果です。海水の塩分濃度は、平均して重量の3〜3.5%です。アメリカのフードライターであるハロルド・マギー（→P.509）によると、動物は自分の細胞にトータル1%程度の溶解ミネラルを保持する必要があり、海の魚は自分たちを取り巻く環境の塩分濃度の高さに対し、自らの細胞を他の成分で満たすことでバランスをとっています。

　この成分はすなわち、アミノ酸やアミンと呼ばれるもので、独自の味と風味を含んでいます。アミノ酸のひとつであるグリシンは甘さを持っていますし、貝・甲殻類やマグロ、アンチョビに含まれるグルタミン酸（アミノ酸のひとつ）は、「おいしくて口の中に広がる味わい」を持っています。

　ところが、ヒレを持つ魚（カレイ目の魚、ウナギを除く）の多くは、トリメチルアミンオキシド（TMAO）という、比較的風味の少ないアミンを体から流すことで塩水とのバランスをとっています。アンチョビなどのように強い風味を持つ魚に比べて、ほとんどの白身魚が、「マイルド」、「甘い」、「繊細」といった眠たくなるような風味の表現によって特徴づけられるのはこのためです。

　白身魚は、小麦粉の生地で包んだり、ソースをふんだんにかけたりして料理しますが、3、4種類の魚を、ただ焼いたり蒸したりするだけの料理法に挑戦してみてください。一度味覚が慣れると、白身魚の中で際立つ、異なる風味を敏感に感じるようになるでしょう。肉の強いにおいやカビのにおい、土の香り、海藻の香りを探してみてください。

　タラはやや酸味があり、塩気があって、ゆでたジャガイモの香りがします。ポテトフライと合うのはおそらくこのためです。アンコウも甘く、バターの味がして、少しエビやカニの風味もします。バター・ポップコーン風味のエビの味ではありません。質のよいシーバス（スズキ、ハタなど）はこってりとして、ブラジルナッツの風味とかすかな金属のにおいがあり、体にある導火線のような灰色の縞目にふさわしい味を備えます。この節では、タラ、エイ、シタビラメ、フラウンダー［flounder］[※15]、プレイス［plaice］[※16]、アンコウ、イシビラメについて述べます。

白身魚&アスパラガス

　イタリア人が17世紀にアスパラガスの栽培を始めた時、彼らはいつもアスパラガスだけで食べていました。一方フランスとイングランドでは、アスパラガスは付け合わせとして用いられ、特に鶏肉やイシビラメなどの魚に添えられていました。こうした肉や魚は甘く、バターのような風味を持つので、甘味があってバターによく合うアスパラガスとの相性はぴったりです。オレンジ風味のマルテーズソースをかけるのが典型的です（→「オレンジ&アスパラガス」P.417）。

白身魚&アニス→「アニス&白身魚」P.253

白身魚&アンチョビ

　18世紀のイギリスのフードライターのハンナ・グラッセ〔1708−1770〕（→P.509）も19世紀のエリザ・ア

※15　フラウンダー［flounder］…カレイ・ヒラメの総称。
※16　プレイス［plaice］…ツノガレイの一種。

クトンも、ゆでた白身魚（特にヒラメやカレイなどカレイ目の魚）や、パン粉をつけて揚げたタラに、アンチョビのソースをかけて食べると述べています。レモン果汁を加えた溶かしバターにアンチョビエッセンス（アンチョビと香辛料などから作ったピンク色のオイル）を入れるだけでできあがりです。

白身魚&オリーブ

この組み合わせを見て、魚とオリーブを組み合わせる場合のルールについて考えるかもしれません。グリーンオリーブは淡白な白身魚向けで、ブラックオリーブは濃厚で脂っぽい魚向けでしょうか。

いいえ、違います。オリーブの塩気の効いた油っぽさが、淡白な白身魚に、オイリーフィッシュの濃厚な味わいを与えるのです。

上質のエクストラバージン・オリーブオイルと、高価なグリーンオリーブの持つすっきりとしたほろ苦さと風味を合わせれば、繊細な魚にぴったりのソースができあがるかもしれません。

白身魚&オレンジ→「オレンジ&白身魚」P.419

白身魚&貝・甲殻類→「貝・甲殻類&白身魚」P.195

白身魚&きのこ→「きのこ&白身魚」P.102

白身魚&キュウリ→「キュウリ&白身魚」P.259

白身魚&グリンピース→「グリンピース&白身魚」P.282

白身魚&ケッパー→「ケッパー&白身魚」P.140

白身魚&ココナッツ→「ココナッツ&白身魚」P.406

白身魚&コリアンダーリーフ→「コリアンダーリーフ&白身魚」P.272

白身魚&サフラン

イタリア人は、この組み合わせを小馬鹿にしています。イギリスの料理研究家エリザベス・デイヴィッド〔1913-1992〕（→P.506）の『イタリアンフード』によると、サフランの風味が強すぎて魚の味が消されてしまうと思っているそうです。

ただし、彼女自身は同意していません。きっとブイヤベースを食べたことのある人なら誰でも、同意しないでしょう。

フランスのアンティーブに滞在したある日の夕方、ひとりの薬剤師が私たちに「その」場所をそっと教えてくれました。海岸通りをはずれたところなのですが、彼は住所を知らず、目をしっかり開けていればわかるよと言うだけでした。薬剤師がしわくちゃのナプキンに走り書きしてくれた名前は、シェ・ジョーというものでした。

特徴のない岬に着いた私たちは、狭い砂浜に向かう錆びたはしごを降りていきました。そこには、たたんだテーブルが十数個、板ぶき屋根の下に積まれていました。「ジョー」は（「シェ」は洞穴のことでした）、流木を燃やした火に大鍋をかけながら、水滴の垂れる岸壁の下で独り言をつぶやいていました。もうひとりの男が、保冷容器からロゼワインのボトルとタンブラーを2個持ってきてくれました。

私たちがしばらく海を見ながら飲んでいると、スープと、にんにくをこすりつけたパンが運ばれてきました。スープの味はまるでそこの景色のようで、なんとなく心細く思っていた私たちには、荒々、海に包みこまれているかのごとき味がしました。スープを飲み終わったときウェイターが、そのスープで煮た魚

と、パンとワインの追加を持ってきました。

　デザートとして、カリソン・デクスという菱形をしたアーモンド菓子を食べ、オードヴィーを飲み終わった頃には、自分たちがどこにいるかということも、その場所を秘密にしておかなければならないことも忘れてしまうこと請け合いです

白身魚&生姜→「生姜&白身魚」P.440

白身魚&ジャガイモ

　本物のフィッシュ・アンド・チップスを食べたいと探している人のために、指針をいくつか示しておきましょう。

1. 「魚」と「フライドポテト」は、必ずしもフィッシュ・アンド・チップスではありません。本物のフィッシュ・アンド・チップスとして認められるには、フライドポテトがただ魚と一緒に盛られているだけではなく、魚と一体となっているべきで、チッピーというフィッシュ・アンド・チップス専門店で買わなければいけません。これは気持ちの問題だけではありません。フライドポテトを完全にカリカリにするために、また、魚が冷めたりふやけたりしないように、生地をつけた魚を一度にまとめて料理するためには、完璧な両面焼きの装備が一式必要ですが、専門店以外ではめったに見ることができません。

2. チッピーでは、フィッシュ・アンド・チップスとつぶしたグリンピース、フィッシュケーキ、サビロイ [saveloy]※17、小麦生地をつけたソーセージ、ピクルスを売っています。プッカ・ミートパイを出すぐらいは勘弁してあげましょう。でも、ハンバーガーやフライドチキン、ケバブやピザを出しているような、日和見主義の「フィッシュバー」は避けてください。

3. 塩とモルトビネガーは欠かせません。他の種類のビネガーは認めません。

4. フィッシュ・アンド・チップスは、適正なチップショップの紙にくるんで出されなければなりません。その紙は、見かけはあか抜けず、印刷のされていない新聞紙の手触りとにおい（これが一番重要）がします。この紙こそが、正しいチップショップのフィッシュ・アンド・チップスの秘密の材料で、隠し味になっているのです。発泡スチロールの箱に入れて出されたフィッシュ・アンド・チップスは、どこかよそで食べてください。

5. フィッシュ・アンド・チップスは、しかるべき場所で食べなければいけません。格式にのっとって食べるならば、海辺やバス停留所、あるいはガソリンスタンドの外壁に腰かけ、手に息を吹きかけながら食べるべきです。フライドポテトが冷めるのを待っていられませんからね。

白身魚&セロリ

　あまり見かけない組み合わせですが、セロリアック（セロリを穏やかにしたようなもの）は、甘くて扱いやすく、どんな魚介類にも適しています。イギリス人シェフのトム・エイケンスは、マトウダイとキャベツ、セロリアック、ホースラディッシュという組み合わせや、シーバスと小さなパセリのニョッキ、砂糖で煮詰めたセロリアックという組み合わせ、また、湯がいたイシビラメと湯がいた鶏手羽、つぶしたセロリアック、トリュフのニョッキ、野性のソレル [sorrel]※18 という組み合わせで料理を作ります。

※17　サビロイ [saveloy] …濃い味つけの赤いソーセージ。
※18　ソレル [sorrel] …フランス料理によく使われる定番ハーブのひとつ。

白身魚&タイム

「私は魚の料理方法を変えました」と、フランス人シェフ、マリー＝アントワーヌ・カレーム〔1784-1833〕(→P.509) は書いています。「昔の人は、たっぷりのハーブや香辛料を使って魚の味つけをしていましたが、魚はタイムや月桂樹、メース [mace][19]、クローブ、コショウの味がするべきだというのは馬鹿げた勘違いです。塩水だけで料理した魚は最高においしいという確固たる証拠を、私たちは日々得ています」。

彼はさらに、タイムの香りをつけたクールブイヨン [court-bouillon][20] は、ハーブの味が強すぎなければ使ってもよいとも記しています。乾燥タイムよりも生のほうがいいでしょう。乾燥タイムは魚にはにおいが強すぎます。レモンタイムが最適なことは言うまでもありません。

白身魚&ディル

アジアの他の場所ではめったに見ませんが、ラオスと、タイのいくつかの地域で作られる料理では、ディルが卓越した役割を担います。ベトナムのハノイにあるレストランで出される、チャーカー・ラボンという魚料理は、この店の唯一のメニューで、ターメリックで黄色く味つけした白身魚（ライギョ）を、ディルの葉および葉ネギと一緒に炒めたものです。この料理を、手に入る白身魚を使って作ってみましょう。マトウダイやシーバス、ティラピアなど、炒めても形がくずれないものを使います。ディルはけちらないでたっぷり使いましょう。

recipe
《ターメリックに漬けた魚のディル炒め》
❶ 魚の切り身500gを大きめのひと口サイズに切りわける
❷ ターメリック小さじ1/2、砂糖小さじ1、ガランガル（または生姜）2cmをみじん切りにしたもの、ナンプラー大さじ2、米酢小さじ1、水大さじ1を混ぜたものに、30分漬けこむ
❸ 魚をピーナッツオイルで約4分、中に火が通る程度まで炒め、ディルの葉と千切りにした葉ネギを加え、さらに1分炒める
❹ 深皿に入れた細い米粉麺の上にのせ、好みでローストしたピーナッツ、唐辛子、ディル、ミント、コリアンダー、ヌクチャム（ベトナムのつけダレ）(→「ライム＆アンチョビ」P.426) で味つけする

白身魚&トマト

焼いた白身魚のローストトマト添えや、白身魚のフライとケチャップの組み合わせはおいしいものです。

1990年代初頭、研究者たちは、アークティック・フラウンダー（ヒラメ）からとれる遺伝子をトマトに埋めこむことで品種改良ができないかと考えました。あたりまえですが、アークティック・フラウンダーは冷たい水の中でも凍らない（破裂もしない）よう遺伝子に刷りこまれています。トマトが、厳しい栽培環境や市場への長い道のりでも枯れてしまうことのないよう、その特性を応用できないかと考えたのです。

しかしこの計画はうまくいきませんでした。自然が定めたように、フラウンダーをバターで焼いて（好みでパン粉をつけてもいい）、ローストしたトマトとゆでた新ジャガイモを添えるか、ケチャップと一緒に丸

※19　メース [mace] …ナツメグの皮で作るスパイス。香りはナツメグに似ているが、メースのほうが繊細でやわらかい。
※20　クールブイヨン [court-bouillon] …魚介類をゆでるときに使う、野菜や香草入りのゆで汁。また、そのゆで汁を使った料理のこと。

パンに押しこんで、この2つを合体させてください。

白身魚＆にんにく→「にんにく＆白身魚」P.154

白身魚＆ハードチーズ

物議をかもす組み合わせです。とりわけイタリアのレストランでは、ひどく嫌われています。少なくともニューヨークの、あるイタリアンレストランは、客に「どんな場合でも魚介類にチーズをのせることはしません」と通告しています。

この組み合わせに対する反対意見は基本的に、チーズが魚の繊細な風味を消してしまうからだというものです。しかしこれは比較的最近になって出てきた意見のようです。調査によれば、古いものは紀元前400年頃のシチリアの魚料理のレシピなど、チーズと魚を組み合わせた古いイタリア料理がたくさん発見されました。

もちろん、魚とチーズの組み合わせは、グリュイエールソースをかけたエイや、おろしたグリュイエールチーズを底に沈めたブイヤベースなどのフランス料理で見られます。イギリス人は、マッシュポテトをのせたフィッシュパイの風味を引き立てるため、おろしたチェダーチーズをかけますし、アメリカ人は、焼いたツナメルト・サンドイッチ（パンにツナとチーズをのせ、熱してチーズを溶かしたもの）でツナとチーズを一緒に使います。

私自身は、魚介類とチーズを組み合わせるというアイデア自体はあまり好きではありませんが、実際に食べるのは好きで、特に昔ながらの、タラにモルネーソース［Mornay sauce］[21]をかけたものはお気に入りです。この組み合わせを嫌いと言いきれないのは、この料理のせいでしょう。マクドナルドも私と同じくらい優柔不断のようで、フィレオフィッシュにはスライスチーズが半分しか使われていません。

白身魚＆パースニップ

「腕のよいコックは、パースニップなしでは、決してテーブルに塩漬けの魚は出さず、代わりに塩漬けの肉を出す」と、園芸家のヘンリー・フィリップスは1822年に書きました。白身魚とパースニップの組み合わせの起源は中世にまでさかのぼるほど古いものですが、最近になって、イギリス人シェフのヒュー・ファーンリー・ウィッティングストール（→P.509）の作る、塩漬けの魚とパースニップのロスティ風フィッシュケーキ［fish cake］[22]で、再び注目を浴びてきています。

白身魚＆パセリ→「パセリ＆白身魚」P.268

白身魚＆ブドウ

私にとって、ベロニカ風シタビラメは、昔から病気の回復期にあるときに食べる料理です。ドーバーソール（シタビラメ）を、ストック、生クリーム、ベルモット［vermouth］[23]、レモン果汁を混ぜたものの中で軽く煮て、半分に切ったマスカットを添えます。

この料理は、胃にやさしくて生命力に満ちたクッチーナビアンカ（→「カリフラワー」P.168）の基準を満たしています。また、薄味で繊細なので、食べる前よりも元気になったように感じることができます。

※21　モルネーソース［Mornay sauce］…チーズを利かせたベシャメルソース。
※22　フィッシュケーキ［fish cake］…魚のすり身のコロッケ。
※23　ベルモット［vermouth］…ニガヨモギなどの香草やスパイスを配合して作られるフレーバードワイン。

シタビラメは必ず必要なものではなく、身のしっかりした白身魚なら何でも大丈夫です。ドーバーソールは独特の風味がありますが、それは水揚げされて2、3日経ってから筋肉組織で作りだされます。他のほとんどの魚と違って、水揚げした直後はそれほどおいしくないので注意しましょう。イシビラメやオヒョウのようなカレイ目の他の魚も、同じような効果があると考えられますが、さほど顕著ではありません。

白身魚＆プロシュート→「プロシュート＆白身魚」P.239
白身魚＆ヘーゼルナッツ→「ヘーゼルナッツ＆白身魚」P.336

白身魚＆ベーコン

『トム・ソーヤーの冒険』で、トムとハックが獲ったばかりのバスをベーコンと一緒に料理して、そのおいしさに驚く場面があります。魚をベーコンの脂と一緒に料理する方法のすばらしさが、きちんと評価されています。

溶けたベーコンの脂は、瓶に入れて冷蔵庫で保管しておく価値があります。魚やキャベツと一緒に料理してもいいですし、コーンブレッドを焼くときに使ってもいいでしょう。

私は、ベーコンの脂は料理油とストックの中間のようなものだと思っています。とても豊かな風味を持っているからです。

recipe

《ベーコンの脂のストック》

❶脂分のとても多いベーコン500gを買って、細切りにするか、薄切りにする（脂を取り終えたら、残った肉は料理に使う。細切りのベーコンはブルーチーズと一緒にサラダに入れたり、薄切りのベーコンは朝食に食べたり、クラブサンドイッチを作ったりする）

❷フライパンにベーコンの脂と水75mlを入れて弱火で熱する。じっくり加熱するので、少なくとも30分かかる

❸水分がすべて蒸発して、脂が全部溶けたら粗熱を取り、陶器かガラスの保存瓶に濾し入れて、冷蔵庫で保管する

白身魚＆ホースラディッシュ→「ホースラディッシュ＆白身魚」P.143

白身魚＆マンゴー

塩辛くてナッツの風味のする新鮮なレッドスナッパー［red snapper］[24]に、マンゴーのサルサをかけたものは絶品です。芳しいココナッツミルクのカレーに入れても形がくずれない白身魚なら、どんなものでもマンゴーとよく合います。

カンボジアでは、千切りにしたグリーンマンゴーとマッドフィッシュ（泥の中で生息する魚。ティラピアでもおいしくできます）を、ナンプラー、にんにく、生姜を混ぜたものに加えて調理します。果物のおいしい酸味が、魚の甘さを引き出します。

※24　レッドスナッパー［red snapper］…フエダイの一種。

フードライターのアラン・デイヴィッドソン〔1924-2003〕(→P.506) は、ハドック [haddock] [※25] を使った珍しいオランダの料理について書いています。この料理ではハドックに、マンゴーのチャツネと、薄切りにした酸っぱいリンゴ、生姜、レモン果汁で作ったソースをかけます。

白身魚&ライム→「ライム&白身魚」P.428

白身魚&レモン

白身魚に添えるくし切りのレモンはあまりによく見かけるので、レモンがない白身魚は少しさびしげに見えます。

確かに、レモンは魚に酸味を加え、魚の身の甘さを際立たせることができますし、強い風味を持つ魚のにおいを消したり、魚のフライの油っぽさを抑えたりもできます。しかし、上質で新鮮な魚に対する最高の賛辞は、何も添えることなく食べることです。若い女の子が、まったく化粧しなくてもかわいらしいのと同じです。

※25　ハドック [haddock] …タラ科の魚。和名はモンツキダラ。

Oyster
牡蠣

牡蠣の風味は普通、牡蠣が生育していた環境を如実に表しています。海水の温度、汚染度やミネラル含有量は重要な要因で、牡蠣を見分けるときには、種類よりも生育場所によって判断するのが一般的な方法です。

たとえば、オストレア・エデュリス[Ostrea edulis]※26 は、イングリッシュ・コルチェスターやアイリッシュ・ゴールウェイ、漁獲が管理下にあるフランスのブロン、藻が殻についたフランスのマレンヌなど、産地によってさまざまに分類されます。アメリカのカリフォルニアやメインでも養殖に成功しています。

牡蠣の盛り合わせを注文して、レモンをかけず、鑑定家がするように風味を判別してみましょう。甘さ、クリーミー、こってり、バターの香り、ナッツの香り、メロンの香り、メロンの皮の香り、キュウリの香り、ミネラルの味、金属の味、銅の味、それにもちろん、塩味や海の香りなどを感じることができるでしょうか。口に含んで、最初に味わう塩水の味の向こうにある甘さや、より複雑な風味を感じるには、牡蠣をつるりと飲みこんでしまう前に、噛む必要があります。

レモンや酢の酸っぱい風味は、牡蠣の塩辛さを抑えて甘さを引き立てます。ホールラディッシュまたは唐辛子のきいたトマトケチャップを添えると、甘辛くて塩気のある味になり、牡蠣が本来持つうま味も味わうことができます。オイスターソースは中国で考えだされた、濃密で味わい深い塩味の調味料です。中に入っている牡蠣エキス、砂糖、ナトリウム、香料の量によって、いろいろな商品があります。

牡蠣&アーティチョーク→「アーティチョーク&牡蠣」P.175
牡蠣&アニス→「アニス&牡蠣」P.252

牡蠣&きのこ

ヒラタケ[oyster mushrooms]は、形が牡蠣に似ているだけでなく、かすかな牡蠣の味もあると信じている人がいます。ヒラタケは、女性の水泳帽についている、ゴムのフリルのような形状をしています。牡蠣と同じようにバターでさっと炒め、レモンを搾って食べるといいでしょう。

牡蠣&キャビア→「キャビア&牡蠣」P.211

牡蠣&牛肉

イギリスの小説家チャールズ・ディケンズ〔1812-1870〕(→P.508)の小説『骨董屋』で、キットがチビのジェイコブのために初めて牡蠣を買ったとき、ジェイコブは「このために生まれ育ったのだと言わんばかりに牡蠣を食べ、年にそぐわぬ振る舞いでコショウと酢をふりかけ、貝殻をテーブルの上に盛り上げて小さな洞窟を作りました」。

乱獲で枯渇する前は、牡蠣はとても豊富で安かったので、キットのような召使いが借金で牢屋に入れられることを恐れずに「これまで見たなかで一番大きな牡蠣」を3ダースも買うことができたのです。

※26　オストレア・エデュリス[Ostrea edulis]…ヨーロッパ・ヒラガキやネイティブ・オイスターとも呼ばれる。

ところで、ステーキ＆キドニー・プディング［steak and kidney pudding］[27]に牡蠣を入れたのは、より高価な材料を加えただけではありません。塩味の牡蠣が牛肉の風味を高めるのです。同じことが、オーストラリアのカーペットバッグ・ステーキ［carpetbag steak］[28]や、オイスターソースをかけた牛肉の炒め物料理にも言えます。

牡蠣＆すいか→「すいか＆牡蠣」P.352

牡蠣＆セロリ

牡蠣にセロリを合わせると、さわやかな、ほとんど酸っぱいとも言える風味が加わります。かなり上品な組み合わせですが、1954年初版のかわいらしい『紳士のためのホスト入門』という本で紹介されている「牡蠣採りビリーの牡蠣とセロリ」というレシピほど上品なものはないでしょう。

その本によると、「観劇や、遅くまでかかった会合の後に友人を誘うと、ふたりの距離をぐっと縮めることができる」そうです。

recipe

《牡蠣採りビリーの牡蠣とセロリ》
❶セロリ3本を刻んでバターでやわらかくなるまで炒める
❷殻から出した牡蠣24個と中の汁を加えて、牡蠣の周りがくるりとカールするまで弱火で煮る
❸甘めの白ワインをふりかけ、塩コショウを控えめに振る

冷めないうちに皿を持って食卓に移動し、トーストしたパンを小さく切って、タバコで名前入りシルバーケースをトントンとたたき、友人のあこがれのまなざしのなかで、ゆったりとくつろぎましょう。

牡蠣＆卵

ゴールドラッシュの時代に、アメリカにあるシエラネバダ山脈のハングタウンで考えだされた「ハングタウンフライ」を作ってみましょう。この料理は、金を掘り当てた採掘者のために作られたとも、牢屋にいる死刑囚の最後の食事だったとも言われますが、どちらの説も砂漠での牡蠣の希少性を物語っています。

信憑性がありそうなのは、19世紀なかばのカリフォルニアで、コックとして働いていた多くの中国移民のひとりが考えだしたという説です。ハングタウンフライは基本的に、牡蠣をスクランブルエッグと一緒に炒めたものです。ベーコンを入れるレシピもありますが、アメリカ人フードライターのM.F.K.フィッシャー〔1908-1992〕（→P.509）の本『オイスターブック』で紹介されているレシピでは、入れていません。彼女は、ソーセージとごく細いフライドポテトを添えるとよいと書いています。

牡蠣＆タマネギ

ベルギーエシャロットをみじん切りにして、赤ワインビネガーと混ぜ合わせると、ミニョネットソースが

---

[27] ステーキ＆キドニー・プディング［steak and kidney pudding］…角切りにした牛ステーキ肉と、牛か仔羊か豚の腎臓をペストリーに入れた料理。
[28] カーペットバッグ・ステーキ［carpetbag steak］…牛肉に切りこみを入れて牡蠣を詰めた料理。

できあがります。このソースは昔から、フランス料理で牡蠣に添えられてきました。

牡蠣&唐辛子

　私が最初に食べた牡蠣は、イギリス・ロンドンのパディントン駅近くのみすぼらしい大衆レストランでした。ウェイターにしきりにすすめられたのですが、その店はスティックパンを食べるにも二の足を踏むような場所で、ましてや魚介類に関しては言うまでもありません。そのとき食べた牡蠣で死ぬことはありませんでしたが、おいしいとも思いませんでした。

　2回目に牡蠣を食べたのは、アメリカ・ニューオーリンズのフレンチクオーターにあるバーでした。袖をクリップで留めたバーテンダーは、氷の詰まった水槽から、シャベルでザクザクと牡蠣を掘りだし、客にそれを差し出しています。

　私が指を1本立てると、バーテンダーが私のほうに牡蠣をひとつ押しやりました。

　それは私が今まで見たことのない種類の牡蠣でした。濃い灰色で、ピカピカ光る卵型をした、クジラの目のように奇怪な代物で、私をにらみつけています。私はホットソースをさっとかけて、心を無にしようと努力しながら、深くてごつごつした殻を持ちあげ、丸のまま飲みこみました。

　すると突然、頭皮にパリパリとひびが入ったような感覚を覚えました。牡蠣に含まれる亜鉛の量が多いせいか、辛いソースのせいか、あるいは単に目にしたそのケダモノを打ち負かした快感からかわかりません。私は勝利のビールを1杯注文しました。そして、ビールが私のジンジンと痛むのどを冷やした頃、バーテンダーが何か他の物を私の前に押し出しました。それは、もっと大きくて灰色の、ピカピカ光った2個の牡蠣でした。

牡蠣&鶏肉

　鶏肉に牡蠣を詰めてからローストする料理は、すばらしく贅沢な一品です。牡蠣を殻からはずして鶏肉に詰めるという、ただそれだけのことです。鶏のお腹の穴が思ったより大きかったら、牡蠣の汁をバターを加えたパン粉に吸わせ、牡蠣と混ぜ合わせて詰めるといいでしょう。ウズラに詰めてもいいですね。一羽につき牡蠣を3つも詰めればいっぱいになります。

牡蠣&ナツメグ→「ナツメグ&牡蠣」P.310

牡蠣&パセリ

　オイスターロックフェラーは、アメリカ・ニューオーリンズのレストラン、アントワンズ［Antoine's］のシェフ、ジョールズ・アルシトールによって考案され、1899年から今に至るまで作られ続けている一品です。1枚の殻にのせた牡蠣に緑色のソースをかけ、パン粉をふりかけて焼いたものです。

　アルシトールの手書きのレシピは彼の墓に一緒に入れられ、アントワンズの後継シェフたちも、門外不出の牡蠣料理として固く口を閉ざしています。他のレストランは、ホウレン草入りの似たような料理を出していますが、アントワンズによると、緑色のソースの秘密を暴いた者はまだ誰もいないということです。研究によって、基本的な材料はパセリ、ケッパー、オリーブオイルであるとわかりましたが、検査でも特定できなかった食材は今でも秘密のままです。

牡蠣&豚肉

アメリカ南部では、昔から牡蠣と豚肉を混ぜてソーセージを作ってきました。ニューイングランド風の鳥の詰め物や、ルイジアナシチューのガンボ［gumbo］※29でも牡蠣と豚肉を使っています。

しかし私は、冷えた生牡蠣と熱くてスパイシーなソーセージを組み合わせるのがもっとも刺激的だと思っています。これは世界中のシェフやフードライターからも長い間好まれている組み合わせです。フランスのボルドーでは、ルーケンカソーセージを使います。でも、小さいチョリソが手に入るならそれでもかまいません。

熱くて辛いソーセージの刺激と、その後味をすっぱりと消す牡蠣の冷たいミネラルに勝るものはありません。冷やしたグラーヴ産の白ワインが1杯あれば、映画のセットにいるように、世界が自分を中心に回っているような感覚になるかもしれません。

牡蠣&ベーコン

牡蠣をひとつずつ、半分に切った脂入りベーコン（あらかじめのばしておく）で包み、つまようじで刺して焼きます。牡蠣をベーコンで包み、串に刺して焼いたものを、angels on horseback（馬に乗った天使）と言い、devils on horseback（馬に乗った悪魔）はその応用で、多くの場合プルーンなどのドライフルーツを巻きます。

その後、誰かが説明してくれました。牡蠣は白っぽいから天使。プルーンは黒っぽいから悪魔。特に、プルーンの種を取ってマンゴーのチャツネ［chutney］※30を詰めてからベーコンで巻いたものは、悪魔そのものです。相変わらず、悪魔の魅力は最高です。プルーンとベーコンという、塩辛さと甘さという最高のコントラストに、私はあらがうことができません。

牡蠣&ホースラディッシュ→「ホースラディッシュ&牡蠣」P.142

牡蠣&レモン

牡蠣原理主義者は、シャロットビネガーやタバスコを鼻であしらって、生牡蠣はレモン以外何もかけずに食べるべきだと主張するでしょう。しかし、私は牡蠣原理主義者ではありません。私にとって牡蠣を食べることは、服をすべて脱ぎ捨て、防波堤の端から海に飛びこむことと似ています。レモン果汁は、牡蠣のミネラルたっぷりのしぶきを浴びるための、おいしい助走距離です。

他にも、アメリカのディープサウス風のコーンミールの衣をつけた牡蠣のフライにレモン果汁をかけると、後味がさっぱりします。

※29　ガンボ［gumbo］…アメリカ・ルイジアナ州発祥のシチューまたは、スープ料理。スープストックと肉または甲殻類、野菜などで作られる。
※30　チャツネ［chutney］…野菜や果物にスパイスを加えて、煮込んだり漬けたりして作るソースやペースト状の調味料のこと。

Caviar

キャビア

　オシェトラ・キャビアは、食通にとって選り抜きのキャビアです。上品でナッツの風味がし、味わい深く、なかにはハーブの風味がするという人もいます。

　自然に生育するものはなんでもそうですが、キャビアの風味にもさまざまなものがあります。特にオシェトラというチョウザメは雑食性で、捕まえられそうになると海底に潜りこんで逃げるため、食べ物の種類が非常に幅広く、よってキャビアの風味も幅広くなります。

　肉食性のベルーガというチョウザメからは、タンパク質が豊富な食生活のためか、なめらかで魚くささの少ない大粒のキャビアが採れます。セヴルーガというチョウザメのキャビアはもっとも一般的で（少なくとも希少とは言えません）、アスファルトのようにまっ黒です。味にそれほどの複雑さはなく、海の潮の風味が強く出ています。

　カスピ海のチョウザメは、遠からず絶滅してしまうと予測している調査もあります。アメリカやヨーロッパで養殖によって獲られたキャビアのなかには、養殖にもかかわらず、その風味が非常に評価されているものも出てきています。

キャビア&牡蠣

　キャビアと牡蠣を別々に出す人は、よりおいしい風味の組み合わせを編み出すことに関心がないのでしょう。心を占めているのはモーターボートにつけるクロテンの飾りのような、もっと大切なものかもしれません。

　アメリカのフードライターで食品科学研究者でもあるハロルド・マギー (→P.509) は、オシェトラ・キャビアは牡蠣のような味がすると言っています。確かにこのキャビアと牡蠣は両方とも、灰色、緑色、サビの色、黒という腐って朽ちた船の色をしていますし、海底で活動する習性のゆえ、風味に似ているところがあるかもしれません。

　アメリカ人シェフ、トーマス・ケラー (→P.508) の代表料理のひとつに、牡蠣とキャビアを、タピオカ入りのベルモット [vermouth] ※31 を効かせたザバイヨーネクリーム [savayon] ※32 に浮かべたものがあります。デンマーク・コペンハーゲンにあるレストラン、ノーマ [Noma] では、ケラーのもとで働いていたシェフのルネ・レセッピが、牡蠣の汁をゼリーにして固めて偽キャビアを作り、タピオカのプディングにのせました。

キャビア&カリフラワー

　アブラナ科の野菜は、塩味の材料と合わせると最高です。もしあなたが、ベーコンと炒めた芽キャベツが好きなら、フランス人シェフ、ジョエル・ロブション (→P.507) がカリフラワーとキャビアを組み合わせて作った古典的な料理も気に入るでしょう。彼はキャビアのゼリーを作って、カリフラワーのクリームと合わせました。クスクスのようなオシェトラ・キャビア、カリフラワークリーム、アスパラガスのゼリーの組み合わせや、カリフラワークリームとキャビア、ジャガイモのピューレの組み合わせはいかがでしょうか

※31　ベルモット [vermouth] …ニガヨモギなどの香草やスパイスを配合して作られるフレーバードワイン。
※32　ザバイヨーネクリーム [sabayon] …洋酒を加えたカスタードクリーム。

（→「アンチョビ&カリフラワー」P.222）。

キャビア&魚の燻製→「魚の燻製&キャビア」P.227
キャビア&ジャガイモ→「ジャガイモ&キャビア」P.122

キャビア&ソフトチーズ

銀とステンレスはキャビアの風味に影響します。キャビアには、貝殻で作られたスプーンやプラスチックのスプーンが使われるのはこのためです。

キャビアと一緒に食べるものとしては、ウォータービスケット［water biscuits］^{※33}とそば粉のブリヌイ［blini］^{※34}がいいでしょう。

刻んだゆで卵の付け合わせを受け入れる愛好家は少ないかもしれません。白い食べ物とキャビアを一緒にすると、見た目が華やかになります。はちきれんばかりの卵のひとつひとつに光が反射して虹色になり、まばゆいばかりにきらめくのです。次に紹介するミニ・キャビア・チーズケーキを試してみてください。

---

recipe

《ミニ・キャビア・チーズケーキ》

❶小さなクッキー型を使って、黒いライ麦パンから、直径3cm、厚さ1cmの円を切りぬく

❷型をはめたまま、クリームチーズを1cmの厚さにのせ、キャビアをスプーンひとすくいのせる

❸チーズケーキの形をくずさないように、クッキー型をはずす

ひとつ作るごとに型を洗いましょう。

キャビア&卵

フランク・シナトラは、妻エヴァ・ガードナーにキャビア入りのスクランブルエッグをよく作っていました。オーストリア人シェフのウルフギャング・パック（→P.506）は、バターたっぷりのパイ生地で作った台にキャビアと卵を入れました。ひと口食べたら天にも昇る心地になるに違いありません。

もしキャビアを食べたくてしょうがないなら、次のことを覚えておきましょう。デイヴィッド・ローゼンガーテンは、上質のキャビアは卵黄とバターの味がすると言っています。ですから、バターを塗ったそば粉のブリヌイ［blini］に、ゆでたばかりの卵黄を刻んでのせ、目をつぶって食べればいつでもキャビアの味が楽しめます。

キャビア&鶏肉→「鶏肉&キャビア」P.33

キャビア&バナナ

革命以前のロシアでは、ロシア皇帝の子どもたちは、つぶしたバナナとキャビアを食べて1日を始めていました。朝食にベーコンと卵を食べることに少し飽きてきたら、この知識が何かの役に立つかもしれま

※33　ウォータービスケット［water biscuits］…小麦粉と水に塩と脂肪を加えたクラッカー。
※34　ブリヌイ［blini］…ロシア風のクレープ。

せん。

キャビア&ヘーゼルナッツ→「ヘーゼルナッツ&キャビア」P.336

キャビア&ホワイトチョコレート

イギリス人シェフ、ヘストン・ブルーメンソール（→P.509）は、甘い食物の風味を引き出す塩の力について調べていました。ホワイトチョコレートとハムやアンチョビ、鴨の燻製をそれぞれ合わせているうちに、ホワイトチョコレートとキャビアの組み合わせが特にすばらしいことに気がつきました。風味の専門家フランソワ・ベンジは、この2つの食材は風味の化合物が共通しているので、相性がいいのかもしれないと書いています。

このことからブルーメンソールは、組み合わせの相性のよさを、食材が共通に持つ化合物の観点から調査するようになりました。そして、現在相性がいいと言われる組み合わせは、同じ有機化合物を持つことが多いという結論に達しました。逆に、うまくいきそうにない組み合わせでも相性がよいとわかったもの（たとえば、コーヒーとにんにく、パセリとバナナなど）も紹介しています。

大切なのは想像力と直感です。私にとって、キャビアとホワイトチョコレートの組み合わせは、フランス人シェフのアラン・サンドランス（→P.506）の考えた、ロブスターとバニラの組み合わせを高尚にしたようなものです。ホワイトチョコレートの風味は主にバニラで、かすかにバターと、生クリームとチーズの香りがします。これらの香りが魚卵とマッチするのでしょう。

キャビア&レモン

ホタテにかける、おいしいソースを作りましょう。ホタテをシンプルにバターで炒めて、火が完全に通る直前にレモン果汁少量とキャビアを加えます。レモンはよくキャビアと一緒に出されますが、上質で繊細な風味のキャビアにレモンを搾るのは、理想とはいえません。

Oily Fish
オイリーフィッシュ（脂分の多い魚）

　オイリーフィッシュは白身魚よりも濃厚で、強い風味を持っています。昔から相性がいいとされる風味の組み合わせは、グースベリーまたはホースラディッシュとサバ、キュウリとサーモン、クレソンとトラウト〔trout〕※35 などで、魚の脂っぽさを消してくれるものと一緒になっています。レモンも同じような役割をし、同時に、強い魚くささも取り除いてくれます。

　アジア料理に使われるコリアンダーリーフとライム果汁は、両方一緒に使っても、どちらか単品で使っても、同じような効果が得られます。塩漬けのケッパー、オリーブ、プロシュート、貝・甲殻類は、サバ、ニシン、サーディン、ヒメジ〔red mullet〕※36 などの海塩の味が効いたオイリーフィッシュの甘さを引き出します。

　ここでは、土のような味がする淡水魚と、サーモンやトラウト、グレイリング〔grayling〕※37、ウナギなどの回遊性魚類※38、そして、肉のような風味のメカジキやマグロについても述べます。（→白身魚の冒頭文P.200）。

オイリーフィッシュ＆アーモンド→「アーモンド＆オイリーフィッシュ」P.341

オイリーフィッシュ＆アスパラガス

　湿地に生えるサムファイアはときどき、「海の」または「貧乏人の」アスパラガスと呼ばれます。怒りっぽい湿地帯の住人が、塩気のある沼に膝までつかって、愛すべきみんなの島についてブツブツ言いながら、ナプキンとサラダ用フォークと「彼らの」アスパラガスを持っているところをちょっと想像してみてください。本物のアスパラガスと同じように、バターやオランデーズソースを添え、多くの場合サーモンなどの魚介類の付け合わせとして食べます。サムファイアもアスパラガスも5〜6月が旬ですが、サムファイアの値段はアスパラガスの4倍です。

オイリーフィッシュ＆アニス

　魚とアニスの香りのするハーブや香辛料、酒の組み合わせは、数えきれないほどありますが、そのなかには、軽くゆでたサーモンステーキと新鮮で香りの強いタラゴンマヨネーズのように、手早くできてシンプルな料理が多くあります。

　しかし、もっと手のこんだ料理が好きだったら、イギリスの料理研究家エリザベス・デイヴィッド〔1913−1992〕（→P.506）の『フランス地方料理』に出てくるレシピに挑戦するといいかもしれません。

　フェンネルを詰めて焼いたヒメジを、ブランデーをかけて火をつけた乾燥フェンネルの上にのせます。フェンネルが、アニスの香りのする煙をとどめながら、同時に外に香りを放ちます。この料理をダイニングキッチンで作ったらすてきです。焦げたフェンネルの小枝にのった魚を、温かい銘々皿に取り分ける間、お客さまは、その香りを楽しめるからです。

　素朴なものよりも、より非日常的なものがよければ、イギリス人シェフ、ヘストン・ブルーメンソール（→P.509）の作った、固くてつやのある黒い甘草ゼリーでサーモンを固めた料理は、同じくらいセンセー

※35　トラウト〔trout〕…養殖されたニジマスなど。
※36　ヒメジ〔red mullet〕…海水魚で浅い砂地に生息。フランス料理では、ルージェ〔rouget〕と呼ばれ、魚料理の代表的な食材として利用される。

ショナルです。このレシピは、アスパラガスと甘草の組み合わせを研究していて考え出されました。

オイリーフィッシュ&アボカド

　アメリカ人作家デイヴィッド・カンプによると、カリフォルニアロールは1960年代に始めて考え出されたそうです。ロサンゼルスでは生のマグロが手に入る季節が限られていたため、東京會舘の寿司職人、真下一郎と今泉輝男は、タラバガニ、キュウリ、生姜にアボカドを合わせて酢飯にのせようと考えました。アボカドのバターのような食感と濃密な脂肪分が、生のマグロを思わせます。それに、カリフォルニアではアボカドが一年中採れるので、都合がよかったのです。

　真下と今泉が考えだしたこの料理は、爆発的な人気を博しました。それだけではなく、これを作ることが寿司を握る練習のようなものにもなりました。ひとたび海苔と固くて冷たいご飯の扱いに慣れたアメリカ人は、より本格的な寿司に挑戦するようになったのです。

オイリーフィッシュ&貝・甲殻類

　ヒメジは、オイリーフィッシュにあるべき塩味と甘味とこってりとした風味が完璧に調和していると言われています。サーモンまたはトラウトの繊細な風味と、サバの不器用なセクシーさとをあわせ持った味と言えるでしょう。ローマ時代の博物学者の大プリニウスは、ヒメジは牡蠣の味がすると思っていました。

　ヒメジはよく貝・甲殻類と比較されます。そして、この2つの食材の組み合わせは驚くべきものです。軽くあぶるかグリルしたヒメジに、甲殻類のソースをかけてみてください。あるいは、シンプルにラングスティーヌとグリンピースを添えてもいいでしょう。双方の食材が完璧に味を補い合って極上の味になります。

　　オイリーフィッシュ&きのこ→「きのこ&オイリーフィッシュ」P.101

オイリーフィッシュ&キュウリ

　小さくてサーモンのような魚であるキュウリウオは、水揚げされたばかりのときにはキュウリのにおいがします。なかには、その香りが摘みたてのスミレの香りだと言う人や、刈りたての草のにおいがすると言う人もいます。

　イギリスの料理研究家エリザベス・デイヴィッド〔1913-1992〕(→P.506)は、キュウリウオはフライにもっとも適した魚のひとつだと書いています。イギリスのフードライターのハンナ・グラッセ〔1708-1770〕(→P.509)は、パン粉をつけて揚げ、炒めパセリと溶かしバターを添えるとよいと書いています。

　サーモンも、甘味、酸味、金属の味、バターの風味のほかに、水揚げされたばかりのときはキュウリの香りがしますが、加熱するとその香りは薄れ、代わりにゆでたジャガイモの特質が出てきます。軽くゆでたサーモンに、ゆでた新ジャガイモとキュウリを添えるという古典的な組み合わせから見ると、ジャガイモとキュウリは、私たちが思っている以上に魚と相性がいいようです。

　　オイリーフィッシュ&牛肉→「牛肉&オイリーフィッシュ」P.56
　　オイリーフィッシュ&クミン→「クミン&オイリーフィッシュ」P.112
　　オイリーフィッシュ&クレソン→「クレソン&オイリーフィッシュ」P.134

※37　グレイリング〔grayling〕…カワヒメマス。
※38　回遊性魚類…海水と淡水を行来する魚。

オイリーフィッシュ＆グリンピース→「グリンピース＆オイリーフィッシュ」P.282

オイリーフィッシュ＆ケッパー→「ケッパー＆オイリーフィッシュ」P.138

オイリーフィッシュ＆生姜→「生姜＆オイリーフィッシュ」P.438

オイリーフィッシュ＆ジャガイモ

イギリスでは、フライドポテトを何にでも添えますが、サーモンとトラウトには添えません。環境歴史学者のピーター・コーツは、2050年までに資源が減少して、フィッシュ・アンド・チップス専門店で作られる魚のフライのほとんどはサーモンになるかもしれないと予測しています。

私に言わせればまったく説得力のない予想です。海魚のやわらかな塩味には、フライドポテトのカリカリとした塩味と最高によく合う何かがあります。一方、淡水魚の土くささは、ゆでジャガイモや新ジャガイモの持つ土の香りと調和します。サーディンやサバは、フライドポテトともゆでジャガイモとも合います。（→「パセリ＆ジャガイモ」P.268）。

オイリーフィッシュ＆タイム

グレイリング（カワヒメマス）は淡水に住むオイリーフィッシュで、水揚げしたばかりで鼻に押しつけると、タイムの香りがします。味はトラウトのようですが、おいしくはありません。1932年に出版された『イングランドの美味』で、イギリスのフードライターであるフローレンス・ホワイト〔1863−1940〕は、グレイリングはグリルで焼いて、乾燥タイムのパウダーをかけるのが一番おいしいと書いています。

オイリーフィッシュ＆卵

ニース風サラダ[39]に生のマグロがのっているのを目にしたら、どれほど気持ちが沈むことでしょう。表面を軽くあぶったマグロの角切りなら、卵やケッパー・インゲン・ジャガイモと相性がいい缶詰のツナの代わりになるかもしれませんが、ほろほろとくずれる食感に欠けます。この食感こそが、魚とドレッシングを混ぜ合わせ、卵黄の塊をほぐして、サラダ全体にしみこませていくのに欠かせないものなのです。サラダの上に偉そうに鎮座ましましているのはいただけません。

これはというものを探しているなら、トレトーリ［Tre Torry］の缶詰ヴェントレスカ［Ventresca］がいいでしょう。マグロのトロを使っているので、バターのようになめらかです。フードライターのデイヴィッド・ローゼンガーテンによると、この特質のおかげで、このツナ缶はワールドクラスのごちそうになっているということです。ただし彼はこの缶詰をとても高く評価しているので、サラダにはもっと価格の低いものを使い、缶詰は単独で味わうようにすすめています。ヴェントレスカの缶詰がスーパーマーケットに売っている標準の値段の20倍はすることを考えると、納得ですね。

オイリーフィッシュ＆タマネギ

ハワイ料理のポケは、反抗期の刺身のようです。厳しい規則と伝統にもとづく日本料理の調理法とは対照的に、ポケでは生マグロをヒヨコ豆の大きさに切り分け、さまざまな材料と一緒にマリネして、大皿に山盛りにして食べます。昔から海藻とローストしたキャンドルナッツ［candlenuts］[40]を薬味として使っていましたが、現在ではタマネギや葉ネギなど、他の多くの風味を使うことが多いようです。

日本では、トロを軽く湯通しして、ネギと一緒に繊細なだし汁に浸けます。マグロを細かく切り刻んで

※39　ニース風サラダ…卵やツナを使ったサラダ。
※40　キャンドルナッツ［candlenuts］…大きくて油っぽいナッツで、ほろ苦い風味。

タマネギと混ぜ合わせ、イタリア料理のポルペッテ［polpette］※41やハンバーガーにすると、肉の食感を感じることができます。缶詰のツナとタマネギをピザにのせたり、ツナマヨネーズ・サンドイッチに入れたり、ツナとカンネッリーニ豆とタマネギのサラダにする方法は、新鮮味こそありませんが、とてもおいしいものです。

オイリーフィッシュ&ディル

スカンジナビア半島の国々とバルト諸国には、ディルの強くさわやかな風味とオイリーフィッシュを組み合わせるレシピがたくさんあります。グラバラックス（この名前がおそらく一番知られているかと思います）は、サーモンに砂糖と塩を擦りこみ、ディルとマスタードで風味づけしたもので、ディルとマスタードのソースを添えて食べます。

このスウェーデン風マスタードは甘くクリーミーで、ディジョンマスタードやイングリッシュマスタードよりも刺激がありません。フードライターのアラン・デイヴィッドソン［1924-2003］（→P.506）は、同じ方法で作ったサバのレシピ「マクリルソーパ」を紹介しています（サーモンほどおいしくないが、十分いけると彼は書いている）。このマクリルソーパを作るのに必要なものは、サバ、ディル、水、牛乳、コショウの実だけです。できればジャガイモも少しあるといいでしょう。

アメリカでは、ツナサラダ・サンドイッチにディルを使います。フリーズドライのディルでも十分おいしくできます。ディルと魚を使った、私のお気に入りの創作料理のアイデアは、イギリス人シェフのナイジェル・スレイター（→P.508）から得たもので、サンドイッチを作るよりも簡単に作ることができます。

---

recipe

《サーモンステーキ　サワークリームとディルのソースがけ》

❶ サーモンステーキ2枚を、小さな耐熱皿にのせる

❷ タマネギ1個をごくみじん切りにし、レモン果汁大さじ1、刻んだディル大さじ1、サワークリームまたはクレーム・フレッシュ100mlを混ぜ合わせる

❸ これをサーモンの上からかけ、220℃のオーブンで15〜18分焼く（この間に新ジャガイモをゆでると、ちょうどできあがる）

❹ 食べる直前に、さらに刻んだディルを散らす

オイリーフィッシュ&唐辛子

インドや東南アジアでは、この組み合わせで作ったソースが数えきれないほどあります。もちろん唐辛子は、西ヨーロッパの料理ではそう広くは使われていませんが、ミシュランの星を持っているフランス・パリのレストラン、タイユヴァン［Taillevent］では、マグロのトロとエスプレット唐辛子［Espelette pepper］※42、レモン、ケッパー、セラーノハムを一緒に出すことで知られています。価格がぐっと安いところでは、レ・ムエット・ディアボア［Les Mouettes d'Arvor］は、サーディンと唐辛子を組み合わせて、すてきな缶に詰めました。種類は豊富で、マイルドだけれどおいしいエスプレット唐辛子を使ったものから、辛いバーズアイ唐辛子を使ったものなど、さまざまな味が選べます。

※41　ポルペッテ［polpette］…ミートボール。
※42　エスプレット唐辛子［Espelette pepper］…バスク地方で作られる赤唐辛子。

フランス人は、缶詰のサーディンに対してしかるべき敬意を持って取扱い、特に質のいいものは、ミレジム（またはヴィンテージ）という印をつけて、どれほどの期間そのサーディンを寝かせたらよいかを示しています。たとえばシャンセル［Chancerelle］の2001年ヴィンテージは、2007年に食べられるようになりました。

オイリーフィッシュ&にんにく

フードライター、パトリシア・ウェルズの考えだしたこのレシピは、「鶏肉と40かけのにんにく」（→「にんにく&鶏肉」P.155）の魚バージョンのようなものです。マグロを使いますが、メカジキでもおいしく作ることができます。実際、研究によって、メカジキには、「フライドチキン」の特質があることがわかっています。つまり、にんにくとよく合うということです。

recipe

《マグロとたっぷりのにんにく》

❶生のマグロ切り身1枚250g（厚さ約2.5cm）のものを2枚用意する

❷オイルを刷毛で塗って、コショウをふり、グリルで片面約5分ずつ、表面が不透明になり、中はピンク色の状態になるまで焼く

❸この間に、ピーナッツオイル大さじ3を鍋に入れて熱する（煙を出してはいけない）

❹にんにく（大）20かけを厚めにスライスして鍋に入れ、きつね色になるまで炒める

❺赤ワインビネガー大さじ1を加えて、鍋についたにんにく片をこそぎとるように混ぜ合わせる

❻マグロに塩コショウをして、ソースをかけ、ピペラード［pipérade］[43]を添えて食べる

ちなみに、ピペラードは卵と一緒に料理されることもあります（→「パプリカ&卵」P.287）。

オイリーフィッシュ&パセリ→「パセリ&オイリーフィッシュ」P.267

オイリーフィッシュ&ビーツ→「ビーツ&オイリーフィッシュ」P.116

オイリーフィッシュ&豚肉→「豚肉&オイリーフィッシュ」P.40

オイリーフィッシュ&ホースラディッシュ→「ホースラディッシュ&オイリーフィッシュ」P.142

オイリーフィッシュ&ミント

イギリスのフードライターのハンナ・グラッセ〔1708-1770〕（→P.509）は18世紀に書いたレシピ本で、サバを焼く前に、みじん切りにしたミント、パセリ、フェンネルを詰めるとよいと書いています。

シチリアの料理では、ミントのさわやかで力強い風味が、メカジキのグリルやサーディンのパスタなど、オイリーフィッシュを使った料理の後味をさっぱりさせてくれます。タイ料理では、刻んだ生ミントがラーブプラー［laab pla］[44]などの飾りつけに使われています。

ミントを飾りとして使う方法は、ベトナムでより普及しています。ベトナムでは、なめらかでハートの形をした、フィッシュミント［fish mint］[45]と呼ばれるハーブも一般的です。フィッシュミントはやや酸味がか

※43　ピペラード［pipérade］…トマト、タマネギ、緑パプリカをオリーブオイルで煮こんだもの。
※44　ラーブプラー［laab pla］…魚、唐辛子、ミント、ローストした米粉、ライム果汁を混ぜ合わせたスパイシーで刺激のあるサラダ。
※45　フィッシュミント［fish mint］…ドクダミ。

った魚の風味がして、牛肉や焼いた肉によく添えられています。

オイリーフィッシュ&ライム

　レモンはオイリーフィッシュの脂っぽい後味を消してくれる優秀な食材ですが、ライムは、特に濃厚な食べ物の味にも打ち勝つ刺激を持っています。さっとひと搾りするだけで、サバのフライやあぶり焼きにしたサーディンの甘さを引き出します。ライムの風味を特に強くするには、半分に切り、切り口を下にしてグリルにのせ、少し焦がすといいでしょう。また、トマトかマンゴーのサルサにライム果汁をかけると、さわやかなサイドディッシュになります。

　アラビア湾では、オイリーフィッシュの切り身を軽くあぶり、タマネギ、生姜、にんにく、香辛料、ムスクの香りのする乾燥ライムを混ぜ合わせたソースをかけて食べます。これは、カーウェルテセメックという料理です（→「クミン&オイリーフィッシュ」P.112）。

オイリーフィッシュ &ルバーブ→「ルバーブ&オイリーフィッシュ」P.360
オイリーフィッシュ &レバー→「レバー &オイリーフィッシュ」P.53

オイリーフィッシュ&レモン

　皿いっぱいに盛られた、カリカリの熱いホワイトベイト［whitebait］[※46]のフライには、果汁たっぷりのレモンの薄切りがあれば、他には何も要りません。この料理は世界中で、さまざまな形で作られています。ホワイトベイトは、ニュージーランドではフリッターにしますし、インドでは唐辛子とターメリックをまぶして食べます（→「オイリーフィッシュ&ディル」P.217）。

オイリーフィッシュ &ローズマリー→「ローズマリー &オイリーフィッシュ」P.451

※46　ホワイトベイト［whitebait］…シラスのような小魚。

オイル漬／塩漬の風味
Brine&Salt

アンチョビ
Anchovy

魚の燻製
Smoked Fish

ベーコン
Bacon

プロシュート
Prosciutto

オリーブ
Olive

Anchovy
アンチョビ

アンチョビ[※1]には、生のものも酢に浸けたもの（スペイン料理のつまみ、ボケロネスもこのうちのひとつ）もありますが、ここでは、オイルや塩に浸けたアンチョビと、東南アジアの魚醤に限ってとりあげます。

保存処理したアンチョビの強い魚の風味には少し慣れが必要ですが、加熱すると鼻につくにおいがやや消えて、濃厚な焦げた肉のいいにおいだけが残ります。このにおいが、他の魚や肉、野菜の風味を引き立てます。アンチョビエッセンスやアンチョビバター［anchovy butter］[※2]などアンチョビ風味の製品は、広く使われています。ウスターソースが、アンチョビ、タマリンド、酢、砂糖、さまざまな調味料から作られているのはよく知られているところです。

アンチョビ&オリーブ

フランス・ニースの港の周りを歩き回っているあやしいカップルのようです。見た目が派手で塩味の利いたこれらの食材は、甘くてシンプルなピザ・マルゲリータの上にのって、少しばかり味にワイルドな刺激を与えます。アンチョビとオリーブは、ピサラディエールの、格子に水玉のついた柄を作るときに使われています。

ピサラディエールはシンプルなニースの軽食で、旧市街のキオスクで売られています。夏の夜には、濃厚なタマネギのにおいが路地のすみずみまで漂っています。フォカッチャに少し似ている、厚くて弾力のある長方形のパンに濃いトマトソースを塗り、甘くてやわらかいタマネギをたっぷりとのせ、アンチョビとオリーブを使って丸バツゲームのような図を描いていくのが基本です。このとき、丸バツゲームの図は、ところどころに描くのがベストです。どこを食べてもアンチョビとオリーブの味がしたら、ありがたみがわからなくなってしまうからです。塩辛い味が、2、3口ごとに口中に広がるのが理想です（→「オリーブ&トマト」P.245）。

アンチョビ&カリフラワー

フランス人シェフ、ジョエル・ロブション（→P.507）の考えたカリフラワーとキャビア（→P.211）のアイデアは気に入ったけれども、良心がとがめたり、財布の中身が心配で手が出ない場合には、カリフラワーとアンチョビの組み合わせで作ってみてください。ちょっと華やかさに欠けますが、すばらしくおいしくできあがります。

カリフラワーとアンチョビはイタリアでは人気の組み合わせで、ゆでたカリフラワーを、揚げパン粉、アンチョビ、にんにく、唐辛子フレーク、パセリと一緒に和えてパスタソースにします。他にも、ゆでて冷ましたカリフラワーの小房を、オリーブオイル、赤ワインビネガー、マスタード、にんにく、タマネギ、アンチョビ、レモン、ケッパーで作ったアンチョビドレッシングで和えてサラダにします。

アンチョビ&牛肉

ガルムは、日干ししたアンチョビまたはサバの内臓と塩水から作られたソースです。ギリシャ人の発明

※1　アンチョビ…カタクチイワシ。
※2　アンチョビバター［anchovy butter］…ジェントルマンズ・レリッシュとしても知られているアンチョビのペースト。

だと思われていますが、ローマ人のガルム好きは有名でした。

　アジア料理に魚と牡蠣のソースを使うのと同じように、ローマ人は肉や魚ならなんにでもガルムを使いました。塩漬けのアンチョビのフィレ数枚をビーフシチューに入れるか、ロースト用の肉の塊に切りこみを入れて詰めこむと、同じような効果が得られます。アンチョビの風味が苦手でも大丈夫。この調理法だと強い塩味で魚くささがなくなり、牛肉の味がより強くなり、少しジューシーになります。

　アンチョビの料理方法にもうひとことつけ加えるなら、ベトナムのフォーボー[pho bo]※3に使うスパイシーな牛肉のだし汁について書いておきましょう。必ずしも長時間煮こむ必要がない料理で、アンチョビとにんにくバターが牛肉の風味を高めています。あるいは、タイのウィーピングタイガー・サラダを作り、ナンプラーをベースにしたドレッシングをふりかけてもいいでしょう。「ライム＆アンチョビ」P.426にあるドレッシングのようなもので、軽くあぶった牛肉のスライスにかけます。

アンチョビ＆クレソン

　塩コショウの代わりになる上品な組み合わせです。白パン2枚に、アンチョビバターを薄く塗ります。片方のパンにクレソンを山盛りにのせ、もう一枚をかぶせて茎が折れるまで抑えます。

アンチョビ＆ケッパー→「ケッパー＆アンチョビ」P.138
アンチョビ＆ココナッツ→「ココナッツ＆アンチョビ」P.405
アンチョビ＆白身魚→「白身魚＆アンチョビ」P.200

アンチョビ＆ジャガイモ

「ヤンソンさんの誘惑」という、ポテトグラタンのスウェーデン版の料理で大活躍です。シェフのベアトリス・オジャカンガスは、この料理にはスウェーデン産のアンチョビを推薦しています。一般に使われているスペイン産のものより甘味があり、塩気が少ないからだそうです。もし手に入らなかったら、燻製サーモンで代用してもよいとのことです。

---

recipe

《ヤンソンさんの誘惑》

❶バターを塗った浅い耐熱皿の底に、タマネギの薄切りとアンチョビのフィレを散らし、上から太めの千切りにしたジャガイモを一面に広げる

❷ジャガイモがかぶるくらいの生クリームを注ぎ入れ、パン粉をふって、ところどころにバターをのせる

❸アルミホイルをかぶせて、200℃のオーブンで25分焼き、次にアルミホイルをはずして、さらに20分焼く

アンチョビ＆セージ

　イタリア人はこの組み合わせを、イル・タルトゥーホ・ディ・ペスカトーレ（漁師のトリュフ）と呼びま

※3　フォーボー［pho bo］…牛肉のフォー。

す。それだけの価値のある料理です。アンチョビもセージも、それぞれが料理に確固たる風味を添えます。一緒に使うと、この世のものとは思えないほどすばらしく、それを証明するための高級な食材など必要ありません。イギリスのフードライターのハンナ・グラッセ〔1708-1770〕(→P.509)はこの2つの食材を、牛のスエット、パン粉、パセリと合わせて、豚の耳の詰め物にしました。

アンチョビ&ソフトチーズ→「ソフトチーズ&アンチョビ」P.94
アンチョビ&卵→「卵&アンチョビ」P.183
アンチョビ&タマネギ→「タマネギ&アンチョビ」P.146
アンチョビ&唐辛子→「唐辛子&アンチョビ」P.289

アンチョビ&トマト

もし今まで、うま味とは正確に言うと何だろうと考えたことがあったら、トマトとアンチョビを一緒に料理したものをひと口食べるだけで解決できるでしょう。

この2つの食材は、ピザやピサラディエール、パスタ料理のプッタネスカに一緒に使われますが、おいしいトマトがたくさん余っているなら、次のレシピをどうぞ。

recipe
《アンチョビのせ焼きトマト》
❶トマトを半分に切り、切り口を上にして天板にのせる
❷オイル漬けのアンチョビフィレを2.5cmに切り分けたものを1枚ずつのせて、黒コショウを挽きかけ、120℃のオーブンで2、3時間焼く
❸粗熱を取ってから、カンネッリーニ豆とサラミ数枚を千切りにしたものと混ぜ合わせて食べる

もし余ったら、かき混ぜるとコクのあるトマトソースなります。シンプルにパスタにかけてください。濃厚なボロネーゼソースのベースにしてもいいでしょう(→「オリーブ&トマト」P.245)。

アンチョビ&にんにく

両者とも強い個性を持っています。アンチョビの塩味とにんにくのぴりっとした甘さが、互いに負けじと争っていますが、どちらが勝つというわけではありません。それでも、アンショアイアッドにして2つの材料を合わせると、極上の味わいになります。

アンショアイアッドはプロヴァンスで考え出された冷たいディップで、にんにくとアンチョビをつぶして、オリーブオイルで溶いたものです。ピエモンテ州発祥のイタリア料理バーニャ・カウダは、フォンデュとディップの中間のようなものです。

recipe

《バーニャ・カウダ》

❶ バター100g、オリーブオイル175ml、アンチョビフィレ12枚、にんにく6かけをなめらかになるまで混ぜ合わせる

❷ 底の厚い鍋に入れ、弱火で15分、ときどきかき混ぜながら加熱する

❸ テーブル用コンロに鍋をのせるか、フォンデュディッシュに中身を注ぎ入れる

❹ ソースを温めながら、ひと口大に切った生のカリフラワーやフェンネル、セロリ、パンなど、入れたいものを浸す

アンチョビ&ハードチーズ

「偽カニ」を作る昔のイギリスのレシピがあります。おろしたハードチーズ、アンチョビ数枚、アンチョビエッセンス適量、マスタード、冷たいホワイトソース少量、カイエンヌペッパーひとつまみを混ぜ合わせたもので、これをパンに塗ってサンドイッチを作ります。カニとはまったく関係のない不思議な食材のことを考えなければ、文句なしにおいしい料理です。

アンチョビは、チーズストロー[cheese straw]※4 の風味づけに使ったり、おろしたパルメザンチーズと刻んだパセリと溶かしバターをぬった棒状のパンにのせ、オーブンで焼いたりもします。ウスターソースの主要な材料でもあります。もし、アンチョビとハードチーズは神の意に沿った組み合わせだという確固たる証明が欲しいなら、チーズトーストにウスターソースをところどころ垂らしたものを食べてから、ソースなしで食べてみてください。あるいは、チーズトーストの遠いいとこにあたる、シーザーサラダを作ってみてください。

recipe

《シーザーサラダ》

❶ パンにオイルとにんにくを塗り、ちぎってトーストし、クルトンを作る

❷ このクルトンを、ちぎったロメインレタス適量、アンチョビフィレ数枚、おろしたパルメザン、オリーブオイル、レモン果汁、生卵または1分だけゆでた卵1個とかるくかき混ぜる

❸ 全体が混ざっているか確認してから食べる

アンチョビ&パイナップル→「パイナップル&アンチョビ」P.375
アンチョビ&ビーツ→「ビーツ&アンチョビ」P.116

アンチョビ&ブロッコリー

アンチョビは慎み深さのお手本と言えるでしょう。料理の風味を下で支えながら、信頼されている付き人のように姿を見せません。しかし、次に紹介するイタリアのパスタ料理では欠くことのできない大切な

※4 チーズストロー [cheese straw] …チーズ風味の細長いビスケット。

材料です。アンチョビの濃厚な塩味が、ほろ苦いブロッコリーと対照的で、贅沢な効果を生み出しています。とりわけパープルブロッコリーを使うと、アンチョビのソースがつぼみや葉のひだにうまくからみます。

recipe
《アンチョビのソースとブロッコリーのパスタ》
❶ フライパンに、オリーブオイル大さじ2を温め（熱くてはいけない。アンチョビのフライができてしまう）、アンチョビのフィレ6枚を入れて木べらなどでくずす
❷ 刻んだにんにく適量、唐辛子フレーク、ブロッコリーひと房分を切り分けてゆでたものを加える
❸ ブロッコリーをフライパンに押しつけてソースをからめ、パスタを入れて全体を軽く混ぜ合わせる
❹ 上からたっぷりとおろしたパルメザンチーズをふりかけて、できあがり

アンチョビ&ライム→「ライム&アンチョビ」P.426
アンチョビ&仔羊肉→「仔羊肉&アンチョビ」P.66

アンチョビ&レモン
　アンチョビ2、3枚をすりつぶし、レモン果汁少量と一緒にペーストにして、オリーブオイルと好みで塩コショウを加えます。ルッコラやチコリなどの苦い葉野菜のサラダにぴったりのドレッシングのできあがりです（→「ケッパー&アンチョビ」P.138）。

アンチョビ&ローズマリー
　ごく細かいみじん切りにしたローズマリー小さじ1とみじん切りにしたアンチョビのフィレ数枚を、マヨネーズに入れて混ぜ合わせ、ローストビーフのサンドイッチに入れたり、グリルで焼いたサバに添えたりしてみてください（→「仔羊肉&アンチョビ」P.66）。

Smoked Fish
魚の燻製

燻製の風味は、グアイアコールなどの化合物で作られます。グアイアコールは、芳香で甘く、燻製の
ソーセージの味がして、クローブの主要な風味成分であるオイゲノールを含みます。ちなみに、グアイア
コールもオイゲノールも、樽で熟成したワインにも含まれています。フィッシュパイとオーク材の樽で熟成
したシャルドネワインがあれほど自然に合うのはこのためです。

燻製した食物には、革や薬、果物、ウイスキー、シナモン、キャラメル、バニラの香りを感じるかも
しれません。どの風味の特質が強く感じられるかは、生の材料がどのように処理されたかで決まります。
たとえば、燻製ニシンのようにはらわたを取り出していない魚は、はらわたを抜いた魚よりも魚臭さが強
くなります。燻製の方法も特徴を左右する要因となり、使われた木の種類や、いぶした時間も風味を左
右します。

とはいえ、あなたが手にしたニシンに、多くの木材がいつも使われているとはかぎりません。スモーク
リキッドと呼ばれる香料は、燻製の時間や費用を節約するためにしばしば用いられ、魚介類だけでなく
肉や豆腐にも使われています。アメリカでは、バーベキュービーンズを作るためのスモークリキッドがス
ーパーマーケットの棚に並んでいます。ここでは、サーモン、トラウト[trout]、サバ、ウナギ、ニシ
ン、ハドック[haddock]について述べています。

魚の燻製＆貝・甲殻類→「貝・甲殻類＆魚の燻製」P.194

魚の燻製&キャビア

燻製サーモンとキャビアの組み合わせは比較的ありふれています。もっと贅沢にしたい場合、フラン
ス・パリにあるキャビア専門店「キャビア・カスピア[Caviar Kaspia]」では、9種類のキャビアと、燻
製のトラウト、ウナギ、チョウザメを好きに組み合わせてオーダーすることができます。どのように組み
合わせてもおいしくいただけますが、脂と身がストライプ模様になっている、なめらかなサーモンにつや
のある黒い卵を添えたものほどすばらしい一品はないでしょう。

白いクレーム・フレッシュかサワークリームを塗ったブリヌイ[blini]にのせると最高です。

ウルフギャング・パック(→P.506)は、アメリカ・ロサンゼルスにある彼のレストランで、燻製サーモン
とキャビアをのせたオリジナルのピザを作りました。似たようなものを作ってみましょう。

recipe

《サーモンとキャビアのピザ》
❶ピザ台ににんにくとチリオイルを刷毛で塗り、タマネギを散らしてオーブンで焼く
❷この間に、みじん切りにしたベルギーエシャロット、ディル、レモン果汁をサワークリームに混ぜ

※5　トラウト[trout]…養殖されたニジマスなど。
※6　ハドック[haddock]…タラ科の魚。和名はモンツキダラ。
※7　ブリヌイ[blini]…ロシア風のクレープ。

こむ
❸ピザ台が香ばしく焼けたら取り出して冷まし、先ほど作ったクリームを塗って、大きな燻製サーモンを覆うようにかぶせる
❹チャイブを散らし、キャビアをスプーンで数杯のせる

魚の燻製&キャベツ

ハムの燻製がシュークルート・ガルニ[choucroute garnie]^{※8}に使われているのと同じように、魚の燻製はシュークルート・ドゥ・ラ・メール[choucroute de la mer]^{※9}に使われ、広く受け入れられています。シュークルート・ドゥ・ラ・メールには一般的に、おなじみのキャベツの千切りとジャガイモの他に、白身魚や魚の燻製など、さまざまな魚介類が盛り合わせてあります。

魚の燻製&クレソン→「クレソン&魚の燻製」P.135

魚の燻製&グリンピース

グリンピースは、魚もハムの燻製も大好きです。ですから、どちらかひとつと言われても選ぶことができません。甘いグリンピースは、ケジャリーや燻製ハドックのリゾットに、生き生きとした愛らしい彩りを添えます。

魚の燻製&ケッパー→「ケッパー&魚の燻製」P.139

魚の燻製&ココナッツ

タイでは、ココナッツの殻の上でゆっくりと燻製した小さな魚をパークロップと言います。タイ料理のシェフであるデイヴィッド・トンプソンによると、燻製ベーコンの味がするそうです。ヨーロッパで代用品を見つけるなら、温燻法で燻製したトラウトがいいそうです。『タイ料理』という本の中で彼は、パークロップを魚の燻製とココナッツのスープに入れたり、柚子の皮と一緒にサラダにしたり、ホーリー・バジルと唐辛子と一緒に炒めものにしたりしています。

魚の燻製&ジャガイモ

ジャガイモと魚の燻製の組み合わせは、北ヨーロッパ料理には欠かせません。ジャガイモは食事のボリュームをアップするのはもちろんですが、粗い風味を和らげる役割も果たします。冷凍冷蔵技術がなく、魚を長く持たせるために塩漬けなどの保存処理が強めに行われていた時代には、ジャガイモは特に重宝されたことでしょう。このように実用的に使われた過去を背負いながらも、フィッシュケーキ[fishcake]^{※10}は、魚の燻製のチャウダーや、カレン・スキンクというチャウダーに似たスコットランドのスープと肩を並べて、世界でも特にしゃれたいくつかのレストランのメニューに載っています。

魚の燻製&ソフトチーズ→「ソフトチーズ&魚の燻製」P.96

※8　シュークルート・ガルニ[choucroute garnie]…ザワークラウトの上にソーセージや豚肉をのせたもの。
※9　シュークルート・ドゥ・ラ・メール[choucroute de la mer]…ザワークラウトの上に魚介類をのせた料理。
※10　フィッシュケーキ[fishcake]…マッシュポテトとほぐした魚の身を混ぜ固めて焼いた料理。

魚の燻製&卵

　この2つの食材を使うと、1日の食事ができます。朝ごはんにはケジャリー［Kedgeree］。これはハドック［haddock］の燻製をほぐしたものをターメリックで黄色くしたスパイシーなご飯に混ぜこみ、グリンピース、ゆで卵を添えた料理です。

　昼ご飯には卵マヨネーズと、H.フォーマン&サン［H.Forman&Son］のロンドン製燻製サーモンの薄切りをはさんだサンドイッチ。ここのサーモンは軽く燻されてあり、燻製器の煙の味よりも魚の味がします。

　午後のお茶の時間には、なめらかなマッシュポテトの上に白身魚の燻製の切り身をのせ、ポーチドエッグをサーカスの曲芸のようにバランスよくのせます。

　1日の最後にはサヴォイホテル［Savoy］に出かけ、アーノルド・ベネット・オムレツで遅い夕食をとりましょう。これはハドックの燻製を使ったオリジナル料理で、オランデーズソースとベシャメルソースをかけるため、味が2倍豊かになっています（「卵&キャベツ」→P.184）。

　　魚の燻製&タマネギ→「タマネギ&魚の燻製」P.148
　　魚の燻製&チェリー→「チェリー&魚の燻製」P.349

魚の燻製&ディル

　刻んだディルの葉は、燻製サーモンとサワークリームをのせたそば粉のブリヌイ［blini］に飾ったり、燻製サーモンを使ったクリーミーなパスタソースに混ぜこんだりします。

　フードライターのジュリー・ロッソとシーラ・ルーキンスは、魚の燻製とディルを使ったキッシュを作りました。一方シビル・カプールは、ビーツのタリアテッレにトラウトの燻製とディルのソースをからめました。（→「オイリーフィッシュ&ディル」P.217）。

魚の燻製&パセリ

　パセリは岩と雨、そしてみずみずしい草木の味がします。塩味の利いたスコットランド産魚の燻製にぴったりの食材はなんでしょうか？　それは生き生きとした緑の小枝に潜む自然のエッセンスです。

　パセリをみじん切りにして、燻製サーモンやアーブロース・スモーキー［Arbroath smokie］[※11]、またはキッパーを添えたスクランブルエッグのごつごつした山にふりかけましょう。

魚の燻製&ホースラディッシュ

　牛肉の付け合わせとして広く使われているホースラディッシュが、他の風味、特にオイリーフィッシュにも合うはずだということは見落とされがちです。少なくともイギリスではそうした傾向にあるように思います。東ヨーロッパや北欧の国々、ユダヤの料理が食べられている場所ではそんなことはありません。ホースラディッシュを燻製サバのパテに混ぜて、全粒粉のトーストに厚く塗ってみてください。

魚の燻製&レモン

　ウナギは、海洋保全協会の分類では「食べてはいけない」等級に入れられているそうです。イギリス人シェフのヒュー・ファーンリー・ウィッティングストール（→P.509）とイギリスのテレビ作家ニック・フィッ

※11　アーブロース・スモーキー［Arbroath smokie］…スコットランドの町アーブロースで作られるハドックの燻製の一種。

シャーは、『River Cottageのフィッシュブック』で、濃厚で土の風味がするウナギの燻製は、魚の燻製のなかでももっともおいしいもののひとつだと書きながらも、「ウナギの燻製を食べたければ、道義心と戦わなければならない」ともつけ加えています。これもまた、無性に食べたくなる原因のひとつかもしれません。

　しかしおそらく、レモン、コショウ、ホースラディッシュのクリームを用意して、トラウトなど、おいしくて土の香りのする他の燻製の魚を食べるほうが賢明でしょう。くし切りレモンは、燻製サーモンの付け合わせとして広く使われています。柑橘類の果汁は魚の脂っぽさを消し、燻製の風味を引き立たせます。

Bacon
ベーコン

　世界のなかでも最高の調味料のうちのひとつで、ベーコンが引き立てることのできない風味はないと信じている人もいます。燻製ベーコンは、燻製していないものよりも風味が強く、塩気があってスパイシーです。ストリーキーベーコン［streaky］[12]は、赤身のベーコンよりも脂分が多く、より風味が豊かで甘味があります。このため、たった1枚の燻製ストリーキーベーコンをスープやシチューに入れるだけで、ブイヨンの素をひとかけら入れるよりもはるかにおいしくなります。

　塩気の利いたベーコンは、他の食材の甘さを引き出し、苦味をまろやかにします。加熱したベーコンの香りと風味が、菜食主義者にとって大きな誘惑になっているのはよく知られているところです。でも、菜食主義者用に加工したものやコーシャーベーコン風味のものなら、カリカリの破片状ものや、ベーコンソルト、ベーコン風味のマヨネーズの形で売っています。ここでは、ハムステーキと調理済みハムについても述べています。燻製の風味に関してもっと知りたければ、「魚の燻製」P.227の冒頭の文章を参照してください。

ベーコン＆アーティチョーク→「アーティチョーク＆ベーコン」P.177

ベーコン＆アニス

　私は、腊肉（ラーロウ）が国際的に流行すると予想しています。中国のベーコンとして知られるもので、豚肉を醤油、砂糖、米酢、スターアニス（八角）で漬けたものです。大根、干しシイタケ、エビなど、いろいろな材料と混ぜ合わせて風味豊かな大根もちを作り、中国の旧正月に食べます。薄切りにしてブロッコリー、米酢、醤油、にんにくと一緒に料理することもありますが、この料理を見ると、フェンネルソーセージとブロッコリーという典型的なイタリア料理の組み合わせを思い出します。腊肉には強いアニスの風味があるため、魚介類と合わせても自然なおいしさが作り出せます。

ベーコン＆アボカド→「アボカド＆ベーコン」P.278
ベーコン＆ウォッシュチーズ→「ウォッシュチーズ＆ベーコン」P.79
ベーコン＆オレンジ→「オレンジ＆ベーコン」P.422

ベーコン＆貝・甲殻類

　クラムカジノ［clams casino］[13]にすると最高です。

recipe

《クラムカジノ》

※12　ストリーキーベーコン［streaky］…赤身と脂身が縞状になっているベーコン。
※13　クラムカジノ［clams casino］…片側の貝殻をはずした貝に、ベーコンとパン粉をのせて焼いたもの。

オイル漬／塩漬

ベーコン

❶みじん切りにしたタマネギ、赤パプリカ、にんにく、ベーコンを、オリーブオイルで炒める

❷一枚の殻を取った生のアサリやハマグリにのせ、パン粉をふりかけてオーブンで焼く

　もし貝がとても小さかったら、ベーコンを小さく切ったほうがいいでしょう。ベーコンに邪魔されることなく、噛みごたえのある塩味の貝を味わうことができます。

　気をつけなければならないのはその量です。ベーコンは貝の風味を支えるのであって、目立ってはいけません。ムール貝とベーコンのスープや、ロブスター・クラブサンドイッチ、ホタテにベーコンを巻きつけるときにも、同じ点に注意してください。

　　ベーコン＆牡蠣→「牡蠣＆ベーコン」P.210

　　ベーコン＆カルダモン→「カルダモン＆ベーコン」P.447

　　ベーコン＆きのこ→「きのこ＆ベーコン」P.106

　　ベーコン＆キャベツ→「キャベツ＆ベーコン」P.165

　　ベーコン＆牛肉→「牛肉＆ベーコン」P.62

ベーコン＆クローブ

　冷蔵技術が広まる前は、ベーコンとハムはもっとずっと強く味つけされていました。肉を保存するということは、強く燻すということを意味していたためで、当時の燻製肉は現在の味覚にはなじみのない、むっとするような臭気を帯びていました。しかし今でも燻製の程度は、ベーコンやハムを特徴づける主要な要素のひとつになっています。

　オイゲノールはクローブ特有の風味の素となる成分ですが、燻製の過程で食べ物に行き渡る化合物のひとつです。私は、燻製ベーコンを使って作った料理（今回は、ヒュー・ファーンリー・ウィッティングストールのバーベキュービーンズを作りました）と、燻製していないベーコンとクローブを使って作った料理とで、どのような違いが出るか試してみたくなりました。

recipe

《バーベキュービーンズ》

❶500gの乾燥豆を一晩水に浸し、そのうちの半量を、ひと口大に切った燻製ベーコン200g、4等分したタマネギ（小）2個、糖蜜大さじ1、イングリッシュマスタード小さじ山盛り1と一緒に弱火で煮こむ

❷残りの豆250gには、燻製していないベーコン200gと、燻製ベーコンに加えたのと同じ材料を同量、そしてクローブ2個を加える

　燻製していないベーコン＋クローブで煮こんだものは、すべての材料の味が独立したままでした。ク

ローブは、映画『未知との遭遇』のなかでマザーシップのあとをついていく小さな宇宙船のように、他の材料の背後で風味を漂わせているだけでした。一方、燻製ベーコンを使用したものでは、燻製の風味が豆の皮の下を含む、すべての材料にしみこんでいました。ぐっと味が際立って肉の風味が増し、もう一方よりもずっとおいしくできあがったのです。

ベーコン&グリンピース

　私が子どもの頃、両親の知り合いに、一週間の曜日によって食べるものが決まっている夫婦がいました。水曜日はラムチョップ、火曜日はスパゲッティ・ボロネーゼ、金曜日はフィッシュ・アンド・チップス……。毎週毎週、何年も同じものを繰り返し食べていました。
「ママ、誕生日もなの?」と私が尋ねると「そうよ」と返事が返ってきました。スウェーデンの学校や警察の食堂、社員食堂、王室、監獄では、木曜日の昼食か夕食には決まって、アートショッパという豆とハムのとろみのあるスープが出され、デザートにはサワークリームとコケモモのジャムを添えたパンケーキが出されます。昔から、畑で働く農夫が金曜日の断食[※14]に耐えられるよう、スープは常に前日の夕方の食事でした。この日には、温かいプンシュを少量飲むこともよくあります。プンシュは、ラム酒に似たインドネシアの酒アラックをベースにした甘いリキュールです。

　　　ベーコン&白身魚→「白身魚&ベーコン」P.205
　　　ベーコン&ジャガイモ→「ジャガイモ&ベーコン」P.127
　　　ベーコン&セージ→「セージ&ベーコン」P.458

ベーコン&タイム

　ベーコンとタイムは、自然な塩味の調味料になります。緑レンズ豆やヤマウズラ、芽キャベツに使ってみてください。刺激のあるタイムは、うがい薬や歯磨き粉、咳止め薬の風味づけに使われていて、消毒効果があると言われています。燻製ベーコンも救急箱のプンとしたにおいがしますが、これは燻製の過程で、薬効成分とヨウ素の特質がしみこむためです。文字で読むと食欲をそそられないかもしれませんが、実際にはとてもおいしいのです。なにしろ、ラフロイグやラガヴーリンといったシングルモルト・ウイスキーもよく、ヨウ素や海藻、タール、絆創膏(ばんそうこう)の香りがすると表現されているのですから。

ベーコン&卵

　まさにイギリスの組み合わせです。正統なアイルランドの朝食、イタリアのスパゲッティのカルボナーラ、フランスのキッシュロレーヌ、そして、サラダ・フリゼ・オー・ラードン・エ・オーフ・ポシェ[salada frisée aux lardoons et oeuf poché][※15]でもおなじみです。また、アメリカのベーコン&エッグ・マックマフィンとエッグベネディクトでも使われています。
　私はエッグベネディクトにはまったく興味はなかったのですが、アメリカ・サンフランシスコのザ・キャンティーン[The Canteen]と呼ばれる狭くて細長い食堂で、シェフのデニス・リアリーが作ったものを食べてから、がらりと印象が変わりました。ふわふわのマフィン、やわらかいハム、今にも壊れそうだけれども完璧に作られた2個のポーチドエッグ、それに何と言ってもオランデーズソース。とても軽く、私が最初のひと口を食べる瞬間、シェフと助手が同時に身を乗り出して、「バター」と「レモン」とささやい

※14　金曜日の断食…キリスト教の福音書によれば、金曜日はイエスが十字架に架けられた日であり、キリスト教圏では伝統的に断食の日とされている。
※15　サラダ・フリゼ・オー・ラードン・エ・オーフ・ポシェ[salada frisée aux lardoons et oeuf poché]…エンダイブの縮れた葉先に細切りベーコンをからませ、上にやわらかいポーチドエッグをのせたもの。

たかのようでした。

ベーコン&タマネギ

　ハムとポロネギ（リーキ［leek］）は、ベーコンとタマネギをより上品な風味にしたもので、これを使えばステーキ&キドニーパイに負けないぐらいおいしい、蒸したスエットプディングやパイを作ることができます。この組み合わせは、特にアメリカ・ペンシルヴェニア州とその周辺地域で人気があり、春には「ハムとポロネギ（リーキ）の料理はいかが」という看板が公民館や消防署の外に掲げられています。ワイルドリーキ［wild leek］は、タマネギとにんにくを足して2で割ったようなピリッとした風味が特徴的な野菜です（→「タマネギ&セロリ」P.108）。

　　ベーコン&チョコレート→「チョコレート&ベーコン」P.17
　　ベーコン&唐辛子→「唐辛子&ベーコン」P.294
　　ベーコン&トマト→「トマト&ベーコン」P.367

ベーコン&鶏肉

　正統なクラブサンドイッチは、1層（2層ではなく）、または3層、あるいは7層でなければいけません。アメリカ人シェフのジェイムス・ビアード〔1903-1985〕（→P.507）は、トーストしたパン2枚が絶対的な最大枚数だと断言しています。そこに、グリルで焼いて冷ましたベーコン、鶏肉または七面鳥の薄切り、トマトの薄切り、アイスバーグレタス、そしてマヨネーズをいっぱいにはさみこみます。マヨネーズをけちってはいけません。ポテトチップスを添えて食べましょう。クラブサンドイッチとポテトチップスは両方とも、ニューヨークのサラトガ・クラブハウス［Saratoga Club House］で考えられたと言われています。シャンパンも一緒にどうぞ。

　　ベーコン&トリュフ→「トリュフ&ベーコン」P.160

ベーコン&ハードチーズ

　チーズの生成と豚の飼育は、うまい具合に両立します。酪農業の副産物を食べて大きくなった豚で作るハムは、いっそう豊かな風味を持っています。たとえばイタリアのパルマのハム用の豚は、パルメザンを作るときに残った乳清を食べています。できあがるハムはとても調和のとれた味をしているので、チーズとハムでサンドイッチを作るだけで十分おいしく味わうことができます。

　実際、おいしいハムとチーズのサンドイッチを作ることができるかどうかは、一般的に、その国の食物の質を示す確かな指標となっています。スペインでは、パリッとした皮のロールパンに、塩味の利いたマンチェゴチーズと噛みごたえのあるスパイシーなハモン・イベリコをいっぱいに詰めます。フランスでは、加熱済みハムとエメンタールチーズをはさんだバゲットに、冷たいクローネンブルグビールを合わせます。イタリアの空港の出発ロビーでは、田舎風のプロシュートとペコリーノをはさんだパニーノのようなものがあり、食べ逃すまいとするうちに飛行機に乗り損なってしまいそうです。

　　ベーコン&バターナッツカボチャ→「バターナッツカボチャ&ベーコン」P.323

※16　ワイルドリーキ［wild leek］…地元ではランプスと言われている。

ベーコン＆バナナ→「バナナ＆ベーコン」P.395

ベーコン＆パースニップ

パースニップと塩味の利いたベーコンを一緒にすると、パースニップの甘くピリッとした強い風味が引き立ちます。スープに入れて煮こむか、ベーコンとパースニップのマッシュを作ってレバーかホタテに添えましょう。

しかし、ベーコンよりも、パンチェッタと組み合わせてパスタやリゾットにするといいかもしれません。パンチェッタはベーコンと同じように塩漬けしてありますが、普通燻製にはしません（燻製した場合は、アッフミカータと呼ばれる）。加熱すると、プロシュートにもある花や果物の香りなどの複雑な風味が表に出てきます。そのため、ときにはパンチェッタをプロシュートの代わりに使うこともできます。アスパラガスや魚介類の周りに巻いてもいいでしょう。信用できる食料品店で、極薄切りにしたパンチェッタを買ってみてください。盛り合わせにしてクルード [crudo]※17 で食べてもいいでしょう。

ベーコン＆パイナップル

ハワイのピザはおいしいのでしょうか？　ナポリでサーフィンするよりもいいですね。でもそれだけです。

ベーコン＆パセリ→「パセリ＆ベーコン」P.269

ベーコン＆パプリカ→「パプリカ＆ベーコン」P.287

ベーコン＆豚肉→「豚肉＆ベーコン」P.46

ベーコン＆ブラックプディング→「ブラックプディング＆ベーコン」P.50

ベーコン＆ブルーチーズ

アメリカ・オレゴン州のセントラルポイントにあるザ・ローグ・クリーマリーチーズ [The Rogue Creamery] は、自社のオレゴン・ブルーチーズを、ヘーゼルナッツの殻の上で16時間燻製します。できあがったものはキャラメルとヘーゼルナッツの香りがし、そのおだやかな燻製の風味は、ベーコンとブルーチーズという昔ながらの組み合わせを思い起こさせます。

しっかりとした風味を持つベーコンとブルーチーズを、十分に冷やしたほろ苦い葉野菜と混ぜ合わせてサラダにしましょう。冷蔵庫から出したばかりのチコリや赤チコリを使うといいでしょう。さっぱりとした塩味の料理が欲しい暑い日にぴったりのレシピです（→「ベーコン＆リンゴ」P.235、「ウォッシュチーズ＆ベーコン」P.79）。

ベーコン＆ブロッコリー→「ブロッコリー＆ベーコン」P.173

ベーコン＆ホースラディッシュ→「ホースラディッシュ＆ベーコン」P.143

ベーコン＆リンゴ

フィジェットパイは昔から伝わるイギリスのレシピで、薄切りにしたリンゴ、ベーコン、タマネギ、そしてときにはジャガイモを重ね、水を加えて混ぜ合わせ、塩コショウで味つけをしてショートクラスト・ペストリーをかぶせて焼きます。豚肉とリンゴもよく合いますが、ベーコンとリンゴのシンプルな組み合わせ

※17　クルード [crudo] … 「生」の意。

も、特別な風味づけをしなくても十分においしいものです。

　しかしもっとしゃれた味にしたければ、リンゴ酒とナツメグを加えるといいでしょう。ニューヨークのレストラン、バビーズ［Bubby's］では、くずしたロックフォールチーズを加熱したリンゴ、ベーコン、蜂蜜、タイムに混ぜこみ、ペストリー台に入れ、さらにペストリーの蓋をして焼きます。

ベーコン＆レバー→「レバー＆ベーコン」P.54

Prosciutto
プロシュート

イタリア語の「プロシュート」という単語は、加熱済みのハムを指すこともありますが、本書ではより一般的に、主にイタリアとスペインで作られている生の塩漬けハムを指すことにします。

スペインのセラーノハムはとても繊細だと考えられているため、皿にはセラーノハムだけを盛るのがふさわしいと言う人もいます。乾塩処理したハムに果物を添えるのは、味が穏やかなパルマハムやサンダニエーレハムのほうが適しています。これらのハムは、ボッティチェッリの描いたヴィーナスのキスのように甘くてやわらかく、塩味が利いています。一方セラーノは、ティツィアーノの描いた、森から酔ってもどってくるバッカスの抱擁のようです。

この違いの一因は、異なる製造過程だと考えられています。熟成するうちに、セラーノハムの表面に菌が育ち、きのこや森の風味を作り出していきます。一方パルマハムでは、菌の生育が抑えられています。パルマハムは内部の水分を保つために表面に脂肪が塗られますが、セラーノの水分は蒸発するに任せていて、そのため風味が凝縮されるのです。

最後にアメリカのフードライターであるハロルド・マギー（→P.509）の言葉を紹介しておきましょう。彼は「スペイン産ハムの製造に使われている亜硝酸エステルは、パルマとサンダニエーレには使われていない。だがパルマとサンダニエーレは、果物の香りを放つエステルの発達を熟成の過程で促すので、セラーノよりも多くのエステルを含む」と記しています。

プロシュート&アーティチョーク

イタリアのアンコーナで、さえないホテルに夜遅くチェックインして部屋に入ると、プロシュートの皿とパンのバスケット、ワインのデカンター、自家製のアーティチョークのマリネが用意されていました。死にそうなほどお腹がすいて、フライトで疲れきった出張中の身にとっては、お札の山ほどに、いえ、それよりずっと価値のあるものでした。透き通ったハムの切り身は、アーティチョークにのせると甘く塩味の利いたシルクのようで、噛みごたえがあり、硫黄の香りがして、かすかな苦味が感じられました。

プロシュート&アスパラガス

まだ熱いアスパラガスの周りに、やわらかくて塩味のプロシュートを巻いてみてください。肉の脂がやわらかくなって風味を放ち始め、アスパラガスの硫黄の香りの甘さと重なって、夢のようなコントラストを描き出します。

問題になるのはただひとつ、それがくせになってしまうことです。アスパラガスの周りに小さなプロシュートを巻きつけることから始まって、それがアンコウの切り身になり、やがてはハムの薄切りで物を巻き包むという一風変わった楽しみのとりこになってしまうのです。

私は、食肉加工品を使って、歴史的建造物や自然などを巨大な布で梱包する美術家クリスト（→P.507）のように、物を包むという幻想をいだいています。ジュニパーベリーで燻製したウェストファリアン・ハムで巻いたライヒスターク[18]、フランス・バイヨンヌ産のジャンボン・クリュ［jambon cru］[19]で巻いたポンヌ

※18　ライヒスターク…ドイツ帝国議会議事堂。
※19　ジャンボン・クリュ［jambon cru］…生ハム。

フの橋などはどうでしょうか（→「プロシュート&白身魚」P.239）。

プロシュート&イチジク

イギリスの料理研究家エリザベス・デイヴィッド〔1913−1992〕（→P.506）は『イタリアンフード』のなかで、プロシュートとメロン、またはもっとおいしいプロシュートと生イチジクを組み合わせることを思いついた人はすばらしいと称賛しています。

イチジクの果物と花のようなやさしい風味は、メロンのように他を圧倒するような強さがありませんし、なめらかなハムに対して際立つやわらかなシャリシャリとした種の食感は、とてもここちよいでしょう。

どちらの果物も旬ではない場合、デイヴィッドによれば、半分に折ったプロシュートの間に薄切りバターをはさむという、昔からの組み合わせを試すといいかもしれません。彼女は、イチジクよりもおいしいかもしれないと述べています。

プロシュート&オリーブ

小さなアルベキーナ・オリーブは、なかなか見つからないかもしれませんが、プロシュートと合わせるとこの上なく味が寄り添います。見た目はぱっとしませんが、風味がそれを補います。ナッツとバターの風味に、トマトとメロンのおいしい香りがほのかに漂います。

プロシュート&栗

パルマハム用の豚は、しばしば栗を飼料にして育てられます。このことからヒントを得て、いつもハムに合わせる果物が旬を逃して手に入らない場合、ハムと栗というすてきな晩秋のコンビはいかがでしょうか。

recipe

《焼き栗》
❶栗の上部に少し切れ目を入れて、200℃のオーブンで8〜10分焼く
❷温めておいた深皿に入れて、各自殻をむきながら食べる

プロシュート&グリンピース

イタリア料理の父といわれるペッレグリーノ・アルトゥージ〔1820−1911〕（→P.509）が、ローマのレストランで出されたグリンピース料理について情熱的に記述しています。彼がそれまで食べたなかでもっともおいしい料理で、それはシェフが燻製プロシュートを使ったためだと彼は結論づけています。

アルトゥージは、プロシュートとグリンピースを一緒に煮こんでサイドディッシュにしたり、グリンピースのリゾットや、グリンピースとハムのスープにしたりするといいのではないかと提案しています。塩を入れすぎることさえ気をつければ、この組み合わせで失敗することはまずないでしょう。

最大の難関は、おいしくて手頃な値段のプロシュートを手に入れることです。私の地元にある食料品店では、セラーノハムの切り落としを売っています。固くて噛みごたえがあり、スープにすると最高です。

とはいえこれは、無事に家まで持って帰ることがきたらの話です。塩味の黒いトフィーのように、袋から
ひとつ、またひとつと食べてしまいそうなのです。

プロシュート&白身魚

アンコウがこれほどまで早く絶滅危惧種になった要因のひとつは、アンコウの身をプロシュートで包む
料理が熱狂的に流行ったためでした。もちろん、おいしさは言うまでもありません。ハムの脂肪と風味
と塩気が、白身魚の淡白な軽い味に深みを与えてくれます。

しかし、アンコウの身のようにきれいな円形に切れなくても、同じように使えて、豊富に獲れる魚は他
にもあります。ちなみに、ある種の魚ではプロシュートを使わなくても同じような風味を出せるのです。

recipe

《白身魚のグリル》

❶ シーバスやブラックブリームの皮つきの身を用意し、ウロコを取って洗う
❷ 包丁の背を皮にあて、窓用ゴム雑巾のように動かしてぬめりを取る
❸ 塩を振り、室温に15分置く
❹ もう一度包丁の背でぬめりを取ってから、キッチンペーパーなどでたたいて水分を取る
❺ フライパンにオイルを入れて熱し、皮を下にして身を入れる。数分焼いてから、ひっくり返して少
し焼くか、オーブンで焼いて仕上げる

きちんと焼きあがると、皮は塩気があって香ばしく、ベーコンのようにカリカリの食感になり、やわら
かくてとろけるような身と、おいしいコントラストを描き出します。サーモンやトラウト［trout］などのオイ[20]
リーフィッシュ（脂分の多い魚）で作っても、おいしくできあがります。

プロシュート&ジュニパーベリー

イタリア・トスカーナのプロシュートは、より芳醇な風味をつけるため、製造の過程で何度か、塩とロ
ーズマリー、ジュニパーベリー、コショウ、にんにくを混ぜ合わせたものをすりこみます。このようにして
作られたプロシュートはサラート（塩味がきいているタイプ）として知られ、パルマハムやサンダニエー
レハムのようなドルチェ（甘いタイプ）と対照的です。

文化的に（そして言語的に）イタリアとドイツが入り混じった地域であるアルトアディジェで作られるス
ペックは、プロシュートを塩水、ジュニパーベリー、砂糖、にんにくを混ぜたものに浸けて乾燥し、数
週間木材で燻製した後、熟成したものです。

プロシュート&セージ →「セージ&プロシュート」P.458

プロシュート&セロリ

私は、夏の間フランス南部からカレーに向かって走るモトレールが大好きです。静かな町で車を降ろ[21]

※20　トラウト［trout］…養殖されたニジマスなど。
※21　モトレール…人とその乗用車を一緒に運ぶ鉄道サービス。

し、列車が出発するまでの数時間、スーツケースと車のキー、ワイン数本、ガチョウのコンフィの入った瓶か、粉をまぶしたソーセージを持って、のんびりと過ごします。あまりにゆっくりしすぎて列車に乗り遅れそうになり、手に靴を持って走るはめになります。それでもぬかりなくパンとバイヨンヌハム、シャトーヌフパペワイン1瓶、クリーミーでカリカリした歯ごたえと刺激のあるセロリアック・レムラード［celeriac remoulade］※22 1カップを買うのを忘れることはありません。

モトレールにはいつも、休暇最終日のどこか憂鬱な空気があります。遅い軽食を同伴者と分け合って食べてから、午前3時にコンパートメントに引っこみ、列車での夢の世界に落ちていきます（→「ニンジン&セロリ」P.320）。

プロシュート&卵→「卵&プロシュート」P.189

プロシュート&トマト

パニーノに切れ目を入れて開き、果物の香りのするオリーブオイルを両面にたらします。絹のように薄く切ったプロシュート、モッツァレッラチーズ、塩コショウをしたトマトをいっぱいにはさんで平らに押しつぶし、グリルで焼きます。

にんにくをこすりつけた厚切りパンにトマトをのせ、セラーノ少量をのせて食べるのもいいでしょう（→「トマト&にんにく」P.366）。

プロシュート&ナス

アメリカ人シェフのジュディ・ロジャースは、口当たりのよい、ややいぶしたにおいのするナスのディップに、おろしたカラスミ［bottarga］※23 を飾ったり、細いリボン状に切った燻製プロシュートを添えたりするのが好きです。「両方とも鋭い野性的な塩味があって、肉厚で土の香りのするナスのディップにぴったりだ」と書いています。

プロシュート&パイナップル

食通は、「パルマハム協会は、パイナップルをパルマハムの風味を補うものとして推奨している」と気取って言うかもしれません。これは本当です。パイナップルにあるキャラメルの香りが、プロシュートを保存処理する過程で作られるナッツとキャラメルの風味（普通、加熱した肉だけにある風味）と、非常によく調和するのですから。それでも、フルール・ド・セル［fleur de sel］※24 を持ち歩いているほどの食通に、パイナップルとS型に折りたたんだハムをスティックに刺そうと考える人はいないでしょう。私は考えるかもしれませんが。

プロシュート&メロン

アメリカのフードライターであるハロルド・マギー（→P.509）は、プロシュートが熟成されていく間に、プロシュート内部の不飽和脂肪が分解されて、多数の揮発性成分が形成されるが、そのなかのいくつかはメロンの香りの特質を持っていると書いています。メロンにプロシュートをのせた料理は、周知の通り、味の調和がすばらしい昔からの組み合わせで、作り方もとても簡単です。

オレンジ・カンタロープメロンがもっとも一般的ですが、少し味が淡白なガリアメロンでも負けないぐら

※22 セロリアック・レムラード［celeriac remoulade］…セロリアックのマヨネーズ和え。
※23 カラスミ［bottarga］…ボラなどの卵巣を乾燥したもの。
※24 フルール・ド・セル［fleur de sel］…良質の塩田で取れる大粒の天然塩。フランス西部のゲランドやレ島産が有名。

いおいしくできあがります。どちらの品種を選ぶにしても、メロンを大きく切りすぎてハムの味を消してしまわないよう、また、熟していないメロンを使わないように気をつけましょう。やわらかくてなめらかな食感の完熟メロンは、この組み合わせの味の半分を決めます。だからといって、熟しすぎてもいけません。香りがヘアスプレーのようにのどの裏にひっかかってしまいます。

　メロンもハムも冷やしすぎないようにしましょう。温かくてもいけません。食べる時間よりずっと前に皿に盛らないようにします。プロシュートの塩がメロンの果汁を出してしまい、味の落ちた水浸しの肉になってしまいます。先に言ったように、とてもシンプルな料理なのですから。

プロシュート&桃

　おいしい白のネクタリンを見つけることができたら、パルマハムと一緒に食べてみてください。アメリカ・サンフランシスコにあるズーニー・カフェ［Zuni Café］のオーナー、ジュディ・ロジャースによれば、果物にはほろ苦さと花の香り、幅広い風味があり、その幅広さが甘い味の陰に潜んだハムの特質を引き出すそうです。

プロシュート&洋梨→「洋梨&プロシュート」P.390

オイル漬／塩漬　プロシュート

Olive
オリーブ

　ブラックオリーブはグリーンオリーブの熟したものですから、グリーンオリーブよりも甘味があります。一方、グリーンオリーブは酸味が強いことが多いようです。両方とももともと苦味があるので、口当たりをよくするために保存処理する必要があります。

　適切な保存処理は時間をかけて行われ、果実を塩に埋めるか天日乾燥してから、数カ月塩水に浸けます。一方、工業的な処理方法では、オリーブを1日弱、アクの溶液に入れるだけです。伝統的な方法でも工業的な方法でもオリーブの苦味を抜き取りますが、後者は風味の大半も失ってしまいます。

　質のよいオリーブ供給業者を探してみてください。そうすればさまざまな品種を入手して、それぞれの風味と食感の特徴を楽しむことができます。

　ガエタは干塩法で処理した、イタリア産の小さくてしわの寄ったオリーブで、かすかにドライフルーツやドライプラムの風味がします。ニヨンスも塩をかけて干し、塩水に浸けたもので、心地よい皮の香りとほのかなナッツの風味があります。酸味が強く、歯ごたえのあるピショリーヌはグリーンオリーブで、噛むと心地よい抵抗感があり、コルニションと同じように、脂っぽい肉の後味を消してくれます。リュックは南フランス産の、穏やかな風味を持つなめらかなグリーンオリーブで、アーモンドとアボカドの風味がほのかにします。

　オリーブオイルにも同じように、マイルドで甘いものから、濃くてピリッとのどに刺激のあるものまで、幅広い風味があります。通常、若い果実を圧縮すると、緑色で刺激の強いオイルができあがり、熟した果実を使うとやわらかな風味のオイルができあがります。料理には安いオイルを使い、高価なオイルは、サラダや温野菜にかけるソースのために取っておきましょう。オリーブオイルの風味には、花、メロン、リンゴ、バター、コショウ、アーティチョーク、ハーブ、トマトの葉、葉野菜、グリーンバナナ、アボカド、草の香りがあります。この特徴は、そのまま次章「草の風味」(→P.247)に続きます。

オリーブ&アーモンド

「熟成の進んだウェストカントリー・チェダーとバルサミコ酢でマリネしたタマネギ風味」、「にんにくとパセリを添えたワイルドマッシュルーム風味」、「水牛のモッツァレッラとバジル風味」。いずれもポテトチップスの風味です。

　資本主義における過剰表現について、ポテトチップスの表現を例にあげて議論すべきだと言われても、私は当惑するばかりです。グリーンオリーブとアーモンドを食べながら議論しましょう。もし無駄に飾りたてた記述が恋しいと思うなら、「木になったスペイン・バレンシア産マンサニージャ・オリーブ」と、「フライパンでローストしたスペイン・マルコナ産塩味のアーモンド」と呼んでもいいでしょう。

オリーブ&アニス

　自然な組み合わせです。オリーブの販売を手がけるベラズー [Belazu] は、しわの寄ったブラックオリーブは、強い甘草の風味がすると言っています。食料品店のオーナーでフードライターのアリ・ワイン

ツワイグは、グリーンオリーブのピショリーヌ種は、潜在的にアニスの性質があると書いています。『クックス・イラストレーテッド』という料理雑誌は、甘草風味の洋酒サンブーカを使うと、味の調和のとれたオリーブのマリネ液ができることを発見しました。このアイデアを応用して、アニスのマティーニを作ってみましょう。ベルモットの代わりにペルノを使い、オリーブを飾りつけます。

オリーブ&アンチョビ→「アンチョビ&オリーブ」P.222
オリーブ&オレンジ→「オレンジ&オリーブ」P.418

オリーブ&貝・甲殻類

　塩味が利いて甘味のある貝・甲殻類と、塩気とほろ苦さのあるオリーブの組み合わせを考えただけで、よだれが出てきてしまいます。イギリスの料理研究家エリザベス・デイヴィッド〔1913-1992〕(→P.506)の次のような記述を読めばなおさらです。「ネネット[Nénette's]では、絶妙の塩かげんでゆでられた熱々の小さなエビが、海の香りを存分に漂わせながら、黄色い大皿に山盛りになって出てきます。もうひとつの皿にはグリーンオリーブがいっぱい入っています。それからおいしい塩味のパンと、バターの塊が木のボードにのって出されます。これらをテーブルいっぱいに広げ、自分でエビの殻をむき、オリーブをつまみ、ワイングラスを傾けるのです」。

オリーブ&牛肉

　パイレーツブーツのようにつやがあって塩味の、上質な種なしブラックオリーブひとつかみを、陸上で生活する人向けのビーフドーブ[beef daube]に入れると、濃厚で塩味の利いた深みを出すことができます。フランスのラ・カマルグでは、この料理をガルディエーヌと呼び、革とナッツの風味を持つニヨンスのブラックオリーブ少量を使って作ります。一般的なビーフ・ブルギニョンのレシピに従って作りますが、スパイシーなワインを使い、オリーブを入れて10分ほど煮こんでから、白いご飯かパスタ、ジャガイモに添えて食べます。

オリーブ&ケッパー

　初めてタプナード[tapenade]を見たときは、食べ物なのか顔に塗るものなのかわからず、レストランの女主人に食ってかかったものです。それ以降、私の風味の記憶のなかでタプナードは、放置された農業機械の油だらけの漏水のなかにある黒いペーストとして刻まれました。タプナードなしの年月を20年以上過ごした頃、私はフランスのルーアンにあるシャンブル・ドット[chambre d'hôte]に滞在しました。そこは、マダム・ラ・パトンが、冷えたミュスカデワインの入ったデカンターと、彼女お手製のタプナードを塗ったトーストで迎えてくれました。それが本当にすばらしくおいしかったのです。その秘訣は、材料をすりつぶすのではなく(苦くタール状になってしまいがち)、フードプロセッサーを回しながら切り刻み、全体が比較的粗い状態で止めることです。

※25　ビーフドーブ[beef daube]…牛肉の蒸し煮。
※26　タプナード[tapenade]…オリーブを使ったペースト。

recipe

《タプナード》

❶種を取っていないオリーブ100g（または種をとったもの85g）に対して、水気を切ったケッパー大さじ1、乾燥タイムひとつまみ、オリーブオイル約大さじ1（タプナードをどのような固さにしたいかによる）、好みでアンチョビ1，2枚と、または生のにんにく適量を入れてもいい

❷フードプロセッサーに入れ、粗く刻む

オリーブ＆コリアンダーシード

　オリーブはしばしば割れたりひびが入ったりしますから、マリネ液に浸すと、液が完全に実の中にしみこみます。ギリシャとキプロスではよく、グリーンオリーブを、つぶしたコリアンダーシードとレモンにつけておきます。

recipe

《コリアンダーシードにつけたオリーブ》

❶種を取っていないグリーンオリーブ250gの塩水を洗い流して種を取る

❷ガラスか陶器の壺または深皿に入れ、ワックスなしのレモン1/2個を8等分にして種を取ったもの、つぶしたコリアンダーシード小さじ山盛り1と混ぜ合わせる

❸オリーブオイルを全体に回しかけ、残りのレモン1/2個を搾り入れ、コショウをひとふりしてかき混ぜる

❹蓋をして、冷蔵庫に最低12時間入れておく

　この典型的なキプロスのマリネには、にんにく、または乾燥オレガノを入れることもあります。

　オリーブ＆白身魚→「白身魚＆オリーブ」P.201

オリーブ＆ジャガイモ

　オリーブとジャガイモに、トマト、タマネギ、にんにくを加えてオリーブオイルで煮こみ、魚の付け合わせにしたり、オリーブ適量を刻んで新ジャガイモのサラダに入れ、ヴィネグレットソースで和えたりしてみてください。

　フードライターのメアリー・コンティーニは、ジャガイモとフェンネルをにんにく風味のオリーブオイルでソテーし、刻んだブラックオリーブを散らしたものを、ひな鶏の詰め物にしています。イギリス人シェフのヘストン・ブルーメンソール（→P.509）によれば、オリーブオイルは、ジャガイモをローストするには最高のオイルだそうです。おいしい風味がつきますし、おしゃれなガチョウの脂などより温度が高くなるからです。高温で料理すると、カリカリとした食感に仕上がります。

オリーブ＆ジュニパーベリー→「ジュニパーベリー＆オリーブ」P.460

オリーブ＆タイム→「タイム＆オリーブ」P.463

オリーブ＆唐辛子→「唐辛子＆オリーブ」P.290

オリーブ＆トマト

ピザの代わりに手早くできる、甘くて口の中いっぱいにおいしさが広がる料理を紹介します。宅配ピザのかさばる箱をゴミ袋に入れるのに手こずる必要もありません。「レイジー・プッタネスカ（怠け者の娼婦風）」と呼んでください。1人分の分量です。

recipe

《レイジー・プッタネスカ》

❶ パスタ100gをゆでる

❷ にんにくひとかけを刻んで、オリーブオイル大さじ1〜2、薄切りにしたサンドライトマト3個、粗みじん切りにした種なしブラックオリーブ6個、アンチョビフィレ2枚、ケッパー小さじ1、赤唐辛子フレーク適量と一緒に小さなフライパンに入れ、十分に火を通す

❸ パスタがゆであがったら、水気を切ってソースとからめる

カッペリーニなどの細いパスタを使うと、5分以内に、ごちそうと一緒にソファに体をうずめることができます。

オリーブ＆ニンジン→「ニンジン＆オリーブ」P.318

オリーブ＆にんにく

にんにくひとかけを無理やり押しこめられたグリーンオリーブはなんてかわいそうなのでしょう。とても居心地が悪そうです。入れられたにんにくから独特の味は消え、ただ化学的にやわらかくした骨のように不気味な食感を添えているだけです。オリーブをにんにく入りのオイルに浸けるほうがおいしいものができあがります。

オリーブ＆パプリカ→「パプリカ＆オリーブ」P.286

オリーブ＆プロシュート→「プロシュート＆オリーブ」P.238

オリーブ＆ホワイトチョコレート

ヴォージュ・オ・ショコラ［The chocolatiers Vosges］は、乾燥カラマタオリーブを刻んで入れたホワイトチョコレート・バーを作りましたが、他のチョコレートと塩味の組み合わせを考えれば、それほど突飛とは思えません。ドモーリ［Domori's］のラッテ・サル［Latte Sal］並みではないでしょうか（→「キャビア＆ホワイトチョコレート」P.213）。

※27　ラッテ・サル［Latte Sal］…ミルクチョコレートに塩の粒が入っている。

オリーブ&山羊のチーズ

　塩味が利いて、ツンとしたにおいのあるフェタチーズは、肉厚で濃い紫色のカラマタオリーブの入った
ギリシャ風サラダに入れるとぴったりです。カラマタは、同じ名前のペロポネソス地方の町から採れるオ
リーブで、赤ワインビネガーと塩水に浸けて保存処理されます。チーズと同じくらい強い特質を持ってい
ますが、ジューシーでワインのような風味が豊かに広がります。

---

recipe

《フェタチーズとオリーブの和えもの》

❶フェタは刻み、キュウリとトマトは皮をむいて種を取り、2cm角に切る

❷赤タマネギは薄い輪切りにして、リング状にほぐしておく

❸オリーブは切らずに使い、草の香りのするギリシャ産オリーブオイル、赤ワインビネガー、乾燥オ
　レガノひとふりを混ぜ合わせたもので和える

　フェタは標準のものでも、ベーコンのようなおいしい脂っぽさと塩味があるので、そのとき手に入る間
に合わせのものでいいと考えるかもしれません。でも、ベーコン同様フェタも保存が効きますので、いい
ものが手に入ったときに、多めにストックしておくといいでしょう。羊の乳か、羊と山羊の混合乳で作り、
樽で熟成させたもののことです。

　牛乳で作ったフェタは、バターのような黄色を呈するカロチンを隠すため漂白してあり、頑丈で毛深い
動物の乳から作られたチーズの持つ刺激やピリッとした味に欠けます。樽で熟成させたフェタは、缶で
熟成した近代的なものよりも強くスパイシーな風味が増幅されていて、塩水に浸けておけば最長1年まで
保存できます。

　上質なフェタチーズの類がすべてギリシャで作られているわけではないことを覚えておくといいでしょ
う。ブルガリアやルーマニアのブランドを探してみてください。

オリーブ&レモン→「レモン&オリーブ」P.431

オリーブ&ローズマリー

　イタリアを連想させる確固とした組み合わせです。オリーブとローズマリーを散らしたフォカッチャは、
イタリアのマレンマ[※28]の食べられる絵葉書のようです。

　オリーブをひと口かじると、西から吹きこむ海風の塩の味がし、ローズマリーを食べると、ときに深く
マキー[※29]の香りがします。地元のブドウ園のオーナーのなかには、ワインにもこの香りを感じることができ
ると言う人もいます。

※28　マレンマ…トスカーナ南部とラツィオ北部に広がる平地の湿地帯。
※29　マキー…地中海地方の低木の密生地帯。

草の風味
Green&Grassy

サフラン Saffron	**コリアンダーリーフ** Coriander Leaf
アニス Anise	**アボカド** Avocado
キュウリ Cucumber	**グリンピース** Pea
ディル Dill	**パプリカ** Bell Pepper
パセリ Parsley	**唐辛子** Chilli

Saffron

サフラン

　サフランは、唯一無二の食材です。代用品として、ウコン（ターメリック）、ベニバナ、アナットーがよく使われますが、これらにできることといえば、せいぜい似たような色をつけたり、それらしい苦みを少しばかり出したりするのが精一杯です。

　サフランは澄んだ海辺の空気、甘い干し草、わずかにさびた金属が合わさったような風味をしています。それは独特で、ふてぶてしくもあり、不思議かつ美しいものです。

　希少で、相応に値の張るこの香辛料は、甘味のある材料と組み合わせて使われることがほとんどです。特に白米やパン、魚、ジャガイモ、カリフラワー、白インゲン豆など、そのものの色や味が薄い材料の持ち味を際立たせたい場合に使われます。また、アーモンドや柑橘系果物の皮など苦味のある材料ともよく合いますし、バラのようなほろ苦い花とは特に調和します。

サフラン＆アーモンド

　砂糖によって引き出されるアーモンドの甘味は、ときにはサフランの挑発的とも感じられる苦味を弱める効果があります。それはタバコ職人が、タバコのとげとげしさを弱めるために、砂糖やチョコレート、蜂蜜などを用いるのと同じです（実際、甘みのあるスイートタバコは、乾燥サフランの雄しべの箱を開けたときに感じるものと同じにおいがします）。次に紹介するレシピを、私はサフラン・インダクション（サフラン布教）ケーキと呼びます。

---

recipe
《サフラン・インダクションケーキ》

❶オーブンを180℃に予熱する

❷サフラン4～5本を耐熱皿にのせて、温めたオーブンの中に1～2分置いておく

❸サフランを取り出し、砂糖ひとつまみを加えて温めた牛乳大さじ1の中に、砕きながら入れる

❹牛乳にサフランの色が浸み出す間に、ケーキ生地の準備をする。バター125gとグラニュー糖150gを入れ、白っぽいクリーム状になるまで混ぜ合わせる

❺サフラン入りの牛乳が、黄金色になったら、その牛乳を準備した砂糖入りバターに加え、よくかき混ぜる

❻卵3個とアーモンド粉75gをかき混ぜる。このとき、卵1個とアーモンド粉25gを1セットにして3回に分けて加える

❼薄力粉大さじ3を加え、切るように混ぜ合わせる

❽直径18cmの底が取れるタイプのケーキ型に、バターを塗って、クッキングシートを敷いておく

❾ここに生地を流しこんで、180℃のオーブンで45分焼く

❿冷めてから8等分し、1日に1切れずつ、1週間かけて食べる

残り1切れは、サフラン教に導き入れたい友人のために残しておきましょう。

サフラン&アニス

フードライターのアン・ウィランは、サフランを味の強いハーブや香辛料と一緒に使わないようにと忠告しています。サフランは単独で使うのが一番ですが、魚のスープやシチューには、フェンネルと一緒に入れてもいいと彼女は言っています。

サフランのすばらしさを知るには、舌に1本だけのせてみるといいでしょう。薬っぽい味を感じた後、甘草のはっきりとした風味に気づくはずです。また、その後に鏡で口の中を見ると、自分の歯がチャールズ・ディケンズの作品に登場するような、いやらしい目つきをした悪役の歯と同じ色になっているのがわかるでしょう。

サフラン&オレンジ→「オレンジ&サフラン」P.419

サフラン&貝・甲殻類

アメリカのフードライターのゲーリー・アレンは、サフランは貝やエビなどの甲殻類と特に相性がいいと言います。かすかなヨウ素の香りや、海や獲れたての魚介類を思わせるにおいを持つからです。

ブイヤベース、あるいはサフランで香りづけされた貝やエビなどの料理を注文する際には、食べる前に思いきり香りを吸いこんでみてください。キャンバス生地のサンダルを履いて港を散歩したときと同じくらい、お腹がすいてくることでしょう。

サフラン&カリフラワー

フードライターのデイヴィッド・ローゼンガーテンが、白トリュフらしい風味を期待して、ミラノ風リゾット（伝統的にサフランで風味づけされる）にカリフラワーを加えてみたら、すばらしい仕上がりになったそうです。

サフラン&カルダモン→「カルダモン&サフラン」P.446
サフラン&白身魚→「白身魚&サフラン」P.201

サフラン&ジャガイモ

サフランの黄色がにじみ出た液体で調理したジャガイモは、この上なく食欲をそそります。おそらく、私の頭の根幹の部分で、放牧牛の乳から作ったたっぷりのバターと混ざったジャガイモを思い描いてしまうからでしょう。

スパニッシュオムレツや、イタリア料理のジャガイモのニョッキに、少量のサフランが使われる場合があります。ペルーでは、つぶしたジャガイモのサラダを土台に、さまざまな具を層状に置いていき、さ

らにつぶしたジャガイモで全体を包むように蓋をしたカウサと呼ばれる料理があります。中の具は、オリーブ、ケッパー、にんにく、ハーブのピリッとした食材を混ぜ合わせたものだったり、ツナ、卵、アボカド、タマネギをマヨネーズで和えたものだったりします。

カウサは食べる前日に作っておくと、それぞれの味がなじみ、形が固定されて型からはずしやすくなります。なかには青、白、黄などジャガイモに違った色をつけて、縞模様にする人もいます。黄色はジャガイモの本来の色を生かすか、サフランで色づけします。

サフラン&鶏肉

チキンビリヤニ［chicken biryani］[※1]やパエリアの一種にサフランを加え、鶏肉やご飯の甘味と対照的な苦味を与え、料理を風味豊かにするのは伝統的な方法です。さらに私は、サフランと鶏肉を一緒に調理すると、はっきりとしたアーモンドの風味が表れることにも気がつきました。これは、この3つの食材がとてもよく調和することを示しています（→「仔羊肉&サフラン」P.67）。

サフラン&ナツメグ

この組み合わせは、イギリス・コーンウォール地方の伝統的なコーニッシュ・サフランケーキの風味づけに使われます。このケーキはどちらかというとパンのようで、伝統的にキリスト教の聖金曜日（受難日）に、クロテッドクリームを塗って食べられてきました。値が張り、手入れもたいへんなサフランの栽培は、昔のイギリスではあきらめられていましたが、ずっと後になってから、コーンウォール地方で栽培が始まり、サフランを使ったコーニッシュ料理も普及していきました。

ご存じの通り、今日では、コーンウォール産はおろか輸入もののサフランを使ったコーニッシュ・サフランケーキでさえほとんど見つけられません。大半のベーカリーはサフランではなく、代用品で黄色に着色しただけのものを販売しています。サフランのほのかな苦味は、ドライフルーツの甘さとすてきなコントラストを描くので、使われないのは残念でたまりません。

かつてのベーカリーは、パン生地の中にサフランの雄しべを入れました。イギリスの料理研究家エリザベス・デイヴィッド〔1913－1992〕（→P.506）によると、当時のパン屋は、雄しべが粉末にしたサフランよりもすばらしい風味を持つことや、雄しべを入れると見た目がすばらしくなるということを理解していたのです。

サフラン&バラ→「バラ&サフラン」P.489
サフラン&ホワイトチョコレート→「ホワイトチョコレート&サフラン」P.503
サフラン&仔羊肉→「仔羊肉&サフラン」P.67
サフラン&ルバーブ→「ルバーブ&サフラン」P.361
サフラン&レモン→「レモン&サフラン」P.433

※1　チキンビリヤニ［chicken biryani］…インド風炊きこみご飯。

Anise

アニス

　ここでは、アニスシード、甘草、フェンネル、タラゴン、スターアニス、そしてパスティス［Pastis］※2 などのアニス風味の飲み物を紹介します。

　アニスシードとフェンネルシードはどちらも、アネトールという芳香族化合物を主成分に持ちます。この2つの食材は互いに代用することができますが、瓶から出してそのままかじってみると、両者の違いが非常によくわかります。アニスシードは十分な甘さがあり、甘草好きも満足させる味を持ちますが、フェンネルシードは甘さが控えめで、もっと草の香りがし、どことなく素朴な風味があります。

　アニスシードの代用品としてより適しているのはスターアニス（八角）です。主成分が同じくアネトールで、味の点でも一番近いと言えます。分子式は同じだけれども構造が異なるもので、エストラゴールと言う化合物があり、こちらは、タラゴンやチャービルやバジルの持つアニスの風味を作り出しています。

　アニスはアルコール飲料の風味づけとして人気があり、パスティス、アブサン、ウーゾ、ラク、アラック、サンブーカ、ガリアーノなどの酒は、どれも甘草の甘さを持っています。他のものと非常に合わせやすく、甘い料理とも塩味の料理とも同じくらい合います。またシーフードや酸味の強い果物と相性がよいことでも知られています。

アニス&アーモンド

　アニスのアーモンドに対する働きは、使い古されたコメディに、それなりに場を心得た客が飛ばすお決まりのヤジと同じようなものです。どちらの材料もビスコッティに使われています。

　ビスコッティはイタリアのビスケットで、固くて食べるのにとても苦労する、お菓子なのか労働なのかわからない類のものです。

　次に紹介する、ほろほろとくずれるクッキーは、シチリアのベーカリーにあっても場違いでないうえ、アゴを痛くする心配もなくアニスとアーモンドを楽しめる一品です。

---

recipe
《アニスとアーモンドのビスケット》
❶室温でやわらかくしたバター75gとグラニュー糖60gを白っぽくクリーム状になるまで混ぜ合わせる
❷卵黄1個分と薄力粉90g、アーモンド粉60g、アニスシード小さじ1、アーモンド・エクストラクト小さじ1/2を加える
❸よくかき混ぜて、クルミ程度の大きさのボール状に丸め、160℃のオーブンで25分焼く
❹冷めたら粉砂糖をふりかける

※2　パスティス［pastis］…アニス風味のリキュール。

コーヒーとよく合いますが、一番のおすすめはミントティーです。

アニス&アスパラガス→「アスパラガス&アニス」P.180

アニス&イチゴ

アニスはイチゴとの相性が抜群です。イチゴのソースやジャムに入れてもいいですし、単純に砂糖と一緒にすりつぶしてイチゴにふりかけるのもおすすめです。チェリーズジュビリー[Cherries Jubilee]の応用として、イチゴにサンブーカをふりかけて加熱し、バニラのアイスクリームにかけてみましょう。

もしもイチゴのクリームがけをお客さまにお出ししたいのに、あまり質のよい材料が手に入らなかった場合は、ショコラティエのジャン・ピエール・ウィボーのヒントが役に立ちます。

（a）少量のアニスをホイップクリームに混ぜると、クリームの新鮮な風味がよみがえります。

（b）味の落ちたイチゴは、少量のラズベリービネガーを加えた水に10分程度つけておくといいでしょう。

アニス&イチジク→「イチジク&アニス」P.484
アニス&ウォッシュチーズ→「ウォッシュチーズ&アニス」P.78
アニス&オイリーフィッシュ→「オイリーフィッシュ&アニス」P.214
アニス&オリーブ→「オリーブ&アニス」P.242

アニス&オレンジ

シェフやレストラン関係者は、薄くスライスしたフェンネルとオレンジの相性のすばらしさについて熱心に語ります。しかし、すっかり忘れ去られているハーベイ・ウォールバンガーについても少しは考えてみてください。ガリアーノ、ウォッカ、オレンジジュースを組み合わせたこのカクテルは、似たような味のピニャコラーダと同様、古くさいと思われています。ガリシアーノと名づけて、このカクテルをピッチャーいっぱいに作って夏のパーティーに出し、お客さんたちがあまりのおいしさに驚くかどうか反応を見てみましょう。アニスはオレンジの持つ柑橘類の風味を高めてくれるようです。

アニス&貝・甲殻類→「貝・甲殻類&アニス」P.192

アニス&牡蠣

牡蠣料理のオイスターロックフェラーには、アニス風味のスピリッツをふりかけます（→「牡蠣&パセリ」P.209）。しかし、牡蠣にアニス風味をつけるもっとも一般的な方法は、タラゴンを使うことです。ぜひ生の牡蠣に、タラゴンで風味づけたヴィネグレットソースをかけてみてください。あるいはタラゴンバター少量で焼くのもおすすめです。

アニス&カシス→「カシス&アニス」P.474
アニス&きのこ→「きのこ&アニス」P.100
アニス&キュウリ→「キュウリ&アニス」P.258

※3　チェリーズジュビリー[Cherries Jubilee]…チェリーとリキュールで作ったお菓子で、バニラ・アイスクリームに添える。

アニス&牛肉

　ベアルネーズソースは基本的に、オランデーズソースにタラゴン、ベルギーエシャロット、ときにはチャービルで風味づけしたもののことです。主にステーキ用のソースとして使われますが、草の香りとほのかなアニスの香りが、肉や魚、卵など、ほとんどのグリル料理を際立たせます（→「シナモン&アニス」P.302、「トマト&アニス」P.363）。

アニス＆クルミ→「クルミ＆アニス」P.329
アニス＆グリンピース→「グリンピース＆アニス」P.281

アニス&ココナッツ

インドネシアのとろみのある調味料、ケチャップマニスは、醤油と同じように大豆を発酵させて作りますが、ココナッツシュガー、フェンネル、スターアニスも加えられています。そのため、醤油と同じ塩味とうま味もありますが、それよりもスパイシーな甘さのほうが際立っています。タイのグリーンカレーに入っている、タイバジルの葉のアニス風味がお好みなら、今まさに新しいお気に入りのケチャップを見つけたかもしれませんね。

アニス＆サフラン→「サフラン＆アニス」P.249
アニス＆シナモン→「シナモン＆アニス」P.302

アニス&白身魚

　アニスは魚を台なしにもすれば、おいしくもします。魚釣りをする人のなかには、アニスオイルのボトルをエサ箱に入れて、エサにアニスの風味をつける人もいます。特にトラウト［trout］[※4]はアニスのにおいに寄ってくるからです。

　また、豚がリンゴ好きで、豚肉とリンゴの相性がいいのと同じように、アニスも魚との相性が抜群です。「オイリーフィッシュ&アニス」P.214で紹介している、魚とフェンネルの昔ながらのレシピを参照してください。これはシーバスなどの白身魚でもおいしくできます。もし生のフェンネルの葉が手に入らなかったら、スターアニスで風味づけした中華のストックで魚をゆでてみてください。

---

recipe
《スターアニスのストック／ソース》
❶ 水2L、紹興酒（米を醸造した酒）250ml、醤油200ml、ブラウンシュガー100g、スターアニス6個、シナモンスティック2本、生生姜6cm程度のかたまりを厚めにスライスしたもの、にんにく5かけを大きな鍋に入れる
❷ 沸騰したら火を弱めて1時間ほど煮詰める
❸ ザルでストックをこし、すぐに使わない場合は冷凍にしておく。白身魚をゆでるときに使ったり、煮詰めてまろやかなソースにしたりする

※4　トラウト［trout］…養殖されたニジマスなど。

253

アニス＆スウェーデンカブ→「スウェーデンカブ＆アニス」P.166

アニス＆卵

　フランスの昔ながらのハーブミックス、フィンゼルブは、タラゴン、チャービル、パセリ、チャイブを混ぜたものです。さわやかで草の香りがし、風味豊かなので、これを入れてオムレツを作るとおいしい食事ができあがります（→「アニス＆牛肉」P.253）。

アニス＆チョコレート

　16世紀のスペインでは、アニスシードはチョコレートの風味づけに使われる香辛料のひとつでしかありませんでした。現在ではチョコレートにアニスはほとんど使われませんが、パリ発のチョコレート店ラ・メゾン・デュ・ショコラ［La Maison du Chocokat］は、フェンネルの風味をしみこませたガナッシュを作り、ガリッグと名づけました。ガリッグとは、フランス南部に見られる低木地で、よい香りが一面に漂っている場所です。

アニス＆唐辛子→「唐辛子＆アニス」P.289
アニス＆トマト→「トマト＆アニス」P.363

アニス＆鶏肉

　鶏肉に、アニスの香りのするタラゴンを添えてローストしてみてください。これは昔ながらのフランス料理のひとつです。冷たくしてサラダに入れるといいでしょう（→「アニス＆ブドウ」P.255）。

　生のタラゴンが手に入らない場合、熱を通す料理なら、代わりにフリーズドライのものを使ってもいいでしょう。味気ないただの鶏の胸肉を15分ですばらしい料理に変身させてくれます。

recipe
《タラゴン風味の鶏肉料理》
❶皮をとった骨なしの鶏胸肉4枚をひと口サイズに切る
❷バターとピーナッツオイルを熱したフライパンで表面に焼き色がつくまで焼き、蓋をしてごく弱火で中まで火を通す
❸鶏肉をフライパンからお皿に移し、冷めないように保温しておく
❹同じフライパンでみじん切りにしたベルギーエシャロット2、3個をしんなりするまで炒め、辛口の白ベルモット［vermouth］[※5]200mlを加え、肉片をこそぎ落とすようにして加熱する
❺ソースが少し煮詰まったら、鶏肉をフライパンにもどし、刻んだタラゴンの葉大さじ1（またはフリーズドライのタラゴン大さじ2）とクレーム・フレッシュ300mlを加える
❻ゆっくりと加熱し、味見をして塩コショウをする

　白いご飯と一緒に食べます。もしもう少し時間があるようなら、鶏の丸焼きはいかがでしょうか。

※5　ベルモット［vermouth］…ニガヨモギなどの香草やスパイスを配合して作られるフレーバードワイン。

recipe

《タラゴン風味の鶏の丸焼き》

❶室温にもどしたやわらかいバター約大さじ2を下処理した肉全体にもみこみ、表面やお腹の中に
みじん切りにしたタラゴン適量を散らす

❷通常通り塩コショウをして、オーブンでローストする

中国人なら、風味が増すように、スターアニス2、3個をお腹に差しこんでからローストするかもしれません。

アニス&ニンジン→「ニンジン&アニス」P.318

アニス&ハードチーズ→「ハードチーズ&アニス」P.87

アニス&バジル→「バジル&アニス」P.298

アニス&バナナ→「バナナ&アニス」P.392

アニス&バニラ

きれいな黄色のリキュール、ガリアーノは、バーのデザイナー泣かせである野球のバットの形をしたボトルに入っていて、アニスやハーブ、芳香なバニラで風味づけられています。スペインのバスク地方のリキュール、パチャランは、アニススピリッツ（イギリス人はジンを使うことが多い）に漬けこんだスモモで作られ、たっぷりのバニラかコーヒー豆などで香りづけされています。香りづけの材料は製造会社によって違うので、どれを選ぶかは好み次第です（→「アニス&オレンジ」P.252）。

アニス&パースニップ→「パースニップ&アニス」P.314

アニス&パイナップル

オーストラリア人シェフのフィリップ・サールは、パイナップル、バニラ、スターアニスのアイスクリームを使った市松模様のデザートで有名です。イギリス人シェフのエイダン・バーンは、パイナップルとフェンネルは料理にもデザートにも使えるおいしい組み合わせだと言います。たとえばローストしたフォアグラに砂糖で煮焦がしたパイナップルとフェンネルを合わせたり、ヨーグルトにローストしたパイナップルとフェンネルの泡を合わせたりします。またはパイナップルジュースにペルノを少量加えると、さわやかなロングドリンク[6]になります。

アニス&豚肉→「豚肉&アニス」P.39

アニス&ブドウ

フェンネルシードは、ローズマリーの代わりにスキャッチャータというパンの風味づけに使われることがあります。スキャッチャータは、「ブドウ&ローズマリー」P.358で紹介しているブドウを使ったパンで

※6　ロングドリンク…時間をかけて飲むのに適したカクテル。

す。レシピによっては、生地を作るとき水の代わりにサンブーカを使用するものもあります。

　より洗練された料理ならば、イギリスの料理研究家デリア・スミス（→P.508）が作った、鶏肉、グリーン系のブドウ、葉ネギと葉類で作ったサラダに、マヨネーズ、高脂肪生クリーム、刻んだ生のタラゴンを混ぜ合わせたドレッシングをかけたものがあります。

　　アニス&ベーコン→「ベーコン&アニス」P.231

アニス&ミント

　イギリス人は甘草を、リコリス・オールソーツ（リコリスキャンディー）の形で、ココナッツや甘いフルーツ味のフォンダン［fondant］[7]と組み合わせました。一方で、オランダや北欧の人々は、ズートドロップ（オランダ）やラクリッツ（スウェーデン）という地味な色のお菓子で、甘草をミントや塩化アンモニウム（塩化アンモン石）と組み合わせています（→「アニス&ココナッツ」P.253）。

　　アニス&メロン→「メロン&アニス」P.396

アニス&山羊のチーズ

　スターアニスはとても人気ですが、本当のアニス好きは、フェンネルの花粉へと興味を移しています。

　アメリカ・ニューヨークのシェフ、マリオ・バターリ（→P.510）はパスタのトルテリーニに、山羊のチーズとオレンジの皮とフェンネルの花粉を合わせます。フェンネルの花粉のすばらしい風味については、いろいろなところに書かれています。大半の意見はフェンネルに似ているというものですが、甘みが加わってさらによくなり、ほとんど蜂蜜と言ってもいいほどの特質は、山羊のチーズに特によく合うということです。とはいえ、これほど希少な材料ではなく、手に入りやすいアニス風味の食材を使っても、同じように美味しい料理は作れます。オーストラリアのフードスタイリストであるドナ・ヘイは、山羊のチーズ、削ったフェンネルの球根、ザクロの種、サヤエンドウの葉、イエローペッパーを合わせたサラダを、ザクロ果汁、バルサミコ酢、黒コショウのドレッシングで和えます。

　　アニス&洋梨→「洋梨&アニス」P.387
　　アニス&仔羊肉→「仔羊肉&アニス」P.65

アニス&リンゴ

　スターアニスと昔ながらのアニスは、どちらも風味の主因であるオイル成分がほとんど同じです。しかしここ数年の間に、スターアニスの人気がアニスを上回り、その名前にふさわしい存在になってきました。風味の主成分はアネトールで、甘草のお菓子にアニス風味をつけるために使われることもあります。

　スターアニスは、中国原産のトウシキミと呼ばれる常緑樹の果実で、中国では一般的には香辛料として豚肉や鴨肉料理に使われています。秋を思わせる、シナモンのような甘さのスターアニスは果物と相性がよく、なかでもリンゴとの組み合わせは抜群です。シュトルーデル［strudel］[8]や温かいリンゴジュース、豚肉料理に添える香辛料が利いたリンゴソースなどで活躍します。

※7　フォンダン［fondant］…なめらかなクリーム状をした砂糖衣の一種。
※8　シュトルーデル［strudel］…果物などを薄い生地に巻いた焼いた菓子。

アニス&ルバーブ

　カリフォルニア料理の巨匠のひとり、マーク・ミラーを手本にして、アニスシードをルバーブのクランブルのトッピングに使ってみましょう。

recipe

《アニスシードのトッピング》

❶ローストしたアニスシードをつぶしてから、砂糖と混ぜ合わせる

❷薄力粉175g、砂糖とバターそれぞれ100gずつで作ったトッピングに、シードと砂糖を混ぜ合わせたもの小さじ2〜3を加える

　このレシピはリンゴやスモモのクランブルでも使えます。

アニス&レモン

　アニス、スターアニス、フェンネルの主要な風味化合物は、トランス型のアネトールですが、アメリカのフードライターであるハロルド・マギー（→P.509）によると、これは重量比で食卓用の砂糖より甘さが13倍も強いそうです。イタリアのビスコッティにしばしば、苦いレモンと合わせてアニスシードが使われるも納得でしょう。一方で、パスティス［Pastis］とレモンを合わせてシャーベットを作ると、風変りながらも絶妙な相性のよさを見せてくれます。

草

アニス

257

Cucumber
キュウリ

『ロサンゼルス・タイムズ』紙のフード欄の編集者ラス・パースンズによれば、キュウリの種類の多さは、料理人よりも園芸家の興味を引くといいます。すべてのキュウリには同じような青くささがあり、誰が食べてもキュウリだと判別できる共通の味があります。レモン程度の大きさで黄色をしているためにレモンキュウリと呼ばれる種類も、レモンの味がするからというよりはむしろ、果物のような見た目から名づけられました。

キュウリの種類の違いは、苦味や歯ごたえの度合いで感じることができます。キュウリの食感や新鮮味のある清涼感は、料理の飾りやサラダにぴったりですが、酸味のあるものと組み合わせると苦味が少し抑えられるので試してみてください。たとえば山羊のチーズ、ヨーグルト、ディルは、酢と同じようにキュウリのよさを際立てます。キュウリのピクルス、ガーキン [gherkin]、コルニッション [cornichon]、ディルの若芽は、脂肪分の多いパテやハム・ソーセージ類、味の濃いサンドイッチなどに欠かせないものです。同じく本書で紹介するボリジは、キュウリのような風味を持つハーブで、サラダに入れたり、アルコールの入ったコーディアル [cordial] の風味づけや、飲み物の飾りに使ったりします。

キュウリ&アニス

シカゴの米国嗅覚味覚療法研究財団による1998年の調査で、女性はさまざまなにおいのなかで、キュウリと甘草風味のお菓子の組み合わせにもっとも興奮することがわかりました。抜けめのない人は、プロポーズする日に香りつきのロウソクを灯し、魚料理の付け合わせにシンプルなキュウリとフェンネルのサラダを準備するかもしれませんね。男性がどんなにおいに興奮するのかについては、「バターナッツカボチャ&ローズマリー」P231をごらんください。

キュウリ&アボカド→「アボカド&キュウリ」P.276
キュウリ&イチゴ→「イチゴ&キュウリ」P.371
キュウリ&オイリーフィッシュ→「オイリーフィッシュ&キュウリ」P.215

キュウリ&貝・甲殻類

獲れたての新鮮な貝やエビはわずかに塩分を含み、キュウリのすがすがしいミネラル分の働きを弱めます。中国料理の影響を受けたゴマとエビのトーストサンドイッチの焼きたてのカリカリとした食感は、添えられたキュウリのシャキシャキとした食感と対照的で、違いがさらに際立ちます。

recipe
《ゴマ入りエビトースト、キュウリのピクルス添え》

※9　ガーキン [gherkin] …小さなキュウリ。
※10　コルニッション [cornichon] …ガーキンのピクルス。
※11　コーディアル [cordial] …果物やハーブなどで風味づけした蒸留酒から作ったアルコール飲料。

❶キュウリ10cm分の皮をむいて縦半分に切ってから、半円形に薄くスライスする

❷米酢小さじ2に塩と砂糖それぞれ2, 3つまみを混ぜ合わせ、切ったキュウリを和える。サンドイッチを作る間、キュウリは冷蔵庫に入れておく

❸燻製ベーコン2切れを焼いてから冷まし、フードプロセッサーにかけて、ごく細かく刻む

❹そこにゆでて殻をとったエビ200g、ゴマ油小さじ1、醤油小さじ1、ゴマ大さじ1を加える

❺白いカニ肉のようになるまで、フードプロセッサーを2, 3度回す

❻耳を切り落とした食パン8枚の表面にサラダ油を刷毛で塗る

❼サラダ油を"塗っていない"面にエビのミックスをのせてはさみ、サンドイッチを4つ作る

❽さらにゴマを、サラダ油を塗った面全体に散らし、トースターで両面がきつね色になるまで焼く

冷やしておいたキュウリを添えて、温かいうちに食べましょう。

キュウリ&クミン→「クミン&キュウリ」P.113
キュウリ&ケッパー→「ケッパー&キュウリ」P.139

キュウリ&白身魚

　イギリスの批評家サミュエル・ジョンソン〔1709–1784〕(→P.507)は、キュウリを薄くスライスして、酢とコショウで和えたものは、何の役にも立たないから捨てるべきだと言いました。博士を弁護するために言えば、彼は当時世間で考えられていた医学的な考えをただ口にしたにすぎません。それでも、博士は魚と一緒にキュウリを食べてみるべきでした。

　酢漬けにしたり、サルサに混ぜたりしたキュウリは、グージョン[goujyon][*12]や燻製サーモンのパテ、フィッシュケーキ、フィッシュケバブなど揚げ物、香辛料の効いた食べ物、あるいは油っぽい食べ物と合わせると、そのシャキシャキとした歯ごたえや冷たさが際立ちます。

　ガーキン[gherkin]のみじん切りとケッパーは、タルタルソースに歯ごたえを与えます。加熱したキュウリは歯ごたえもそれなりに保ちつつ味が濃縮されるので、キュウリを細長く切って身のしっかりした白身魚と一緒に炒める食べ方をすすめる人もいます。

キュウリ&すいか→「すいか&キュウリ」P.352
キュウリ&タマネギ→「タマネギ&キュウリ」P.147

キュウリ&ディル

　私がアメリカに初めて住んだとき、小さくて丸い緑色のキュウリのピクルスが、サンドイッチに添えられているのを見て驚いたものです。ディルに似た味がするそれはアルミホイルのなかで輝いていて、さながら小さなツェッペリン号のようでした。

　ほどなくして私はピクルスのとりこになり、昼食時には、まさか注文した食事にピクルスが添えられていないんじゃないかと、おそるおそるコールスローの下を探すほどになりました。ディルとキュウリというさ

※12　グージョン[goujyon]…ワカサギに似た淡水魚。フランスでは揚げて食べる。

わやかな食材が合わさると、食欲がどんどん増していくようです。サンドイッチを食べ始めて残り半分ぐらいになったときには、ピクルスを食べるつまようじが山盛りになっていました。本来ありえないことですが、口が無意識にピクルスの歯ごたえを求め、また次を求めてしまうのです。

　アメリカの山盛りの食事とピクルスの関係は、偶然の産物ではありません。ディルとキュウリの組み合わせも同じです。ディルシードは消化を助ける働きがあることで知られていて、子ども用の腹痛止めシロップの主成分でもあります。キュウリは逆に消化が悪いことで知られています。つまり、おいしいという点を別にして考えても、キュウリとディルを食べておけば、消化には何の心配もないということです。少なくとも七面鳥1/2kgにベーコン、アボカド、モントレージャックチーズをお腹に収め、ヒンデンブルグ号を加速させるほどのゲップをためこむことはできるでしょう。

　サワーピクルスは、酢ではなく、塩水の中で発酵させて作ります。短時間で半分程度に発酵させたハーフサワーも販売されています。

キュウリ＆トマト→「トマト＆キュウリ」P.365

キュウリ＆ニンジン

　簡単なピクルスにするのに最高の組み合わせで、炭焼きの鶏肉ともち米に添えたり、極上のサンドイッチに入れたりします。

recipe
《キュウリとニンジンのピクルス》
❶ニンジン（大）1/2本とキュウリ1/2本を太めのマッチ棒の大きさに切る
❷ザルに入れて塩小さじ1を全体にふりかけ、そのまま5〜10分置いた後に水洗いする
❸やさしく両手で絞って水気が切れたら、米酢大さじ4と砂糖大さじ1〜2と和える
❹食べる間際まで冷蔵庫に入れておき、水気を切ってから使う

　このピクルスは、ぜひバインミーに挟んで食べてください。バインミーはサンドイッチの一種で、ベトナムでもともと食べられていた食材と、植民地時代に出回ったフランスの食材が混ざってできた、独創的な食べ物です。このサンドイッチは簡単に作ることができます。

recipe
《バインミー》
❶切れ目を入れたバゲットの内側にマヨネーズを塗って、ハーブを使わずに作った豚肉のパテをたっぷり塗る（好みで、調理した豚肉を薄くスライスしたものを入れてもいい）
❷仕上げにオーブンで温める

❸**十分温まったら、ピクルスと生のコリアンダーの葉をたっぷりはさみこむ**

　バゲットに具をはさむ前に、オイル、醤油、ニョクマムを混ぜ合わせたものを内側に塗る人もいます。ピクルスは惜しまずにたっぷり使いましょう。サンドイッチに心地よい歯ごたえを加えると同時に、その甘酸っぱい味のおかげで重い肉があっさりと食べやすくなります（→「シナモン＆豚肉」P.306）。

キュウリ＆にんにく→「にんにく＆キュウリ」P.153

キュウリ＆バラ

　夏らしいハーブの特質を一緒に楽しみましょう。この2つの食材の自然な一体感は、スコットランドでウィリアムグラント＆サンズ［William Grant & Sons］が手仕こみで少量生産しているジン、ヘンドリックスで感じることができます。スコットランドで製造される酒としては珍しく、ブルガリアンローズとつぶしたキュウリをお酒に加えています。

　他の香草は蒸留時に加えられますが、キュウリとバラだけは、風味を保つために最終的なブレンド段階で加えられます。カレーやシチューを作る際、繊細なハーブを最後の仕上げに加えるのと同じです。キュウリはヘンドリックスジンに独特のさわやかさを、バラはほんのりと甘さを与えます。

キュウリ＆ピーナッツ→「ピーナッツ＆キュウリ」P.25

キュウリ＆豚肉

　フランスの繊細なリエットは、濃厚な味に抵抗を感じ始めているパテ好きを救ってくれる食べ物です。ガチョウ、鴨肉、あるいは豚肉を脂肪と一緒にゆっくりと加熱し、小さく切り裂いて、残りの脂肪分と混ぜて冷やします。こうすると、肉の茶色と脂肪の白が入り混じった状態で一体化し、肉が口に運びやすくなります。一般的にはトーストに塗って食べることが多く、カリっと焼けたパンの表面のでこぼこに、溶けた脂肪分が入りこみます。

　さらに酢漬けの小さなコルニッションを合わせれば、酢の酸味が余分な脂肪を押しのけます。

キュウリ＆ミント

　殺し屋のコンビより冷たいものです。身体を冷やすことで知られるヨーグルトも仲間に入れれば、インドとギリシャの間を結ぶ、長くて広い"ザジキの帯"になり、料理のエアコンを作ることができます。

　ザジキはトルコではジャジュク、南アジアではライタ、キプロスではタラトゥーリと呼ばれている、ヨーグルトやキュウリ、にんにくなどを混ぜて作った添え物です。各国ごとに微妙に内容が異なり、たとえばジャジュクはライムジュース、ライタはタマネギを使います。ただし、中心となる食材は同じです。乾燥または生のミントが使われる場合もあります。

　イギリス人はキュウリとミントを飲み物に入れて、夏の庭で飲むさわやかな飲み物にします。レモネードで割ったピムス［Pimm's］※13がおなじみですが、キュウリとミントを、暑い日向けの甘くてフルーティー

草

キュウリ

※13　ピムス［Pimm's］…ジンベースのフルーツフレーバーリキュール。

な他の飲み物に入れてもいいでしょう。

キュウリ&メロン→「メロン&キュウリ」P.397

キュウリ&山羊のチーズ

　フランス・パリ19区にあるアルマン・カレル通りに、ナポレオン3世 ［NapoleonⅢ.］ と呼ばれる気取らないブラッセリーがあります。フランスじゅうのどこででも見つけられそうな、間に合わせの料理を出すわけでもなく、高級料理を出すわけでもない店で、イギリスにあったら、ちょっと物足りないと思われるかもしれません。

　この店で私は前菜として、山羊のチーズを添えたキュウリのサラダを食べました。半分透き通って見えるほど薄くスライスしたキュウリに、チーズの薄切り4枚、そこにイタリアンパセリが飾りとして添えられているだけのシンプルなものです。しかし、キュウリの花のような香りとアルカリ性の性質が、チーズの強い酸味を極上の味に変えてくれていました。

キュウリ&ルバーブ→「ルバーブ&キュウリ」P.360

Dill

ディル

　ディルは、ノルウェー語で「和らげる」という意味を指すジーラという単語から名づけられ、種（シード）が筋肉の緊張を鎮める効果があると言われています。しかし、ディルシードは口蓋（こうがい）をリラックスさせる効果があるわけでは決してありません。ディルシードはディルの葉（つまり生のハーブ）よりかなり強烈で鋭い味がします。

　一方ディルの葉（特に明記しないかぎり、本書でディルといえば、こちらを指す）は、すりきれたような細い葉にふさわしい、神経質な風味を持つという印象があります。まず甘さが感じられ、次いで酸味のあるさわやかな味が出てきて、濃厚な味の魚や肉、クリームを使った料理などに風味を添えます。またディルは、レモンや酢など、他の酸味のある材料ともうまく調和します。ディルは、テレビの前でだらしなく過ごす日曜の午後のための風味ではなく、複雑で、手がかかり、自己主張が強いものです。

ディル&アボカド

　どちらも草の香りがしますが、味の感じ方は違います。ディルは細心の注意を払ってきれいに手入れされることの多い、こぎれいな青緑色の芝生のようなものです。一方でアボカドは、湿原での散歩途中に坂を下ろうとしたら、思わず加速がついてしまうような弾力性のある緑の草地といったところです。

　アボカドのねっとりした身を、ディルの葉と少量のヴィネグレットソースと混ぜ合わせ、ザリガニやツナ、鶏肉のサンドイッチにたっぷり塗ってみてください。

ディル&オイリーフィッシュ→「オイリーフィッシュ&ディル」P.217

ディル&貝・甲殻類

　8月にスウェーデンで行われるクレフトフィーバ[※14]と呼ばれる盛大な屋外祭で、ディルとザリガニは一緒に調理されます。ザリガニは、普通のディルよりも味が強いとされるクラウンディル[※15]を入れた、たっぷりの水でゆでられます（ビールでゆでる場合もある）。ザリガニにかぶりつくときには、シンプルなパン、ビール、アクアビット、ヴェステルボッテンと呼ばれる小さな穴が空いた味の濃いハードチーズなどが添えられます。

ディル&きのこ→「きのこ&ディル」P.104
ディル&キュウリ→「キュウリ&ディル」P.259

ディル&牛肉

　ビッグマックの味はこの組み合わせです。特にティーンエイジャーに大人気のビッグマックですが、おかしなことに、彼らは自分たちがディルやディルを使ったピクルスが好きなんだということに気づいていません（地元のマクドナルドの店の外で、多くの人がピクルスを取って捨てるのを見かけることは認めま

※14　クレフトフィーバ…ザリガニパーティー。
※15　クラウンディル…花つきのディル。

が、まだ神秘的なオレンジ色のソースにディルの香りが強烈に残っているのです）。

　次に紹介するパイを、私の夫はビッグマックパイと呼びます。友達がこの組み合わせに気づくかどうか試してみてください。コンビーフを使うのは奇妙に思えるかもしれませんが、挽きたての牛肉を使ってみたら、同じようにおいしくはできませんでした。

recipe
《ビッグマックパイ》

❶21cmのタルト型にショートクラスト・ペストリーを敷く

❷スライスして種をとったトマト2個分を底に並べる

❸缶入りコンビーフ340gをつぶして、ディルレリッシュ［dill relish］[※16] 大さじ4、ドライディル大さじ
　　1、アメリカンマスタード大さじ1と一緒によく混ぜ合わせる

❹それを先ほどのトマトの上に広げたら、残りのペストリーで蓋をする

❺ペストリーの表面に牛乳か溶き卵を刷毛で塗り、全体にゴマを散らす

❻190℃のオーブンで35 〜 40分焼く

このパイは温かくしても冷たくしてもおいしく食べられます。

ディル&グリンピース

　ディルとグリンピースは昔、角切りにしたジャガイモとニンジンと合わせて、ロシア風サラダに使われていました。今ではソックスでサンダルを履くのと同じぐらい珍しいサラダで、ホテルのレストランか昔風のタパスバーでしかお目にかかることがありません。しかしディルには、十分にこの料理をよみがえらせることができる、すばらしい特性があります。

recipe
《ディルとグリンピースのロシア風サラダ》

❶新ジャガイモ500gの皮をむいて角切りにし、やわらかくなるまでゆでる。ゆですぎないように注意

❷ニンジン250gも同じように調理する

❸冷凍グリンピース100gを加熱する

❹これら3種類を冷まし、ディル入りマヨネーズと一緒に和える

❺ここに水気を切ったディル風味のピクルスを角切りにして加えると、ほどよい歯ごたえが楽しめる

❻薄切り冷肉の盛り合わせとシャキシャキのレタスを添えて食べる

264　※16　ディルレリッシュ［dill relish］…ディルで風味をつけたキュウリのピクルスをみじん切りにしたもの。

ディル&ココナッツ

インドや、特にラオスの魚と野菜のカレーではおなじみの組み合わせです。ラオスでは、ディルはハーブというよりも野菜に近い扱いで、茎など葉以外の部分もすべて、魚や他の野菜と一緒に鍋に入れます。

もっと思いがけないのは、アメリカのオーク材の樽で熟成させた赤ワインが、ディルとココナッツの風味を持っているということです。ココナッツの風味は樽の木に含まれるラクトンという化合物から出ていますし、ディル風味はオークの木にもともと存在する草の香りのひとつです。赤ワイン、リットン・スプリングスでその特徴を探してみる価値はあると思います。カリフォルニア産のブドウ、ジンファンデルで作った最高の1本ですから、どれほど飲んでも大丈夫です。ワインに含まれるオーク風味についての他の情報は、「バニラ&クローブ」P.498を参照してください。

ディル&魚の燻製→「魚の燻製&ディル」P.229
ディル&白身魚→「白身魚&ディル」P.203

ディル&ジャガイモ

ポーランドでは、ディルの入っていないポテトサラダは、もじゃもじゃの口ひげを生やしていない組合長のようなものです。またインドでは、角切りのジャガイモを、にんにく、ターメリック、唐辛子と一緒に炒め、たっぷりのディルと和えて食べます。インド原産のディル（サワまたはシェプと呼ばれる）は、ヨーロッパ原産の近縁種より軽い風味を持ちます。

ディル&卵→「卵&ディル」P.187
ディル&ビーツ→「ビーツ&ディル」P.117

ディル&豚肉

キャベツやポロネギ、チャイブは、ギョウザやワンタンなどの中華料理で豚肉と混ぜて使われ、肉のたくましい味にさわやかな風味を添えます。それほど頻繁ではありませんが、ディルも同じように使われます。ただし中国の北東部生まれの料理は例外で、ディルが多用されています。

中国北東部では、中国人が東清鉄道の建設のためにやってきた数多くのロシア人移民のために、ディルの葉、ビーツ、パセリを栽培しました。包む皮さえ入手できれば、自分でもギョウザを作ることができます。中国系のスーパーマーケットに行けば冷蔵の皮が手に入りますし、冷凍もできます。約15個分のレシピです。

recipe
《ディルと豚肉のギョウザ》
❶豚の挽き肉250g、刻んだディル大さじ1、つぶしたにんにく1かけ、醤油大さじ1、紹興酒大さじ1、ゴマ油を軽くひとふり、塩少々をよく混ぜ合わせる
❷皮の上に大さじ1程度の具を乗せ、皮の端に指で水をつける

❸ ひだを作るようにギョウザを包み、皮を合わせた端をよく押さえる
❹ 沸騰した湯（またはだしのよく出たストック）で5〜8分ゆでる
❺ 醤油をつけて食べる

ディル&ミント

スペアミントとディルシードには、カルボンと呼ばれる天然由来の風味化合物が、違った形で含まれています。分子としてはどちらも同じ形をしていますが、鏡のようにお互いに対称をなし、鼻や口の中にある風味の感覚器官によって、違った味に受け止められます。こういった化合物は数百種類もあり、それぞれ形に合わせて違った分子を受けとって発達します。小さな子ども向けのパズルをぐっと複雑にしたようなものです。

スペアミントは左方向の形の分子（l体カルボン）、ディルは右方向の形の分子（d体カルボン）を持っています。においの点では両者ははっきりと区別できるほど違うので、お互いに代用品として使おうとしてもうまくいきません。もちろん、料理の手順を逆にするなら別ですが。

ディル&仔羊肉

フィンランドのティッリリハ［tilliliha］[17] は、仔羊肉か牛肉をコトコトと煮こんだシンプルなシチューで、煮こみの最終段階で酢、砂糖、生クリーム、ディルを加えます。ギリシャには、キリスト教の四旬節の断食が明けるイースターに食べる、マギリッツァと呼ばれるスープがあります。これは屠ったばかりの仔羊の頭や内臓をディルと一緒に煮こんだものです。イランでは、皮を取ったソラ豆や調理した仔羊肉（すね肉またはあばら部分）を、ディルで強く風味づけしたご飯と重ねていくバガリポロと呼ばれる料理があります。ターメリックまたはサフラン、あるいは両方が加えられることもあります。

ディル&レモン →「レモン&ディル」P.434

※17　ティッリリハ［tilliliha］…ディルと仔羊肉の煮込み料理。

Parsley
パセリ

　さわやかなみずみずしさと、森を思わせる香りを持つパセリは、ハーブがなぜもそれほど多くの食べ物の味を補うかを物語る「代表的な存在」だとアメリカのフードライターであるハロルド・マギー（→P.509）は述べています。塩味の食べ物との相性が抜群で、特にハムステーキや魚なら何とでも合い、清涼感と苦味が肉の甘辛さをほどよく補ってくれます。

　またパセリの特徴的な味は、その他のハーブと一緒に使ってもすばらしい働きをします。イタリアンパセリの品種は一般的な葉の縮れたパセリよりも風味が強く、やわらかい葉を持っています。

パセリ&オイリーフィッシュ（脂分の多い魚）

　焼いたサバまたはニシン向けの冷たいパセリソースを紹介しましょう。

recipe

《冷たいパセリソース》
❶みじん切りにしたパセリ75gを泡立てた高脂肪生クリーム300mlに混ぜる
❷タバスコ小さじ1と塩コショウ適量で味つけする

パセリ&貝・甲殻類→「貝・甲殻類&パセリ」P.197
パセリ&牡蠣→「牡蠣&パセリ」P.209
パセリ&きのこ→「きのこ&パセリ」P.105
パセリ&牛肉→「牛肉&パセリ」P.61
パセリ&クルミ→「クルミ&パセリ」P.333

パセリ&ケッパー

　揚げ物は食べているうちに味覚が麻痺して飽きてしまいますが、この2つの食材はその揚げ物と戦う緑色の戦士です。薄切りの揚げナス、バターで焼いた魚、薄切り肉のフライには、パセリとケッパーの組み合わせで対抗しましょう。サルサベルデ［salsa verde］[※18]を作って添えるのがおすすめです。

　また、より味の濃くて油っぽい食べ物にもよく合います。パセリとケッパーを適当に刻み、イワシの腹に詰めてバーベキューの火にのせ、熱で皮がぶくぶくとふくれるまで焼きます。

パセリ&コリアンダーリーフ→「コリアンダーリーフ&パセリ」P.273
パセリ&魚の燻製→「魚の燻製&パセリ」P.229

草

パセリ

※18　サルサベルデ［salsa verde］…グリーンソース。

パセリ&白身魚

　美味しい料理にはほぼすべてにパセリが飾られていて、しかもきまってそのパセリは食べずに捨てられる運命をたどるという時期がありました。パセリは、うんざりしながら自動的にゴミ箱に移動させられてしまう、料理における迷惑メールのような存在だったのです。

　しかし、白身魚のパートナーとしてのパセリは欠くことができないものです。パセリの葉のさわやかさは、魚の塩味を和らげます。タラやハドック［haddock］[19]のような身のしっかりした白身魚に合わせるパセリソースを作るには、ベシャメルソースにたっぷりの刻んだパセリを加え、レモンの皮とレモン果汁少量で味つけします。

　もっと軽めで手軽なソースにしたかったら、魚の表面に塩コショウを混ぜた小麦粉をまぶし、オリーブオイルで焼きます。そのときに少量の白ワインと魚のストック（または水）を加えます。煮詰めて水分が減り、魚に火が通ったら、刻んだパセリを散らします（→「レモン&パセリ」P.435）。

パセリ&ジャガイモ

　こぶしサイズの粉質系ジャガイモを用意し、皮をむいて、4つに切り分け、うすい黄色になるまでゆでます。表面がふんわりとバターのように輝く、そんなジャガイモがただ好きだったことがありませんか？イギリスではそのようなジャガイモはほとんど見かけなくなりました。逆にポルトガルのリスボンではそこらじゅうで見かけます。シチューや具だくさんのスープの中、にんにく風味のポークチョップや荒挽きソーセージの付け合わせに見ることができます。幸いなことに、刻んだパセリを適当に散らす以外、ジャガイモの田舎くさいやぼったさを隠そうとする努力はなされていません。

　これらの料理をパティオ13［Patio 13］で食べてください。パティオ13は家族で経営しているような小さなレストランのひとつで、町の一番古い地区であるアルファマの入り組んだ裏通りを散策していると見かける猫や、風にたなびく洗濯物の列と同じぐらい、さりげなく存在しています。

　昔からアルファマはファドで有名です。ファドとはサウダージ（郷愁や切なさ）を表すフォークソングの1ジャンルで、懐旧や喪失の念に似た、他の言語では言いかえることのできないイベリアの概念を音楽で表したものです。乾燥したテラスに座って、辛口ながらもさわやかなヴィーニョヴェルデ［vinho verde］[20]を飲みながら、主人がグリルでイワシを焼きながらひっくり返している姿を眺めましょう。

　ステンレスのトレイにのっている、パセリを散らしたゆでジャガイモは、身がこってりとした炭火焼きの魚の引き立て役にぴったりです。シンプルにゆでただけのジャガイモを見ると、サウダージの感覚を抑えることができないでしょう。ポテトはこの地では非常に重要な存在ですが、他ではあまり気にかけてもらえず、マッシュされたり、よくあるフライドポテトなどにされたりしています。

パセリ&卵

　アメリカの料理研究家ファニー・ファーマー〔1857-1915〕（→P.509）は、もし病人にポーチドエッグを作るなら、ぜひ飾りにパセリを使うよう強くすすめています。パセリは味の深みのない金属のような風味があります。学術名のペトロセリナム、別名「ロックセロリ」という単語を見ても、ミネラルが豊富な様子がわかるでしょう。

　私の意見では、加熱した卵白には、缶入りペリエのミネラル分の鋭さがあります。ですから卵白とパセリを一緒に使うときには注意が必要です。特にオムレツを卵白だけで作るときは、パセリはやめておいた

※19　ハドック［haddock］…タラ科の魚。和名はモンツキダラ。
※20　ヴィーニョヴェルデ［vinho verde］…わずかに緑がかった、熟成の浅い微発泡ワイン。

ほうがいいでしょう。岩をなめているような感覚を楽しむつもりがあれば別ですが。

パセリ&ニンジン → 「ニンジン&パセリ」P.321

パセリ&にんにく

　パセリは、にんにくくさい息という罪に対する、アベ・マリア的な存在だと評価されています。仔羊肉のペルシヤード［persillade］[※21]を作るとき、にんにくと一緒にパセリをみじん切りにしてパン粉と混ぜ合わせますよね？　または、ジャガイモをフライパンで焼き、火からおろす直前に、パセリとにんにくを加えて、さっと炒めてみてください。にんにくの刺激を感じると同時に、パセリの鮮やかなミネラルの味が後味として残ります。

　レモン果汁と皮をパセリとにんにくに加えると、薬味のグレモラータができあがります。これは、仔牛肉の煮こみ料理オッソブーコの仕上げに使われることでよく知られています。このソースのレシピで、レモンを入れずにオリーブオイルを加えると、アルゼンチンの肉のロースト料理に添える、シンプルなチミチュリソースができあがります（→「牛肉&パセリ」P.61）。

　スペインのにんにくの一種ロホをぜひ手に入れてください。生のままでも風味がいいことで高く評価されています。

パセリ&ベーコン

　厚くスライスしたハムステーキは、昔からルーにパセリを入れたソースをかけて、熱々の状態で食べられてきました。レシピの中にはハムのストックと生クリーム少量を使うものもありますが、牛乳だけで作ったソースは、パセリそのものの味が際立ち、よりやさしくハムと調和します。

　フランスでは、ハムと大量のパセリを使ったジャンボンペルシェと呼ばれるゼリー固めのテリーヌが作られていて、なかでもブルゴーニュで作られるものは高い評価を得ています。パセリのさわやかでみずみずしい風味が、肉の塩味に対してすっきりと冷たいコントラストを描いています。

パセリ&ミント

　私はタブーレ［tabbouleh］[※22]が大好きです。イギリス・ロンドンのクリーヴランド通りにあるイスタンブール・メイゼ［Istanbul Meze］と呼ばれるこぢんまりとしたすてきなお店では、本来こうあるべきと思うようなたっぷりのパセリが入ったタブーレにありつくことができます。おいしいタブーレの条件として、ミント1に対してパセリ5は欲しいですし、粗挽き小麦粉の量はスーパーマーケットで売られているものよりずっと少なくていいはずです。

　パセリは、もうこれ以上切れないというほどたくさん切ってください。無理だと思っても、さらにもっと切ってください。小麦粉と同じく、トマトの量も減らしてください。たっぷりのレモン果汁にオイル少々、つぶしたにんにくごく少量で全体を和えます。ひと口食べると口の中に草原が広がるような、ジューシーな緑色のドレッシングができていれば成功です。ハーブ類は軽く、小麦粉は重いため、お店では上と下を逆さまにして販売されています。これは"レーブタ"と呼ぶべきですね。

パセリ&レモン→「レモン&パセリ」P.435

※21　ペルシヤード［persillade］…スパイシーな衣を着せて焼いた料理。
※22　タブーレ［tabbouleh］…パセリのサラダ。

Coriander Leaf
コリアンダーリーフ

　イタリアンパセリに見た目がそっくりだと言われるコリアンダーリーフは、さわやかな草の香りと、森を思わせる風味が特徴的です。しかし、パセリの冷たい雨のような風味に対して、コリアンダーはほのかに暖かい土の香りや柑橘類の皮のような特徴を持ち、季節風のにおいがします。

　ほろ苦い味を持つコリアンダーリーフは、よく飾りとして使われます。これは、加熱するとやや風味が損なわれる性質があるため、調理の最後に加える必要があるためとも、一緒に使う食材の味を和らげるさまざまな効果があるためとも言われています。塩味を和らげ、魚の生臭さを消し、油っぽさを流し、辛くてスパイシーな料理に清涼感を与えます。

コリアンダーリーフ＆アボカド

　サルサやグアカモーレ［guacamole］[※23]を作るときの人気の組み合わせです。コリアンダーリーフもアボカドも、調和のとれた草の香りがありますが、コリアンダーリーフのさわやかさはアボカドのしつこさを和らげます。特にレストラン、エル・ブリのシェフであるフェラン・アドリアが作る、衣をつけて揚げたアボカドの天ぷらを食べると、その効果がよくわかります。

　アボカドは加熱すると果肉に含まれるタンニンの苦みが増すので、味の好みが分かれます。とはいえ、トラットリアの人気メニューであるアボカドのグラタンを考えても、自分で天ぷらを作った経験から言っても、私は嫌な味を感じたことはありません。コリアンダーリーフという中和剤があるとはいえ、揚げたアボカドという脂肪分のダブルパンチを受け入れられるかどうかはまた別問題ですが。

コリアンダーリーフ＆オレンジ

　コリアンダーリーフは食べ物に"心地よい刺激"を添えると言う人がいますが、これは本人も気づかないうちに真実をついています。アメリカのフードライターであるハロルド・マギー（→P.509）はこう書いています。「コリアンダーの香りの主要成分は、デセナールと呼ばれる脂肪族アルデヒドで、これはオレンジピールのロウのような香りの素でもあるのです」。デセナールはとても不安定で、コリアンダーリーフを加熱するとその特徴的な香りはあっという間になくなってしまうため、たいていは飾りとして生のまま使用します。オレンジの薄切り、スイートオニオン、ラディッシュのサラダに、ちぎったコリアンダーリーフを散らしてみてください。

　タイのペースト状の香辛料には、コリアンダーの根が含まれているものがあります。コリアンダーの根にはデセナールが含まれていない代わりに、パセリに似ていなくもない森のような草の香りがあります。コリアンダーリーフはしばしば、オレンジやマンダリンなど柑橘類の香りを際立たせるため、加工香味料に加えられています。コリアンダーに含まれるオレンジらしさは、果物と一緒にすることでいっそう顕著になります（→「オレンジ＆コリアンダーシード」P.419）。

コリアンダーリーフ＆貝・甲殻類→「貝・甲殻類＆コリアンダーリーフ」P.194

※23　グアカモーレ［guacamole］…メキシコ料理のサルサの一種で、アボカドのディップ。「ワカモレ」とも。
※24　ダール［dhal］…カレーの一種。「ダール」はヒンディー語で豆類の総称。

コリアンダーリーフ&クミン

　クミンを炒ってみてください。温かい土の風味の中から苦みが出てきます。コリアンダーリーフも同じような特徴を持っています。ただし、クミンの土の香りの苦みはおだやかで、いぶしたような秋を思わせますが、コリアンダーのほうは勢いのある新鮮さが感じられます。

　この2つの食材と唐辛子は一緒に、インドのカレーやダール[dhal]、チャツネ[chutney]に使われ、ときにはメキシコの豆料理や肉のシチューでも活躍します。炒ったクミン粉と刻んだコリアンダーを、グアカモーレに入れてみてください。特にアボカドの質がやや落ちているときにおすすめです。

　あるいは、スクランブルエッグに炒ったクミンと刻んだコリアンダーを加えるのもいいでしょう。とても簡単なので、そのスクランブルエッグをすくって食べるフラットブレッドを作る時間もありますね。(→「コリアンダーリーフ&ココナッツ」 P.271)。

コリアンダーリーフ&ココナッツ

　ココナッツミルクの海の中から、私たちの心に飛びこんでくるのがコリアンダーという存在ですが、この2つの食材を一緒に使う方法を制限してはいけません。次に紹介するフラットブレッド(平たい丸型のパン)では、甘くてジューシーなココナッツが新鮮でピリッとしたコリアンダーと自然な相性のよさを見せています。

---

recipe

《コリアンダーリーフとココナッツのフラットブレッド》

❶セルフレイジング・フラワー[※26] 225gをフードプロセッサーに入れ、ベーキングパウダー小さじ1/2、塩小さじ1/2、砂糖小さじ1、室温でやわらくしたバター25gを加えて回し、パン粉の状態にする

❷プロセッサーを回したままの状態で、小さな穴から人肌に温めた牛乳か水125mlを少しずつ加え、パン生地を作る

❸プロセッサーから生地を取り出して5分こね、濡れぶきんをかけて20分休ませる

❹生地を4等分して、めん棒でそれぞれ約20cm×15cmの長方形にのばす

❺横長に置いて、中央から右側にコリアンダーリーフとココナッツパウダーをそれぞれ適量散らす

❻左側を持ち上げ、右側に重ねて二つ折りにし、めん棒で少しずつ全体をできるだけ薄くのばす

❼グリルを高温に温め、グリル用天板に油を塗ったアルミホイルを敷く

❽パン生地をのせ、直火で90秒焼いたらひっくり返し、60秒程度焼く。パン全体にきつね色の焼き目がまだらについてくる

❾バターを塗って食べる

コリアンダーリーフ&コリアンダーシード→「コリアンダーシード&コリアンダーリーフ」 P.493

※25　チャツネ[chutney]…野菜や果物にスパイスを加えて、煮込んだり漬けたりして作るソースやペースト状の調味料のこと。
※26　セルフレイジング・フラワー[self-raising flour]…ベーキングパウダー入りの小麦粉。セルフレイジング・フラワーが手に入らなかったら、薄力粉100g、ベーキングパウダー3g、塩1gを混ぜ合わせて使う。

草

コリアンダーリーフ

コリアンダーリーフ&白身魚

コリアンダーリーフのクエン酸の特性は魚によく合います。レモンのように魚の繊細な味を引き立て、魚くささを減らしてくれます。東南アジアの料理では、ナンプラーやエビのペースト、乾燥魚を非常によく使うので、それに添えるコリアンダーリーフは味のバランスをとるのに不可欠です（→「レモン&コリアンダーリーフ」P.432）。

コリアンダーリーフ&ジャガイモ

コリアンダー好きの人も嫌いな人も、その土の香りについていろいろ言いますが、その風味こそがジャガイモを勝利に導くパートナーではないかと私は思っています。ジャガイモをゆでたりつぶしたりすると失われる大地の風味を、コリアンダーが補ってくれるのです。

カルド・デ・パパは、ラテン系の多くの国、特にコロンビアで食べられているジャガイモのスープです。大量のコリアンダーと、牛肉または牛肉のストックを使って作られ、二日酔いに効くことで有名です。

自家製の牛か仔牛のストックがあれば最高ですが、私は売っている濃縮液を使います。ジャガイモが煮くずれし始めると、スープにとろみがついて、風味も深まります。

recipe

《ジャガイモとコリアンダーリーフのスープ》

❶スパニッシュオニオン（大）1個を適当に切って油で炒める
❷粉質系のジャガイモ500gの皮をむいて、小さなローストポテト程度の大きさに切ったものを加える
❸牛肉のストック500mlを注いで蓋をし、ジャガイモが煮くずれるまでコトコトと煮こむ
❹刻んだコリアンダーリーフたっぷり片手2つかみ分と、青唐辛子の薄切り適量を加える

コリアンダーリーフ&すいか→「すいか&コリアンダーリーフ」P.352
コリアンダーリーフ&唐辛子→「唐辛子&コリアンダーリーフ」P.290

コリアンダーリーフ&トマト

サルサ作りに欠かせない心躍る組み合わせです。北米ではサルサの人気は非常に高く、加工品の売れ行きはケチャップを上回っています。手作りサルサの膨大な量は含まれていません。バジルはその後ろ姿を眺めるしかありません。

アメリカ・ミネアポリスの倉庫街の一角に、ミシシッピ川からの凍るように冷たい風を受けて立つモンテカルロ［Monte Carlo］というサパークラブがあります。材木取引が最盛期を迎えていた1906年からあるクラブです。

ブリキの天井と銅板を張ったバーがあり、禁酒党員の主張に納得してしまいそうなほど強いマティーニ類を出します。いったん目を閉じて開けると、材木王と同じようにお腹がすいていることに気がつくでしょう。そしてこの店のトレードマークであるフラットブレッドのピザのひとつ、トマトとハバティチーズとコ

リアンダーのペストをのせたピザに、あっさりと満足してしまうのです。このピザを食べるたび私は、コリアンダーを使ったピザの種類をもっと増やせばいいのにと思います。

コリアンダーリーフ＆鶏肉→「鶏肉＆コリアンダーリーフ」P.33

コリアンダーリーフ&にんにく

　スペインでソフリトといえば、タマネギ、にんにく、トマト、ときにはパプリカを一緒にじっくりと炒め合わせたものを指します。その他のヒスパニック系料理では、この名前は、同じような素材を混ぜ合わせて、料理に生のまま加えるものを意味することもあります。プエルトリコでは、コリアンダーとクラントロを加えます。クラントロは、コリアンダーの近縁種、オオバコエンドロ［Eryngium foetidum］[27]の葉で、コリアンダーのような香りがしますが、より強い風味を持っています。

　クラントロの葉はのこぎり状で細長く、ハーブというよりもサラダ用の葉に近いものです。

　カリブ系の食べ物店をよく観察してみてください。プエルトリコ人は大量のソフリトを作り、スープやシチュー、米料理など何にでも使い、その豊かな香りを楽しんでいます。

---

recipe
《コリアンダーリーフとにんにくのソフリト》

❶スパニッシュオニオン（大）2個、青パプリカ1個、皮をむいたにんにく半球分、コリアンダーひとつかみ（その半量をクラントロにしてもよい）を適当な大きさに切る

❷生唐辛子をみじん切りにする。本来は、強烈な辛さよりもいぶしたような風味とフルーティーな特質を持つ、マイルドなアヒドゥルセと呼ばれる唐辛子を使うが、好みで好きな唐辛子を辛さに耐えられる分だけ使う

❸オリーブオイル大さじ2〜3を加える。ここに皮をむいて切ったトマト1個を加えてもいい

❹これらの材料をフードプロセッサーにかけて細かくする

❺途中で水を一度に大さじ1ずつ加えて、少しどろりとした液状にする

　できあがったミックスは、冷蔵庫で数日保存できますし、氷を作るトレイを利用すれば、使いやすい形で冷凍にしておくこともできます。

コリアンダーリーフ＆パイナップル→「パイナップル＆コリアンダーリーフ」P.376

コリアンダーリーフ&パセリ

　パセリがヨーロッパと北米で幅をきかせている間に、コリアンダーは、南米とアジアとカリブ海で「一番のハーブ」という地位を得て、ゆっくりと確実に、パセリの代役を務め始めています。

　パセリは世界で一番消費されているハーブなので、コリアンダーと混ぜて使えばいいのです。パセリとコリアンダーは同じようなみずみずしい草の香りを持っているので、ハーブの全体量を減らすことなく、料

※27　オオバコエンドロ［Eryngium foetidum］…ノコギリコリアンダー。

理に使うコリアンダーの量を減らすことができます。

コリアンダーリーフ&ピーナッツ

バジルと松の実の代わりにコリアンダーとピーナッツを使うと、おいしいベトナム風のペストができます。

recipe

《コリアンダーリーフとピーナッツの麺》

❶コリアンダーリーフ片手1杯分と、ローストしたピーナッツ片手半杯分を、粗みじん切りにする

❷仕上げの飾り用にそれぞれ少量ずつ取り分けておき、残りを、ゆでたての温かい卵麺にピーナッツオイル小さじ1をふりかけたもの、ニョクマム適量、乾燥唐辛子フレークひとふり（好みで）、ライム果汁ひと搾りと一緒に混ぜ合わせる

❸取り分けておいたコリアンダーリーフとピーナッツを飾って、できたてをすぐに食べる

コリアンダーリーフ&豚肉→「豚肉&コリアンダーリーフ」P.41

コリアンダーリーフ&マンゴー→「マンゴー&コリアンダーリーフ」P.412

コリアンダーリーフ&ミント→「ミント&コリアンダーリーフ」P.469

コリアンダーリーフ&山羊のチーズ→「山羊のチーズ&コリアンダーリーフ」P.73

コリアンダーリーフ&ライム

私が初めて牛肉とコリアンダー入りベトナム風スープ麺（フォー）を食べたとき、中に入っていたくし型のライムは端に寄せて残してしまいました。ペーパーナプキンにぴりっとした牛肉のスープを滴らせたライムは、にやにやとこっちを見ているようでした。

私の記憶では、ライムは甘いものです。私はローズ［Rose］のライムコーディアル（ライムジュース）と、それにあわせるどろりとした不気味なマーマレードを食べて育ちました。とにかくとても甘いものでした。しかし、ベトナムやタイの料理を頻繁に食べるようになると、ライムが添えられたおいしい料理に出会うようになり、特にコリアンダーと一緒に使われることが多いということがわかりました。

さらに、ライムとコリアンダーが添えられているというだけで、その料理を選ぶようになりました。まるで歌手よりもバックコーラスに惹かれて曲を買うようなものですが、悪いことではないと思います。コリアンダーとライムは、ローリング・ストーンズの『悪魔を憐れむ歌』の歌詞に含まれる「ウー、フー」と同じくらい、何がなんでもなくてはならない存在です。

コリアンダーリーフ&仔羊肉

レバノン料理のヤフニットザーラは、直訳すると“カリフラワーのシチュー”ですが、主な材料は仔羊肉とたっぷりのコリアンダーリーフです。インドのフラットブレット、キーマナンには、仔羊肉とコリアンダーリーフを詰めることがよくあります。

しかし、コリアンダー好きには、次に紹介する仔羊肉とホウレン草の料理、サーゴゴーシュトのほう

が好みかもしれません。コリアンダーは熱によって風味を失いやすい食材ですが、このレシピでは茎も含めて全体を使いますので、葉のさわやかさは残ります。コリアンダーがホウレン草、仔羊の肉汁、ヨーグルトと一緒にカレーの中で一体となり、口にふくむとうっとりするような風味となって広がりますが、決してしつこかったり飽きたりすることはありません。

recipe

《サーゴゴーシュト　たっぷりのコリアンダー添え》

❶オーブン使用可の深皿にバター少量と油を入れ、刻んだタマネギ（大）をしんなりするまで炒める

❷つぶしたにんにく1かけ、塩小さじ1、みじん切りにした生姜1かけ、コリアンダー粉大さじ1、ターメリック小さじ1/2、好みで刻んだ生唐辛子を加える

❸数分炒めて、角切りにした仔羊肉1kgを加える

❹肉に焦げ目がついてきたら、冷凍ホウレン草（解凍しておく）250gとたっぷりのコリアンダー1束（葉はざく切りに、茎はみじん切りにしておく）を加えてかき混ぜる。このとき、コリアンダーを少し取り分けておく

❺ヨーグルト300gを少しずつ加えていく

❻蓋をして、160℃のオーブンで2時間焼く

　加熱によってなくなったコリアンダーの一番よい香りを呼びもどすため、取り分けておいた葉を仕上げに混ぜ入れます。ご飯と一緒に食べます。

コリアンダーリーフ＆レモン→「レモン＆コリアンダーリーフ」P.432

Avocado
アボカド

　草のような青くさい味にバターの食感を持つアボカド。ついつい食べ続けてしまうのも無理はありません。繊細なアボカドは、モッツァレッラや甲殻類など、同じように繊細な味と相性がよいです。甲殻類はアボカドの果肉に含まれるややアニスに似た香りと合うのです。ライムやにんにくなど、味の強い食材の陰には隠れてしまうことが多いですが、サンドイッチやサラダ、サルサなどにすると、そのたまらなくなめらかな食感や清涼感、脂質、それに風味が全体の味を支えます。

　アボカドオイルは生の果肉よりいっそう繊細な風味を持ち、特有の草の香りには欠けるので、代わりにオリーブオイルを使うようアドバイスされるかもしれません。

　アボカド＆イチゴ→「イチゴ＆アボカド」P.370
　アボカド＆オイリーフィッシュ→「オイリーフィッシュ＆アボカド」P.215

アボカド＆貝・甲殻類

　もしも神様がアボカドの種を取った後の穴に、マリーローズソースで和えたシーフードを入れることを考えていなかったとしたら、アボカドの種をあそこまで大きくする必要はなかったですよね？　イギリス・ロンドンにあるビバンダム［Bibendum］のシェフ、サイモン・ホプキンソンとフードライターのリンジー・バーハムは、自家製マヨネーズに市販のケチャップとホットソースを混ぜるようにすすめています。

recipe
《マヨネーズとケチャップとホットソース》
❶エビ約200gの殻をはずす
❷マヨネーズ大さじ4〜5、タバスコ数滴、トマトケチャップ大さじ1、レモン果汁少量、コニャック小さじ1を加え、よく混ぜ合わせる

アボカド＆キュウリ

　私は、この組み合わせで冷たいスープを作ります。アボカドの果肉と、皮をむいて種をとったキュウリ、レモン果汁ひと搾りをミキサーにかけ、塩コショウで味つけします。アボカドの味が濃厚に感じられますが、そのなかにさわやかでみずみずしいキュウリの香りもしっかり楽しめます。とろみが強く、なめらかですが、すっきりとしています。グアカモーレ［guacamole］[※28]をシンプルにしたようなものです。

　アボカド＆グレープフルーツ→「グレープフルーツ＆アボカド」P.424

※28　グアカモーレ［guacamole］…メキシコ料理のサルサの一種で、アボカドのディップ。「ワカモレ」とも。

アボカド&コーヒー

西洋の料理ではあまりない組み合わせかもしれませんが、ベトナムやインドネシア、フィリピンなどでは、アボカドは果物として扱われています。

アボカドをピューレ状にして牛乳と砂糖（または練乳）と一緒にシェイクし、ときにはコーヒーやチョコレートシロップで風味づけします。メキシコでは、アボカドに砂糖かラム酒をふりかけ、シンプルなデザートにします。

アボカド&コリアンダーリーフ→「コリアンダーリーフ&アボカド」P.270

アボカド&ソフトチーズ

アボカドに組み合わせるチーズは、昔からモッツァレッラです。増粘剤や増量剤なしで作られたものなら、チーズにもアボカドにもあるマイルドでミルキーな酸味が、モッツァレッラのやわらかな弾力とアボカドのなめらかなコクと合わさって、夏向けの心地よい食べ物に仕上がります。トマトのスライスを加えて、イタリアのトリコロール[29]を作りましょう。

アボカド&チョコレート

ローフード運動[30]の支持者たちの活動のおかげで、この組み合わせにもとづいたシルクのようなチョコレートムースが生まれました。チョコレートの味はココアパウダーで出し、ときにはバナナかデーツも使って、アボカドでムースの食感を出します。

ローイスト[31]たちの目的は、食べ物をできるだけ生に近い状態で食べることです。困難と思うかもしれませんが、インスティンクトに比べるとまだましです。インスティンクトは1回の食事で、においをかいで本能的に食べられると感じたものから選んだ、1種類の食材だけを生のまま食べます。加熱も味つけもせず、ジュースや粉末にすることもなく食べられるものならばなんでもよく、果物、野菜、卵、魚の場合もありますし、はたまたアナグマや幼虫の場合もあります。

方法は単純です。インスティンクトはさまざまな食材のにおいをかいでいき、本能的にこれだと感じたもの1種類を見つけます。食べるものが見つかったら、もうそれ以上入らないというところ、あるいは"自分たちのやめるべき基準"に達するまで食事を楽しみます。

典型的なインスティンクトの食事は、1回の食事で卵黄だけを52個食べるとか、1日にパッションフルーツだけ210個食べるとかいったものです。

アボカド&ディル→「ディル&アボカド」P.263

アボカド&唐辛子

グエン種のアボカドは、1982年にハス種から品種改良されて生まれたものです。雑誌『サヴォアー』がチポトレ唐辛子のにおいと評した、いぶしたような香りが特徴で、探してでも手に入れる価値があります。グエン種がなくても、手に入りやすい品種の熟したアボカドを使って、いつでもアボカドとチポトレ唐辛子のスープを作ることができます。2人分の分量です。

---

[29] イタリアのトリコロール…緑、白、赤の3色。
[30] ローフード運動…加工されていない生の食材（多くは有機栽培）を用いた食品を摂取する運動。
[31] ローイスト…ローフード支持者。

recipe

《アボカドとチポトレ唐辛子のスープ》

❶アボカド2個分の果肉とライム1個分の果汁、ヨーグルトかサワークリーム100ml、水150ml、チポトレ唐辛子のペースト小さじ1、塩適量をミキサーにかける

❷味ととろみ具合を確認する（ぼってりとしすぎていたら、水を加える）

❸少し冷蔵庫に入れておき、食べるときには、カイエンヌペッパーごく少量をふりかけて、飾りにする

アボカド&トマト

モッツァレッラが売り切れていたら、アボカドとトマトの2色で作りましょう。または、ハラペーニョ・マヨネーズを使って、アボカドとトマトのサンドイッチを作るのもおすすめです（→「クルミ&唐辛子」P.331、「アボカド&ソフトチーズ」P.277）。

アボカド&鶏肉→「鶏肉&アボカド」P.32
アボカド&ナツメグ→「ナツメグ&アボカド」P.310
アボカド&パイナップル→「パイナップル&アボカド」P.375
アボカド&ブドウ→「ブドウ&アボカド」P.355
アボカド&ブルーチーズ→「ブルーチーズ&アボカド」P.81

アボカド&ヘーゼルナッツ

メキシコ料理の専門家であるダイアナ・ケネディによると、アボカドはヘーゼルナッツとアニスの香りも持っているということです。グアテマラとメキシコ原産のアボカドをかけ合わせたフェルテ種は「非常に強い」品種で、ヘーゼルナッツの風味を持つことで重宝されています。メキシコではアボカドの葉を乾燥させ、調味料として、シチューやスープ、豆料理などに使います。アボカドの葉もアニスに似た風味を持つので、フードライターのリック・ベイレスは、ローリエとアニスシードの組み合わせがアボカドの葉の代用品になるとしています。

アボカド&ベーコン

高級で豪華な組み合わせです。アボカドの青くささは、ベーコンの重く、塩味のきいた肉の味をさわやかに際立たせますが、油っこいことに変わりはありません。ベビーホウレン草のサラダか、どっしりとした全粒粉のパンを使ったマヨネーズ入りサンドイッチに使って、両者のよさを最大限に引き出してください。

アボカド&マンゴー

うっとりするような組み合わせですが、タイミングを考えて準備しなくてはなりません。アボカドは木になった状態では熟しません。葉が実にホルモンを供給し、熟成を促進する化合物エチレンの生成を妨

げます。だからアボカドは十分に熟していない状態で買い、毎日熟成具合を確かめなければいけません。

　一方マンゴーは木になった状態で熟しますが、スーパーマーケットで手に入るマンゴーの大半は中心の大きな種が熟成を促しています。つまり身がやわらかくなり、複雑でスパイシーな香りを放つようになるまで、室温で置いておけばいいのです。

　もしもマンゴーの時期に合わせてうまくアボカドを熟成させるのが難しかったら、冷やすことで熟成を止めることができますので、アボカドが熟成したら冷蔵庫に保存しておけばいいでしょう。我慢へのご褒美として、アボカドと一緒に食べる新鮮なカニ肉も買ってきます。

---

recipe

《アボカドとマンゴーとカニの和えもの》

❶カニ肉はマヨネーズと和えて、ラムカン皿に詰める
❷続いて、切ったマンゴーと、つぶして（刻んでもよい）ライム果汁と和えたアボカドを順に詰めていく
❸砂の城のように型から皿に抜き出し、やわらかいクレソンの葉を添える

草

アボカド

　あるいは、アボカドとマンゴーのシンプルなサルサを作って、焼きたてのカニのパテに添えてもいいでしょう。

アボカド&ミント

　アボカド1個、ヨーグルト大さじ4、オリーブオイル大さじ1、ミントの葉ひとつかみ、塩ひとつまみをミキサーにかけて、サラダ用ドレッシングを作りましょう。

アボカド&ライム

　タケリア[※32]で、ブリトーを注文すると、やわらかい細切りステーキが、少しパリパリとした粉っぽいトルティーヤに巻かれて出てきました。中にはご飯、豆、サワークリーム、よだれの出そうなライム入りグアカモーレ［guacamole］とサルサも入っています。サルサのあまりの辛さに、ブリトーが入っていたプラスチックのバスケットの端を握り、涙が止まるまで離せなくなるに違いありません。

　グアカモーレについてですが、アボカドの種をとらずに残しておけば変色を防げると言う人もいます。私の考えでは、グアカモーレのアボカドが変色しているとすれば、正しい作り方をしていないのだと思います。

※32　タケリア…タコス店。

Pea

グリンピース

小さな粒に詰まった甘みと味わい深さ。グリンピースは、シンプルな草の香りのする甘さの中に、濃厚なうま味を含んでいます。塩気の効いたシーフードやベーコン、パルメザンチーズ、そしてミントやタラゴンなどのハーブととてもよく合います。

一般にフィールドピーと呼ばれる、緑の豆を半分に割って乾燥させた状態で食べられることの多いものは、エンドウ豆のおのぼりさん（田舎者）のような存在です。加熱すると、ふくらんで皮を破る豆のでんぷん質のせいもあって、新鮮な風味は減少しています。マローファットピース[marrowfat peas][33]もまたフィールドピーの一種です。グリンピースとピーマンは、どちらも青くさい風味化合物を非常に多く含む食べ物です。

グリンピース&アーティチョーク

イタリア料理の父といわれるペッレグリーノ・アルトゥージ〔1820-1911〕（→P.509）は、1891年に出版した自身の料理本で、アーティチョークとグリンピースのパイのレシピは、奇妙なものだったと認めています。しかし、多くの人を惹きつけるレシピであることも事実で、私もそのひとりです。

---

recipe

《アーティチョークとグリンピースのパイ》

❶生のアーティチョークボトム12個、グリンピース150gをさっと湯がき、水気を切る

❷アーティチョークを8等分する

❸両方の野菜を一緒に、バター50gでゆっくりと火が通るまで加熱し、途中で塩コショウする

❹別の鍋にバター大さじ1、薄力粉大さじ1、肉のストック125mlを入れて火にかけ、ソースを作って野菜の鍋に加える

❺ソースがからんだ野菜の半分を耐熱皿に敷き詰め、上からおろしたチーズ（パルメザンかペコリーノ）を散らし、残り半分の野菜を上からかけて層にする

❻薄くのばしたショートクラスト・ペストリーで蓋をする

❼表面に溶いた卵黄を刷毛で塗り、220℃のオーブンで10分焼く

❽温度を180℃に下げ、きつね色の焼き色がつくまでさらに20分焼く

パイよりもっと軽めの料理にしたかったら、昔から作られているイタリア料理のレシピがあります。

280　※33　マローファットピース[marrowfat peas]…青エンドウ。

recipe

《アーティチョークとグリンピースのシチュー》

❶切ったアーティチョークとソラ豆、スライスしたタマネギ、パンチェッタを約15分ゆっくり弱火で
加熱する

❷そこにグリンピースを加え、必要に応じて白ワイン大さじ数杯と水、または水だけを加える

❸材料が乾燥しないよう気をつけながら、さらに10〜15分加熱する

グリンピース&アスパラガス

　生のアスパラガスはサヤから出したばかりの新鮮なグリンピースのような味がしますが、加熱するとナッツのような風味が増し、香りがよくなります。一方でグリンピースは加熱してももともとの強い香りを失わず、同時に甘さも保っています。アスパラガスとグリンピースの組み合わせは、淡白だと思われるかもしれませんが、驚くほど風味豊かで、リゾットや卵料理に非常によく合います。ところで、"アスパラガス・ピー[asparagus pea]"[※34]はアスパラガスの繊細なおいしい味がすると言う人がいますが、残念ながら、それはありえません。

グリンピース&アニス

　アニスのような甘い風味を持つタラゴンは、十分に甘さを含みつつも、グリンピースにぴったりのわずかな苦みを持っています。次に紹介する軽いグリンピースのフリッターには、苦みのあるタラゴンのクリームソースを合わせましょう。

《グリンピースのフリッター、タラゴンソース添え》

❶冷凍のグリンピース500gを解凍し、ペーパータオルなどで軽くたたいて水気を切る

❷卵1個、オリーブオイル大さじ1、薄力粉大さじ4、塩コショウ適量をフードプロセッサーに入れて、軽くつぶれる程度に回す

❸中程度の大きさのスプーン2本を使って、グリンピースのミックスを12〜15個のクネル（楕円形）にする

❹多めのサラダ油を入れたフライパンでクネルを数分揚げ焼きにする

❺裏返し、しばらくおいてさらに裏返す（最初の焼き面は2回焼く）

❻みじん切りにした生タラゴンの葉と塩コショウをしたクレーム・フレッシュを混ぜたソースを準備する

❼グリンピースのクネルを皿1枚につき3個並べ、上からソースをたらす

（→「グリンピース&鶏肉」P.283、「グリンピース&ハードチーズ」P.284）

草

グリンピース

※34　アスパラガス・ピー[asparagus pea]…シカク豆。

グリンピース&オイリーフィッシュ（脂分の多い魚）

アメリカ・ニューイングランド地方の伝統では、園芸家は4月19日のパトリオットデー（愛国者の日）までに必ず豆を植えます。独立記念日に食べるゆでたサーモン、新鮮なグリンピース、新ジャガイモの食事に間に合わせるためです。デザートにはイチゴのケーキを食べます。

グリンピース&貝・甲殻類→「貝・甲殻類&グリンピース」P.193

グリンピース&牛肉

1951年刊の『園芸家と田舎の技と味わいの雑誌』にこう書かれています。「グリンピースの調理法は誰でも知っています。少なくとも、誰もが自分は知っていると思っています。その方法とは、ゆでることです。確かにすばらしい料理法だと思いますが、この野菜を食べる完璧で唯一の方法ではありません。昔の農民たちは料理に詳しかったわけではないと思います。実際、畑は台所から離れた場所にあったでしょうし、一般的な農民は自分の収穫物がどう調理されるのか知らなかったはずです。そこで、これまでにどの料理人もテーブルに並べることのなかった、ちょっとしたおいしい料理を紹介しましょう」

recipe

《仔羊肉（または仔牛肉か若鶏の肉）とグリンピースのシチュー》

❶仔羊肉か仔牛肉の小さな塊、または若鶏2羽でもいいと思いますが、グリンピースと一緒に蓋つき鍋かシチュー鍋に入れる

❷バター、コショウ、塩を加え、弱火で2〜3時間じっくりと煮こむ

❸肉汁がグリンピースにしみこみ、グリンピースの風味が料理全体に広がる

グリンピース&魚の燻製→「魚の燻製&グリンピース」P.228

グリンピース&白身魚

サーフンターフに文句はありませんが、魚は、ターフ［turf］[※35]の上にのせるだけではなく、本当にターフの風味がする材料と組み合わせるのが一番でしょう。そしてエンドウ豆以上に草の香りを堪能できるものはありません（パセリ、フェンネル、タラゴンなど、草の風味を持つものも、昔から魚と組み合わされてきました）。

エンドウ豆の持つ自然な甘さは、魚の塩気を引き立てます。これは、フィッシュ&チップスに添えられたポリスチレン製の安物カップに入った豆のマッシュであろうと、ミシュランの星を持つマイケル・ケインのレストラン、ギドリー・パーク［Gidlegh Park］で、ホタテと豚バラ肉と豆のピューレを添えたイシビラメの料理であろうと同じです。また、豆は塩味の材料を好み、中でもバカリャウというタラの塩漬けとの相性は抜群です。

グリンピース&ジャガイモ→「ジャガイモ&グリンピース」P.123

※35　ターフ［turf］…芝生。

グリンピース&卵→「卵&グリンピース」P.185

グリンピース&タマネギ

　プティポワは非常に甘味の強いグリンピースの一種です。缶詰のプティポワの中には、単に未成熟の小さなグリンピースをサヤから出して詰めただけのものもありますが、それは本物のプティポワが成熟の過程で得る甘さもやわらかさも持っていません。プティポワ・ア・ラ・フランセーズを作るためには、生でも冷凍でもいいので本物を手に入れましょう。レタスの苦味が豆の甘味を際立たせます。

　フランス料理のレシピにしばしば登場する小さなタマネギは、フランス以外では見つけることが困難ですが、ネギの根を切り取った白い部分や、ポロネギの白い部分の薄切りは、タマネギと同じように使えます。

recipe

《プティポワ・ア・ラ・フランセーズ》

❶ネギ1束（またはポロネギ3本の白い部分）を輪切りにする

❷バター30gでしんなりするまで炒めたら、千切りにしたサラダ菜（またはリトルジェム・レタス2〜3個をくし形に切ったもの）片手数つかみ分、ストックまたは水100ml、塩適量と砂糖小さじ1/2を加える

❸レタスがしんなりしてきたら、冷凍のプティポワ450gを加えて、約10分煮こむ。かき混ぜすぎて豆をつぶさないように気をつける

❹味見をして塩コショウし、食べる直前に少量のバターを加える

グリンピース&ディル→「ディル&グリンピース」P.264

グリンピース&鶏肉

　グリンピースと鶏肉の組み合わせが好きというのは平凡ですが、耳で聞くほどつまらない組み合わせでもないのも事実です。

　プーレ・ア・ラ・クラマールは味の冒険家も保守派も両方を満足させる料理です。グリンピースと鶏肉という珍しくもない組み合わせの料理ですが、ほのかなアニス風味を持つタラゴンがさわやかさを添えます。クラマールは、フランスのパリ中心部から南西に約8km離れた郊外の町で、良質のグリンピースを生産することで昔から有名な土地です。そのためさまざまなグリンピース料理に、その地名がつけられています。

recipe

《プーレ・ア・ラ・クラマール》

草

グリンピース

283

❶鍋にバターとオリーブオイルを入れ、鶏肉8枚を焦げ目がつくまで焼く

❷千切りにした脂身のある燻製ベーコン50g、下処理して刻んだたっぷりの葉ネギ、刻んだタラゴンの葉大さじ2、グラス半分程度の白ワインを鍋に加え、よく揺する

❸塩コショウし、蓋をして、160℃のオーブンに入れて30分焼く

❹グリンピース450g、砂糖小さじ2を加えて、オーブンにもどし、さらに30分焼く

❺鍋をコンロに移動し、鶏肉だけ取り出して温めたお皿に盛る

❻鍋のソースに千切りにしたロメインレタス1個分を加え、よくかき混ぜてから蓋をして弱火で10分加熱する

❼最後に高脂肪生クリーム300mlを加えて、弱火で温める

❽味見をして塩コショウし、飾りにパセリを散らす

グリンピース&ハードチーズ

　ヴェネツィア共和国では、4月25日のサンマルコの日に、リアルト市場に届いたばかりのとびきり新鮮な野菜を使った、リージ・エ・ビージ［risi e bisi］という料理を総督に贈るのが伝統でした。[※36]

　三叉スプーンを考えだしたエドワード・リアーも、その料理を喜んだことでしょう。このスープは基本的にフォークを使って食べるものなのですから。昔ながらの料理法は、グリンピースとタマネギをヴィアローネナノと呼ばれる短粒米と一緒に加熱したものに、豆のサヤでだしをとったストックを加え、仕上げにおろしたパルメザンチーズをたっぷりふりかけるものです。

　ヴェネツィアの料理は甘味と酸味を併せ持つものが多く、この料理では甘味のあるグリンピースと、鋭く酸味のあるパルメザンを組み合わせて、互いの味を引き立たせています。また、ベーコン、パセリ、フェンネルもよく加えられます。

グリンピース&パースニップ → 「パースニップ&グリンピース」P.315

グリンピース&豚肉

　ノルウェーの劇作家ヘンリック・イプセン〔1828-1906〕（→P.509）の小説『ペール・ギュント』によると、この2つの食材は、乗馬用ズボンと足の組み合わせと同じくらい、ぴったりとフィットするものです。ファゴット&グリンピースは、イギリス、特にウェールズとブラックカントリーでもっとも有名な、豚肉とグリンピースを使った料理です。[※37]ファゴットとは基本的に、豚バラ肉、タマネギ、セージ、メースを混ぜた豚肉の臓物で、ボール状に丸め、羊膜で包むかパン粉をつけて焼いたものです。

　グリンピースについて、生のものを使うか乾燥させたものを使うかは意見の分かれるところです。伝統的には乾燥豆が使われてきましたが、これは、グリンピースの収穫期をずっと過ぎてから豚が食肉処理されたためです。フランスには、クレピネットと呼ばれる同じような料理があります。肉が羊膜で包まれているため、見た目はファゴットに似ていますが、中身は豚の赤身と脂肪というもっと一般的なソーセージ用肉で、甘味のある香辛料とセージ、タイムまたはパセリなどで風味づけされます。栗やトリュフ、ピスタチオなどを添えるのが一般的です。

※36　リージ・エ・ビージ［risi e bisi］…ヴェネチアの郷土料理で、スープとリゾットの中間的なもの。
※37　ブラックカントリー…イギリス・ミッドランズ地方西部にある工業地域の通称。

グリンピース＆プロシュート→「プロシュート＆グリンピース」P.238
グリンピース＆ベーコン→「ベーコン＆グリンピース」P.233

グリンピース＆ホースラディッシュ

　マローファットピース（青エンドウ豆）の使い方について、イギリスと日本ほど大きな文化的なへだたりが他にあるでしょうか？　イギリス人はくたくたに煮くずれするまでゆで、玉杓子ですくってポリスチレンのカップに注ぎます。豆の皮も形がくずれて豆本体からはがれ、クロコダイルのまぶたのようになっています。

　一方で日本人は、きれいなサクサクとした揚げ物にします。薄いワサビ色の緩衝ヘルメットのような球形の豆が、アルミの袋に真空パックされている姿は、20ポンドもするもったいぶったデザインの雑誌のようです。

グリンピース＆ミント→「ミント＆グリンピース」P.469
グリンピース＆仔羊肉→「仔羊肉＆グリンピース」P.67

グリンピース＆ローズマリー

　豆を乾燥させて半分に割り最近ではもっぱらスープに使われることが多いフィールドピーは、はるかに生産量が多くてさかんに出回っているエンドウ豆に近い種類だと考えられています。エンドウ豆には甘さと草のようなさわやかな風味がありますが、これはピーマン特有の青くささの素となる化合物を含むためです。

　フィールドピーは、別のマメ科植物であるレンズ豆に似ています。こちらはより肉っぽい風味を持ち、ハムやベーコンと一緒に調理されるのが一般的です。またローズマリーの持つ、ユーカリの木の香りともよく合います。次に紹介するのはスープのレシピですが、水分を減らして仔羊肉や豚肉料理の付け合わせにしてもいいでしょう。

---

recipe
《スプリットピー[※38]とローズマリーのスープ》

❶刻んだタマネギ1個をオリーブオイルでしんなりするまで炒める
❷乾燥した緑のスプリットピー250g、ローズマリー1枝、ストック1.5Lを加えて加熱する
❸沸騰したら火を弱め、豆がやわらかくなるまで1〜1時間半コトコトと煮こむ
❹必要に応じて、煮こみの最後に塩コショウで味つけする
❺水分が少なくなってしまったら、沸騰した湯を加える

　調理の前に豆を数時間水につけておけば、調理時間を節約できます。黄色のスプリットピーを使ってもいいですが、緑のものよりマイルドで甘味も強いため、自然な土の香りはあまり感じられません。

※38　スプリットピー…フィールドピー（エンドウ豆）の皮をとって半分に割ったもの。

Bell Pepper
パプリカ

　ピーマンもパプリカも未熟なうちは緑色をしていて、熟すと赤くなります。ピーマンとパプリカは本質的に違う味がするのですが、本書では簡潔にまとめるためにここで紹介します。

　黄色とオレンジ色のパプリカは、緑ピーマンより赤色のパプリカに近い味がします。熟していない果物を想像すればわかると思いますが、甘く、より果物に近い風味を持つ熟した赤パプリカに比べ、緑ピーマンはもっと苦味があり、よりさわやかで青くささが残っています。

　常にというわけではありませんが、それでも緑ピーマンと赤パプリカはお互いに代用することができます。しかし、苦味のあるオリーブの場合、赤パプリカの代わりに緑ピーマンを詰めることはありませんし、パプリカを炒め物に加えても、緑ピーマンのようなさわやかさを風味にプラスすることはできません。

パプリカ&オリーブ

　赤パプリカの小さなかけらを詰めたグリーンオリーブは、ジンのマティーニに昔から使われている飾りです。アンチョビやゴルゴンゾーラチーズを詰めたオリーブのほうが、見た目はぱっとしないけれどもおいしいし、代役を立派に果たすにもかかわらず、パプリカが使われます。

　専門家のなかには、種を取っていないオリーブのより肉っぽい特性は、ジュニパーベリーの風味が効いているジンとよく合うという人もいます。確かにジュニパーベリーが狩猟で得た獲物の肉とよく合うことを考えれば、この意見は一理あるかもしれません。

　しかし、バーに座って異性を誘惑しようとしたり、アメリカの外交政策について議論をしようという折りには、オウムのように種を散らかす不便を考えると、慎み深い客にとっては詰め物をしたオリーブのほうが絶対にいいのです。さらには、カクテル用の爪楊枝で中心を刺した、赤パプリカ入りのオリーブがあると、それが本物のマティーニであると脳が思いこむので、ちょっとした視覚的な暗示の効果もあります。

パプリカ&貝・甲殻類 →「貝・甲殻類&パプリカ」P.197

パプリカ&牛肉

　私の経験では、思わずお腹がグーグーなってしまうような屋外料理とは、西部劇の映画に出てくるような本物のキャンプファイアの火で焼いた豪華な肉だけです。

　私が8〜9歳のころ、両親とその親友、イタリア出身のシェフとその奥さんと一緒に森に行きました。小川の近くに日陰を見つけ、父がロープスイングを作っている間に、父の親友が火をおこしていました。私はロープに飾る星を作るのに夢中でしたが、香ばしく焼ける肉のにおいに気づき、大人たちが薪（森で拾った本物の薪です！）を持って集まっているところに行きました。

　大人たちは、牛肉とピーマンを火であぶっていました。そのときに食べたものは、それ以来出会うことのない極上のものでした。おいしさの理由は、熟成された牛のランプ肉が、噛み応えのある大きさに切

ってあり、外側は塩がきいて香ばしい炭火焼きなのに、内側はやわらかくジューシーだったからかもしれません。また4等分に切って器になったピーマンが、肉汁をそこにためて、よりおいしくなったからかもしれません。そして、法律では禁じられていることですが、本物の木でおこした焚火が、バーバキュー用の固形燃料よりずっと深い風味を食材につけてくれたからかもしれません。

パプリカ&ソフトチーズ→「ソフトチーズ&パプリカ」P.97

パプリカ&卵

　アメリカ・ウィスコンシン州のオークレア大学のカルチュラル・スタディーズの学部長であるマリア＝グラツィア・インヴェンタート博士は、ある新聞で『ペッパーズ・アンド・エッグズ：イタリア系アメリカ人の犯罪文化における精力旺盛な男性と母親崇拝』というタイトルで次のように書いています。「まっすぐ伸びた茎を持ち、汁は血のように赤く、何よりも暴力的なほどのインパクトの強さが持ち味の唐辛子（ペッパーズ）は、多くのマフィアにとってはラテン系の男らしい強さを象徴する存在です。そこに、それを否定し強い母性の存在を裏づけるように卵（エッグズ）が添えられます。しかしながら、この料理は、加熱によって唐辛子を"やわらかく"し、母性の象徴である卵を"寄せ集め"ていることに注目するべきです。つまり、二重に母親崇拝を表しているのです。この料理の意味は、移民コミュニティの第2、第3世代においても、母と息子の力学を理解している人には、忘れられることはないでしょう」。

recipe

《パプリカと卵のサンド》
❶薄切りにした赤（または緑の）パプリカ2、3個をしんなりジューシーになるまで炒める
❷卵（大）4個を使ってスクランブルエッグを作り、塩コショウする
❸チャバタか白ロールパンにたっぷりはさむ

　この料理は、カトリック教徒が肉食を禁じられる四旬節に食べられますが、私には断食時の我慢の料理というより、ごちそうのように思えます。バスク地方のピペラードもよく似た料理で、切ったパプリカ、タマネギ、トマトとスクランブルエッグを混ぜ合わせたものです（「唐辛子&卵」→P.291）。

パプリカ&タマネギ→「タマネギ&パプリカ」P.150
パプリカ&唐辛子→「唐辛子&パプリカ」P.292
パプリカ&トマト→「トマト&パプリカ」P.367
パプリカ&鶏肉→「鶏肉&パプリカ」P.37
パプリカ&ナス→「ナス&パプリカ」P.110

パプリカ&ベーコン

　塩味のベーコンとオイリーな赤パプリカは、いぶしたような、甘い炭の香りを加えます。もしかしたら

チョリソを思い起こすかもしれません。この組み合わせは少量でも上々の働きをします。ほんの2、3枚のベーコンの薄切りと、しなびた古いパプリカしかなくても、たっぷりのご飯やヒヨコ豆料理に風味を添えます。

唐辛子

　唐辛子は辛味が強すぎて、幅広い風味の特徴を十分に楽しめない場合があります。近似種のピーマンや青唐辛子は熟しておらず、さわやかな草の香りのするグリンピースのような風味があります。

　赤唐辛子は甘味があり、その特徴をとらえるのは簡単ではありません。乾燥唐辛子にも甘味は残っていて、サンドライトマトやオリーブのように濃厚でフルーティー、そしてときにはいぶしたような、革っぽい風味があります。

　唐辛子好きは、種類ごとの風味や辛さの度合い、オイルやソース、ウォッカ、ペーストなどの唐辛子の加工品についてよく理解するといいでしょう。

唐辛子&アーモンド

　スパイシーでナッツの風味のするロメスコソースは、スペイン・バルセロナから海岸線に沿って南西約110kmの距離に位置するタラゴナで生まれました。細かく砕いたアーモンド（ヘーゼルナッツで代用したり、混ぜたりしてもいい）、トマト、にんにく、そしてソース名に名前を使われている甘みのある乾燥唐辛子ロメスコを使って作ります。

　ロメスコ唐辛子はノラという別名でも知られています。常に乾燥させて使用され、赤茶色で、いぶしたような風味を持っています。粉末にして、スペインでよく見かけるピメントンあるいはパプリカ粉にします。もしノラが手に入らなかったら、アンチョを使いましょう。

　ロメスコソースは昔から、ポロネギによく似た野菜カルソッツの炭焼きや、シーフードに添えられてきました。仔羊肉やバーベキューの鶏肉に合わせてみてもいいでしょう。

唐辛子&アニス

　スパイシーなイタリア風ソーセージが必要なのに手に入らない場合は、フェンネルシード2、3つまみとつぶした乾燥唐辛子を、ハーブを使っていない上質の豚肉ソーセージに合わせてみてください（→「豚肉&ブロッコリー」P.46）。

唐辛子&アボカド→「アボカド&唐辛子」P.277

唐辛子&アンチョビ

　プリック・ナンプラーは生の唐辛子の薄切りとナンプラーを合わせただけのシンプルな調味料で、タイの食卓にはたいてい並んでいます。最初はよくわからなくて、塩コショウと同じように使うものかと思いましたが、実はもう数段上の存在だと気づきました。タイで味つけに塩が使われることは少なく、塩は手のこんでいないおおざっぱな材料と思われています。粒コショウはタイのソースやペーストに使われていますが、16世紀に新世界から唐辛子が入ってきてからは、辛味を出す役割を唐辛子に譲っています。

唐辛子＆オイリーフィッシュ→「オイリーフィッシュ＆唐辛子」P.217

唐辛子＆オリーブ

　オリーブに詰められてほどよいアクセントを与えている、甘味のある唐辛子のかけらの存在は、カリフォルニア大学デイヴィス校による研究によって科学的な裏づけを与えられました。唐辛子の辛味をもたらす化合物のカプサイシンは、人間が感じる苦味を和らげる効果もあるので、オリーブのとげとげしさをまろやかにしてくれるのです。

唐辛子＆オレンジ→「オレンジ＆唐辛子」P.420
唐辛子＆貝・甲殻類→「貝・甲殻類＆唐辛子」P.195
唐辛子＆牡蠣→「牡蠣＆唐辛子」P.209
唐辛子＆カリフラワー→「カリフラワー＆唐辛子」P.170

唐辛子＆キャベツ（白菜）

　キムチの多くは、白菜と唐辛子を漬け、汁の中で発酵させて作ります。唐辛子がなかったころは、生姜とにんにくが味のアクセントになっていましたが、現在は非常に辛味が強く、甘みもあるコチュと呼ばれる赤唐辛子がその役割を担っています。コチュには生のものも、粗い粉状のものもあります。

　キムチには白菜をまるごと使うのが最適ですが、扱いやすい容器に保存できるサイズに切ることもよくあります。その他、キュウリ、ナスなどさまざまな野菜も白菜キムチと同じように漬けます。1回の食事で、何種類ものキムチがテーブルに並ぶこともあります。自分で漬けて、庭に埋めて熟成させてみる前にキムチの味を試したいと思うなら、アジア系の食材店で手に入れましょう。

唐辛子＆牛肉→「牛肉＆唐辛子」P.59
唐辛子＆クルミ→「クルミ＆唐辛子」P.331

唐辛子＆ココナッツ

　ココナッツミルクは、タイ料理の材料を甘く寛大な風味で包みこみます。ライムの鋭い切れ味を跳ね返し、ナンプラーのがさつな味を抑え、水よりも脂肪分の中で溶ける性質を持つ活発な化合物、カプサイシンを含む唐辛子の辛さを和らげます。スカイポイントチリとも呼ばれる、中程度の辛さのプリック・チー・ファー[phrik chii faa]※39はタイのカレーによく使われます。乾燥したものを使うことが多いですが、生を使うこともあります。

唐辛子＆コリアンダーリーフ

　一緒に使われることの多い組み合わせです。青唐辛子は青くさく、雨が降った直後の草のような風味のコリアンダーと特に相性が合います。レモン果汁と砂糖とともに少量を一緒に混ぜ合わせ、薬味として使います。

唐辛子＆生姜→「生姜＆唐辛子」P.441

※39　プリック・チー・ファー［phrik chii faa］…他の場所ではジャパニーズチリとして知られる。

唐辛子＆ジャガイモ→「ジャガイモ＆唐辛子」P.125
唐辛子＆すいか→「すいか＆唐辛子」P.353

唐辛子＆卵

　タイ風焼きそばのパッタイが実際に運ばれてくるまでは、この組み合わせに居心地の悪い違和感がありました。甘いにおいのスクランブルエッグに、生の赤唐辛子の輪切りを散らしたものの味が想像できなかったのです。メキシコの朝食ウエボス・メヒカーノはどうでしょうか。スクランブルエッグに青唐辛子（緑）、トマト（赤）、タマネギ（白）という、メキシコの国旗の色を表す食材が入っています。

唐辛子＆チョコレート→「チョコレート＆唐辛子」P.15

唐辛子＆トマト

　1990年代の初期、ロンドンの私の職場の近くに、タパスバーがオープンしました。20〜30人も入ればいっぱいになるお店でしたが、パタタス・ブラバス［patatas bravas］※40が最高でした。

　タパス好きなら知っていると思いますが、"フィアース・ポテト（荒っぽいジャガイモ）"という料理は、くし形か四角に切ったフライドポテトに、非常に辛いピメントンを混ぜたトマトソースをかけたものです。これにアイオリソースをかけるバルセロナ流もあります。

　もちろん私たちは、マンサニージャ・クラムやスパイシーなアルボンディガス［albondigas］※41、トルティーヤ、ガンバス・アル・ピルピル［gambas al pil-pil］※42も試しました。でも何回か通った後、注文するのは決まってブラバスになりました。そのうちに人々は、スペイン・マドリッドの有名なラス・ブラバス［Las Bravas］に通いつめるのと同様に、聖地であるかのように通うようになりました。人々がそんなにも通い詰めなければ、店がいきなり閉店してしまうようなことはなかったのかもしれません。

　後で考えてみれば、店のオーナーは、舌が麻痺しているイギリス人がスペイン料理を称賛するようになることを夢見ていたのに、人であふれかえっているのはポテトのためとあっては、経営に疲れてしまったのかもしれません。オーク材の樽で熟成させすぎたリオハワインをグビグビ飲み、マルボロ・ライトを残ったにんにく風味のマヨネーズでもみ消す女性たちでごった返すような店でしたから。

唐辛子＆鶏肉→「鶏肉＆唐辛子」P.35
唐辛子＆ナス→「ナス＆唐辛子」P.109

唐辛子＆にんにく

　イタリア料理にもおいしくないものがあると知ることは、サンタクロースは実在しないと知るのと同じぐらい、とてもがっかりすることです。

　イタリアの湖畔で過ごした休暇の最初の数日で、レストラン選びに疲れ果てた私たちは、スパゲッティににんにく、オイルと唐辛子だけを使ったアーリオ・オーリオ・エ・ペペロンチーノだけを食べて過ごそうと計画しました。常にメニューにある料理ではありませんが、厨房にこれを作る材料がないはずはありませんし、断るよりも十分な料金を上乗せして受け入れるだろうとふんでいました。アーリオ・オーリオはイタリア人が友達のために夜中大急ぎで作るような料理ですが、自分で作ってみると、なぜそれを友達

※40　パタタス・ブラバス［patatas bravas］…スペインのフライドポテト。辛いトマトソースをかけて食べる。
※41　アルボンディガス［albondigas］…スペイン風肉団子。
※42　ガンバス・アル・ピルピル［gambas al pil-pil］…エビのガーリックオイル煮。

に出すのかがわかるでしょう。不思議にも、ひとつひとつの食材を合わせるだけよりも、ずっとおいしく、満足のいくものができあがるのです。4夜連続で食べ続けることができるに違いありません。

recipe

《スパゲッティ・アーリオ・オーリオ・エ・ペペロンチーノ》

❶スパゲッティをゆでている間に、スパゲッティを水なしで和えやすいように、たっぷりのオリーブオイルをフライパンで熱する

❷にんにくを極薄にスライスし（1人につき1かけほど）、熱したオイルに加え、焦げないように注意しながら、きつね色になるまで炒める。にんにくのにおいをどれほどつけたいかによって、まるごと、スライス、あるいはつぶしたにんにくを使う

❸にんにくを取り出すか、そのまま残すか（これもにんにくの好きなレベルに合わせて）して、乾燥唐辛子フレーク小さじ1をふり入れ、ちょうどよくゆで上がったスパゲッティをにんにく風味がついたオイルに加えて和える

❹刻んだパセリとすりおろしたパルメザンチーズを添えて食べる

唐辛子＆ハードチーズ→「ハードチーズ＆唐辛子」P.90

唐辛子＆バターナッツカボチャ→「バターナッツカボチャ＆唐辛子」P.323

唐辛子＆パイナップル→「パイナップル＆唐辛子」P.377

唐辛子＆パプリカ

　どちらも同じ唐辛子の仲間ですが、パプリカには唐辛子の辛さの素であるカプサイシンが含まれていません。

　唐辛子の辛さはスコヴィル値で示されますが、ハバネロやスコッチ・ボンネット・チリで8万から15万、ハラペーニョで2500〜8000ぐらいです。そしてパプリカのスコヴィル値は完全に0です。しかし、グリーンハラペーニョから種と茎を取り除くと辛味が軽減し、マイルドな同系の唐辛子に非常に近い味になります。唐辛子にもパプリカにも、その主要な風味の素となる「3-メトキシ-2-イソブチルピラジン」という化合物が含まれますが、この化合物はカベルネ・ソーヴィニヨンやソーヴィニヨン・ブランのワインにも存在します。

　同じように、赤唐辛子は赤パプリカのような味がします。ただし、緑色のピーマンの味はしません。緑ピーマンは赤唐辛子や赤パプリカと同じ強烈な特徴を示す（一瞬においをかいだだけですぐわかるような）単一の化合物は含まないからです。とはいえ、料理に緑系と赤系、また大きいものと小さいものを一緒に使っても非常によく合います。千切りの唐辛子を混ぜたジャガイモのパプリカ詰めに挑戦してみてください。

recipe

《唐辛子を混ぜたジャガイモのパプリカ詰め》

❶ 大ざっぱにつぶしたジャガイモに、インドの香辛料数種と唐辛子で炒めたタマネギを加えて混ぜ合わせる

❷ 縦半分に切って種を取ったパプリカにそれを詰める

❸ それぞれにバターの小さなかけらを置いて、180℃のオーブンで30〜40分、パプリカに火が通るまで焼く

パプリカは下ゆでしておくと、調理時間を節約できます。

唐辛子&ピーナッツ

ピーナッツに与えられた使命は、唐辛子の辛さを和らげることなのでしょうか？　唐辛子に辛さを与える、味もにおいもない不気味な化合物カプサイシンは、水ではなく脂肪分に溶けやすい性質をを持ちます。そのため、（一部の人が言うには）油分の多いピーナッツによって辛味が抑えられるということです。

また、ピーナッツはトリプトファンも含んでいます。トリプトファンは睡眠を誘発し、唐辛子の辛さという苦痛を和らげるために体内で作られる、エンドルフィンの働きを弱めます。そのため、トリプトファンを使えば、激辛のエビのヴィンダルー[vindaloo][※43]を食べてあまりの辛さに頭皮がむけるという、後から効いてくる別の楽しみ方ができるのではないかと議論されています。

それとも、唐辛子とピーナッツは、2つ一緒になって効果を生むのでしょうか？　唐辛子とピーナッツの組み合わせは、スープや麺料理の飾りとして複雑な風味を生み出しますし、粉にしてサテ用のペーストにすることもできます。メキシコでは、たっぷりの乾燥唐辛子とピーナッツを使った、いぶしたような香りのソース、モレ・デ・カカワテにおいて、この2つの食材が重要な役割を果たしています。

唐辛子&豚肉

甘い乾燥赤唐辛子と豚肉が一緒になると、チョリソソーセージができあがります。ほんの10年ほど前は外国の食べ物にすぎなかったこのソーセージは、今では大人気で、世界中の料理を赤く染めています。風味づけに使われているピメントンという調味料の強さによって、チョリソはドゥルセ（甘い、またはマイルドな）とピカンテに分かれます。その他にもアグリドゥルセ（ほろ苦い）というものもあります。

ピメントンはノラやチョリセロなどを含むさまざまな品種の唐辛子から作られています。また地域や製造技術によって、多くの種類があります。スペインのエストレマドゥラのラヴェラ渓谷で熟したパプリカは、野原で最長2週間にわたってスモークされ、特徴のある深く濃厚な風味を持つようになりますが、それは太陽の光で乾燥した唐辛子とは本質的に違ったものです。

ピメントンの種類は非常に多く、それぞれかなり違った特徴があるので、決して容器の缶のかわいさ（自戒をこめて）に惑わされず、味の違いを理解するためぜひいろいろと試してみてください。ハンガリー産のパプリカ粉は同じように乾燥した赤唐辛子で作り、ピメントンと同じように幅広い種類がありますが、もっと果物の香りがします。使い方はスペインでのピメントンの用途とほぼ同じで、何にでも使えま

※43　ヴィンダルー[vindaloo]…イギリスでは、唐辛子やカルダモンなどのスパイスで辛く味つけされた料理全般のことを指す。インドではカレー料理のひとつ。

す。

唐辛子&ブロッコリー→「ブロッコリー＆唐辛子」P.173

唐辛子&ベーコン

　甘味があってほろほろとした食感のコーンブレッドは、おいしいベーコンを加えなければ、ケーキのように感じることでしょう。次に紹介するレシピを使えば、温かい朝食を短時間で簡単に用意することができます。

---

recipe

《唐辛子とベーコンのコーンブレッド》

❶ 大きなボウルに卵2個を入れてよくかき混ぜ、プレーンヨーグルト450g、溶かしバター50gを加えて、さらによくかきまぜる

❷ 薄力粉65g、塩小さじ2、重曹小さじ1を卵液に少しずつ振り入れて、よく混ぜ合わせる

❸ そこに粒子の細かいコーンミール275gを加え、小さく切ってよく炒めたベーコンの薄切り4枚分、乾燥唐辛子フレーク小さじ1も加えて切るように混ぜ合わせる。乾燥唐辛子を加えることで、ときおり感じるぴりっとした辛味と一緒に、いぶしたようなおいしい風味が加わる。唐辛子の代わりに同量の生のグリーンハラペーニョのみじん切りを使ってもいい

❹ マフィン型に油を塗り（ベーコンを炒めたときに出た油を使う）、生地を型の半分程度まで入れる

❺ 200℃のオーブンできつね色にふくらむまで約20分焼く。マフィン型の代わりに、23cmの角型に全量を注ぎ、25 〜 30分焼き、小さな四角に切り分けてもいい

　形はどうであれ、冷やしたクリームチーズとピリッとした唐辛子ジャムを塗ると最高です。

唐辛子&マンゴー→「マンゴー＆唐辛子」P.413

唐辛子&ミント

　ヴァーダパーウは、インドのムンバイで生まれた人気のファストフードです。つぶしたジャガイモにタマネギと香辛料を混ぜてパテ状にし、ヒヨコ豆で作った生地をつけて油で揚げます。ミントの葉、生の青唐辛子、レモン果汁、塩をすりつぶして作った力強い風味のチャツネを塗り、やわらかい白ロールパンにはさみます。唐辛子とミントのジャムソースはおいしくて、家でも簡単に作れます。一般的なレシピで作ったミントのジャムソースに、みじん切りにしたハラペーニョ2、3個を加えるだけです。

唐辛子&山羊のチーズ→「山羊のチーズ＆唐辛子」P.74
唐辛子&ライム→「ライム＆唐辛子」P.428
唐辛子&レバー→「レバー＆唐辛子」P.54

唐辛子&レモン

　唐辛子の辛さは、唐辛子が持つ果物の特性を隠してしまいます。たとえばハバネロの場合、燃えるように辛いため、すてきな柑橘系の香りをほぼ間違いなく見落としてしまうに違いありません。その香りはレモンととてもよく調和して、塩味のソースにも甘いソースにもなります。アヒ・レモン・ドロップは、名前が示すように柑橘系の風味を持つ、もうひとつの品種ですが、こちらも辛さを示すスコヴィル値が非常に高い唐辛子です。アメリカのトード・スウェット［Toad Sweat］は、アイスクリームやフルーツサラダにぴったりなハバネロ風味のレモンバニラソースなど、唐辛子を使ったデザート用のソースを幅広く製造販売しています。

スパイシー風味
Spicy

バジル
Basil

シナモン
Cinnamon

クローブ
Clove

ナツメグ
Nutmeg

パースニップ
Parsnip

Basil
バジル

スイートバジルは生気にあふれ、とても香りがよくて美しく、さわやかで、料理に使いたくてたまらなくなるハーブです。クローブやシナモン、アニス、タラゴンなどの香辛料と、ミントの草の香りを混ぜ合わせたような、強い風味を持っています。特にペスト［pesto］[※1]などを作るために大量にすりつぶすと、その特徴がよくわかります。

バジルにはレモンやライム、シナモンの香りのするものや、甘草の風味のするタイバジルなど、さまざまな種類があり、どれも非常にスパイシーで、人を元気づけるさわやかさがあります。ドライバジルは、生バジルの代用はできませんが、あながち馬鹿にできません。美しい香水のような生のバジルの香りは確かに消えてしまっていますが、注意深く乾燥させたバジルには、スパイシーな刺激や、甘草またはミントのような風味が強まっているので、魚のシチューや仔羊肉の料理によく合います。

バジル＆アニス

バジルとスターアニスが好きなら、熱い炭の上を渡ってでもタイバジルに手を出したくなるでしょう。紫色の枝が特徴のタイバジルは、甘草の風味とわずかにシナモンの香りがします。

タイバジルは探して買うよりも、自分で育てたほうが早いでしょう。特にタイカレーやタイ風の炒めものをよく作るなら、その価値は十分にあります。

バジル＆貝・甲殻類→「貝・甲殻類＆バジル」P.197

バジル＆クルミ

ゆでたサヤインゲンは、クルミとバジルとよく合います。ゆでて水気を切った豆を、温めたクルミオイルに入れて軽く和え、ちぎったバジルの葉を散らします。粗く刻んだクルミを加えてもいいでしょう。

もしもペストに使われる松の実の樹脂のような風味が嫌だったら、代用品としてクルミを使えば、樹脂の風味が大幅に軽減された、おいしいペスト［pesto］になります。

バジル＆クローブ

スイートバジルのスパイシーな刺激の一部は、クローブに特有の風味を与える化合物オイゲノールからきています。イタリア人の主婦たちは、ペスト［pesto］作りに十分な量のバジルがないときは、ひとつまみのクローブを加えると聞いたことがあります。タイ料理で使われるホーリー・バジルの主な風味はそのオイゲノールからきていて、生のまま食べると、クローブと同じように口の中が麻痺したような感覚になります。

タイの鶏肉のバジル炒め（バイ・カパオ）のように、しばしばバジルを唐辛子と一緒に使うのはそうした理由があるからかもしれません。バジルが唐辛子の鋭い辛さを和らげるのです。

※1　ペスト［pesto］…イタリア・リグーリア地方発祥の調味料のひとつ。バジリコの葉を基本材料とする。「ペスト・ジェノヴェーゼ」が代表的なペストである。

recipe

《バイ・カパオ (タイの鶏肉のバジル炒め)》

❶ にんにく3かけをつぶし、好みで生の赤唐辛子を追加し、少量の塩を混ぜてペーストを作る

❷ ピーナッツオイル大さじ2をフライパンで強火で熱し、ペーストを30秒炒める

❸ そこに鶏胸肉2枚の挽き肉か薄くスライスしたものを加え、完全に火が通るまで炒める

❹ 水大さじ3、醤油大さじ2、砂糖小さじ1、白コショウ小さじ1/4、ホーリー・バジルの葉片手1杯
　　分を加える

ご飯と一緒に食べます。好みで「ライム&アンチョビ」P.426で紹介しているソースを添えます。

バジル&ココナッツ

　ちぎりたての生バジルの葉は、濃厚で脂肪分のあるココナッツを引き立てる理想的な食材です。クリーミーなタイカレーの仕上げに普通のスイートバジルを散らすと、味だけではなく、タイスープをおいしそうに見せる水上マーケットのような華やかさが加わります。タイバジルが手に入るならなおいいでしょう。スイートバジルと似た風味ですが、アニスの特徴をもっと強く併せ持っています。

バジル&ソフトチーズ

　クローブ、シナモン、ミント、アニスを合わせた風味を持つオールスパイスの実が、複雑な風味を持つ果実の代表だとすれば、葉ものの代表はバジルでしょう。香辛料はサンドイッチの間にはさもうとしても難しいですが、バジルはパンの表面にデザイン画のように平たく置くことができ、薄切りにしたモッツァレッラ、プロシュート、トマトとよく合います。

　バジルのオイル成分が放つ美しい風味の他に、歯に心地よく響くパリっとした食感も魅力です。植物ですが、かぶりつく心地よさはソーセージに負けません。

バジル&トマト

　トマトの果肉が持つ甘酸っぱさは、バジルの苦みのある刺激的な味とよく合います。この2つの食材があれば、料理の経験がほとんどない人でもおいしいものが作れますので、料理の安全牌と考えていいでしょう。2つ一緒に使って、パスタやピザ用の濃厚なソース (→「にんにく&バジル」P.156)、スープ、リゾット、オムレツやタルトを作ってみてください。

　暑い夏の日などに、そんなに手のこんだ料理はできないと思うなら、10分以下で作ることができる料理があります。バジルとトマトを適当な大きさに切り、軽く焼いた田舎風パンの上にのせれば、ブルスケッタの完成です。また、モッツァレッラのサラダや、昨日のパンを入れたパンツァネッラのサラダを作ってもいいでしょう。天使の髪と呼ばれる極細のパスタをゆで、切ったトマトとちぎったバジルを加えて、少量のオリーブオイルと塩コショウで和えるという料理にも挑戦してみてください。とても簡単なのに本当においしくて、市販のトマトとバジルのソースは顔を真っ赤にして隠れてしまうに違いありません (→「トマト&クローブ」P.365)。

バジル&鶏肉

思い描くほど魅力的ではないかもしれませんが、ある種の願望成就といえる組み合わせです。バジルマヨネーズは鶏肉のバゲットサンドによく合いますし、タイ風の炒めものではスイートバジルはタイバジルの代用品として十分な役割をはたします。でも鶏肉とペスト［pesto］のパスタは最高ですから、私たちにも分けてくださいね。

バジル&にんにく→「にんにく&バジル」P.156
バジル&ハードチーズ→「ハードチーズ&バジル」P.91

バジル&ミント

バジルの葉は、特に乾燥している状態だと、ミントのような香りがすることがよくありますが、この香りはいつも歓迎されるわけではありません。イタリアのリグーリア産のバジルにはミント風味がないので、ペスト［pesto］作りにぴったりです。夏には、バジルとミントをたっぷり使って、次に紹介するズッキーニのパスタを作りましょう。

recipe
《バジル、ミント、ズッキーニのパスタ》
❶ズッキーニ4本を2cmの厚さの輪切りにし、油をたっぷり塗ったオーブン用のトレイに並べる
❷上からさらに油をふりかけ、180℃のオーブンで約30分焼く
❸その間にパスタ（コンキリエかファルファッレ）200gをアルデンテにゆでる。ゆであがる頃にはズッキーニも両面がきつね色になり、形がくずれ始める
❹パスタの水気をきったら、ズッキーニと、ズッキーニを焼いたトレイに残った油と一緒に和える
❺おろしたパルメザンチーズ片手2〜3杯分、みじん切りにしたバジルとミントを加えて混ぜ合わせる

ズッキーニと一緒ににんにく数かけを焼き、皮をむいたものを添えてもいいでしょう。

バジル&山羊のチーズ

バジルは、トマトとモッツァレッラのサラダに入れると華やかな甘さと軽さを添えますが、もっと粗野なものと組み合わせると、とてもみだらな印象になります。ペスト［pesto］などがそうですね。
味の強い山羊のチーズと組み合わせてみましょう。ピリッとした刺激があり、よく冷えて、次で紹介するペスト［pesto］風味のスコーンに塗れるくらいやわらかいものが理想です。

recipe

《ペスト風味のスコーン（やわらかい山羊のチーズ用）》

❶薄力粉375g、塩ひとつまみ、ベーキングパウダー大さじ1をフードプロセッサーに入れて回す

❷そこに冷蔵庫から出したてのバター75gを角切りにして加え、パン粉のような状態になるまで再びプロセッサーを回す

❸ペスト大さじ4と冷たい牛乳125mlを混ぜ合わせ、フードプロセッサーを動かしながら、小窓から少しずつ加える

❹水気が足りない場合には牛乳を、逆にべたついている場合は薄力粉を少量加え、まとまった生地を作る

❺プロセッサーから生地を取り出し、打ち粉をした台の上でなめらかになるまで手早くこね、1.5cmの薄さにめん棒でのばす

❻直径6cmの円形のクッキー型で12個くりぬく

❼油脂を塗ったクッキングシートの上にスコーンを並べ、220℃のオーブンで12〜15分焼く

バジル＆ライム→「ライム＆バジル」P.429
バジル＆ラズベリー→「ラズベリー＆バジル」P.481
バジル＆レモン→「レモン＆バジル」P.435

Cinnamon
シナモン

素朴で魅惑的です。甘く、温かみがあって、やや苦みのあるシナモンは、アップルパイ、クリスマス向けのお菓子、モロッコのタジン鍋料理、サラダ、メキシコのモーレ [mole][2]、インドのダール [dhal][3] などに風味を添えます。

桂皮とも呼ばれるカシアはシナモンの粗削りな仲間で、本物のシナモンがきれいにカールした形をしているのに対し、カシアは樹皮のかけらです。シナモンよりもかなり安価なので、香辛料の製造会社はシナモンとカシアの粉末を混ぜて販売することもあります。カシアはチャイニーズシナモンと呼ばれることもありますが、においをかぐとスターアニスのような風味があります。私は、コーラを思わせるにおいだと思います。

シナモン&アーモンド→「アーモンド&シナモン」P.342

シナモン&アニス

中華の五香粉は、粉末にしたシナモン、スターアニス、フェンネルシード、クローブ、花椒（四川山椒）を混ぜ合わせたものです。もしすべての香辛料が揃わなくても、シナモンスティック1本とスターアニス1個を使うだけで、市販の牛肉のストックにコクと東洋風の深みを与えてくれます。そこに残り物のローストビーフを細切りにしたものと米粉の麺、葉ネギ、ミント、唐辛子を加えれば、偽物ですがとてもおいしいベトナムのフォーが完成します。

シナモン&アンズ

シナモンの古い英語名は"プディングスティック"でした。シナモンスティックは、あらゆる種類のお菓子をまったく別のものに変えてしまう魔法の棒です。少量の水にシナモンスティックと好みの量の砂糖を加え、沸騰させないままアンズをゆっくりとゆでてみてください。

シナモン&イチゴ→「イチゴ&シナモン」P.371

シナモン&イチジク

昔の咳止め薬のようにシロップ状で色が濃く、イチジクのプディングさながらに甘い、ペドロヒメネスというシェリー酒があります。それを使ったシロップを紹介します。

---

recipe
《シナモンとイチジクのシロップ》

※2　モーレ [mole] …メキシコ料理で使用するソース、およびソースを使用する料理。
※3　ダール [dhal] …カレーの一種。「ダール」はヒンディー語で豆類の総称。

❶乾燥イチジク15個を刻んで、湯とペドロヒメネスそれぞれ100ml、シナモン粉小さじ1/2と一緒に火にかけ、とろみがついて粘りが出るまで煮詰める

❷少し冷ましてからバニラ・アイスクリームにかけて食べる

シナモン&オレンジ

香辛料専門家のトニー・ヒルによれば、シナモンのかけらを口に含むと、数秒後にはオイル成分が水分を含み、シナモンの複雑な特質が出てくるということです。オレンジとヒマラヤスギのエッセンスが最初に感じられ、次いでクローブまたはマイルドなコショウを思わせる辛味が追ってきます。

シナモンはオレンジとすばらしく相性がよいだけでなく、その甘さが果物の酸味を和らげます。薄切りのオレンジにシナモン粉を数つまみ散らし、オレンジフラワー・ウォーターを1〜2滴落とすと、昔ながらの味が楽しめます。「オレンジ&アーモンド」P.416のケーキにシナモンを加えてもいいでしょう。

シナモン&カルダモン→「カルダモン&シナモン」P.446
シナモン&牛肉→「牛肉&シナモン」P.58
シナモン&クルミ→「クルミ&シナモン」P.330

シナモン&クローブ

砂糖や香辛料入りの温かいワインが入った鍋やプラムプディング、ミンスパイなどの豪華な組み合わせは、何もクリスマスの時期やお菓子だけに限定してしまう必要はありません。

カレー用のバスマティ米を炊くときには、シナモンスティック6cmとクローブ3粒を鍋に加えます。米を炊いている間に、お祝い以外にも使えるカレーの付け合わせを作ります。もしご飯を黄色にしたかったら、さらにウコン（ターメリック）小さじ1/2も追加します。

シナモン&グレープフルーツ

半分に切ったグレープフルーツにシナモンをふりかけたものは、とても相性のよい組み合わせです。シナモンと蜂蜜を加えてコクを出したビスケット台を使って、グレープフルーツのチーズケーキを作ってはいかがでしょう？

recipe

《シナモンとグレープフルーツのチーズケーキ》

❶バター75gを溶かし、砕いたダイジェスティブ・ビスケット10枚、シナモン粉小さじ2、蜂蜜大さじ2と混ぜ合わせる

❷直径20cmの底が抜けるタルト型に、押しつけるように広げる

❸マスカルポーネチーズ500gに粉砂糖大さじ3を加えてよくかき混ぜ、グレープフルーツ2個分

スパイシー

シナモン

303

の果汁とすりおろした皮、これとは別のグレープフルーツ1個分の果肉を細かく切って、果肉をつ
ぶさないように混ぜ合わせる
❹ビスケット台に流しこみ、2、3時間冷蔵庫で冷やしてから食べる

上からゼラチンを流して表面を固めてもいいのですが、私はこの簡単なレシピで作る、ゆるゆるととろ
けるクリーミーな食感のほうが好きです。

シナモン&コーヒー→「コーヒー＆シナモン」P.23
シナモン&ココナッツ→「ココナッツ＆シナモン」P.406
シナモン&生姜→「生姜＆シナモン」P.440
シナモン&すいか→「すいか＆シナモン」P.353

シナモン&ソフトチーズ

チーズにシナモンを合わせるのはアメリカでは一般的です。

アメリカでは、シナモンが何にでも合わせられています。アメリカのすべての空港とショッピングモー
ルでは、シナボン（シナモンロール）専門店が、トレイにのった焼きたての品を30分ごとにオーブンか
ら出し、濃厚なクリームチーズのフロストシュガーをかけています。シナボンは基本的に手ごわいデニッ
シュペストリーです。味が濃くてべとべとし、シナモンの風味も非常に強烈です。おそらくアメリカ（中
国、ベトナム、インドネシアも同様）で使われるシナモンの風味はカシア（桂皮）が主な原材料だから
でしょう。

カシアは中国やインドネシアで成育され、イギリスで使われるスリランカ産の本物のシナモンよりも固
く、色も強烈です。また風味の点でも本物のシナモンは甘みが強く複雑であるのに対し、カシアはより
強く、辛味もあり、単一的で、一般に口の中で非常に主張する特徴を持っています。基本的にカシアは
強くてがっしりしたもので、アメリカ人がやみつきになる理由は、そういう性質からだと思われます。

シナモン&タイム

カーネル・サンダースによる11種類のハーブと香辛料を使ったケンタッキー・フライドチキンのレシピ
は、ケンタッキー州ルイヴィルのKFC本部の金庫に保管されています。一方私の、指までなめたくなるほ
どおいしい、"フィッツロヴィア・チキン"のレシピは隠したりしません。パン粉をつけて焼いたフィッツロヴ
ィア（ロンドンの地名）風です。

recipe
《フィッツロヴィア風ベイクドチキン》
❶塩コショウを加えた薄力粉大さじ4に、シナモン小さじ1、乾燥タイム小さじ1を混ぜ合わせる

❷それを、皮なしの鶏モモ肉全体にふりかける

❸溶き卵をくぐらせ、表面にパン粉をつける

❹200℃のオーブンで30分焼きます。このとき途中でひっくり返す

辛いものが好みなら、薄力粉にカイエンヌペッパーひとつまみを加えてください。盛り皿として洗い物用の桶に盛るのもいいですが、ぜひバケツに入れて食卓に出してください。

シナモン&チェリー

ハンガリー風チェリースープの中で、フォークダンサーのようにチェリーがクルクル回ります。

recipe

《ハンガリー風チェリースープ》

❶サワーチェリー（モレロチェリーなど）500gの種を取る

❷種をフリーザーバッグに入れて、ある程度割れるまでめん棒などで強くたたく

❸これをすべて鍋に入れ、ワイン（リースリング、ボルドー、フルーティーなロゼなど）500ml、シナモンスティック6cm、砂糖50g、レモン1個分の皮を細長く切ったもの、レモン果汁1/2個分、塩ひとつまみを加えて火にかける

❹蓋をして、沸騰しない程度の火で15分加熱する

❺ザルなどを使って別のきれいな鍋に濾し入れ、中火にかける

❻大さじ数杯分だけ別にとって、コーンスターチ小さじ1と混ぜ合わせ、ペーストを作る

❼これをもとの鍋にもどし、ややとろみがつくまで混ぜながら加熱する

❽チェリーを加え、やわらかくなるまで約10分煮詰める

❾少し冷ましたら、サワークリーム150mlを加えて混ぜ、ミキサーにかけて液体状にする

よく冷やして食前酒かデザートにしますが、デザートにする場合は砂糖をもっと加えてもいいでしょう。もしもスイートチェリーしか手に入らなかったら、最初に使う砂糖は25gだけにし、レモン果汁の量を増やします。甘さは好みで調整してください。

シナモン&チョコレート

メキシコで人気の組み合わせで、ナッツを入れてチョコレートドリンクにしたり、チョコレートバーにしたりします。また、肉料理に添える有名なモーレソースにも使われます（→「チョコレート&唐辛子」P.15）。

世界の別の場所では、チョコレートの風味づけとして、シナモンの代わりにバニラを使います。もっともカナダのネスレ［Nestlé］は、期間限定でシナモン味のキットカット［Kit Kat］を出しましたが。

シナモン&トマト

トマトの酸味が甲高い声だとすれば、シナモンはそこに温かい低音を与えます。砂糖の代わりに、シナモンひとつまみを缶詰のトマトに入れて甘みを出してみてください。かすかに香辛料の効いたトマトソースをミートボール、仔羊のすね肉、エビ、ナスなどに使うと、驚くほどおいしくなります（→「牛肉&シナモン」P.58）。

シナモン&ニンジン

ニンジンには、わずかに松の風味が感じられる木のような特徴があります。シナモンは熱帯性の木の内側の樹皮を乾燥させたものです。この2つの食材を使って、昔ながらのキャロットケーキを作りましょう。味の記憶に新たな木を植えて植物園を作ってください。

シナモン&バターナッツカボチャ

棒つきキャンディーをみんなでなめている、バスケットの中の子猫たちよりも甘いのが、この組み合わせです。一緒にローストしても、スープにしても最高です（→「生姜&バターナッツカボチャ」P.443）。

シナモン&バナナ →「バナナ&シナモン」P.393
シナモン&パイナップル→「パイナップル&シナモン」P.377
シナモン&ピーナッツ→「ピーナッツ&シナモン」P.26

シナモン&豚肉

ベトナムの人気の豚肉店で売られている組み合わせで、シャクという料理で使われます。

recipe
《シャク》
❶豚モモ肉赤身500g、ニョクマム大さじ3、水大さじ3、ピーナッツオイル大さじ2、コーンスターチ大さじ1、シナモン粉小さじ1、ベーキングパウダー小さじ1、塩小さじ1/2、白コショウ少量をフードプロセッサーにかけ、しっかりと混ぜ合わせる
❷天板の上にアルミホイルを広げ、豚肉を混ぜたものをのせ、厚さ6cmになるようにざっと丸める
❸手のひらを水で濡らして肉の表面をなめらかにし、竹串で突き刺して、表面全体に小さな穴を空ける。このとき、下のアルミホイルに届くくらいまで、竹串をしっかりと刺していく
❹190℃のオーブンで25 ～ 30分、表面に軽く焼き色がつき、竹串を突き刺したときに何もついてこなくなるまで焼く
❺冷めてから5mmの厚さに切る

これはベトナム風サンドイッチ、バインミーの本格的なパテとして（あるいは代用品として）使えます（→「キュウリ&ニンジン」P.260）。

シナモン&ブルーベリー→「ブルーベリー＆シナモン」P.491

シナモン&ミント

　辛味がありながら草の香りがいっぱいに広がる組み合わせで、赤肉とよく合います。「ミント＆すいか」P.470のミントシロップにシナモンスティック数本を加え、シナミントの応用版を作ってもいいですね。炭酸水で薄めれば、さわやかなロングドリンク[※4]になります。

シナモン&洋梨→「洋梨＆シナモン」P.389
シナモン&ライム→「ライム＆シナモン」P.427

シナモン&仔羊肉

　モロッコのマラケシュにあるジャマ・エル・フナ広場では、夕暮れになると、炭火焼きのスパイシーな肉のにおいが広がり、地元民や観光客が吸いこまれるようにやってきます。人々はきっちり積まれた羊の頭の間を、クネクネと動き回る魔法をかけられたヘビのようにくぐり抜け、ガスランタンが灯された煙の立ちのぼる屋台に座ります。

　悩み多き親たちは、子どもたちがすぐに食卓に座るよう、この広場と同じトリックを使うかもしれません。シナモンをふりかけたラムチョップをグリルで焼いて、においでおびき寄せるのです。じっくり時間をかけて調理した仔羊肉のタジン料理や、みじん切りのタマネギと仔羊の挽き肉のケバブなどもいいでしょう。肉500gに対してシナモン小さじ1を使ってください。

シナモン&リンゴ→「リンゴ＆シナモン」P.381

※4　ロングドリンク…時間をかけて飲むのに適したカクテル。

Clove
クローブ

　クローブという言葉は、ラテン語で釘を意味するクラヴァスからきています。見た目が似ている点を別にしても、クローブの強く、まっすぐで辛味が先に出てくる様子はその名前にぴったりです。釘との関連性は、cloutéというフランス料理用語の意味にそのまま出ていて、これは、半分に切ったタマネギにクローブでローリエの葉を突き刺してとめ、スープやシチュー、ソースなどの味つけに使うことを意味しています。

　クローブの唯一無比の風味は、他の風味と組み合わせて味を修正したり、まるみをつけたりするために使われることがよくあります。もっとも、イギリスのクローブ風味のキャンディー、クローブ・ドロップスは別ですし、ザンジバル産のピンククローブを使ったコーディアル［cordial］※5もそうです。このコーディアルはイギリスの南部で一時人気が出て、現在も製造が続けられています。

　インドネシアの主要なタバコ銘柄は、すべてクローブの風味がつけられています。また、タイホーリー・バジルの新鮮なものはクローブに似たような風味を持ち、くわえたときに唇をしびれさせる作用があります。

　　クローブ＆オレンジ→「オレンジ＆クローブ」P.419

クローブ＆牛肉

　1、2個のクローブをビーフシチューに入れたり（フランスではほとんどの牛肉のポトフかストックのレシピに入っている）、クローブ粉ひとつまみをグレービーソース［gravy sauce］※6に入れたりしてみてください。クローブの風味そのものはほとんど感じられませんが、ほろ苦い温かみが味に深みを与え、全体を引き締めるように思います。食べる前、忘れずに料理からクローブを取り出してください。

クローブ＆コーヒー

　カルダモンやコリアンダーシードのように、クローブもコーヒーと一緒に粉末にされることがあります。特にエチオピアではそうです。こうするとコーヒーの苦みが倍になるので、もう少しやわらかい、ラテ風の飲み物はいかがでしょうか。マグカップ1杯分の牛乳とクローブ2〜3粒をともに火にかけて温め、クローブを取り出した牛乳とコーヒーを合わせるといいでしょう（→「カルダモン＆シナモン」P.446）。

　　クローブ＆シナモン→「シナモン＆クローブ」P.303

クローブ＆生姜

　クローブには相棒が必要です。単独で作るレシピはほとんどありません。その理由はたぶん、クローブの風味の素となっているのがただひとつの化合物オイゲノールで、味に丸みを与え繊細にするためには、味を補ってくれる別の風味が必要になるためです。4種のハーブミックスであるカトルエピスは、ク

※5　コーディアル［cordial］…果物やハーブなどで風味づけした蒸留酒から作ったアルコール飲料。
※6　グレービーソース［gravy sauce］…肉汁から作るソース。

ローブ、白コショウ、ナツメグ、生姜（またはシナモン）を組み合わせたもので、肉料理、特に豚肉料理に辛さ、甘さ、フルーティーな特徴を与えて味に深みを出します。(→「キャベツ&豚肉」P.164)。

　　クローブ&タマネギ→「タマネギ&クローブ」P.147
　　クローブ&トマト→「トマト&クローブ」P.365
　　クローブ&ハードチーズ→「ハードチーズ&クローブ」P.88
　　クローブ&バジル→「バジル&クローブ」P.298
　　クローブ&バニラ→「バニラ&クローブ」P.498

クローブ&豚肉

　クローブは豚肉との相性が抜群です。風味の点だけでなく、クローブが天然の防腐剤としても働くからです。クローブの中にあるオイゲノールと没食子酸は、かなり低濃度でも強い抗酸化効果があります。そのため食品会社が、人工添加物の使用を心配する消費者対策としてクローブを使うのです。今後さらにこの組み合わせを見る機会が増えるかもしれませんが、悪いことは何もありません。

　　クローブ&ベーコン→「ベーコン&クローブ」P.232

クローブ&桃

　おいしい果物のなかには、クローブの風味を決める化合物オイゲノールを含むものがいくつかあります。桃もそういう果物のひとつです。アメリカ南部で桃のピクルスが人気なのも、クローブの風味のおかげでしょう。桃の皮をむいて、クローブを差しこみます。もっとも、あの繊細でやわらかい肌に穴を開ける勇者などいるのでしょうか？

　　クローブ&リンゴ→「リンゴ&クローブ」P.381

Nutmeg
ナツメグ

ナツメグの学術名ミリスティカ・フラグランス [Myristica fragrens] は、まるで映画『007』シリーズのボンドガールの名前のように聞こえます。甘くクリーミーな料理のしつこさを減らし、アブラナ科の野菜の苦味を和らげるという、2つの任務を同時にやり遂げるナツメグは、エキゾチックで美しい、まさに香辛料界の二重スパイにふさわしいと言えます。

ナツメグを覆っている皮の部分はメース [mace][*7] といいます。風味の素となる化合物はナツメグと同じですが、含有率が違い、メースのほうが香りのオイルをわずかに多く含みます。ナツメグとメースはお互いに代替品として使えますが、どちらもあらかじめおろしておくのではなく、必要に応じその場でおろして使いましょう。ナツメグはレース状のメースよりもおろしやすく、やや安価で手に入ります。

ナツメグ&アボカド

アボカドとナツメグを混ぜると、男性に対する媚薬になると言われています。アボカドはビタミンB6を含みますが、これは、男性の性ホルモンの一種であるテストステロンの生成を刺激すると信じられています。ナツメグはどんな人をもその気にさせます。この2つを組み合わせると、気弱なマザコン少年をワイルドに変えてしまいます。冷たいアボカドスープや、カニやエビを詰めたアボカドの上からナツメグをおろしかけ、様子を観察しましょう。

ナツメグ&貝・甲殻類

ナツメグ、あるいはナツメグとメースの組み合わせは昔から、ポッテッドシュリンプ [potted shrimps][*8] の風味づけに使われています。メースは、種であるナツメグを被う外側のレース状の皮です。両方ともはっきりとした味で、柑橘系の香りと、挽きたてのコショウのような特質を持ちます。クリームやバターをベースにしたエビやロブスターの料理にぴったりです。

ナツメグ&牡蠣

昔から調理した牡蠣、特にクリームを使った牡蠣料理にはナツメグが組み合わされてきました。18世紀後半にアメリカのマサチューセッツ州で誕生したと言われている、オイスターローフの風味づけに使われたのがナツメグです。

---

recipe

《オイスターローフ》
❶ 皮がパリパリの丸パンの上部を切って蓋を作る
❷ パンの内側のやわらかい部分をすくい出し、内側に溶かしバターを塗る

※7　メース [mace] …ナツメグの皮で作るスパイス。香りはナツメグに似ているが、メースのほうが繊細でやわらかい。
※8　ポッテッドシュリンプ [potted shrimps] …イギリス・ランカスターのエビ料理。

❸パン本体と蓋を200℃のオーブンで10分程度焼き（それ以上焼かないように注意）、その間に詰め物の準備をする

❹パンに詰めるのに十分な量の牡蠣とその汁、パンからすくい出した中身を小さくちぎったものを、適量のバターを加えた鍋に入れ、弱火で5分加熱する

❺生クリーム少量を加え、ナツメグをすりおろして、さらに1分加熱する

❻これを焼いたパンに詰め、蓋をして完成

ナツメグ&カリフラワー→「カリフラワー&ナツメグ」P.171

ナツメグ&キャベツ

ナツメグは元気のなくなった緑野菜を復活させる力があります。加熱したキャベツか芽キャベツをバターで和え、ナツメグをすりおろしながらふりかけます。葉が全部落ちた後の冬の木が豆電球で飾られたようになります。

ナツメグ&クルミ

ヘーゼルナッツの砂糖菓子にココア粉小さじ1を使うと味が引き立ちます。同様に、クルミのケーキやビスケットにおろしたナツメグを数つまみ使うと、風味がぐっと高まります。

ナツメグ&サフラン→「サフラン&ナツメグ」P.250
ナツメグ&ジャガイモ→「ジャガイモ&ナツメグ」P.126
ナツメグ&スウェーデンカブ→「スウェーデンカブ&ナツメグ」P.166

ナツメグ&セロリ

19世紀のセロリソースのレシピの多くは、ナツメグか、ナツメグと双子のような関係であるメースで味つけされていました。しかし1855年に『アメリカのスポーツマン』でエライシャ・ジャレット・ルイスはこれに異議を唱えています。セロリを風味づける方法としては下品の極みで、中途半端な味にうんざりしているというのです。「もし香辛料を使いたいなら、メース少量とクローブ1、2個を使えばいいのです。もっともおすすめはしませんがね。友人の中には、ベルギーエシャロット約1個、ローリエ1枚、レモン果汁、またはパセリ少量をすすめる人もいます」（→「セロリ&鶏肉」P.130）。

ナツメグ&卵→「卵&ナツメグ」P.188
ナツメグ&タマネギ→「タマネギ&ナツメグ」P.149
ナツメグ&チョコレート→「チョコレート&ナツメグ」P.16

ナツメグ&トマト

イタリアのボローニャでは、トマトの鋭い酸味を弱めるためにナツメグを使ってラグーソースを作りま

す。よりなめらかなソースを作るには、肉に焼き色がついたときに通常入れるストックやトマトのうち適量を、牛乳に変えることです。そうすればボロネーゼは、彫刻家コンスタンティン・ブランクーシの作品と同じくらい、丸みがあってなめらかな仕上がりになるでしょう（→「ナツメグ&仔羊肉」P.312）。

ナツメグ&ナス→「ナス&ナツメグ」P.109

ナツメグ&ハードチーズ

ナツメグは油っこい料理の味を引き締める効果があります。マカロニチーズなどはその好例です。ナツメグは、ミリスチシンと呼ばれる化合物から出る、松、花、柑橘類、辛いコショウの香りが合わさった風味を持っています。このミリスチシンによって、ナツメグは幻覚を誘発する特質を備えていると言われています。チーズを使ったパスタ料理やカスタード、ジャガイモなど味の弱い料理に加えると、ナツメグの複雑な風味が際立ちます。幻覚を見始めるほど使ったら、なおのことです。

ナツメグ&バターナッツカボチャ

そのままでも姿かたちがかわいいバターナッツカボチャは、味覚を鈍らせます。そこでナツメグが登場し、味覚を覚まさせるのです。イタリア人は、カボチャとリコッタチーズにナツメグを混ぜて、パスタの詰め物にします。アメリカでは、パンプキンパイやカボチャの焼きプリンに使うスパイスミックスにナツメグが含まれています。だからといって重い乳製品にだけ使う必要はありません。バルサミコ酢1に対してオリーブオイル2の割合で混ぜたものでバターナッツカボチャを和え、ロースト して、ナツメグをおろしかけてみてください。

ナツメグ&バニラ→「バニラ&ナツメグ」P.500

ナツメグ&パースニップ

シェフのなかに、パースニップはナツメグの風味を思い起こさせると言う人がいます。その理由は、パースニップがナツメグの風味の主要成分である化合物、ミリスチシンを含んでいるからです。パースニップをローストすると、それがよくわかります。私は、洋梨にナツメグをかけて焼いたプディングを作ることはやめました。この組み合わせは、あまりに風味が溶け合ってパースニップのようになってしまうのです。

ナツメグ&仔羊肉

料理を習うよりずいぶん前のことですが、私はコルフ島のタベルナ[9]で"スパゲッティ・ボロネーゼ"を食べました。とてもおいしかったのですが、その理由が最近になってようやくわかりました。仔羊の挽き肉を使うギリシャの肉料理は、甘くコショウのような風味のナツメグで味つけされていたのです。ギリシャ人は自分たちで作ったムサカソースをパスタにかけていました。スパゲッティ・コルフィオーテ[10]を作ってみましょう。

---

[9]　タベルナ…ギリシャ地方のカジュアル・レストラン。
[10]　スパゲッティ・コルフィオーテ…コルフ風スパゲッティ。

recipe

《スパゲッティ・コルフィオーテ（コルフ風スパゲッティ）》

❶ タマネギ（小）1/2個を刻んで、バターまたはラード大さじ3で炒めてしんなりさせる

❷ そこに仔羊の挽き肉450gを加え、茶色くなるまで炒める

❸ パッサータ [passata][※11] 250ml、白ワイン250ml、水250ml、刻んだパセリ大さじ2、すりお
   ろしたばかりのナツメグ1/4個分、砂糖ひとつまみ（多め）を加える

❹ 塩コショウし、沸騰したら火を弱める

❺ 時々かき混ぜながら、大半の水分がなくなるまで、ゆっくりと約1時間煮こむ

❻ さらに追加ですりおろしたばかりのナツメグを加え、味を調えたら、パスタにかけて食べる

　私が行ったタベルナでは、ブカティーニにかけてありました。ブカティーニは細長く、スパゲッティに
似ているパスタですが、小さな給水管のような穴が中央に空いています。ムサカのレシピのなかには、
ナツメグではなくシナモンと書いてあるものもあります。よく似たギリシャ料理のパスティッチョではシナ
モンを使っています（→「牛肉&シナモン」P.58）。

ナツメグ&リンゴ

　私はナツメグを使うのが大好きですが、その理由のひとつは、おろし金のかわいさにあります。それ
にナツメグは濃厚でありながらさわやかで、温かいリンゴのピューレを引き立てます。ピューレの上から
軽くすりおろしながらふりかけ、バニラ・アイスクリームにかけて食べてみてください。

スパイシー

ナツメグ

※11　パッサータ [passata] …裏ごしトマト。

313

Parsnip
パースニップ

　加熱したパースニップは甘く、根野菜に典型的なほのかな土の風味がありますが、ナツメグやパセリの強い香りも備えています。ただし、生のままではおいしいとは言えず、特に木のような筋っぽさが加わると、まるでマクラメ編みのプラントホルダーにでもしたほうがよさそうに思えます。たっぷりの脂肪分と塩でローストするか、つぶすか薄切りにすれば、ココナッツかバナナを思わせる極上の甘い刺激が楽しめます。

パースニップ&アニス

　パースニップはわずかにハーブのような、アニスの風味を持ちます。生のままひと口かじってみればわかると思います。ただし、かすかに感じる程度です。それでも確かにアニス風味は存在するのです。ふだんはカレーに入れる程度ですが、それ以外にうれしい変化を求めるなら、スープにパースニップとタラゴンを一緒に入れてみてください。

パースニップ&貝・甲殻類

　ホタテ貝は、ピューレ状にしたものの上ならば、どんなものにでも座ることができます。パースニップも例外ではありません。パースニップのピューレの上にホタテ貝をそっと置き、相補う甘みとナッツの風味を楽しみましょう。

パースニップ&牛肉

　ニンジンとパースニップは同じように甘さがありますが、パースニップのほうが複雑な風味を備えているので、牛肉に組み合わせるにはおもしろい食材です。

　ローストビーフに肉汁でローストしたパースニップを添えたり、基本のビーフシチューにひと口サイズに切って入れたり、オックステールの赤ワイン煮にパースニップとつぶしたジャガイモを添えてみたりしてはいかがでしょうか。

　家庭料理向けではありませんが、アメリカのシェフ、チャーリー・トロッターは、牛ほほ肉、西洋ゴボウ、エンダイブのテリーヌにパースニップのピューレを添えた料理を作りました。また、パースニップは塩味ともよく合うので、私はイタリアで作られる自然乾燥した塩漬け牛肉、ブレザオラの薄切りに、イギリスの料理研究家デリア・スミス（→P.508）のレシピで作ったパースニップとパルメザンのパンを添えます。

　　パースニップ&クルミ→「クルミ&パースニップ」P.333

パースニップ&クレソン

　クレソンとローストしたパースニップは、冬のサラダの基本材料にぴったりです。両者ともにほろ苦い

辛さを持ちますが、クレソンはさわやかなみずみずしさで、パースニップは甘さで、その苦みを和らげています。ゆでた温かいパースニップの角切りを、クレソンの葉、クルトン、くずしたブルーチーズと混ぜ、ピリッと辛いフレンチドレッシングと和えます。

もし自分でパースニップのホワイトジェム種を育てているなら、とても早いうちなら葉も食べられますので使いましょう。葉にもパースニップの風味があり、後に心地よい苦みが残ります。このサラダのおもしろいアクセントになるでしょう。

パースニップ&グリンピース

パースニップの特徴ある風味の素になっている化合物は、テルピノレン（松の木からとれるエッセンシャルオイルにも含まれます）、ミリスチレン（ナツメグにも含まれ、少量ながらパセリとディルにも含まれます）、そしてややカビっぽく、グリンピースの特性を持ち、他のどの野菜よりもパースニップが多く含む「3−sec−ブチル−2−メトキシピラジン」と一般的に考えられています。パースニップがグリンピースと非常に相性がよいのは、このためと思われます。

この組み合わせで冬の豆スープを作りましょう。パースニップがとろみを出し、軽くスパイシーな風味も添えます。まるで温かい冬の日のようです。

recipe
《パースニップとグリンピースのスープ》
❶ パースニップ3本の皮をむいて適当な大きさに切る
❷ タマネギの薄切りと一緒にオリーブオイルでしんなりするまで炒める
❸ 野菜か鶏肉のストック750mlを加え、沸騰したら火を弱めて10分煮こむ
❹ そこに冷凍のグリンピース約500gを加え、塩コショウする
❺ 再び沸騰させたら火を弱めて5分煮こみ、火を止めて少し冷ます
❻ ミキサーでスープ状にしてから、再び温めて食べる

パースニップ&白身魚→「白身魚&パースニップ」P.204

パースニップ&ジャガイモ

16世紀のヨーロッパにジャガイモが入ってくると、パースニップの人気は衰えていきました。両者の中間ぐらいの味を持つムカゴニンジンも同じ道をたどりました。

もうひとつの色の薄い根野菜、西洋ゴボウは、味が牡蠣に似ていることからオイスタープラントとも呼ばれますが、私は繊細でよりおいしいパースニップのほうが牡蠣の味に近い気がします。西洋黒ゴボウの名でも知られているスコルツォネラは、一般的な西洋ゴボウに見た目も味も似ていますが、名前通りに皮は濃い色をしています。

パースニップ&鶏肉→「鶏肉&パースニップ」P.37

パースニップ＆ナツメグ→「ナツメグ＆パースニップ」P.312

パースニップ＆ハードチーズ→「ハードチーズ＆パースニップ」P.91

パースニップ＆バナナ

バナナが手に入らなかった第二次世界大戦中のイギリスでは、パースニップで偽バナナが作られました。アイボリー色の外観は別にしても、パースニップとバナナは同じような甘い刺激を持っています。パースニップをローストして、目をつぶってバナナだと思いながら食べてみてください。同じく戦時中に代用品とされた、ニンジンで作ったアンズよりよほど説得力があると思います。クローブ粉とラム酒を少量加えれば、よりいっそう味がなじみます。

現在では、バナナがドイツのUボートの脅威にさらされることはありません。バナナで偽パースニップを作ったら、サンデーロースト［Sunday roast］^{※12}にカリブ海の陽気を添えられるかもしれません。でももっとぴったりなのが、パースニップとバナナを使ってしっとりしたケーキを作ることです。ニンジンがケーキの材料として人気があるように、パースニップもケーキの人気材料だったことがあるのです。

パースニップ＆豚肉

歴史的にこれまでフランスのグルメたちは、パースニップを家畜向けの野菜とみなしてきました。"エキゾチック"な野菜という評価をするようになったのは最近のことです。

パースニップは牛や豚を太らせることに秀でているだけではなく、豚の肉の風味に深みを与える効果があることでも知られていて、プロシュート用の豚のエサによく使われます。パースニップにとってもこの組み合わせは利点があり、19世紀には、パースニップの風味が増すように塩漬けの豚とゆでることがよくありました。ゆであがったらつぶして、バターで焼きます。

パースニップ＆ベーコン→「ベーコン＆パースニップ」P.235

※12　サンデーロースト［Sunday roast］…昔からイギリスで日曜日に食べられている食事。ローストした肉、ジャガイモ、ヨークシャー・プディングなどから成る。

森の風味
Woodland

ニンジン
Carrot

バターナッツカボチャ
Butternut Squash

栗
Chestnut

クルミ
Walnut

ヘーゼルナッツ
Hazelnut

アーモンド
Almond

Carrot
ニンジン

　ニンジンはその種類によって甘さのレベルがさまざまに異なり、その木を思わせる香りも、松の香りだったりパセリの香りだったりと多様です。セリ科のニンジンは、他のセリ科の植物と非常に風味が合います。またその甘さやかすかな木の香りは、同じ特質を持つナッツとも自然に調和します。ナンテスニンジンは、すばらしい風味で有名です。

ニンジン&アニス

　フランス人シェフのギー・サヴォワ（→P.507）は、ニンジンとスターアニスのスープをアミューズブーシュ[amuse-bouche]※1 にし、軽くグリルしたロブスターの風味づけにもニンジンとアニスを使っています。この組み合わせは完璧で、スターアニスがニンジンのさわやかでウッディーな特徴を引き立て、すべてが調和した賞賛すべき風味が花開いています。

　シェフのジョン・トヴェイは、ニンジンとアニスを使った家庭的なサイドディッシュを作っています。ゆでたニンジン450gをつぶし、バター20gとアニス風味のリキュールのペルノ大さじ1を混ぜ合わせます。鴨肉のコンフィに添えてみてください。

ニンジン&オリーブ

　トルコやギリシャには、メニューを選んでいる間に食べられるよう、しわの寄ったブラックオリーブと生のニンジンスティックを持ってきてくれるレストランがあります。私は、そんな庶民的な店が好きです。客への気遣いが感じられますよね。なめらかな塩味のオリーブとさわやかな甘いニンジンが、あなたの味蕾を刺激します。

ニンジン&オレンジ

　80年以上も前に、フランスの小説家ポール・ルブー〔1877-1963〕（→P.509）はこう書いています。「私はクモのシロップ漬けにも、コウモリの煮こみにも、トカゲのグラタンにも興味はありません。私の望みは、料理に使う材料の決まりきった組み合わせを壊したいということです。私の使命は、予想もできないものと楽しいものとを結びつけることです」。

　こうして自身の小さな店を開き、次のようなサラダのレシピを公開しました。

recipe
《ニンジンとオレンジ風味のサラダ》
❶レタスの葉とゆでて薄切りにしたジャガイモを、クリーミーなドレッシングで和える
❷オレンジの皮とニンジンの千切りを上からちらします。このときオレンジとニンジンは、長さ

※1　アミューズブーシュ[amuse-bouche]…ひと口サイズのオードブル。

2.5cmぐらい、幅は「松の葉と同じぐらいの針のような細さ」にする

　このレシピは美食家たちの注目を集めるはずだと、ルブーは公言しています。「オレンジ?　ニンジン?　ニンジン味のオレンジとオレンジ味のニンジンはどんな感じだろう?」。

　味覚のゲームですね。

ニンジン&カルダモン

　インドの人気デザート、ガージャルハルワーに使われる組み合わせです。ガージャルハルワーは、結婚式の祝宴やインドの秋の祭の間に食べられる料理です。

　作り方はいろいろありますが、基本的には、細かくすりおろしたニンジンを牛乳に加え、大半の水気がなくなるまで弱火で煮こみます。そこに砂糖、ギー［ghee］※2（または無塩バターか風味のない油）、砕いたカルダモンシードを加えます。仕上げの飾りはさまざまですが、アーモンド、ピスタチオ、ドライフルーツを添えるのが一般的です。温かいうちか、室温の状態で食べます。

　バニラ・アイスクリームを添えるといいとすすめる人もいますが、私はガージャルハルワーの甘さと対照的な、酸味のあるクレーム・フレッシュや濃厚なヨーグルトを添えるほうがいいと思います。

ニンジン&キャベツ

　生のニンジンとキャベツは、歯ごたえがあり、すっきりとした味に刺激的な甘さがあります。また、ニンジンは料理に果物の風味を添えます。ニンジンとキャベツに、リンゴ、セロリ、クルミ、キャラウェイシード、ブルーチーズのいずれか（または全部）を混ぜ合わせると、コールスローサラダができあがります。ニンジンとキャベツはその頼もしい基本材料です。私はキャベツ、ニンジンと少量のタマネギだけのコールスローが何よりも好きです。すぐに食べないならば、まずは千切りにしたキャベツに塩をふり、約1時間置いてから水洗いし、水気を切ってキッチンペーパーなどで軽くたたいてからコールスローにしましょう。こうすればキャベツに含まれる水分が出て、時間の経過とともに水っぽくなるのを防げます。また、甘く純粋な果物のような風味ではなく、より複雑で深い味わいを料理に添えます。

　ニンジン&キュウリ→「キュウリ&ニンジン」P.260
　ニンジン&牛肉→「牛肉&ニンジン」P.60

ニンジン&クミン

　モロッコでのパーティーに出席すると、必ずといっていいほど、クミン風味の濃い味のドレッシングで和えた甘いニンジンをすすめられます。波状の筋の入った円盤型のニンジンは、鍵を切るときにできる金属片のようで、クミンが入っているにもかかわらず、私の目にはどうしても、みじめな缶詰の輪切りオレンジのように見えます。

　一方で、ニンジンを自家栽培し、細長くとがった状態に育てて収穫したものならば、この組み合わせにぴったりです。よく洗って皮はむかずにオリーブオイルをからめてからクミンをふりかけ、ローストしま

※2　ギー［ghee］…インドのバターオイル。

す。糖分が表面に出てきて熱で焦げ、おいしい香辛料と混ざり合います。土の風味と甘さの両方が引き立つおいしさです。

ニンジン&クルミ

　ニンジンのジュースは甘く、フルーティーで、薄めのミルクセーキのような味がします。クルミも生の状態ではミルキーな甘さがあります。旬が過ぎる頃の夏のニンジンと、その年初めて収穫されるクルミを合わせると、パンとチーズにぴったりのすてきなサラダになります。

　ニンジンもクルミも成熟してくると木の風味に近づくので、その場合は少し甘さを足して、キャロットケーキを作りましょう。

ニンジン&ココナッツ

　アメリカ・ニューヨークにある「wd～50」のオーナーシェフであるワイリー・デュフレーヌの名物料理は、目玉焼きを完全に模した「キャロット・ココナッツ・サニーサイドアップ」です。卵黄部分（本物と同じく穴をあけてつぶせる）は、ニンジンとメープルシロップ味で、白身部分はココナッツとカルダモン味です。しかし、市販のガムペースト［gum paste］[※3]を使わずに、自宅でこれを簡単に作ろうと思っても、キャロットケーキにかけるココナッツのフロスティング程度にとどめておくべきかもしれません。

　ニンジン&シナモン→「シナモン&ニンジン」P.306
　ニンジン&スウェーデンカブ→「スウェーデンカブ&ニンジン」P.166

ニンジン&セロリ

　ダイエット中に食べるなら、ニンジンとセロリのスティックのどちらが好きですか？　もちろん、どちらも好きではありませんよね。でもドレッシングで和えるなら、両方ともいいかもしれません。

　言葉の連想ゲームで"フランス"と言われたら、私は"パリ"や"テロワール［terroir］[※4]"ではなく、"セロリアック・レムラード"と答えます。それに、容器いっぱいのキャロットラペ、細長く切ったバイヨンヌハム、箱入りの熟成したカマンベールチーズ、フランスパン、コート・デュ・ローヌ1本。これで完璧なピクニックが楽しめます。間違いなくナイフやフォークを忘れて、たっぷりの野菜をパンでかき集めて食べることになるでしょう。

---

recipe
《キャロットラペ》
❶ニンジンを細い千切りにする（できればフードプロセッサーを使い、絹糸のように細くするのが理想）
❷そのニンジンを、軽めの風味のオリーブオイル、レモン果汁、ディジョンマスタード少量、砂糖数つまみ、塩コショウを混ぜて作ったドレッシングで和える

※3　ガムペースト［gum paste］…砂糖を原料とした、飾りを作るための食べられる粘土のようなもの。
※4　テロワール［terroir］…ワイン用ブドウが育つ土壌。

recipe

《セロリアック・レムラード》

❶セロリアックを千切りにする（あまり細くならないように注意。ココナッツのような味になるため）

❷変色しないようにレモン果汁と混ぜ合わせ、好みに応じて少量のグレインマスタードと塩コショウを混ぜたマヨネーズと和える

ニンジン&タマネギ

フランス・ロワール地方のニヴェルネ地区風にニンジンとタマネギを使ってみましょう。

recipe

《ニヴェルネ風ニンジン》

❶若くて小さいニンジンの皮をむいて、切らずに数分ゆで、水気を切る（大きなニンジンを使うときは適当な大きさに切る）

❷ニンジンを鍋に入れ、バターとかぶる程度のストックを加えてゆっくりと加熱し、水分が蒸発して、とろみのついた少量のシロップになるまで煮詰める

❸その間に、小さなタマネギも皮をむいて、同じように調理するが、このとき湯通しはしなくてもいい

❹ニンジンとタマネギを合わせて、塩コショウと砂糖少量で味つけする

砂糖はあくまでもほんの少しにしてください。ニンジンとタマネギの砂糖煮が、どれほど味がばらばらか思い出してください。

ニンジン&パセリ

ニンジンの風味は、同じセリ科の植物をひとつ追加することで際立ちます。たとえばパセリやパースニップ、クミン、コリアンダー、ディルなどです。ニンジンのスープでも、ヴィシーキャロット［Vichy carrot］^{※5}でも、パセリを細かく全体に散らして仕上げることがよくあります。

ニンジン&ピーナッツ→「ピーナッツ&ニンジン」P.28

ニンジン&ヘーゼルナッツ→「ヘーゼルナッツ&ニンジン」P.337

ニンジン&リンゴ

子どもたちに人気の甘酸っぱいサラダです。ニンジンとリンゴを細かな千切りにし、においの強くない植物油とレモン果汁をどちらも少量混ぜ合わせて和えます。ありあわせの種やナッツ、レーズンなど、食感の楽しいものをひとつかみ散らして食べます。

※5　ヴィシーキャロット［Vichy carrot］…ニンジンをバター、砂糖、塩、フランスのヴィシー地方産の石灰を含まない水と合わせて弱火で煮こんだもの。

Butternut Squash
バターナッツカボチャ

バターナッツカボチャとカボチャは風味が似ていて、お互いに代用品として使われることがよくあるため、ひとつの節で取りあげます。しかし、覚えておきたいのは、バターナッツカボチャのほうがもともと甘味が強いので、お菓子に使う場合には砂糖が少なくてすむということです。また食感にも違いがあり、バターナッツカボチャの密度の濃い身の部分は、きめが細かく絹のようですが、カボチャはずっと繊維質が多い感じがします。

バターナッツカボチャの強い甘さは、塩味の材料とよく合いますし、ピリッと刺激的な酸味をまろやかにします。密度の濃い身の部分はローズマリーやセージなど、味の強いハーブの後ろで料理の味を支えます。

バターナッツカボチャ&アーモンド

イタリア北部では、メレンゲ菓子の一種アマレッティとカボチャを詰めて、トルテッリと呼ばれるパスタを作ります。ほろ苦いビスケットの味が、カボチャの甘さを際立たせます。イタリア・マントヴァにあるダル・ペスカトーレ [Dal Pescatore] のシェフ、ナディア・サンティーニ（→P.508）が作る、カボチャとアマレッティを使ったトルテッリは、伝説になるほど有名です。このトルテッリには、モスタルダ[mostarda]※6、ナツメグ、シナモン、クローブ、パルメザンチーズも入っています。

バターナッツカボチャ&貝・甲殻類

ロブスターをたっぷりのバターの中で軽く火を通しましょう。バターナッツカボチャはその付け合わせに最高です。ベルベットやサテン、絹といった言葉にふさわしい贅沢な食感とともに、調和のとれた甘みのあるナッツ風味も持っています。

バターナッツカボチャ＆きのこ→「きのこ＆バターナッツカボチャ」P.105

バターナッツカボチャ&栗

太ったシェトランドポニーのカップルのようですが、冬に食べる組み合わせとしてはおすすめです。ワイルドライスのピラフにぜひ加えてみてください。

また、バターナッツカボチャと栗の両方の風味を兼ね備えたフランスの在来スクワッシュ [squash]※7のひとつ、ポティマロンにも目を向けてください。これはフランス語でカボチャを指すポティロンと、栗を指すマロンから名づけられたものです。明るいオレンジ色で、イチジクを大きくしたような形をしたポティマロンは、すばらしく芳醇な栗の風味を持つため、広く人気があり、入手するのも容易です。

バターナッツカボチャ＆シナモン→「シナモン＆バターナッツカボチャ」P.306
バターナッツカボチャ＆生姜→「生姜＆バターナッツカボチャ」P.443

※6　モスタルダ [mostarda] …濃厚なマスタードシロップで果物を漬けこんだもの。イタリア・クレモナ発祥。
※7　スクワッシュ [squash] …カボチャの一種。

バターナッツカボチャ＆セージ→「セージ＆バターナッツカボチャ」P.457

バターナッツカボチャ&唐辛子

　スクワッシュはパイやパスタの具に最適です。水分が少なくて甘く、単純な味をしているので、他の材料の存在感を際立たせるのに効果的だからです。メキシコ料理のケサディーヤは、バターナッツカボチャと唐辛子の相性のよさを確認するのにぴったりです。

recipe

《スパイシーなバターナッツカボチャのケサディーヤ》

❶フライパンに入る大きさのトルティーヤを1枚用意する
❷つぶしたバターナッツカボチャを1～2cmの厚さにのばす
❸その上から、ハラペーニョのピクルスと刻んだ生唐辛子を混ぜ合わせた、酸っぱくて辛い調味料を散らす
❹表面に、おろしたマイルドチェダーチーズを広げ、もう1枚のトルティーヤをかぶせる
❺中身が十分に温まり、チーズが溶けるまで、中火でトルティーヤの両面を焼く
❻4つに切り分けて食べる

バターナッツカボチャ＆ナツメグ→「ナツメグ＆バターナッツカボチャ」P.312

バターナッツカボチャ&豚肉

　どんなシチューにも安心して使える組み合わせです。リンゴ、ベーコン、タマネギを入れてリンゴ酒で煮こむと西洋風になりますし、醤油、紹興酒、五香粉、赤砂糖を加えた鶏肉のストックで煮こむと東洋風になります。ソースにとろみをつけたいなら、3cm程度の角切りにした豚肉（肩肉が理想的）の表面に小麦粉をまぶしてから焼きましょう。

　バターナッツカボチャは煮くずれするので、煮こみが終わる20〜30分前に加えるようにしてください。

バターナッツカボチャ＆ブルーチーズ→「ブルーチーズ＆バターナッツカボチャ」P.85

バターナッツカボチャ&ベーコン

　この組み合わせの甘くて塩気の効いた味は、カニ肉を思い起こさせます。そう思ったことから、次に紹介する新米水夫のクラブケーキ［crab cake］[※8]を考え出しました。

recipe

《新米水夫のクラブケーキ》

※8　クラブケーキ［crab cake］…カニ肉にパン粉やマヨネーズなどを混ぜて形を整えた料理。焼いたり揚げたりして食べる。

❶バターナッツカボチャ200gをおろす
❷小さく切って十分に炒めたベーコンの薄切り4枚分、パン粉片手たっぷり1杯分、塩ひとつまみ
　を加えて混ぜ合わせ、マヨネーズ大さじ1を加えて、まとめる
❸直径4cm、厚さ1cm程度の円盤状になるように形作る
❹約30分冷蔵庫で寝かせて固めてから、サラダ油で揚げる
❺ライム果汁と皮を加えたマヨネーズ少量をフライの上にかけ、さらにライムの皮を上から散らす

バターナッツカボチャ&山羊のチーズ

　甘いビーツと塩辛い山羊のチーズは、昔からある組み合わせですが、バターナッツカボチャと山羊の
チーズの組み合わせのほうがもっとおすすめです。

　角切りにしたバターナッツカボチャをローストすると、糖分で端がねっとりと焦げて、蜂蜜のような風
味が出てきます。粗雑な印象の熟成された山羊のチーズが、なめらかな黄金色の蜂蜜と相性が抜群な
のは誰でも知っているでしょう。バターナッツカボチャと山羊のチーズを組み合わせてグラタンにする人
がいますが、ちょっと重すぎると思います。おすすめはベビーホウレン草と一緒に酸味が強めのドレッ
シングと和えるか、ヒヨコ豆、炒った松の実、みじん切りしたレッドオニオン、刻んだパセリとミントをたっ
ぷり入れたクスクスに加えることです。

バターナッツカボチャ＆ライム→「ライム＆バターナッツカボチャ」P.429

バターナッツカボチャ&リンゴ

　ある秋の日に、ニューヨークの西56番街にあるレストラン、ビーコン［Beacon］にランチへ行ったとき
のことです。私はカボチャとリンゴのスープを注文しました。ウェイターはピッチャーでスープを持ってき
て、目の前でスープ皿に注ぎ、表面に香辛料のきいた綿菓子をのせました。すると、一瞬のうちに綿菓
子はスープの中へと溶けこみ、シナモンの甘みとほんのりとわずかな辛味だけが表面に残されました。

　1週間後にロンドンにもどり、自宅で同じものを作ってみようと思いました。スープを冷蔵庫に入れて冷
やしている間に、eBay（イーベイ）で綿菓子器を探してみました。そこではたと気づいたのです。すでにアイスクリー
ム・メーカーの上にザルを積みあげ、さらにその上にティータオルの束が置いてあるというのに、スープ
の味をほんの少しよくするためだけに、そんな大きな道具をわざわざ買う人なんているのでしょうか？

　そうこうするうち、冷蔵庫にリンゴの風味が充満してきて、スープを早く食べなければならなくなったの
で、スパイシーな綿菓子はまったく必要がなくなりました。

バターナッツカボチャ&ローズマリー

　この2つの食材を一緒にローストすれば、どちらもどれほど甘くて香りがいいかを思い出すでしょう。あ
まりにすばらしい香りを持つので、この2つを中心にして、料理を作ることができます。たとえば腹もちの
いいバターナッツカボチャとカンネッリーニ豆、ローズマリーのシチューなどはどうでしょうか。

recipe

《バターナッツカボチャ、豆、ローズマリーのシチュー》

❶ タマネギ1個を適当な大きさに切り、オリーブオイルでしんなりするまで炒め、みじん切りにした にんにく3かけを加えて軽く炒める

❷ 皮をむいて種を取ったバターナッツカボチャ500gを2cmの角切りにしたもの、水気を切ったカ ンネッリーニ豆2缶、チェリートマト1缶、できるだけ細かいみじん切りにしたローズマリー1枝、 辛口白ワイン250ml、水250mlをタマネギの鍋に加え、塩コショウをする

❸ かき混ぜながら沸騰させ、蓋をして弱火で約20分煮こむ

❹ 蓋をとり、バターナッツカボチャがやわらかくなって、煮汁の大半が蒸発するまで煮こみ続ける

❺ このまま食べてもいいし、パン粉とすりおろしたパルメザンチーズ少量を混ぜ合わせたものをふ りかけ、きつね色になるまでグリルで焼くのもおすすめ

　もしいつも以上によい香りを楽しみたいと思うなら、この話にも興味を持たれるのではないでしょう か。バターナッツカボチャとローズマリーは、それぞれカボチャとラベンダーと非常に近い関係にあるの です。シカゴの米国嗅覚味覚療法研究財団のアラン・ヒルシュ博士による幅広い香りに関する研究によ ると、男性はラベンダー入りのパンプキンパイのにおいにもっとも興奮するそうです。女性にとっては2番 目に興奮するにおいだそうです（→「キュウリ&アニス」P.258）。

森

バターナッツカボチャ

Chestnut

栗

　松の実やカシューナッツと同じく、栗はナッツのなかでも甘い部類に入りますが、低脂肪なのが大きな特徴です。とはいえ、やはり他の脂肪分が多い仲間と同じく、ローストすれば（たき火が一番ですが）、濃厚な香りと甘さが広がります。土のような風味は、狩猟で獲った肉、きのこ、リンゴなど他の秋の味覚ともよく合います。栗をすりつぶして粉末にすれば、素朴な風味のパンやパスタ、ケーキが作れますし、砂糖をたっぷり加えればピューレやマロングラッセになります。

　クレーム・ド・シャテーヌと呼ばれる栗のリキュールも販売されています。

栗&きのこ→「きのこ&栗」P.101

栗&キャベツ

　芽キャベツに十字の切りこみを入れ、栗にも切り目を入れます。

　栗に切れ目を入れるのは、オーブンの中で爆発しないようにするためです。芽キャベツは加熱のしすぎにだけ注意すれば、特に気をつけることは何もありません。それよりも持っているエネルギーのすべては栗の殻をむくことに注いでください。そして異常なほど熱くなっている殻のかけらが親指の爪の中に入りこんだときは、苦痛にじっと耐えなくてはいけません。

　もし自分でわざわざ収穫しに行くのなら、集めたものをすぐに食べてしまわないようにしましょう。栗は数日乾燥させる必要があります。その間にでんぷん質が糖分に変わり、風味が増すのです。芽キャベツと栗の組み合わせはもちろんおいしいですが、栗とリンゴと赤キャベツの蒸し煮もいかがでしょうか。もしも殻むきから手が治ったら、「キャベツ&豚肉」P.164のキャベツの詰め物のレシピで、豚肉と牛肉を使うところを栗とベーコンに変えて作ってみるのもおすすめです。

栗&セロリ

　ブリュノワーズ[※9]したセロリは、栗と一緒にスープにするのがおすすめです。フランスのフードライターのマダム・E・サン＝アンジュによると、その理由は味の相性がいいからだけでなく、栗もセロリも、必要な調理時間が同じくらいだからそうです。

栗&チョコレート→「チョコレート&栗」P.14

栗&鶏肉

　イギリスのフードライター、エドワード・バンヤード〔1878-1939〕はこう書いています。「結局、栗の一番よい使い方は、何かの鳥の中に詰めることです。もちろん、ちゃんと料理用に処理されている鳥のことです。栗のやわらかい粘り気が、より刺激的な風味を際立たせる理想的な土台となり、ほとんどの場合使われているジャガイモよりも魅力的なベースとなります」

※9　ブリュノワーズ…極小の角切り。

鶏肉や七面鳥に栗入りの詰め物をするのはごく一般的なので、この組み合わせに特別感はありませんが、バンヤードはおそらくガチョウや鴨など、より脂肪分が多くて強い風味を持つ鳥を想定して書いているのでしょう。

栗&バターナッツカボチャ→「バターナッツカボチャ&栗」P.322

栗&バニラ

マロングラッセ作りで使われる、もっとも一般的な組み合わせです。マロングラッセは、大量の砂糖を使って作るお菓子です。栗のなかでも、ひときわ大きくて欠けたところのない甘い実を使い、バニラ風味のシロップに数日間にわたって漬けこんで、その上からさらに甘味の濃いシロップで表面をコーティングします。

栗製品を販売するフランスのクレマン・フォジエ［Clément Faugier］は、ナッツ入りトフィーの味がかすかに香り、人々が期待するほろほろとくずれる食感を持つマロングラッセを世間に広めました。シンプルにホイップクリームに混ぜたり、薄く焼いたクレープに散らしたりして食べます。

栗&豚肉

フランスの作家アレクサンドル・デュマ〔1802-1870〕（→P.506）は、栗はあらゆる肉料理ととても相性がよいと語っています。彼の著書『デュマの料理大事典』で、豚肉のソーセージに添える栗のピューレのレシピを紹介しています。

---

recipe
《豚肉のソーセージに添える栗のピューレ》
❶ローストした栗の殻と渋皮をむく
❷バター、白ワイン、ストック少量でやわらかくなるまで煮こんでから、ピューレ状にする
❸ソーセージのゆで汁と栗のピューレとを混ぜ合わせ、ソーセージに添える

栗はナッツの中でもずば抜けて炭水化物を多く含むため、昔からジャガイモの代用品として使われてきました。粉末にしてパンなどの焼き料理にも活用されます。フランスのコルシカ島では、甘栗はそのでんぷん質の特性に由来して、"パンの木"の愛称で親しまれています。また、栗は、ピエチュラと呼ばれるコルシカ島初の地ビールの原料にも使われています。このビールはいぶしたような香りが特徴です。

栗&プロシュート→「プロシュート&栗」P.238

栗&洋梨

クリスマスの詰め物用に準備した栗の一部をとっておいて、ボクシングデー（12月26日）に食べるサラダに使いましょう。刻んだ洋梨、七面鳥の茶色い肉の部分、緑黄色の葉野菜を合わせて作ります。

森

栗

栗&仔羊肉

北アフリカの仔羊肉のシチューやタジン鍋料理に、アンズやプルーンは甘すぎると考えるなら、やや甘みのある栗が代役にぴったりです。真空パックされている加熱済みの栗を、料理の煮こみ時間残り10分ぐらいの段階で鍋に加えると、形がくずれません。

栗&ローズマリー

カスタニャッチョはイタリアのトスカーナ風ケーキで、栗粉、オリーブオイル、水、塩だけで作られています。もっと人気のあった時代には、ローズマリーや松の実、ドライフルーツ、クルミ、果物の皮の砂糖煮などを入れた応用版もありました。栗粉は、ココアとサイレージ［silage］[10]の中間にあたるような、特別な香りを放ちます。その香りがカスタニャッチョという田舎風の味に役立っているのです。おおげさではなく、本当に羊飼いの小屋の床のような味がするのです。万人に愛される味ではありませんが、興味のある人のためにローズマリーを使った作り方を書いておきます。

---

recipe

《カスタニャッチョ》

❶ ふるった栗粉250gと塩ひとつまみを水350mlと混ぜて、なめらかな生地を作る

❷ はさみで細かく切ったローズマリーの葉適量を生地に混ぜこむ

❸ バターを塗った直径23cmのタルト型に生地を流しこむ。タルト型を使うので、最終的には厚みのないケーキができあがる

❹ 松の実を散らし、表面にオリーブオイルを刷毛でたっぷりと塗ったら、表面が濃いきつね色になって、陶磁器の釉のように割れ目が入ってくるまで、190℃のオーブンで30〜45分焼く

材料にふくらし粉が入っていないことや、甘味が栗の持つ自然な糖分だけだということにお気づきだと思います。もしお客さまを迎える予定なら、このケーキを出して、みんなが思うケーキの定義を修正したくなるかもしれません。

※10　サイレージ［silage］…飼料作物をサイロなどで発酵させたもの。

Walnut
クルミ

　アーモンドに次いで、世界でもっとも人気のあるナッツです。ケーキやお菓子に当然のように使われていて、そのやさしい味よりもしわだらけの溝のたくさん入った外見のほうに興味が持たれることが多いようです。

　軽く焼くことで持ち味が最大限に発揮され、強いナッツの風味とわずかなニコチンの苦味が感じられるようになります。クルミはシナモンやナツメグ、メープルシロップ、蜂蜜、洋梨など、他の"茶色の"素材と特によく合います。また生の実以外にも、ピクルスやシロップ漬けにされたもの、リキュール（クルミで作るノチーノかヴィン・デ・ノワ）、野菜やサラダ用ドレッシング作りに最適なクルミオイルになっているものも、購入することもできます。

クルミ&アニス

　すぐにでも試してもらいたいことがあります。アニスかフェンネルシード小さじ1/2をつぶし、スティッキーウォールナッツパイ［sticky walnut pie］かピーカンパイ［pecan pie］[11]の材料に加えてみてください（ピーカンナッツはクルミよりも甘く、苦みが少なく、厚みもないが、両者はほぼどんな料理でも互いに代用品として使える）。あるいは、普通にアニスかフェンネルシードをフィリングに加えて混ぜ合わせてから、ペストリー台に注ぎ入れてください。単調な甘さだけのスイーツになるところが、この香辛料を加えることでさわやかさがプラスされます。

　もしも甘いものに興味がないなら、クルミオイルとタラゴンビネガーで作るドレッシングをおすすめします。

　クルミ&イチジク→「イチジク&クルミ」P.485
　クルミ&ウォッシュチーズ→「ウォッシュチーズ&クルミ」P.79
　クルミ&オレンジ→「オレンジ&クルミ」P.418

クルミ&貝・甲殻類

　アメリカ風中華料理レストランには、好き嫌いが別れる料理があります。揚げたエビを蜂蜜とレモンのマヨネーズで和え、砂糖で煮たクルミを混ぜ合わせたものです。賛成派は、噛み応えのある塩味のエビや貝類と、砂糖コーティングされてややスパイシーなカリカリのナッツを混ぜ合わせたものとして前向きにとらえます。反対派はカロリーの高さやエセ中華料理であることに対して感じる吐き気をかろうじて抑える人たちです。私は賛成派です。

　クルミ&カリフラワー→「カリフラワー&クルミ」P.168
　クルミ&きのこ→「きのこ&クルミ」P.102
　クルミ&牛肉→「牛肉&クルミ」P.57

※11　ピーカンパイ［pecan pie］…ピーカンナッツの産地であるアメリカ南部の名物。コーンシロップとピーカンナッツで作る甘いパイ。

クルミ＆クレソン→「クレソン＆クルミ」P.135
クルミ＆コーヒー→「コーヒー＆クルミ」P.22

クルミ＆シナモン

　シナモンやタフィー、メープルシロップ、リンゴなど、べたべたした甘さのある秋の風味とクルミは親しい関係にあります。またクルミ自体にも、バタースコッチキャンディーのような味がするポーと呼ばれる品種があります。一般的なペルシャクルミは、イギリスから輸入されるために（必ずしもイギリスで栽培されているわけではないにもかかわらず）、アメリカではイングリッシュクルミと呼ばれることもあり、アメリカ原産のクロクルミと区別しなくてはなりません。

　イギリス人はペルシャクルミをポルトガルのマデイラ島から輸入していたので、かつてはマデイラナッツと呼んでいました。でも私は、黄金色のマデイラワイン［Madeira wine］[※12]が力強い酸味によってバランスをとっているのと同様、クルミの皮の渋みが濃厚な甘さを相殺しているからそう呼ぶのだという説を信じたいと思います。

クルミ＆セロリ

　セロリとクルミは両方とも、フタリドという特徴ある芳香化合物を持っています。これはセリ科のハーブであるラベッジにも含まれているものです。クルミをかじってみると、すぐにその共通した特徴を感じることができるでしょう。この風味が際立って味わえるのは、スタッフィングとウォルドーフサラダです。

　また、セロリは鶏肉のストックに入れると、魔法のような効果を発揮します（→「セロリ＆鶏肉」P.130）。クルミ、セロリ、鶏肉のストックを使った、次に紹介するスープを試してみてください。

recipe
《クルミとセロリのスープ》
❶刻んだタマネギ1個分、皮をむいて角切りにしたジャガイモ（大）1個、刻んだセロリ4〜5本を、少量のバターか油でゆっくり炒める
❷タマネギがやわらかくなったら、鶏肉のストック750mlを加える
❸沸騰したら火を弱め、ジャガイモとセロリに火が通るまで煮こむ
❹クルミ50gをすりつぶして置いておく
❺スープと具をミキサーにかけて、なめらかになったら鍋にもどし、別にしておいたクルミを加え、とろみが出るまで弱火で煮詰める

　少し粗めの全粒粉パンと一緒に食べます。

クルミ＆ソフトチーズ→「ソフトチーズ＆クルミ」P.95
クルミ＆チェリー→「チェリー＆クルミ」P.349
クルミ＆チョコレート→「チョコレート＆クルミ」P.14

※12　マデイラワイン［Madeira wine］…一般的なワイン以上にアルコール度を高めた「フォーティファイド・ワイン（酒精強化ワイン）」の一種。キャラメル、ナッツなどの香りがする。

クルミ&唐辛子

　チレス・エン・ノガーダは、詰め物をした青唐辛子にクルミ粉のソースを添え、ザクロの種をちらした料理です。メキシコのプエブラの名物料理で、国の独立を祝うために考え出されたため、国旗の3色と同じく青唐辛子の緑、クルミソースの白、ザクロの種の赤で構成されています（→「唐辛子&卵」P.291、「アボカド&トマト」P.278）。

　メキシコの作家、ラウラ・エスキヴェルの小説『赤い薔薇ソースの伝説』で、主人公のティタは姪のエスペランザの結婚式で、この料理をドクター・ブラウンの息子のアレックスに出します。その料理はみんなをあまりにみだらな気分にさせるものだったので、ティタの恋人ペドロは食後に愛を交わし合って、そのまま息を引き取ります。

クルミ&鶏肉→「鶏肉&クルミ」P.33

クルミ&ナス

　ロシア料理やトルコ料理でよく使われる組み合わせです。またグルジアでは、縦半分に切った小型のナスを炒め、やわらかく器状になったナスに、クルミ粉、にんにく、コリアンダーリーフ、みじん切りのタマネギ、セロリ、タラゴンビネガーとパプリカ粉を合わせたものを詰めます。全体にザクロの種を散らして、室温の状態で食べます。レバノンでは小型のナスを縦半分に、茎の根もとぎりぎりまで裂き、クルミとにんにくをはさんで、油に漬けこみます。

　イタリア人シェフ、ジョルジオ・ロカテッリは、詰め物入りパスタに、クルミとナス、リコッタチーズ、ナツメグ、卵、パルメザンチーズを混ぜたものを包みます。ロカテッリは、クルミが旬（12～2月）ならば、新鮮さと風味の強さが詰まっている殻つきのものを買うようにすすめています。

クルミ&ナツメグ→「ナツメグ&クルミ」P.311
クルミ&ニンジン →「ニンジン&クルミ」P.320

クルミ&にんにく

　18世紀前半に、M・ドゥシャはフランスのラングドック発祥のアイヤードソースのことをこう表現しました。「貧しい人々がすり鉢でにんにくとクルミをすりつぶして作るどろどろしたもので、消化が悪くておいしくない特定の肉料理を、腹に受け入れさせるためのもの。アイヤードそれ自体は、著名人の一部にとても愛されている。イタリアでさえもそうで、歴史家のプラチナは、このソースの準備に追われて自分の兄弟がしょっちゅういら立っていることを、世間に言わずにはいられなかった」。

　貧しかろうがなかろうが、このどろどろしたものはフードプロセッサーで作れます。ただし、すり鉢ですって作るほうが風味はよくなります。

recipe

《アイヤードソース》

❶クルミ100gとにんにく4かけをフードプロセッサーにかけてつぶす

❷塩コショウして、フードプロセッサーにかけたままオリーブオイル（またはオリーブオイルとクルミオイルを半分ずつ）150mlを少しずつ加え、なめらかなソースにする

　タラトールと呼ばれるトルコ風ソースにするなら、固い耳を取り除いた食パン3枚を小さくちぎったもの、レモン果汁大さじ2、赤ワインビネガー小さじ1、ストック100mlを、オリーブオイルを入れる前ににんにくとクルミに加えます。このソースは伝統的にローストした肉に添えられてきましたが、ホウレン草と赤パプリカ、ヒヨコ豆のパエリアにもよく合います。

クルミ＆ハードチーズ

　チーズの専門家パトリシア・マイケルソン（→P.508）は、パルメザンやペコリーノなど強い風味のチーズの味を高めるのは青クルミだと書いています。青クルミは、チーズが熟成される間に失われる生乳の風味を持っています。だからと言って、乾燥したクルミがチーズと相性が悪いというわけではありません。深いバタースコッチキャンディーの風味と色を持つ、熟成したゴーダチーズとは特によく合います。

クルミ＆バジル→「バジル＆クルミ」P.298

クルミ＆バナナ

　斬新なバナナ料理のアイデアがあります。
　何が斬新かというと、熟れすぎていないバナナを使う点です。

recipe

《クルミとバナナのカルパッチョ》

❶斑点ひとつ出ていないバナナを輪切りにする

❷それを並べ、1枚ずつに、ドゥルセ・デ・レチェ [dulce de leche][13]を接着剤代わりに1滴ずつたらして、クルミを飾る

　スプーンにベタベタとくっついて汚らしくならないように、ドゥルセ・デ・レチェをバナナの上にたらすには、技が必要です。でもやってみる価値はありますよ。
　冷やしたチョコレート・バーのカルパッチョですら、この半分程度の満足度しか味わえないでしょう。もしバナナが熟れすぎていたら、伝統的なバナナブレッドを作りましょう。混ぜこまれたクルミは、まるで動けなくなったジグソーパズルのピースのようです。

[13] ドゥルセ・デ・レチェ [dulce de leche]…加糖練乳。

クルミ&バニラ

野性的な味のクロクルミは、一般的なペルシャクルミの代わりに使え、よりフルーティーでカビくさい特性があります。クロクルミは、ペルシャクルミに特有のペイント剤のにおいがありません。あの古いツヤ出し剤の缶を再び開けたときに襲ってくるにおいです。またペルシャンクルミは、木の香りが強く、渋味があります。

北東アメリカ原産のクロクルミの木は、家具や高級銃の銃床の材料として高い評価を得ています。殻が硬いことで有名で、中身を出すには金づちでたたき割ったり、ステーションワゴンで轢いたり、地元の殻取り場に持っていかなくてはなりません。割れさえすれば、バニラを加えて、伝説になるほど有名なケーキやアイスクリームを作るのに使えます。また砂糖と卵白、コーンシロップで作るディヴィニティーキャンディーと呼ばれる砂糖菓子にも使われます。これはメレンゲとヌガーをかけ合わせたようなものです。

クルミ&パースニップ

まるでピノキオの足をかじるようなものです。古くなったパースニップの硬い中心部を取り除けば、木のような食感が軽減されます。

クルミ&パセリ

パセリは、クルミの持つ木のような渋みにさわやかさを与えます。この2つの食材を使って、有名なペスト［pesto］[※14]に似たソースを作りましょう。

---

recipe

《クルミとパセリのソース》

❶オリーブオイル大さじ3を鍋に熱し、みじん切りにしたにんにく2かけ、みじん切りにしたクルミ75g、粗く刻んだイタリアンパセリひとつかみを加える

❷塩コショウし、数分温める

パスタと和えたり、ニョッキ、ビーツ、またはチーズスフレにかけたりしてもいいでしょう。

クルミ&ビーツ

クルミとビーツは、日焼けした小規模農家のカップルのように、しわだらけで赤ら顔をしています。砕いたクルミ、ローストしてひと口サイズに切ったビーツとサツマイモを、煮て冷ました赤キヌア（歯ごたえがよく、ローストしたクルミのような風味を持つ）に混ぜこんで、クルミとビーツの新しい食べ方を試してみましょう。メープルシロップ入りのヴィネグレットソースで和えます。

このソースは、ふだんは蜂蜜を使うところをメープルシロップに変えるだけでできあがります。

クルミ&ブドウ→「ブドウ&クルミ」P.356

※14　ペスト［pesto］…イタリア・リグーリア地方発祥の調味料のひとつ。バジリコの葉を基本材料とする。「ペスト・ジェノヴェーゼ」が代表的なペストである。

クルミ＆ブルーチーズ→「ブルーチーズ＆クルミ」P.83

クルミ＆ブロッコリー

パスタか炒め物に合わせてみてください。ブロッコリーを、「クルミ＆貝・甲殻類」P.329で紹介している奇妙な料理に加えると、料理には不釣り合いな健康的な風味を添えることができます。

クルミ＆山羊のチーズ→「山羊のチーズ＆クルミ」P.72
クルミ＆洋梨→「洋梨＆クルミ」P.388
クルミ＆リンゴ→「リンゴ＆クルミ」P.381

Hazelnut

ヘーゼルナッツ

ヘーゼルナッツは甘く、バターのような風味があります。チョコレートと運命的とも言えるほどぴったりなのは、わずかにカカオの香りも備えているからです。

イタリア・ピエモンテ州産のヘーゼルナッツは特に質が高いことで有名です。それより評価が低いものは、木のような味で、金属的というか、どちらかというと鉛筆の削りかすのような味がします。

他のすべてのナッツと同じく、ヘーゼルナッツは熱を加えると風味が増します。研究によると、ヘーゼルナッツの風味の鍵となる化合物は、ローストすることで10倍に増えます。ヘーゼルナッツのほろ苦いコクは、粉末にして、繊細でバターのような風味のする魚介類の衣にしたり、贅沢なソースのベースとして使うとぴったりです。

ヘーゼルナッツオイルは、オーブン料理やドレッシング用として有用です。フランジェリコ［Frangelico］やクレーム・ド・ノアゼット［crème de noisette］はヘーゼルナッツ風味のリキュールです。また健康食品店では、スプーンにのせたおいしいプラリネトリュフの内側のような味をした、ヘーゼルナッツバターも販売しています。

ヘーゼルナッツ＆アーモンド

緊急時のケーキ作りに役立ちます。人生の矛盾のひとつですが、どうしてもケーキが必要なときに限って、作る時間も買いに行く時間もないものです。

理想としては、次に紹介する材料をガラスケースの中に保存し、小さな金づちを下げておくのがいいのですが、最初はやけくそになって即席で組み合わせて作ってみたものです。

recipe

《緊急時のケーキ》

❶冷凍庫の奥からチャバタを発掘し、トースターで解凍したら、ヘーゼルナッツオイルをふりかけ、夫のミューズリーから失敬したアーモンドとスルタナレーズンを適量ふりかける

❷それを全部一緒にもみくちゃにして、まだ温かいうちに食べる

あまりのおいしさに驚くことでしょう。フルーツケーキとパン・オ・ショコラ［pain au chocolat］[※15] の中間の味がしますが、しつこさはありません。うまい具合にパンの中の空気穴がレーズンやナッツのための完璧なポケットになり、よりフルーツケーキに似たものになります。

ヘーゼルナッツ＆アボカド→「アボカド＆ヘーゼルナッツ」P.278
ヘーゼルナッツ＆イチゴ→「イチゴ＆ヘーゼルナッツ」P.373

※15　パン・オ・ショコラ［pain au chocolat］…チョコレートをはさんだクロワッサンのようなもの。

ヘーゼルナッツ＆イチジク

やわらかいナッツのペーストを詰めた、うっとりするようなフランスのフルーツタルト、フランジパーヌには、通常アーモンドが使われますが、アーモンドでなければいけないという決まりではありません。ヘーゼルナッツを使ってもすばらしく上手にできあがります。特にベルベットのような色の濃いイチジクのタルトには、ヘーゼルナッツがぴったりです。

recipe

《ヘーゼルナッツとイチジクのタルト》

❶ 焼いて皮をむき、すりつぶしたヘーゼルナッツ100gと、室温にもどした無塩バター100g、グラニュー糖100g、薄力粉20g、卵2個、バニラ・エクストラクト小さじ1/2をよくかき混ぜる

❷ 直径22cmの型にスイートペストリーを敷いて、あらかじめ焼いておき、ここにナッツの生地を流しこむ

❸ 表面にイチジクを並べて軽く押しこみ、180℃のオーブンで25分焼く

イチジクをケーキに埋めこみ、切った際に断面から果肉の美しい赤色が見えるのを好む人もいますが、私は黄金色のナッツ生地からイチジクが飛び出ているのが好きです。まるで仔象がビーチで鼻を鳴らして遊んでいるようです。

ヘーゼルナッツ＆キャビア

ヘーゼルナッツは世界でもっともすばらしい風味を持っていると言えるのではないでしょうか？　その風味は、次にあげるさまざまな食べ物にも感じ取ることができます。熟成したブルゴーニュ産白ワイン、シャンパン、牡蠣、ハモン・ハブーゴ [jabugo ham][16]、ソーテルヌワイン、ボーフォールチーズやコンテチーズ、フランス産農家の自家製バター、ノヂシャ（→「ヘーゼルナッツ＆洋梨」P.338）、炒ったゴマ、ワイルドライス [wild rice][17]、人気の高いジャガイモ品種の大半、オセトラキャビアなどです。

ヘーゼルナッツ＆コーヒー→「コーヒー＆ヘーゼルナッツ」P.24

ヘーゼルナッツ＆白身魚

ブール・ノワゼット [beurre noisette][18] は、魚や野菜の料理に使われることが多いのですが、鶏や七面鳥などの鶏肉とも合います。鍋でバターを熱し、乳清に含まれる乳タンパク質と糖分が焦げ始めてキャラメル状になる頃には、色と風味がナッツのように変化しています。さらに色が濃くなるまで焦がしたものはブール・ノワールと呼ばれ、昔からエイや動物の脳、卵料理に添えられてきました。また、刻んだヘーゼルナッツ適量をブール・ノワゼットに加え、ブール・ドゥ・ノワゼットにすることもあります。

ヘーゼルナッツ＆チェリー→「チェリー＆ヘーゼルナッツ」P.350

ヘーゼルナッツ＆チョコレート→「チョコレート＆ヘーゼルナッツ」P.17

※16　ハモンハブーゴ [jabugo ham] …生ハムの一種。スペイン・アンダルシア州のハブーゴ村で作られる最高級のイベリコ・ハムのこと。
※17　ワイルドライス [wild rice] …イネ科マコモ属の草の実。スローフード食材として注目される。
※18　ブール・ノワゼット [beurre noisette] …焦がしバターソース。

ヘーゼルナッツ&鶏肉

　フィルベルトンは、ヘーゼルナッツの主要な風味の素となる化合物です。フィルベルトンには、ナッツとカカオの風味があり、肉や土の香りも持ち合わせているので、メキシコのモーレ[mole][19]を作りたくなるかもしれません（→「チョコレート&唐辛子」P.15）。

　ヘーゼルナッツの風味はローストするか空炒りすることで際立ちます。鶏肉に合わせるなら、「ヘーゼルナッツ&にんにく」P.337で紹介するピカダソースにすることをおすすめします。または「アーモンド&鶏肉」P.342で紹介する、ヘーゼルナッツでとろみをつけた香りのよいシチューもおすすめです。これはヘーゼルナッツの産地で世界各国に輸出しているトルコで食べられています。あるいはシンプルに、ローストチキンの冷めたものと焼いたヘーゼルナッツ、ルッコラ、生のイチジクを混ぜて、秋のサラダを作ってもいいでしょう。

ヘーゼルナッツ&ニンジン

　キャロットケーキのレシピの大半は、バターやマーガリンよりサラダ油を使うように書いています。味に深みを出したいなら、ヘーゼルナッツオイルを使うといいかもしれません。ヘーゼルナッツオイルは安くもなければ、非常に日持ちがするわけでもありません。消費期限が近づいているようなら、思いきって使ってしまいましょう。

　もしヘーゼルナッツの風味が強すぎると感じるようなら、ヒマワリ油と混ぜて使うことをおすすめします。ヒマワリ油そのものもわずかにヘーゼルナッツオイルの風味を持っています。ヘーゼルナッツ粉は焼き菓子の風味づけに使えます。ケーキのレシピにある必要な薄力粉の1/3か1/4をヘーゼルナッツ粉に置き換えるといいでしょう。ぜひともヘーゼルナッツ粉は自分で作ってみてください。フードプロセッサーを使えばいいのですが、必ずその前にローストして、風味の素となる化合物の働きを高め、苦みのある渋皮を取り除きましょう。粗い舌触りのケーキを作るなら、わざと渋皮を残すと上手にできあがります。

ヘーゼルナッツ&にんにく

　スペインのピカーダ[picada][20]を作るときの最初の作業は、たたいたナッツ、にんにく、パン、油でソースを作ることです。ヘーゼルナッツを使ったり、アーモンドを使ったり、あるいはその両方を使ったりすることもあります。サフランやトマト、パセリ、松の実などを加えることもあり、バリエーションは限りなくたくさんあります。「クルミ&にんにく」P.331で紹介している、フランスのアイヤードソースやトルコのタラトールソースと似ているものとも言えます。シチューのとろみづけ（→「アーモンド&鶏肉」P.342）に使ったり、丸める前のミートボールの生地に混ぜこんだり、肉やシーフードに添えるソースとして使ったりしてください。

---

recipe

《ピカーダ》

❶ヘーゼルナッツ15個、アーモンド15個（両方ともローストし、皮をむいておく）を用意する
❷耳を切り落とした上質の食パン1枚を、オリーブオイルで炒める

※19　モーレ［mole］…メキシコ料理で使用するソース、およびソースを使用する料理。
※20　ピカーダ［picada］…ナッツとにんにくのソース。

❸ナッツと食パン、にんにく2かけを一緒にすり鉢ですりつぶす

❹ペースト状になったら、好みでオリーブオイル大さじ1と塩コショウで味を調える

ヘーゼルナッツ&バナナ

　ヘーゼルナッツバターは、ピーナッツバターの高級品のようなものです（「ヘーゼルナッツ&白身魚」P.336で紹介するブール・ノワゼットと混同しないように）。フェレロ・ロシェ［Ferrero Rocher］[21]の外側のチョコレートをはずしたような味ですが、砂糖を使っていないのに、バナナの果物の風味を引き出すやわらかな甘さがあります。

　おいしい食パンを用意し、スライスする前にヘーゼルナッツバターを塗ります（切ってからだと塗りにくく、パンがちぎれる）。パンをスライスし、薄切りにしたバナナをはさんでサンドイッチを作ります。あるいはヘーゼルナッツバターを少量の牛乳とメープルシロップでのばし、バナナパンケーキ用のソースを作ります。ローストしたナッツを散らしましょう。

ヘーゼルナッツ&バニラ

　イタリア・ピエモンテ州産のヘーゼルナッツリキュール、フランジェリコ［Frangelico］は、ワイルドヘーゼルナッツを焼いたもの、バニラ、カカオのほか、企業秘密とされているさまざまな原料から作られています。なめらかで、バターのようなヘーゼルナッツの風味と、後味に残るはっきりとしたバニラの風味は、ホイップクリームに混ぜるとすばらしくおいしくなります。生クリーム250mlにフランジェリコ大さじ2、粉砂糖大さじ2を加えてホイップクリームを作りましょう。チョコレートや洋梨、ラズベリーを使ったどんなデザートにも合います。

ヘーゼルナッツ&洋梨

　加熱すると風味はいくぶん失われますが、ヘーゼルナッツオイルは蒸し野菜にふりかけたり、酢と混ぜてサラダ用ドレッシングに使ったりすると、その風味をたっぷり楽しむことができます。ヘーゼルナッツオイルとラズベリー酢を混ぜ合わせたドレッシングは、山羊のチーズ、洋梨、ノヂシャのサラダととてもよく合います。

　ノヂシャは濃い緑の葉で、マーシュというフランス名でも知られ、それ自体がほんのりとヘーゼルナッツのような風味を持ちます。

　ヘーゼルナッツ&ラズベリー→「ラズベリー&ヘーゼルナッツ」P.482
　ヘーゼルナッツ&リンゴ→「リンゴ&ヘーゼルナッツ」P.385

ヘーゼルナッツ&ローズマリー

　イギリス人シェフ、ヘストン・ブルーメンソール（→P.509）のレシピに、ヘーゼルナッツとローズマリーを使った次のようなクスクスがあります。

※21　フェレロ・ロシェ［Ferrero Rocher］…イタリアのチョコレートメーカー、フェレロが製造する丸いチョコレート菓子。

recipe

《ヘーゼルナッツとローズマリーのクスクス》

❶水を加える前のクスクスをピーナッツオイルで炒める

❷生のローズマリーの茎部分を水に加えて火にかけ、風味を浸出させる

❸ローズマリーを取り出し、風味つきの水を再び温めたら、炒めたクスクスに加える

❹このクスクスに、ローストして皮をむき、刻んだヘーゼルナッツと、ローズマリーの葉をちぎった
　もの、バター、たっぷりの塩コショウを混ぜ合わせる

　甘いビスケットやアイスクリームにヘーゼルナッツとローズマリーを使うのもおすすめです。ローストしたナッツは、甘さやチョコレートのような特徴が前面に出てきます。

森

ヘーゼルナッツ

Almond
アーモンド

アーモンドには、ビター（苦み）とスイート（甘さ）というはっきりと区別できる2種類の風味があります。ビターアーモンドは、アーモンド・エクストラクトやエッセンス、リキュールのアマレット［Amaretto］[22]でも感じられる、はっきりとしたマジパン［marzipan］[23]風味を持ちます。

エクストラクトはビターアーモンドの種や、アンズや桃など、中心に大きな核を持つ果物から作られています。もちろん、製品化される前に、人体に有害なシアン化物成分は除去されています。ビターアーモンドの風味の素となる主要化合物は、ベンズアルデヒドで、1870年に初めて合成され、今では世界で2番目に多く使われている風味づけ成分になっています。

ビターアーモンド以外にも、プリンスマッシュルームやシナモンの仲間であるカシア（桂皮）など、もとからこの化合物を含む食べ物はいろいろあります。ビターアーモンドは、特にバラ科の植物との相性が抜群で、大きな核を持つ果物、ベリー類、リンゴ、梨、バラそのものともよく合います。ビターアーモンドは、他のナッツの風味を引き立てるのにも使われます。緑色に着色されたピスタチオアイスクリームの中に、ビターアーモンドの香りを感じることがあるでしょう。

スイートアーモンドは世界でもっとも人気のあるナッツです。わずかにビターアーモンドを感じさせる味がありますが、マイルドでミルキー、そして生の状態ではやや青くささがあります。ローストすると味が濃厚になり、かすかにキャラメル味のポップコーンのような風味が感じられます。

スイートアーモンドのやわらかく丸みのある味は、いろいろな材料と合わせやすいのが特徴です。アーモンドミルクやアーモンドバターは、健康食品店で手に入ります。

アーモンド&アスパラガス

アスパラガスの風味はナッツのようだと描写されることがよくあります。アスパラガスがアーモンド、特に炒ったアーモンドと相性がよいと言っても驚くことではないでしょう。炒ったアーモンドのバターのような特性が、アスパラガスの硫黄のような重い香りを補います。

recipe
《アスパラガスのアーモンド和え》
❶ 鍋にバターひとかたまりを入れ、細切りアーモンドひとつかみを加えて、弱火で6～7分、きつね色になるまで炒める
❷ 火からおろし、レモン果汁小さじ1、塩小さじ1/2を混ぜ混み、ゆでたアスパラガスにかける

アーモンド&アニス→「アニス&アーモンド」P.251

※22　アマレット［Amaretto］…アーモンドのような香りを持つリキュール。アンズの種を原料としているものが主流。
※23　マジパン［marzipan］…粉末のアーモンド、砂糖、卵白をこねて、ペースト状にしたもの。細工をして、洋菓子のデコレーションに使う。

アーモンド＆アンズ

イギリスの作家アイリス・マードック〔1919－1999〕（→P.506）の小説『海よ、海』の中で、チャールズ・アロウビーは、桃を馬鹿にする一方で、アーモンドを原料としたあらゆる食べ物がいかにアンズとよく合うかを熱く語ります。

あるシーンで、彼は次のような料理を作ります。レンズ豆のスープと、ゆでたタマネギと紅茶で煮こんだリンゴを添えたチポラータ〔chipolata〕[※24]、飲み物は軽めのボジョレーワイン。食後のデザートにはアーモンドのショートケーキとドライアンズ。明らかにチャールズは缶や袋入りの食品を多用していますが、アーモンドとアンズの使い方は適切です。

ゆでたドライアンズかアンズのフールに添える、プレーンなアーモンドビスケットを作るには、「アニス＆アーモンド」P.251のレシピに沿って作ってください。このときアニスは使いません。

アーモンド＆イチゴ→「イチゴ＆アーモンド」P.370
アーモンド＆イチジク→「イチジク＆アーモンド」P.484

アーモンド＆オイリーフィッシュ（脂分の多い魚）

イギリスの料理研究家エリザベス・デイヴィッド〔1913－1992〕（→P.506）によると、フランス人作家のジャン・ジオノは、トラウト〔trout〕[※25]とアーモンドを一緒に買ったものの、調理せずにそのまま放置して台なしにしてしまったそうです（自分で料理する時間がなかったのです）。

アメリカのシェフ、アリス・ウォータース〔Alice Waters〕（→P.506）は、その点もっと積極的です。事実、彼女の伝記を書いた作家は、シェフであるアリスが、あるときフランスのブルターニュ半島にあるレストランを訪れたときのことを回想しています。そこで食べた、塩漬けハム、メロン、アーモンドを添えたトラウト、ラズベリーのパイの食事が、彼女の理想の食事という概念を作り出したそうです。

アーモンド＆オリーブ→「オリーブ＆アーモンド」P.242
アーモンド＆オレンジ→「オレンジ＆アーモンド」P.416
アーモンド＆貝・甲殻類→「貝・甲殻類＆アーモンド」P.192
アーモンド＆カシス→「カシス＆アーモンド」P.474
アーモンド＆カリフラワー→「カリフラワー＆アーモンド」P.168
アーモンド＆カルダモン→「カルダモン＆アーモンド」P.445
アーモンド＆コーヒー→「コーヒー＆アーモンド」P.20

アーモンド＆ココナッツ

ココナッツ味のケーキやビスケット、プディング作りにバニラ・エクストラクトが必要なとき、半量をアーモンド・エクストラクトに代えて使ってみてください。バニラと同じほのかに香るまろやかな風味に、ナッツの風味が加わって、よりしっくりとなじみます。

アーモンド＆サフラン→「サフラン＆アーモンド」P.248

※24　チポラータ〔chipolata〕…ソーセージの一種。
※25　トラウト〔trout〕…養殖されたニジマスなど。

アーモンド&シナモン

　この組み合わせは、ケーキやペストリー、ビスケットなどで活躍します。また、モロッコの名高いバスティーラパイの具にもこの組み合わせが使われています。

　このパイは、香辛料を利かせてゆでたハト肉、軽くスクランブル状にした卵、アーモンド粉とシナモン粉と砂糖を混ぜ合わせたものが、非常に薄いワルカペストリーの間にはさまって層をなしているものです。バスティーラは手間も時間もかかる料理だということをお伝えしておきますね。正直、自宅で作るより、モロッコのフェズまで行って帰ってきたほうが早いでしょう。つまり、本当においしいバスティーラが食べられるという意味です。

　あまり知られていませんが、バスティーラを甘くしたような、ケネファという、結婚式でよく出される料理もあります。バスティーラと同じ繊細なワルカペストリーにシナモン、アーモンドを散らします。私が作るイギリス風にアレンジしたものは、パイ皮で作ったホーン（コルネ）に、シナモンとアーモンド風味のクレーム・パティシェール [crème pâtissière]※26 を詰めます。

アーモンド&生姜

　寒い冬の夜に漂うジンジャーブレッドとマジパンの香りは、クリスマスのにおいがします。弱火にかけた赤ワインにシナモン、クローブ、レモンの温かい香りを加えましょう。そして炭でブラートブルスト [bratwurst]※27 と栗を焼き、自分だけのヴァイナハツ・マルクト [Weihnachts markt]※28 を自宅でゆったりと楽しんでみてはいかがでしょうか。昔から、ジンジャーブレッドで建物と人間を作り、マジパンで動物を作るのが伝統です。

　1993年、クリントン元アメリカ大統領のペストリーシェフ、ローランド・メスニエールは、ジンジャーブレッドでホワイトハウス、マジパンで21匹以上の猫のソックス（クリントンのペットだった猫の名前）を作りました。

　　アーモンド&チェリー→「チェリー&アーモンド」P.348
　　アーモンド&チョコレート→「チョコレート&アーモンド」P.12
　　アーモンド&唐辛子→「唐辛子&アーモンド」P.289

アーモンド&鶏肉

　スペインには、祝祭のときに食べる人気料理ガジナ・エン・ペピトリアなど、アーモンドでとろみをつけた料理があります。それらのレシピを見ると、ムーア人 [Moorish]※29 の影響を感じさせます。

---

recipe

《ガジナ・エン・ペピトリア》

❶鶏の骨つき肉1.5kgをきつね色になるまでオリーブオイルで炒め、鍋から取り出しておく

❷同じ鍋を使い、みじん切りにしたタマネギ（大）とつぶしたにんにく2かけ、ローリエ1枚を少量の油で、しんなりするまで炒める

※26　クレーム・パティシェール [crème pâtissière] …カスタード・クリーム。
※27　ブラートブルスト [bratwurst] …ドイツのソーセージ。
※28　ヴァイナハツ・マルクト [Weihnachts markt] …クリスマスマーケット。
※29　ムーア人 [Moorish] …イスラム教徒でアラビア語を話す人々をさした呼称。

❸鶏肉を鍋にもどし、フィーノシェリー150mlをふりかけ、さらに鶏肉のストックか水をかぶる程度まで注ぐ

❹沸騰したら火を弱め、蓋をして煮こむ

❺その間に「ヘーゼルナッツ&にんにく」P.240で紹介する要領でピカーダ [picada]※30 を作る。このとき、ヘーゼルナッツではなくアーモンド30粒を使い、サフランひとつまみ、クローブ粉数つまみ、パセリ大さじ1を加える

❻ピカーダのペーストができたら、鶏肉の鍋に加え、完全に火が通るまで（煮こみ開始から45〜60分）、じっくりと煮こむ

❼ソースが水っぽかったら、食べる直前に鶏肉を取り出して保温しておき、とろみがつくまでソースを煮詰める。多くのレシピでは、ソースにとろみをつけるため、ゆで卵の黄身だけをみじん切りにしたものを最後に入れるよう提案している

ご飯と一緒に食べましょう。

アーモンド&にんにく→「にんにく&アーモンド」P.150
アーモンド&ハードチーズ→「ハードチーズ&アーモンド」P.87
アーモンド&バターナッツカボチャ→「バターナッツカボチャ&アーモンド」P.322
アーモンド&バナナ →「バナナ&アーモンド」P.392

アーモンド&バラ

フランスには、オルジャと呼ばれるシロップがあります。アーモンドとバラの風味を持ち、デートの前に飲むお酒であるアマレット [Amaretto]※31 のような味がします。水を加えて、夏向けのさわやかなコーディアル [cordial]※32 にしたり、ラム酒、ライム、オレンジキュラソー、ミントを加えてマイタイ [Maitai]※33 にしたり、パスティスを加えてモレスク [Moresque]※34 にしたりします。

イランでは、アーモンドを細長く切り、ローズウォーター風味の砂糖でコーティングしたものを、お祭りのときなどに食べます。

もしスペイン・アンダルシア州のにんにくのスープ、アホブランコ（→「にんにく&アーモンド」P.150）が好きなら、にんにくの代わりに蜂蜜少量とローズウォーターを加えて、アホブランコを甘くしたようなスープを作ってみてください。

牛乳とアーモンド、バラの花びらで作るシャルバットと呼ばれる飲み物も同じ原理で作ることができます。これはインド南部の都市・バンガロールで行われるイスラムの結婚式で、花嫁の家族が花婿の家族にすすめる飲み物です。

アーモンド&ブドウ→「ブドウ&アーモンド」P.355

※30　ピカーダ [picada] …ナッツとにんにくのソース。
※31　アマレット [Amaretto] …アーモンドのような香りを持つリキュール。アンズの種を原料としているものが主流。
※32　コーディアル [cordial] …果物やハーブなどで風味づけした蒸留酒から作ったアルコール飲料。　※33　マイタイ [Maitai] …ラムをベースとしたカクテル。　※34　モレスク [Moresque] …アニスのリキュール「パスティス」とアーモンドシロップのカクテル。

アーモンド&ブラックベリー

　おいしいクランブルを食べるには、それなりの代償を支払わなくてはなりません。晩夏に黒々としたおいしいブラックベリーを、びっくりするくらいたくさん持ち帰るには、上着にひっかき傷をたくさん作り、スカートをシミだらけにしなければいけません。

　次に紹介するクランブルのレシピでは、ブラックベリーの野性的な刺激をアーモンドの甘さが和らげます。

recipe

《アーモンドとブラックベリーのクランブル》

❶直径21cmのオーブン可の深鍋にバターを塗り、深さ3〜4cmぐらいまでブラックベリーを入れ、砂糖大さじ2を全体にふりかける
❷別のボウルで薄力粉175gとバター75gを入れ、指先をすり合わせるようにしてパン粉状にする
❸茶色のグラニュー糖（または赤砂糖）75gと炒って粗く刻んだアーモンドフレーク50gを加えて混ぜ合わせる
❹それをブラックベリーの上からパラパラと散らし、200℃のオーブンで約30分焼く

アーモンド&ブルーベリー

　この組み合わせがミューズリーに入っているのはまだしも、パーティーの料理には入っていてほしくないですよね？　アーモンドは軽く焼いていないかぎり色は薄く、味もそれほど印象的ではありません。ブルーベリーは一般に単調で特別においしいものではありません。スパータン、アイバンホー、チャンドラーなどのブルーベリーの品種は、探して手に入れるだけの価値はありますが、評判の思わしくないデュークという品種には注意してください。マイルドで控えめな味を持つなど、さまざまに評されているものです。

　劇的においしく食べるなら、以下の方法があります。

recipe

《アーモンドとブルーベリー入りホイップクリーム》

❶ホイップクリームにアーモンド・エクストラクトか、できればリキュールのアマレット適量を加え、角が立つまでしっかり泡立てる
❷そこにひとつかみのブルーベリーと細切りアーモンドを炒ったものを混ぜこむ
❸アーモンドの一部は別にとっておき、上から散らして飾りにする

アーモンド&ヘーゼルナッツ→「ヘーゼルナッツ&アーモンド」P.335
アーモンド&ホワイトチョコレート→「ホワイトチョコレート&アーモンド」P.502

※35　アマレッティ［amaretti］…イタリアのメレンゲ菓子の一種。
※36　メイズ・オブ・オナー［maids of honour］…パフペストリーの内側に、バターシロップをかけ、秘密のミルクで作ったカスタードを中央に入れた小さなケーキ。ヘンリー8世がこのケーキを気に入り、その製法が宮殿の外へ出ないようにしたというエピソードがある。

アーモンド&メロン

　スペインの冷たいスープ、アホブランコ（→「にんにく&アーモンド」P.150）の仕上げの飾りとして、一般的に使われるのはブドウですが、代わりにメロンが使われることもあります。メロンくりぬき器を使うと、完璧な球形を作ることができるかもしれませんが、キンキンに冷やした半冷凍のブドウのように、口の中で破裂する楽しみを味わうことはできません。

アーモンド&桃

　アマレッティ[amaretti]※35を詰めて焼いた桃という、イタリアの昔ながらのデザートには、おいしい調和の美があります。桃の種と同じアーモンドの風味を持つビスケットをくだき、種を取り除いてできたくぼみに詰めます。種と同様、桃の木の葉は、アーモンドと桃の風味を持ち、砂糖と水に漬けるとおいしいシロップができあがります。このシロップは飲み物やシャーベット、フルーツサラダなどに使います。

　　アーモンド&洋梨→「洋梨&アーモンド」P.387
　　アーモンド&ラズベリー→「ラズベリー&アーモンド」P.480
　　アーモンド&仔羊肉→「仔羊肉&アーモンド」P.64
　　アーモンド&リンゴ→「リンゴ&アーモンド」P.380
　　アーモンド&ルバーブ→「ルバーブ&アーモンド」P.359

アーモンド&レモン

　アーモンド粉は、ケーキやタルトで使われるレモンの鋭い酸味を和らげる効果があります。ロンドン南西部のキューにあるオリジナル・メイズ・オブ・オナーショップ[The Original Maids of Honour Shop]では、メイズ・オブ・オナー[maids of honour]※36と呼ばれる厚みのある小さなタルトが作られ、販売されています。

　このタルトの起源はイギリスのヘンリー8世（在位1509−1547）の時代までさかのぼるとされ、イギリスの作家ヒラリー・マンテルの小説『ウルフ・ホール』では、トマス・クロムウェルが王妃アン・ブーリンの女官たちにメイズ・オブ・オナーを詰めたバスケットを贈ります。レシピは秘密にされていますが、一般に伝えられているのは、チーズケーキのようなレモンとアーモンドのフィリングをパイ生地のタルトに詰めたものです。

　イングランド北部に伝わるランカスター・レモンタルトは、ベイクウェルタルト（→「ラズベリー&アーモンド」P.480）をアレンジしたものです。アーモンドと卵のフィリングの下に、ジャムではなく、たっぷりのレモンカードを敷き詰めます。

　イタリアでは、一般にレモンと松の実か、ときにはアーモンドを使って、トルタ・デッラ・ノンナ[torta della nonna]※37が作られます。

　さらに、イタリアやスペインでは、アーモンド粉とレモンを合わせて、しっとりとしたケーキを作ります。これをスペイン人はトルタ・デ・アルメンドロス・デ・サンティアゴと呼びます。「オレンジ&アーモンド」P.416のレシピに沿って作るケーキは、果物を余すところなく（皮、果汁、果肉）使います。レモンの強い酸味を抑えるために砂糖を増やすことをおすすめしますが、食べると少し口が渇くかもしれません。レモンで作る場合は、白い綿の部分は使わないほうがいいでしょう。

※37　トルタ・デッラ・ノンナ[torta della nonna]…「おばあちゃんのタルト」という意味で、タルト生地にカスタードクリームを詰めて、レモンや松の実などをのせて焼いたお菓子。

アーモンド&ローズマリー

　オイルで和えたアーモンドに、塩を軽くふりかけると、燻製ベーコンのような風味になります。刻んだローズマリーを散らすと、より風味が高まります。夕食前、冷やしたフィーノシェリーを飲みながらつまんでください。

　アーモンドをオリーブオイルで炒めれば、より香ばしい風味が楽しめます。アーモンド250gに、ローズマリーの葉を細かく切ったもの大さじ1の割合で作ってみてください。

さわやかなフルーツ風味
Fresh Fruity

チェリー
Cherry

イチゴ
Strawberry

すいか
Watermelon

パイナップル
Pineapple

ブドウ
Grape

リンゴ
Apple

ルバーブ
Rhubarb

洋梨
Pear

トマト
Tomato

Cherry
チェリー

　同じバラ科の仲間であるリンゴと同じく、チェリーにも甘みの強いものと酸味の強いもの、どちらとも言えない中間の味わいのものがあります。またリンゴと同様にさわやかな草と果物の風味を持ち、種にはアーモンドの香りがあります。

　もっともチェリーの種のほうが、リンゴの小さな種よりもずっと強いアーモンドの香りを持っています。このため実際のところ、人工チェリーの風味を作る際、ベースになっているのはビターアーモンドに含まれる化合物ベンズアルデヒドです。

　本物のチェリーの場合、種が入った状態で加熱すれば、アーモンド風味をとても簡単に感じることができます。チェリーにはまた、花のような芳しい香りとタンニンの渋みもあり、この渋みは特に果実を乾燥させたとき顕著に感じられます。

　チェリーと格別相性がいいのがバニラやシナモンといった香辛料で、それらを組み合わせたチェリーのリキュールが、キルシュ [kirsch] やマラスキーノ [maraschino] です。どちらもすっきりとした、チェリー風味の透明の蒸留酒で、フルーツサラダやフランベ [flambé]※1 したフルーツによく合います。

チェリー&アーモンド

　チェリーの種とビターアーモンドには、ベンズアルデヒドという化合物を作るのに使われる揮発性油が含まれています。ベンズアルデヒドは、アメリカの香味料業界でバニリンに次いで2番目に人気の高い風味分子で、アーモンドとチェリーどちらの風味を合成する際にも使用されます。チェリーコーラをひと口飲んでからアマレット [Amaretto]※2 の味を思い出してみれば、似ている点があることに気づくでしょう。

　チェリーの場合、もっともアーモンド風味を感じさせるのは、果肉ではなく種の部分です。ただし、マラスキーノチェリーは別です。完熟前の青いチェリーを塩水に漬けて作るマラスキーノチェリーは、かつてはチェリーの果汁と種と葉で作るリキュールに浸していたため、アルコールの芳醇な香りとマジパンの風味がしていました。しかし今日のマラスキーノチェリーは、ほとんどの場合、砂糖のシロップに漬けてアーモンドの風味を添加したもので、昔のものと比べるとずっと風味が劣ります。

　したがって、もしマンハッタン [Manhattan]※3 に最高の飾りが欲しければ、自分でチェリーを漬けるか、職人気質の製造者を探さなければなりません。

---

recipe

《マンハッタン》

❶上質なライウィスキーまたはバーボン60ml、スウィートベルモット30ml、アンゴスチュラ・ビターズ [angostura bitters]※4 少量と氷を軽く混ぜる

❷マラスキーノチェリーを入れたグラスに濾して注ぐ

※1　フランベ [flambé] …酒をかけて火をつけ、アルコール分を飛ばして香りづけすること。
※2　アマレット [Amaretto] …アーモンドのような香りを持つリキュール。アンズの種を原料としているものが主流。
※3　マンハッタン [Manhattan] …ウイスキーベースのカクテルで、「カクテルの女王」と呼ばれる。

チェリー&クルミ

イギリスの脚本家アラン・ベネットが、物思いにふけってしまいそうな組み合わせかもしれません。かわいそうなクルミは近年、マカダミア、ピーカン、松の実などの、より新しくファッショナブルなナッツたちにその座を奪われようとしています。そしてグラッセチェリー（砂糖煮のチェリー）も、ブルーベリーやクランベリーといった甘さ控えめなフルーツたちに押されぎみです。どうか、昔のよしみでチェリーとクルミのケーキを作ってあげてください。

チェリー&コーヒー→「コーヒー&チェリー」P.23
チェリー&ココナッツ→「ココナッツ&チェリー」P.406

チェリー&魚の燻製

イギリス人シェフのヒュー・ファーンリー・ウィッティングストール（→P.509）は、温燻製にしたブラウントラウト［sea trout］^{※5}と、酸っぱいモレロチェリーのコンポートを、季節の組み合わせとして紹介しています。

モレロチェリーのコンポートは、種を取ったチェリーにブラウンシュガー少量を加え、煮詰めて作ります。ブラウントラウトもタルトも温めて、クレソンのサラダとクルミパンの薄切りを添えて食べます。

チェリー&シナモン→「シナモン&チェリー」P.305

チェリー&チョコレート

黄金のコンビです。仮にあなたがブラック・フォレスト・ガトー［Black Forest gâteau］やベン&ジェリーズ［Ben and Jerry's］のチェリー・ガルシア・アイスクリーム［Cherry Garcia ice cream］を小馬鹿にしていても、果物とナッツの風味を持つチェリーが、チョコレートにぴったりのパートナーであることは否定できないでしょう。

なかでもチョコレートとの組み合わせに最適なのが、ドイツ南西部のシュヴァルツヴァルト（黒い森）の果樹園で栽培されている、酸味の強いモレロチェリーです。イギリスの料理研究家デリア・スミス（→P.508）はそれを使ってルラード［roulade］^{※6}を作り、ナイジェラ・ローソン（→P.508）は、このチェリーのジャムを生地に混ぜこんだチョコレートマフィンを作っています。

もしお菓子を焼く気分でなければ、チョコレート屋に行きましょう。半ポンド（約190g）ほどのチェリーが、チョコレートの殻のなかでキルシュ漬けになって酔っぱらっているのに出会えるはずです。

チェリー&バナナ→「バナナ&チェリー」P.393

チェリー&バニラ

純粋なタヒチ産バニラが持つアニスのような香りは、チェリーの風味を補ってさらにおいしくしてくれます。この組み合わせを聞くと、誰もがチェリーズジュビリーを思い出すに違いありません。1887年、フランス人シェフのオーギュスト・エスコフィエ（→P.507）がヴィクトリア女王即位50周年記念式典（ゴールデン・ジュビリー）のために考案したデザートで、当初は砂糖を加えた濃厚なソースで煮たスイートチェリ

※4　アンゴスチュラ・ビターズ［angostura bitters］…リンドウやハーブ、スパイスなどを酒に漬け込んで作った苦味酒。
※5　ブラウントラウト［sea trout］…サケ目サケ科の魚。降海型はシートラウトと呼ばれ、別名ブラウンマス、茶マスとも。
※6　ルラード［roulade］…ロールケーキ。

一に、キルシュまたはブランデーを加えて火をつけて出しました。その後エスコフィエは、チェリーをバニラ・アイスクリームにのせる形を思いつき、今日私たちが食べているものとほぼ同じスタイルのものができあがりました。

　一方、自分の眉毛を焦がしたくないシェフは、チェリークラフティで手を打とうとするかもしれません。甘い生地にチェリーを入れて焼いたフランスのお菓子で、生地はアーモンド風味の場合もありますが、バニラ風味のほうが一般的です。チェリーのちょうどよい苦味を残すため、種を取らずにそのまま使います。

---

recipe

《チェリーとバニラのクラフティ》

❶スウィートチェリー500gを、バターを塗ったオーブン使用可の直径23cmの円形耐熱皿に並べる

❷バニラのサヤを裂いて、種をこそげとり、牛乳250mlを入れた片手鍋に加える

❸そのままサヤも入れて、沸騰直前まで熱してから冷ます

❹卵2個と黄身1個、グラニュー糖125gをよく混ぜ合わせ、溶かしバター75gを加えて、さらにかき混ぜる

❺薄力粉50gをふるい入れ、なめらかになるまでかき混ぜる

❻牛乳からバニラのサヤを取り出し、生地に混ぜ入れる

❼チェリーの皿に流しこみ、200℃のオーブンで、生地が固まって表面がきつね色になるまで約30分焼く

チェリー&ヘーゼルナッツ

　ミューズリーに入れられた、ひとつかみのヘーゼルナッツとドライサワーチェリーは、甘いミルクティーとタバコの味を思い起こさせます。ドライチェリーには、刺激的な甘酸っぱさとはっきりとしたタバコの香り、それにさわやかな渋みのある紅茶の風味があり、ヘーゼルナッツのミルキーな甘みとよく調和します。

チェリー&桃→「桃&チェリー」P.402

チェリー&山羊のチーズ

　スウィートチェリーは、熟成の浅い山羊のチーズとよく合います。両者ともに、さわやかな草の香りのするものならなおよいでしょう。真夏には、ぜひこの2つの食材を常備しておいてください。

　ときどき休憩をはさむ長めの散歩は好きだけれども、かごやクーラーボックスを持ち歩くのは嫌だという方には、次に紹介する"レス・イズ・モア（少ないことはより豊か）"なランチはいかがでしょう。生のチェリーと山羊のチーズをペーパーバッグで包み、ナッツ入りのハード系パンのスライスを食べる分だけ持ったら、いつものピクニックの場所へと出かけます。私が好きなのは、まずチーズだけをのせたパンを

食べ、その次にチーズとチェリーをのせたパン、そして最後に残ったチェリーをそのまま食べるというやり方です。イギリスのフードライター、エドワード・バンヤード〔1878–1939〕は、最高においしいチェリーを食べたければ、収穫直後の果樹園に行って、残された完熟のものをつまみなさいと言っています。今後の散歩ルートの参考にするといいかもしれませんね。

チェリー＆仔羊肉→「仔羊肉＆チェリー」P.68

Watermelon
すいか

　冷やしたすいかをかじると、チェリーエード［cherryyade］[7]と、青くささの残るキュウリジュースを、やわらかめのグラニータ［granita］[8]状になるまで冷やしたような食感と味がします。アメリカの作家マーク・トウェイン〔1835−1910〕（→P.509）は、すいかのことを「この世の贅沢品のなかの最たるもの」と呼びましたが、もし今すぐに完熟のすいかを食べたら、あなたも同意したくなるかもしれません。

　メディシンボール[9]と同じぐらい重く、軽くたたくと低めのbフラットの音を出すようなすいかを見つけてください。基本的には、種なしよりも種のある種類のほうが味はいいようです。ルビー色のすいかジュースからは、うっとりとするような甘さと、ニンジンジュースを思わせるかすかな野菜の風味が感じられます。すいかの果肉に合う材料はどんなものがあるでしょうか。すいかは水分が多くて食材を水浸しにしてしまうために限られてきますが、ハーブのような風味や酸味のあるものとよく合います。

すいか＆牡蠣

　すいかから感じるキュウリの香りは、すいかのジューシーな甘さを引き出す牡蠣とよく合います。水分が押し寄せて味が損なわれてしまうことは決してなく、牡蠣は喜んでその中でくつろいでいます。アメリカ・ボストンにあるレストラン「O Ya」のシェフ、ティム・クッシュマンは、熊本産の牡蠣に、小さな真珠玉のようにくりぬいたすいかとモクセイソウに見立てたキュウリを添えました。

　同じような方向性を持つ料理では、スペインのレストラン、エル・ブリ［El Bulli］が2006年に発表したメニューに、すいかを強い海の風味の泡で包み、その周りを数種の海藻が花輪のように囲むというものがあります。海藻を食べると、じんわりと塩気が口の中に広がりますが、最後にすいかがその甘さで塩気を和らげます。

すいか＆キュウリ

　すいかとキュウリは近縁種で、味の特徴も共通している点がたくさんあります。驚くまでもないことですが、すいかは、昔からのキュウリのよきパートナーとも相性がよく、特にフェタチーズやミントと合います。たとえばガスパチョ［gazpacho］[10]などで、キュウリの代わりにすいかを使うのもいいかもしれませんね。ガスパチョは基本的に塩味の料理ですが、キュウリの水分が、とろけるアイスキャンディーのような口当たりを作っています。ここでキュウリをすいかに替えると、すいかのフルーティーな味が加わります。

すいか＆コリアンダーリーフ

　薄切りにしたすいかのにおいをかいでみてください。熱い日のビーチを思い出すのではないでしょうか。水気の多い塩分の利いた風味と、ちょっと離れた遊園地から届くようなふわりしたと甘い香りが感じられるでしょう。コリアンダーリーフ、レッドオニオン少量、生の青唐辛子適量を一緒に合わせてサルサを作りましょう。

※7　チェリーエード［cherryyade］…チェリー風味の炭酸飲料。
※8　グラニータ［granita］…イタリアの粒の粗いシャーベット。
※9　メディシンボール…トレーニング用の重いボール。

すいか&シナモン

　ハイチ産のバティストマンゴーは、松やライムのような香りと甘いすいかを思わせる風味、マイルドなシナモンの後味を持つと言われています。このマンゴーをいつでもすぐに手に入れるのは、おそらく首都のポルトープランスに住んでいなければ難しいでしょう。

　しかし『ジェイン・グリグソンの果物の本』に紹介されているレシピを使えば、シナモン風味のすいかシャーベットを作ることができます。シャーベットに使う砂糖シロップは、ハイチを思わせるシナモンで風味づけてあります。「ライム&シナモン」P.427で紹介しているシナモン風味のシロップを作ってみてください。ただし、砂糖は普通のものを使用しましょう。冷めたら、裏ごししたすいかの果汁を加え、好みの味になるようにレモンを搾って調整します。凍らせれば完成です。

すいか&チョコレート

　シチリア料理のジェーロ・ディ・メロンは、コーンフラワーでとろみをつけたすいかのスープです。砂糖で甘味を加え、シナモンで香りをつけ、つぶしたピスタチオか、すりおろしたチョコレート、あるいは砂糖煮にした柑橘類の皮のどれかで風味づけをします。3つとも使う場合もあります。

すいか&唐辛子

　メキシコのお菓子で人気の組み合わせです。すいかのロリポップキャンディーにはディップ用に唐辛子味の粉末ソーダがつき、すいか味のグミには砂糖と唐辛子でコーティングがほどこされ、すいか味のキャンディーの中心には唐辛子パウダーが入っています。

すいか&トマト

　サラダやサルサに使うとおいしい組み合わせです。ニューヨークのファストフード店シェイク・シャック [Shake Shack] では、この組み合わせを使ったフローズンカスタードを出しています。これは少しやわらかい、おしゃれなアイスクリームのようなものです。すいか&トマトはお店の特製フレーバーのひとつで、他にコーヒーとドーナツ、キュウリとミント、ラズベリーハラペーニョなどがあります。

すいか&豚肉

　ニューヨークのウェスト・ビレッジにある、ザカリ・ペラチオがシェフを務めるマレーシア屋台料理レストラン、ザ・ファッティ・クラブ [The Fatty Club] は、2006年に『タイム・アウト・ニューヨーク』誌が選ぶ「もっともおいしい不健康なサラダ」賞を勝ち取りました。賞を取ったのは、すいかのピクルスとカリカリの食感の豚肉を使った前菜です。

　豚のバラ肉は、ケチャップマニス、穀物酢、ナンプラー、ライム果汁に漬けこみ、ローストしてから角切りにして揚げました。この豚肉を、同じく角切りにしたすいかと和えますが、すいかは、砂糖、ライム、酢、すいかの白い部分を塩漬けにしてみじん切りにしたもので味つけしています。最後に葉ネギ、コリアンダー、バジルをのせ、白ゴマをふりかけます。

　すいか&ミント→「ミント&すいか」P.470

※10　ガスパチョ [gazpacho] …スペイン料理とポルトガル料理の冷製スープ。

すいか&メロン

　すいかはカンタロープ、オグデン、ハニーデュー、ガリアなどのメロンと同じウリ科で、これらすべてと組み合わせて使うことができますが、同じ属の果物ではありません。近縁種のメロンはフルーティーな香りを発するエステルを含んでいますが、すいかはこれを持っていません。しかしそれは、カンタロープやその他の小さな甘いメロンが、スクワッシュ[squash]の仲間に共通する野菜くささを持っていないということではありません。すいかやメロンの種が詰まった中心部には、堆肥のようなかすかなにおいがあります。

すいか&山羊のチーズ→「山羊のチーズ&すいか」P.74

すいか&ライム

　ライムの皮と果汁を、ひと口サイズに切ったすいかと合わせ、必要に応じて適量の砂糖をふりかけて食べましょう。あるいはメキシコで作られているように、全部を混ぜ合わせて、さわやかで元気の出る飲み物にするのもおすすめです。すいかのシャキシャキした果肉は保冷効果が非常に高いですし、ジュースにする前に小さく切るときの音は、ブーツで雪を踏みしめたときの音に似ています。

すいか&ローズマリー→「ローズマリー&すいか」P.452

※11　属…メロンはキュウリ属、すいかはすいか属。
※12　スクワッシュ[squash]…カボチャの一種。

Grape
ブドウ

　ワインを語らずして、ブドウを語ることはできません。ワイン用ブドウの種類の豊富さと、醸造によって引き出される風味の幅広さには本当に驚かされます。

　残念ながら市販の生食用のブドウは事情が少し違います。一般的に生食用ブドウがワイン用ブドウと異なる点は、皮が薄く種がないため食べやすいことです。でもブドウの香りのほとんどは皮に凝縮されていますし、赤ワインやロゼワインの赤色も皮から出てきます。

　とはいえ、生食用ブドウとワイン用ブドウの区別は絶対的なものではありません。なかには両方に適している品種もあります。たとえばマスカットワイン。このワインは、原料のブドウそのものの風味をしっかりと味わうことができる数少ないワインです（ワインにはリンゴ、グレープフルーツ、グースベリー、アンズ、メロン、カシスの風味を持つものが多く、ブドウそのものの風味を楽しめるワインは、ほとんどない）。甘い花の香りと、かすかなバラとコリアンダーシードの風味を持つマスカットは、そのまま食べてもとてもおいしいブドウです。生食用の他の白ブドウにも同じような風味があります。

　一方、赤ブドウのなかには、かすかなイチゴやカシスの風味を持つものがあります。この風味は若いブドウにはない場合がありますが、樹上で十分に成熟させると現われます。しかし残念なことに、成熟するまで木につけてあることはまれで、私たちが食べているのは、やや未完熟の種なしブドウであることが多いため、その風味は「フルーティー」と包括的な表現で表すのが精一杯なのです。

　ブドウの控えめで甘酸っぱい果実の香りは、ほかの果物ともよく合います。また、さっぱりしているので肉料理の口直しにもぴったりです。おいしいブドウを手に入れたら、そのままの味を楽しむのが一番かもしれません。

ブドウ＆アーモンド

　好感の持てる組み合わせですが、淡白なブドウとアーモンドを用いる際には、何か大胆なことをしなければなりません。ブドウは、凍らせるとその風味が凝縮され、食感はシャーベットとグミの中間のようになります。アーモンドは軽く焼いてカリカリにして風味を引き出し、アーモンドブリトル［brittle］[※13]を作ります。アーモンドブリトルと凍らせたブドウをグラスか銀のボウルに入れて、さまざまなチーズと一緒に出すと、ブリトルがくずれて少しねっとりとした食感になります。

　ブドウとアーモンドのもうひとつの組み合わせはアーモンド・カントゥチーニ・ビスケットで、素朴でレーズンの風味を持つヴィンサントに浸して食べます。ヴィンサントは干しブドウから作られる、通常は甘口のトスカーナワインです（→「にんにく＆アーモンド」P.150）。

ブドウ＆アニス→「アニス＆ブドウ」P.255

ブドウ＆アボカド

　カリフォルニアブドウ協会によると、ほとんどの料理でトマトの代用としてブドウを使うことができるそ

※13　ブリトル［brittle］…ナッツを入れたキャラメル菓子。

うです。トマトの旬ではない時期に、モッツァレッラチーズやアボカドに添える何かが欲しくなったら、ブドウを使ってみてください。

しかし逆はどうでしょうか。ミニトマトに「グリーン・グレープ[Green Grape]」という栽培種があります。名前から想像できる通り、半透明の皮とピリッとした風味が特徴ですが、ブドウの代わりにこの「グリーン・グレープ」を使うことができるかどうかは、わかりません。

ブドウ&イチゴ

イタリアでウーヴァ・フラゴーラ[fragola uva][14]として知られているブドウは、アメリカからの輸入品種で、原産国ではイザベラと呼ばれています。果汁には強いイチゴの風味があり、これをベリーニ[Bellini][15]風にプロセッコ[prosecco][16]と混ぜると、ティツィアーノのできあがりです。

現在一般的に栽培されているコンコード種は、このイザベラ種と北米原産の野生株を交配して作られた品種です(→「ブドウ&ピーナッツ」P.357)。両品種ともはっきりとしたキャンディーの香りがします。ウーヴァ・フラゴーラはイギリスで栽培することもできます。ロンドンのレストラン、コック・ダルジャン[Coq d'Argent]の屋上ガーデンには1本のブドウの木がありますから。

ブドウ&クルミ

イギリスのフードライター、ジェレミー・ラウンド〔1957-1989〕によると、秋はやわらかくクリーミーな生クルミと、マスカットのような風味を持つブドウの組み合わせが最高だそうです。ブドウはコクがあって甘味のあるイタリア品種で、ワイン作りにもっとも多く使われている、酸味の少ないマスカットがおすすめだとか。

ブドウ&白身魚→「白身魚&ブドウ」P.204
ブドウ&ソフトチーズ→「ソフトチーズ&ブドウ」P.98

ブドウ&鶏肉

ブドウは鶏肉や、もっとよく知られているところでは繊細に味つけされたウズラなどの淡白な肉の味を補います。ウズラとブドウの組み合わせは、写真の美しい豪華な大型料理本でよく見かけます。たいていはブドウの葉とワインが添えられているようです。

昔はブドウを湯通しした後、皮をむき、種を取り除いていましたが、今では、種なしのトンプソン種が市場に出回ってきたおかげで、手間が省けるようになりました。トンプソン種は19世紀なかばのカリフォルニアで、イギリスのブドウ栽培家ウィリアム・トンプソンによって開発された品種です。皮が中厚なので、ウズラ料理や鶏肉料理に添えるには皮をむかなければなりません。完熟していないトマトを使う場合、あらかじめ湯通ししておけば作業がずっと効率的に進むのと同じです。

ブドウ&ハードチーズ→「ハードチーズ&ブドウ」P.92

ブドウ&パイナップル

暑い夏の午後は、種なしブドウと完熟パイナップルの厚切りを氷水入りのボウルに入れておきましょ

※14　ウーヴァ・フラゴーラ[fragola uva]…イチゴの香りのするブドウ。
※15　ベリーニ[Bellini]…スパークリングワインをベースにしたカクテル。
※16　プロセッコ[prosecco]…イタリア産のスパークリングワイン。

う。これで、少なくともアイスクリーム店のトラックが通りかかるまでの間、暑さをしのぐことができるでしょう。

ブドウ&ピーナッツ

アメリカでピーナッツバター&ジャム・サンドイッチに使われるジャムの中で一番人気があるのはなんと言ってもブドウジャムです（→「カシス&ピーナッツ」P.476）。ブドウジャムは、コンコード種から作られます。しかし、イギリスで味わうことができるコンコード風味のものは、輸入ジュースと、ときおり見かける「ブドウ風味の」お菓子だけなので、実際にコンコードを生で味わってみるまでは、他人との味の感じ方の違いについて、あれこれ思い悩むことでしょう（「これが本当にブドウなの?」と感じるかもしれません）。

私はニューヨークのユニオンスクエアのマーケットで、初めてコンコードを味見することができました。実に驚いたことに、安物の味ととても高級な味が同居しているのです！　まるで1セントの安いお菓子に高級ジャスミンがたっぷり混ざっているようでした。イギリスの自宅でコンコードが必要なときは、ウェルチ［Welch's］のグレープジュースを使います。これで香り高いシャーベットを作ることができるのです。

recipe

《ピーナッツバターとジャム・サンドイッチ・サンデー》

❶無糖のウェルチ・グレープジュース500mlに砂糖シロップ250mlを加えて、一度冷やした後、いつもの方法で冷凍する

❷このグレープシャーベットに、ピーナッツバターと全粒粉パン粉入りアイスクリームをひとすくいずつ添える

ブドウ&豚肉

イタリア料理の父といわれるペッレグリーノ・アルトゥージ〔1820-1911〕（→P.509）は、甘酸っぱい果物と豚肉は相性がよいと考えて、ソーセージとブドウを一緒に出すことをすすめています。

recipe

《ソーセージとブドウのソテー》

❶フライパンでソーセージ（手に入るならイタリアのポークソーセージがおすすめ）を焼く

❷もう少しで焼きあがるという頃にブドウをまるごと加え、ブドウの形がくずれるまで炒める

（→「唐辛子&アニス」P.289）

ブドウ&ブルーチーズ

ポートワインとスティルトンチーズが、ワインとチーズの最高の組み合わせのひとつであることは間違いありません。ポートワインとスティルトンはともに濃厚で、それでいて甘いワインと塩気の強いチーズのコ

フルーツ（さわやか）　ブドウ

357

ントラストがこの上なくすばらしいのです。ソーテルヌワインとロックフォールチーズの組み合わせも基本的には同じです。

　同様に、口の中に深みのある甘く刺激的な果汁が広がる黒ブドウもスティルトンとの相性が抜群です。チーズボードに並べるだけでなく、ナッツ入りのノヂシャのサラダにも入れてみてください。

ブドウ&メロン→「メロン&ブドウ」P.398
ブドウ&桃→「桃&ブドウ」P.403

ブドウ&ローズマリー

　スキャッチャータ・コン・ウーバ［schiacciata conl'uva］[17]を作るとき以外は、ブドウと穀物を混ぜてはいけません。このパン自体はフォカッチャとあまり変わりませんが、フォカッチャよりも焼き時間が長く、カリッとしています。使われるブドウはワイン用のブドウ品種で、獲りたてもしくは半乾燥したブドウを、種を残したままで使います。焼く前にローズマリーかフェンネルを散らすこともあります。

※17　スキャッチャータ・コン・ウーバ［schiacciata conl'uva］…収穫時期に作られるトスカーナのパン菓子で、つぶした甘いブドウで覆われている。

Rhubarb

ルバーブ

　ルバーブはシベリア原産の野菜です。葉には毒性があり、食用となるのは桃色の葉柄（茎）です。砂糖をたっぷり使って、強い酸味に負けない甘味を加えれば、砂糖漬けイチゴの香りや、調理用リンゴの果実の香り、それに完熟トマトでいっぱいの温室を思わせる濃厚な香りが入り交じったような、魅惑的な風味になります。これらの果実の香りは加熱しても失われず、砂糖を加えてもそのまま残ります。

　ルバーブは、メープルシロップ、蜂蜜、アニスなど、非常に甘い材料と組み合わせ、さらにバニラ、アーモンド、生クリーム、バターなど、もっと甘くまろやかなもので包みこむようにすると、最高においしくなります。グースベリーまたは調理用リンゴの酸味とルバーブを組み合わせて、脂肪分の多い肉や魚に添えてもいいでしょう。

ルバーブ＆アーモンド

　スコットランドのデザート、クラナカンはもともと、生クリーム、クリームチーズ、蜂蜜、軽く焼いたオートミールで作られていましたが、最近ではウィスキーとラズベリーも加えるようになりました。

　残念ながら1月に入手できるラズベリーは、スーパーで安売りされているような、風味がなく酸味の強いものだけです。そこで私はあるバーンズ・ナイト[18]の日、ラズベリーの代わりにルバーブを使ってみることにしました。ルバーブにはラズベリーに似た心地よい酸味があるからです。また、ウィスキーの代わりにアマレット［Amaretto］[19]を使いました。アーモンドとルバーブは相性がいいですし、アマレットには甘みがあってアルコール度が低いため、スコッチよりも刺激が少ないからです。

---

recipe

《ルバーブとアーモンドのクラナカン》

❶オートミール50gをきつね色になるまで焼いて冷ましておく

❷ルバーブ6本を長さ2cmに切り、バターを塗ったオーブン使用可の皿に並べ、砂糖150gをふりかける

❸アルミホイルで覆い、180℃のオーブンで約30分焼く。焼けたらオーブンから取り出して、冷ましておく

❹生クリーム200mlを角が立つまで泡立て、これに焼いたオートミール5分の4、加熱したルバーブ、アマレット大さじ2、蜂蜜大さじ2を、切るように混ぜこむ

❺これを4等分して皿に盛り分け、上から残りのオートミールときつね色に焼いたアーモンドスライスを散らす

ルバーブ＆アニス→「アニス＆ルバーブ」P.257

※18　バーンズ・ナイト…イギリスでは、スコットランドの詩人ロバート・バーンズの誕生日である1月25日に、スコットランドの伝統料理ハギスとウイスキーで祝う。
※19　アマレット［Amaretto］…アーモンドのような香りを持つリキュール。アンズの種を原料としているものが主流。

ルバーブ＆イチゴ

アメリカではごく一般的な組み合わせです。アメリカでイチゴの入っていないルバーブパイ、もしくはタルトを見つけるのは容易ではありません。完熟したルバーブには、ジューシーで香り高いイチゴの風味があります。そしてこの2つの材料はどちらも新鮮で青々とした香りを持っています。1868年に書かれたフードライターのエドモンド＆エレン・ディクソン夫妻の助言によると、ルバーブタルトにイチゴジャム大さじ2～3杯を加えると、パイナップルの風味が出るそうです。

ルバーブ＆オイリーフィッシュ（脂分の多い魚）

サバの付け合わせとしては、酸味のあるグースベリーのほうがよく知られているかもしれませんが、ルバーブもグースベリーと同じくらい、魚の脂っぽさに立ち向かう力があります。サバとルバーブはとてもおいしい組み合わせです。

recipe

《サバのルバーブソース添え》

❶みじん切りにしたベルギーエシャロット2～3個をサラダ油でやわらかくなるまで炒める
❷刻んだルバーブ3本を加え、蓋をして中火でルバーブが完全に煮くずれるまで火にかける
❸赤ワインビネガー小さじ2～3とブラウンシュガー小さじ2を加えて混ぜ、ビネガーがほぼ蒸発するまで数分加熱する
❹塩コショウして、焼きたてのサバと一緒に食べる

ルバーブ＆オレンジ→「オレンジ＆ルバーブ」P.422

ルバーブ＆キュウリ

私は昔、生のルバーブに砂糖をつけ、顔をしかめるほど酸っぱい部分をかじって食べるのが好きでした。この極意は、砂糖をつけすぎるほどたっぷりつけることです！　ルバーブはセロリと同じくスプーンのような形をしているので、上手に砂糖をすくうことができるのです。お菓子店で見かける酸っぱいグミの砂糖がけよりは、少しだけヘルシーだと言えるでしょう。口いっぱいに広がるクエン酸の衝撃が、じゃりじゃりと噛むことによって出てくる強烈な甘さによって、緩和されると同時に強調されます。

アメリカのフードライター、ポーラ・ウォルファートの著書を読むまでは、ルバーブに塩をつけるなんて考えたこともありませんでした。著者の友人によれば、トルコではルバーブに塩をつけて食べるそうです。イランにもルバーブと塩を使ったレシピがありました。薄切りにしたキュウリとルバーブに塩を振って軽く混ぜ合わせ、しばらくそのまま置いておき、ルッコラ、レモン果汁、ミント少々を加えて混ぜ合わせます。これを軽くゆでたサーモンに添えるのがポーラ・ウォルファートのおすすめです。

ルバーブ&サフラン

　ルバーブの調理法は可能性に満ちています。アメリカのフードコラムニスト、マーク・ビットマンは、ルバーブとさまざまな風味との組み合わせを試して記事にしました。タラゴン、ミント、クミン、コリアンダーとの組み合わせをあきらめた後、最後にサフランと相性がいいことをつきとめました。サフランにはルバーブにぴったりの、いぶしたような「控えめだけれど深い風味」があることに気づいたのです。彼は、シンプルに焼いた魚にルバーブとサフランを添えることをすすめています（→「ルバーブ&ジュニパーベリー」P.361）。

ルバーブ&生姜→「生姜&ルバーブ」P.444

ルバーブ&ジュニパーベリー

　アメリカ・シカゴにあるアリネア［Alinea］のシェフ、グラン・アケッツ（→P.507）が、ルバーブを7通りの方法で調理した料理を出しています。山羊の乳で作ったゼリーと合わせたもの、緑茶の泡と合わせたもの、ジンと合わせたものなどがあります。

　ルバーブ本来の酸味を砂糖で隠すのではなく、あえて強調し、ラベンダーやローリエなど、ルバーブと対照的な強い風味を持つ食材と合わせるのがアケッツのスタイルです。私は、ジンとルバーブのシャーベットにジュニパーベリーを合わせます。ジンにはウォッカと同じく、シャーベットをなめらかにする働きがあります。

ルバーブ&バニラ

　ルバーブは育てやすく、19世紀終わり頃までには、イギリスの一般家庭の庭にはたいてい1～2株はあったと言われています。イギリスの古典学者ジョン・バーネット［1863-1928］は、著書『豊かさと欠乏』の中で、1901年の典型的なイギリス人一家の1週間の食事を紹介していますが、ルバーブは少なくとも6回の食事に登場します。それだけよく食べられ、栽培も簡単でしたから、戦時中はとても重宝されました。

　しかし20世紀後半までに、ドロドロにゆでられ、つぶつぶのカスタードに入れられたルバーブに、人々は完全に飽きてしまったようです。ちょうどその頃たくさんの新しい食べ物が登場したことも人々のルバーブ離れに拍車をかけました。もしバニラの力がなかったら、ルバーブは完全に消えてしまっていたかもしれません。

　ルバーブとバニラの相性は抜群ですから、この2つの食材が出会ったのはむしろ好都合でした。バニラの豪華で香り高いなめらかさと、ルバーブの食欲をそそる酸味の効いた果実の風味（どことなくパッションフルーツに似ているが、強いムスクの香りはない）のコントラストは、文句のつけようがないほどです。バニラ・アイスクリームのルバーブ添えと、正統なカスタードを使ったルバーブタルト（ルバーブ入りのカスタードタルトはこの世のものとは思えないほどおいしい）のおかげで、消滅の危機を逃れたと言っても過言ではありません。

　それから、あのショッキングピンクと黄色の色が鮮やかな、ルバーブとカスタードのキャンディーの存在も忘れてはなりません。ルバーブは今では、旬の料理に使われたり、家庭菜園で育てられたりして、その人気を取りもどしました。では、厳しい時期に支え続けてくれたバニラへの恩に報いるにはどうしましょうか？

もちろん、魅力的な新しい相棒を探すことでしょう。(→「ルバーブ&サフラン」P.361、「ルバーブ&マンゴー」P.362)。

ルバーブ&豚肉→「豚肉&ルバーブ」P.47
ルバーブ&ブラックプディング→「ブラックプディング&ルバーブ」P.51

ルバーブ&マンゴー

アイルランド人シェフ、リチャード・コリガン (→P.510) は、ルバーブとアルフォンソ［Alphonso］[20] マンゴーの組み合わせについて熱く語っています。2つの食材は旬が同じです。ローズマリーで風味づけした砂糖シロップに少量のグレナデン［grenadine］[21] シロップを加えたものでルバーブを軽くゆで、冷ましておきます。これをアルファンソマンゴーの薄切り、ナツメグをふりかけたバニラ・アイスクリーム、生姜の砂糖煮入りショートブレッドと一緒に深皿に盛りつけます。

ルバーブ&仔羊肉

甘い香りの香辛料を効かせた、脂肪たっぷりの北アフリカの料理、タジン鍋や、イランのホレシュには、どのようにルバーブが使われているのでしょうか。ここではホレシュを紹介したいと思います。

recipe

《ルバーブと仔羊肉のホレシュ》

❶ピーナッツオイルとバターを合わせたなかに、薄切りにしたタマネギ（大）を入れ、やわらかくなるまで炒める
❷角切りにした仔羊肉500gを加え、焦げ目がつくまで焼く
❸サフランひとつまみとザクロのシロップ小さじ1を入れ、肉がかぶる程度の水を加えたら、蓋をして1時間30分煮こむ
❹30分煮こんだ時点で、みじん切りにした生のパセリとミント（ともに大きめの束を使う）をバターで炒め、先ほどの鍋に加える
❺できあがる5〜10分前に、ルバーブ3本を長さ3cmに切ったものを加えて、1回ぐるりと混ぜる
❻蓋をしてルバーブに火が通るまでさらに煮こみ、ルバーブの形がくずれる前に火を止める

ホレシュには、炒めたハーブを加えることがよくあります。生のハーブは加熱すると香りが失われることが多いのですが、この場合はたっぷりと入れるため香りが残ります。さらに言えば、生ハーブをたっぷり入れることでソースにとろみが出ます。バスマティ米と一緒に食べましょう。

ルバーブ&ローズマリー→「ローズマリー&ルバーブ」P.454

※20 アルフォンソ［Alphonso］…マンゴーの品種で、インド産が有名。風味がよく糖度が高いため、「マンゴーの王様」とも言われる。
※21 グレナデン［grenadine］…ザクロ。グレナデンシロップは、ザクロの果汁と砂糖を使ったノンアルコールの赤いシロップ。

Tomato

トマト

トマトについてはきちんとした缶詰を買うほうが、生でおいしいものを選ぶよりずっと簡単です。イタリア産プラムトマトの缶詰を探してみてください。ラベルに「サンマルツァーノD.O.P［San Mrzano D.O.P.］」とあれば間違いありません。

もともとのサンマルツァーノ種は1970年代にキュウリモザイクウイルスによってほぼ全滅してしまいましたが、現在入手できるものでも代替品としては十分です。多肉質な実は、調理して食べるのに最適です。品種としてはこのほか、カリフォルニアにも有機栽培のすばらしい商品があります。缶詰トマトは軽く火を通してあるため（缶詰商品の大部分がそうです）、生トマトよりも硫黄の香りと粘りが強く、スパイシーな風味が濃厚です。

一方、生トマトは酸味、甘味、塩気が強く、葉や果物や花のような風味を持っています。生トマトは樹上でしっかりと熟し、力強い甘さと酸味が発達した状態のものを選びましょう。自家栽培が難しい場合は、店で売っているチェリートマトが風味の点では一番です。

あるいはちょっと奮発して、味がしないのに金額だけは立派な品種を使っていた現状を打破するべく、風味たっぷりの最高級バルサミコ酢に投資するという手もあります。トマトに甘味と酸味が足りない場合に、バルサミコ酢がそれをしっかりと補ってくれます（ちなみに、イチゴの風味もバルサミコ酢で補うことができます。トマトとイチゴの代用については、「トマト＆イチゴ」P.364）。

トマトにはうま味もあります。イギリス人シェフ、ヘストン・ブルーメンソール（→P.509）は、トマトは実よりも種に強い風味があると考え、イギリス・レディング大学の科学者らと研究を重ねました。その結果、トマトは実よりも種に多くのグルタミン酸が含まれることがわかりました。これがトマトのうま味を作り出し、合わせた材料の風味を高める役割を果たすのです。

トマト＆アニス

アニスに似た風味のタラゴン入りのベアルネーズソース［Béarnaise sauce］[※22]にトマトピューレ大さじ数杯を加えると、フランスの偉大なシェフ、アレキサンドル・エティエンヌ・ショロン〔1837–1924〕（→P.506）にちなんで名づけられた、淡いバラ色のソースショロンになります。1870年にパリがプロイセン王国の軍勢によって占領され、レストランへの物資供給が絶たれたとき、ショロンはブローニュの森にある動物園に目を向けました。そして、象のコンソメスープ、ローストパプリカソースをかけた熊のすね肉、猫とネズミの一皿などのメニューを考案したのです。

物資供給が回復した現在、ソースショロンは鮭や魚肉のパテ、赤肉の料理などに使われています。ソースショロンを作る際には、上等のトマトピューレを使いましょう。イタリア人シェフ、ジョルジオ・ロカテッリは、チューブから出したときに、天日干しにしたドライトマトそっくりの風味があるものが上等なトマトピューレである、と記しています。

トマト＆アボカド→「アボカド＆トマト」P.278

フルーツ（さわやか）

トマト

[※22]　ベアルネーズソース［Béarnaise sauce］…フランス料理の伝統的なステーキソース。

トマト＆アンチョビ→「アンチョビ＆トマト」P.224

トマト＆イチゴ

　科学的にものを考える一部のシェフは、トマトとイチゴは共通する風味化合物を多く含んでいるから、互いに代用可能だとしています。1990年代なかば、科学者のロン・G・バタリー博士とそのチームは、ストロベリーフラノンと呼ばれる化合物がトマトにも含まれていることを発見しました。ラズベリー、パイナップル、牛肉、ローストしたヘーゼルナッツ、ポップコーンにも含まれる化合物です。その後の調査により、真夏の自家栽培トマトにもっとも多く含まれることも明らかになりました。

　イチゴのお気に入り料理にトマトを、あるいはトマトのお気に入り料理にイチゴを代わりに使ってみてください。たとえば、イチゴとアボカドとモッツァレッラのサラダなど、簡単に作れる一品はどうでしょう。ハンバーガーにイチゴを入れたり、フルーツタルトにトマトをのせたりする手もあります。

　テニスのウィンブルドン大会では昔から、イチゴのクリームがけを食べながら観戦するのが慣習になっていますが、その風景ががらりと変わること請け合いです。

トマト＆オリーブ→「オリーブ＆トマト」P.245

トマト＆貝・甲殻類

　リングイネのボンゴレには、トマトを使うロッソと、トマトを使わないビアンコの2種類があります。私自身は断固ビアンコ派ですが、ロッソを好きな人なら、液体ボンゴレロッソ（ただしパスタ抜き）とも呼ぶべきクラマトの存在を、サラダを液体にしたガスパチョ［gazpacho］[※23]と同じようにとらえて、すんなり受け入れられるかもしれません。

　クラマトはトマトジュースに、ハマグリのだし汁と、マンハッタン・クラムチャウダーと同様の香辛料を混ぜ合わせたものです。別荘で休暇を過ごす折などに、こんなものがあれば便利かもしれないと買ってしまうような商品です。私も休暇の際にこれを別荘に持っていき、冷蔵庫につっこんでおいて、ときおり瓶を取り出しては、無駄に瓶を振って汁を泡立て、ひょっとしてハマグリの身が浮かんでいやしないかと目を凝らしながら、冷蔵庫にもどす日々を過ごしました。

　やっとのことで覚悟を決め、思いきって瓶を開けたときには、とにかく私はトマトと魚介類を使った料理が大好きなのだ、エビのプロヴァンス風だの、ロブスターのアメリケーヌソースだの、カタルニアの魚のシチュー、サルスエラだの、イタリア料理にヒントを得たサンフランシスコ名物の魚介のシチュー、チョッピーノだの、と自分を納得させる理由を並べ立てていたのです。

　ところが瓶の蓋を開けるやいなや、クラマトに恋をしてしまいました。クラマトはまさに、うま味を液状に凝縮したものと言えるでしょう。くせがあるとはいえ風味あふれる塩気の効いたトマトジュースと同じ程度で、カクテルのブラッディマリーを作るにも最適です。メキシコには、クラマトとビールを混ぜたミチェラーダというカクテルがあります。

トマト＆きのこ→「きのこ＆トマト」P.104

364　※23　ガスパチョ［gazpacho］…スペイン料理とポルトガル料理の冷製スープ。

トマト&キュウリ

　トマトとキュウリはガスパチョ［gazpacho］の欠かせない食材とされていますが、実際には、これらの2つの野菜が新世界から伝わってくる前からガスパチョはありました。もともとはパン、にんにく、オリーブオイル、酢、水で作られたもので、にんにくのスープであるアホブランコをあっさりさせたようなものでした。

　私が初めてこの料理を作ったのは、ポルトガルにいるときでした。人生初のガスパチョは、12人がかりで作りました。皮をむく、すりつぶす、みじん切りにする、混ぜ合わせる、濾すといった作業を分担したのです。ぶっきらぼうだけれど有能な指揮者が奏でる、キッチン・オーケストラさながらでした。

　12人がかりでも、完成までに1時間かかりましたが、それは私の人生を通じて一番の出来でした。ポルトガルの陽射しの下、できあがったガスパチョは香り高く、フレッシュサラダの風味をすべて閉じこめたかのような味わいでした。

トマト&牛肉→「牛肉&トマト」P.60

トマト&クローブ

　黒くスパイシーなクローブの、主な風味の素となる化合物はオイゲノールです。これはある種のバジルの風味を生み出す成分でもあり、トマトにも含まれています。トマト料理や、ケチャップをはじめとするトマトソースでは、味に深みを出す風味として、クローブがその他の香辛料とともによく使われます（→「バジル&クローブ」P.298）。

トマト&ケッパー

　ギリシャのサントリーニ島は火山灰土のため、ここで栽培されるケッパーは独特の強い風味を持つと言われています。ケッパーは、色が淡くなって固くなるまで日干しにしてからトマトソースに加え、サントリーニ島特産のイエロー・スプリットピー［yellow split pea］[※24]にかけて食べます（→「ジャガイモ&トマト」P.125、「オリーブ&トマト」P.245）。

トマト&コリアンダーリーフ→「コリアンダーリーフ&トマト」P.272
トマト&シナモン→「シナモン&トマト」P.306
トマト&生姜→「生姜&トマト」P.442
トマト&白身魚→「白身魚&トマト」P.203
トマト&ジャガイモ→「ジャガイモ&トマト」P.125
トマト&すいか→「すいか&トマト」P.353
トマト&セージ→「セージ&トマト」P.456
トマト&ソフトチーズ→「ソフトチーズ&トマト」P.97
トマト&タイム→「タイム&トマト」P.465
トマト&卵→「卵&トマト」P.187

※24　イエロー・スプリットピー［yellow split pea］…ひき割りエンドウ豆。

トマト&タマネギ

　トマトはおそらく、理想的な風味と実際の風味のギャップがもっとも大きな材料でしょう。イギリスの料理研究家エリザベス・デイヴィッド〔1913-1992〕(→P.506) は、スペインで夏を過ごしたとき毎日食べていたトマトとタマネギのサラダについて、どちらも最高に美味で、キュウリやオリーブ、レタスを加えればかえって味を損なっただろう、と書いています。さらにデイヴィッドは、イギリスではそのような喜びを味わえる機会がどんどん減ってきていると嘆いています。

　イギリスには、おいしいトマトはもはや存在しないと言っても過言ではありません。かつて私が理想的だと感じた唯一のトマトは、スペインの港街エル・プエルト・デ・サンタマリアにある、ビーチレストランで食べたものです。その店では、ビニールのてかてか光るテーブルクロスにざら紙を敷き、蛍光緑のテーブルクリップで押さえていました。トマトにはグリーンが添えられていました。グリーンといってもタマネギだけです。本当にそれだけ。でもどちらも最高の味わいでした。トマトは青々とした深い風味があり、タマネギは甘みたっぷりで、目隠しをした状態で口に入れたら、きっとなにかの果物だと思ったことでしょう。

トマト&チョコレート→「チョコレート&トマト」P.16
トマト&唐辛子→「唐辛子&トマト」P.291
トマト&鶏肉→「鶏肉&トマト」P.36

トマト&ナス

　いずれもナス科に属します。軽い気持ちで料理に使うと、料理人にとって命取りにもなりかねない組み合わせです。トマトの酸味とナスの苦味にはしっかりとした配慮が必要ですし、ナスは生焼けにも、身からにじみ出てくるほどのオイルの使いすぎにも注意しなければなりません。

　ナスににんにくやトマトを詰めたトルコ名物のイマムバユルドゥは、慎重に調理しなければ、あっという間にゆでたズックのゴム底のようになってしまいます。けれども繊細に調理したイマムバユルドゥは、至高の一品になります。同じことは、メランザーネ・パルメジャーナ [melanzane parmigiana]^{※25}や、パスタ・ア・ラ・ノルマ [pasta alla norma]^{※26}、カポナータ [caponata]^{※27}にも言えます。

トマト&ナツメグ→「ナツメグ&トマト」P.311

トマト&にんにく

　パ・アム・トゥマカットは、カタルーニャの一日を始めるのに適した唯一の一皿ですが、一日を終える一皿としてもいいでしょう。大部分の料理とよく合いますし、パン料理としてはとても簡単です。

　トーストしたパン、または一日経ってちぎれないくらい固くなったパンににんにくをこすりつけ、刻んだトマトの実と果汁と種をのせて、パンの空気穴に味をしみこませて風味を高めます。仕上げにオリーブオイルをかけ、塩をふりましょう。このまま食べるのが一般的ですが、アンチョビやハモン・ハブーゴ [jabugo ham]^{※28}をのせることもあります。

　『パ・アム・トゥマカットの理論と実践』でレオポルド・ポメスは、パ・アム・トゥマカットとチョコレートを交互に食べるのが好きな、某有名ミュージシャンのエピソードを紹介しています（→「チョコレート&トマ

※25　メランザーネ・パルメジャーナ [melanzane parmigiana] …ナスにトマトソースとチーズをかけて焼いたもの。
※26　パスタ・ア・ラ・ノルマ [pasta alla norma] …ナス、トマト、バジル、リコッタチーズを使った、昔ながらのシチリア風パスタ料理。

ト」P.16)。

トマト&ハードチーズ→「ハードチーズ&トマト」P.90
トマト&バジル→「バジル&トマト」P.299
トマト&バニラ→「バニラ&トマト」P.499

トマト&パプリカ

イギリスの料理研究家デリア・スミス（→P.508）の『夏料理コレクション』では、若かりし頃の思い出の、不格好なチリコンカルネは載っておらず、それに代わって、ハリッサ風ドレッシングをかけた焼き野菜のクスクスサラダや、オーブンで焼いたラタトゥイユ、バスク風チキンが紹介されています。もちろん、イタリア・ピエモンテ州のローストパプリカものっています。デリア・スミスは、これをレストラン「ビバンダム［Bibendum］」で食べたそうですが、ビバンダムのシェフ、サイモン・ホプキンソンは、フランコ・タルシオがシェフを務める「ウォルナット・ツリー・イン［Walnut Tree Inn］」で食べたのだそうです。

『夏料理コレクション』が出版された1993年に風味がついていたとするなら、間違いなくピエモンテのローストパプリカのにおいでしょう。

---

recipe

《イタリア・ピエモンテ州のローストパプリカ》

❶赤いパプリカを半分に切り、これに皮むきトマト半個分とアンチョビのフィレ1枚、にんにく少々を詰める
❷オリーブオイル少々をかけ、ローストした後にちぎったバジルを散らす

（→「パプリカ&卵」P.287）

トマト&ピーナッツ→「ピーナッツ&トマト」P.27
トマト&豚肉→「豚肉&トマト」P.43
トマト&プロシュート→「プロシュート&トマト」P.240

トマト&ベーコン

なんてすてきなコントラストでしょう！　塩味のベーコンと甘酸っぱいトマトは、BLTサンドのほろ苦くぱりっとしたレタスに実によく合います。

私は以前、夫との初めてのディナーでパスタ・アマトリチャーナを作ったことがありますが、あまりうまくできませんでした。あんな簡単なものをどうやって失敗したのと思うことでしょう。そのときのレシピを記しておきます。

※27　カポナータ［caponata］…シチリア島名物の、ナスとトマトの甘みと酸味がよく調和した煮込み料理。
※28　ハモンハブーゴ［jabugo ham］…生ハムの一種。スペイン・アンダルシア州のハブーゴ村で作られる最高級のイベリコ・ハムのこと。

recipe

《パスタ・アマトリチャーナ》

❶ベーコン（パンチェッタ）の細切りをカリカリになるまでオリーブオイルで炒め、火からおろして置いておく

❷タマネギの薄切りをベーコンの脂の残る鍋に入れて、やわらかくなるまで炒める

❸そこにプラムトマト（ホール）1缶を入れ、木べらでトマトをつぶしながら混ぜ、唐辛子小さじ1、砂糖小さじ1を加え、塩コショウする

❹ベーコンをもどし、さらに加熱する

私の場合はこうです。ベーコンをもどす前にこれを弱火でとろとろと煮こみながら、さっと寝室に行き、脱ぎっぱなしの靴やレシピ本、トレーニンググッズ、お菓子などをクローゼットに押しこみます。何くわぬ顔でキッチンにもどり、ソースを混ぜます。味見をし、口のなかにトマトの酸味が残っているから、酸味とのバランスをとるのに砂糖をちょっと足さなきゃね、と思いつつ浴室に向かいます。

アイラインを入れたところでキッチンにとって返し、砂糖小さじ1を加えます。さらに砂糖を足すうち、砂糖特有の照りが出てきて、ついには"パスタ・ア・ラ・ダイアベティカ（糖尿病のパスタ）"とでも呼ぶべき代物ができました。そこへベーコンをもどし、さらに加熱します。パスタをゆで、湯を切り、ソースにパスタをからめ、ペコリーノ・ロマーノをかければ完成です。

彼はちゃんと食べてくれましたが、表情はこわばっていました。どうやらお客さまをもてなすとき、人はプレッシャーや不安で味覚がおかしくなるようです。

トマト&ホースラディッシュ

トマトケチャップにホースラディッシュを混ぜれば、生牡蠣やゆでたエビにかけるシンプルなソースのできあがりです。ホースラディッシュだけでは物足りない場合、チリソースを少し加えれば味が生き生きとします（→「セロリ&ホースラディッシュ」P.132）。

トマト&ライム→「ライム＆トマト」P.429

トマト&仔羊肉

ココナッツ同様、トマトも一瞬にして料理に夏らしさを与えてくれる食材です。ローストした仔羊肉に添えれば味を軽やかにしてくれます。

ギリシャには、仔羊肉のかたまりをトマトとともにローストし、最後にオルゾ［orzo］[29]を添えた一品があります。パスタに仔羊肉とトマトの風味が行き渡り、絶妙な味わいになります。サイドディッシュはシンプルなホウレン草のサラダがあれば十分でしょう。

※29 オルゾ［orzo］…米のような形のパスタ。

recipe
《ギリシャ風ロースト仔羊肉のトマトオルゾ添え》

❶肉を好みのかげんに焼きあげる時間を考えながら、まずは肉に切りこみを入れ、にんにくのかけ
　らを切りこみに差し、塩コショウする

❷肉をロースト用天板にのせ、190℃のオーブンの中段に入れる

❸400gのトマト缶2個分をざく切りにし、オレガノ少々、ローリエ1枚、砂糖小さじ1/2、塩コショ
　ウ少々を入れて混ぜる

❹肉があと1時間ほどで焼きあがるようになったら、手早く天板をオーブンから出し、肉をいったん
　よけて、天板にたまった脂を捨てる

❺先ほどのトマトを天板に入れ、その上に仔羊肉をのせて再度オーブンへ入れる

❻焼きあがったらオーブンから取り出し、肉をアルミホイルで軽く包んでしばらく寝かせる

❼オルゾ250gと熱湯100mlをトマト汁に加え、オーブンにもどす

❽肉を15分ほど寝かせたところで切り分ける。このころにはオルゾにも火が通っているはず

❾しっかり火が通っていることを確認したら、仔羊肉の薄切りをオルゾにのせて食べる

（→「仔羊肉&アニス」P.65）

トマト&レモン

　レモンを軽く搾りかけることで、トマトの缶詰の金属的なにおいを消すことができます。特に棚の奥の
ほうにしまってあった缶詰は、缶のにおいが時を経るごとに強くなっているので、このレモンの使い方を
覚えておくとよいでしょう。

Strawberry
イチゴ

世界で一番人気があり、もっとも甘い味を持つベリーのひとつがこのイチゴです。熟した新鮮なイチゴは、果物の風味やキャラメル、香辛料、さらに草の香りが入り混じった風味を持っています。品種によっては強いパイナップルの風味を持つものもあります。野イチゴは野ブドウと同じ特徴を備え、スパイシーなクローブを思わせるはっきりとした風味があります。

イチゴは温かみのある甘い香辛料や、他の果物とよく合います。また、もともとお菓子のような特質が備わっているものの、砂糖や乳製品（クリームがすぐに浮かぶが、ヨーグルトやフレッシュチーズ、バターたっぷりのペストリーなども）と組み合わせると、さらに生きてきます。

イチゴ&アーモンド

イチゴとアマレット［Amaretto］[30] のソースを作りましょう。

---

recipe

《イチゴとアマレットのソース》

❶ 熟したイチゴ250g、粉砂糖大さじ2、アマレット大さじ3、水大さじ3をフードプロセッサーにかけて混ぜ合わせる

❷ アイスクリームかマデイラケーキ［Madeira cake］[31] にかける

甘くて酸味があり、まるでお気に入りの讃美歌のデスカント[32]のようです。

イチゴ&アニス→「アニス&イチゴ」P.252

イチゴ&アボカド

フードライターのプルー・リースによると、イチゴドレッシングとアボカドの組み合わせは少し奇妙に思えるかもしれませんが、通常ワインビネガーを使うところをイチゴで代用し、オイルと混ぜ合わせるとヴィネグレットソースのようになるということです。

---

recipe

《アボカドとイチゴのヴィネグレット》

❶ イチゴ250g、オリーブオイル100mlとヒマワリ油100mlを混ぜ合わせてピューレにする。この

※30　アマレット［Amaretto］…アーモンドのような香りを持つリキュール。アンズの種を原料としているものが主流。
※31　マデイラケーキ［Madeira cake］…イギリス発祥の伝統的なスポンジケーキ。
※32　デスカント…主旋律とハーモニーをなす高音部の旋律。

とき、オリーブオイルとヒマワリ油はバランスを見ながら少しずつ加え、好みのとろみになったら入れるのをやめる

❷塩を数つまみ、コショウと砂糖で味を調える。これでアボカド3個分にかけるのに十分な量ができあがる

❸アボカドは皮をむき、種を取って、半分に切る。そしてきれいに薄切り（6枚程度）にする

❹イチゴのヴィネグレットソースをかけ、香ばしく焼いたアーモンドの細切りを上から散らす

イチゴ＆オレンジ → 「オレンジ＆イチゴ」P.417

イチゴ＆キュウリ

　フランスのプロヴァンス地方では伝統的に、結婚式後の会食で、新郎新婦にはイチゴとボリジ[borage]※33、薄めのサワークリーム、砂糖で作ったスープが出されます。ボリジは庭でイチゴの隣に植えられることが多いのですが、これは互いの成長に何らかの刺激を及ぼしているに違いないと信じられているからです。結婚式の食事で使われるのは、その関係性が夫婦の関係にもあてはまるからだと思われます。すべての永続するパートナーシップのように、イチゴとキュウリは互いの風味を高め合っています。

　適量のイチゴを新婦のネグリジェぐらい薄く切り、ボリジと重ねたら、コクを加えるためにクリームチーズも足して、アフタヌーンティー用の繊細な薄いサンドイッチを作りましょう。

イチゴ＆ココナッツ

　フランス人シェフのミシェル・ブラス（→P.510）は、生のイチゴを半分に切ってさらに薄切りにし、ココナッツクリームの中に並べて、エレガントなテリーヌを作ります。純白のココナッツを背景に並んだイチゴは、きれいに彩色された日本の扇子に負けないぐらい繊細に見えます。これはイチゴとココナッツの地味な使い方ですが、他に飾りつきカップケーキやアイシングクッキーに使ってもいいですし、ジャムを使って何かを作ってみてもいいでしょう。

イチゴ＆シナモン

　イチゴにはわずかに綿菓子を思わせる風味があります。一方シナモンは果物と砂糖が大好きです。この2つを温めると、フェスティバルの会場で必ず漂う、安っぽくて誘惑に満ちた空気が発せられます。

　うっとりするような魅力的な甘い食べ物を作るには、まずホットサンドメーカーを探し出してきてください。

recipe

《イチゴジャムとシナモンのホットサンド》

❶薄切り食パンを2枚用意し、それぞれの片面にバターを塗る

※33　ボリジ［borage］…地中海沿岸に自生する一年草で、ハーブとして利用される。

フルーツ（さわやか）　イチゴ

❷1枚の片面（バターを塗っていない面）にたっぷりのイチゴジャムを塗る

❸もう1枚は何も塗っていない面にもバターを塗り、全体にシナモン粉をふる

❹ジャムとシナモンの面を内側にくっつけるようにして2枚を合わせ、サンドイッチにする

❺ホットサンドメーカーにはさんで、きつね色に香ばしくなるまで焼く

トーストにジャムを塗ったものではなく、ドーナツのように、揚げパンに近い状態になるはずです。あわてて食べずに、熱くやわらかくなったジャムが少し冷めるまで待ちましょう。そうしないと、このサンドイッチの本当のおいしさを人に伝えることはできません。

この組み合わせはシャーベットやミルクセーキにも使えます。スポンジケーキの間にイチゴジャムとホイップクリームをはさみ、表面にシナモンシュガーをふりかけたものもおすすめです。

イチゴ&ソフトチーズ

イチゴはバターとクリーム双方の香りを兼ね備えているので、生クリームやクロテッドクリームのようなものとマッチします。また、はっきりとしたチーズの香りも備えています。チーズケーキにのせたイチゴのトッピングが不思議にもぴったり合うのは、これが理由かもしれません。だから夏のチーズの盛り合わせに、たまにはブドウの代わりにイチゴを添えてみてはいかがでしょうか？　若いブリーチーズか、イチゴと極上の相性を持つトリプルクリームチーズのブリア・サヴァランと合わせるのが理想です。

イチゴ&チョコレート→「チョコレート&イチゴ」P.13
イチゴ&トマト→「トマト&イチゴ」P.364

イチゴ&バニラ

すてきな組み合わせです。クリームにバニラが入ったミルフィーユや、フランスのケーキ店のウィンドウを飾るきれいなゼリーがけのタルトでお目にかかれます。

でも、イチゴはもっと純粋な乳製品と合うと思いませんか？　イートンメス［Eton mess］[34]やパブロヴァ［pavlova］[35]などのメレンゲのデザートで、ホイップされた薄黄色のクリームに合わせたり、どっしりとしたチーズケーキの上にかわいらしくのせたり。一番いいのはクロテッドクリームを添えたスコーンと組み合わせることではないでしょうか？

私にとって、強烈なキャンディーの風味がするイチゴと、香りの強いバニラの組み合わせは強烈すぎて、ほとんど人工的な味の印象しかありません。ちょっとだけ美点を言うと、3種の味を重ねた昔懐かしいナポリタンアイスクリーム［Neapolitan ice cream］[36]では、イチゴとバニラはチョコよりもましな味をしています。でも、そろそろナポリタンアイスクリームの新しい味を考える時期ではないでしょうか？　もともとはあらゆる種類のフレーバーを組み合わせていて、ピスタチオやラズベリー、コーヒーなどもありました。その後、チョコレート、バニラ、イチゴの3段重ねが目新しくもないのに大ヒットとなり、定番となってしまったのです。

でも、チョコレートの代わりにピスタチオにすればもっとよくなるでしょう。ルバーブ、イチゴ、バニラ

※34　イートンメス［Eton mess］…イチゴ、メレンゲ、クリームを混ぜて作るイギリスのデザート。
※35　パブロヴァ［pavlova］…メレンゲの上に生クリームとフルーツをのせたケーキ。
※36　ナポリタンアイスクリーム［Neapolitan ice cream］…チョコ、バニラ、ストロベリーの3種類を並べたアイスクリーム。

の組み合わせになれば最高です。

イチゴ&パイナップル→「パイナップル&イチゴ」P.376
イチゴ&ブドウ→「ブドウ&イチゴ」P.356

イチゴ&ヘーゼルナッツ

　ローストしたヘーゼルナッツには深みがありますが、その風味には、他の味を消してしまうほどの強さはありません。イチゴとの相性は抜群で、その味を輝かしく引き立てます。チョコレートでさえ、これほどイチゴを引き立てることはできないでしょう。

　またイチゴの甘さは、砂糖を加えることでぐっと際立ちます。たとえばイチゴとホイップクリームを巻きこんだヘーゼルナッツ・メレンゲルラード [roulade] [37] を食べればわかるでしょう。

---

recipe
《ヘーゼルナッツ・メレンゲルラードのイチゴ添え》

❶ 卵（大）の卵白4個分を軽く角が立つまで泡立てます。泡立て器で混ぜながら、グラニュー糖225gを少しずつ加える
❷ 軽く焼いたヘーゼルナッツ粉100gを、ゴムべらで切るように混ぜ合わせる
❸ 25cm×35cmのロールケーキ用天板にクッキングシートを敷き、生地を流しこんで、190℃のオーブンで20分焼く
❹ オーブンから取り出して冷まし、ひっくり返してメレンゲを取り出し、シートをはがす
❺ メレンゲにホイップクリームを塗り広げ、切ったイチゴを散らす
❻ メレンゲがまだやわらかいうちに、注意しながらゆっくりと巻いていく

　見た目は完璧にはならず、多少はくずれるものだと思っていてください。もし、巻けないほどメレンゲが割れてしまっても、小さくちぎって、イートンメス [Eton mess] にすればいいのです。イチゴと同様にヘーゼルナッツもトフィーの風味とよく合うので、キャラメルソースをかけると最高のデザートになります。

イチゴ&ホワイトチョコレート

　かわいいチョコレートショップで、フリーズドライイチゴの小さな赤いかたまりが全体にちりばめられたホワイトチョコレートの板を見かけることがあります。

　ホワイトチョコレートは、ミルクやダークチョコレートよりもイチゴと相性がいいのです。

イチゴ&ミント

　ちぎりたてのミント、ひと搾りのレモン果汁、そして砂糖数つまみ、それだけでイチゴの甘さはぐっと引き立ちます。イギリス人シェフ、ヘストン・ブルーメンソール（→P.509）によると、ミントはイチゴの最高の相棒です。彼は、砂糖をまぶしてしんなりさせたイチゴにブラックオリーブ、革風味のピューレ [leather

フルーツ（さわやか）　イチゴ

※37　ルラード [roulade] …ロールケーキ。

373

purée[※38]]、ピスタチオ入りのスクランブルエッグを添えた料理を考え出しましたが、これをさらに進化させようとしたとき、最初に思い浮かんだ材料が、ココナッツ、黒コショウ、オリーブオイル、ワイン、そしてミントでした。

イチゴ&メロン→「メロン&イチゴ」P.396
イチゴ&桃→「桃&イチゴ」P.402

イチゴ&ラズベリー

黒とネイビーブルーの服を合わせるような組み合わせです。ラズベリーは黒です。古風で、粋で洗練されていて、チョコレートやバニラといったその他の古典的な材料ともよく合います。

一方、イチゴはネイビーブルーです。組み合わせる相手としてはシンプルかつ無難ですが、実は油断ならない存在なのです。

イチゴとラズベリーを組み合わせるときは、どちらかを信頼しすぎていないかしっかり見きわめる必要があります。2つが一緒に使われるときは、ほぼ間違いなくデコレーションが目的で、タルト、チーズケーキ、パブロヴァ[pavlova][※39]の上に飾られます。しかしピューレ状にしたり、原型をとどめないほどのジュース状にしたりすると、たちまち味がひとり歩きする傾向があります。ジャムやアイスクリーム、飲み物、ゼリーなどにするときには、風味の組み合わせに気をつけてと助言しておきます。

イチゴ&ルバーブ→「ルバーブ&イチゴ」P.360

※38　革風味のピューレ[leather purée]…すりつぶしたオリーブにレザーエッセンスで風味をつけたもの。
※39　パブロヴァ[pavlova]…メレンゲの上に生クリームとフルーツをのせたケーキ。

Pineapple
パイナップル

　そのままでカクテルになります。完熟したパイナップルは、スパイシーで酒の香りが漂い、甘くてジューシーな果物の風味のものなら何とでもうまく調和します。たとえばバニラ、ラム酒、ココナッツ、キャラメルなどは昔からパイナップルと組み合わされてきました。

　パイナップルは収穫されると成熟が止まってしまうため、流通しているもののなかには、酸味と甘さの理想的なバランスがとれた芳香な風味にはほど遠く、ひどく未成熟なケースがあります。パイナップルが完熟かどうかを確認するには、底部のにおいをかいでみるといいでしょう。底部の小果実が一番古い部分なので、一番甘く、よい香りがするはずです。

パイナップル&アニス→「アニス&パイナップル」P.255

パイナップル&アボカド

　1557年、あるブラジル人の神父は、パイナップルは非常に神の恵みを受けているものなので、「女神ヴィーナスの聖なる手によって切られるべき」だと書き記しています。同じ世紀に、スペインの歴史家フェルナンデス・デ・オビエドは、パイナップルは桃やマルメロ[marmelo]^{※40}、極上のメロンに似ていて、「非常に食欲をそそり、正確に褒める言葉が見つからないほどの甘さがある」と書いています。

　1616年にインドを旅した冒険家のエドワード・テリーは、イギリス人特有の控えめな表現で、パイナップルの風味は「イチゴやフランス産の赤ワイン、ローズウォーター、砂糖から作られたおいしい化合物」と説明しています。18世紀、ドイツ人哲学者で詩人でもあるハインリヒ・ハイネ〔1797-1856〕(→P.508)は、パイナップルをキャビアやフランス・ブルゴーニュ産のトリュフと同等に扱う発言をしています。こういう記述を見ていくと、パイナップルがいかに卓越した果物であるかがわかります。

　パイナップルは扱い方に注意しないと、ゼリーは固まらず、クリームは凝固し、他の食べ物をやわらかくしてしまいます。問題を起こさないためには、「ア・ラ・ガルボ（優雅）」に単品で食べるのが一番ですね。イギリスのフードライター、ジェイン・グリグソン〔1928-1990〕(→P.507)はアボカドも同じような性質だと考えていますが、そのアボカドと「すばらしい関係」を持つものもあり、そこには偶然にもパイナップルが含まれています。両者ともに角切りにしてサルサに使うか、薄切りにして魚フライのサンドイッチにはさみましょう。

パイナップル&アンチョビ

　ニョクマムはベトナムのディップソースで、魚醤、ライム果汁、唐辛子、砂糖で作ります。よく似ていますが、もっと刺激が強く、牛肉や魚のフライに合うのがマムネムで、より濃厚で濾していない魚醤と、細かく砕いたパイナップル、唐辛子、砂糖、にんにく、ライム果汁を混ぜて作ります。

※40　マルメロ［marmelo］…中央アジア原産のカリンに似た果実で、英名は「クインス［quince］」。

パイナップル&イチゴ

アメリカのワイン評論家リチャード・オルニーは、パイナップルによく合う果物として、酸味という点からラズベリーやオレンジジュース、そしてイチゴを選びました。パイナップルとイチゴは味の点で重なる部分があり、極上のイチゴにはパイナップルの風味があると信じている人もいます。

もし自分でパイナップル風味のイチゴを育てたいと思うなら、1857年発行のエドワード・ジェイムス・フーパー著『西洋果物の本』で紹介されているクレーヴランド種やバーズ・ニューパイン種を選ぶといいでしょう。

パイナップル&オレンジ→「オレンジ&パイナップル」P.422
パイナップル&貝・甲殻類→「貝・甲殻類&パイナップル」P.197

パイナップル&グレープフルーツ

パイナップルとグレープフルーツをひと口食べると、熱帯地方のハンモックに瞬間移動したような気分になります。あるいは、たとえ熱帯まで行かなくとも、少なくともコカコーラ[Coca-Cola]がリルト[Lilt]※41 をボトル詰めしている、イギリスのアクスブリッジに行った気分は味わえると思います。じゃあ、それが月だったら？　1969年、アポロ11号の乗組員たちは、初めて月面で食事をとりました。メニューは、宇宙食用にパック詰めされたベーコンと桃とシュガークッキー、そしてパイナップルとグレープフルーツの飲み物です。

リルトが製造されるのは6年後のことなので、もちろん月で飲まれたのはリルトではありませんし、どちらにしても月にふさわしくはありません。宇宙ミッションに取り入れられた飲み物は、乾燥させたものを水でもどす形のものでないと困りますし、無重力状態では炭酸の泡は浮力がないため、たとえ宇宙飛行士たちが泡をうまく口に吸いこめたとしても、ゲップとして出すことができません。つまり、再び地球にもどるときまで、お腹の中にガスをためこんだまま待たなければならないのです。

重力ゼロの状況では、においの素である粒子が嗅球に正しく働きかけにくくなるため、味の感じ方も鈍くなると信じられています。でも、宇宙に持っていったパイナップルとグレープフルーツの強い味は、飛行士たちにとても喜ばれたでしょう（グレープフルーツ特有の効力については「グレープフルーツ&貝・甲殻類」P.424）。

パイナップル&ココナッツ→「ココナッツ&パイナップル」P.408

パイナップル&コリアンダーリーフ

料理作家リーニー・キッチンは、パイナップルがいかにカレーなどのアジア料理や、コリアンダーリーフなどの食材とマッチするかという点に注目しています。パイナップルとコリアンダーリーフの組み合わせはメキシコではごく一般的で、ともに国内で栽培されています。（→「パイナップル&豚肉」P.378）。

もしハムでとったストックが手元にあるなら、これから紹介するおいしい黒豆のスープを作ってみてください。

※41　リルト［Lilt］…パイナップルとグレープフルーツが材料の炭酸飲料。

recipe

《パイナップルとコリアンダーリーフの黒豆スープ》

❶ ひと晩水につけておいた黒豆250gの水を捨て、よく洗う

❷ ハムのストック1Lに黒豆を加え、火にかける

❸ 沸騰したら、蓋をして火を弱め、豆がやわらかくなるまで45分〜1時間煮こむ

❹ 4分の1の量をミキサーにかけ、それを再び鍋にもどしてスープにとろみをつける

❺ 食べる前に、コリアンダーリーフと細長く切った生のパイナップル（皮を切り取って芯を取り、縦に8等分し、さらに繊維に沿って横に千切りにする）適量を混ぜ入れる。好みで、細切りにした上質のハムを加えてもいい

もしおいしいストックがなかったら、タマネギと燻製ベーコンをしんなりするまで炒めてから水1Lと豆を入れてもいいでしょう。

パイナップル&シナモン

ストロベリーと同様、パイナップルは、砂糖、シナモンと合わさると、どこか普通の綿菓子の味に似た味になります。同様に、シナモンとパイナップルでタルトタタンを作ると、砂糖を煮焦がしたようなおいしいに仕上がりになります。

パイナップル&セージ

かつてパイナップルセージ［pineapple sage］[※42]は、風味をつけた飲み物やフルーツサラダによく使われていました。作家のドルフ・ドゥ・ロヴィラ・スルは、パイナップルセージはパイナップル、あるいはピニャコラーダの味がすると書いています。

パイナップル&チョコレート

ケベック人のシェフで日本料理愛好家のデイヴィッド・バイロンは、パイナップルの「フライ」を添えたチョコレート・クラブサンドイッチを提供しています。サンドイッチにはトマトとレタスの代わりにイチゴとバジルが入っています。

パイナップル&唐辛子

完熟のパイナップルを買うのはちょっとした賭けです。葉を引っぱって取れたら完熟の証、というのはたわいもない言い伝えですが、底部のにおいを嗅ぐという方法には根拠があります。底部に含まれる果汁は他の部分よりも甘く、成熟が進むと、その芳香は鎧のような固い皮を突き抜け、外側からでもわかるようになります。もしもそのにおいが、パブで過ごした酔っ払いのようだったら、買うのはやめておきましょう。熟しすぎということです。

私は、大型のものより中型のパイナップルのほうがより甘く、より香りが豊かなことを発見しました。少なくともイギリスにいて、冬と春に買うのであれば、とりあえずは安心です。それでも酸っぱいパイナップ

※42　パイナップルセージ［pineapple sage］…中南米に分布する多年草で、葉をこすると甘酸っぱい香りがする。

ルを買ってしまったら、東南アジアやメキシコで食べられているグリーンマンゴーの料理と同じように、唐辛子や塩と混ぜてディップソースにしてしまいましょう。甘いパイナップルは生の赤唐辛子ともよく合い、特に魚料理に添えるサルサにおすすめです。あるいはごく細かいみじん切りにして、マンゴーシャーベットに添えるのもいいですね。

パイナップル&ハードチーズ→「ハードチーズ&パイナップル」P.91

パイナップル&バナナ

カスタードアップルとも呼ばれるチェリモヤは、グラニースミスとアルマジロの中間のような見た目を持ち、パイナップルとバナナとイチゴを混ぜ合わせたような味がする果物です。

パイナップル&バニラ

1920年代、パイナップル生産会社ドール［Dole］は、販売促進キャンペーンの一環としてパイナップルのアップサイドダウンケーキ［upside-down cake］[※43]のレシピを公開し、それはたちまち大ヒットとなりました。クリーミーなバニラスポンジの上に、砂糖で煮たトフィーのようなパイナップルがのったもので、確かにおいしいのです。

パイナップルをまねて、クランベリー、桃、洋梨、オレンジ、カルダモンなどのアップサイドダウンケーキが作られるようになりましたが、パイナップルほど魔法のような芳香を放つケーキにはなりません。

パイナップル&豚肉

タコス・アル・パストルを食べるためだけでも、メキシコ旅行をする価値があります。これは香辛料を効かせた豚肉の上に生のパイナップルを乗せ、串焼きにした軽食です。加熱されるに従って、パイナップルの果汁が肉の上に流れ、豚肉の外側の皮は茶褐色のカラメル状になり、同時にブロメラインと呼ばれるタンパク質分解酵素の働きでコラーゲンが分解されて、肉がやわらかくなります。焼き上がった肉は薄切りにしてトウモロコシのタコスにのせます。スイートオニオン、パイナップルをのせ、ライム果汁を搾り、山ほどのコリアンダーリーフを飾ればできあがりです。

パイナップル&ブドウ→「ブドウ&パイナップル」P.356
パイナップル&ブルーチーズ→「ブルーチーズ&パイナップル」P.84
パイナップル&プロシュート→「プロシュート&パイナップル」P.240
パイナップル&ベーコン→「ベーコン&パイナップル」P.235
パイナップル&ホワイトチョコレート→「ホワイトチョコレート&パイナップル」P.504
パイナップル&マンゴー→「マンゴー&パイナップル」P.413
パイナップル&ラズベリー→「ラズベリー&パイナップル」P.482

パイナップル&リンゴ

『オックスフォード英語辞典』によると、英語のパイナップルという言葉が初めて使われたのは1398年のことで、松の木の実、つまり松ぼっくりの説明のために使われました。今日の意味で「パイナップル」

※43　アップサイドダウンケーキ［upside-down cake］…ケーキ型の底に甘く煮た果物を並べ、上から生地を流しこんで焼くケーキ。

という言葉を使った最初の記録は、1664年、イングランドの作家で園芸家であるジョン・イヴリン〔1620－1706〕が、この熱帯植物の学術名であるアナナス・コモサスを指したものに見ることができます。この言葉は、ヨーロッパの探検家たちが、現在の私たちが松ぼっくりと呼ぶものと似ている果実に、強い印象を受けて使われるようになったと言われています。

「リンゴ（apple）」は、単にリンゴのような形の果物を表す言葉としてだけではなく、あらゆる種類の果物や野菜を表すために長く使われてきました。たとえばアングロサクソンの聖職者で散文家のアルフリック〔955頃－1022頃〕は、cucumeres（キュウリ）の同義語として、eorbaeppla〔earth（地球）＋apple（リンゴ）〕を使いました。偶然にも、さわやかで甘い青リンゴの特徴はパイナップルからも感じられる風味のひとつですし、アリントンピピン、クレイゲート・ペアメイン、ピットマストン・パイナップルなどのリンゴの品種はまさにパイナップルのような味がします。

フルーツ（さわやか）

パイナップル

Apple

リンゴ

さわやかで果物の香りと青くささのあるリンゴの風味を語るうえで忘れてはならない点は、酸味と甘みのバランスです。甘い順から並べてみると、フジ、ガラ、ゴールデンデリシャス、ブレバーン、ピンクレディ、グラニースミス、そして酸味の一番強い料理用のブラムリーとなります。

また、品種によってそれぞれ独自の風味の特徴を示し、花（バラ）の風味のするものや、ダムソン[damson]※44、洋梨、パイナップル、イチゴ、ルバーブなどの果物の風味のするものがあります。さらにはナツメグやアニスといった刺激的な香りを持つものもありますし、バターや生クリーム、チーズといった乳製品や、ナッツの香り（特に芯周辺に感じられる。種にはアーモンド風味がある）、あるいはかすかな蜂蜜、ワイン、バブルガムなどの風味を放つものもあります。

リンゴは温暖な気候の土地でもっとも多く栽培されている果物ですが、それは味がいいからだけでなく、用途が広いからでもあります。生のまま食べるのはもちろんですが、ケーキやパイ、プディングにすると最高ですし、ジャムやピリ辛ソース、ジュース、リンゴ酒、ブランデーなどの原料にもなります。

リンゴ＆アーモンド

アーモンドクロワッサンを切り開いて、片側に厚くクリームチーズを塗り、もう片側にはリンゴピューレを塗って、元通りに閉じます。シュトルーデル[strudel]※45 よりおいしいですよ。

リンゴ＆アニス→「アニス＆リンゴ」P.256
リンゴ＆ウォッシュチーズ→「ウォッシュチーズ＆リンゴ」P.80

リンゴ＆オレンジ

それぞれが唯一無二の存在だと思われがちですが、他の材料とうまくやれないというわけではありません。ナイジェル・スレイター（→P.508）は次のようなレシピを紹介しています。2人分です。

recipe
《リンゴのオレンジソースがけ》

❶生食用リンゴ2～3個の皮をむき、縦に8等分したら、バター 50gで6～7分炒める

❷リンゴを温めておいたデザート皿にとっておく

❸同じ鍋にブラウンシュガー大さじ2を加え、かき回しながら2～3分加熱すると、リンゴ風味のついたキャラメル状のバターソースができる

❹そこにオレンジ（大）1個分の皮と果汁を加え、続いて高脂肪生クリーム150mlを加える

❺加熱して泡立ち始め、とろみがついたら火をとめ、リンゴの上からかけます

※44　ダムソン［damson］…プラムの一種。
※45　シュトルーデル［strudel］…果物などを薄い生地で巻いて焼いたお菓子。

リンゴ&貝・甲殻類

　冷やした酸味のあるリンゴをすりおろし、やわらかく甘みのあるカニのマヨネーズ和えに加えると、さっぱりした味に仕上がります。

リンゴ&キャベツ

　スパイシーな生キャベツでコールスローを作るときは、パイナップルかオレンジを一緒に使うかもしれませんが、ゆっくりと加熱した硫黄のにおいのするキャベツに合う果物は、リンゴの他にはありません。ですから、赤キャベツ、リンゴ、タマネギを蒸し煮にしたもの（ベーコンまたは栗、もしくは両方を一緒に加えてもいい）は、あなたが思い浮かべる豚肉料理ならなんにでも合う、最高の付け合わせのひとつになります。レモン果汁か赤ワインビネガーなど、酸性のものを蒸し汁に加えて、キャベツが青色に変色するのを防ぎましょう。

リンゴ&クルミ

　これら2つの食材は、芳醇な秋らしい風味を数多く共有しています。ビーツ、オレンジ、クレソンと混ぜ合わせてみてください。アメリカのニューイングランド地方で過ごす10月のような味になるでしょう。

リンゴ&クローブ

　アメリカのフードライター、ロバート・キャリアー〔1923−2006〕の考えによると、アップルパイはクローブのわずかな風味があって初めて完成するとのことです。一方イギリスの料理研究家エリザベス・デイヴィッド〔1913−1992〕（→P.506）は、クローブを使ったアップルパイは食べられたものではないと言っています。

　結局、リンゴの種類や作る時期次第なのかもしれません。リンゴはいろいろな特徴を備え、料理用の種類などは酸味の強さもさまざまです。それがあるから、やわらかくバターたっぷりのペストリーやクランブル、スポンジなどとすてきなコントラストを描くのであって、リンゴを後押しするような強い風味のものは何も必要としません。

　生食用のリンゴにも同じことが言えます。イギリスのシェフ、サイモン・ホプキンソンは、リンゴタルトにはゴールデンデリシャスをすすめています。しかし、大半の生食用のリンゴは調理すると、さわやかで豊かな果物の香りを持つ酸味が消えてしまうため、生のまま食べるのに適しています。

　それでも調理しなければならない状況になったら、レモン果汁をひと搾りして、クローブやシナモンなど温かみのある香辛料を使えば、リンゴの風味を増すことができます。自宅でリンゴを育てたり、農家から買ってきたリンゴを涼しい場所に保管しておいたりすると、料理用であれ、生食用であれ、リンゴを長く置いておけば置いておくほど、酸味は減り、甘みが増すことがわかるでしょう。酸っぱいブラムリーでさえ、3月までには食べられるようになります。

リンゴ&コリアンダーシード → 「コリアンダーシード&リンゴ」P.495

リンゴ&シナモン

　昔から使われている組み合わせです。シナモンは、リンゴの酸味に、甘さとかすかな木の温かみを与

えます。まるで石畳の道で聞くシタール[*46]のようです。シタールの音楽と同じく、過剰にならないよう気をつけましょう。

リンゴ＆セージ→「セージ＆リンゴ」P.459
リンゴ＆セロリ→「セロリ＆リンゴ」P.132
リンゴ＆ソフトチーズ→「ソフトチーズ＆リンゴ」P.98
リンゴ＆ナツメグ→「ナツメグ＆リンゴ」P.313
リンゴ＆ニンジン→「ニンジン＆リンゴ」P.321

リンゴ＆ハードチーズ

輝かしい組み合わせです。プラウマンズランチ[ploughman's lunch][*47]は、市場がこれらの食材を売るためにわざわざ作った組み合わせだと友人が小馬鹿にするように言ったことがありました。しかし私は、誰かがつけた名前がいまひとつだという理由だけで、この何世紀にもわたって食べられてきたチーズ、リンゴ、パンという組み合わせに背を向ける気にはなりません。

くさび型に切ったぴりっと刺激のある熟成チェダーやスティルトンチーズは、まもなく急な丘がありますと警告する道路の交通標識のようです。そこにリンゴまるまる1個と、ぽろぽろくずれやすい全粒粉パンを半斤、自家栽培したタマネギと自家製チャツネ[chutney][*48]が添えられます。リンゴの酸味がチーズの塩辛い濃厚な味を和らげます。ここでおいしいビールかリンゴ酒を飲めば、もう完璧です。

また、イギリスのヨークシャーやアメリカの一部で食べられている、酸味のあるハードチーズとアップルパイの組み合わせも試してみてください。チーズは別添えにする人もいれば、ショートクラスト・ペストリーの下に敷いて一緒に焼く人もいます。アメリカのウィスコンシン州では、一時、チーズを添えていないアップルパイの消費を禁ずる法律が議会を通過したことがありました。アメリカの詩人ユージン・フィールド〔1850-1895〕は、この組み合わせについて詩を書き、アメリカ映画『タクシードライバー』の主人公であるトラヴィス・ビックルは、コーヒーショップで溶けたチーズを添えたアップルパイを注文します。またサイコパスの殺人者、エド・ゲインは警察に逮捕された際、全面自供する代わりに同じような注文をしたとも言われています。

リンゴ＆バターナッツカボチャ→「バターナッツカボチャ＆リンゴ」P.324
リンゴ＆バニラ→「バニラ＆リンゴ」P.501
リンゴ＆バラ→「バラ＆リンゴ」P.490
リンゴ＆パイナップル→「パイナップル＆リンゴ」P.378

リンゴ＆ビーツ

ガーデンセンターを思い起こさせる、ビーツの温かい土の香りが私は大好きです。この香りが苦手な人は、リンゴを加えるとビーツの濃厚な味が和らぐことを覚えておきましょう。角切りにしたブレバーン種のリンゴ1に対して、加熱したビーツ2の割合で料理します。今回は食感の違いを楽しむためにリンゴの皮は残しておきます。

すぐにビーツは材料全部を赤色に染めます。やわらかいビーツの食感を期待して口に含むと、しゃき

※46　シタール…インドの弦楽器。
※47　プラウマンズランチ[ploughman's lunch]…イギリスの軽食。チーズ、ハム、ピクルス、リンゴ、タマネギなどとパン、ビールの組み合わせ。
※48　チャツネ[chutney]…野菜や果物にスパイスを加えて、煮込んだり漬けたりして作るソースやペースト状の調味料のこと。

しゃきとしたリンゴが感じられて、楽しい混乱が生じます。リンゴの風味もビーツの風味もホースラディッシュとよく合うので、マヨネーズと合わせてドレッシングを作るのもいいでしょう。クルミとの相性も抜群です。クルミオイルをベースにしたドレッシングにリンゴとビーツを合わせてみてください。グリルした脂分の多い魚にぴったりです。

リンゴ＆ピーナッツ→「ピーナッツ＆リンゴ」P.29

リンゴ＆豚肉

　豚に果樹園を自由に走り回らせると、たくさんの恩恵を受けることができますが、リンゴを食べて育った豚の肉はそのうちのひとつです。豚たちは土地を肥沃にし、よく食べて健康的に太り、害虫を引き寄せる落ちた果物を一掃します。実際、グロスターシャー・オールド・スポット種は果樹園育ちの豚として知られ、黒い斑点模様はリンゴが当たってできた打撲のあとだという説さえあります。

　料理についていえば、この2つはお互いのよさを高め合う存在です。正しく作ったローストポーク、つまり、香ばしくパリパリになった脂肪で覆われた豚肉にリンゴを合わせると、カーテンで隠れていた味覚の窓がぱっと開くようです。リンゴソースは必要よりも多めに作りましょう。それもかなり多めです。いろんな使い道がありますから、多すぎると感じる人はいないはずです。

recipe

《リンゴソース》
❶料理用リンゴのブラムリー1kgの皮をむき、芯を取って刻む
❷リンゴと砂糖75g、水大さじ1〜2を片手鍋に入れる
❸中火にかけて沸騰したら蓋をし、目を離さずにときどきかき混ぜながら、好みの食感になるまで約5分煮こむ
❹甘さのかげんを見て、必要ならば砂糖を加えて完成
(→「リンゴ＆アーモンド」P.380、「ナツメグ＆リンゴ」P.313)

リンゴ＆ブラックプディング

　私がこのシンプルな組み合わせを食べたのは、パリのサンジェルマンにあるオーシャルパンティエ[Aux Charpentiers]と呼ばれるブラッセリーでした。重いドアを通り抜け、厚い色あせたベルベットのカーテンを開けて、ダイニングルームに入ります。まるで『ナルニア国ものがたり』で、ワードローブを通ってナルニア国に入っていくエドマンドのような気分でした。

　ただし、魔法の雪の国に到着してターキッシュデライトに誘惑されるのではなく、1930年代のパリの働く男性たちのためのカフェに到着し、ブラックプディングに魅せられたのでした。肌寒い秋の夜に、何かおいしくてしゃれたものが欲しいなと思ったらこのデザートを作ってみてください。

383

recipe

《リンゴとブラックプディングのデザート》

❶生食用のリンゴ1個を用意する。加熱しても形がくずれず、できればブラックプディングの強くてスパイシーな味を和らげる、ぴりっとした刺激のあるリンゴがいい

❷リンゴの皮をむき、芯を取って縦に8等分にする

❸バターとピーナッツオイルをそれぞれ大さじ1ずつ混ぜた中で、リンゴをやわらかく、少し色づくまで炒める

❹リンゴがほぼやわらかくなったら、ブラックプディングを加えて温める。火は通っているので、あと数分加熱して中まで火を通せばいいだけ

特におすすめの付け合わせはありませんが、冷たくてピーチ風味のヴィオニエ種のワインを一緒にどうぞ。

リンゴ&ブラックベリー

サイモン&ガーファンクルのように、リンゴとブラックベリーはそれぞれソロで立派な活動をしながら、セントラルパークでは一緒に売られてもいます。リンゴはサイモンで、リーダー的な役割を果たします。ブラックベリーは高音部の役割を果たします。特定の香辛料の味があるわけではありませんが、スパイシーな特徴を備えています。

recipe

《果物のシチュー》

❶生垣から袋いっぱいのブラックベリーを摘んでくる

❷これを鍋に入れ、料理用リンゴ4個の皮をむいて芯を取り刻んだものと、砂糖大さじ4を混ぜ合わせる

❸弱火で約20分、リンゴがやわらかくなり、ブラックベリーの深紅色がしみ出てくるまで煮こむ

❹甘さを確認して、必要に応じて砂糖を加える

私たちはこれを果物のシチューと呼んでいましたが、最近はコンポートと呼ばれています。コンポートのほうが上品に聞こえますが、甘く素朴でちょっとがさつな語感がなくなって、さびしい気がします。少量のクリームを加えると、より甘味が引き立ちます。

リンゴ&ブルーベリー

間違いなく、この組み合わせが一番すばらしい結果を生みだします。リンゴは遠慮がちなブルーベリーに、果物の風味を添えて後押しします。この組み合わせでタルトかクランブルを作ってみてください。

チョコレートがけのピーナッツの代わりに、おやつに食べるつもりで買ってきたブルーベリーを使いましょう。体にいいものを食べなくちゃというあなたの決意と同じぐらい持て余されて、冷蔵庫に入れっぱなしになっているでしょうから。

リンゴ&ヘーゼルナッツ

ヘーゼルナッツとリンゴの組み合わせを見ると、早く夏が終わらないかな、これらで何か作りたいなという気持ちになります。豚の腰肉にヘーゼルナッツとリンゴを詰めるか、ヘーゼルナッツのペストリーを土台にしたアップルパイを焼くか、これから紹介する私の秋のケーキを作るかしてみてください。このケーキには大量のリンゴを使います。うまくいくのかなと不安に思うかもしれませんが、大丈夫です。

recipe

《リンゴとヘーゼルナッツのケーキ》

❶ 大きなボウルに、ローストして（または湯がいて）渋皮を取り、粉末にしたヘーゼルナッツ100g と薄力粉125g、やわらかくしたバター100g、砂糖100g、ベーキングパウダー小さじ2、卵1個、ヘーゼルナッツオイル大さじ1、ココア粉小さじ1を入れ、よく混ぜ合わせる

❷ 料理用のリンゴ（中）3個の皮と芯を取り除き、4等分にする。それぞれをさらに半分に切り、それをまた4つに切り分ける

❸ 先に準備した生地にリンゴを加えて、さっくりと混ぜる

❹ 直径20cmの底が取れるタイプのケーキ型に、バターを塗ってクッキングシートを敷き、生地を流しこんで、180℃のオーブンで約45分焼く

素朴なデザートとしてこのまま食べてもいいですし、キャラメルソースかアイスクリームを添えてもいいでしょう。ケーキが冷めると、ヘーゼルナッツの風味がより明確にわかるようになります。本当にたくさんのリンゴを使っているため、水分が多めですから、2日以内に食べきりましょう。

リンゴ&ベーコン→「ベーコン&リンゴ」P.235

リンゴ&ホースラディッシュ

青リンゴとホースラディッシュを使ったレシピです。

recipe

《青リンゴとホースラディッシュのサワークリーム和え》

❶ 酸っぱい青リンゴ1個をすりおろし、おろしたホースラディッシュ大さじ1と1/2を混ぜ合わせる

❷ そこにサワークリーム大さじ3、塩とカイエンヌペッパーそれぞれひとつまみ、レモン果汁とブラ

ンデーそれぞれ小さじ1/4を加えて、よくかき混ぜる

冷たい肉、特に牛肉や鴨肉によく合います。

リンゴ&マンゴー→「マンゴー＆リンゴ」P.414

リンゴ&洋梨

　サラ・パストン＝ウィリアムズが言うには、リンゴと洋梨は初めてイギリスで育った果物なので、組み合わせとしては非常に古いものだということです。彼女は「ナイトシャツを着た洋梨」[49]のレシピを発表しています。

recipe

《ナイトシャツを着た洋梨》
❶洋梨はまるごとリンゴ酒で軽く煮て、スパイスの効いたリンゴピューレのベッドの上に寝かせる
❷それにメレンゲをかぶせ、香ばしくきつね色になるまで焼く

　リンゴの代わりにマルメロ［marmelo］[50]のピューレを使ってもおいしくできます。マルメロはリンゴや洋梨と同じく「梨状果」に分類されます。重みのある肉感的な香りを放つので、秋に農家がマルメロを販売所で吊り下げておくと、1987年頃ロンドンの地下鉄のホームに漂っていたクリスチャン・ディオールの香水「プワゾン」に負けないほど空気を濃くします。

　マルメロのにおいはリンゴ、洋梨、バラ、蜂蜜を混ぜたようなもので、ムスクのような熱帯的な深みも伴います。イギリスのフードライター、ジェイン・グリグソン〔1928-1990〕（→P.507）は、リンゴや洋梨のタルトにマルメロを使っても、風味で負けることはないと言っています。マルメロ1個をすりおろすかみじん切りにして、パイかタルトタタンに混ぜこみます。必ず皮も入れましょう。風味の化合物は皮に凝縮されていますから。

リンゴ&レバー→「レバー＆リンゴ」P.55

※49　ナイトシャツ…男性用の寝巻で長いTシャツのようなもの。
※50　マルメロ［marmelo］…中央アジア原産のカリンに似た果実で、英名は「クインス［quince］」。

Pear

洋梨

洋梨は同じ科のリンゴに比べて、酸味が少なく硬さも控えめですが、一般に思われているほど繊細なわけではありません。たとえば洋梨独特の風味は缶詰にしても消えることがありませんし、蒸留してブランデーの一種オードヴィー［eau de vie］にすると、より印象的にさえなります。

ウィリアムスという品種は、缶詰やブランデー、その他の洋梨製品によく使われます。生食用にはドワイアンヌ・デュ・コミスが高く評価されています。コミスは1849年に発表されて以来、その品質のよさで重宝されてきました。ボスクやアンジュなどのバターペアーと呼ばれる品種は、濃厚で香り豊かな風味と（名前が示すように）バターの質感を持っています。

洋梨の甘いワイン風味は、においの強いチーズやクルミ、タンニンの渋みが利いた赤ワインなどとの相性が抜群です。日本の梨が持つ果汁たっぷりのシャキシャキ感は、同じような風味の組み合わせに適していますが、洋梨やメロンの特徴も本家に負けないくらい備えています。

洋梨&アーモンド

実に自然な組み合わせで、上品で控えめです。なめらかな洋梨とアーモンドクロワッサンをプディングにすると、この組み合わせが持つ、行きすぎた優雅さを抑えることができます。

手元に古くなったアーモンドクロワッサンが3つあれば言うことなしですが、買い物に行った際に必要な分より3つ多く購入してください。

---

recipe

《洋梨とアーモンドクロワッサンのプディング》

❶クロワッサン3つを2cm幅に切り分け、1L入りの浅い耐熱皿にバターを塗ったものに並べる

❷その上に洋梨2〜3個の皮をむいて芯を取り除き、薄切りにしたものをのせる

❸牛乳と高脂肪生クリームそれぞれ500mlを一緒に鍋に入れ、沸騰直前まで温める

❹卵1個と卵白4個分に、アーモンド・エクストラクト小さじ1、砂糖大さじ3を加えて、泡立て器で混ぜ合わせ、温めた牛乳と生クリームを少しずつ注ぐ

❺これを洋梨の上に流し入れ、10分置いてから180℃に熱したオーブンで45分焼く

洋梨&アニス

日本の梨の風味は洋梨と似ていますが、リンゴのようなシャキシャキ感を持っています。生のままサラダに入れると、特にその食感が楽しめます。フェンネルの球根をごく薄切りにしたものと合わせると、これ以上ないほど繊細な香りが楽しめます。

また、皮をむいて芯を取り除き、スターアニスで風味づけした砂糖シロップでまるごと軽くゆでると、

梨本来の風味がひときわ高まります。プラムアイスクリームを添えると絶品ですが、バニラでもかまいません（→「牛肉&洋梨」P.63）。

　　洋梨&ウォッシュチーズ→「ウォッシュチーズ&洋梨」P.80

洋梨&カルダモン

　アップサイドダウンケーキ［upside-down cake］※51やタルトタタンを作るときに、この組み合わせが利用できます。特においしいのはシャーベットなどで、洋梨のシャキシャキとした果物らしさを保ちながら、カルダモンのすてきな花の香りとコントラストを成しているときです。

　カルダモンの香りをつけた砂糖シロップを作って、洋梨のピューレに加えてみましょう。ポワレ・オードヴィーを少し加えると味が引き締まります。

　　洋梨&牛肉→「牛肉&洋梨」P.63
　　洋梨&栗→「栗&洋梨」P.327

洋梨&クルミ

　豊かな秋の恵みの組み合わせです。くせのあるブルーチーズを合わせて、刺激のあるサラダにするのが昔からの定番です。

recipe

《洋梨とクルミとブルーチーズのドレッシングのサラダ》

❶まずは洋梨を少し食べてみてから、皮をむく必要があるかどうかを確かめる。硬すぎなければ皮の持つ風味と舌ざわりを残すために、皮はそのままにして使う

❷洋梨2個の芯を取って四つ切りにし、さらに薄切りにしたものを酸性水（レモン汁大さじ1を加えた水）500mlに入れる

❸葉類をさっと洗って水気を切り、大きすぎたら刻んでおく。クレソン、トレビス、チコリがいい

❹ブルーチーズ125gを手でくずすか、角切りにする

❺クルミ大盛り片手1杯分は粗く刻んで、風味を引き立たせるために軽く焼く。生のままでもかまわない。どちらでもおいしくできあがる

❻クルミオイル大さじ3、オリーブオイル大さじ1、シェリービネガー大さじ2、塩コショウを混ぜ合わせてドレッシングを作る

❼葉類をドレッシングで和え、クルミ、ブルーチーズ半量、水気を切った洋梨を入れて軽く混ぜ、残りのチーズを上から散らして食べる

　洋梨とクルミを使って、濃厚なケーキやタルトを作ってもいいでしょう。

※51　アップサイドダウンケーキ［upside-down cake］…ケーキ型の底に甘く煮た果物を並べ、上から生地を流しこんで焼くケーキ。

洋梨&シナモン

　なぜ洋梨はふだん、シナモンとワインでゆでてあるのでしょう？　風味づけしていない砂糖シロップで洋梨を調理すると、その理由がはっきりとわかります。香り高くするための強い香料を使わないと、あっという間にゆですぎたカブのような味になるからです。

　同じ理由から、タルトタタンやアップサイドダウンケーキやクラフティなどの温かい洋梨の焼き菓子にも、シナモンを加えるのがおすすめです。私はスッファと呼ばれる、シナモンシュガー味のモロッコの甘いクスクスを作ろうとして、ドライペアー（乾燥洋梨）を入れてみたことがあります。アンズやデーツやプルーンなどの昔から使われてきた材料が手元になかったのです。

---

recipe

《スッファ（洋梨とシナモンの甘いクスクス）》

❶アーモンドフレークひとつかみ分を、きつね色になるまで焼いて、冷ましておく

❷ドライペアー（乾燥洋梨）4個をグリンピース大にちぎる

❸クスクス200gをボウルに入れ、ブラウンシュガー大さじ4を加えて混ぜる

❹そこに沸騰した湯250mlを回し入れ、バター25gを加え、蓋をして5分置く

❺フォークでクスクスをほぐす

❻洋梨とアーモンドのほとんどを加え、オレンジフラワー・ウォーター小さじ2、シナモン粉小さじ1/2をふりかけて、全体をよく混ぜ合わせる

❼小さな深皿にクスクスを山状に盛りつけ、洋梨とアーモンド少々をてっぺんに飾る

　モロッコではスッファと一緒に牛乳かバターミルクが出てきますが、私の好みは、モロッコの小さなティーグラスに入れた、よく冷えているメープルシロップのラッシーです。

洋梨&チョコレート→「チョコレート&洋梨」P.18

洋梨&鶏肉→「鶏肉&洋梨」P.38

洋梨&ハードチーズ

　作家のピーター・グラハムは、フランスの古くからの言い伝えを引用しました。「神が結婚させた中でこれ以上のものはない／それは洋梨とチーズだ」。

　イタリア人はいっそう過激です。「チーズと洋梨の相性がどれほどいいかを農民には教えるな」。

　そこで本当に農民が知らないのか試してみることにしました。私はアペニン山脈の谷まで足を延ばし、お高くとまりながら「そこの者、ここに来なさい」と言いました。「洋梨のウィリアムス種がどれほどフォンティーナチーズと相性がよいかご存じ？」。すると、彼は杖で私を追い払いました。

　どこの国であろうとも、この言い伝えが言わんとしていることはあてはまります。ナッツの風味があるボスク種には成熟したチェダーチーズを。コミス種にはブリーチーズを。決して失敗することはありません。

洋梨&バナナ

バナナの風味を持つお菓子や洋梨のドロップには、酢酸イソアミルと呼ばれる果実のエステルの一種が使われています。これはミツバチの針から放出されるものと同じで、物や誰かの存在を仲間に知らせるための攻撃フェロモンとして機能します。つまりハチは、たくさん刺して広く危険を伝えようとするのでしょう。ここで教訓。蜂の巣のそばを散歩するときは、手にするお菓子をよく吟味しましょう。

洋梨&豚肉

リンゴと豚肉はとても人気の高い組み合わせなので、洋梨には割りこむ隙がありません。とはいえ、洋梨も肉の持つ甘い香りととてもよく合います。

リンゴが豚肉とうまくいく理由のひとつは、リンゴの酸味が豚肉の油っぽさを和らげるからです。洋梨の場合はヒレ肉などの赤身と合わせてローストするととてもおいしくなります。ロンドンにあるコンディトル&クック［Konditor & Cook］というベーカリーでは、洋梨のピューレと薄切りにした脂分の多いチョリソをのせたパイを扱っています。絶品です。

洋梨&ブルーチーズ→「ブルーチーズ&洋梨」P.85

洋梨&プロシュート

この組み合わせは、ピザのトッピングやパニーニの具、超豪華なサラダに使われています。しかし、一番いいのは何も加工しないでそのまま食べることです。洋梨とプロシュートだけで完璧です。

洋梨&ヘーゼルナッツ→「ヘーゼルナッツ&洋梨」P.338
洋梨&山羊のチーズ→「山羊のチーズ&洋梨」P.76
洋梨&リンゴ→「リンゴ&洋梨」P.386

クリーミーなフルーツ風味
Creamy Fruity

バナナ
Banana

メロン
Melon

アンズ
Apricot

桃
Peach

ココナッツ
Coconut

マンゴー
Mango

Banana
バナナ

　皮に青みが残るような若いバナナは、穏やかな、少し青くさいような風味のなかに、しびれるような渋みがあります。熟すと、はっきりとしたクローブの香りを持つ、さわやかで芳醇な、おなじみのバナナの風味になります。皮に黒い斑点が現れてくるころには、バニラや蜂蜜やラムを思わせる甘い香りを漂わせ、まるでバナナブレッドやフランベにしてほしいと言わんばかりです。バナナはコーヒーやナッツ類、チョコレートなどのロースト風味があるものや、ラム酒のようなコクのある風味と相性がぴったりです。

バナナ＆アーモンド

　焼いたアーモンドフレークののっていないバナナスプリットですって？　そのようなものは、シャツのボタンを一番上まできっちりと留めたビージーズ[※1]を見るみたいで、落ち着きません。

バナナ＆アニス

　イタリア人シェフ、ジョルジオ・ロカテッリは、ティラミスにバナナと甘草のアイスクリームを添えました。とても心惹かれますね。甘草はスパイシーな香りと塩気を持ち合わせていますが、どちらの風味もバナナとよく合います。信じられない人もいると思いますが、だまされたと思って甘草のトフィーにバナナを添えてみてください。

バナナ＆カルダモン→「カルダモン＆バナナ」P.447
バナナ＆キャビア→「キャビア＆バナナ」P.212
バナナ＆クルミ→「クルミ＆バナナ」P.332

バナナ＆コーヒー

　ブランジェリーナ（ブラッド・ピット＆アンジェリーナ・ジョリー）や、ベニファー（ベン・アフレック＆ジェニファー・ガーナー）と呼ばれるカップルが現れる前は、バノフィーこそが不滅の甘ったるいカップルでした。バノフィー、つまり"バナナとトフィー"の組み合わせです。ここでは、バノフィーパイを紹介しましょう。

　ペストリーかビスケットの土台の上に、輪切りにしたバナナとカラメル、コーヒー風味のクリームをのせます。バノフィー [banoffee] という呼び名の語尾offeeの語源が、トフィー [toffee] だったかコーヒー [coffee] だったか迷うほど、コーヒーとバナナの相性は抜群です。土台は、ペストリーよりもダイジェスティブ・ビスケットのほうがおすすめです。ビスケットの塩気と麦芽の風味が、やっと熟したばかりのバナナに残る青くささを巧みに消してくれるからです。

　コーヒー豆は揮発性のアルデヒドとエステルをたくさん含んでいて、こうした化合物がコーヒーのにおいに、花のにおい、クローブのようなかすかな甘い香りを添えています。バナナも花の香りとクローブの成分を持っていて、両者がうまく結びついてすばらしい風味を醸し出します。

※1　ビージーズ…イギリスの男性ボーカルグループ。

コーヒーとバナナの組み合わせは豊かな風味をもたらすだけではありません。一緒になることで、頭が痛くなるほどのパイの甘ったるさに、苦味と酸味を添えて、甘さを抑えているのです。

バナナ＆ココナッツ→「ココナッツ＆バナナ」P.408

バナナ＆シナモン

バナナは熟すにつれて、クローブの香りを持つ化合物のオイゲノールが増えていきます。黒い斑点が出てきたバナナが、どれほど刺激的な香りを放つか思い出してください。

このため、熟したバナナはほかの香料と非常によく調和します。たとえば、バナナブレッドの中のシナモンやバニラを考えてみればわかるでしょう。バナナブレッドは、熟れすぎたバナナの行きつくべき天国です。バナナが1本しかなかったら、次のレシピを試してみてください。

recipe

《シナモン風味のバナナブレッド》

❶バナナは皮をむいて縦半分に切り、薄力粉大さじ1とシナモン小さじ1/4をふりかける
❷バターとピーナッツオイル各小さじ2を合わせたものの中で焼く

アイスクリームをひとすくい添えると見た目がよくなりますが、バナナだけでも甘いので、十分に満足できます。

バナナ＆卵→「卵＆バナナ」P.188

バナナ＆チェリー

チェリーを種ごとつぶして作った透明な蒸留酒のキルシュ［kirsch］は、ビターアーモンドの香りが強く出るので、風味だけではどの果物から作ったのかわからなくなります（植物学上では、アーモンドは核のある果物「核果」で、プラムや桃、チェリー、アンズの近縁種）。

キルシュを果物にかけると、果物の甘酸っぱさとおいしい苦味とのバランスがよくなります。フランスに古くから伝わるレシピで、バナーヌ・バロネット［bananes naronnet］というものがあります。名前はとても派手ですが、実物はかなり地味なものです。1人分の分量を紹介しましょう。

recipe

《バナーヌ・バロネット》

❶バナナ1本を輪切りにし、レモン果汁少々をふりかけ、砂糖ひとふりとキルシュ小さじ2を加える
❷最後に高脂肪生クリーム大さじ1を泡立てないで加える。よく混ぜてから食べる

バナナ&チョコレート

焼きチョコレートバナナのレシピです。

---

recipe

《焼きチョコレートバナナ》

❶ バナナの中身を傷つけないように気をつけながら、皮に縦方向の切れ目を2本、端から端まで入れる

❷ 切れ目に沿って皮をむき、身に2.5cm（1インチ）幅で切れ目を入れ、それぞれにチョコレートを1かけずつはさんでいく

❸ 皮を元にもどし、アルミホイルで包んでバーベキューの残り火で5分ほど焼く

❹ アルミホイルを開いて、チョコレートと混ざった、とろとろのバナナをスプーンですくって食べる

バナナ&鶏肉

　アメリカ・メリーランド州の鶏肉料理では、バナナが鶏肉と出会います。この料理は一般的には鶏肉のカツレツ、揚げバナナ、コーンブレッド（またはフリッター）で構成され、濃厚なグレービーソース[gravy sauce]※2をかけて食べます。リゾート地の高級感とはほど遠い感じの料理ですが、スコット・フィッツジェラルド〔1896-1940〕（→P.508）の『夜はやさし』の中で、ニコール・ダイヴァーがレシピ本をめくってこの料理の作り方を探しています。アメリカ映画『タイタニック』の中では、沈没するまさにその夜のメニューとして、ファーストクラス用レストランでふるまわれました。

　イギリスのシェフ、ジェイミー・オリヴァー（→P.507）はこの料理について、オーブンで焼いて仕上げる方法を紹介しています。そのレシピでは、バナナを詰めた鶏胸肉をベーコンで巻いたものを、生の粒トウモロコシとカンネッリーニ豆を白ワインと高脂肪生クリームとバターで和えたものの上に並べて、焼いています。

バナナ&ハードチーズ→「ハードチーズ&バナナ」P.92

バナナ&バニラ

　アメリカ・アリゾナ州トゥームストーンから北に25マイル（45km）ほど行ったところにある昔ながらの炭鉱町ベンソンに、私たちは立ち寄りました。私をエスコートしてくれたカウボーイは、トラックの中で汗まみれになった私がどれほど暑くて疲れているかに気づくと、カップに入ったバナナとバニラのアイスクリームを買ってくれました。

　バナナの風味にもバニラの風味にも花の香りと刺激的な香りがあります。バナナの柑橘系に近い酸味は、バニラの濃厚な甘さでうまく抑えられていました。埃舞う道路の端にたたずみ、永遠に続くような貨物列車の通過する音を聞きながら、私は少しずつアイスクリームの冷たさを楽しみました。

バナナ&パースニップ→「パースニップ&バナナ」P.316

394　※2　グレービーソース［gravy sauce］…肉汁から作るソース。

バナナ＆パイナップル→「パイナップル＆バナナ」P.378

バナナ＆ピーナッツ

ピーナッツバターとバナナを白い食パンにはさんで揚げたサンドイッチが、アメリカのミュージシャン、エルヴィス・プレスリー〔1935-1977〕の好物でした。間にベーコンもはさむという人がいますが、私がエルヴィス・プレスリーの遺産管理団体に問い合わせたところ、そんなことはなかったという返事でした。

管理団体によると、プレスリーの好きだったほかのサンドイッチとごちゃ混ぜになり、そのような言い伝えができてしまったそうです。ある夜、グレイスランド[※3]でくつろいでいたプレスリーは、懐かしい味が頭に浮かび、どうしてもそれが食べたくなってしまいました。友人数人を自家用ジェット機に押しこみ、遥か遠くのコロラド州デンヴァーまで行って、地元の名物料理を満喫したのでした。それはパン1斤の中身をまるごとくり抜いて、ピーナッツバターとグレープジャム、焼いたベーコンをあふれんばかりに詰めたものでした。

バナナ＆ヘーゼルナッツ→「ヘーゼルナッツ＆バナナ」P.338

バナナ＆ベーコン

皮をむいたバナナに薄切りのベーコンを巻きつけて、はがれないようにつまようじで留め、8〜10分ほど何度か返しながらグリルで焼きます。どんな味か想像できますか？　ベーコンの強い塩味がバナナの甘みで消されてしまうでしょうか？　まったくそんなことはないのです。

バナナ＆洋梨→「洋梨＆バナナ」P.390

※3　グレイスランド…テネシー州メンフィスに建てられた、プレスリーの邸宅。

Melon

メロン

ここでは、カンタロープ [cantaloupe][*4]、ガリア [Galia][*5]、シャランテ [Sharentais][*6]、ハニーデュー [honeydew][*7] メロンを扱います。すいかもメロンの一種ですが、別に節を設けてあります（→P.352）。

メロンはどんな品種でも熟すと甘くなり、独特のにおいを放ちます。ほかにも、特に風味の奥深さや、その品種が持っている特徴的な香りによって（洋梨やバナナなどの果物の香り、花の香り、硫黄の香り）、さまざまな風味があります。

カンタロープは特に花の香りが強く、しっかりとした風味があります。ガリアはその甘さに定評がありますが、キュウリのような味もあり、ときには接着剤のようなにおいが感じられるときもあります。メロンはほかの果物ともよく合いますが、水分量が多いこともあり、昔から限られた食材としか組み合わせられてきませんでした。

メロン&アーモンド→「アーモンド&メロン」P.345

メロン&アニス

メロンの使い道に困ったとき、シェフたちはよく、半分に切ってたっぷりのお酒をふりかけてきました。よく使われてきたのはポートワインやカシスやシャンパンです。

イギリス・リッチモンドにあるガーデニングショップ&カフェ、ピーターシャム・ナーサリーズ [Petersham Nurseries] のシェフ、スカイ・ギンジェルは、シャランテメロンのスライスに、香ばしく炒ったフェンネルシードをつぶして散らし、サンブーカ [sambuca][*8] をふりかけます。

メロン&イチゴ

私が信頼している本によると、フランスではメロンのフリッターにイチゴソースを添えるのが人気なのだそうです。そこでシャランテメロンを使ってフリッターを作ってみました。なんとも言えぬジャムドーナツの香りが台所に広がりましたが、食べてみたらがっかりでした。メロンの風味は熱い油をくぐってもほぼ残っていたのですが、舌ざわりがかなり耐えがたいものになっていました。

やはり、イギリスの料理研究家エリザベス・デイヴィッド〔1913−1992〕（→P.506）がすすめているように、カンタロープメロンと野イチゴの盛り合わせといった、熱を加えないシンプルなものがおいしいようです。一方、イタリア人フードライターのアンナ・デル・コンテは、メロンとイチゴは合わないと断言します。それでも、グラニュー糖とバルサミコ酢をふりかけてそれぞれ別に食べるととてもおいしいと記しています。メロンとイチゴの香りを併せ持つのがキウィだと主張する人もいます。ぜひ自分で試してみてください。

メロン&オレンジ

カヴァイヨンメロン協会のおすすめは、フランス・プロヴァンス地方のカヴァイヨン産のシャランテメロンをオレンジリキュールでフランベし、鳥の巣状に盛ったダークチョコレート風味のタリアテッレにのせ

※4　カンタロープ [cantaloupe] …ヨーロッパ南部、アメリカ、タイなどで露地栽培される赤肉種のマスクメロン。
※5　ガリア [Galia] …イスラエルで改良された品種で、ヨーロッパの市場でよく見かける。
※6　シャランテ [Sharentais] …南フランス産。日本で有名なプリンスメロンは、シャランテとニューメロンを交配させたもの。
※7　ハニーデュー [honeydew] …白皮の編み目がない品種。

るというものです。ほかにも、シンプルにコアントロー［cointreau］[※9]をさっとふりかけて食べるという方法もあります。

しかし、カヴァイヨン産メロンの持つ、いくつもの果物の風味がからみあったスイカズラ系の風味を考えると、そのまま食べるのが一番おいしいと感じるかもしれません。

長年にわたって評価されてきたカヴァイヨン産のメロンにはこんな話があります。フランスの作家アレクサンドル・デュマ〔1802−1870〕（→P.506）は、自作の書籍をいくつか市立図書館に寄付してほしいとカヴァイヨン市長に頼まれたとき、全作品を寄付する代わりに毎年カヴァイヨン産メロン1ダースが欲しいと要求したそうです。

最高のカヴァイヨン産メロンを味わいたければ、やはり真夏にプロヴァンス地方まで足を延ばす必要があります。とはいえ、季節に関係なく、カヴァイヨンに旅行する機会があったら、エギュベル修道院で作られるカヴァイヨンメロンのシロップを必ず手に入れましょう。ささやかながらも、これで絶品の香りが一年中楽しめます。

メロン&キュウリ

同じ属から生まれた近縁種です。メロン、特にガリア種はキュウリの青くささと草の風味という共通する香りを持っています。アメリカのフードライターであるハロルド・マギー（→P.509）によれば、ガリアメロンは硫黄化合物を含んでいて、それが香りに奥行きとさわやかさを添えるのだそうです。サルサや冷製スープ、ミント系のドレッシングを使ったサラダに入れるとうまく調和します。

メロン&生姜

打算により結婚してしまったカップルです。昔からメロンと一緒に生姜が使われてきたのは、メロンが体を冷やし、消化に時間がかかるのに対して、生姜が体を温め、消化を助けると考えられてきたからです。味についてはあらゆる組み合わせで実験してみましたが、結果は芳しくありませんでした。生姜はおろしたもの、塩漬けのもの、生のもの、砂糖漬けのもの、リキュールにしたものを使い、メロンは5種類用意しました。どの組み合わせも、生姜を使わずにメロンを食べたときよりかなりひどい味になりました。ハニーデューでさえ生姜と合わせるとおいしくなくなるというこは、もはや打つ手がないということです。

この組み合わせを見ていると、ヨーロッパで売られているガムをいつも思い出します。外見はとてもすてきなのですが、ちょっと噛んだだけで味が消えてしまうのです。というわけで、この結婚は無効です。少なくともこの本の中では。

メロン&すいか→「すいか&メロン」P.354

メロン&バラ

インドに古くから伝わるデザート、グラブジャムン［gulab jamun］[※10]の果物版です。ムスクと花の香りを一番強く持つカンタロープメロンを選びましょう。半分にして種を取り除きます。メロンくりぬき器でボール状のメロンをできるだけたくさん作り、冷やしたバラの香りのシロップをかけます。食べる前にバラの香りをメロンによくなじませましょう（→「バラ&カルダモン」P.488）。

※8　サンブーカ［sambuca］…リキュールの一種。
※9　コアントロー［cointreau］…オレンジ風味のリキュール。
※10　グラブジャムン［gulab jamun］…シロップ漬けのドーナツ。

メロン&ブドウ

メロンはミックスフルーツサラダの中でも十分に満足そうなのですが、ブドウと一緒にするととても幸せそうです。まずは、この2つをそのまま食べてみてください。ブドウの、どちらかというとシンプルですっきりとした味と、メロン独特の、やや南国的なアルカリ性果物の風味がコントラストをなし、互いの味を引き立て合います。

食感の違いもあります。メロンにはやわらかくてざらざらした食感があり、ブドウには、ゼリーのはじける質感があります。こうした舌ざわりの違いも楽しみなのです。

ところで、フランス・シャルドネ地方のブドウ100%で作られるブラン・ド・ブラン［blanc de blancs］も含めて、シャルドネワインを語るときには、メロンの香りを引き合いに出すことがよくあります。カクテルに作りたてのメロンジュースを入れるつもりなら、フィズに加える前に必ず味見をしましょう。ミキサーにかけるとキュウリのにおいが強くなることがあります。

メロン&プロシュート→「プロシュート&メロン」P.240

メロン&ミント

生姜のことは忘れてください。ミントこそがメロンの本当の友です。シリアでは、この2つを牛乳とヨーグルトと砂糖少々を加えたものに混ぜて飲みます。スープにしてもいいでしょう。メロンは何種類かを合わせて使います。飾り用を残してすべてミキサーにかけ、少し甘さを加えます。飾り用のメロンは大きさを揃えるか球形に切ってスープに浮かべます。手でちぎったミントの葉を散らせば、できあがりです。

Apricot
アンズ

アンズは甘酸っぱく、濃厚な花の香りと同時に、さわやかさとトロピカル系果物の風味を持っています。乾燥させると香りはいくらか損なわれますが、甘さとチーズのような風味が増します。乾燥する際にに二酸化硫黄を加えるとつんとする味が際立ち、これを加えないものはトフィーのような果実感が増します。アンズは、果物と花の香りを持つ他の食材と同じように、乳製品の風味との相性が抜群です。

アンズ＆アーモンド→「アーモンド＆アンズ」P.341

アンズ＆オレンジ

ロスチャイルド風オムレツは、イギリス・ロンドンにあるレストラン、ル・ガヴローシュ [Le Gavroche] で35年にわたってメニューにのっている料理です。基本的にアンズとコアントロー [Cointreau] [※11] を使ったスフレで、甘く、なめらかですが、ロスチャイルド[※12]の名前から想像するほどの濃厚さはありません。

アンズ＆カルダモン→「カルダモン＆アンズ」P.445
アンズ＆きのこ→「きのこ＆アンズ」P.100
アンズ＆クミン→「クミン＆アンズ」P.111
アンズ＆シナモン→「シナモン＆アンズ」P.302

アンズ＆生姜

甘いアンズと辛い生姜の組み合わせは、香辛料たっぷりのチャツネや豚肉料理のソース、鴨料理の詰め物に使うとうまくいきます。スフレやケーキ、ビスケットなどのお菓子にも入れてみる価値があります。

フランス・パリにあるティーサロン、ラデュレ [Ladurée] では、アンズと生姜のマカロンを売っています。その他にも、イチゴとポピー、オレンジとサフラン、ジャスミンとマンゴーのマカロンもあります。私はマカロンを見るとブラッド・ピットを思い出します。見た目は否定のしようがないほどすばらしく、野性味ある一面も魅力なのですが、どうしても手を出す気分にはなれません。

アンズ＆チョコレート

アンズの鋭い酸味は、甘みを加えても、苦みのあるダークチョコレートに負けることなく果物の強い風味を残します。当然ながら2つを合わせるとうまくいきますが、問題になるなのはどのように合わせるかということです。

たとえばチョコレートとアンズの風味を合わせた、かの有名なザッハートルテ [Sachertorte] を見てみましょう。オーストリア・ウィーンにあるホテル、ザッハー [Sacher] と、洋菓子店のデメル [Demel] は、どちらのレシピがオリジナルかをめぐって徹底的に争いました。争点はアンズジャムの正しい塗り方にありました。洋菓子店のデメルは、チョコレートのスポンジケーキとそれを覆うチョコレートアイシング

※11　コアントロー [Cointreau] …オレンジ風味のリキュール。
※12　ロスチャイルド…元来ユダヤ系ドイツ人の一族で、18世紀からヨーロッパの各地で銀行を設立し、現在に至っている。

の間にだけジャムを塗り、ホテル・ザッハーはスポンジの間にもジャムを塗り層を作るという方法でした。結局、ホテル・ザッハーが、元祖ザッハートルテと名乗る権利を勝ち取ったのです。

アンズ&ハードチーズ

スペインのライター、トマス・グレイヴスは、昔からマオンチーズがどのように果物と一緒に食べられてきたかを記しています。マオンは低温殺菌していない牛乳から作るチーズで、スペインのメノルカ島からマジョルカ島に輸入されていました。チーズの熟成度合いに合わせ、その風味を補うために、季節ごとに旬の果物と一緒に食べられてきました。ビワを筆頭に、アンズ、ブドウ、イチジクと続きます。熟成の浅いマイルドなチーズには、まだ若い果物の酸味が合い、芳醇な香りを放つ熟成度の進んだチーズには、年の後半によく食べられる糖分の多い果物、たとえばドライアンズやプルーン、レーズンなどが合います。

アンズ&バニラ

ほとんどのアンズは、乾燥させると甘味と酸味が増します。この甘味と酸味こそ、ドライアンズがドイツの製菓会社ハリボー［Haribo］のグミに代わって、正統派のおいしいおやつになる鍵です。

一般的なドライアンズの鋭い酸味と発泡感は、きれいなオレンジ色を保つために使われる二酸化硫黄のおかげです。これを使うと、放っておいたら進んでしまう果物の酸化が止まります。一方、自然に任せると、格段に甘くて濃い茶色をしたドライアンズができあがります。

甘いドライアンズの有名なものにパキスタンのフンザ産アンズがあります。水に浸してから火を通す必要がありますが、濃い蜂蜜のようなトフィーの風味を味わえるので試す価値があります。バニラと合わせると絶品ですから、手作りの上質なカスタードか高級なアイスクリームと一緒に食べてください。

フンザ産アンズは手に入りませんか？　カスタードを作る気にはなれないでしょうか？　シャロンフルーツ［sharon fruit］^{※13}は、甘いアンズとバニラの風味がすると言う人もいます。

アンズ&バラ

イギリスの料理研究家エリザベス・デイヴィッド〔1913-1992〕（→P.506）は、ドライアンズから風味を最大限に引き出す方法として、煮こむよりもオーブンで焼くことをすすめています。必要に応じて水にくぐらせたドライアンズを蓋つきの器に入れて、ちょうどかぶるくらいの水を加え、180℃のオーブンで1時間ほど焼きます。こうするとアンズにロースト感のあるいぶしたような風味が加わると彼女は主張します。

ぜひ、ムスクの香りがするローズウォーターを数滴加えてみてください。大きな声では言えませんが、エロチックな味になります。

アンズ&豚肉

イギリス・シュロップシャー州のラドローで毎年催されるフードフェスティバルの「ソーセージコース」で、私が一票を投じたのがこの組み合わせでした。安い入場料で、地元の精肉店6人の努力の成果を試食できます。渡された用紙にスコアをつけるのですが、用紙はすぐにマスタードと油のしみだらけになってしまいます。

この時期は、町じゅうがボーイスカウトのキャンプのようなにおいに包まれ、通りには、それぞれのソ

※13　シャロンフルーツ［sharon fruit］…イスラエル・シャロン産の柿。

ーセージの美点について考えながら食べているため、すっかり自分の世界に入りこんでいるにわか審査員があふれます。

　結果は、アンズの酸味のある甘さが、塩味と脂肪分の多い豚肉の味に新しい風を吹きこんだソーセージが勝ちました。僅差で負けてしまったのは「これぞ豚」という感じのグロスターオールドスポッツ種の豚に、セージが持つほのかなユーカリの香りを添えたソーセージでした。

　　アンズ＆マンゴー→「マンゴー＆アンズ」P.411

アンズ＆桃

　よい組み合わせではありますが、お互いに似すぎているので、あっと驚くような発見はありません。両者ともにまろやかで、豊かな果物の風味と花の香りを持ち、アーモンドの風味もかすかにします。とはいえ、桃のほうがまろやかさでは勝り、より複雑な果物の風味を持っています。一方アンズは強い花の香りを持ち、ラベンダーの香りがします。

　　アンズ＆山羊のチーズ→「山羊のチーズ＆アンズ」P.72
　　アンズ＆ラズベリー→「ラズベリー＆アンズ」P.481
　　アンズ＆仔羊肉→「仔羊肉＆アンズ」P.65
　　アンズ＆ローズマリー→「ローズマリー＆アンズ」P.450

Peach

桃

　桃は、生クリームから確固たる風味を持つブルーチーズまで、幅広い乳製品とよく合います。桃はまた、ナッツの持つ濃厚な脂肪分ともよく合い、特にココナッツとアーモンドとの相性が抜群です。

　桃には、ラズベリーなど核果（種子）を持つ果物と、トロピカルフルーツを組み合わせたような複雑な風味があります。ネクタリンは風味の点で桃とそれほど変わらないのですが、独創性のある食品香料の専門家は、桃の香料を合成する際に、産毛に覆われた皮の特質を加えて、表面がなめらかな種類との違いを表現することもあります。

　　桃＆アーモンド→「アーモンド＆桃」P.345
　　桃＆アンズ→「アンズ＆桃」P.401

桃＆イチゴ

　生クリームの親友は桃でしょうか、イチゴでしょうか？　桃もイチゴも乳製品の風味を含んでいるので、生クリームとは自然に合います。ホイップクリームに混ぜこむと、どちらも簡単ですがとてもおいしいデザートになります。桃とイチゴを使って、層状の模様が美しいヴァシュランを作ってみましょう（→「コーヒー＆カシス」P.21）。アイスクリームの代わりに新鮮な果物を使います。

桃＆オレンジ

　オレンジを少し加えると、桃の香りがさらに鮮やかになります。たとえばカクテルのファジーネーブルでは、オレンジジュースと桃のシュナップス［schnapps］※14を合わせます。

　　桃＆クローブ→「クローブ＆桃」P.309

桃＆チェリー

　マネの絵画『草上の昼食』の中で、お楽しみが始まったときに残っていた食べ物が、固めのパンと桃とチェリーでした。

　マネがここで描いている主題についてはさまざまな解釈がありますが、私の考えはこうです。左の裸の女性はふたりの紳士との会話に夢中だったのですが、空腹だったマネは彼女に、チーズかハムか、あるいはセロリアックのレムラードが少しでも残っているかどうか、いきなり尋ねてしまいました。女性のどこか攻撃性を感じさせるぽかんとした表情の意味が、これでいくらか説明できる気がします。

　この表情は、おいしいものだけをさっさと平らげてしまった恥ずかしさをごまかすために、また明らかに遅れて現れたマネを責めるために、一瞬にして作りあげられたものだと思うのです。中央の紳士は知らん顔をしています。後ろに見える女性は、川で冷やしていたロゼのボトルを探しているところです。

※14　シュナップス［schnapps］…スカンジナビア産の蒸留酒。

桃&バニラ

20世紀初頭、社交界で一人前のレディとして認められるためには、自分の名前をつけた桃のデザートが必要でした。たとえば、女優のサラ・ベルナールのために、オーギュスト・エスコフィエ〔1846−1935〕(→P.507) は、デザート「ペシュ・エイグロン [pêches aiglon]※15」を考案しました。これはバニラシロップで軽くゆでた桃をバニラ・アイスクリームの上にのせ、スミレの砂糖漬けと綿菓子を飾ったものです。

女優であり歌手でもあったブランシュ・ダンティニーは、フランスの作家ゾラ〔1840-1902〕の小説『ナナ』のモデルだったと言われていますが、彼女のためのデザート「クープ・ダンティニー [coupe d'Antigny]」があります。これは半分に切った桃をバニラシロップで軽くゆで、アルパイン種の野イチゴのアイスクリームにのせ、低温殺菌をしていない濃厚な生クリームをかけたものです。

エドワード7世の妻のアレキサンドラ王妃の名は、皮をむいた桃にキルシュ [kirsch] とマラスキーノ・チェリーを添えたデザートに残っています。このデザートに、野イチゴを飾り、シャンパン・ザバイオーネ・ソースを添えたものは、ナポレオン3世の妻ウジェニー皇后の名がつけられています。

コメディ映画シリーズ『キャリー・オン』に出てくるお菓子のひとつ「クープ・ヴィーナス [coupe Vénus]」という、半分に切った桃に意味ありげにチェリーを飾ったデザートは、残念ながら誰のために生まれたのか記録に残っていません (→「ラズベリー&桃」P.483)。

桃&ブドウ

明らかにワインの香りを放つ桃やネクタリンに出会うことがあります。逆にワイン、特にシャルドネやリースリングやセミヨンといった品種のワイン、そしてイタリアの発泡ワインであるプロセッコに、桃の香りを感じることがあります。桃とブドウの組み合わせでもっとも有名なのは、イタリア・ヴェネツィアにあるハリーズバー [Harry's Bar] の看板カクテルであるベリーニです。

ところで、ヴェネツィアでどこかに行くとしたら、サンタマルゲリータ広場にあるバーに行ってスプリッツ・アル・ビター [spritz al bitter] を試してみたらいかがでしょうか。これはプロセッコとミネラルウォーターとカンパリを組み合わせた昔からの飲み物です。2、3口飲んで、これ以上この苦みに耐えられるかどうかと迷っていると、グリーンオリーブの小皿が出てきて、さらに飲み続けられるようになります。

桃&ブラックベリー

晩夏の桃に熱を加えると、ブラックベリーのように重くて刺激的な秋の風味にも負けない、濃厚な味になります。この2つの食材を使ってコブラーを作ってみてください。コブラーは、果物の上にスコーン状のトッピングを敷石のように並べて、オーブンで焼いたフルーツプディングの一種です。つまり、向上心のあるクランブルです。

recipe

《桃とブラックベリーのコブラー》
❶桃4個の皮をむき、種を除いて薄切りにし、耐熱皿でブラックベリーひとつかみ分と混ぜる
❷砂糖大さじ3をふりかけて、ところどころにバター少量をちぎりながらのせる

※15　ペシュ・エイグロン [pêches aiglon] …このデザートは、サラが出演したオペラ『レグロン』にちなんで名づけられた。

❸薄力粉200g、砂糖小さじ4、ベーキングパウダー小さじ1、バター60gをフードプロセッサーに
　入れ、パン粉状になるまで回す

❹牛乳60mlと軽く溶いた卵1個を投入口から加え、生地状にまとまるまでさらに回す

❺できた生地を取り出して、軽くこねたあと、厚さ1cmになるようめん棒でのばし、直径4〜5cm
　の円形をたくさんくりぬいて、果物の上に並べる

❻200℃に熱したオーブンで30分ほど焼く

　ブラックベリーの刺激が引き出されてきますが、挽いたオールスパイス（またはミックススパイス）小
さじ1を生地にあらかじめ加えておくと、さらに深い味わいになります。

　桃＆ブルーチーズ→「ブルーチーズ＆桃」P.85

桃＆ブルーベリー

　アップルパイよりもいっそうアメリカ的な存在です。この組み合わせを使って、「桃＆ブラックベリー」
でとりあげたコブラーかタルトを作ってみてください。白い果肉の桃はとても甘味が強く、黄色い果肉の
種類に比べて酸味が少ない傾向にあります。また香りも強いことが多く、ジャスミンと紅茶をかすかに思
わせます。これが、花の香りを漂わせながら渋みも持つブルーベリーとすばらしく合う理由です。

　桃＆プロシュート→「プロシュート＆桃」P.241
　桃＆マンゴー→「マンゴー＆桃」P.413
　桃＆ラズベリー→「ラズベリー＆桃」P.483

Coconut
ココナッツ

　ココナッツは、他のナッツと同じように、生のものはマイルドでミルキー、かつ果物のような風味を持ちます。焼くとさらに味の特徴がはっきりし、なめらかなナッツの甘さが濃厚になります。また、スイートアーモンド同様、甘い材料とも塩味の材料とも非常によく合います。

　ココナッツミルクは、挽いたココナッツの果肉と水だけから作られるものですが、缶詰会社によって驚くほど違い、特に糖度は本当にさまざまです。タイのチャオ［Chaokoh］は、風味のよさで評判のよいブランドです。糖度が控えめなので、塩味の料理によく合います。

　ミルクから分離してできるココナッツクリームも広く流通しています。また、ココナッツミルクパウダー、乾燥またはフレーク状のココナッツの果肉（加糖と無糖の両方ある）、ココナッツフラワー、エクストラクト、エッセンス、ココナッツウォーター、そしてココナッツ風味のラム酒であるマリブ［Malibu］なども広く売られています。

ココナッツ＆アーモンド→「アーモンド＆ココナッツ」P.341
ココナッツ＆アニス→「アニス＆ココナッツ」P.253

ココナッツ＆アンチョビ

　東南アジア料理でココナッツミルクに魚醤を混ぜるということは、作っているシチューやカレーに中枢神経を与えるようなものです。この組み合わせはマレーシアで人気の料理のひとつ、ナシレマッでも使われます。クリーミーなココナッツライスにイカンビリス［ikan bilis］[16]、キュウリ、ピーナッツ、ゆで卵とスパイシーなソースを添えたものです。ナシレマッの味を薄くした料理とも言えるケジャリーは、イギリスでは朝食によく登場します。

ココナッツ＆イチゴ→「イチゴ＆ココナッツ」P.371
ココナッツ＆貝・甲殻類→「貝・甲殻類＆ココナッツ」P.194

ココナッツ＆カルダモン

　気を許してはいけません。インドのライスプディングや、ファッジのように甘いお菓子バルフィでは、カルダモンの複雑な風味とかすかな柑橘類とユーカリの香りが、子どもっぽいココナッツの甘さに洗練のベールをかけてしまいます。我に返って目をしっかりと見開き、現実を見つめてください。知らないうちに口に運んでしまっているこのおいしい食べ物が、どれほどの脂肪分や砂糖、ミルクたっぷりの炭水化物を含んでいるかということを。

ココナッツ＆牛肉→「牛肉＆ココナッツ」P.57
ココナッツ＆コリアンダーリーフ→「コリアンダーリーフ＆ココナッツ」P.271

※16　イカンビリス［ikan bilis］…小さな乾燥イワシ。

ココナッツ＆魚の燻製→「魚の燻製＆ココナッツ」P.228

ココナッツ＆シナモン

ココナッツとシナモンはキューバで人気の組み合わせで、アロス・コン・ココと呼ばれるライスプディングや、ココケマド［coco quemado］[※17]で使われています。ココケマドを作ってみましょう。

---

recipe

《ココケマド》

❶ シナモンスティック1本、クローブ2粒、水125ml、高脂肪生クリーム150mlを片手鍋に入れ、沸騰直前まで加熱する

❷ 火を止めて5分休ませ、香辛料の風味を浸出させたら、ココナッツミルク150ml、ブラウンシュガー大さじ3を加える

❸ 弱火にかけてかき混ぜ、砂糖を溶かす

❹ 卵2個と卵黄1個分をよく混ぜ合わせ、泡立て器で混ぜながら少しずつミルク液を加える

❺ 目の細かい濾し器で濾し、ラムカン皿4つに分けて注ぎ入れる

❻ 熱湯をはったロースト用の天板にラムカン皿を並べ、160℃のオーブンで45分焼く

熱いままでも冷ましてもおいしく食べられます。

ココナッツ＆白身魚

白身魚とココナッツの組み合わせは、タイの有名なカレーやマレーシアのラクサ［laksa］[※18]でおなじみです。カンボジアの国民食のひとつであるアモックは、それほど知られていませんが、芳しいココナッツミルクで魚を煮て、バナナの葉で巻いた料理です。インドのケーララ州のキリスト教徒にとって特別な料理であるモリーは、ウコン（ターメリック）と塩をすりこんだ魚を、カレーリーフ、にんにく、唐辛子、あらかじめココナッツオイルで炒めておいたタマネギと一緒に、ココナッツのグレービーソース［gravy sauce］[※19]で煮こんだものです。

ココナッツ＆卵→「卵＆ココナッツ」P.186

ココナッツ＆チェリー

1980年代に登場し、すぐに姿を消したカバナ［Cabana］と呼ばれるチョコレートバーがあります。チェリーの砂糖漬けをちりばめたココナッツの上にキャラメルをのせ、ミルクチョコレートで全体をコーティングしたものです。あまりに甘いため、ディスコでうっかりスピーカーのすぐそばに行ってしまったときのように、歯がいっせいにずきんずきんと脈打ち始めるほどでした。

チェリーやアーモンドと同様に、ココナッツも中心に種子を持つ核果の果物で、まろやかさやナッツの風味のなかにフルーティーさを感じることができます。チェリーもフルーティーな風味とナッツの風味を

※17　ココケマド［coco quemado］…スペインで人気の焼きカスタードプディング、フランに似たもの。
※18　ラクサ［laksa］…香辛料が効いた東南アジアの麺料理。シンガポールやマレーシアでは一般的。サンスクリット語の「多くの［lakh］」が語源。
※19　グレービーソース［gravy sauce］…肉汁から作るソース。

持ち合わせているので、組み合わせとしてはばっちりで、両者ともにチョコレートに好適です。では、私がいつも作っているチョコレートバーで判断してみてください。バーの理想的な大きさ、8cm×3cm×2cmに分けられたシリコン製の型を使います。

recipe
《ココナッツ、チェリー、キャラメルのチョコレートバー》
❶卵1個と砂糖50gをよくかき混ぜ、乾燥ココナッツ125g、砂糖漬けのチェリー約15個を4分の1の大きさに切ったものを混ぜ合わせる
❷これをシリコン型10個にぎゅっと詰め、180℃のオーブンで15分焼く
❸冷ましている間に、トフィーを作る。砂糖30g、バター30g、ゴールデンシロップ小さじ2、練乳100mlを小鍋に入れて弱火にかける
❹砂糖が溶けたら火を強めて沸騰させ、そのままキャラメル色になるまで4〜5分加熱し続ける
❺火を止めて1分休ませてから、型に入れたままのココナッツバーの上にかけて広げる
❻十分に冷めたら、チョコレート（お好みでミルクチョコレート）でコーティングする

ココナッツ＆チョコレート→「チョコレート＆ココナッツ」P.14
ココナッツ＆ディル→「ディル＆ココナッツ」P.265
ココナッツ＆唐辛子→「唐辛子＆ココナッツ」P.290

ココナッツ＆鶏肉

　カナダ人作曲家コリン・マクフィー〔1900-1964〕は、1940年代にバリに滞在し、島の音楽について文章を書きました。その際、バリでの日常生活も記録に残しているのですが、彼のために定期的に料理を作っていたマデと呼ばれる女性が作る食事に、とりわけ興味を持ちました。そのうちの一品に次のようなものがあります。

recipe
《鶏肉のココナッツミルクがけ》
❶炭火で焼いた鶏肉を細かく切り裂き、おろしたココナッツと一緒にたたいて、ココナッツオイルを肉になじませる
❷ここに、タマネギ、生姜、赤唐辛子、香辛料、ココナッツオイルで煮た魚のペーストを、同じようにつぶして混ぜ合わせたものを添える
❸濃厚なココナッツミルクをかけ、ライム果汁をふりかける

　ご飯を添えて食べるこの料理を、マデは手で食べるべきだと言い張りました。手ならば料理の風味を

損なわず食べられるからです。ナイフやフォークといったものの冷たさや金属の味が食べ物に影響するのです。

ココナッツ&ニンジン →「ニンジン&ココナッツ」P.320
ココナッツ&バジル→「バジル&ココナッツ」P.299

ココナッツ&バナナ

クルワイ・ブワット・チーは、バナナのココナッツミルク煮で、タイで人気のスイーツです。名前は「尼僧と同じように行うバナナの得度式」を意味します。タイの尼僧は白い衣に身を包み、得度式のときは、頭髪とまゆ毛をそります。

recipe
《クルワイ・ブワット・チー》
❶ココナッツミルク400mlに砂糖100gを溶かす
❷塩ひとつまみ、ひと口サイズに切ったバナナ4本を加え、バナナが温まるまで加熱する

ココナッツ&バニラ

髪を風になびかせながら、イギリスのデボン州にあるサウス・ウェスト・コースト・パスを歩いていると、とてつもなくいい香りがしたり、ココナッツクリームパイのおいしそうなにおいが漂って、はっとすることがあります。どこからそのにおいが来ているのかとあちこち嗅ぎ回りますが、目に入るのはハリエニシダという植物ばかり。トゲの中に咲く黄色い花がつっけんどんに見えるかもしれませんが、この花がココナッツとバニラ・カスタードの深い香りを放っているのです。

私は自分で作るココナッツクリームパイが気に入っています。上にバニラ風味のホイップクリームと軽く焼いた削りココナッツを飾ります。甘いバターでコーティングした、熱々のポップコーンのようなにおいがします。

ココナッツ&パイナップル

ピニャコラーダをけなすのはやめてください。時代遅れかもしれませんが、本当に相性のよい組み合わせを駆使したカクテルなのです。パイナップルを半分に切って、鼻を果肉に近づけてみてください。息を深く吸いこむと、強いラム酒とココナッツの香りを感じ取ることができるでしょう。ピニャコラーダは、パイナップルジュースとホワイトラム酒、氷、新鮮な水、そしてグリーン（未成熟）ココナッツのゼリー状の果肉で作ると特においしくできあがります。ゼリー状の果肉の持つナッツの粘性と、ココナッツカスタードのような風味を味わうと、一般に利用されているココナッツクリームやミルクは、もはや使えなくなります。

ココナッツ&ビーツ

ココナッツなどの南国の材料と組み合わせて、伝統的な北ヨーロッパの味のビーツに、待ちに待った休暇をあげましょう。他の根菜と同様、ビーツとココナッツミルクを使ってスープを作るのもいいですが、もっと食欲をそそるアイデアを、シェフ兼レストラン経営者でキプロス出身のサイラス・トディワラが考案しています。角切りにしたビーツとおろした生のココナッツを、マスタードシード、カレーリーフ、クミン、唐辛子で味つけし、サモサ [samosa][20] の中に詰めるのです。つなぎにはジャガイモ少量を使います。

ココナッツ&ピーナッツ→「ピーナッツ&ココナッツ」P.26

ココナッツ&豚肉→「豚肉&ココナッツ」P.41

ココナッツ&ホワイトチョコレート→「ホワイトチョコレート&ココナッツ」P.503

ココナッツ&マンゴー→「マンゴー&ココナッツ」P.412

ココナッツ&ライム→「ライム&ココナッツ」P.427

ココナッツ&ラズベリー

私が子どもの頃に食べていたマドレーヌは、植木鉢を逆にしたような形のスポンジにラズベリージャムを塗り、さらに表面にココナッツをまぶして、砂糖漬けのチェリーをのせたものでした。そんなマドレーヌをぜひリンデン(菩提樹)のハーブティーに浸しながら食べてみてください。

もしも山盛りの飾りにうんざりしているなら、シンプルなバニラ風味の小さなケーキを用いて自分で作ってみるのもいいでしょう。種なしのラズベリージャムを温めて、ケーキの上面にスプーンで塗ります。ケーキの端ぎりぎりまで塗らないように注意してください。あまり盛りあがっていないケーキならば、簡単にジャムを丸く塗り広げられると思います。乾燥ココナッツを全体に散らせば完成です。

ココナッツ&レモン

レモングラスはココナッツに、爽快なクエン酸の活力を与えます。レモンほどの鋭い酸味はありませんが、生き生きとした柑橘系の風味がココナッツの重い脂肪分を軽くします。

レモンの風味は、2つの化合物が組み合わさったシトラールがもとになっています。レモンのエッセンシャルオイルにはわずかに含まれるだけですが、レモングラスでは主要成分として存在します。レモンバーベナ [lemon verbena][21] とレモンマートル [lemon myrtle][22] もまた、高レベルでシトラールを含むため、レモングラスの代用品として使われることがあります。

東南アジア原産のコブミカン(カフィアライム)は、通常のライムよりもレモンに近い味と香りを持っていますが、これは強烈な柑橘系ハーブの特徴を備えたシトロネラールという成分化合物を含んでいるためです。また、わずかに洋梨の風味や、皮やワックスの特質も感じるかもしれません。コブミカンの皮やワックスの特質は、光沢があることで知られる葉にもあります。また、皮も実と同じような風味を持っていて、かすかな刺激と香り、酸味のある果汁を含むため、カレーペーストに加えられることもあります。

レモンバームは、コブミカンの葉と同じくらい高レベルのシトロネラールを含むので、コブミカンの代わりになります。レモングラスもコブミカンもココナッツと一緒に組み合わせて、カレーやシーフードのだし汁、繊細に風味づけされた鶏肉に使われます。お菓子への利用も忘れないでください。これらの材料を使えば、本当においしいパンナコッタやアイスクリームを作ることができます。

※20　サモサ [samosa]…インド料理の軽食のひとつ。薄い皮で具材を包み、揚げたもの。
※21　レモンバーベナ [lemon verbena]…ハーブの一種。
※22　レモンマートル [lemon myrtle]…フトモモ科バクホウシア属の植物で、「レモンハーブの女王」とも呼ばれる。

あるいはココナッツミルクにレモングラスの風味を浸出させて、「マンゴー&ココナッツ」P.412のレシピでデザートを作るのもおすすめです。

Mango
マンゴー

　熱帯の常緑樹である果物のマンゴーは、一般に甘く、果物と花とクリームの風味を持ちます。わずかに松ヤニの香りが感じられることもよくあります。

　さまざまな栽培品種がいろいろな国で生産されているため、その原種の違いや成熟度によって、手に入れたマンゴーが、見た目はつやめいていながら、節っぽい缶詰の桃のような味がすることもありえます。

　マンゴーは、果物のような風味と刺激を持つクリーミーな材料とうまく調和します。しかし、マンゴーの味が強くなりすぎないよう注意が必要です。芳しい香りと刺激を持ち、かつ風味の強いライムとは、昔から組み合わされてきました。この2つを使ってシンプルなデザートを作ることができます。アムチュールはマンゴーを粉末にしたものですが、インド料理では酸味を加える材料として高く評価されています。

マンゴー＆アンズ

　これらの特徴ある香りは、カナダのオンタリオ州ナイアガラ・オン・ザ・レイクで作られているアイスワインで感じることができます。アイスワインの製造方法はなんとも言えずロマンチックです。ブドウは秋には収穫せず、ツルについたままの状態で真冬まで放っておきます。そして気温が氷点下になる夜に月明かりのもとで収穫します。凍ったブドウを圧搾すると、糖分や風味の素となる化合物はブドウの水分よりも凝固点が低いため凍っておらず、水分と皮を残して、非常に濃縮された果汁だけが搾り出されます。結果として完成したワインは、甘さと刺激的な酸味の両方を持ち、はっきりとした果物の香りも漂わせています。貴腐［noble rot］[※23]ブドウで作られるリースリング種のワインからもまた、マンゴーとアンズを感じ取ることができます。こちらにも、ライン川の土手の霧に包まれたブドウ畑で育つという、独自のロマンチックな話があります。

　　マンゴー＆アボカド→「アボカド＆マンゴー」P.278

マンゴー＆オレンジ

　マンゴーもオレンジも柑橘類や花のような特徴を持ちますが、2つが混ざると、フルーティーで、松ヤニや常緑樹の風味が混ざったマンゴーの複雑な味のほうが強くなり、まるでオレンジは存在していないかのようになってしまいます。

マンゴー＆貝・甲殻類

　ほれぼれするほど自然な組み合わせです。マンゴーはエビや貝類などにぴったりな、さわやかな柑橘類の香りを添えます。また、エビやホタテ貝が持つナッツの風味と調和する、ココナッツのかすかな香りも兼ね備えています。マリネしたエビを串刺しにし、グリルかバーベキューにします。片面を数分焼いて色がオレンジピンクに変わったら、裏返します。つやつやしたマンゴーのサルサをかけて食べましょう（→「アボカド＆マンゴー」P.278）。

※23　貴腐ブドウ［noble rot］…白ブドウがある種の菌によって、糖度が高まり凝縮された干しブドウのような状態になったもの。

マンゴー＆カルダモン→「カルダモン＆マンゴー」P.447

マンゴー＆クミン

マンゴーとコリアンダーの組み合わせと同様に、この2つの食材もインドやメキシコ料理ではおなじみです。インドでは、グリーンマンゴーがクミンの香り漂うダール[dhal]に加えられていることがあります。黒豆、レッドオニオン、マンゴーを使ったメキシコ風サルサは、土の香りのするクミンひとつまみをいれることで、ぐっと風味が高まります。

ロンドンのチェルシー地区にある高級インド料理店ラソイ・ヴィニート・バーティア[Rasoi Vineet Bhatia]では、ココナッツとファッジのアイスクリームを添えた、マンゴーとクミンのラッシーがメニューに載っています。そのために注文した料理の内容をすべて変えるだけの価値があるラッシーだと思います。

マンゴー＆ココナッツ

熟したマンゴーの風味の重要な部分は、口蓋の奥にココナッツのかすかな香りを残す、ラクトンという非常に甘美な化合物から来ています。ココナッツ風味のもち米とマンゴーは、市場の店舗から路上の屋台まで、タイのあらゆる場所で売られています。自宅でも作ってみましょう。

---

recipe

《マンゴーとココナッツのもち米ご飯》

❶もち米175gをできればひと晩、最低でも2〜3時間水につけておく

❷水気を切り、蒸し器にさらしを敷いた上に、水気を切ったもち米を入れて、やわらかくなるまで20〜25分蒸す

❸その間に、ココナッツミルクに砂糖と塩を加え、弱火で煮溶かす。おおまかに砂糖大さじ2、塩2〜3つまみ、ココナッツミルク250mlで試してみて

❹蒸しあがったもち米をボウルに移し、少し冷ましてから、お米がくっつかない程度まで少しずつココナッツミルクを加えていく

❺マンゴーの皮をむいて、薄切りにする。このとき、つぶれてしまうほど小さく切らないように気をつける

❻これをライスの横に添える。もし黒ゴマが手元にあれば、全体にふりかける

マンゴー＆コリアンダーリーフ

マンゴーは、コリアンダーリーフと非常によく合います。両方とも松や柑橘類や花のような特徴をあわせ持ち、アジアやメキシコ料理でよく一緒に使われます。しかし、マンゴーとコリアンダーの風味がいかに異なり得るかを考えれば、この組み合わせが、過去10年間でこれほどまで人気を得たのは、驚くべきことだと言えるでしょう。コリアンダーを「石けんのような」とか（逆に）「汚らしい」味と感じている人も多いようですが、それでも現在のイギリスではもっともよく売れているハーブです。

※24　ダール[dhal]…カレーの一種。「ダール」はヒンディー語で豆類の総称。

シェフでありライターでもあるジュリア・チャイルドは、コリアンダーを生気の感じられない味だと思っていましたし、なかには人形の毛などナイロンのようなにおいがすると感じる人もいるようです。マンゴーはテルペンチン樹脂の風味を持ち、微量ですがマンゴー自身が灯油成分を含んでいます（→「クミン&オイリーフィッシュ」P.112）。

マンゴー&生姜→「生姜&マンゴー」P.443
マンゴー&白身魚→「白身魚&マンゴー」P.205

マンゴー&唐辛子

東南アジアやメキシコ料理では、グリーンマンゴーを、同量のグラニュー糖と塩、赤唐辛子を一緒につぶして作ったディップにつけて食べます。最初にライム果汁をくぐらせてから、塩味のディップをつける場合もあります。もしも子どものころ、口の中がよだれでいっぱいになるような酸っぱいシャーベットが好きだったら、この料理も気に入るでしょう。マンゴーの代わりに刺激的なリンゴ、パイナップル、あるいはグァバ［guava］[※25]などにも、このディップをつけてみてください。

マンゴー&パイナップル

果物の風味に関する資料室を統括する存在です。マンゴーのあらゆる品種を見ていくと、次にあげる果物のいずれかの特徴を兼ね備えていると言えるでしょう。桃、パイナップル、タンジェリン、バナナ、すいか、洋梨、カシス、グァバ、アンズ、青リンゴ、チェリー、イチジク、甘いグレープフルーツ、赤系のブドウ、熟したメロン、プラム、レモンの皮、パッションフルーツです。また、パイナップルの風味からは、イチゴやオレンジ、桃、リンゴ、バナナ、ラズベリー、ジャックフルーツ、洋梨を感じることができます。

マンゴー&ミント→「ミント&マンゴー」P.472

マンゴー&桃

少なくともヨーロッパと北米では、この2つの食材はともにシャルドネ種のワインの味を説明するものです。ジェニー・チョ・リーは、ワインの世界的資格であるマスター・オブ・ワインを韓国人として初めて取得しましたが、彼の存在は異文化間の味の交流の難しさと、それを今までとは違った形で検討することで広がる可能性、そのどちらにも興味深い光を投げかけました。アジアでシャルドネ種のワインを説明するときに基準となる味は、ザボン（ミカン）、ドライマンゴー、エッグカスタード、そしてワカメなどがあります。ワカメは、よりタンニンの味がきつく、ミネラル感の強いワインの味の説明に使われます。

マンゴー&ライム

熟したマンゴーに生のライムをぎゅっと搾る。世界でも最高の組み合わせのひとつです。基本的には両者ともに強い風味を持っていますが、マンゴーとライム双方が持つ花の香りによって、ライムのやや鋭くて薬のような特性が和らげられます。ライムよりもマイルドで、甘いバラと果物の香りを持つレモンは、マンゴーに対してライムと同じだけの働きはできません。

※25　グァバ［guava］…ザクロに似た熱帯の果実。

マンゴー&リンゴ

シャキシャキとして酸味のある青リンゴは、若いマンゴーを思わせます。グリーンパパイヤかマンゴーを細長く切り、スパイシーなタイのサラダ、ソムタムに加えると、心地よい歯ごたえが楽しめます。

もしどちらも手に入らなければ、グラニースミス種のリンゴで代用しましょう。グリーンマンゴーよりもかなり果肉がくずれやすく、変色を防ぐためにすぐにライム果汁をふりかける必要がありますが、代用品としては十分です。それに、新鮮な歯ごたえは別にしても、唐辛子の辛さ、甘さ（伝統的にはヤシからとったパームシュガー）、酸味（ライム）、そして強いにおいを持つナンプラーから出る塩分という、タイ料理における4つの要素の完璧なバランスを保つこともできます。

ソムタムがとても簡単に作れると知ってから、あっという間に、ボトル入りのナンプラーを使いきりました。

---

recipe

《リンゴのソムタム》

❶ サヤインゲンひとつかみ分を半分に切り、湯通しして冷ます
❷ 「ライム＆アンチョビ」P.426を参照して、ドレッシングを作る
❸ ピーナッツ大さじ数杯を砕く
❹ グラニースミス種のリンゴ2〜3個の芯を取って千切りにし、チェリートマト10個は半分に切る
❺ 切ったリンゴをボウルに入れて、変色を防ぐため、ライム果汁を加えて混ぜる
❻ そこに残りの材料すべてを加え、先に作ったドレッシングとよく和え、すぐに食べる

熟したマンゴーとリンゴの相性のよさはすでに知られています。マンゴーは間違いなく弟ではなくお兄さんで、もしそのまま使えば、リンゴの風味を消してしまいます。しかしバランスに配慮すれば、両者がおいしそうな甘酸っぱい果汁を作り出し、マンゴーの深くはっきりとしたまろやかさが、リンゴのさわやかさを包みこみます。

マンゴー＆ルバーブ→「ルバーブ＆マンゴー」P.362

柑橘系の風味
Citrussy

オレンジ
Orange

グレープフルーツ
Grapefruit

ライム
Lime

レモン
Lemon

生姜
Ginger

カルダモン
Cardamom

Orange
オレンジ

あらゆる柑橘系の果物は2つの命を生きています。果汁と皮とではまったく風味が異なるからです。

ジュースなどのオレンジを使った製品を作る場合、まずは熟した果肉から果汁を搾った後、皮だけを圧縮して油胞（皮の表面の粒）から芳香液を抽出します。果汁を濃縮する過程で、この芳香液とは異なる特性を持ったオイルも副産物として抽出されます。これらのオイルはソフトドリンクに使われたり、オレンジジュースに配合して、合成添加物を使わずに風味をよくするために利用されたりします。搾りたての果汁はすべて、あっという間に劣化するので、必要なときに必要な分だけ搾るのがベストです。

さまざまな柑橘系果物のなかでも、オレンジは他を大きく引き離してもっとも人気のある果物です。「オレンジ」という分類にマンダリンや温州ミカン、ブラッドオレンジ、ビターオレンジ、一般的なスイートオレンジを含めればなおのことです（ここでは「オレンジ」に、これらの品種を含む）。

オレンジはその風味の幅広さゆえに、他の材料の風味ともたいへんよくなじみます。スイートオレンジは柑橘系フルーツのうちもっともフルーティーで、マンゴーとパイナップルのほのかな風味と、幾層にもなった柑橘系の風味、スパイスやハーブのかすかな風味を持ちます。マンダリンはスイートオレンジと同じ心地よい甘味と酸味を持っていますが、皮にはより強いハーブのような香りがあります。ブラッドオレンジは甘味にベリーの香り、特にラズベリーの香りが加わっているのが一般的です。

ダイダイをはじめとするビターオレンジの皮は、ろう質の強い風味があり、そこにラベンダーのほのかな風味が加わります。ビターオレンジの強い苦みや酸味があるからこそ、たっぷりの砂糖と合わせたとき、風味豊かで個性的なマーマレードが生まれるのです。

またビターオレンジは、コアントロー［Cointreau］^{※1}、グランマルニエ［Grand Marnier］、キュラソー［Curaçao］といった、大半のオレンジ風味リキュールの原料として使われています。このほか、花からはオレンジ風味の水が作られます。風味づけに使われるオレンジのドライピールは、中国系や中東系スーパーマーケットで買うことができます。

オレンジ&アーモンド

イギリスのフードライター、クラウディア・ロデン（→P.507）が生み出した伝説のオレンジとアーモンドのケーキは、種を除いたオレンジのほぼすべての部分、つまり果皮、油胞、中果皮^{※2}、瓤囊^{※3}、砂瓤^{※4}を材料に使っている点が、非常に独創的です。果実の可能性を最大限に引き出すことで、深いムスクの香りのする、スパイシーで、それでいてしつこい甘さのないマーマレードを作り出しました。

もうひとつの主原料であるアーモンドは、ケーキの濃密な生地を作り出しています。この重厚感があるからこそ、家庭でのデザートにも、アフタヌーンティーにも使えるケーキにもなるのです。

特に生クリームやコンポートを添えるといいでしょう。

※1 コアントロー［Cointreau］…オレンジ風味のリキュール。
※2 中果皮…皮の内側の白い部分。
※3 瓤囊…小さな涙粒にも似た、果肉を包みこむ房のこと。

recipe

《オレンジとアーモンドのケーキ》

❶オレンジ2個を小さな鍋に入れ、水から2時間、完全にやわらかくなるまでゆでる

❷一度冷まして4等分に切り、種を取り除いてミキサーにかけ、どろどろにする

❸卵6個を大きいボウルに入れて、泡立て器でかき混ぜ、アーモンド粉250g、砂糖250g、ベーキングパウダー小さじ1、オレンジ果肉を加える

❹直径23cmの深めのケーキ型を用意し、内側に油を塗ってクッキングシートを敷く

❺生地を流しこんで190℃のオーブンで1時間焼く

時間がない場合はオレンジを数分間、電子レンジにかけてもいいでしょう。

オレンジ&アスパラガス

ひょろりと長いアスパラガスとみずみずしいオレンジは合わないように思えますが、そんなことはありません。たとえばブラッドオレンジで風味づけをしたオランデーズソース、つまりマルテーズソースは、アスパラガスのために発明されたソースです。

recipe

《マルテーズソース》

❶ブラッドオレンジ果汁100mlを約大さじ2になるまで煮詰め、オレンジ1個分の皮を加えて、さらに1分間煮詰める

❷これを卵黄4個で作ったオランデーズソースに混ぜ、できたてを食べる

オレンジ&アニス→「アニス&オレンジ」P.252
オレンジ&アンズ→「アンズ&オレンジ」P.399

オレンジ&イチゴ

ストロベリー・ロマノフは、フランス人シェフ、マリー＝アントワーヌ・カレーム〔1784−1833〕(→P.509)が、ロシア皇帝アレクサンドルⅠ世のために生み出したデザートです。材料の組み合わせはまさに絶妙です。

recipe

《ストロベリー・ロマノフ》

※4 砂瓤…袋の中身のジューシーな果肉の粒。

417

❶ ヘタを取ったイチゴを、オレンジジュースとオレンジリキュールを1:1の割合で混ぜた液に漬ける

❷ これをシャンティクリームに加えて、軽く混ぜ合わせる

（→「バニラ&ラズベリー」P.500）

オレンジ&イチジク→「イチジク&オレンジ」P.484

オレンジ&オリーブ

イタリアの詩人フィリッポ・マリネッティ〔1876−1944〕は、欧州を数年かけてめぐり、「興奮した豚」「弾力のあるケーキ」「鋼鉄の鶏肉」「ピカントの空港」などと題した、奇抜な風味の組み合わせやレシピに挑戦する晩餐会を開催し、その後1932年に『未来派料理』を発表しました。

私の一番のお気に入りは「航空料理」と題されたもので、飛行機のエンジン音やそれに合わせたバッハの楽曲がキッチンで盛大に奏でられるなか、まずは右手からキンカンとブラックオリーブとフェンネルの一皿が出されます。続いて、絹と紙やすりとベルベットを四角く切ったものが左手から出されます。客は右手で料理を食べつつ、左手で絹と紙やすりとベルベットをこすり、そこへウェイターがやってきて、客のうなじにカーネーションの香水をふりかけるという趣向です。カーネーションにはバラとクローブの香りがあります——イタリア・フィレンツェにある世界最古の薬局「サンタマリア・ノヴェッラ [Santa Maria Novella]」のカーネーションの香水「ガロファーノ」でぜひ試してみてください。

オレンジ&牛肉

オレンジの皮、ローリエ、タイム、パセリからなるブーケガルニは、イギリスの料理研究家エリザベス・デイヴィッド〔1913−1992〕（→P.506）の考えたブラックオリーブ入り牛肉のワイン煮こみなど、じっくりと調理する牛肉料理に使うとよいとよく言われます。ブーケガルニを使う理由をもうひとつあげると、ワインライターのフィオナ・ベケットは、オレンジのドライピールがミディアムボディの赤ワインの豊潤さを深めると書いています。

オレンジ&クルミ

クリスマスの靴下に入っていたクルミとクレメンタインオレンジを使って、クランベリー入りのレリッシュ[relish]※5 を作りましょう。クルミとクレメンタインに、苦みのある葉野菜を合わせてサラダにしてもいいですし、濃厚なヨーグルトと和え、メープルシロップを回しかけて、ボクシングデー（12月26日）の朝食にしてもいいでしょう。

オレンジ&クレソン

甘味と酸味と苦みが交互に訪れます。塩気のある材料（オリーブなど）を加えれば、完璧なサラダのできあがりです。鴨肉とよく合います（→「リンゴ&クルミ」P.381）。

※5　レリッシュ [relish] …ピクルスの一種。

オレンジ&クローブ

アメリカの小説家ニコルソン・ベーカーは、著書『思考のサイズ』で、ボールペンで消しゴムにものを書いたときの快感について述べていますが、私は、硬いオレンジにクローブを差しこむときにも、似たような感覚を覚えます。

これはにおい玉としても使われますが、ホットワインに爆弾のように浮かべるのもおつです。さわやかな柑橘系の香りといぶしたようなスパイスの香りが、ぼんやりとした味のホットワインに刺激を与えます。

オレンジ&グレープフルーツ→「グレープフルーツ&オレンジ」P.424
オレンジ&コーヒー→「コーヒー&オレンジ」P.20

オレンジ&コリアンダーシード

コリアンダーシードをよく見てみてください。ドールハウスのキッチンテーブルに置かれた、皮をむいたマンダリンに似ていると思いませんか？　コリアンダーシードを噛んでみても、スギを思わせる風味とともに、マーマレードやダイダイのピールに似たオレンジの風味が感じられます。

オレンジをコリアンダーシード風味のシロップに漬けて食べれば、幾層にも重なったオレンジの風味が楽しめるでしょう（これは、オレンジのキャラメルシロップ漬け、という古典的な料理のニューバージョンとも言えます）。あるいは、シナモン、鴨肉、レモン、クランベリーといった、オレンジと相性のよい材料とコリアンダーシードを合わせ、コリアンダーシードの持つスパイシーなオレンジ風味を楽しむのもいいでしょう。

オレンジ&コリアンダーリーフ→「コリアンダーリーフ&オレンジ」P.270

オレンジ&サフラン

柑橘系の風味はサフランとよく合います。オレンジとサフランは地中海の魚のシチューや北米のタジン料理によく用いられますが、ケーキやビスケットにも使われています。サフランひとつまみを温めた牛乳大さじ1に浸し、ヴィクトリアケーキの生地に加えます。ケーキが焼き上がったら、間にマーマレードをはさんでください。エキゾチックなケーキのできあがりです。

オレンジ&シナモン→「シナモン&オレンジ」P.303
オレンジ&生姜→「生姜&オレンジ」P.438

オレンジ&白身魚

18世紀まで、オレンジは今のレモンのように魚と合わせてよく使われていました。当時はオレンジといえば酸味の強いダイダイが主流で、現在のように市場を占めている甘味の強い品種は少数でした。

ダイダイを使わずに18世紀の料理を再現するなら、スイートオレンジ2個にレモン1個を混ぜるといいでしょう。ただし、香りはまったく同じにはなりません。イギリスのシェフ、マーク・ヒックスは、ビターオレンジ風味のキュラソー［Curaçao］少量をベロニカ風シタビラメに使っています。

フードライターのアラン・デイヴィッドソン〔1924-2003〕(→P.506) はスイートオレンジについて、身のし

まった風味の強いハタと非常に相性がいいと述べ、それにかけるソースのレシピを紹介しています。

recipe

《ブラッドオレンジで風味づけしたマルテーズソース》

❶ バター40g、薄力粉40gを、肉のストックまたはブイヨン280ml、オレンジ果汁140ml、塩少々と一緒に混ぜ合わせる

❷ 身のしまった白身魚と合わせる

（→「オレンジ&アスパラガス」P.417）

オレンジ&ジュニパーベリー→「ジュニパーベリー&オレンジ」P.460
オレンジ&タイム→「タイム&オレンジ」P.463
オレンジ&タマネギ→「タマネギ&オレンジ」P.147

オレンジ&チョコレート

　オレンジの皮とオレンジフラワー・ウォーターはともに、遅くとも17世紀にはチョコレートの風味づけに使われていました。オレンジとチョコレートは、黒コショウとアニスなどの、かつては一般的だった材料の組み合わせが衰退していくなか、今もなお使われている組み合わせです。

　意外な話ですが、お菓子メーカー「テリーズ[Terry's]」の有名なチョコレートオレンジ[Chocolate Orange]は、もともとはリンゴで作られていました。1926年にこのお菓子が生まれたとき、リンゴ風味で作ったものが好評だったので、4年後にオレンジ風味でも作られるようになったのです。2種類のお菓子は戦後に製造が再開され、その後はあっという間にオレンジの人気がリンゴを追い抜き、リンゴ風味は1954年に製造中止となりました。

　チョコレートオレンジは、1975年にダークチョコレートを使ったものが誕生して、ついに大人向けのお菓子になりました。ダークチョコレートの苦みと渋みが、子どもっぽいミルクチョコレートよりもずっと、オレンジオイルの持つムスクの香りを引き立ててくれます。

オレンジ&唐辛子

　熟したオレンジ色の唐辛子、ハバネロは、パッションフルーツやアンズ、オレンジの花、ハーブの香りを持ち、それにピリッとした強い刺激が加わっていると、メキシコ料理のシェフであるリック・ベイレスが書いています。風味も香りと似たようなもので、この他に甘味とオレンジの強い風味があるとしています。

　この世界一辛い唐辛子を食べたときに流れる大粒の涙にも、同じ風味が感じられるかもしれません。果物の風味は乾燥ハバネロにも感じられますが、生のものとは異なり、通常プルーンやレーズンの風味が感じられます。

　生のハバネロでは辛すぎるという人は、オリーブオイルにオレンジの皮の細切り1本と乾燥ハバネロ少量を加えたものを弱火で30分ほど加熱します。濾してオレンジの皮と乾燥ハバネロを除いたものを、魚

にかけて食べるといいでしょう。

オレンジ&ニンジン→「ニンジン&オレンジ」P.318

オレンジ&ハードチーズ

ブドウ、リンゴ、洋梨、マルメロ[marmelo]※6　など、あらゆる種類の果物とチーズの相性のよさは、柑橘系果物とチーズケーキの組み合わせと同様、誰もがしっくりくると認めるところでしょう。ただしマーマレードとチェダーチーズの組み合わせとなると、本当に合うのかな？　と思う人もいるはずです。

しかし、豊潤でほどよい塩気の利いた熟成チェダーチーズに、マーマレードのほろ苦さが加わった味を想像してください。風味のバランスとしては、まさに最高です。

サンドイッチには、皮を細かく刻んだマーマレードとおろしたチェダーチーズを使ってみましょう。オレンジを厚く塗りすぎると、オレンジの風味ばかりしてしまうかもしれません。パンはクルミパンが最適です。

マーマレードにおろしたチェダーチーズを混ぜ合わせて作るジャムタルトもおすすめです。

recipe
《マーマレードとチェダーチーズのタルト》
❶小さなタルト型にチーズペストリー生地を広げ、マーマレードとチェダーチーズを混ぜ合わせてのせる
❷220℃のオーブンで約15分間、焦げないように特に気をつけながら焼く

オレンジ&バニラ→「バニラ&オレンジ」P.498

オレンジ&バラ

オレンジフラワー・ウォーターとローズウォーターはさまざまなレシピで、互いに代用可能であるとされています。当然ながらいずれも花の香りが主体ですが、オランジフラワー・ウォーターには、ビターオレンジ（ダイダイ）の花から抽出されたほのかな柑橘系の香りもあります。

上質なフラワー・ウォーターはイラン製がおすすめですが、レバノンのメイムーン[Mymouné]という熟練の会社が、伝統的な蒸留方式で添加物を加えない製品を作っています。

オレンジフラワー・ウォーターもローズウォーターも、使い方の鍵は小さじを使わずに1滴ずつたらすことです。それによって、ドラムの轟音ではなくシタールが奏でる揺らめく音に似たミステリアスな香りを、ほのかに料理につけることができるのです。両者とも昔から、北米でよく食べられている仔羊肉や鶏肉のタジン鍋、あらゆる種類のアーモンドプディングやアーモンドケーキに使われてきました。フランスではマドレーヌの風味づけに用いられています。この他、フルーツジュース（特にオレンジ）やニンジンの千切りサラダに花の香りを添えるときにも使われます（→「シナモン&オレンジ」P.303）。

※6　マルメロ[marmelo]…中央アジア原産のカリンに似た果実で、英名は「クインス[quince]」。

オレンジ&パイナップル

アロハシャツの持つ「生きる喜び」を味わうには、アロハシャツを着る恥ずかしさに耐えなければなりません。オレンジにも苦みや複雑さ、ほのかな硫黄のにおいといった欠点がありますが、パイナップルがこれらを隠してくれます。両者には、タンジェリンの香りとフルーティーで草のような風味という共通点があります。また、より自然なオレンジの風味を作り出すために、オレンジジュースにパイナップルジュースを加えることもあります。

オレンジ&ビーツ

イギリス人シェフのヘストン・ブルーメンソール（→P.509）がシェフを務めるレストラン、ザ・ファット・ダック［The Fat Duck］では、ビーツ風味のオレンジ色のゼリーと、オレンジ風味の真っ赤なゼリーで客を驚かせます。ビーツのゼリーは深い黄色に着色したビーツで、オレンジのゼリーは濃い赤色のブラッドオレンジで作ったものです。ウェイターはこの2つのゼリーが盛られた皿を出すとき、「オレンジ色のほうを先に召しあがってください」とすすめて客を驚かせます。

オレンジ&ベーコン

マーマレードを表面に塗ったハムステーキはまさに奇跡の一品です。大量のダイダイを使ったマーマレードを使うといいでしょう。マーマレードの甘味が強すぎると、ジャムを添えたハムステーキになってしまうので注意してください。ダイダイのマーマレードには深い苦みがあるので、ハムの塩味ととてもよく合います。

また、マーマレードとハムの組み合わせは、食べておいしいだけではありません。マーマレードをひと瓶まるごと大きな肉のかたまりに塗るときの肉感的な気持ちよさは、経験しないとわからないでしょう。

オレンジ&マンゴー→「マンゴー＆オレンジ」P.411
オレンジ&ミント→「ミント＆オレンジ」P.468
オレンジ&メロン→「メロン＆オレンジ」P.396
オレンジ&桃→「桃＆オレンジ」P.402
オレンジ&ライム→「ライム＆オレンジ」P.426
オレンジ&リンゴ→「リンゴ＆オレンジ」P.380

オレンジ&ルバーブ

オレンジの皮とルバーブの組み合わせは珍しいものではなく、クランブルなどによく使われています。でも私はあまり使いません。何かを求めるようなルバーブの強い酸味と、好戦的とも言えるオレンジの皮の苦みが、互いに違う方向に向かって、味にまとまりがなくなると思うからです。

この組み合わせがもたらす風味は、頭をたたきながら胃をなでる感覚に似ています。皮の苦みがない甘口のオレンジジュースでルバーブを煮ても、やはり味のハーモニーも心地よいコントラストも感じられません。

オレンジ&レモン

　守護聖人セントクレメントは、オレンジジュースにビターレモンを加えたミックスジュースの名前として
も知られています。

　ビターレモンの苦みは、レモンからだけではなく、無色無臭のアルカロイド[7]であるキニーネからも来て
います。キニーネは、トニックウォーターに心地よい苦味を与えるものです。大人は一般的に、甘い飲
み物をたくさん飲むと飽きてしまいます。しかし、アルコールドリンクの場合、甘味にほどよい苦みが加
わっていることが多いため、飲み飽きることがありません。同様に、オレンジとレモンの皮（またはオレ
ンジとレモンの製菓用ピール）は、プディングやケーキに風味をつけたり、甘味とのバランスをとるもの
として用いられます。

　レモンとオレンジの交配種であるマイヤーレモンは、強い花の香りと風味が特徴です。ダイダイが酸
味の強いオレンジと呼ばれるように、マイヤーレモンは逆に酸味が弱いために、甘味の強いレモンと呼
ばれることがあります（→「オレンジ&白身魚」P.419）。

オレンジ&ローズマリー→「ローズマリー&オレンジ」P.451

柑橘系

オレンジ

※7　アルカロイド…天然由来の有機化合物の総称。ほとんどのアルカロイドは苦味を有する。

Grapefruit
グレープフルーツ

グレープフルーツは、一般的な柑橘系の風味の他に、オレンジが持つトロピカルフルーツの味わいと、より明確な、草や木のような風味を持ちあわせています。

とはいえ、その一番の個性はムスクと硫黄の香りでしょう。魚介類など、柑橘系果物と相性のよい材料とよく合いますが、特に相性抜群なのは、ブルーチーズや葉類など、グレープフルーツと同じ苦みのある材料です。ルビー・グレープフルーツは、黄色のものより甘味が強いことが多い品種です。

グレープフルーツ&アボカド

ロブスターやぷりぷりのエビ、生のカニの入ったサラダに入れる、モダンクラシックな組み合わせと言えるでしょう。フランス・モンペリエのあるカフェでは、これをサラダ・フレシェール（フレッシュサラダ）と名づけ、ショットグラスに入れたガスパチョ［gazpacho］[8]と一緒に出しています。うだるほど暑い午後、心と体に水分を補給するのにちょうどいいメニューです。

その鮮やかな風味もさることながら、アボカドのねっとりとした舌触りと、波が引いた後の濡れた砂浜を思わせるグレープフルーツの粒々とした食感も、この料理の特徴のひとつです。

グレープフルーツ&オレンジ

グレープフルーツは、スイートオレンジと文旦［pomelo］[9]の交配種です。もちろん味も見た目もオレンジよりも文旦にそっくりですが、オレンジとの共通点もいくつかあり、とりわけリキュールのカンパリと相性がいい点は、オレンジとグレープフルーツに共通しています。

どちらもカンパリと合わせると、さわやかで、ときに苦味のあるシャーベットができます。ハイボールに加えれば、それぞれの果物の味をよりはっきりと感じることができるでしょう。

オレンジジュースはカンパリの中で、ふらふらしている自転車の補助輪のような役目を果たします。カンパリ［Campari］には個性的なハーブのような香りと強烈な苦味があり、最初の数口を飲むだけでその毒性に脳が警戒態勢に入るのが普通ですが、オレンジジュースはこの苦味を抑える役割をします。

一方グレープフルーツは、それ自体に強い苦味や、独特のハーブのような風味とフルーティーな香りがあるので、カンパリに混ぜるとすばらしく複雑な味わいの飲み物ができあがります。

グレープフルーツ&貝・甲殻類

グレープフルーツの風味の素となる主な化合物は、ヌートカトン、メルカプタン、ナリンギンの3種類です。

特に重要な（もっとも「グレープフルーツらしい」）化合物はヌートカンで、この成分が生気あふれる木のような風味をグレープフルーツに与えます。他の柑橘系フルーツにもこのような風味はありますが、ヌートカン以外の主な香り成分によって抑えられているのです。

メルカプタンは、グレープフルーツのにおいを作り出す主要成分で、ムスクに似たトロピカルな強い香

※8 ガスパチョ［gazpacho］…スペイン料理とポルトガル料理の冷製スープ。
※9 文旦［pomelo］…大ぶりな黄緑色の果物で、洋梨がふくらんだような形。

りを風味に与えます。化学的な話をすると、香りの最低知覚基準値のもっとも低い成分のひとつです。つまり香りが非常に強いので、10億分の0.0001という微量でもかぎとることができるのです。

　グレープフルーツが高級フランス料理（オート・キュイジン）でよく使われるのも、その個性的な、孤高の風味ゆえでしょう。たとえば双子のジレズー兄弟が営むパリのレストラン、レ・ジュモー［Les Jumeaux］ではホタテ貝に、スプリットピー［split pea］のピューレとともにピンクグレープフルーツのソースを添えています。またシェ・ジャン［Chez Jean］では、ホタテ貝をアンズタケ、中華麺、ピンクグレープフルーツのスライスとともに炒めて出しています。

　ただ最近では、グレープフルーツの人気は日本産の柚子に押され気味です。柚子はレモンとライムの風味に、マンダリン、グレープフルーツ、パイナップルのほのかな香りを合わせ持つ果物で、主に香り豊かな皮が使われますが、果汁も利用されます。柚子の代用品としては、やや乱暴ですが、ライムとグレープフルーツの果汁を同量ずつ混ぜるといいでしょう。ニューヨークのレストラン、ジーン・ジョージズ［Jean Georges］では、ホタテ貝の料理にウェイターが柚子の果汁をさっと搾ってくれます。

グレープフルーツ＆クレソン

　グレープフルーツとクレソンに共通するミネラル感と苦味は、風味が強く脂肪分の多いタンパク質の味を和らげます。特にブルーチーズとの相性は最高で、甘味と塩味の両方があるロックフォールチーズなら、チーズ自体にほのかなミネラル感があるのでぴったりです。クレソンに太すぎる茎があればあらかじめ取り除いておき、クレソンと薄皮をむいたグレープフルーツを和えて、チーズをくずしながら散らします。クルミを少量加えてもいいでしょう。チーズの代わりに鴨肉を使ってもおいしくできあがります。

グレープフルーツ＆シナモン→「シナモン＆グレープフルーツ」P.303

グレープフルーツ＆ジュニパーベリー→「ジュニパーベリー＆グレープフルーツ」P.461

グレープフルーツ＆パイナップル→「パイナップル＆グレープフルーツ」P.376

グレープフルーツ＆豚肉→「豚肉＆グレープフルーツ」P.41

グレープフルーツ＆ブルーチーズ→「ブルーチーズ＆グレープフルーツ」P.83

柑橘系

グレープフルーツ

※10　スプリットピー［split pea］…ひき割りエンドウ豆。

Lime
ライム

　ライムは柑橘系果物のなかでもっとも強く、鋭い風味を持っています。ライムの皮から取れるオイルは強い風味と刺激が特徴で、松、ライラック、ユーカリの香りを含みます。このオイルは主にコーラの風味づけに用いられています。ライムジュースは酸味がとても強いので、口の中をさっぱりさせる効果があります。また、サルサに搾れば塩気が増すようです。

　ライムの酸味と苦味は、ある種の甘味を持つ材料——たとえばコーラに含まれるキャラメル、バターナッツカボチャ、キーライムパイに入れる練乳など——と合わせると、はっと驚くような味を生み出します。

　イギリスでもっとも手に入れやすいライムの品種は、シトロンとキーライムの交配種とされるペルシャライム（タヒチライム）です。キーライムはペルシャライムよりも小ぶりで皮が厚く、ほとんどのペルシャライムと違って種もあります。両者の風味はまったく違うとされていますが、アメリカからの帰国後に典型的なキーライムパイをペルシャライムで作ってみたところ、目立った違いを感じることはありませんでした。

　ライム風味は、ムスクの香りを備えたドライライム（ホールまたは粉末）、辛味のあるライムピクルス、ライムのマーマレード、ライムコーディアル［lime cordial］[11] からも感じることができます（コブミカン「カフィアライム」については、「ココナッツ＆レモン」P.409）。

ライム＆アボカド→「アボカド＆ライム」P.279

ライム＆アンチョビ

　これは、ライム果汁と魚醤（ナンプラーやニョクマムなど）で作るタイサラダのドレッシングや、ベトナムの春巻や生春巻につけるソース、ヌクチャムに使われている組み合わせです。魚と柑橘類の組み合わせは味に深みを与えます。たとえ軽めの魚醤を使っても、ライムはいつも魚の風味に負けてしまいますが、それでもソースに軽やかさを与えようと奮闘し、そして美しく散っていきます。

　ライムと魚の組み合わせでもっとも重要なのは両者の割合と、その他の材料の風味とのバランスです。私はガーリック2かけに唐辛子1本を合わせてつぶし、ライム果汁大さじ2、魚醤大さじ2、砂糖ひとつまみを加えます。自家製ソムタムサラダにかけると、これなしでは生きていけなくなるほどのおいしさです（→「マンゴー＆リンゴ」P.414）。ベジタリアンのためには、大豆を原料にした「魚醤」が市販されています（→「パイナップル＆アンチョビ」P.378）。

ライム＆オイリーフィッシュ→「オイリーフィッシュ＆ライム」P.219

ライム＆オレンジ

　テキーラをベースにしたアメリカでもっとも人気のカクテル、マルガリータは、綱渡りのように危険なライムとオレンジのバランスで支えられています。おいしいマルガリータは、甘味と酸味と苦味と塩気がぎりぎりの状態で均衡しています。口に含むと思わずはっと息を呑み、目を見開いてしまうに違いません。

[11]　ライムコーディアル［lime cordial］…加糖されたライムジュース。コーディアルライムとも。

上質なテキーラには塩分が含まれていることから、マルガリータに塩を入れない人もいますが、私は必ず入れます。塩が甘味と酸味を増すとともに、飲んでいるのにのどがかわくという、じれったい感覚をもたらしてくれるからです。

ライム&貝・甲殻類→「貝・甲殻類&ライム」P.198

ライム&牛肉

　ライムは酸味と甘みとかすかな苦味があるため、一部の国では塩の代わりに使われます。また風味がとても強く、トロピカルフルーツの香りも持っています。

　ライムと牛肉の料理では、ライムの酸味に対して牛肉の金属的な強い味が挑みます。前述の「ライム&アンチョビ」で紹介したドレッシングは、たっぷりの唐辛子を入れたサラダにスライスした牛肉のステーキをのせた、ウィーピングタイガーというタイ料理にもよく添えられます。ベトナムでは、牛肉のフォーにくし形に切ったライムを添えたり、にんにくと醤油でマリネした牛肉をレタスとともに食べる「シェイキングビーフ」と呼ばれる料理のディップにライムを加えたりします。

ライム&クミン

　激しい主導権争いを繰り広げるコンビです。バーベキューの肉、焼きトウモロコシ、トマトサルサにかけて、好きにケンカをさせておきましょう。

　ミントを加えてジャルジーラにするのもいいでしょう。インドで暑い日に好んで飲まれる飲み物です。ローストしたクミンシードをつぶしたものを、すりつぶしたミント、塩、ライム果汁、水と混ぜ合わせます。

ライム&ココナッツ

　南国の気だるさを思わせるのがココナッツなら、ハンモックを降りて体を動かしなさいとたしなめるのがライムでしょう。ココナッツケーキにライム味のフロスティング（糖衣）をするときには、眠りを誘うほどのココナッツの甘味を中和する、ライムのキリリとした強い刺激が必要になります。生ココナッツをおろしたものとライム果汁を組み合わせたものは、パイナップルをより甘く、ジューシーにするようです。

　ココナッツ&ライムは、セビチェ［ceviche］[※12]をはじめとする魚料理（生食、調理済みとも）にも、同様の効果をもたらします（→「ライム&白身魚」P.428）。インドでは、生ココナッツの千切りをライム果汁、つぶしたにんにく、唐辛子と混ぜ、カレーに添えて食べます。

ライム&コリアンダーリーフ→「コリアンダーリーフ&ライム」P.274

ライム&シナモン

　コーラの風味のベースとなっている2つの材料です。コーラに使う場合は、シナモンはカシア（桂皮）の形で使われるのが一般的です。カシアはシナモンの近縁種の香辛料ですが、より荒々しく強い風味があり、ライムのつんとした香りとよく合います。

　コーラのもうひとつの主成分はバニラで、その他にキャラメル、ナツメグ、オレンジ、レモン、コリアンダー、コーラの葉の抽出液が使われています。私はライムとシナモンを使ってシャーベットを作ります。

※12　セビチェ［ceviche］…ラテンアメリカで食べられる新鮮な魚介のマリネ。レモンをたっぷり絞り、香草や唐辛子を好みで加える。

recipe

《ライムとシナモンのシャーベット》

❶ バニラシュガー200gとカシア（またはシナモン）数本を水250mlに加え、砂糖が溶けるまで
ゆっくりと煮てシロップを作る

❷ 沸騰したらシロップを冷まして冷蔵庫に入れ、シナモンの強い香りがシロップについたら、濾す

❸ ライム3個を搾って濾し、シナモンシロップ200mlに加え、さらにレモン果汁小さじ2と水
125mlを加える

❹ これをよく冷やし、いつもの要領でシャーベットにする

キャラメルで作ったバスケットに盛りつければ、それぞれの材料の風味が重なってコーラの味になります。

ライム&生姜→「生姜&ライム」P.444

ライム&白身魚

セビチェ［ceviche］を作れなければ、鮮魚店と本当の仲よしにはなれません。一般にはマネギのみじん切り、パプリカ、唐辛子、コリアンダーとライム（またはレモン）果汁を混ぜ合わせて作ったマリネ液に、生魚の角切りを漬けたものです。魚が十分にマリネされたら、ココナッツミルクを加えるとクリーミーな味わいになります。

エクアドルではしばしば、セビチェは、炒めた粒トウモロコシまたはポップコーンと一緒に食べられます。ペルーではサツマイモを添えるのが一般的です。セビチェは、料理に果物を使うアラビア人の知恵をスペイン人が南米に持ちこんだのが誕生のきっかけと言われています。

ライム&すいか→「すいか&ライム」P.354
ライム&チョコレート→「チョコレート&ライム」P.18

ライム&唐辛子

メキシコの画家ディエゴ・リヴェラとフリーダ・カーロのようです。波乱の人生を送ったふたりの情熱は、メキシコの料理にも影響を与えています。たとえばチャプリネスは、食用バッタをライム果汁と唐辛子粉と一緒に炒めたもので、おやつ代わりに食べます。バッタをつかまえる勇気や忍耐がないという方は、皮つきのピーナッツや、フライドバナナ、軸つきトウモロコシ、すいか、焼いたエビ、あるいはドリトス［Doritos］も、同じように料理されていますのでおすすめです。

ライム&唐辛子好きにはありがたいことに、この香辛料はすでに混ぜ合わせた状態で缶に入って売っていますので、試しにコーンフレークにかけることだってできます。インドでは、ライム&唐辛子を使ってライムピクルス［lime pickle］[*13]を作ります。チーズサンドイッチ&マーマレードの次においしい組み合わせです（→「オレンジ&ハードチーズ」P.421）。瓶入りの唐辛子ソースの甘味に飽きたときは、ライムを搾り入

428　※13　ライムピクルス［lime pickle］…マスタードオイルに漬けたライムのピクルス。

れれば万能ディップになります。

ライム&トマト

メキシコの人気ドリンク、サングリータは、トマトとライムとオレンジの果汁に唐辛子をひとつまみ入れて作ります。テキーラと代わる代わる飲むのが一般的な飲み方でしょう。オレンジ果汁を使わない人もいるそうですが、要するにそれは私の「基本のサルサレシピ」の液体版ですね。

ライム果汁を刻んだトマトにかけるだけで、サルサとして通用する複雑な風味が生まれます。トマト2個をさいの目に切り、そこにライム半個を搾りかけ、味見をしてみてください。十分な塩気と豊かな味わいが楽しめるはずです。さらにチリソース数滴と、タマネギのみじん切り少量を加えれば、ぴりっとした刺激も味わえます。トルティーヤチップスに添えて食べましょう。

ライム&鶏肉→「鶏肉&ライム」P.38

ライム&バジル

ライムバジルの種（いろいろなところで入手できる）を見つけてくれば、この組み合わせを自分で育てることができます。タイではバジルの品種がたいへん豊富で、ライムバジルは主に魚に合わせます。

ライム&バターナッツカボチャ

バターナッツカボチャの強い甘味に、ライムの鋭い刺激がよく合います。チャウダーにしてもいいですし、ローストしたバターナッツカボチャをオリーブオイルとライム果汁で和えてもいいでしょう。

カボチャの天ぷらを醬油とライムとゴマのディップにつけるという料理も試してみてください。タイ風にするなら、カボチャまたはスクワッシュ［squash］[※14]を、香辛料を加えたココナッツミルクで煮るといいでしょう。カボチャがやわらかくなったら、ライム果汁、ナンプラー、パーム糖を加えてかき混ぜます（→「バターナッツカボチャ&ベーコン」P.323）。

ライム&ピーナッツ→「ピーナッツ&ライム」P.29
ライム&マンゴー→「マンゴー&ライム」P.413

ライム&ミント

キューバではここ10年ほど、ラム酒にミントとライムを混ぜたモヒートというカクテルが大人気です。人気の秘密は何でしょう？　ライムの酸味とミントのさわやかさ、ラム酒の刺激、そして甘味の組み合わせが、アンフェタミン[※15]とアロマテラピーを合わせたような心地よさをもたらすためではないでしょうか。

recipe

《モヒート》

❶グラニュー糖大さじ1をハイボールグラスに入れ、ライム果汁大さじ2〜3を加える

※14　スクワッシュ［squash］…カボチャの一種。
※15　アンフェタミン…合成覚醒剤の一種。

❷さらにミントの小枝を入れたら、グラスの3分の1程度までソーダを注ぐ

❸これをよく混ぜると、砂糖が溶け、ミントのエッセンシャルオイルが香りを放ち始める

❹ラム酒のハバナクラブ［Havana Club］50mlと氷片手1杯分を加えたら、氷にひびが入る音に耳を澄ませてみて

❺軽くかき混ぜ、ミントとストローを飾る

　おいしいモヒートを飲むと、コンタクトレンズをつけているのに眼鏡をかけてしまったときのように、知覚が痛みを伴って心地よく研ぎ澄まされていくことでしょう。この他にも、ライムシャーベットにラム酒をふりかけ、ミントの葉を飾ったりしてみてください。

ライム＆レモン→「レモン＆ライム」P.436

Lemon

レモン

レモンの皮には、シトラールという香りの素となる化合物が含まれていて、これが特有のレモン風味を生み出します。レモンにはまた、バラ、ラベンダー、松の香りやほのかな草の風味もあり、皮をすりおろした瞬間にこれらが立ちのぼります。

果汁には清潔感のあるさわやかな風味と、強いクエン酸の風味があります。控えめにふりかけると料理の風味がさりげなく増し、たっぷりとふりかけると明確なレモン風味が料理に加わります。

レモンはとても組み合わせの幅が広く、使いやすい果物です。甘い料理にも辛い料理にも、香料としても主材料としても、前菜にもデザートにも使えます。その個性を最大限に生かして、甘いレモンタルトから酸っぱいレモンキャンディー、ビターレモンを使ったソフトドリンク、中東のレモンの塩漬けまで、さまざまなものに使われています。その他にも、イタリアのリキュール、リモチェッロ [limoncello] や、レモンカード [lemon curd][16]、レモンマートル [lemon myrtle][17] を思わせる香りのレモンシャーベットがあります（レモンの香りを持つハーブについては、「ココナッツ&レモン」P.409）。

レモン&アーティチョーク→「アーティチョーク&レモン」P.179
レモン&アーモンド→「アーモンド&レモン」P.345

レモン&アスパラガス

アメリカのシェフ、アンドリュー・カルメリーニ（→P.506）と妻グウェン・ハイマンの料理本『都会のシンプルイタリア料理』では、レモンとアスパラガスの組み合わせを絶賛し、リゾットのページでは「レモンが料理の濃厚な味を和らげ、アスパラガスの風味を引き出し、さわやかさをもたらす」と書かれています。

このレシピで特にすばらしいと思う点は、材料を大切にしているところです。何ひとつ無駄にしないのです。たとえばアスパラガスの根に近い固いところはストックの風味づけに使い、真ん中の部分はゆでてピューレ状にしてから炊きあがったリゾットに加え、先端は湯がいて仕上げに添えるのです。リージ・エ・ビージ [risi e bisi][18] を彷彿させる一品です（→「グリンピース&ハードチーズ」P.284）。

レモン&アニス→「アニス&レモン」P.257
レモン&アンチョビ→「アンチョビ&レモン」P.226
レモン&オイリーフィッシュ→「オイリーフィッシュ&レモン」P.219

レモン&オリーブ

モロッコでは、やわらかな塩漬けレモンを厚くスライスしたものと迷彩色のグリーンオリーブを使って、独特な鶏肉料理を作ります。レモンとオリーブを一緒に使うと、初めは苦味と刺激と強い風味に圧倒されますが、タジン鍋やフルーティーなクスクス料理に使えば、料理の甘味と心地よいコントラストを織り

※16　レモンカード [lemon curd] …レモンのバタークリーム。
※17　レモンマートル [lemon myrtle] …レモンの香りのハーブ。
※18　リージ・エ・ビージ [risi e bisi] …ヴェネチアの郷土料理で、スープとリゾットの中間的なもの。

なします。山羊のチーズのタルトに添えるサルサに入れたり、脂分の多い魚に添えるサラダに加えたりしてもいいでしょう。

レモン&オレンジ→「オレンジ&レモン」P.423
レモン&貝・甲殻類→「貝・甲殻類&レモン」P.198
レモン&牡蠣→「牡蠣&レモン」P.210
レモン&キャビア→「キャビア&レモン」P.213

レモン&牛肉

レモンの好きなイタリアで大人気の組み合わせです。イタリアでは、塩漬けにした牛肉を乾燥させたブレザオラを、パルマハムのようにごく薄くスライスし、レモンを搾って食べます。なめらかで肉の味わいが強く、ムスクの風味も楽しめる一品です。

ブレザオラより少し厚めにスライスした生の牛肉はカルパッチョと呼ばれますが、これもレモンを搾って食べます。フィレンツェでは、ビステッカ・ア・ラ・フィオレンティーナ［bistecca alla fiorentina］に[19]、くし切りしたレモンを添えることが珍しくありません。レモンによって牛肉の風味が増すのと同時に、牛肉とキャンティワインの橋渡し役を演じてくれるのです。レモンは、粗悪なキャンティのフルーティーな風味を増幅させ、荒々しさを和らげてくれるとも言われています。

レモン&クミン→「クミン&レモン」P.114
レモン&ケッパー→「ケッパー&レモン」P.141
レモン&ココナッツ→「ココナッツ&レモン」P.409
レモン&コリアンダーシード→「コリアンダーシード&レモン」P.495

レモン&コリアンダーリーフ

このレシピはゴシップよりも早く広まります。なぜなら、友人Aにこのレシピを教えたところ、友人Aが友人Bにレシピを教え、友人Bがその料理を私に食べさせ、「レシピいる?」と聞いてきたことがあったからです。「私のレシピなのに失礼ね」とひとり言をつぶやいてから、もとはスーパーに置いてあったレシピカードだったことを思い出しました。もともとのレシピではタラを使っていますが、レモンとコリアンダーはどんな白身魚とも合うようです。

recipe
《レモンとコリアンダーリーフのクラストをまぶした魚》
❶パン粉100gとレモンの皮1個分、細かく刻んだコリアンダーひとにぎり（茎の細い部分も使う）、溶かしバター 50g、唐辛子フレークひとつまみ、塩コショウを混ぜる
❷皮をむいた白身魚の切り身4枚にこのパン粉をまぶし、油を塗った天板に並べる
❸タラもしくは似たような身の魚の場合、200℃のオーブンで20 〜 25分焼く

※19　ビステッカ・ア・ラ・フィオレンティーナ［bistecca alla fiorentina］…薪または炭で焼いたTボーンステーキ。

他の白身魚の場合は、時間と温度を調節して焼いてください。

レモン&魚の燻製→「魚の燻製&レモン」P.229

レモン&サフラン

鶏肉、ウサギ、エスカルゴ、サヤインゲン、パプリカ、イガイ、エビ、ライ豆、アーティチョーク、米といったパエリアの多種多彩な材料をうまくまとめる存在が、レモンとサフランです。サフランは米全体に、控えめに、でもきっちりと香りをつけます。

炊きあがったパエリア全体に、レモンを搾りましょう。ひと口食べれば柑橘系フルーツのさわやかさを、もうひと口食べればほのかなやさしい甘味を感じとることができるはずです。この味わいのバランスこそが、人びとがパエリアをぺろりと平らげてしまう秘密です。スペインのレストランが、巨大なパエリア鍋を使うのも、うなずけますね。

レモン&生姜

生姜はぴりりと辛く、柑橘系の風味がすると言われ、レモンと非常によく合います。レモンソースはジンジャープディングに、レモンアイシングはジンジャーケーキにそれぞれ欠かせません。またレモンと生姜の組み合わせは、風邪によく効くホットトディーにも使われます。皮肉なことにホットトディーは、一番必要なときにはそのおいしさがわからない飲み物です。風邪で鼻づまりになると、風味を感じるためには鼻がいかに重要な役割を果たしているかがよくわかりますね。

舌の味覚受容体は甘味、塩味、苦味、酸味、うま味を感知できます。ただし、生姜にレモンの風味がついている、レモンに生姜の風味がついているといったようなわずかな違いを感知するのは、嗅神経なのです。

嗅球がきちんと働いているときに、ぜひホットトディーを飲んでみてください。

recipe
《ホットトディー》
❶生姜のかけら5mmをグラスに入れ、レモン果汁1/4個分、蜂蜜小さじ1〜2、ウィスキーかラム酒またはオードヴィー大さじ1を加える
❷そこに熱湯を注ぎ、軽くかき混ぜたら、生姜の味が浸み出るのを待つ
❸ほどよい熱さに冷まして飲む

レモン&白身魚→「白身魚&レモン」P.206

レモン&ジャガイモ

以前、イギリス・ロンドンで行われたレシピコンテストで、レモンとジャガイモを使った料理をひどくきおろすシェフを見たことがあります。確かにあのときのレシピは、あまり食欲をそそるものではなかった

かもしれません。けれどもこの組み合わせが否定されたら、レモンソースを使った料理に頻繁にジャガイモを加えるギリシャ人は、途方に暮れてしまうでしょう。

インドでは、ざっくりとつぶしたジャガイモにレモン果汁、パン粉、コリアンダー、唐辛子を混ぜてパンケーキの形にまとめ、たっぷりの油で揚げて、チャツネ[chutney][20]とヨーグルトを添えて食べます。新ジャガイモにはレモン風味をつけたオリーブオイルか、レモンを混ぜたヴィネグレットソースをかけるといいでしょう。レモンと黒コショウをかけたマッシュポテトは、魚の付け合わせに最適です。イギリスのハーブ専門家ミセス・ライエル〔1880-1957〕は、レモンクリームパイのレシピとして、つぶしたジャガイモにレモンの皮と果汁、砂糖280ml、水280mlを混ぜ、蓋つきパイに焼きあげる方法を紹介しています。

レモン＆ジュニパーベリー→「ジュニパーベリー＆レモン」P.462

レモン＆タイム

たいへん人気のある組み合わせで、香りの強さによって少なくとも三段階に分けられ、使う材料が異なってきます。

両者の刺激を最大限に生かしたいときは、刻んだタイムとレモンの皮と果汁を混ぜ合わせて使います。これは魚、仔羊肉、鶏肉にぴったりですし、揚げたアーティチョーク用のドレッシングにも最適です。

二番目は、やわらかい葉を持つレモンタイム。ハーブのほのかな香りを漂わせつつもやさしいレモンの香りが際立っていますから、レモンとタイムの風味を穏やかに利かせた料理なら、どんなものに使ってもおいしく仕上げることができます。

最後に、もっとも香りがやさしいマイヤーレモン。レモンとマンダリンの交配種と考えられ、マンダリン特有のほのかなタイムの風味があり、普通のレモンと比べて甘味が強く、すっきりとした酸味は弱めです。レモンとタイムの組み合わせは、デザートでよく用いられるようになってきています。最近では、レモンケーキ、チーズケーキ、アイスクリームでも使われているのを見かけました（→「オレンジ＆レモン」P.423)。

レモン＆卵→「卵＆レモン」P.190

レモン＆チョコレート

単純な組み合わせではありませんが、うまくいけば卓越した味わいを楽しめます。たとえば、風味豊かで刺激的なレモンカスタードとダークチョコレートのガナッシュを交互にトールグラスに入れ、マルハナバチのような黄色と黒の層を作り、そこへ長いスプーンを挿し入れる、なんていうのはどうでしょう。フランス人シェフ、ジョエル・ロブション（→P.507）は、レモン風味のマドレーヌにボウルに入ったチョコレートソースを添えて出しています。

レモン＆ディル

ディルの柑橘系の風味は、レモンにも含まれる化合物のd-リモネンによるものですが、ディルはレモン風味のものだけではありません。オレンジの風味や、柑橘系全般の香りが感じられるものもあります。

レモンとディルといえば、真っ先に浮かぶのは魚との組み合わせですが、普通にレモンとディルが一緒

434　※20　チャツネ[chutney]…野菜や果物にスパイスを加えて、煮込んだり漬けたりして作るソースやペースト状の調味料のこと。

に使われるギリシャでは、仔羊肉や野菜とともにに調理したり、タマネギと松の実を混ぜたライスに混ぜ合わせてフェタチーズと一緒に食べたりなど、より幅広い料理に取り入れられています。

このコンビはさわやかさを添えるとともに、他の材料の甘味を際立たせる効果もあります。

レモン&唐辛子→「唐辛子&レモン」P.294
レモン&トマト→「トマト&レモン」P.369

レモン&鶏肉

この世界がレモンと鶏肉で回っているとしたら、料理を「レモン鶏肉はかり」にのせ、どれほどレモンと鶏肉の風味が強いか測ることができます。

レベル2――レモングラスでほのかな香りをつけた、やさしい味わいが自慢のタイの鶏だし汁

レベル4――表面にレモンをこすりつけ、お腹にレモンを入れてローストしたチキン

レベル5――酸っぱいレモンマヨネーズをかけたローストチキンのバゲットサンド

レベル9――鶏モモ肉とレモンの塩漬けをじっくりと煮こんだ、濃厚かつスパイシーなタジン料理

レベル10――鮮やかな黄色のソースがかかった鶏肉のから揚げ(欧米の中華料理店にあるメニューですが、私は恥ずかしくて注文できない)

レモン&バジル

夏におすすめの組み合わせです。気分が華やかになる柑橘類と甘草の風味を合わせて、シンプルなパスタを作りましょう(「比較的」シンプルなパスタと言うべきかも。以前、4人のイタリア人男性がシンプルなレモンソースのパスタの作り方について、1時間も議論する場面を見たことがあるため)。2人分です。

---

recipe

《レモンとバジルのスパゲッティ》

❶スパゲッティ200gをアルデンテにゆでる

❷この間にオリーブオイル大さじ2を小さな鍋で温め、みじん切りにしたベルギーエシャロットを加える

❸白ワイン大さじ2を加えたら数分間煮こみ、ワックスのかかっていないレモンの皮と果汁を入れ、塩コショウをして弱火にする

❹パスタがゆであがったら、水気を切ってレモンソースにからめ、パルメザンチーズ片手2、3杯分、ちぎったバジルの葉ひとつかみ弱、バター小さじ2を加えてできあがり

レモン&バラ→「バラ&レモン」P.490

レモン&パセリ

シンプルですがすがしく、慎み深い組み合わせのレモンとパセリは、プロのキッチンで抜け目なく活

躍します。たとえば、バターとパセリを混ぜたメートル・ドテル・バター。あるいは、シタビラメなどの魚に小麦粉をまぶして澄ましバターで焼き、焦がしバターとレモン果汁、みじん切りにしたパセリをかけて食べるア・ラ・ムニエルなどです（→「パセリ&にんにく」P.269)。

レモン&ブルーベリー

かわいそうなブルーベリー。せっかくの甘い花の香りも、噛んだ瞬間に感じる酸っぱい果汁のせいで台なしです。レモンの酸味も同様に、その花の香りを台なしにします。しかし、お互いの欠点を分かち合えば半分になるはずです。砂糖や蜂蜜の甘味を加えれば、レモンとブルーベリーの風味が引き立ち、ケーキやプディングにめくるめく芳香を与えてくれます。

レモン&ブロッコリー→「ブロッコリー&レモン」P.174
レモン&ホワイトチョコレート→「ホワイトチョコレート&レモン」P.504
レモン&ミント→「ミント&レモン」P.472

レモン&山羊のチーズ

山羊のチーズの多くには、柑橘系の風味が備わっています。受賞歴のあるイギリス・グロスターシャー州産のサーニーや、スタッフォードシャー州産のかわいらしいイニスボタンがその代表です。
イギリスのチーズ研究家ジュリエット・ハーバット（→P.507) は、イニスボタンについてこう書いています。「口内でとろけ、アーモンドと蜂蜜、レモン、白ワイン、マンダリンの味がいつまでも続く」。
読むと食べたくてたまらなくなりますね。

レモン&ライム

レモンとライムはもちろん同じ種に属し、果汁には共通する風味成分も多数あります。しかしライムには、強烈でスパイシーな松とライラックの香りがあります。ライム果汁を薄めるのにレモン果汁が使われるのはそのためですが、このとき両者の風味を同時に感じるためには、皮を使用しなければいけません。レモンの風味とバラやハーブのような香りは、皮により強く含まれているからです。

レモン&仔羊肉

モロッコのタジン料理では、汁気の多いレモンの塩漬けを、仔羊肉とともにタジン鍋でじっくり煮こみます。ギリシャでは、酸味のあるレモンを脂肪分の多い仔羊肉とともに調理します。

recipe
《仔羊肉のレモン風味》
❶にんにくを加えたオリーブオイルで、1.5kgの仔羊肉をきつね色になるまで焼く
❷しっかりと蓋ができる鍋に焼いた肉を入れ、レモン2、3個分の果汁とオレガノ適量を入れて、蒸し煮にする

❸煮汁がなくなりだしたら、少量の水を加える。このとき、水を入れすぎないように。この料理のポイントは仔羊肉のスライスに、レモン風味のうま味たっぷりな肉汁をかけて食べること

　仔羊肉は昔から、レアよりもよく火を通して食べられてきました。付け合わせに、ローストポテト、ご飯、または白インゲン豆を添えます。

レモン&ローズマリー

　レモンタルトには、昔からクレーム・フレッシュが添えられてきました。甘いのに酸味もしっかりあるレモンカードと、クリームのほのかな酸味がよく調和します。

　でも私の経験から言うと、精気あふれるレモンタルトの最高のパートナーは、ローズマリーのアイスクリームです。ローズマリーをクリームや牛乳に浸して何度も実験を繰り返した結果、この方法でも悪くはないけれど下準備がたいへんだとわかりました。そこで現在ではケント州にあるホップファームからローズマリー・エッセンスを仕入れています。

recipe

《ローズマリーのアイスクリーム》

❶卵黄2個分にグラニュー糖50gとコーンスターチ小さじ2を加え、なめらかになるまでかき混ぜる

❷生クリーム275mlを温め、火からおろしたら、水あめ小さじ2を加えてよくかき混ぜる

❸卵黄に少しずつクリームを加えて、泡立て器でよくかき混ぜ、鍋に入れて火にかける

❹絶えずかき回しながら、カスタードくらいの固さになったら、火からおろして清潔なボウルに移し、ラップをかけて冷ます

❺ローズマリー・エッセンス約20滴をたらし、冷蔵庫で冷やしてから凍らせれば完成

柑橘系

レモン

Ginger
生姜

　生姜は東南アジア原産ですが、現在では広く栽培されていて、生育地によって風味が大きく異なります。一般的に、生の生姜はレモン風味と木と土の香り、ぴりりとした辛味を持ちます。

　ジャマイカで栽培されるジャマイカンジンジャーは、質のよさで知られています。同じジャマイカジンジャーでも、ナイジェリアとシエラレオネ共和国で栽培されているものは、豊かな風味と刺激、樟脳のにおいの成分が含まれているため、レモン風味の強い品種との違いがはっきりとわかります。同じ生姜科の仲間、カルダモンとの関係を連想させるところはありません。オーストラリア産の生姜はもっともレモン風味が強いと言われる通り、オイルに含まれるシトラール［citral］[21]が全品種中で最高です。

　世界中で、料理に甘味や刺激を加えるために使われる生姜は、生、ドライ、粉、砂糖漬け、ピクルス、シロップ漬け、果汁とさまざまな形で手に入れることができ、ソフトドリンクにもアルコール飲料にも使われています。

生姜＆アーモンド→「アーモンド＆生姜」P.342
生姜＆アンズ→「アンズ＆生姜」P.399

生姜＆オイリーフィッシュ（脂分の多い魚）

　にぎり寿司や刺身に添えられる甘酢生姜（ガリ）には、口内をさっぱりさせる役目があります。ガリのおかげで、個々の生魚の風味を堪能できるのです。

　同じ理由から、寿司は必ず箸で食べるという人もいます。手でつまむ（これも正しい食べ方）と、魚のにおいが別の魚に移ってしまうからです。にぎり寿司を醤油につけるときは、ネタを下にして、ほんの少しだけ醤油がつくようにしましょう。また口に入れるときもネタを下にし、魚をしっかり味わえるようにしましょう。米を下にして醤油につけると、にぎりが醤油をたっぷり含んでしまい、口に入れる前にくずれてしまいます。

　高級寿司店では、シェフがにぎりに醤油ベースのたれやワサビを適宜つけてくれるので、客は何をつければいいのか迷う必要がありません。むしろ、さらに醤油やワサビをつけると嫌な顔をされたりします。また、ガリをにぎりと一緒に口に入れたり、前菜代わりにがつがつ食べたりするのもマナー違反です。どうしてもそうしたいときは、人が見ていないときにやりましょう。

生姜＆オレンジ

　どちらもスパイシーで柑橘系の香りがあります。フィンランドでは、ダイダイの粉をシナモン、クローブ、生姜と一緒にしてスパイスミックスにし、ジンジャーブレッドを作ります。次に紹介する生姜とオレンジの甘いお菓子を、ぜひ作ってみてください。

[21]　シトラール［citral］…レモンの香りの素となる化合物。

recipe

《生姜とオレンジのケーキ》

❶バター170gにマスコバド糖（サトウキビからとれる黒蜜糖）150gを混ぜて、ふんわりと白っぽくなるまでよく練る

❷卵2個を一度に1個ずつ割り入れ、そのたびによく混ぜる

❸オレンジ（大）の皮をすって混ぜ入れ、セルフレイジング・フラワー170g[※22]、ベーキングパウダー小さじ1、塩ひとつまみをふるい入れ、ゴムべらで切るように混ぜこむ

❹ここに、牛乳大さじ3、生姜の砂糖漬け4個をみじん切りにしたものを加える

❺バターを塗って、クッキングシートを敷いた直径18cmのケーキ型に生地を入れ、表面をならしたら、180℃のオーブンで40〜50分焼く

❻焼き上がったら表面にマーマレード125mlを塗り、冷ます

柑橘系

生姜

生姜&カルダモン

　生姜科の植物であるカルダモンは、見た目よりも香りと味わいが生姜に似ています。いずれもぴりっとした風味に、はっきりとした柑橘系の香りがあるのが特徴です。インドでは消化を助ける食材として有名で、パナカムと呼ばれる飲み物に用いられています。熱湯にジャッガリー（粗砂糖）を溶かし、乾燥生姜とつぶしたカルダモンを加え、濾してから冷まして飲むのが普通です。

　私は生姜とカルダモンの組み合わせを使って、昔ながらのグラブジャムンの応用、インジジャムンを作りました（→「バラ&カルダモン」P.488）。

　小さなケーキのようなスタンダードなジャムンと同じように、カルダモンで風味づけしますが、インジジャムンでは、バラのシロップ代わりに自家製生姜シロップを用います。

recipe

《インジジャムン》

❶粉末ミルク125g、薄力粉大さじ6、ベーキングパウダー小さじ1、つぶしたカルダモン小さじ1、さいの目に切ったバター20gを、フードプロセッサーに入れ、ときどき生地をまとめながら混ぜる

❷さらに水を大さじ1杯ずつ加えていき、なめらかな生地にする

❸生地ができたら、ライチほどの大きさの団子を約18個作る

❹砂糖400gを水650mlに加え、さらに厚くスライスした生の生姜4〜5切れをたたいて入れ、ゆっくりと砂糖を溶かす

❺先ほど作った団子をたっぷりの油で、一度に数個ずつ揚げる。団子を油に入れたら中火にして、きつね色になるまでゆっくりと揚げる

❻きれいに揚がった団子をキッチンペーパーにのせて油を切り、生姜シロップに漬ける

※22　セルフレイジング・フラワー…セルフレイジング・フラワーが手に入らなかったら、薄力粉100g、ベーキングパウダー3g、塩1gを混ぜ合わせて使う。

❼そのまま冷ましてシロップを団子に浸みこませる。できればひと晩そのまま置くといい
❽できあがったら生姜のスライスを取り除き、食べる

冷やしてもいいですし、室温のままでもいいでしょう。

生姜&キャベツ

生の生姜はキャベツと一緒に炒めると、火を通したキャベツが失ってしまった、すっきりとした辛味を補ってくれます。特にスプリンググリーン［spring green］[※23]は、葉が密で加熱しても、くたっとしおれず、しっかりとしたほろ苦さと辛味があるので、生の生姜と炒めるのに適しています。

生姜&牛肉

牛肉は強い風味の材料ととてもよく合います。タイや中国では、生姜と牛肉の炒め物が作られています。カナダのカルガリーの中国人姉妹が作った生姜と牛肉の揚げ物は、地元の名物になっています。この組み合わせを使って、砕いたジンジャーナッツビスケットを牛肉のコロッケやエスカロップ［escalope］[※24]の衣に使うという、珍しい料理もあります。

生姜&クローブ→「クローブ&生姜」P.308
生姜&コーヒー→「コーヒー&生姜」P.23

生姜&シナモン

生姜とシナモンなしでは、ジンジャーブレッド・マンは作れません。昔から、生地に蜂蜜とコショウを加えて味に深みを出していましたが、最近では糖蜜とひとつまみのクローブが用いられているようです。コーヒー用にジンジャーブレッド風味のシロップを作るなら、シナモンスティック2本とバニラ・エクストラクト小さじ1を、「生姜&カルダモン」P.439のシロップに加えてください。

生姜&白身魚

生の生姜が持つ柑橘系の香りは、魚との相性が抜群です。オーストラリアのフードスタイリストであるドナ・ヘイは、せいろの底に生姜のスライスを並べ、その風味を蒸し魚につける方法をすすめています。他の料理に付け合わせには、千切りの生姜をたっぷりの油で揚げたものがよいそうです（→「タマネギ&生姜」P.148)。

生姜&卵

中国には、主にアヒルの生卵の表面にライム、塩、松の灰、水を混ぜたものを塗りつけ、数週間（またはそれ以上）陶器壷か地中に埋めて保存した、ピータンという食べ物があります。できあがったピータンの殻をむくと、白身は固まって紅茶のゼリーを思わせる琥珀色に、黄身は濃い灰緑色に変色しています。硫黄のにおいと、つんとしたアンモニアの風味を持つピータンは、甘酢生姜を添えるとおつまみに

※23　スプリンググリーン［spring green］…ケールに似たアブラナ属の野菜。
※24　エスカロップ［escalope］…肉のフライ。

最適です。

　イギリスの卵の保存料理に、ゆでて殻をむいた卵を酢に漬けたものがあり、フィッシュ＆チップスの店やパブでよく売られています。パブではこの酢漬け卵を、砕いたポテトチップスの袋に入れてつまむ、昔ながらのやり方で食べる人をよく見かけます（優秀なバーテンダーなら、酢漬け卵をチップスの袋に入れて出すこともあります）。ポテトチップスの味つけはソルト＆ビネガーが一般的ですが、甘味と酸味とスパイシーな刺激があるウスターソース味も抜群に合います。

生姜＆タマネギ→「タマネギ＆生姜」P.148

生姜＆チョコレート

　チョコレートでコーティングした砂糖漬け生姜をひと口かむと、ダークチョコレートがぱりっと割れて、生姜の甘くてジューシーな繊維質に歯が沈んでいきます。ダークチョコレートの複雑な苦味とメンソールを思わせるクールな味わいが、生姜の甘辛さと完璧なコントラストを描きます。

　私は砂糖漬けの生姜を、フロランタン［florentine］[※25]風のビスケットに入れるのが好きです。砂糖漬けの生姜は、宝石箱を彷彿とさせる砂糖漬けフルーツのような愛らしさこそありませんが、風味は格段に上です。

recipe

《生姜とチョコレートとアーモンドのフロランタン》

❶無塩バター15gを小鍋に入れ、弱火で溶かす

❷グラニュー糖40g、薄力粉小さじ2、高脂肪生クリーム大さじ2を加え、ゆっくりと沸騰させる

❸1分煮たら、刻んだ砂糖漬けの生姜50g、アーモンドフレーク50gを加えてかき混ぜ、鍋を火からおろす

❹室温に冷まし、クッキングシートの上に小さじで生地を並べて置き、軽く押さえて丸く成型する。オーブンで焼くときにくっつかないよう、数センチずつ離して生地を並べるのがコツ

❺190℃のオーブンで約12分間焼いたら取り出し、しばらくそのまま置いてビスケットが固くなるのを待つ

❻固まったら、クーリングラックにのせて冷ます

❼上等なダークチョコレート75gを溶かし、焼きあがったビスケットのなめらかな面に、フォークを使って細い線を描くようにかければできあがり

生姜＆唐辛子

　唐辛子は生姜に、辛味とは何かを教える存在です。飲料メーカーがジンジャーエールに少量の唐辛子を加えることがあるのも、ピリリとした辛味を加えるためです。

　唐辛子と生姜は、海南鶏飯[ハイナンチーファン]のソースにも使われています。この料理は中国南部沿岸部の海南島で生まれたものですが、現在ではマレーシアや台湾、シンガポールでとても人気があります。地元の人々はま

※25　フロランタン［florentine］…フランスのお菓子で、クッキー生地にキャラメルでコーティングしたナッツ類をのせたもの。

るで自国の名物料理のように食べていて、専門のレストランチェーンもいくつかあるほどです。そこまで人気のある料理なら、みなさんもぜひ作ってみたいと思われるでしょう。ソースのレシピは簡単です。

recipe
《海南鶏飯》
❶唐辛子、生姜、にんにくを一緒につぶし、好みにより酢、ライム果汁、またはストック少々でのばす
❷鶏肉をまるごと、生姜と葉ネギを加えた塩水でゆでる
❸米は鶏肉のお腹から取った脂肪少々と、いいにおいのする鶏肉のゆで汁で炊く
❹ゆであがった鶏肉を室温に冷まして切り分け、ご飯と一緒に盛る。鶏肉には醤油とゴマ油をかけ、生姜と唐辛子のディップソースを添えて食べる

簡単そうに見えますが、この料理のコツは盛りつけにあります。切り分けた皮なしの鶏肉を、もとの鶏肉の形に似せるようにして皿にきれいに盛ってください。

生姜&トマト

ぴりっとした生姜入りトマトソースのレシピとして、19世紀の料理家イザベラ・ビートン〔1836−1865〕（→P.506）は次のものをすすめています。

recipe
《生姜入りトマトソース》
❶熟したトマト1kgを陶器製の皿に入れて120℃のオーブンで4～5時間焼く
❷室温に冷ました後に皮を取り除いて、皿に残った果汁と混ぜ合わせる
❸生姜粉小さじ2、塩小さじ2、1球分のにんにくの皮をむいてみじん切りにしたもの、酢大さじ2、カイエンヌペッパーひとつまみを加える
❹これを瓶に詰め、冷暗所で保存する

すぐに食べることもできますが、数週間寝かせると風味がぐっと増します。自家製生姜粉を入れれば、さらに味わい深くなります。

自家製生姜粉の作り方は、生生姜数個をおろしてクッキングシートに広げ、3～4日乾燥させるだけです。晴れた日が続いて屋外で乾かせるときは、これより短くても大丈夫です。できあがった生姜粉は容器に入れ、使うときにすり鉢ですってください。皮をむかずに作れば土の香りとナッツ風味の残った風味に、皮をむいて作れば軽い風味に仕上がります。

生姜&ナス→「ナス&生姜」P.108

生姜&にんにく→「にんにく&生姜」P.154

生姜&バターナッツカボチャ

大半のレシピで、バターナッツカボチャと普通のカボチャは、互いに代替可能な材料として紹介されています。ですから、たとえばパンプキンパイに香辛料と砂糖を加えたら、材料がバターナッツカボチャなのか普通のカボチャなのか、わかる人はほとんどいないでしょう。

パンプキンパイに使われる香辛料は、生姜、シナモン、クローブ、ナツメグ、オールスパイスを混ぜたものです。イギリスでは同じ材料を混ぜ合わせたものがひとつの香辛料として広く使われ、「ミックススパイス」という何の変哲もない名前で呼ばれています。かつてはプディングスパイスという、その香りにより似つかわしく、オールスパイスと間違えにくい（実際、オールスパイスとはまったく異なる）名前で呼ばれていたものです。

ちなみにオールスパイスは複数の香辛料のブレンドではなく、黒コショウの実に似た外見を持つ単一の香辛料で、クローブの主要化合物として知られるオイゲノールの強い風味を持ちます。オールスパイスの名は、シナモンとナツメグの香りも持ち合わせることからつけられました（→「バターナッツカボチャ&ローズマリー」P.324）。

生姜&バニラ

コーラの代わりに、ジンジャーエールにバニラ・アイスクリームをひとすくいのせれば、ボストン・クーラーのできあがりです（→「生姜&シナモン」P.440）。

生姜&豚肉

生姜焼きと呼ばれる、日本のシンプルな料理に使われる組み合わせです。生姜焼きは牛肉やイカでも作れますが、豚肉のものがもっとも一般的で、特にメニューに断りがなければ豚肉で作られています。

recipe

《豚肉の生姜焼き》

❶豚肉の薄切り200gを、おろしたばかりの生姜大さじ2、醤油大さじ2、みりん大さじ2で作った漬け汁に15分漬ける

❷汁気を切った豚肉をサラダ油で手早く炒め、皿2枚に分ける

❸残った漬け汁をフライパンに加えて温めてから、豚肉に回しかける

生姜&マンゴー

マンゴージンジャー（ガジュツ）はマンゴーとも生姜とも関係のない植物ですが、生姜と同じ根茎です。インドとインドネシア原産で、噛んだ瞬間は苦味を感じますが、やがて甘味から酸味へと変わり、ムスクの香りと、グリーンマンゴーに似た芳香な風味が感じられるようになります。ピクルスにしたり、

柑橘系

生姜

443

カレーに加えたりするのが一般的な使い方です。

生姜とマンゴーの組み合わせは、クリームブリュレに最適ですし、甲殻類の料理に使ってもいいでしょう。アメリカのシェフ、ジャン・ジョルジュ・ヴォンゲリヒテン（→P.507）は、生姜とマンゴーを得意料理のひとつであるフォアグラ料理に使っています。

生姜&ミント

ジンジャーミントには、ペパーミントによく似た香りと、かすかな生姜の香りがあります。また、生姜とミントで風味づけしたキャンディーやソーダは、アメリカでは一般的です。夏には、気の抜けたジンジャーエールに生のミントの小枝やミントシロップを少し加えると、きりっとしまった味になります。

生姜&メロン→「メロン&生姜」P.397

生姜&ライム

モスコミュールは、ウォッカ、ライム、ジンジャービアで作るカクテルです。ジンジャーエールで作ると、モスコミュール（モスクワのラバ）ならぬレイムドンキー（痩せっぽちのロバ）になってしまいます。さらに数滴のアンゴスチュラ・ビターズをたらせば、複雑な味わいに金属的な苦味を加えることができます。

ジンジャービアはやや濁った液体で、ぴりっとした辛味と豊かな風味がありますが、ジンジャーエールは澄んだ琥珀色の液体で、風味はよりやさしく、ラム酒やウィスキー（whiskyではなく、北米かアイルランドの"e"つきのwhiskeyと表記される種類）といった、いわゆるダークスピリッツによく合います。

生姜&ルバーブ

生姜とルバーブの組み合わせは、腸によいという理由から生まれました。確かに理にはかなっていますが、私にはやはり、この2つの組み合わせはお互いの風味を少々損なっているように思えます。

イギリスのシェフ、ジェイソン・アサートン（→P.507）は、生姜とルバーブのピクルスを、フォアグラと燻製ウナギのテリーヌと、ジンジャー・ブリオッシュとともに出しています。イギリスの料理研究家デリア・スミス（→P.508）は加熱したルバーブを、水ではなくジンジャービールで作ったオレンジゼリーに添えます。イギリス・ノースヨークシャー州ヘルムズリー近郊にあるザ・スター・イン［The Star Inn］のオーナーシェフ、アンドリュー・パーン（→P.506）は、生姜入りパーキン［parkin］[26]、ルバーブのアイスクリーム添えのレシピを紹介しています。自分で作るのが面倒な方は、ザ・スター・インに行けば食べることができます。

生姜&レモン→「レモン&生姜」P.433

※26　パーキン［parkin］…オートミールと糖蜜を使って作るケーキ。

Cardamom
カルダモン

サヤ入りカルダモンの容器を開けたとき、塗る風邪薬や鼻用メントールスティックを思い出すかもしれません。ローリエやローズマリー同様、カルダモンには樟脳とユーカリのすっきりとした香りがあります。また生姜の仲間であることから、柑橘系や花の特徴も兼ね備えています。原産国によってはユーカリの香りが強かったり、フローラルな柑橘系の風味が強かったりします。

いずれの風味でも、そのさわやかな香りは脂っぽさを和らげるのに有効です。特にクリームやチョコレート、ナッツ、バターライスなど、カルダモンの複雑な風味を引き立てる材料と組み合わせるといいでしょう。

カルダモン&アーモンド

北欧諸国では、カルダモンの消費量が他国に比べて驚くほど高く、ケーキやパン、ペストリーにたっぷり使います。フィンランドのプッラは、カルダモンを効かせたトルネード形の甘いパンです。ノルウェーのゴーローは、古い聖書の表紙のような模様をした、カルダモン風味のぱりっと薄いウエハースです。

ファッティグマン [fattigman]^{※27} は、ゴーローと同じ生地で作りますが、専用カッターで切った個性的な形をしていて、たっぷりの油で揚げてあります。またスウェーデンでは、いわゆる懺悔の火曜日にセムラと呼ばれるカルダモン風味のお菓子を作ります。ドーム状のパンのてっぺんを切り落として中を取り出し、アーモンドペーストとクリームを詰めます。切り落とした部分で蓋をし、砂糖をふりかけます。自宅でパンを焼かない人は、季節になるとイケア [Ikea] で買うことができます。

カルダモン&アンズ

カルダモンとアンズの組み合わせは、アンズ・デニッシュペストリーなどのケーキやクランブル、ジャムなどに使われます。

ドライアンズをカルダモンとともにシロップに浸したものは、カシミール地方の名物料理です。次に紹介するアンズタルトに、濃厚なカルダモン・クレーム・パティシエール [cardamom crème pâtissière]^{※28} を添えてみてください。

---

recipe
《カルダモン・クレーム・パティシエールのアンズタルト》
❶ グラニュー糖50gと卵黄3個を合わせてかき混ぜ、薄力粉とコーンスターチ各20gを混ぜながら加える
❷ 牛乳300mlに、つぶしたサヤ入りカルダモン3個とバニラ・エクストラクト小さじ1/2を入れ、沸騰直前まで温める

※27　ファッティグマン [fattigman] …油で揚げたクッキーのひとつ。
※28　カルダモン・クレーム・パティシエール [cardamom crème pâtissière] …カルダモン風味のカスタードクリーム。

❸カルダモンのサヤを取り除き、牛乳液を少しずつ卵液に入れて混ぜる

❹これを鍋に移して火にかけて沸騰させ、表面に大きな泡が生まれては割れるようになるまで、加熱する

❺火を弱めてさらに約5分間、十分なとろみが出るまで温める

❻冷まして、あらかじめ焼いておいた直径23cmのペストリー台に注ぎ入れる

❼シロップ漬けの皮なしアンズを半分に切ったもの、約15個を表面にのせる

❽アンズジャムをかけて、できあがり

カルダモン＆コーヒー→「コーヒー＆カルダモン」P.21
カルダモン＆ココナッツ→「ココナッツ＆カルダモン」P.405

カルダモン&コリアンダーシード

　いずれもはっきりとした柑橘系の香りを備えた香辛料です。甘いデザートにカルダモンを使うと樟脳の香りが強すぎると感じるようなら、少量のコリアンダーシードとともにつぶして味を「薄める」といいでしょう。コリアンダーの花のような心地よい風味が、カルダモンの甘い一面とよく調和します。

カルダモン&サフラン

　サフランとカルダモンはいずれも、みずみずしくクリーミーな材料とよく合います。またサフランは、カルダモンの持つレモンの風味をうまく補います。アイスクリームやカスタードクリーム、ケーキに合わせてみてください。あるいは、いずれも少量を塩味の米料理にかけてもいいですね。

カルダモン&シナモン

　この組み合わせは、インドの神クリシュナと伝説の恋人ラーダーのような関係です。インドやパキスタンでは牛乳を使ったデザートにこの2つの香辛料を入れ、甘く芳しい香りを添えます。チャイのようなホットドリンクに入れれば、ココアの強烈なライバルの誕生です。

recipe
《カルダモンとシナモンのホットドリンク》
❶鍋にマグ1杯分の牛乳とシナモンスティック1本を入れ、つぶしたサヤ入りカルダモン2〜3個を入れて、ゆっくりと沸騰させる

❷火からおろし、牛乳をマグに濾し入れたら、好みで砂糖を加える

冷まして、香り高いバナナのミルクセーキにしてもいいでしょう。

カルダモン&生姜→「生姜&カルダモン」P.439

カルダモン&チョコレート→「チョコレート&カルダモン」P.13

カルダモン&ニンジン →「ニンジン&カルダモン」P.319

カルダモン&バナナ

バナナとカルダモンを使って、やさしい味わいのライタを作ります。

---

recipe

《バナナとカルダモンのライタ》

❶バナナ2、3本をつぶす（薄切りにする人もいるが、私はあまり熟していないものをつぶすほうが好き）

❷これを、カルダモン粉小さじ1/4、乾燥唐辛子ひとつまみ、ヨーグルト150〜250gと混ぜ合わせる

ヨーグルトの分量はメインディッシュに合わせて調節してください。極辛口の仔羊肉のカレーととてもよく合います。

カルダモン&バニラ→「バニラ&カルダモン」P.498

カルダモン&バラ→「バラ&カルダモン」P.488

カルダモン&ベーコン

ブラック・カルダモンは、グリーン・カルダモンの近縁種です。生気あふれる芳しい風味は両者に共通していますが、ブラック・カルダモンのほうがより刺激的で、やや苦みが強く、ローストして乾燥させるといぶしたような風味が生まれます。グリーン・カルダモンがラフロイグ［Laphroaig］[29]を飲んで酔っ払ったようなものです。シチューやスープに数粒のカルダモンを加えれば、ベーコンを思わせる風味をつけることができます。

カルダモン&ホワイトチョコレート→「ホワイトチョコレート&カルダモン」P.503

カルダモン&マンゴー

インドではとても人気のある組み合わせです。ラッシーに混ぜれば、熟しすぎたマンゴーの味を、カルダモンの快活な味とヨーグルトの酸味が調えてくれます。

※29　ラフロイグ［Laphroaig］…シングルモルト・スコッチウィスキーの銘柄。

recipe

《カルダモンとマンゴーのラッシー》

❶ マンゴー1個分の実とヨーグルト250g、牛乳125ml、カルダモン粉ひとつまみ、氷1〜2個を
フードプロセッサーに入れて混ぜ合わせる

❷ 味見をしてカルダモンの量を調節し、砂糖か蜂蜜で甘味をつける

変わったところではメープルシロップを使ってもいいでしょう。マンゴーのかすかな樹脂の香りとマッチします。

カルダモン＆洋梨→「洋梨＆カルダモン」P.388

カルダモン&仔羊肉

カシミールでは、カルダモンはゴシュタバという料理で、仔羊の肉団子の風味を増すのに使われます。ゴシュタバは、仔羊肉に脂肪を加えて丁寧にたたき、カシミアのような非常にやわらかい肉にします。

もっと時間のかからない料理なら、エライチゴシュトがあります。これは仔羊肉と驚くほどたっぷりのカルダモンを使う料理です。女優でありフードライターとしても有名なマドゥール・ジャフリーのレシピを紹介しましょう。

recipe

《エライチゴシュト》

❶ 大きなフライパンに油大さじ3を熱し、細かくつぶしたカルダモン大さじ2を加え（わざわざサヤから種を取り出したくない人は、サヤごとつぶす。ただしソースに少し繊維質が残る）、ざっと混ぜてから、角切りにした仔羊肩肉900gを加える

❷ 強火で2分間炒め、つぶしたトマト2個とみじん切りにした赤タマネギ（小）1個分を加え、さらに3分間炒める

❸ ガラムマサラ小さじ1 1/2、トマトペースト大さじ1、塩小さじ1 1/2、水625mlを加える

❹ 蓋をして1時間から1時間半煮こみ、挽いた黒コショウをたっぷりとふりかけてから、パンまたはご飯に添えていただく

低木と多年草の風味
Bramble&Hedge

ローズマリー
Rosemary

セージ
Sage

ジュニパーベリー
Juniper

タイム
Thyme

ミント
Mint

カシス
Blackcurrant

ブラックベリー
Blackberry

Rosemary
ローズマリー

　ローズマリーには、セージと似たユーカリ属の特徴がありますが、セージよりも強い松や花の香りを持ち、より強い甘みがあります。たくさんの種類がありますが、とりわけその風味のよさで知られているのが、やわらかなレモンと松のアロマを放つトスカナブルー、かすかにクローブとナツメグの風味を感じさせるスパイスアイランド、そして独特のいぶしたような香りを持ち、バーベキューに最適なシシングハーストブルーです。

　丁寧に乾燥させたものであれば風味も悪くはありませんが、乾燥させるとドライハーブ特有の干し草の風味を帯びるようになるのに加え、生の持つ複雑な味わいを失ってしまいます。

　ローズマリーは昔から、仔羊肉や山羊のチーズと組み合わされてきましたが、チョコレートやオレンジ、レモンを使ったデザートにもとてもよく合います。

ローズマリー＆アーモンド→「アーモンド＆ローズマリー」P.346

ローズマリー＆アンズ

　マムールは、中東や北アフリカ全域で食されている、丸い詰め物入りの砂糖菓子で、通常はシナモンで味つけしたデーツやナッツを混ぜ合わせたものが入っています。くずれるような外側のペストリーと、あらゆる種類のドライフルーツやナッツがぎっしりと詰まった濃厚でねっとりとしたフィリングとのコントラストが絶妙です。

　アンズは乾燥させると、そのフルーティーでラベンダーを思わせる香りが失われ、酸っぱくなることがあります。その風味を補ってくれるのが、ラベンダーの香りをたたえたローズマリーなのです。

recipe
《ローズマリーとアンズのマムール》
❶フードプロセッサーに薄力粉225gと1cm角に切った無塩バター110gを入れ、ほろほろとしたパン粉状になるまで回す
❷ローズウォーター大さじ1と牛乳大さじ3〜4を少しずつ加えて生地を作り、冷蔵庫で寝かせておく
❸次に、刻んだドライアンズ120g、刻んだミックスナッツ100g、みじん切りにしたローズマリー大さじ1、砂糖50g、水大さじ4を鍋に入れる
❹中火にかけ、水分が蒸発したら、アーモンド粉75gを加えて、全体がよく混ざるようにかき混ぜる
❺粗熱が取れたら、寝かせてあった生地を20等分にして丸める

❻親指を使ってお椀形を作り、中に先ほど作った具を詰め、具が見えないようにしっかり包む

❼油を引いた天板にのせて、フォークの背で軽く押しつけて平らにする

❽160℃のオーブンで20分焼き、冷めたら粉砂糖をまぶす

ローズマリー＆アンチョビ→「アンチョビ＆ローズマリー」P.226

ローズマリー＆オイリーフィッシュ（脂分の多い魚）

香りのきついローズマリーも、イワシやサバなど脂分の多い魚と出会えば、お互いのアクの強さを和らげて、洗練されたとまではいかないものの、十分魅力的なカップルになります。

recipe

《ローズマリー風味の魚のグリル》

❶みじん切りにしたローズマリーとパセリを、パン粉とおろしたパルメザンチーズ少量と混ぜ合わせる

❷これを内臓を取り出した魚に詰め、グリルで焼いてレモンを添えて食べる

ローズマリー＆オリーブ→「オリーブ＆ローズマリー」P.246

ローズマリー＆オレンジ

オレンジの花が婚礼のシンボルになったのは、19世紀のことです。ウェディングケーキの飾りやブーケに使われたり、花のモチーフが花嫁のベールに刺繍されたりするようになりました。オレンジの花は、幸運や純潔、幸福や多産の象徴とされたのです。

ローズマリーにいたっては、さらに古くから結婚の儀式に関係がありました。アン・オブ・クレーヴズがイギリス王ヘンリー8世に嫁いだときは髪に飾っていましたし、庶民も貞節と追憶を意味するものとして身に着けていました。

オレンジの花とローズマリーは、幸せなカップルです。イギリスのシェフ、アレグラ・マクエヴディのレシピのひとつに、カシューナッツ粉とセモリナ粉を使った、オレンジ風味のケーキというものがあります。焼きあがりにオレンジフラワー・ウォーターをふりかけ、ローズマリー味のシロップをかけます。

ローズマリー＆きのこ

アメリカ・シカゴのレストラン、アリネア［Alinea］のグラン・アケッツ（→P.507）は、マツタケケーキにマツタケキャラメルをかけ、ローズマリーとシェリービネガーのゼリーひとかけずつを添え、塩味の松の実とマスティッククリームをのせた料理を作っています。秋の材料を組み合わせた、常緑樹の香りがとても豊かな一品です。

低木と多年草

ローズマリー

451

ローズマリーは常緑性低木ですし、マスティックは同じく常緑樹ピスタチオ・レンティスタスの香り高い樹脂で、ギリシャでは特にチューインガムの風味として人気があります。松の実に関しては言うまでもありません。

珍重されているマツタケそのものには、常緑樹の風味はありませんが、日本では松の木の下に群生し、「松のきのこ」という意味の名前もそこからきています。シナモンを思わせる独特の強い香りがありますが、それに比べると味のほうは特筆すべきものはありません。日本ではこのきのこを集め、屋外で松の焚き火で焼き、醤油をつけて食べます（→「牛肉&きのこ」P.56）。

ローズマリー&栗→「栗&ローズマリー」P.328
ローズマリー&グリンピース→「グリンピース&ローズマリー」P.285
ローズマリー&ジャガイモ→「ジャガイモ&ローズマリー」P.128

ローズマリー&すいか

ローズマリーは、バーベキューにあたって信頼のおける友人です。指でローズマリーの小枝を上から下にこすって針葉をこそげ落とせば、角切りにした肉を刺す、天然の芳しい串のできあがりです。あるいは、肉や野菜にだいたい火が通ったところで、炭に小枝数本を投げ入れれば、煙に香りをつけることもできます。

アメリカのフードコラムニスト、マーク・ビットマンは、すいかのステーキをローズマリーで風味づけてグリルすることをすすめています。

recipe
《すいかのステーキ　ローズマリー風味》
❶小さめのすいかを、皮ごと厚さ5cmの"ステーキ"状にカットする
❷フォークを使って、身をくずさないように種をできるだけ取り除く
❸オリーブオイル大さじ4、みじん切りにしたローズマリー大さじ1、塩とコショウを混ぜ合わせた液を切ったすいかに刷毛で塗り、片側5分ずつ焼く
❹くし型に切ったレモンを添えて食べる

丸焼きにした豚肉の付け合わせにどうぞ。

ローズマリー&タマネギ

フランス・ニースの古い市場などで売られている香ばしいヒヨコ豆のパン（あるいはパンケーキだと言う人もいる）、ソッカは、国境を越えたイタリアのリグリア州ではファリナータと呼ばれ、多くの場合、みじん切りにしたローズマリーやタマネギがトッピングされています。

焼くには専用のホットプレートが必要なため、家でまったく同じように作るのは難しいかもしれませんが、それでも十分おいしくできあがります。

recipe

《ローズマリーとタマネギをトッピングしたファリナータ》

❶ヒヨコ豆粉（インド料理店ではベサン粉とも呼ばれる）200g、ぬるま湯300ml、塩小さじ2、オリーブオイル大さじ3を泡立て器で混ぜ合わせ、数時間置いておく

❷底の厚いオーブン使用可の直径25cmの丸型（または20〜23cmの角型）に、たっぷりとオリーブオイルを塗る

❸220℃のオーブンで型を熱してから取り出し、生地の半量を薄く流し入れる

❹オーブンにもどして10〜15分焼く。このとき、焦げないようにときどきのぞいてみる

❺型を取り出し、みじん切りにしたローズマリーとタマネギを散らす

残りの半量を焼いている間に、最初に作った分を温かいうちに食べてしまいましょう。

ローズマリー＆チョコレート

ダークチョコレートと合わせると、ローズマリーのクールで新鮮な風味が際立ちます。ここであのすてきな「チョコレート＆カルダモン」P.13を思い出したとしたら、それはローズマリーもカルダモンも、そしてローリエも、主要な風味化合物が同じシネオールだからです（3つとも、牛乳ベースのデザートによく合います）。

シネオールには、木やユーカリ、かすかなミントを思わせる香りがあります。加えてローズマリーには、コショウや樟脳に似た特徴があり、一方でカルダモンからは、柑橘系や花の香りをより強く感じます——つまり、チョコレート＆ローズマリーは、「チョコレート＆カルダモン」の冬バージョンと言えるかもしれません。

次に紹介する「チョコレートとローズマリークリームの小さなポット」のレシピは、シェフのデイヴィッド・ウィルソンが考案したものです。

recipe

《チョコレートとローズマリークリームの小さなポット》

❶底の厚いステンレス鍋に、グラニュー糖250g、辛口白ワイン250ml、レモン果汁1/2個分を入れて弱火にかけ、ときどきかき混ぜながら砂糖を溶かす

❷高脂肪生クリーム600mlを加え、とろみがつくまで絶えずかき混ぜながら弱火で加熱する

❸ローズマリー1枝（またはドライローズマリー小さじ1）、おろしたダークチョコレート165gを加える

❹かき混ぜながらチョコレートを溶かし、沸騰したら火を弱めて、とろりとした濃厚な色になるまで20分煮詰める

❺冷めたら、8個の小さなポットに濾し入れ（とても濃厚なので、10個に分けてもいい）、蓋をして、

低木と多年草

ローズマリー

453

> 冷蔵庫で冷やしてから食べる

ローズマリー＆にんにく→「にんにく＆ローズマリー」P.157

ローズマリー＆バターナッツカボチャ→「バターナッツカボチャ＆ローズマリー」P.324

ローズマリー＆豚肉

イタリアのフィレンツェにチンギアーレ・ビアンコ［Cinghiale Bianco］という、こぢんまりしたすてきなレストランがあります。

この店では、ぜひ、アリスタ・アル・フォルノ・コン・パターテを食べてください。ピリッとしたキャラメルのようなグレービーソース［gravy sauce］[※1]がかかった、うっとりするほどやわらかい豚肉に、ローズマリー風味のローストポテトが添えられています。

一方、フィレンツェより南にあるラツィオの名物料理ポルケッタは、骨を抜いた豚肉にローズマリーやにんにく、場合によってはフェンネルなどを詰め、串に刺して丸焼きにしたものです。特に市場やお祭りなどには欠かせない一品で、モチモチした白パンに、ブロッコリーなどと一緒にスライスした肉をはさんでサンドイッチにします。

ローズマリー＆ブドウ→「ブドウ＆ローズマリー」P.358

ローズマリー＆ヘーゼルナッツ→「ヘーゼルナッツ＆ローズマリー」P.338

ローズマリー＆山羊のチーズ→「山羊のチーズ＆ローズマリー」P.76

ローズマリー＆仔羊肉

ほろ苦く、クロウメモドキを思わせる香りのローズマリーは、仔羊肉の脂っぽさを軽減すると同時に、その松やユーカリに似た清涼感が肉のくさみを和らげてくれます。それを考えると、ローズマリーが、脂身の多い肉や、古かったり長く吊るされていたりした仔羊肉に合わせられる理由がわかるかもしれません。

イタリア人は、イースターに丸焼きにして食べる、生後数週間の乳飲み仔羊肉アバッキオさえローズマリーを使って調理します。ローズマリーで味つけした仔羊の挽き肉は、おいしいソーセージにも、幅広パスタに合わせる濃厚なソースにもなります。アメリカ人シェフのダグラス・ロドリゲスの定番の一品に、仔羊の挽き肉とローズマリーを添えて焼いた仔羊ヒレ肉をフラットブレッドにのせ、レーズンと松の実、山羊のチーズを添えた料理があります。

ローズマリー＆ルバーブ

「culinate.com」というウェブサイトに登場するヘレン・レニーいわく、レストランの料理を家で再現するのは、ジグソーパズルのピースをはめていくようなものだそうです。

レニーは、アメリカ・マサチューセッツ州にあるスティーヴ・ジョンソンのレストラン、ランデヴー［Rendezvous］で、生のルバーブとドライアンズ、ドライクランベリーのコンポートを食べましたが、それを再現しようとして最初は途方に暮れてしまったそうです。しかしその後、おいしさの鍵は、果物類を

454　※1　グレービーソース［gravy sauce］…肉汁から作るソース。

蜂蜜とローズマリーに2、3日漬けこむことにあると気づきました。

　ローズマリーの風味は、オレンジやレモンのフルーティーで酸っぱい風味とよく合うので、その法則がルバーブにも適用できることは容易に想像がつきます。

ローズマリー＆レモン→「レモン＆ローズマリー」P.437

低木と多年草

ローズマリー

Sage
セージ

セージは野性味あふれるハーブで、万人向けではありません。強烈すぎる、苦すぎると感じる人もいますし、樟脳やユーカリのような香りから薬を連想して敬遠する人もいるでしょう。生のセージはさわやかで、レモンを思わせる香りがありますが、乾燥させるとそれが失われ、強いムスクの香りと干し草のような風味を帯びます。生のものでもドライのものでもはっきりとした風味と苦い後味を持つため、濃密で甘辛い食品と特に相性がいいようです。たとえばバターナッツカボチャや白インゲン豆、加熱したタマネギ、豚肉や鶏肉などです。

セージ＆アンチョビ→「アンチョビ＆セージ」P.223
セージ＆ジュニパーベリー→「ジュニパーベリー＆セージ」P.461

セージ＆卵

セージは、イングリッシュ・ブレックファストに昔から使われている材料となら、どれとでもよく合いますが、オーストラリア人シェフのニール・ペリーがトルコ料理をヒントに作ったこのレシピは、卵とセージという組み合わせの斬新な使い方を示しています。

recipe
《ポーチドエッグと揚げたセージをのせたヨーグルト》
❶にんにく1かけと塩小さじ1を一緒につぶし、挽きたてのコショウ少量を入れたギリシャヨーグルト（水切りをした水分の少ないヨーグルト）90gに混ぜ入れ、そのまま置いておく
❷卵4個を湯に割り入れ、ポーチドエッグを作る
❸この間に、鍋に無塩バター100gを温め、セージの葉16枚を入れて、パリパリになり、バターがきつね色になるまで揚げる
❹スプーンひとすくいのヨーグルトをそれぞれの皿に入れ、ポーチドエッグをのせ、塩、コショウ、ひとつまみのチリパウダーをふり、最後にバターを回しかける

ペリーは、刻んだ生唐辛子を添えるといいと言っています。卵は好みで目玉焼きにしてもいいでしょう。

セージ＆タマネギ→「タマネギ＆セージ」P.149

セージ＆トマト

イタリアでは、セージは、トマトベース料理の味つけに使います。たとえば、カンネッリーニ豆をシン

プルにトマトとセージで煮こんだファジョーリ・アルウッチェレット（小鳥風の豆）などです。イタリア料理の父といわれるペッレグリーノ・アルトゥージ〔1820–1911〕(→P.509) によると、昔から同じ食材を使って小鳥を調理してきたことからこの名前がついたそうです。

　アメリカ・サンフランシスコにあるズーニー・カフェ［Zuni Café］では、セージのペストを作っています。セージを温めたオリーブオイルに少し浸してから、追加のオリーブオイルとにんにく、クルミ、パルメザンと一緒にたたいてペースト状にします。店の一番のおすすめは、グリルまたはローストしたトマト料理に添えて食べるというものです。

　セージ＆鶏肉→「鶏肉＆セージ」P.34
　セージ＆ハードチーズ→「ハードチーズ＆セージ」P.89

セージ＆バターナッツカボチャ

　一度バターナッツカボチャを生で食べてみてください。かかしとフレンチキスをするような、ワラと湿った野菜の味がします。バターナッツカボチャは加熱することで初めて、甘みとやわらかさが引き出されるのです。

　ただし、セージと合わせた場合はその限りではありません。セージの強い風味がカボチャに移って、肉のようにこってりと力強い側面が表れてきます。筋金入りの肉食主義者でも、この組み合わせには太刀打ちできないかもしれません。

　アメリカ・カリフォルニア州バークレーにあるシェ・パニーズ・カフェ［Chez Panisse café］では、この2つの材料にアジアーゴチーズを合わせてピザを作ります。一方、アメリカのフードコラムニスト、ラス・パースンズは、バターナッツカボチャのリゾットに、揚げたセージの葉と軽く焼いたクルミを添えたレシピを紹介しています。

　セージ＆パイナップル→「パイナップル＆セージ」P.377

セージ＆豚肉

　イギリスの料理研究家エリザベス・デイヴィッド〔1913–1992〕(→P.506) は、乾いた血のような強烈なにおいがすると言って、セージを嫌っていました。デイヴィッドいわく、イギリス人がこのハーブに慣れ親しむようになったのは、ガチョウや鴨の詰め物として、よくセージとタマネギが使われていたからだそうです。

　しかし今日では、ソーセージに使われていることが多いため、セージの風味を豚肉と結びつけるイギリス人のほうが多いかもしれません。

　イタリアでは、豚ロース肉をセージとレモンで香りづけした牛乳でゆっくりと煮ることがあります。私も一度家で作ったことがありますが、その味から喚起された記憶は残念ながら、赤茶色の屋根と柱廊が連なるイタリア・ボローニャの街ではありませんでした。いつまでも消えないソーセージの記憶がよみがえり、かつてスコットランドの湖畔のB&Bで、気まずい沈黙のなか食べた、味気ない朝食の時間へと引きもどされたのでした。

低木と多年草

セージ

457

セージ&ブルーチーズ→「ブルーチーズ&セージ」P.83

セージ&プロシュート

　塩気の強いプロシュートは、深刻そうなセージの楽しい部分を引き出すことができる数少ない材料のひとつです。

　イタリア・ローマを代表する料理サルティンボッカは、薄切りの仔牛肉や七面鳥、豚肉、鶏肉、またはプレイスなどカレイ目の魚にプロシュートのスライスをのせ、その上にセージをのせてつまようじで留め、小麦粉をはたきます。両面をさっと焼きますが、まずはセージを留めた側から焼いてバターに香りをつけます。それを冷めないように保温しておき、フライパンには食材に合った液体、たとえば仔牛や鶏肉の場合はマルサラ酒、魚の場合はストックや白ワインなどを適宜注いで、底に付着した焼き汁やうま味をこそげ落としてソースを作ります。

セージ&ベーコン

　友人が料理コンテストを開催しました。その晩、参加者は彼女のキッチンに集まり、ひたすら切ったり混ぜたり、湯がいたり千切りにしたりしていました。

　しばらくすると難しい顔をした男性が入ってきて、走り書きしたレシピのメモを取り出し、5分ほど作業して皿をオーブンに入れると、ワイングラスを片手にパーティー会場へと姿を消しました。

　彼が優勝したことは言うまでもありません。私は調理台からはがしたレシピのメモを残念賞としてもらいました。そして、彼のレシピはイギリスの料理研究家デリア・スミス（→P.508）のパンチェッタとポロネギとセージの焼きリゾットをアレンジしたものであることがわかりました。

　オーブンだとオリジナルを忠実に再現することはできないかもしれませんが、焼いている間にゲストと一緒に談笑することもできます。それでは、"彼の"レシピを紹介しましょう。

recipe

《パンチェッタとセージのリゾット》

❶材料すべてが入る大きさで、コンロからそのままオーブンに入れられる鍋を用意する

❷オリーブオイル適量を温め、燻製ベーコンの細切れ200gとみじん切りにしたタマネギを、しんなりするまで炒める

❸リゾット用米175gを加え、オイルと米がなじむようにかき混ぜる

❹そこに白ワイン75ml、ストック500ml、刻んだセージ小さじ2、塩コショウを加える

❺ぐつぐつと煮えてきたら、150℃のオーブンに移す

❻20分焼いたらオーブンから取り出し、おろしたパルメザンチーズ大さじ2を入れ、オーブンにもどしてさらに15分焼く

❼食べるときにさらにおろしたパルメザンチーズ50gをかける

セージ&リンゴ

　セージは濃厚で威圧的です。大ジョッキをテーブルにどんと置き、ボリュームのある肉料理をたくさん持ってこいと要求します。でも、しゃきしゃきとしたフルーティーなリンゴを隣に座らせれば、少しはそのさわやかさを分けてあげられるでしょうか?

　答えはノーです。セージは断固としてセージらしさを主張し、リンゴがどれだけ努力しても、カビくさい闇に支配されてしまいます。

　とはいえ、セージとリンゴは、寒い時期にはおいしい組み合わせです。ボリュームたっぷりのスタッフィングと一緒に鳥に詰めてもいいですし、セージとリンゴの団子入りポークシチューにしてもいいでしょう。

recipe

《セージとリンゴのダンプリング》

❶ ボウルにセルフレイジング・フラワー [self-raising flour]※2 175g、スエット75g、みじん切りにしたセージの葉8〜10枚、皮をむいて芯を取り、細かい角切りにした小さめの料理用リンゴ1個を合わせる

❷ 少しずつ冷水を加えながら混ぜ合わせ、粘り気があり扱いやすい固さになったら、水を加えるのをやめる

❸ 2本の大きなスプーンを使って、クネルを作る要領で団子を成型する

❹ シチューに落として鍋に蓋をし、15〜20分煮こむ

　薄暗い、大きな振り子時計がチクタクいう音以外、何も聞こえないようなダイニングルームで食べてみてください。

セージ&レバー

　伝説的な風味の組み合わせです。レバーが、セージの持つさわやかな松やシダーの香りを消さないよう気を使いつつ、互いの生ぐささを消しあいます。しかしちょっと立ち止まって、この2つの食材の質感について考えてみてください。鶏肉のレバーとセージのブルスケッタを作るとき、私はまず、ビロードのようなセージの葉を頬にあてずにはいられません。そして加熱したレバーも同様にスエードのような質感を帯びることがあります。

　この2つが組み合わさると、私はつい無骨な田舎風の洋服や、湿った渓谷、あるいはイギリスの詩人テッド・ヒューズ〔1930-1998〕の憂愁を帯びた作品をちょっとばかり読んだ瞬間を連想してしまいます。

低木と多年草

セージ

※2　セルフレイジング・フラワー［self-raising flour］…ベーキングパウダー入りの小麦粉。セルフレイジング・フラワーが手に入らなかったら、薄力粉100g、ベーキングパウダー3g、塩1gを混ぜ合わせて使う。

Juniper berry
ジュニパーベリー

　田舎の大きな屋敷の香りです。ジンの主要な香味料であり、猟獣類の調理によく使用されます。苦味のある食材は、通常甘みの強いものと合わせてバランスをとりますが、ジュニパーベリーの場合は、同じく苦味のある食材、たとえばカシス、トニックウォーター、グレープフルーツ、レアに焼いた肉などと組み合わされることが多いようです。また、実をつぶすことで、濃厚な常緑樹の香りが引き出されます。

ジュニパーベリー＆オリーブ

　飛行機の旅は体にこたえます。大量のトゥイグレッツ［Twiglets］[注3]、オリーブひと山、ブラッディマリーを1杯、とても小さなサンドイッチ、どこの国のものだかわからないスナック菓子2箱、シャンパンを1杯、なめらかすぎてうさんくさいパテとパン、赤ワインを1杯、ありえないほど固いチェリートマトのサラダ、添え物のゆでたニンジンとマッシュポテトによって、いっそう牛の幽霊から作られたかのような実体のなさが強調されているビーフ・ブルギニヨン、赤ワインをもう1杯、おそろしくまずいチョコレートムース、ベイリーズを1杯、人形用かと思われるクラッカー各種とシリコンみたいなチーズ、おいしいポートワインを1杯、まずいコーヒーを2杯、ジャファケーキのスナックパック1袋、飛行時間が3/4経過したところで配られるサンドイッチ数切れ、心底恥ずべき紅茶1杯、そしてラズベリージャムとクリームを添えたスコーンを食べ、飛行機降下中の耳抜き用のフォックス・グレイシャー・フルーツキャンディーがバッグの底に散らばり、ようやくジョン・F・ケネディ国際空港に到着する頃には、少しばかり不快な気分になっていることもしばしばです。

　そんなとき、ダーティマティーニ以上の良薬はありません。ダーティマティーニは、通常のマティーニに塩漬けオリーブの瓶の漬け汁を加えたものです。漬け汁のにごりと塩味のきいた油分が、ジンの香りを引き立ててくれます。それに、なんと食欲増進効果のあることでしょうか。

ジュニパーベリー＆オレンジ

　ジン・アンド・オレンジは、いつの間にか流行遅れの飲み物になってしまったのかもしれませんが、冬にぴったりなこの組み合わせは、皿の上ではまだまだ働き者です。鹿や鴨など風味の強い肉の味つけに使われることが多いですが、キャベツやチコリ、ダークチョコレートなど、苦味があり力強い材料との相性も良好です。ベルギーのブロートコーレンス醸造所では、ビターオレンジピールとジュニパーベリー風味のビール、ラ・サンブレス［La Sambresse］を作っています。

ジュニパーベリー＆カシス→「カシス＆ジュニパーベリー」P.475

ジュニパーベリー＆キャベツ

　この組み合わせでもっとも有名な料理はシュークルート・ガルニでしょう。肉食主義者にとっては当たりのくじのようなもので、濃厚な肉がたっぷり味わえます。

※3　トゥイグレッツ［Twiglets］…小枝の形をしたスナック。

ごろごろした豚バラ肉の塊、まっすぐなフランクフルトソーセージ、青白く光るブーダンブラン［boudin blanc］^{※4}、燻製にした膝関節肉、酢漬けにした脚肉、塩漬けにしたモモ肉。でもこの場合、ザワークラウト［sauerkraut］^{※5}も、単なる飾りではありません。

私はその、樽で発酵させた白くて細いリボン状のキャベツが大好きです。ジュニパーベリーの放つバルサミコの香りもします。その酸味が、甘く脂っぽい肉が料理を支配してしまうのを止めてくれるのです。まるで、ぶくぶくと太った集団のなかに飛びこんだ、ひとりの皮肉屋のような存在です。

ジュニパーベリー＆牛肉→「牛肉＆ジュニパーベリー」P.58

ジュニパーベリー＆グレープフルーツ

イギリスの小説家キングズリー・エイミスは、アメリカ・テネシー州のナッシュヴィルに旅行して、ソルティドッグを飲んだときのことを書き記しています。グラスの縁をまずは水に、それから塩につけ、ジン1に対してフレッシュグレープフルーツジュース2をそっと注ぎ、氷を加えてかき混ぜます。エイミスは、ジントニックを"不審者"と呼び、「ほとんど値打ちのない、まずい飲み物で、女子どもやウィスキーの作り手にでも飲ませておけばいい」と評しました。

彼にとっては、ジンは水割りのほうがずっとおいしかったようで、特に氷なしで、ほんの少量のミネラルウォーターで割ったほうが、植物の風味が損なわれることなく、各ブランドの違いも味わえると言っています。一方で、ジンにジンジャービアとたくさんの氷を入れたものはお気に入りで、「我々の時代を代表するロングドリンク^{※6}のひとつ」と評しています。

ジュニパーベリー＆セージ

ジュニパーベリーは、かすかな常緑樹の香りを持っています。針葉樹林のなかを歩いたときに鼻がすーっとするような、オイリーかつフレッシュな香りです。実際、ジュニパーベリーは、針葉樹由来のものとしては唯一食べられる香辛料です。セージにも松やシダー、コショウ、ユーカリの香りがあります。ジュニパーベリーと組み合わせると、最高の鴨の詰め物になります。

---

recipe

《セージとジュニパーベリーの鴨の詰め物》

❶ 生パン粉125gとみじん切りにしたセージ大さじ2、つぶしたジュニパーベリー10粒、みじん切りにして炒めたタマネギ適量を混ぜ合わせる

❷ 塩コショウで味を調え、レモンまたはオレンジの皮少量を加える

ジュニパーベリー＆ハードチーズ

イタリアでよく食べられているペコリーノ・ジネープロは、ジュニパーベリー入りのバルサミコ酢に漬けこんだ、セミハードの羊のチーズです。ペコリーノ独特のピリッとしたナッツ風味を持ち、さらにジュニパーベリーの風味がチーズの獣くささとよく合っています。

※4　ブーダンブラン［boudin blanc］…白い肉（豚と鶏）をベースに、パン・脂肪などを混ぜて作るソーセージ。
※5　ザワークラウト［sauerkraut］…ドイツのキャベツの漬物。フランス語でシュークルート。
※6　ロングドリンク…時間をかけて飲むのに適したカクテル。

ジュニパーベリー&豚肉

　ジュニパーベリーの力強いさわやかさは、脂っぽさを追いやってしまいます。ジュニパーベリーと豚肉は、古くからパテやテリーヌで一緒に使用されてきましたが、そんなに手のこんだことをしなくとも、この組み合わせを楽しむことは可能です。イギリスの料理研究家エリザベス・デイヴィッド〔1913-1992〕（→P.506）は、つぶした乾燥ジュニパーベリーと刻んだフェンネルの球根、塩、オリーブオイル、にんにくを混ぜ合わせてポークチョップの味つけにすることをすすめています。

　　ジュニパーベリー＆プロシュート→「プロシュート＆ジュニパーベリー」P.239
　　ジュニパーベリー＆ルバーブ→「ルバーブ＆ジュニパーベリー」P.361

ジュニパーベリー&レモン

　ジンに特徴的な風味をつける芳香植物、コリアンダー、アンジェリカ、アニス、フェンネルシード、カルダモン、オレンジなどの中で、ひときわ威張っているのがジュニパーベリーです。かろうじて2番目ぐらいに主張しているのがレモンですが、ジュニパーベリー自体にも柑橘系のレモンを思わせる香りがあります。だからこそ、レモンはジンに欠かせないパートナーなのです。ジントニックにはレモンのスライスが浮かび、トムコリンズにはレモンの果汁が搾られ、昔ながらのジンフィズ（砂糖、ソーダ、氷入り）にも入れられています。またビターレモンと呼ばれるミキサー[mixer]^{※7}にも入れられています。

　ビターレモンの苦味はトニックウォーターと同じく、キニーネからきています。

※7　ミキサー[mixer]…酒を割る飲料。

Thyme
タイム

　ここでは主にコモンタイムを扱いますが、レモンタイムやオレンジタイムといった他の品種についても取りあげます。コモンタイムは、山道や地中海沿岸の小道で遭遇する種類のものです。力強く、甘みがあり、いぶしたような香りや薬草の特質にも近いハーブの温かみも持ち合わせています。私にとっては、ハーブといえばタイムです。極端にくせのある風味がないからです。そしてタイムは、ブーケガルニやエルブ・ド・プロヴァンス［herbes de Provence］※8などハーブミックスの中心的存在でもあります。

　そのほろ苦く、香り高い風味は、ゆっくりと時間をかけて煮こんだトマトソースや肉の蒸し煮、豆のシチューなどで大活躍します。さらに、食欲をかきたてるみずみずしい牧草の香りを乳製品にプラスすることから、デザートにも頻繁に使用されるようになっています。

タイム＆オイリーフィッシュ→「オイリーフィッシュ＆タイム」P.216

タイム＆オリーブ

　この2つの材料はどちらも、地中海沿岸の乾いた石だらけの土地で生き延びてきたものです。タイムの香り高く野性味あふれる性質は、ギリシャ教会の陰鬱な正午の鐘のように重厚で複雑なオリーブと見事なコントラストをなしています。

タイム＆オレンジ

　タイム独特の風味の素である化合物のチモールは、オレンジ類のなかでは唯一マンダリンに含まれています。マンダリンの皮をむくときに飛び散るしぶきを深く吸いこむと、柑橘系のさわやかさの奥にある、ハーブの特質に気づくでしょう。

　オレンジとタイムは、レモンとタイムに比べるとずっとまれな組み合わせですが、ホロホロチョウや七面鳥などにおいの強い鳥類に使用されることが多いようです。また、タイムとオレンジの風味は、オレンジバルサムタイムのなかにもともと存在します。入手しづらい品種ですが、芳しいムスクの香りがするオレンジの皮の風味を持ち、西インド料理でよく使われている材料です。

　また、かつては牛肉の調味料としてもよく使われていました。もし、手元にオレンジバルサムタイムと45kgのカメ、トリュフ、救命ボートぐらいの大きさの深鍋があるという読者の方がいらしたら、ぜひ『ロビンソン・クルーソー』の膨大な脚注を参照して、そのすべてを使った料理を学んでみてください。

タイム＆貝・甲殻類

　繊細な味わいの甲殻類には、タイムは少々粗野かもしれません。本来はバジルやタラゴンのほうが合うでしょう。ただし、コクのある甲殻類のシチュー（または、マンハッタン風あるいはニューイングランド風クラムチャウダーなど）の場合、タイムの心地よい刺激と、ミントのようなハーブの香りはよい隠し味になります。それがわかる簡単なレシピを紹介しましょう。

※8　エルブ・ド・プロヴァンス［herbes de Provence］…フランスのプロヴァンス地方でよく使われるさまざまなハーブをブレンドしたもの。通常セイボリー、フェンネル、バジル、タイム、ラベンダーの花などが含まれる。製造元により調合は異なるが、タイムの香りが際立つ配合になることが多い。

低木と多年草

タイム

recipe
《エビをのせた豆のタイム煮こみ》
❶ みじん切りにしたタマネギ1/2個をオリーブオイルでしんなりするまで炒め、汁を切って水洗いした缶詰のカンネッリーニ豆と、生タイム1本を加える
❷ 塩コショウをし、ごく弱火でしばらく煮こむ
❸ その間にバターとにんにくを入れた鍋で、エビを炒める
❹ タイムを取り除いた豆の煮こみを山の形に盛りつけ、てっぺんにエビをのせる

タイム&きのこ→「きのこ&タイム」P.103

タイム&牛肉
　イギリスの料理研究家デリア・スミス（→P.508）は、ビーフシチューを作るときは、常に少量のタイムを加えると言っています。手元に生のタイムがなくても心配はいりません。乾燥したもののほうがかえってよいぐらいですから。タイムは、乾燥させると風味が増す数少ないハーブのひとつで、最高の状態の場合、生のタイムの香りを補う、はっとするような刺激といぶしたような特質を帯びて、濃厚な肉料理に深くて複雑な味わいを与えてくれます。ローストビーフには、オレンジタイムやキャラウェイタイムもよく合います。

タイム&シナモン→「シナモン&タイム」P.304
タイム&白身魚→「白身魚&タイム」P.203

タイム&タマネギ
　タマネギのクリームスープに深みとさわやかさの両方を加えてくれるのがタイムです。

recipe
《タマネギとタイムのクリームスープ》
❶ タマネギ3〜4個を粗みじん切りにし、タイムの小枝数本と一緒に、少量のバターと油に入れて、水分が出てきてしんなりするまで炒める。このとき、焦げないように注意する
❷ 野菜または鶏肉のストック500mlと牛乳250mlを加える
❸ 塩コショウで味を調え、沸騰したら火を弱めて15分ほど煮こむ
❹ 少し冷めたらタイムを取り出し、ミキサーにかけてから再び温めて食べる

　気が向いたら生クリームを回しかけ、小さめのタイムの葉で飾りましょう。

タイム&チョコレート

新しい親友同士です。アメリカ人シェフのトーマス・ケラー（→P.508）は、カリフォルニア州のナパ渓谷にあるザ・フレンチ・ランドリー［The French Laundry］と、ニューヨークのパーセ［Per Se］の2店で、タイム&チョコレートの料理を提供しています。

そこでは客の目の前で、海塩を散らしたチョコレートの蓋に、熱いオリーブオイルを塗ります。すると、熱で溶けたチョコレートの下から、タイムのアイスクリームが姿を現します。かつてケラーも勤めていたことのあるパリのレストラン、タイユヴァン［Taillevent］には、タイムのアイスクリームを添えたモワルーショコラ（とろけるチョコレートケーキ［molten chocolate cake］[※9]）という有名な一品がありますが、これなら比較的家庭でも再現しやすいでしょう。

タイムのカスタードを加熱する前に味見をしてみれば、なぜこの組み合わせがうまくいくのかわかるはずです。タイムのおかげで、生クリームは農場から運ばれてきたばかりのような新鮮な味わいに変わり、殺菌乳には牧草の香りがつき、ダークチョコレートは口のなかで、作りたてのミルクチョコレートのような味になります。

---

recipe

《タイムのアイスクリーム》

❶鍋に牛乳275mlと葉がたくさんついたタイムの小枝約10本を入れ、沸騰直前まで熱してから冷まし、蓋をして、冷蔵庫でひと晩浸出させる

❷翌日、それを再度沸騰直前まで熱し、濾す

❸ボウルに卵黄4個とグラニュー糖90gを入れてよくかき混ぜ、タイムを浸出させた温かい牛乳を、絶えずかき混ぜながらゆっくりと注ぐ

❹きれいな鍋に移して弱火にかけ、沸騰しないように、かき混ぜながら木べらの裏一面につくようになるまで煮詰める

❺目の細かい濾し器で濾し、高脂肪生クリーム300mlを混ぜ入れたら、通常のアイスクリームを作る要領で冷まして凍らせる

この間にケーキを作ります。とろけるチョコレートプディング［melting Chocolate Puddings］なら、イギリスの料理研究家デリア・スミス（→P.508）がその著書やウェブサイトでも紹介している、イギリス人シェフ、ガルトン・ブラッキストンのレシピを使えば成功間違いなしです。

タイム&トマト

タイムとトマトの組み合わせは、トマトとオレガノの組み合わせを軽くしたようなものだといえばいいかもしれません。タイムの風味の素となっているのはチモールというフェノール化合物で、オレガノの主要な風味化合物であるカルバクロールをよりやわらかく、なじみやすくしたものです。オレガノの二番目の風味の化合物はチモールで、一方タイムはカルバクロールですから、両者にはたくさんの共通点があります。したがって、仔羊肉や山羊のチーズ、にんにくなど、同じ材料としばしば組み合わされる理由も

※9　とろけるチョコレートケーキ［molten chocolate cake］…フランス菓子のフォンダンショコラ［fondant au chocolat］。

明白です。

　ただし、オレガノは、デザートに使用されることはあまり多くはありません。とはいうものの、フランス人シェフのクロード・ボジは、ジャファオレンジとヨーグルトの冷たいスープにオレガノのアイスクリームを添えた一品を出しています。

　アメリカで栽培もののハーブが広く流通するようになったのは、第二次世界大戦の戦場から帰還した兵士たちが、オレガノのピザの味を持ちかえってきたからだと言われています。20世紀なかばまで、ハーブはアメリカ国内ではごく小規模の栽培しか行われていませんでした。

タイム＆鶏肉→「鶏肉＆タイム」P.34
タイム＆にんにく→「にんにく＆タイム」P.154

タイム＆豚肉

　ありがたいことに全天候型のレシピがあったのでお教えします。フランスのドルドーニュに旅行したときのことです。その日は、野外でバーベキューをする予定でしたが、私は、にんにくたっぷりのポークソーセージと、タイム風味のオニオンフライを作り、ディジョンマスタードを塗ったフランスパンにはさんで食べるつもりでいました。ところが、一日中、雨が降り、バーベキューは中止になったので、次のプランに取りかかることにしました。

　寒くじめじめとした別荘のキッチンに足を踏み入れ、ガスホースを調理器具に取りつけ、湿ったマッチを1箱半使って、点火を試みました。ようやく点火に成功した私は、そこで見つけた鋳鉄の鍋に、油とソーセージ、スライスしたタマネギ、さらになんだかわからない瓶詰めの豆を入れました。雑草の生い茂る庭から、雨に濡れて鮮やかな緑色に輝くタイムを1本摘んで、塩コショウ、ワインと一緒に鍋に放りこみます。それを、頼むわよとオーブンに入れてから、夫がおこしてくれた暖炉のそばでひと休みすることにしました。

　やがて豚肉とタイムとにんにくのにおいが漂い始め、長いこと誰も住んでいなかった別荘のカビ臭さを押し流していきました。豆には、食べ物の香りや風味を増幅する効果があります。ようやく少しくつろいだ気分が訪れました。

　もちろん、この料理をカスレ［cassoulet］[※10]と呼んでは美化しすぎかもしれませんが、このフランスでの5日間を休暇と呼ぶのも美化というものです。

タイム＆ベーコン→「ベーコン＆タイム」P.233

タイム＆山羊のチーズ

　タイムで風味づけされたチーズは、ローマ時代にはすでに作られていました。おそらく、ハーブを食べた動物たちの乳が放つ天然のタイム風味がヒントになって、そうしたチーズが生まれたのでしょう。

　フランス・プロヴァンス地方のローヴ種の山羊の生乳から作られるローヴ・デ・ガリグはタイムの風味を持ちます。ギリシャのフェタのうちの数種類、そしてコルシカ島の羊のチーズ、フルール・デュ・マキも同様です（ガリグとマキは両方とも、「低い雑木の生えた土地」と訳され、山羊がかじっている、とげだらけの芳しい植物を連想させる）。蜂もタイムが大好物で、タイムハニーは、ギリシャではその強い独

※10　カスレ［cassoulet］…フランス南西部の豆料理。

特な風味が珍重されています。この蜂蜜をこれらのチーズにかけたら完璧だと思いませんか？

タイム&仔羊肉

　仔羊肉との関係でいえば、ローズマリーとミントのほうが有名ですが、こちらも定番の組み合わせです。カナダのソムリエ、フランソワ・シャルティエは、その著書『味蕾と分子』のなかで、ワインとの相性を探るため、食品を分子レベルで分析しています。彼はタイムの風味の鍵を握るチモールが、仔羊肉の成分でもあることに注目しています。フランス南部のラングドック地方に、同じ風味の特徴を有する赤ワインがあり、そのワインとタイムと仔羊肉を合わせれば非常にすばらしい組み合わせになるだろうとも指摘しています。

　　タイム&レモン→「レモン&タイム」P.434

Mint
ミント

　ミントは気分屋です。ナイフで切ると黒ずんで不機嫌になります。イギリスでは、スペアミントは新ジャガイモやベリー類などのやわらかい果物、ベビーキャロット、そしてグリンピースといった夏の材料と組み合わせますが、丁寧に扱わないと、繊細な風味は甘く物悲しい味になってしまいます。

　肉たっぷりのベトナムのフォーや、炭火焼きにした仔羊肉のケバブ、フェタチーズやダークチョコレートなど、力強い味わいの材料と組み合わせると、とりわけ味が引き立ちます。中東では、ペパーミントとレモンバーベナを合わせて鎮静効果の高いハーブティーにします。

　ペパーミントの風味の違いは、ひとつには冷却効果のあるメントール含有量の違いによるものです。ペパーミントの大部分は、菓子類やアイスクリーム、デンタルケア製品、ミント風味のリキュール、クレーム・ド・マント［crème de menthe］などに使用されるエッセンシャルオイルの採取のために栽培されています。

ミント＆アーティチョーク→「アーティチョーク＆ミント」P.178

ミント＆アスパラガス→「アスパラガス＆ミント」P.182

ミント＆アニス→「アニス＆ミント」P.256

ミント＆アボカド→「アボカド＆ミント」P.279

ミント＆イチゴ→「イチゴ＆ミント」P.373

ミント＆イチジク→「イチジク＆ミント」P.486

ミント＆オイリーフィッシュ→「オイリーフィッシュ＆ミント」P.218

ミント＆オレンジ

　そもそも、この組み合わせを楽しめる人がいることが理解できません。そういう人は、歯を磨いたあとにオレンジジュースを飲んだ経験がないのでしょうか？

ミント＆カシス

　濃くて黒く、ハーブのようなこの組み合わせには、かすかに咳止め薬に似た香りがありますが、それも意外と気に入るかもしれません。たとえば、カシスとミントのターンオーバーなどはいかがでしょう。

recipe

《ミントとカシスのターンオーバー》

❶カシスジャム大さじ山盛り1と、ちぎったミントの葉適量を、10cm角のパイ生地にのせる

❷縁を牛乳で湿らせ、三角形になるよう2つ折りにし、縁を押しつけて閉じる

❸表面にナイフで小さな切りこみを2，3本入れ、刷毛で牛乳を塗り、好みで砂糖を散らす

❹220℃のオーブンで12〜15分焼く

欲張ってジャムを入れすぎないようにしてくださいね。生地から漏れて、焦げてしまいますから。

ミント＆きのこ→「きのこ＆ミント」P.106
ミント＆キュウリ→「キュウリ＆ミント」P.261

ミント＆牛肉

　フランス『ル・パリジャン』紙の記者が、こんな記事を書いていました。「ゆでた牛肉にミントを添えて出すような国に住むイギリス人には、農政に関するいかなる事柄についてもコメントする権利などない」。

　さらにそのジャーナリストは、世界の料理をめぐる長距離バスの旅で、イギリス人は、母親に卵サンドを持たされ、他のヨーロッパ人が気分悪そうに眉をひそめるなか、卵の蒸れたにおいをバスの中でまき散らしている哀れな子どものようなものだと示唆しています。

　さて私たちがミントを、ゆでた牛肉ではなく、ローストした仔羊肉と一緒に食べるのだという事実は置いておくとしても、それなら彼は、ベトナムでもミントと牛肉を一緒に、香り高いスープやサラダ、春巻にして食べるということに気がつかなったのでしょうか？　あるいはポルトガルでは聖霊祭の期間中、厚切りにしたパンと牛肉のかたまりとキャベツに、じっくりと煮出したスパイシーな牛肉スープをかけ、ミントの小枝を飾った食事をみんなで食べるのだということも知らなかったのでしょうか？

ミント＆クミン→「クミン＆ミント」P.114

ミント＆グリンピース

　グリンピースとミントは、6月のイギリスの味です。グリンピースの味は明るくシンプルで、まるで太陽のようです。そしてミントは、その湿った陰気な存在感で太陽を覆ってしまう雲です。

ミント＆コリアンダーリーフ

　コリアンダーには、若干石けんのにおいを感じることもあります。そうなると、清涼感たっぷりのミントとの組み合わせは、キッチンよりもバスルームにふさわしいと言えるかもしれません。

　キッチンで楽しむためには、ベルギーエシャロットと唐辛子をつぶしたものに加えて、庭のように鮮やかなサンバルにしてしまいましょう。ライムジュースとココナッツミルクを加えてやわらかく仕上げます。サンバルは、東南アジアでよく作られている一種の調味料です。ご飯料理や麺類、シンプルに調理された魚や肉の付け合わせとして、またサンドイッチに塗るものとしても使われています。材料をつぶしてペースト状にしたサンバルもあれば、パイナップルやニンジン、キュウリなど、おろしたフルーツや野菜を加えたタイプもあります。

低木と多年草

ミント

ミント＆シナモン→「シナモン＆ミント」P.307

ミント＆ジャガイモ

ローマでラビオリを頼んだら登場しそうな組み合わせです。インドでもミント風味のジャガイモのスナックは人気があり、さまざまな風味を持つイギリスのポテトチップスに比べると、かなり甘くてまろやかな印象です。

イギリスに近い国では、アイルランド人シェフのダリナ・アレンが、ジャガイモのスープに刻んだミントを加えてミキサーにかけ、最後に生クリームとミントを飾ったものを作ります。

しかし、新ジャガイモをミントと一緒に煮て、最後にバターで和えた料理に勝るものはないかもしれません。イギリスの作家ジョージ・オーウェル〔1903−1950〕（→P.508）も、そのエッセイ『イギリス料理の擁護』のなかで、多くの国で昔から作られているジャガイモの揚げ料理よりも、ずっと優れていると称賛しています。

ミント＆生姜→「生姜＆ミント」P.444

ミント＆すいか

少しゴージャスなモヒートを作ってみましょう。

recipe
《すいかのモヒート》
❶最初にミントシロップを作ります。砂糖200gを水250mlに入れて弱火にかけ、砂糖を溶かす
❷そこにちぎったミントの葉約20枚（香りを放出させるために、手でちぎるといい）を加え、シロップに心地よいミントの香りが移るまで浸したら、濾して冷やす
❸すいかの実、適量をミキサーにかけ、濾し器で濾す
❹それを、ミントシロップ大さじ数杯、ホワイトラム適量、氷を入れたハイボールグラスに注ぐ

ミント＆タマネギ→「タマネギ＆ミント」P.151

ミント＆チョコレート

地獄、それはミントの粒を混ぜこんだミルクチョコレートを指します。マウスウォッシュ風味のじゃりじゃりした粒が入っているタイプのもので、メーカーはおそらく、私たちがそれを食べるのは常にディナー後の泥酔状態だから、アルミ箔の包装紙に吐きもどしたりできないと考えているのでしょう。

甘ったるいサッカリン風味のミルクチョコレートと、鼻の通りだけはよくなるメントールの組み合わせですが、我が家の食器洗い器のフィルターに詰まったもののほうが、まだ食欲をそそるというものです。

一方、ミントとビターなダークチョコレートなら、歯が痛くなるまで延々と食べ続けられます。1978年のクリスマスの頃だったでしょうか、私はイギリスのアフターエイト・ミント［After Eight mint］チョコ

レートが無限大のシンボルかもしれないことに気づきました。

その理由は第一に、そのようなチョコレートについて考えるのが常に午後8時以降だからです。第二に、ヒントはすでにさりげなくその名前に隠されています。アフター8……アフター∞。∞（無限大）のあとには何が来るのでしょうか？　何もありません。これでおわかりでしょう？　そしてあの極薄のミント。アフターエイトを口に入れると、まず繊細なダークチョコレートがパリンと割れ、プラムの皮のような苦味を感じます。その後、やわらかなフォンダンの極上の甘みが広がり、耳が後ろに引っ張られるような感覚を覚えます。すぐにペパーミントが、吸入器を使ったかのように鼻腔に侵入してきますが、あくまでもドライクリーニングのように心地よく味覚をリフレッシュするもので、あなたは口蓋に残ったフォンダンの最後のしるしを舌で探っているそばから、次のチョコレートが欲しくてたまらなくなります。

それに、パッケージからしてよいにおいがするのです。ベンディックス［Bendicks］のチョコレートミントを包むアルミ箔など、アフターエイトの黒光りする包装紙の足元にもおよびません。今この瞬間にもあの包装紙を、よくファッション雑誌につてくる袋とじの香水サンプルのように破って開け、"ラウントリーズ［Rowntree's］[※11]のNo.8"を耳の後ろにこすりつけたいほどです。

ミント＆ディル→「ディル＆ミント」 P.266
ミント＆唐辛子→「唐辛子＆ミント」 P.294

ミント&にんにく

口臭戦争における天敵同士です。フランス人シェフはこれらをぜったいに一緒には使いませんが、トルコ人シェフは、ドライミントとにんにくを塩味の濃厚なヨーグルトに混ぜこみ、焼き野菜に添えて出します。ミントとにんにくは、女優でありフードライターとしても有名なマドゥール・ジャフリーが考案した一風変わった赤レンズ豆のダールカレーでも重要な役割を担っています。

---

recipe
《ミントとにんにくのダールカレー》
❶植物油またはギー大さじ2を熱し、つぶしたにんにく2かけとカイエンヌペッパー小さじ3/4を炒める
❷にんにくがジュージューと音を立て始めたら、赤レンズ豆185g、ウコン（ターメリック）小さじ1/2、水750mlを加え、かき混ぜる
❸沸騰したら火を弱めて、レンズ豆がやわらかくなるまで煮こむ
❹刻んだミント大さじ3〜4、薄切りにした青唐辛子3〜4本、塩小さじ1を加える
❺弱火でさらに煮こんでいる間に、薄切りにしたにんにく2かけを、植物油小さじ2できつね色になるまで炒める
❻それをレンズ豆の鍋に加え、かき混ぜて蓋をし、1〜2分煮こむ
（→「アーティチョーク＆ミント」P.178）

※11　ラウントリーズ［Rowntree's］…アフターエイトを作っている製造会社。

ミント&バジル→「バジル&ミント」P.300

ミント&パセリ→「パセリ&ミント」P.269

ミント&ピーナッツ

　ミントジャムやちぎったミントの葉を、ピーナッツバターのサンドイッチに入れることがあります。ありえない、と言う前に試してみてください。ベトナム料理につきものの、刻んだミントとローストピーナッツのトッピングをご存じの方なら、この組み合わせのすばらしさがわかるはずです。

　ニュージーランド人シェフのピーター・ゴードンは、ライムでマリネしたキュウリのサラダに、この2つの材料を使用しています。このサラダの水気をよく切って、ピーナッツバターを塗ったフランスパンにはさんでバインミー風にしたら、とびきりのおいしさになるでしょう（すてきなベトナム風スナックに関しては、「キュウリ&ニンジン」P.260）。

ミント&ブラックプディング→「ブラックプディング&ミント」P.50

ミント&マンゴー

　この組み合わせは、フルーティーなライタにしてヒヨコ豆のカレーに添えたり、クスクスに入れたり、カニ入りベトナム風細切りサラダに添えたりするといいでしょう。

　ただしマンゴーとの相性でいえば、ミントはライムには到底かないません。唯一の例外は、あなたがインド料理店にいて、目の前に熱々のポパダム［poppadom］[※12]と各種のピクルスをのせた皿がある場合です。ポパダムとマンゴーチャツネとミントのライタの組み合わせ。これだけは、マンゴーチャツネとライムピクルスをはるかに上回るおいしさです。

ミント&メロン→「メロン&ミント」P.398

ミント&山羊のチーズ→「山羊のチーズ&ミント」P.75

ミント&ライム→「ライム&ミント」P.429

ミント&ラズベリー→「ラズベリー&ミント」P.483

ミント&仔羊肉→「仔羊肉&ミント」P.69

ミント&レモン

　ペパーミントほどひんやりとしたメントール感のないスペアミントは、より暖かみと甘味を感じさせる品種で、その特徴はとりわけ苦味や酸味の強い食品と対比させると際立ちます。自家製レモネードで試してみましょう。

recipe

《ミント風味のレモネード》

❶レモン4個を用意し、少なくともそのうち2個のレモンの皮を、なるべく白いわたの部分が入らな

※12　ポパダム［poppadom］…油で揚げた薄いパン。

いようにしながら、細長くむく

❷皮を砂糖200gと水200mlと一緒に鍋に入れ、かき混ぜながらとろ火で砂糖を溶かす

❸火からおろし、レモンの皮を少しつぶしてオイルに含まれる香りを出す

❹レモン4個の果汁を搾ってピッチャーに入れる

❺砂糖で作ったシロップが完全に冷めたら、濾してレモン果汁と混ぜ合わせる

❻好みで水（スパークリングでも普通のものでも○K）を加える

❼ミントの小枝を加え、少し時間を置いて香りを浸出させてから、飲む

Blackcurrant
カシス

フルーティーで、草とムスクの香りも持つ刺激的な組み合わせに酸味が加わります。カシスには、低木からできた生垣から漂う独特のにおいがあります。晩夏の夕暮れ、田舎道を歩いていると漂ってくる、華やかで芳醇な香りです。

もっともそれを口当たりよく仕上げるためには、砂糖または蜂蜜を徐々に加えながら、最適なスイートスポットを探す必要があります。すべての色の濃いベリー類と同様に、カシスもリンゴと非常によく合いますが、その風味の真価を知るためには、ジュニパーベリーやピーナッツ、コーヒーといった、同じぐらい力強い味との組み合わせを試す必要があるでしょう。

カシス＆アーモンド

イギリス人園芸家であり料理作家でもあるサラ・レイヴンのレシピに、カシスとアーモンドのケーキがあります。食後のデザートにもアフタヌーンティーにも最適な一品です。カシスの量が少ないように思えるかもしれませんが、それは風味がとても強烈だからで、多すぎるとケーキ自体の味を損なってしまいます。アーモンド・エクストラクトを加えて香りを強めると、マジパンのような味わいが生まれます。

---

recipe

《カシスとアーモンドのケーキ》

❶ バター200gと同量のグラニュー糖をクリーム状に練り、白っぽくなってきたら、卵3個を一度に1個ずつ加え、そのたびごとによくかき混ぜる

❷ アーモンド粉200gとアーモンド・エクストラクト小さじ1を入れて混ぜ合わせる

❸ 底が抜けるタイプの25cmのケーキ型にバターを塗ってクッキングシートを敷き、生地を流しこんで、カシス200gを散らす

❹ 180℃のオーブンで30分、きつね色になって指で押してもへこまないようになるまで焼く

❺ 粉砂糖をふるいかけ、生クリーム、クレームフレッシュまたはギリシャヨーグルトを添えて食べる

カシス＆アニス

酒類業界がハードリカーにコーディアル［cordial］[13]で甘みをつけ、ティーンエイジャーに売りつけたりする前の世代である私たちは、自力でそれをやらなければなりませんでした。ラガービールにはライム、ジンにはオレンジ、ポートワインにはレモネードを加えるのが定番でしたが、カシスにいたっては何にでも入れたものです。

ラガービール＆ブラック（酒場では、カシスのコーディアルは単に「ブラック」と呼ばれる）、リンゴ酒＆ブラック、ギネス＆ブラック、ビタービール＆ブラック。それに、フランス人がやっていると噂には聞い

474　※13　コーディアル［cordial］…果物やハーブなどで風味づけした蒸留酒から作ったアルコール飲料。

ていたので、白ワインに入れてキールにしたり、あまり知られていないカクテルですが、赤ワインに入れてコミュナール、またの名をカルディナルにしたりしました。これはブドウ品種のカベルネ・ソーヴィニヨンやピノ・ノワールにカシスの香りがあることを思えば、悪くない考えです。でも、当時ワインはあまりパブでは売られていませんでした。

ビールよりも上品な飲み物にカシスを合わせたければ、リキュールのペルノ［Pernod］＆ブラックを頼むといいでしょう。カシスキャンディーを思わせる味わいです。外側の固いフルーツキャンディーの部分を一生懸命なめていると、歯が砕けるようにキャンディーが割れて、中から少ししょっぱくてソフトな甘草のフィリングが出てくるあれです。

このコンビを再現しようと考えたのが、ピリッとした風味のカシスのシャーベットと、パスティス［pastis］※14のアイスクリームの組み合わせです。

---

recipe

《カシスのシャーベットとパスティスのアイスクリーム》

❶高脂肪生クリーム250mlと牛乳250ml、卵黄4個、グラニュー糖150gを底の厚い小鍋に入れて弱火にかけ、絶えずかき混ぜながら、とろみのあるカスタードを作る

❷すぐにボウルに濾し入れ、1分程度かき混ぜたら冷まして、冷蔵庫で適度に冷たくなるまで冷やす

❸ペルノ［Pernod］またはリカール［Ricard］大さじ3を加え、通常のアイスクリームを作る要領で凍らせる

❹カシスのシャーベットは、水325mlとグラニュー糖200gを鍋に入れ、ときどきかき混ぜながら弱火で砂糖を溶かす

❺カシス450gを加え、蓋をして弱火で約5分加熱する

❻火からおろし、冷めたら目の細かい濾し器で濾す

❼十分に冷えてから通常の要領で凍らせる

カシス＆コーヒー→「コーヒー＆カシス」P.21

カシス＆ジュニパーベリー

カシスとジュニパーベリーはどちらも、力強い風味を持つ北欧由来のベリー類で、一般に色の濃い猟獣肉のソースとして一緒に使用されています。また、そうした濃い肉や、熟成したハードチーズに付け合わせるジャムにしてもいいでしょう。あるいは、ジンにカシスと砂糖を浸けて、強いリキュールを作ってもいいでしょう。甘党には、チョコレートムースおよびカシスとジュニパーベリーのジャムがたっぷり入った、リンツ［Lindt］のミルクチョコレートバーもあります。

カシス＆ソフトチーズ→「ソフトチーズ＆カシス」P.95
カシス＆チョコレート→「チョコレート＆カシス」P.13

※14　パスティス［pastis］…アニス風味のリキュール。

カシス&ピーナッツ

　アメリカに引っ越すにあたって、ある程度のカルチャーショックは予想していました。しかし一番驚いたのは、ピーナッツバター&ジャムサンドイッチでした。その存在自体に驚いたのではありません。

　使用されているのがブドウや、ときにはイチゴのジャムだったことに驚いたのです。

　カシスのジャムを使わないなんて、いったい彼らは何を考えているのでしょう？　さらには、それに文句を言っているイギリス人の私は何なのでしょう？

　アメリカで一番売れているジフ［Jif］ブランドのピーナッツバターのメーカーであるスマッカーズ［Smuckers］によれば、ピーナッツバター&ジャムサンドイッチの起源は第二次世界大戦時にさかのぼるそうです。米軍兵士に配給されていた食料に、ピーナッツバターとジャムのどちらも入っていたためで、本物のバターがなかったわけですから、ピーナッツバターが流行するのももっともですよね。

　そして戦後、ピーナッツバター&ジャムサンドイッチの人気は急上昇します。しかし、アップルパイと同じくらいアメリカ的な食べ物を馬鹿にするつもりはありませんが、脂肪も塩分も多いピーナッツバターに、シャープで複雑な味わいのカシスよりも、イチゴやブドウのように甘ったるいジャムのほうが相応しいと考えるのが不思議です。

　実は私は、アメリカ人がほとんどカシスを食べないということも知りませんでした。これには20世紀への変わり目頃、カシスをつけるグースベリーの木が、白松に害を与える病気を媒介することがわかったという背景があります。建設ブームまっただ中のアメリカで白松は重要な素材であり、グースベリーを栽培することは連邦法で禁止されました。

　その後、禁止令を実施するかどうかの決定は各州に委ねられましたが、解除にいたったのはいくつかの州だけにとどまりました。

　したがってカシスの味は、ヨーロッパ人に比べると、アメリカ人にとっては非常になじみの薄いものなのです。紫色のキャンディーというと、ヨーロッパではたいていカシス味ですが、アメリカではブドウ、それも特に北アメリカ原産のコンコード種のもののようです。カシスとコンコード種のブドウは、風味のうえではすぐに区別がつきますが、どちらもソーヴィニヨン・ブラン種のブドウやグースベリー、緑茶と共通するしなやかな特質を備えています。

　カシス＆ミント→「ミント＆カシス」P.468

Blackberry
ブラックベリー

店で買えるものや、栽培もののブラックベリーは、見た目こそ粒が長く連なっていたり、きれいに磨かれた革靴のようにぴかぴかしたりしていて、ときには心地よい甘みさえ感じるかもしれません。しかしその味は、決して野生のブラックベリーの持つ鋭くはっきりした風味や独特のカビくささ、深いスパイスの香りには太刀打ちできません。

野生のブラックベリーには数百もの種類があり、ある場所で摘んだベリーと、そこから数メートルしか離れていない場所で摘んだベリーがまったく違う味ということもあります。

ブラックベリーを食べるときには、他のベリー類にはない、バラやミント、シダーやクローブの風味を感じてください。なかには、トロピカルフルーツを思わせるものさえあります。

8月になり、ブラックベリーが実をつける季節になったら、生垣は無料サンプルを配るお姉さんたちだと思ってください。そして、香り豊かでジューシーなベリーを見つけたら、家のアイスクリーム容器がいっぱいになるまで、その木を裸にするくらいのつもりで収穫してしまいましょう。光沢のある黒い色のベリーは、青黒くくすんだ完熟のものに比べると甘みは少なめですが、その反面、弾力があり、熟れた実のように手のひらでぐちゃぐちゃになることもありません。

ブラックベリーは、甘いバニラケーキや猟獣類のソースに、フルーティーで刺激的な風味を加えてくれますが、そのどれよりもリンゴとの相性が抜群です。その関係の深さは、ブラックベリーとリンゴを一夫一婦制にするべきだと思うほどです。

ブラックベリー＆アーモンド→「アーモンド＆ブラックベリー」P.344

ブラックベリー＆牛肉

ブラックベリーのソースは通常、鴨肉や鹿肉に添えられますが、牛肉やその他の肉にも使えます。適度な酸味を加えてくれるほか、ハーブの香りとやや刺激的な風味で肉の持つ甘みを補ってくれます。

ブラックベリー＆バニラ→「バニラ＆ブラックベリー」P.500

ブラックベリー＆ホワイトチョコレート

今度、夏の終わりの晴れた午後にブラックベリーを摘みに出かけるときは、ホワイトチョコレートを少しポケットに入れて持っていってください。たくさんのベリーを摘んで、袋から深紅色の果汁がしたたり始めたら、日当りのよい草むらに座って、その頃には溶け始めているチョコレートの包み紙をはがしてみましょう。そして、一番おいしそうなベリーをいくつか選んで、虫がいないか確かめたら、チョコレートにつけて食べてみましょう。たとえ袋のなかのベリーをすべて平らげてしまっても大丈夫。また摘みに行けばいいのです。

低木と多年草

ブラックベリー

477

ブラックベリー＆桃→「桃＆ブラックベリー」P.403

ブラックベリー＆山羊のチーズ→「山羊のチーズ＆ブラックベリー」P.75

ブラックベリー＆ラズベリー

　同じバラ目に属するブラックベリーとラズベリーは、ある種の性質は共有するものの、明らかに違う点があります。ブラックベリーにはムスクや芳しいシダーを思わせる特徴があることです。さらにややこしいのは、ブラックラズベリーやレッドブラックベリーと呼ばれる種類があることです。確実に見分ける方法は、ベリーを摘んだときに芯が残るかどうかを確認することです。ラズベリーは芯がきれいに抜けて、あの特徴的な空洞ができます。私は子どもの頃、あの穴をのぞきこむのが大好きでした。逆にブラックベリーは、しっかりした花芯が残ります。

　また、ラズベリーとブラックベリーの交配種もたくさんあります。なかでも最古のローガンベリーは、偶然から生まれたと考えられています。1880年代後半、カリフォルニア州の弁護士兼園芸家のジェイムス・ハーヴィー・ローガンは、2種類のアメリカ産ブラックベリーを交配させようとしていました。ところが、はからずもそのブラックベリーを、以前からあるヨーロッパ産ラズベリーの品種の隣に植えてしまいました。そうしたら、2つの異なる種が仲よくなってしまったのです。

　出生の秘密を知ってしまった子どもがそうであるように、このローガンベリーもアイデンティティ・クライシス[※15]を経験し、ゆえに酸味が強くなりました。しかし結果的に、そのおかげでラズベリーよりも調理に適した品種とされています。その他の交配種には、テイベリー、タメルベリー、そして自らの血統にさらなる葛藤を感じたのか、明らかにイチゴの味がするボイセンベリーなどがあります。

ブラックベリー＆リンゴ→「リンゴ＆ブラックベリー」、P.384

[※15]　アイデンティティ・クライシス…心理学用語。「自分にはこの社会で生きていく能力があるのか」という疑問にあたり、心理的危機状況に陥ること。

花の香り系のフルーツ風味
Floral Fruity

ラズベリー
Raspberry

イチジク
Fig

バラ
Rose

ブルーベリー
Blueberry

コリアンダーシード
Coriander Seed

バニラ
Vanilla

ホワイトチョコレート
White Chocolate

Raspberry
ラズベリー

ラズベリーには甘酸っぱい味と、果物や花（特にスミレ）、それに葉のような風味がありますが、種は温かみのある木の香りを放ちます。熟すと、ラズベリージャムを思わせる濃厚な香りと甘みが増してきます。ラズベリーの風味が広く普及するなかで、そのかわいらしさにばかり目がいきがちですが、バタートーストとおいしいラズベリージャムの組み合わせほど一日をすてきに始める方法はありません。

アンズやブラックベリー、パイナップルといった、同じように甘酸っぱい果物や、軽めのハーブの風味ともよく合います。そしてイチゴ同様、もともと乳製品を思わせる香りを持つため、クリームやヨーグルト、ソフトチーズと合わせると格別のおいしさになります。

ラズベリー&アーモンド

ラズベリーは、甘くやわらかなアーモンドの風味と合わせると、いっそうおいしさが際立ちます。ナッツはラズベリーの崇高な風味を邪魔することなく、そのえぐみを和らげてくれます。たとえばアーモンドのパンナコッタのラズベリーソース添えや、次に紹介するジャムを厚めに塗ったベイクウェルタルトを試してみてください。

recipe
《ベイクウェルタルト》
❶20cmのタルト型に甘いペストリーを敷き、底にジャム約大さじ3を塗る
❷バター100gとグラニュー糖125gをクリーム状に練り、溶き卵3個を徐々に混ぜ入れていく
❸そこにアーモンド・エクストラクト小さじ1とアーモンド粉150gも加える
❹これをジャムの上にそっと流しこみ、200℃のオーブンで約35分焼く
❺焼きあがりの15分前に、アーモンドフレーク大さじ1を表面に散らす

市販のジャムを使用する場合には、ウィルキン&サンズ［Wilkin&Son's］のチップトリー［Tiptree］ブランドのラズベリージャムを使いましょう。特にタイニーチップタイプは、スイートチップタイプより果肉を多く含んでいます。ラズベリー風味たっぷりで、膝の力も抜けてしまうほどおいしくできあがることうけあいです。

チップトリーには種なしタイプのジャムもあり、歯にはさまった種を爪で取るのに丸一日費やしたくない人には朗報かもしれません。ただし、アーモンドと非常に相性のよい、全体を包みこむような木の風味には欠けます。

ラズベリー&アンズ

　どちらもバラ科の植物で、甘みと酸味の間で揺れる香り高い風味で知られています。アンズは核果の一種です。一方、ラズベリーは小核果の集合体で、小さな球体それぞれが独自のごく小さな種を内包する果実です。

　もし、旬のラズベリーとアンズを、甘みも香りも最高の状態で入手できたなら、両方をシンプルにボウルに並べて、室温で食べるのが何よりです。そこまで状態のよくないものなら、オーブンで焼くと風味を取りもどすことができます。その場合、アンズが焼きあがる5分前にラズベリーをオーブンに入れてください。あるいは、素朴でかわいらしいタルトにすることもできます。

recipe

《アンズとラズベリーのタルト》

❶市販のパイ生地をめん棒で約5mmの厚さにのばし、直径23cmの円形に切り抜き、クッキングシートを敷いた天板にのせる

❷生地の縁1cmの余白を残して、厚さ1cmに切り分けたアンズのスライスを並べ、ラズベリーを点々と置いたら、グラニュー糖大さじ1〜2をふりかける

❸200℃のオーブンで約25分、パイがきつね色になるまで焼く

❹オーブンから取り出し、温めて濾したアンズジャムを塗る

❺少し冷めたら、少量の生クリームまたはバニラ・アイスクリームを添えていただく

ラズベリー＆イチゴ→「イチゴ＆ラズベリー」P.374

ラズベリー&イチジク

　ラズベリーとイチジクは調和のとれた組み合わせで、おいしいイチジク（特に有名なヴィオレット・ドゥ・ボルドー種など）の味を説明する際に、「ベリーのジャムのようだ」という表現が一般的に使われています。蜂蜜も同じように使われており、イチジクの品種にはオータムハニーやイタリアンハニー、そして比較的あっさりしたピーターズハニーといった、蜂蜜由来の名前が多くあります。ズーニー・カフェ[Zuni Café]のジュディ・ロジャースは好きなデザートとして、イチジクをバターミルクに浸し、小麦粉をまぶしてピーナッツオイルで揚げ、ホイップクリームとラズベリー、ラベンダーの蜂蜜を添えた一品をあげています。

ラズベリー＆ココナッツ→「ココナッツ＆ラズベリー」P.409

ラズベリー＆チョコレート→「チョコレート＆ラズベリー」P.18

ラズベリー&バジル

　バジルとラズベリーの組み合わせは、イギリスのフードライター、ソフィ・グリグソンのおすすめです。この2つの食材を使ってアイスクリームを作ってもいいですし、ちぎったバジルとラズベリーを、砂糖、1

フルーツ（花の香り）　ラズベリー

杯のジン（またはレモンかライムの果汁少量）のなかに漬けこんでもいいと言っています。

ラズベリー＆バニラ→「バニラ＆ラズベリー」P.500

ラズベリー＆パイナップル

　駄菓子の傑作、スペイン、バラット［Barratt］のフルーツサラダ［Fruit Salad］は、ラズベリー味とパイナップル味を組み合わせたものです。アメリカ人シェフのジェイムス・ビアード〔1903－1985〕（→P.507）は、この2つのフルーツの驚くべき相性のよさについて書いています。ビアードが、「フルーツサラダ」を食べたことがあるとは考えにくいのですが、アメリカのソーダファウンテンで売られていた「クイーンズ・フェイヴァリット・ソーダ（女王のお気に入りソーダ）」なら飲んでいたかもしれません。

　これはパイナップル、ラズベリー、バニラを混ぜ合わせたもので、フレンチマティーニのベースとなるシャンボール［Chambord］[*1]も同じような組み合わせです。

---

recipe

《シャンボールのフレンチマティーニ》

❶ウォッカ40ml、シャンボール20ml、パイナップルジュース30mlを氷が入ったカクテルシェーカーに入れてシェイクする

❷それを濾してから、冷やしたマティーニグラスに注ぐ

ラズベリー＆ブラックベリー→「ブラックベリー＆ラズベリー」P.478

ラズベリー＆ヘーゼルナッツ

　9月にドロミーティ[*2]を散策すれば、ヘーゼルナッツケーキと、そこに入れるラズベリーフィリングを作るための素材がたっぷりと収穫できるはずです。オーストリアのリンツァートルテは、記録に残るものとしては世界最古（1696年）のケーキのレシピと言われています。これは、ヘーゼルナッツ（またはアーモンド）のペストリーに、たっぷりのジャムのフィリング（ラズベリーが多いが、アンズやプラムも使われる）を詰め、表面にはペストリーでレーダーホーゼン[*3]風の格子模様をつけたお菓子です。

ラズベリー＆ホワイトチョコレート

　自然な酸味を持つラズベリーと、甘くミルキーなホワイトチョコレートとの相性は抜群です。ロンドンのレストラン、アイヴィー［Ivy］が提供している「冷凍北欧産ベリー　温かいホワイトチョコソースがけ」というメニューは、冷凍庫から出して少し置いた小粒のベリーに、高脂肪生クリームと一緒に溶かした温かいホワイトチョコレートのソースをかけたものです。味と温度のコントラストが心地よい一品です。

　また通常この組み合わせでは、ホワイトチョコレートの甘さが勝ちすぎる嫌いがありますが、生クリームで甘みが和らげられ、ラズベリーの酸味と香りが際立っています。

※1　シャンボール［Chambord］…ブラックベリー、ラズベリー、ハーブ、スパイスなどを使用して作るリキュール。
※2　ドロミーティ…イタリアの山群。
※3　レーダーホーゼン…オーストリアとイタリアにまたがるチロル地方で、男性が着用する肩紐つきの革製の半ズボン。

ラズベリー&ミント

フランス人シェフのミッシェル・ルー（→P.510）は、ベリーにミント風味のクレーム・アングレーズ ［crème anglaise］※4 を添える食べ方をすすめています。ラズベリーとミントの組み合わせはドレッシングにも最適で、特に山羊のチーズのサラダによく合います。

---

recipe

《ラズベリービネガーとミントのドレッシング》

❶エキストラバージン・オリーブオイル大さじ4に、ラズベリービネガーと搾りたてのレモン果汁各大さじ1を合わせる

❷塩、コショウ、みじん切りにしたミント大さじ1を加え、よく振って混ぜ合わせる

ラズベリー&桃

偉大なフランス人シェフ、オーギュスト・エスコフィエ（→P.506）は、オーストラリア出身のオペラ歌手、デイム・ネリー・メルバのために、ピーチメルバを考案しました。

その偉大なオペラ歌手にペシュ・カルディナル・クリ・ドゥ・フランボワーズをリクエストされたため、レシピを書き出していて思いついたといいます。ペシュ・カルディナル・クリ・ドゥ・フランボワーズは、桃にラズベリーソースをかけ、アーモンドが旬の時期には生のアーモンドを散らしたもので、そこまでは実質的にピーチメルバと同じものです。ですがピーチメルバにはこれにバニラ・アイスクリームを加えます（→「桃&バニラ」P.403）。

ラズベリー＆山羊のチーズ→「山羊のチーズ＆ラズベリー」P.76

フルーツ（花の香り）

ラズベリー

※4　クレーム・アングレーズ［crème anglaise］…カスタードソースの一種。

Fig
イチジク

生のイチジクは甘く、ほのかなベリーの風味があります。ところが完全に熟すと、その強い香りにベリーの風味は負けてしまいます。この状態のイチジクを輸送するのはとても難しく、おいしく熟した状態のものを求めるなら、質のよいイチジクの生産地近くに住むか、自分で栽培するしかありません。

ドライイチジクは、ドライアンズと同じようにバランスのよい甘酸っぱさを帯び、より強烈な個性を持っています。アルコール度を高めた甘ったるい強化ワインのごとく、発酵したような贅沢な味を醸し出すものもありますが、一般的にはナッツの風味が強いのが特徴です。

皮がより厚い茶色のドライイチジクには薬効が期待できるかもしれません。生のものでもドライのものでも、甘い香辛料と非常に相性がよく、ブルーチーズやプロシュートのように脂肪分が多くて塩味の材料ともよく合います。

イチジク&アーモンド

短気な人は待てないと思いますが、先端にある「イチジクの目」に蜂蜜のような花蜜のしずくがたまると、よく熟して食べごろになったという合図になります。またその合図は、イチジクの蜂蜜の風味がアーモンドとよく調和するということも思い出させてくれそうです。

熟したイチジクとアーモンドを組み合わせると、軽いヌガーのようになります。生のイチジクが手に入らないとか、短気な人が先に全部食べてしまったとかいう場合には、ドライイチジクを購入し、スペインの話題のデザート、パン・デ・イーゴを作りましょう。香辛料や種子類、アーモンドと一緒にイチジクをつぶして作る、密度の濃い一種のケーキのようなものです。スライスして、マンチェゴチーズと一緒に食べます。

イチジク&アニス

アニスシードは、ドライイチジクのような甘くねっとりとしたものと合わせると、小さな甘草のお菓子のようにパッと味を散らして消えていきます。ドライイチジク4～5個を粗く切り、砕いたアニスシードと塩ひとつまみを加えたたっぷりのクリームチーズと混ぜ合わせます。健康食品店などで売られている、繊維豊富な全粒粉クラッカーにのせて食べましょう。

イチジク&オレンジ

イギリスのフードライター、エドワード・バンヤード〔1878-1939〕は、ドライイチジクのことを、刺激が強くて甘ったるく、受け入れがたい、"若者の味覚にだけ"合う食べ物だと述べています。

確かに非常に甘い食べ物ですが、イチジクを擁護すると、その甘さは決して単調ではない複雑な風味を持ち合わせています。イチジクにはよくオレンジが組み合わせられますが、それは両者が同じ時期に旬を迎え、オレンジの酸味がイチジクの甘さを和らげる効果があるからです。

クリスマス前に私は、イチジクとオレンジのバーを作って、砂糖や香料を入れたホットワインに合わせ

ます。

---

recipe

《イチジクとオレンジのバー》

❶ 刻んだドライイチジク250gをオレンジ1個分の果汁と皮を入れた鍋で、やわらかくなるまで約20分、弱火で煮る

❷ バター大さじ1を加えて混ぜ、火からおろして置いておく

❸ フードプロセッサーに、セルフレイジング・フラワー [self-raising flour]^{※5} 75g、砂糖75g、重曹小さじ1/4、塩ひとつまみを入れて、回す

❹ 冷蔵庫からだしたばかりのバター100gを1cm角に切って加え、ぽろぽろしたパン粉のようになるまでさらに回す

❺ プロセッサーから生地をボウルに出し、押しオーツ麦100gを加えて、混ぜ合わせる

❻ バターを塗った直径20cmの丸型に、生地の半量を入れて指でよく押しつけ、上から煮こんだイチジク（細かく切るか、フードプロセッサーに数秒かけたもの）を汁ごと散らす

❼ 残り半分の生地を上から押しのばし、190℃のオーブンで、表面が軽くきつね色になるまで30分焼く

イチジク&クルミ

　ドライイチジクとクルミはさまざまなビスケットに使われていますが、生のイチジクを裂き広げて、殻からはずしたクルミをまるごと中に入れて元にもどし、太陽の下で乾燥させるという、イギリスのフードライター、ジェイン・グリグソン〔1928-1990〕（→P.507）のアイデアのほうがずっとロマンチックな気がします。フランス・プロヴァンス地方では、これをヌガ・ドゥ・ポーヴル（貧しい男のヌガー）と呼んでいます。

　イチジク&シナモン→「シナモン&イチジク」P.302
　イチジク&ソフトチーズ→「ソフトチーズ&イチジク」P.304

イチジク&チョコレート

　ドライイチジクのファンのなかには、チョコレートのような味がすると評する人もいます。私には、そうあってほしいという願いにしか聞こえません。最高のドライイチジクは食欲を刺激し、幅広い種類の甘い風味を持っています。たとえば糖蜜、メープルシロップ、そしてあらゆる種類の蜂蜜、あるいはやや塩味の利いたキャラメルの風味もあるかもしれません。

　チョコレートにこのような風味はありません。共通して感じられる唯一の特徴は、熟したイチジクとカカオ含有量が多いダークチョコレートの両方に見られる、鋭いレッドベリーの風味です。

　イタリアのカラブリアにあるセッジャーノ [Seggiano] が製造している甘い"サラミ"のなかには、チョコレートにアーモンド、リンゴ、洋梨、それにたっぷりのドッタート種のイチジクが混ぜこんであります。これは風味が抜群で、ざらざらした食感もないことで知られています。もしこの甘いサラミを手に入れるこ

※5　セルフレイジング・フラワー [self-raising flour]…ベーキングパウダー入りの小麦粉。セルフレイジング・フラワーが手に入らなかったら、薄力粉100g、ベーキングパウダー3g、塩1gを混ぜ合わせて使う。

とができたら、ぜひ食パンにはさんで、普通のサラミと同じように食べてみてください。

　カラブリアの他の場所にあるお菓子メーカー、コラヴォルペ・ニコラ [Nicoka Colavolpe] は、ヘーゼルナッツ粉で作った甘いカリカリの皮がかかった、イチジクとチョコレート入りパネットーネ [panettone]※6 を製造販売しています。

　あるいは帰路の途中で、ちょっと高級なイタリアのデリに寄ってみましょう。木箱に入ったイチジクが置いてあるはずです。このイチジクは外側がダークチョコレートでコーティングされ、クルミと、オレンジとライムの皮を詰められています。

　スペインのお菓子、ラビトス・ロワイヤルは、ブランデーとチョコレートのガナッシュを小さなイチジクに詰め、チョコレートコーティングしたものです。またアメリカ・シアトルのザ・グリーク・ゴッズ [The Greek Gods] は、イチジクとチョコレートのアイスクリームを作っています。

イチジク＆ハードチーズ→「ハードチーズ＆イチジク」P.87

イチジク＆バニラ

　光陰矢の如し。いずれ私たちにも入れ歯だらけになる日が来ます。そして、酒と花の香りのするイチジクとバニラという種だらけの組み合わせが、スティックパンで目を突きたくなるくらいうらめしく魅力的に思えるようになるのです。今のうちに、この組み合わせを楽しんでおきましょう。ジャムやアイスクリーム、またはクランブルのようなマムールはいかがでしょう（マムールの作り方は「ローズマリー＆アンズ」P.450）。このとき、生地に入れるローズウォーターの代わりにバニラを使い、具はローズマリーではなくイチジクを使ってください。

イチジク＆ブルーチーズ→「ブルーチーズ＆イチジク」P.81
イチジク＆プロシュート→「プロシュート＆イチジク」P.238
イチジク＆ヘーゼルナッツ→「ヘーゼルナッツ＆イチジク」P.336

イチジク＆ミント

　イタリア人シェフ、ジョルジオ・ロカテッリは、イチジクを、ミントのシャーベット少量と刻んだミントの葉と一緒に食べることをすすめています。もしも晩夏のギリシャとトルコで、生ぬるい熟れたイチジクを木からもいで、甘い牡蠣のようにすすり食べるのに飽きてしまったら、薄切りにして、最高級のバルサミコ酢と生のミント少量と一緒に食べてみてはどうでしょう。あるいは、フェタチーズかグリルで焼いたハルミチーズと一緒にサラダにして食べるのもおすすめです。

イチジク＆山羊のチーズ

　フランス人シェフのエリック・リパート（→P.507）は、イチジク、山羊のチーズ、肉の組み合わせを次のように使っています。山羊のチーズのパフェとベーコンのアイスクリームを皿に並べ、ローストしたイチジクとヘーゼルナッツを添え、赤ワインで作ったキャラメルを垂らします。

※6　パネットーネ [panettone] …イタリアの伝統菓子。

recipe

《山羊のチーズのイチジク挟み焼き》

❶ よく熟して赤ワイン色になったイチジクを半分に裂き、内側に山羊のチーズ小さじ1をはさんで元通りに合わせる

❷ 180℃のオーブンで10〜15分焼く

❸ 手で扱えるくらい冷めてから、指でつまんで食べる

このイチジクにプロシュートを巻いたものを好む人もいます。

イチジク&ラズベリー→「ラズベリー&イチジク」P.481

イチジク&レバー

　古代ローマ時代の先駆者たちは、フォアグラをイエコル・フィカトムと呼んでいました。イエコルはレバー（肝臓）を意味し、フィカトムは鳥のエサにされていたイチジクを意味するフィクスに由来する単語です。

　このため、多くのヨーロッパ系の言語は、間違ってフィカトムをレバーの語源だと考え、イタリア語ではフェガト、スペイン語ではイガド、ポルトガル語ではフィガドと表すようになりました。英語のレバーは、西サクソン語のリバンに由来します。この単語は「生きる」を意味し、アルコール摂取量の多い北ヨーロッパの人々が、どれほどこの臓器を大切に考えているかを表しています。

　今日では、フォアグラ用のガチョウはトウモロコシと脂肪分で育てられ、イチジクが登場するのは最後、シロップ煮かチャツネ[chutney]の形で添えられるだけです。

※7　チャツネ［chutney］…野菜や果物にスパイスを加えて、煮込んだり漬けたりして作るソースやペースト状の調味料のこと。

Rose

バラ

バラを食べるには、バラの持つ自然な渋味とのバランスをとるために、大量の砂糖を使う必要があります。しかしその結果、うんざりするほど甘くなってしまうことがよくあります。さらに注意しないと、その芳しいムスクの香りは、ひとつ間違えばおばさんの胸元から漂う香水のにおいと変わらなくなってしまいます。

バラは、チョコレートやコーヒー、柑橘系フルーツの皮などの苦みのある材料、あるいはクローブなどの鋭い苦みのある香辛料と組み合わせてバランスをとる必要があります。あるいはバニラと同じように、バラそのものの代わりにローズウォーターをごく少量使って、ほとんど感じ取れない程度の隠し味にしてもいいでしょう。

バラを食べ物に使うときにはたいてい、ローズウォーターの形で使いますが、中東系のスーパーマーケットでは、乾燥させたバラの花びらやバラのジャムを手に入れることができます。ケーキのデコレーションなどによく使われる砂糖漬けのバラの花びらは、こだわりの品を扱うおしゃれな食料品店なら置いていると思います。自宅の庭からとったバラの花びらも、殺虫剤などの化学薬品を使っていなければ、食材として使うことができます。

食用に向いているバラの種類は、アラン・デイヴィッドソン〔1924-2003〕(→P.506) 編集の『オックスフォード食の必携本』にリストが掲載されていますので参考にしてください。

バラ&アーモンド→「アーモンド&バラ」P.343
バラ&アンズ→「アンズ&バラ」P.400
バラ&オレンジ→「オレンジ&バラ」P.421

バラ&カルダモン

インドのグラブジャムンは、バクラヴァ [baklava] [※8] やルカデス [loukades] [※9]、そして世界一甘いとされるデザートのラムババ [rum baba] [※10] など、さまざまなシロップ漬けの甘いものに勝るとも劣らないほど甘いデザートです。

これは牛乳を使った生地を、ジャムンと呼ばれる果物と同程度の大きさのボール状に丸めて揚げ、シロップに漬けたものです。カルダモンで風味づけするのが一般的で、中心部にカルダモンの種を数個入れるか、生地にカルダモン粉を混ぜこむかしています。グラブはバラを意味し、揚げたボールを漬けるシロップにバラの風味をつけています。個人的には生姜シロップもおすすめです(レシピは、「生姜&カルダモン」P.439)。

バラ&キュウリ→「キュウリ&バラ」P.261
バラ&コーヒー→「コーヒー&バラ」P.23

※8　バクラヴァ [baklava] …トルコのペストリー。
※9　ルカデス [loukades] …ギリシャのドーナツ。
※10　ラムババ [rum baba] …サヴァラン。

バラ&サフラン

マシュティ・マローン［Mashti Malone］は、アメリカ・ロサンゼルスに拠点を置く、イラン人兄弟がオーナーの有名なアイスクリーム会社です。ここで作られるほぼすべてのアイスクリームに、ローズウォーターが使われています。きわめて小さな市場じゃないかと思うかもしれませんが、バラは多くの中東料理で、バニラと同じくらい広く用いられているのです。

マシュティの特に有名なアイスクリームは、バラと生クリームのチップ[11]を混ぜたものです。その他には、ローズウォーターとサフランのアイスクリームにピスタチオを混ぜた魔法のようなフレーバーもあります。マシュティ・マローンの生クリームチップを混ぜたアイスクリームを自宅で作りたければ、高脂肪生クリーム150mlを浅いトレイに薄く流しこんで2、3時間冷凍し、それを小さなカケラに割って、自家製アイスクリームに混ぜこんでください。

バラ&チョコレート

甘いバラの風味には、ミルクチョコレートよりもダークチョコレートの苦みが合います。もっとも私の生涯にわたる友であるお菓子、フライズ・ターキッシュデライト［Fry's Turkish Delight］[12]は異を唱えることでしょう。この分厚くクリーミーなミルクチョコレートにひと口かぶりつけば、エキゾチックな味が口中に広がり、歯は中心部のバラ風味のゼリーに沈んでいきます。

イギリスのブリストル郊外で製造されていますから、"あふれんばかりの東（トルコ）の香り"という宣伝文句は、誇大広告かもしれません。でも私は気にしません。テレビCMでは、美しい衣装に身を包んだダークヘアの濃いアイメイクの女性が、彫刻のようなアゴを持つアラブの色気のある男性に惹かれ、ターキッシュデライトのバーをひと口しかかじれない場面が描かれています。

私は最近、バラとチョコレートという組み合わせへの愛を、ミルクチョコレートのかけらを混ぜたバラのアイスクリームを作ることで満たしています。

recipe
《バラとチョコレートチップのアイスクリーム》

❶ 底の厚い鍋に、高脂肪生クリーム250mlと牛乳250ml、卵黄4個分、砂糖150gを入れて、ゆっくりとかき混ぜながら加熱する

❷ とろみがついてきたら、ボウルに濾し入れ、もう1〜2分混ぜ続ける

❸ 粗熱がとれたら冷蔵庫で冷やし、ローズウォーター小さじ2を混ぜ入れる

❹ 香りの強さを確認し、バラの風味が足りないと思ったら、冷凍にすることで香りが薄まる可能性も念頭に置いて、もう数滴加えて調整する

❺ 持っているアイスクリームメーカーの方法に従ってかき混ぜる

❻ カスタードが混ざってきたら、ひとつかみ分のチョコレートチップを加える。このときアイスがやわらかすぎるようだったら、いったん冷凍庫へ入れる

バラ&鶏肉→「鶏肉&バラ」P.36

※11　チップ…冷凍生クリームを割ったもの。
※12　フライズ・ターキッシュデライト［Fry's Turkish Delight］…バラ風味のゼリー菓子をチョコレートコーティングしたチョコバー。

バラ&メロン→「メロン&バラ」P.397

バラ&リンゴ

リンゴジュースにローズウォーターを数滴混ぜると、エキゾチックな風味になります。ダブルのバニラウォッカを加えて、シェヘラザード[※13]と名づけてはいかがでしょう。

バラ&レモン

箱の中にきっちりと並んだターキッシュデライトは、白いコーンスターチと砂糖によって完全に覆われているので、ひとつずつ持ち上げて、どれがどの味なのか確認しなくてはなりません。口に含むと、バラ味とレモン味のどちらも、ゲラニオール、ネロール、シトロネロールなどのエッセンシャルオイルを含んでいるにもかかわらず、まったく違う味に感じられます。

クエン酸のしびれるような酸味がないレモンを想像してみてください。わずかに香りづけされた花のような特徴を感じることができます。バラとレモンは、ペルシャのファルーデと呼ばれる料理でも一緒に使われます。これは凍らせたデザートとしては記録に残る最古のもののひとつで、その発祥は少なくとも紀元前400年にさかのぼります。当時は山から採ってきた氷を、バラのシロップとレモン果汁で風味づけした非常に細い麺に加えていたのでしょう。

※13　シェヘラザード…『千夜一夜物語』の語り手で、伝説上のイラン大妃。

Blueberry
ブルーベリー

ブルーベリーは私の神経を逆なでします。別にブルーベリーが悪いわけではありません。少年聖歌隊の衣装の襟のようなひらひらしたフレア状の王冠が、実の先端についているせいもあると思いますが、抗酸化剤やフィトケミカル[※14]として、やたらともてはやされている感じが嫌なのです。

さらに皮に残っている白い花が、古くなってくすんだキットカットの表面に浮いている白いまだら模様を思い起こさせます。ブルーベリーの風味の大半は皮に含まれているので、実が小さいほうが風味を楽しめます。もし手元にあるブルーベリーの質がいまいちだったら、砂糖と一緒に加熱して、香りを最大限に引き出すといいでしょう。

ブルーベリー＆アーモンド→「アーモンド＆ブルーベリー」P.344

ブルーベリー＆きのこ

果物ときのこは、北イタリアでは誰もが知っていて、人気のある組み合わせです。アメリカのシェフ、マーク・ヴェトリは、ポルチーニとブルーベリーを使ったラザニアを作っていますが、これは巧妙なベリーの使い方と言えるでしょう。ラザニアを口に含むと、あちこちでブルーベリーがプチプチとはじけて広がっていき、きのこの肉っぽさに対して、果物の風味がすてきなコントラストを生み出します。牛肉のストックを使って作るブルーベリーときのこのリゾットも人気メニューのひとつです。

ブルーベリー＆コリアンダーシード→「コリアンダーシード＆ブルーベリー」P.494

ブルーベリー＆シナモン

ブルーベリーは加熱すると風味が増しますが、シナモンを追加すればさらによくなります。アメリカのフードライター、マリオン・カニンガムは、温かいブルーベリーマフィンを溶かしバターに浸し、さらにシナモンシュガーをかけて食べることをすすめています。

ブルーベリー＆バニラ

質のよいブルーベリーからは、まず花のような風味が先に感じられ、まろやかな果物の風味が後に続きます。あらゆる食材にとって古くからの友であるバニラは、ブルーベリーの特性をよく理解し、次に紹介するブルーベリーとバニラのケーキでは、その風味を最大限に引き出しています。

recipe
《ブルーベリーとバニラケーキ》

※14　フィトケミカル…健康への効果が期待される植物由来の化合物。

❶室温にもどしたバター175g、グラニュー糖175g、卵（大）3個、セルフレイジング・フラワー [self-raising flour]※15 225g、ベーキングパウダー小さじ1、牛乳大さじ3、バニラ・エクストラクト小さじ2をボウルに入れ、電動ミキサーを使って2～3分、全体がよく混ざるまでかき混ぜる

❷そこにブルーベリー125gを加え、つぶさないようにゴムべらで切るように混ぜこむ

❸直径23cmの深いケーキ型にバターを塗ってクッキングシートを敷き、生地を流しこんで、180℃のオーブンで45分、ふんわりとふくらんできつね色になるまで焼く

❹10分冷まして型から取り出し、完全に冷ます

❺クリームチーズ200gと粉砂糖100g、サワークリーム大さじ5を一緒にかき混ぜ、ケーキの表面に広げる

❻上からブルーベリー125gを散らす

ブルーベリー＆ブルーチーズ

　ブルーベリーをブルーチーズ入りのサラダに使うと、その酸味が特に生きてきます。カナダのバンクーバーにあるウェスト［West］のシェフ、ウォーレン・ゲラティは、シナモンバターで焼いた円盤形のブリオッシュに、ブルーチーズで作ったベイクドチーズケーキをのせ、さらにその上から、ポートワインとバニラとブラウンシュガーで煮詰めたブルーベリーを散らしました。

ブルーベリー＆桃→「桃＆ブルーベリー」P.404
ブルーベリー＆リンゴ→「リンゴ＆ブルーベリー」P.384
ブルーベリー＆レモン→「レモン＆ブルーベリー」P.436

※15　セルフレイジング・フラワー［self-raising flour］…ベーキングパウダー入りの小麦粉。セルフレイジング・フラワーが手に入らなかったら、薄力粉100g、ベーキングパウダー3g、塩1gを混ぜ合わせて使う。

Coriander Seed
コリアンダーシード

コリアンダーシードは、柑橘類とバルサム[※16]の芳しい香りを持っています。下着を入れる引き出しに使われる虫除け用のウッドボールと、においが似ていなくもありませんが、甘いビスケットを作るときに唯一の香料として入れたり、ホットワインの苦味を消すものとして使ったりすると、驚くほど見事な風味が生まれます。

コリアンダーシードといえば、オレンジ、シナモン、クローブという、昔からあるホットワイン用の香辛料を思い浮かべることでしょう。その他にもカレー用のパウダーやペースト、ピクルス用のミックススパイスに加えるとやさしい豊かな香りを添えます。さらには、ジンを作るときにも欠かせない植物のひとつです。使っていないコショウ挽き器があったらローストしたコリアンダーシードを入れて挽きたてを味わってみてください。きっとくせになるでしょう。

コリアンダーシード&オリーブ→「オリーブ&コリアンダーシード」P.244
コリアンダーシード&オレンジ→「オレンジ&コリアンダーシード」P.419
コリアンダーシード&カルダモン→「カルダモン&コリアンダーシード」P.446
コリアンダーシード&クミン→「クミン&コリアンダーシード」P.113

コリアンダーシード&コーヒー

モロッコはコリアンダーの一大生産地であり、同時に消費地でもあります。コリアンダーシードがエスプレッソタイプのコーヒーの香りづけに使われ、コーヒーに花の香り（バラ、ラベンダー）と柑橘類の香りを添えます。最初は、挽く前のコーヒー豆大さじ6に対してコリアンダーシード小さじ1を加えたものを試し、徐々に量を増やしてみてください。

コリアンダーシード&コリアンダーリーフ

気を鎮めて深く集中すると、質のよいコリアンダーシードからは、かすかにコリアンダーリーフの香りが感じられるかもしれません。コリアンダーリーフとシードはまったくの別物と考えたほうがいいでしょう。スペアミント1枝の代わりにミント菓子を料理に使うようなものです。

コリアンダーシード&にんにく

美女と野獣の組み合わせです。コリアンダーシードはやさしく美しい香りが特徴なので、大量のにんにくと混ぜ合わせると、まるでタトゥーショップで風紀委員長を見かけるくらいの違和感があります。

とはいえこれに塩と、全体をやわらかくするためのオイルを加えて作った調味料があります。この合わせ調味料はタクリアと呼ばれ、エジプトとトルコで広く使われています。

※16　バルサム…天然樹脂。

recipe

《タクリア》

❶薄切りにしたにんにく3かけ分を、オリーブオイルかバター適量に混ぜて、やわらかくする

❷すり鉢に移してコリアンダーシード小さじ1と塩数つまみ、さらに好みでカイエンヌペッパー少々を加えて、すりつぶす

ホウレン草やレンズ豆のスープに使ったり、クリームチーズの風味づけに使ったりします。

コリアンダーシード&豚肉

コリアンダーシードは、調味料界の隠れたヒーローです。ほかの香辛料と組み合わせて、カレーやケチャップやピクルスに使われます。また、フランクフルトソーセージやモルタデッラ［mortadella］[※17]、フランスのソーセージ類、ブーダン・ノワール［boudin noir］[※18] などの豚肉製品にも使われています。

珍しく中心的存在となっているのが、ギリシャとキプロスで広く食べられている豚肉の煮こみ料理、アフェリアです。コリアンダーシードについてよく知りたいならアフェリアを作るのが一番です。

recipe

《アフェリア》

❶角切りにした豚ヒレ肉1kgを、赤ワイン250ml、つぶしたコリアンダーシード大さじ2、塩コショウ適量を混ぜたマリネ液に4〜24時間ほど浸ける

❷豚肉の水分をペーパータオルなどで拭き取ってから、薄力粉をよくまぶす。漬け汁は捨てずに取っておく

❸オリーブオイルできつね色になるまで焼いたら、そこにマリネ液と肉がかぶるほどの水を入れ、蓋をして45〜60分ほど煮こむ

❹ソースの水分が多いようなら、煮こみの最後に蓋を取って煮詰める

ホットワインで豚肉を煮こんでいるような、おいしそうなにおいが漂ってくることでしょう。

コリアンダーシード&ブルーベリー

コリアンダーシードの香り成分のなかで、リナロールは全体の85%にものぼることがあります。これは木や花とかすかな柑橘系の香りを持ち、人工ブルーベリー香料の重要な成分となっています。

ブルーベリーマフィンを手作りするときに挽きたてのコリアンダーシードを加えると、ベースにほのかな香りが漂います。もっと新しい味に挑戦したいなら、ロンドンにあるデリ「オットレンギ［Ottolenghi］」のように、クスクスにパプリカ、レッドオニオン、ワイルドブルーベリー、ピンクコショウ、コリアンダーシードを加えたサラダを作ってみましょう。

※17　モルタデッラ［mortadella］…ボローニャソーセージ。
※18　ブーダン・ノワール［boudin noir］…豚の血と脂を使ったフランスの腸詰のひとつ。

コリアンダーシード&山羊のチーズ

　スパイスの専門家によると、インドで使われる卵型のコリアンダーシードと、ヨーロッパやモロッコで使われる丸いコリアンダーシードの間には著しい相違があります。卵型のコリアンダーシードにはクリーミーな甘さがあり、丸いほうはスパイシーな風味が勝っています。しかし、双方とも花の香りと柑橘類の風味を備えているのは同じで、山羊のチーズとよく合います。

コリアンダーシード&リンゴ

　コリアンダーシードの花のような香りを、風味豊かな酸っぱいリンゴと合わせると、アンズに似たすてきな風味に生まれ変わります。アイスクリームを作って試してみてください。

recipe

《コリアンダーシードとリンゴのアイスクリーム》

❶グラニースミスなど酸味の強いリンゴ500gの皮をむき、芯を取り除いて刻む

❷それをレモン果汁大さじ2、砂糖75gとともに鍋に入れ、蓋をしてやわらかくなるまで弱火で加熱する

❸さらに、ラベンダージャム小さじ2と、軽く炒ってからすりつぶしたコリアンダーシード小さじ1を入れてよく混ぜ合わせ、混ざったら火からおろして冷ます

❹生クリーム300mlを固く泡立ててリンゴに加え、ゴムべらを使って切るように混ぜる

❺これを通常のアイスクリームを作るときのように凍らせる

　ラベンダージャムがない場合はレッドカラントジャムでもかまいませんが、ラベンダーのほうが調和のとれた風味に仕上がります。

コリアンダーシード&レモン

　アメリカのフードライターであるハロルド・マギー (→P.509) よれば、コリアンダーシードはレモンと花の香りがするそうです。オレンジに似た柑橘類の香りだと言う人もいます。どちらの香りだとしても、レモンとの相性は抜群です。

　このコンビはオリーブを漬けるときに使われることが多いのですが、魚ともよく合います。19世紀には、アーモンドミルクやプリンを作るときの香料として、シナモンとともにこの2つの食材が活躍しました。シンガポールの元首相リー・クアンユーの母リー夫人のレシピに、シトロレッネ・ラタフィアと呼ばれる飲み物があります。

recipe

《シトロレッネ・ラタフィア》

❶ブランデー2Lに、レモンの皮12個分、コリアンダーシード28g、おろしたシナモン10g、砂糖900gを水700mlに溶かして作ったシロップを混ぜる

❷1カ月間置いてから（冷暗所に置くのがいい）濾して、瓶に詰める

Vanilla
バニラ

　世界中に知れ渡った香りと風味です。バニラはラン科の植物で、種子を含んだサヤを発酵・乾燥させることによって風味が生まれます。原産国はメキシコですが、現在ではタヒチ、マダガスカル、インドネシアでも生産されています。

　タヒチ産のバニラは、果物の香りとスパイシーな特徴が高い評価を得ていて、なかには、チェリーやアニスの香りがすると言う人もいます。私たちに一番なじみのあるのがマダガスカル産のバニラです。

　メキシコ産は、より刺激的かつ濃厚で、土のような風味を持ちます。インカ人はチョコレートの風味づけにバニラを使いましたが、エリザベスⅠ世お付きの薬剤師だったヒュー・モルガンが幅広くバニラの使用を広めるようになるまで、それがバニラの使い道でした。

　もちろん現在でもバニラは、ほとんどのチョコレート製品にとって大切な材料ですが、世界中で愛されるアイスクリームのフレーバーでもおなじみですし、おいしい料理の風味づけに好んで使われることも増え、デザートやリキュールのすてきな隠し味にもなっています。種入りのサヤは一番純粋なバニラの風味を出しますが、バニラ・エクストラクトやパウダー、便利な種入りのペーストなど、いずれも十分な働きをします。

　生の自然なバニラは非常に高価で、製品化されるまでの手間ひまが価格に反映されています。ケーキやビスケット、アイスクリーム、菓子、ソフトドリンク、アルコールの製造会社からのバニラの需要は非常に高く、それに応えるため、バニラそのものの生産をはるかに上回る人工香料が製造販売されています。事実、消費されているバニラ香料の97%は、人工的に作られたものです。

　バニラエッセンスやエクストラクトの主要化合物であるバニリンは、バニラ特有の香りを持ち、1858年に初めて分離抽出されました。1874年には、針葉樹からとった素材を使ってバニリンが作られ、最初の人工香料のうちのひとつとなりました。現在バニリンは、クローブオイルや、紙・木材パルプ・石油化学製品製造から出る産業廃棄物から抽出されています。

　多くの食品について、バニラエッセンスが使われているなどとは夢にも思っていない人が大勢います。しかし、アメリカの雑誌『クックス・イラストレーテッド』主催で行われた目隠しテストで、料理やパン製造の専門家らが、さまざまな種類のエクストラクトやエッセンスを使ったカスタードやスポンジケーキを試しましたが、大きな違いを見出すことはできませんでした。バニラエッセンスを使ったカスタードがわずかに劣っていると判断されましたが、一方で専門家たちは、その偽物カスタードをケーキに使うことを選びました。

　これは、バニラエッセンス1mlあたりのバニリンの含有量がエクストラクトより高いため、強い風味をつけることができるので、広く支持されたのだと考えられます。

バニラ＆アニス→「アニス＆バニラ」P.255
バニラ＆アンズ→「アンズ＆バニラ」P.400
バニラ＆イチゴ→「イチゴ＆バニラ」P.372

フルーツ（花の香り）

バニラ

バニラ&イチジク→「イチジク&バニラ」P.486

バニラ&オレンジ

　バニラとオレンジがアメリカで、あの有名なクリームシクルの形で出会います。これはイギリス人がミッヴィと呼ぶアイスクリームのアメリカ版です。どちらも棒つきのバニラ・アイスクリームで、表面は果物風味のアイスで覆われています。

　もしかしてあなたは、より大人向けの組み合わせのほうが好みかもしれません。オレンジを添えたバニラ・パンナコッタはいかがでしょうか。あるいは瓶入りフィオーリ・ディ・シチリア（シチリアの花）のエッセンスを探しているのでしょうか？　これをメレンゲやパネットーネなどのケーキにかけると、オレンジとバニラのはっきりした風味が加わります。

バニラ&貝・甲殻類

　失敗するのではないかという恐怖とともに試されてきた組み合わせです。フランスのヌーヴェル・キュイジーヌのパイオニア、アラン・サンドランス（→P.506）にとっても難敵であることには変わりありません。

　彼はこの組み合わせを最初に実践した人物とされています。バニラ風味のブールブランソースで和えたロブスターは、当時彼がいたレストランの貯蔵室にある、高品質のブルゴーニュ産白ワインの味を補うために作りだしたということです。バターたっぷりの甘い焼きキャラメルと合わせたソースのバニラの香りが、オーク樽で熟成されたワインにも風味を添えていました。

バニラ&カルダモン

　サフランに次いで2番目と3番目に高額な香辛料です。果物をのせたタルト（→「カルダモン&アンズ」P.445）用のクレーム・パティシュエール[crème pâtissière]やアイスクリームを、この贅沢な組み合わせ[19]を使って作ってみましょう。甘くスパイシーで、花のような風味がとても見事に調和します。

　多くのシェフは、こういったレシピにはタヒチ産のバニラを好んで使います。マダガスカルやメキシコ産のものより甘く、果物のような風味を持つからです。タヒチ産のものは、バニラの主な風味の素であるバニリンの含有量が少なめで、より強い花の香りを持っています。

バニラ&栗→「栗&バニラ」P.327
バニラ&クルミ→「クルミ&バニラ」P.333

バニラ&クローブ

　バニラとクローブ、つまり「焼き菓子用香辛料」の風味は、一般にワインにも関係してきます。バニラとクローブの風味の素となる主な化合物、バニリンとオイゲノールは、ワインの熟成に使われる木の樽にもともと存在しているからです。

　木目が詰まったフランス産オーク材は、バニラとクローブのかすかな風味を持つと言われます。一方、木目が粗いアメリカ産オーク材は、よりはっきりとしたココナッツとハーブの香りを持ち、この香りは特に火であぶると際立ちます（→「ディル&ココナッツ」P.265）。本書執筆時の調査では、ワイン300本分入るフランス産オーク製樽は、新品で1つ700ドルしましたが、アメリカ産のものはだいたいその半額でした。

※19　クレーム・パティシュエール[crème pâtissière]…カスタードクリーム。

ワイン製造業者は、古くて風味を生むことのない樽に、新しい樽板を入れることで予算削減を図ることがあります。より経済的な方法としては、木のチップを袋に入れて巨大なティーバックのようにし、近年のワインの貯蔵によく用いられる大きなステンレスのタンクに加えるというやり方もあります。

ある種の味気ないシャルドネ種のワインからは、木のチップから移される薄っぺらなバニラの香りがすると多くの人々が言っています。しかし、最高級ワインの製造でも、この手段に頼ったり、部分的にでも使ったりして費用削減をしているのです。

バニラ&コーヒー

いれたてのエスプレッソをおいしいバニラ・アイスクリームの上からかけてください。イタリア人はこれをアフォガートと呼びます。ローマの陽気なウェイターが昔、話してくれたことによると、「I forgot tie my shoelaces（靴ひもを結ぶのを忘れちゃった）」からきているそうです。偶然見つけられた組み合わせかもしれませんが、バニラとコーヒーはよく合います。コーヒーの風味そのものはやや失われますが、乳製品のタンパク質が、コーヒーのタンニンを包みこみ、苦みを和らげて飲みやすくしています。

バニラ&ココナッツ→「ココナッツ&バニラ」P.408
バニラ&生姜→「生姜&バニラ」P.443
バニラ&卵→「卵&バニラ」P.189
バニラ&チェリー→「チェリー&バニラ」P.349

バニラ&チョコレート

2つとも原産国はメキシコです。メキシコでチョコレートにバニラ風味をつけるようになったのは、アステカ文明にまでさかのぼります。現在、大半のチョコレートバーは何らかの形でバニラの風味がつけられています。

アメリカ・カリフォルニアのチョコレートメーカー、シャッフェン・バーガー［Scharffen Berger］は、カカオ豆と一緒にバニラをサヤごとすりつぶします。これは、同社の創立者であるジョン・シャッフェンバーガーの、チョコレートはバニラによって質が高められるという信念に従っています。その対極に位置する安いチョコレートは、少ないカカオ風味を補うために、逆にこれでもかというほど大量のバニラエッセンスを使います。

もしバニラ風味のないチョコレートがどんな味か興味をお持ちなら、フランスのチョコレートメーカー、ボナ［Bonnat］が考案したバーを食べてみてください（→「ホワイトチョコレート&チョコレート」P.504)。

バニラ&トマト

トマトをベースに使った料理に、スパイシーな特質を持つメキシコ産バニラを適度に使うと、酸味が和らぐ一方で、同じような刺激が引き出されます。

トマトを使ったチリコンカンに、メキシコ産バニラの香りを少しだけ加えるといいよと言う人もいますが、もっと大胆な料理人は、この2つの食材だけでスープを作るかもしれません。ロンドンにあるレストラン、ハイビスカス［Hibiscus］のクロード・ボジは、この組み合わせを使ってデザートを作り、冷凍ラズベリーのかけらを散らしました。

フルーツ（花の香り）

バニラ

バニラ&ナツメグ

　イギリスの料理研究家エリザベス・デイヴィッド〔1913-1992〕(→P.506)は、生のローリエの風味はナツメグとバニラを感じさせるので、ローリエを甘いクリームに混ぜこむと、ぐっとおいしさが引き立つと言っています。今日では、おしゃれなレストランのメニューに、ローリエのパンナコッタがあるのは珍しくありません。

　ナツメグとバニラを一緒にすると、行きすぎとも言えるほど強い甘さを生み出しますから、特に自家製カスタードタルトに使うと、いくらでも食べたくなります。かわいいカップケーキは忘れてください。カスタードタルトは慎ましくも味わい深く、人々を夢中にさせます。

　　バニラ&バナナ → 「バナナ&バニラ」P.394
　　バニラ&パイナップル→「パイナップル&バニラ」P.378
　　バニラ&ピーナッツ→「ピーナッツ&バニラ」P.28

バニラ&ブラックベリー

　夏の終わりの午後は、ブラックベリー摘みに出かけましょう。まだ明るいうちに自宅にもどって、ブラックベリーをやさしく洗い、砂糖と一緒に煮こみます。ブラックベリーの味を完全に消してしまわないよう、砂糖の量を調節してください。冷ましてから裏漉しし、日が暮れてあたりの空気が青みを帯びてくる頃、バニラ・アイスクリームに添えて食べます。ハニカム[honeycomb][※20]少量をくだいて、上から散らすと、すてきな飾りになります。

　　バニラ&ブルーベリー→「ブルーベリー＆バニラ」P.491
　　バニラ&ヘーゼルナッツ→「ヘーゼルナッツ&バニラ」P.338
　　バニラ&桃→「桃&バニラ」P.403

バニラ&ラズベリー

　私は6歳くらいの頃、いつも母にアークティックロール[Arctic Roll]をせがんで困らせていました。アイスクリームの周りにラズベリージャムを塗り、さらにそれをバニラ風味のスポンジでくるんだ円筒形のデザートですが、そのスポンジが一切つなぎ目なしでくっついているように見えるのです。まるでボトルシップのように不可能な形をしていることに、興味をそそられました。

　アークティックロールの製造会社バーズアイ[Birds Eye]は、どうやってそれを作ったのでしょう? ウラル川を渡るパイプラインほどの、とてつもなく長い1本のアークティックロールに、予想もできないほどの力でアイスクリームをいっぱいに詰め、その一部分を切り取ったのでしょうか? また、アイスクリームが溶けださない状態で、なぜスポンジだけをべちゃべちゃにならないように解凍できるのでしょうか?

　ところで最近私は、手のこんだお菓子からは卒業して、とてもシンプルでとても高額な材料を使って、簡単に準備ができるものを好むようになりました。自分がそんなふうになったと考えるのが好きでした。たとえば上品なスミレの香りを漂わせる生のラズベリーに、粉砂糖とバニラ・エクストラクトだけを加えたシャンティクリームを少しだけ添える、といったことです。

　そんなふうに思っているとき、夫が私をロンドンのコヴェント・ガーデン地区にあるレストラン、ラ・キ

※20　ハニカム[honeycomb]…**重曹と酢でふくらませたトフィー**。

ュイジーヌ・ドゥ・ジョエル・ロブション［La Cuisine de Joel Robuchon］に連れていってくれました。私はデザートに、ル・シュクルを注文しました。

　ル・シュクルは、クリスマスツリーに飾る小球を模して砂糖で作った、きらめく半透明の球です。ガラス職人がブランデーグラスを作るのに空気を送りこむのとほぼ同じ方法でふくらませ、中にマスカルポーネチーズとラズベリームースを詰めます。ベリーを何種類か混ぜたクーリ［coulis］[※21]に、ピスタチオ粉をふりかけたものを皿に広げ、その上に金箔を散らしたリング状のピンクのメレンゲを置き、さらにその上に球を固定します。横にはバニラ・アイスクリームのきれいなクネルが添えられています。

　私は、シンプルなんて大嫌いと思いながら、スプーンの背で一気に球をつぶしました。これがこのデザートの食べ方です。

バニラ＆リンゴ

　バニラ・アイスクリーム、またはおいしいバニラ風味カスタードが、アップルパイやアップルクランブルと相性のよいことは広く知られています。では、表面がパリパリのリンゴのフリッターに、粉末状にしたバニラシュガーをふりかけるというのはどうでしょうか？

---

recipe
《リンゴのフリッター　バニラシュガーがけ》
❶薄力粉100ｇと塩ひとつまみをボウルにふるい入れ、中央にくぼみを作り、卵1個を割り入れる
❷よくかき混ぜ、牛乳100mlと氷水大さじ3を少しずつ加え、なめらかな生地を作る。あまりゆるくならないように水の量を調整する
❸いったん冷蔵庫に入れ、リンゴ3〜4個の皮をむいて芯をとり、厚さ1cmの輪切りにする
❹冷蔵庫に入れてあった生地に、リンゴをくぐらせ（必ず生地がリンゴ全体を包んでいるようにすること）、3〜4cmの深さの油で、各面約1分ずつ揚げる
❺すりつぶしたバニラシュガーを全体にふりかけて食べる

　牛乳の代わりにリンゴ酒を使ってもおいしくできあがります。

バニラ＆ルバーブ→「ルバーブ＆バニラ」P.361

フルーツ（花の香り）

バニラ

※21　クーリ［coulis］…ピューレ。

White Chocolate
ホワイトチョコレート

ホワイトチョコレートはカカオバター、牛乳、砂糖、バニラで作られますが、それぞれどの程度の質のものをどれだけ使うかによってさまざまな味が生まれ、それが市販の数あるチョコレートバーの味の違いになっています。

バニラはほとんどの場合、一番強い風味を持っています。ある著名なショコラティエは、ホワイトチョコレートで作ることのできるフレーバーの種類は非常に限られているため、どこの高級ブランドも、純粋なホワイトチョコレートバーは1種類しか製造販売しないだろうと言っています。

カカオバターは強い味を持ちますが、その味は必ずしもおいしい味ではなく、ほぼすべてのチョコレート会社は、製造工程でカカオバターのにおいを脱臭します。たとえそうすることによって、低温殺菌のようによい風味の一部も一緒になくなってしまうとしてもです。

この問題は、カカオ豆を軽くローストすることで、避けることができます。と言いながらも、ベネズエラのエルレイ[El Rey]は脱臭していません。カカオバターを34%含む同社のチョコレートバーは、流通しているホワイトチョコレートバーのなかでも一番おいしいと評判です。他のほとんどのものより甘さは控えめで、よりチョコレートらしい味がするのが特徴です。

グリーン・アンド・ブラックス[Green and Black's]のホワイトチョコレートには、バニラシードがたっぷり含まれ、甘いけれども贅沢なバニラ・アイスクリームのような味がします。イチゴやアンズの蒸留酒の風味もわずかに感じられます。このことからホワイトチョコレートが、酸味をバランスよく含む風味とどれほど合うかがわかります。

ホワイトチョコレート&アーモンド

ホワイトチョコレートはとても甘いのが特徴ですが、それはミルクチョコレートやダークチョコレートにバランスのとれた苦みを与えるカカオをそれほど含んでいないためです。

アーモンド、特にローストしたものはその甘さを周りに放ちます。ネスレ[Nestlé]が1940年代に北米初のホワイトチョコレートバーを売り始めたとき、チョコレートバーにアーモンドを入れたのも、そうした特徴を考慮していたのかもしれません。

ナッツと、好みのホワイトチョコレートを好きなだけ使って、ホワイトチョコレートバーを作ってみましょう。

---

recipe

《ホワイトチョコレートとアーモンドのバーク》

❶湯むきしたアーモンド150gを、180℃のオーブンで軽く色づくまで8〜10分ローストし、取り出してそのまま置いておく

❷天板にクッキングシートを敷いておく

❸ホワイトチョコレート200gをボウルに入れ、沸騰した湯の上にセットする（ボウルの底が湯に浸からないように）

❹ホワイトチョコレートが完全に溶けたらナッツを加え、クッキングシートに薄く塗り広げる。ただし、後で割るので、あまり薄くなりすぎないように注意

❺粗熱が取れたら、冷蔵庫で固める

アメリカでは、このような薄いチョコレートをバークと呼びます。酸味のあるドライチェリーを混ぜこむと、適度な噛みごたえが出ます。

ホワイトチョコレート＆イチゴ→「イチゴ＆ホワイトチョコレート」P.373
ホワイトチョコレート＆オリーブ→「オリーブ＆ホワイトチョコレート」P.245

ホワイトチョコレート＆カルダモン

ロココ［Rococo］は、カルダモンの風味をしみこませたホワイトチョコレートバーを販売しています。私はこの組み合わせを食べると、最高においしくて同時に甘ったるいキールやクルフィなど、甘くてスパイシーで、ミルキーなインドのデザートを思い出します。

ホワイトチョコレート＆キャビア→「キャビア＆ホワイトチョコレート」P.213

ホワイトチョコレート＆コーヒー

コーヒーと、濃厚な乳製品の風味を感じるホワイトチョコレートの組み合わせは、私には香りがきつすぎます。フランスで見かけるUHT牛乳[22]で作った甘みの強いカフェオレのようです。UHT牛乳は殺菌の過程でメイラード反応が生じ、生の牛乳にはない甘いキャラメルのような特質が生まれるのです。

ホワイトチョコレートとコーヒーの組み合わせでもっともよいものは、カフェ・タッセ［Café Tasse］のブランカフェバーではないでしょうか。挽いたコーヒー豆が入っているため、きりりとした苦味とホワイトチョコレートのコントラストが鮮やかな一品です。

ホワイトチョコレート＆ココナッツ

ココナッツケーキを作って、濃厚なホワイトチョコレートでコーティングしましょう。でも気をつけて。これはチョコレートの下にココナッツケーキを生き埋めにするようなものです。ラズベリーがそれを掘り起こすセントバーナードの役目をしてくれるでしょう。

ホワイトチョコレート＆サフラン

アーティザン・ドゥ・ショコラ［Artisan du Chocolat］は、サフランで風味づけしたホワイトチョコレートを使った、上品なピンクゴールドのバーを作っています。同社はホワイトチョコレートがサフランの干

※22　UHT牛乳…超高温で殺菌する、長期保存が可能な牛乳。

し草の香りを引き出すと言っています。ホワイトチョコレートの甘いバニラ風味が、サフランの持つ花のような複雑な香りに輝きを与えているとつけ加えておきましょう。

ホワイトチョコレート&チョコレート

ほぼすべてのチョコレートバーは、ダーク、ミルク、ホワイトに関係なく、いろいろな形態のバニラで風味づけされています。安いチョコレートは、チョコレートの風味が絶対的に足りない分、バニラで強く風味づけられています。バニラは、ホワイトチョコレートの主要な風味です。

良質なダークかミルクチョコレートをホワイトチョコレートと組み合わせると（ホワイトチョコレートでコーティングされたダークチョコレートのトリュフなど）、バニラの含有量が増え、カカオ成分は薄まるので、必然的にダークやミルクチョコレートの価格が安くなります。まるでシングルモルトをブレンドウィスキーに混ぜるようなものですね。

ホワイトチョコレート&パイナップル

ホワイトチョコレートは、赤色のベリー系フルーツとの絆がとても強いのですが、トロピカル系フルーツともよく合います。パイナップルやパッションフルーツの香りが、オーク樽で熟成されたシャルドネワインに含まれるバニラの香りと一緒になると、どのような風味になるか考えてみればわかるでしょう。酔いの周りが早いですから、気をつけて。あまりたくさんは欲しくないかもしれません。

ホワイトチョコレート&ブラックベリー→「ブラックベリー&ホワイトチョコレート」P.477
ホワイトチョコレート&ラズベリー→「ラズベリー&ホワイトチョコレート」P.482

ホワイトチョコレート&レモン

ピエール・マルコリーニ［Pierre Marcolini］やヴェンキ［Venchi］のビアンコなどの上質のホワイトチョコレートからは、天然のレモンの特質を感じることがよくあります。アメリカのパン・菓子作家のローズ・リーヴィー・ベランバームが作るレモン風味ホワイトチョコレートケーキのように、ホワイトチョコレートとレモンを使って、ケーキを作ってはいかがでしょう。

ベランバームのケーキは、濃厚なレモンカードの上にクリーミーなホワイトチョコレートとレモンカードのバタークリームがのっています。彼女はそれをウッディーズ・レモン・ラグジュリー・レイヤー・ケーキと呼んでいます。ひと口食べるだけで、体全体の感覚がはっとよみがえるようです。

人物紹介 Biography

アイリス・マードック
Iris Murdoch (1919-1999)
イギリスの哲学者、作家。アイルランド出身で、プラトン、フロイト、サルトルらの影響を受け、『網のなか』『鐘』『野ばら』『海よ、海』などの作品がある。

アラン・サンドランス
Alain Senderens
フランス・パリの名門レストラン、ルカ・キャルトン（現在はサンドランス）のオーナーシェフ。ヌーヴェル・キュイジーヌの鬼才と呼ばれる。

アラン・デイヴィッドソン
Alan Davidson (1924-2003)
イギリスの外交官、歴史家、フードライター。外交官としてワシントンやチュニス、カイロ、ラオスなどに赴任、地中海や北大西洋のシーフード、ラオスの料理本などを執筆する。

アラン・デュカス
Alain Ducasse
史上最年少（33歳）で、3つ星を獲得したシェフ。パリのアラン・デュカスオ・プラザ・アテネ、モナコのルイ・キャーンズなど、世界最多の3つ星レストランを経営する。

アリス・ウォータース
Alice Waters
アメリカのシェフ。カリフォルニア州バークレーにあるオーガニックレストラン、シェ・パニースのオーナーで、スローフードの草分け的人物。

アレキサンドル・エティエンヌ・ショロン
Alexandre Étienne Choron (1837-1924)
フランスのシェフ。パリのレストラン、ボアザンの総料理長。のちにポール・ボキューズのスペシャリテ「鱸のパイ包み焼きソースショロン」によって、彼の名が付けられた“ソースショロン”は広く知られるようになった。

アレクサンドル・デュマ
Alexandre Dumas (1802-1870)
フランスの小説家。『三銃士』や『モンテ・クリスト伯（巌窟王）』など数多くの作品を残す。美食家としても知られ、『デュマの料理大事典』も執筆している。

アンドリュー・カルメリーニ
Andrew Carmellini
アメリカのシェフ。ニューヨークのイタリアン、ロカンダ・ヴェルデや、フレンチカフェ、ラファエットなどを経営。フードライターの妻グウェイン・ハイマンとともに、料理本も出版している。

アンドリュー・パーン
Andrew Pern
イギリスのシェフ。ノースヨークムーアズ国立公園の近くに建つホテル、ザ・スター・インのオーナーで、ミシュランの星を獲得したフレンチが堪能できる。

アントン・チェーホフ
Anton Chekhov (1860-1904)
ロシアの作家、劇作家。『かもめ』『ワーニャ伯父さん』『三人姉妹』『桜の園』の4作品は名作として知られ、現在も世界中の劇場で上演されている。

イザベラ・ビートン
Isabella Beeton (1836-1865)
イギリスの料理作家。ビートン夫人として世界的に知られ、ヴィクトリア朝時代の家事の手引書『ビートン夫人の家政読本』を出版。

ウルフギャング・パック
Wolfgang Puck
オーストリア生まれのシェフで実業家。アカデミー賞授賞式のディナーにおける総料理長で、「アメリカ料理を変えたシェフ」とも呼ばれる。

エミール・ゾラ
Émile Zola (1840-1902)
フランスの小説家。自然主義文学の代表的な存在であり、全20巻の「ルーゴン・マッカール叢書」をはじめ、『居酒屋』『ナナ』『ジェルミナール』などの著作がある。

エリザベス・ギャスケル
Elizabeth Gaskell (1810-1865)
イギリスの小説家。著書に、労働者階級の日常を描いた『メアリ・バートン』や、『ルース』『北と南』『シルヴィアの恋人たち』『クランフォード』など。

エリザベス・デイヴィッド
Elizabeth David (1913-1992)
イギリスの料理・歴史研究家。ヨーロッパ、中東、インドなどを旅して、地中海料理などのさまざまなレシピを執筆。ベストセラー多数。

エリック・リパート
Eric Ripert

フランス人シェフ。アメリカ・ニューヨークにあるシーフードフレンチのレストラン、ル・ベルナルディンはミシュラン3つ星を獲得、料理本の出版やテレビ出演も多数。

オーギュスト・エスコフィエ
Auguste Escoffier (1846-1935)

フランスのシェフ。レストラン経営とレシピ本の執筆を通じて、伝統的なフランス料理の大衆化・発展に貢献した。

ギー・サヴォワ
Guy Savoy

フランスのシェフ。ヌーヴェル・フレンチの第一人者で、ミシュラン3つ星のパリ本店には、世界各国のVIPやセレブ、食通が足を運ぶ。

クラウディア・ロデン
Claudia Roden

イギリスのフードライター、文化人類学者。エジプト・カイロ生まれで、主に中東各国の料理やイタリア・スペインなどの地中海料理のレシピ本を多数執筆。

グラン・アケッツ
Grant Achatz

アメリカのシェフ。モラキュラー料理（分子ガストロノミー）の第一人者のひとりで、アメリカ『タイム』誌で、「世界で最も影響力のある100人」にシェフとして選ばれる。

クリスト
Christo

ブルガリア生まれの美術家。作品のテーマは「梱包」で、巨大な建物や自然、公園などを布やカーテンなどで包むといったアート活動を行う。

サッカレー
Thackeray (1811-1863)

イギリス・ヴィクトリア朝時代の小説家。インドのカルカッタ出身で、写実主義と風刺により、上流階級を批判した『虚栄の市』で名を高めた。

サミュエル・ジョンソン
Samuel Johnson (1709-1784)

イギリスの批評家。『英語辞典』の編集で知られ、「文壇の大御所」「ジョンション博士」と称される。主な著書に『シェイクスピア全集』『イギリス詩人伝』など。

ジェイソン・アサートン
Jason Atherton

イギリスのシェフ。スペインのエル・ブリや、ゴードン・ラムゼイの右腕として、レストラン、メイズで経験を積み、ロンドンにてポーレン・ストレート・ソーシャルなどをオープン。

ジェイミー・オリヴァー
Jamie Oliver

イギリスのシェフ。テレビの料理番組『裸のシェフ』シリーズで人気を得て、学校給食改革などの「食育」活動を積極的に行っている。

ジェイムス・ビアード
James Beard (1903-1985)

アメリカのシェフ。フレンチをアメリカ風にアレンジし、「フュージョン」スタイルを編み出す。彼の名を冠した「ジェームス・ビアード賞」は、アメリカ料理業界のアカデミー賞とも言われている。

ジェイン・グリグソン
Jane Grigson (1928-1990)

イギリスのフードライター、コラムニスト。ヨーロッパ、中東、ロシアなどの代表的な野菜料理をリサーチした食物誌『西洋野菜料理百科』は有名。

ジャン・ジョルジュ・ヴォンゲリヒテン
Jean-Georges Vongerichten

アメリカのシェフ。ミシュラン3つ星を獲得したニューヨークにあるフレンチ、ジャン・ジョルジュをはじめ、世界各地にレストランを展開している。

ジャン・ティンゲリー
Jean Tinguely (1925-1991)

スイスの現代美術、画家、彫刻家。廃物を利用して機械のように動く彫刻制作が有名で、キネティック・アート（動く美術作品）の代表的な作家である。

ジュリエット・ハーバット
Juliet Harbutt

イギリスのチーズ研究家。ニュージーランド出身で、「ブリティッシュ・チーズ・アワード」の創設者である。25か国750種のチーズを紹介した『世界チーズ大図鑑』を監修。

ジョエル・ロブション
Joël Robuchon

フランスのシェフ。「フレンチの皇帝」とも称され、アラン・デュカス氏と並ぶ世界最多の3つ星シェフであり、東

人物紹介

507

京、香港、マカオなどにも出店。

ジョージ・オーウェル
George Orwell (1903-1950)
イギリスの作家、ジャーナリスト。全体主義的な監視管理社会・反ユートピアの世界を描いた『1984年』をはじめ、エッセイや評論など著書多数。

ジョン・ジェラルド
John Gerard (1545-1611)
イギリスの外科医、植物学者。趣味で庭師をしながら、1000種以上の植物を集めた木版画の図録『本草書または植物の話』などを執筆した。

シルヴィア・プラス
Sylvia Plath (1932-1963)
アメリカ・ボストン出身の女性作家・詩人。半自伝小説『ベル・ジャー』や『エアリアル』など複数の作品を発表。没後29年にピューリッツァ賞を受賞。

スコット・フィッツジェラルド
Scott Fitzgerald (1896-1940)
アメリカの小説家。失われた世代Lost Generationを代表する作家の一人で、著書には『楽園のこちら側』『グレートギャッツビー』『華麗なるギャッツビー』などがある。

ソール・ベロー
Saul Bellow (1915-2005)
アメリカの小説家、劇作家。『フンボルトの贈り物』でピューリッツァー賞、『銀の皿』でオー・ヘンリー賞、1976年にはノーベル文学賞を受賞。

チャールズ・ディケンズ
Charles Dickens (1812-1870)
イギリスの小説家。ヴィクトリア朝時代の下層階級を主人公に、弱者の視点で社会を風刺した作品を発表。『オリバー・ツイスト』『大いなる遺産』など。

デリア・スミス
Delia Smith
イギリスの料理研究家。テレビの料理番組の出演をはじめ、『デリア・スミスの料理法コース』シリーズなどの著書は累計2000万部超で人気が高い。

テレンス・コンラン
Terence Conran
イギリスのインテリアデザイナー。ライフスタイルショップをはじめ、ミシュランハウスを改装した「ビバンダム」など、

世界各地にレストランやカフェを展開。

トーマス・ケラー
Thomas Keller
アメリカのシェフ。1997年「ニューヨーク・タイムズ」紙で、「アメリカで最もワクワクするレストラン」と評され、レシピ集『フレンチ・ランドリー・クックブック』など出版。

ドミニク・ル・スタンク
Dominique Le Stanc
フランスのシェフ。「アラン・シャペル」「アルページュ」「ルカ・カルトン」などの有名レストランで修業を積む。その後、「ラ・メランダ」を開く。

ナイジェラ・ローソン
Nigella Lawson
イギリスの料理研究家。海外で人気があるのみならず、イギリスの料理番組『ナイジェラの気軽にクッキング』は、日本でも放送された。

ナイジェル・スレイター
Nigel Slater
イギリスのフードライター、ブロードキャスター。雑誌『マリ・クレール』の執筆や、BBCの料理番組『ナイジェルのシンプルクッキング』などにも出演する。料理本など著書多数。

ナディア・サンティーニ
Nadia Santini
イタリアのシェフ。1996年にイタリア人女性シェフとして初めて、ミシュラン3つ星を獲得する。ダル・ペスカトーレは、夫や息子とともに家族経営。

ノーマン・ダグラス
Norman Douglas (1868-1952)
イギリスの作家、エッセイスト。外交官退職後、地中海の孤島の生活を描いた小説『南の風』で名声を得る。小説のほか、『古いカラブリア』などの旅行記も。

ハインリヒ・ハイネ
Heinrich Heine (1797-1856)
ドイツの作家、ジャーナリスト。『旅の絵』『歌の本』『流刑の神々・精霊物語』など、旅の体験をもとにした紀行や文学評論などを執筆。作曲家のショパンやリストのほか、マルクスとも親交があった。

パトリシア・マイケルソン
Patricia Michelson

ロンドンを拠点とするチーズ、高級食材、カフェを備える
ショップ、ラ・フロマジェリーのオーナー。厳選したアル
チザンチーズを取り扱う店として定評がある。

ハロルド・マギー
Harold McGee

アメリカのフードライター、食品科学研究者。調理科
学・食品科学について解説した著書『マギーキッチンサ
イエンスOn Food and Cooking』は有名。

ハンナ・グラッセ
Hannah Glasse (1708-1770)

イギリスのフードライター。ベストセラーとなった著書『The
Art of Cookery Made Plain and Easy』は、イギリ
スの料理本として初めてカレーが登場したことでも知られ
ている。

ピエール・ガニェール
Pierre Gagnaire

フランス・パリ8区にあるレストラン、ピエール・ガニェー
ルのオーナーシェフ。ミシュラン3つ星のシェフとして世界
中に知られ、東京にも出店。

ヒュー・ファーンリー・ウィッティングストール
Hugh Fearnley-Whittingstall

イギリスのシェフ、タレント、フードライター。自給自足の
食生活をテーマにした料理番組「River Cottage」の
出演者として人気が高い。

ファニー・ファーマー
Fannie Farmer (1857-1915)

アメリカの料理研究家。料理における計量システムを確
立した女性として知られ、自身が勤めていた料理スクー
ルのテキスト『ボストン・クッキングスクール・クックブック』
を出版、ベストセラーとなる。

ブリア・サヴァラン
Brillat Savarin (1755-1826)

フランスの政治家・法律家。食事にまつわる事柄を哲
学的に考察した随筆集『美味礼讃』を著すなど、美食
家としても有名である。

F.W.バービッジ
Frederick William Thomas Burbidge
(1847-1905)

イギリスの園芸家、探検家。世界中の珍しい植物を集
めて販売する園芸業者のために、プラントハンターとし
て、主に東南アジアの植物を収集した。

ヘストン・ブルーメンソール
Heston Blumenthal

イギリスのシェフ。モラキュラー料理（分子ガストロノミー）
の第一人者のひとりで、「キッチンの錬金術師」とも呼
ばれ、3つ星レストラン「ザ・ファット・ダック」を経営。

ペッレグリーノ・アルトゥージ
Pellegrino Artusi (1820-1911)

イタリアの作家、美食家。イタリア料理の父として知ら
れる。イタリア各地を旅して集めた料理の手引きとレシピ
集『食の科学と正しい食の技法』は、イタリア家庭料
理の参考書として、今なお愛されている。

ヘンリック・イプセン
Henrik Ibsen (1828-1906)

ノルウェーの劇作家、詩人、舞台監督。「近代演劇の
父」といわれ、『ペール・ギュント』『ブラン』『人形の
家』などの作品は、世界各地で上演されている。

ポール・ルブー
Paul Reboux (1877-1963)

フランスの小説家。南ヨーロッパを舞台とした小説を多く
発表し、反軍国主義をテーマとした『旗』や黒人小説
『ロミュリュス・コクー』などが有名。

マーク・トウェイン
Mark Twain (1835-1910)

アメリカの作家。19世紀後半のアメリカ南部を舞台にし
た小説『トム・ソーヤーの冒険』『ハックルベリー・フィ
ンの冒険』などを執筆した。

マグロンヌ・トゥーサン・サマ
Maguelonne Toussaint-Samat

フランスの食文化研究者、作家、ジャーナリスト。ヨー
ロッパを中心に、古代から現代にいたる食文化について
の著書多数。邦訳に『世界食物百科』『お菓子の歴
史』など。

マリー＝アントワーヌ・カレーム
Marie-Antoine Carême (1784-1833)

フランスのシェフ、パティシエ。フランス料理の発展に大
きく貢献、「国王のシェフ」「シェフの帝王」と呼ばれ、
『19世紀のフランス料理術』なども執筆した。

M.F.K.フィッシャー
Mary Frances Kennedy Fisher (1908-1992)

アメリカのフードライター。著書は『フランス料理』『食
の美学』『ブルゴーニュの食卓から』『オイスターブック』

人物紹介

など多数。

マリオ・バターリ
Mario Batali

アメリカのシェフ。ニューヨーク・マンハッタンで「イタリアンの巨匠」と称され、バッボやデル・ポストのシェフを務める。

ミシェル・ブラス
Michel Bras

フランスのシェフ。数十種類におよぶ野菜やハーブなど用い、自然から料理を創作する料理人と称され、ミシュラン3つ星のオーベルジュ、ミシェル・ブラスを営む。

ミッシェル・ルー
Michel Roux

フランスのシェフ。ゴードン・ラムゼイやマルコ・ピエール・ホワイトなど世界的有名シェフが師事し、近代ヨーロッパの料理界に大きな影響を与えた。

リチャード・コリガン
Richard Corrigan

アイルランド人シェフ。ロンドンにあるリンゼイ・ハウスでは、伝統的なイギリス料理に、アイルランドのエッセンスを加えた「モダンブリティッシュ」が味わえる。

参考文献 Bibliography

Achatz, Grant. Alinea. Ten Speed Press, 2008.

Acton, Eliza. Modern Cookery for Private Families. Longman, Brown, Green & Longmans, 1845.

Allen, Darina. Darina Allen's Ballymaloe Cookery Course. Kyle Cathie, 2001.

Allen, Gary. The Herbalist in the Kitchen. University of Illinois, 2007.

Amis, Kingsley. Everyday Drinking. Bloomsbury, 2008. (『エヴリデイ・ドリンキング』講談社、1985年）

Ansel, David. The Soup Peddler's Slow and Difficult Soups: Recipes and Reveries. Ten Speed Press, 2005.

Apicius. Cookery and Dining in Imperial Rome. Edited and translated by J. Dommers Vehling. Dover, 1977. (『古代ローマの調理ノート』小学館、1997年）

Arndt, Alice. Seasoning Savvy. Haworth Herbal Press, 1999.

Artusi, Pellegrino. The Art of Eating Well (1891). Translated by Kyle M. Phillips III. Random House, 1996.

Audot, Louis Eustache. French Domestic Cookery. Harper & Brothers, 1846.

Baljekar, Mridula. Real Fast Indian Food. Metro, 2000.

Baker, Nicholson. The Size of Thoughts.

Bayless, Rick. Rick Bayless's Mexican Kitchen. Scribner, 1996.

Beard, James. Theory & Practice of Good Cooking. Knopf, 1977.

Beeton, Isabella. Mrs Beeton's Book of Household Management. S. O. Beeton, 1861.

Beranbaum, Rose. Rose's Heavenly Cakes. Wiley, 2009.

Bittman, Mark. How to Cook Everything Vegetarian. Wiley, 2007.

Blake, William. The Sick Rose.

Blumenthal, Heston. The Big Fat Duck Cookbook. Bloomsbury, 2008.

Brillat-Savarin, J. A., & Simpson, L. Francis. The Handbook of Dining. Longman, Brown, Green, Longmans & Roberts, 1859.

Bunyard, Edward A. The Anatomy of Dessert. Dulau & Co., 1929.

Burbidge, F. W. The Gardens of the Sun. John Murray, 1880.

Burnett, John. Plenty and Want: A Social History of Food in England from 1815 to the Present Day. Nelson, 1966.

Byrne, Aiden. Made in Great Britain. New Holland, 2008.

Campion, Charles. Fifty Recipes to Stake Your Life On. Timewell Press, 2004.

Cannas, Pulina & Francesconi. Dairy Goats Feeding & Nutrition. CABI, 2008.

Carême, Marie-Antoine. L'Art de la Cuisine. 1833.

Carluccio, Antonio. The Complete Mushroom Book. Quadrille, 2003.

Carmellini, Andrew, & Hyman, Gwen. Urban Italian. Bloomsbury, 2008.

Castelvetro, Giacomo. The Fruit, Herbs and Vegetables of Italy (1614). Translated by Gillian Riley. Viking, 1989.

Chartier, François. Papilles et Molécules. La Presse, 2009.

Chiba, Machiko. Japanese Dishes for Wine Lovers. Kodansha International, 2005.

Christian, Glynn. How to Cook Without Recipes. Portico, 2008.

Clark, Sam & Sam. The Moro Cookbook. Ebury, 2001.

Clifford, Sue, & King, Angela. The Apple Source Book: Particular Uses for Diverse Apples. Hodder & Stoughton, 2007.

Coates, Peter. Salmon. Reaktion, 2006.

Cook's Illustrated (www.cooksillustrated.com).

Corrigan, Richard. The Clatter of Forks and Spoons. Fourth Estate, 2008.

Cunningham, Marion. The Breakfast Book. Knopf, 1987.

David, Elizabeth. A Book of Mediterranean Food. Lehmann, 1950.

David, Elizabeth. An Omelette and a Glass of Wine. Penguin, 1986.

David, Elizabeth. French Provincial Cooking. Michael Joseph, 1960.

David, Elizabeth. Italian Food. Macdonald, 1954.

David, Elizabeth. Spices, Salt and Aromatics in the English Kitchen. Penguin, 1970.

Davidson, Alan & Jane. Dumas on Food. Folio Society, 1978.

Davidson, Alan. Mediterranean Seafood. Penguin, 1972.

Davidson, Alan. North Atlantic Seafood. Macmillan, 1979.

Davidson, Alan. The Oxford Companion to Food. OUP, 1999.

de Rovira Sr, Dolf. Dictionary of Flavors. Wiley Blackwell, 2008.

del Conte, Anna. The Classic Food of Northern Italy. Pavilion, 1995.

Dolby, Richard. The Cook's Dictionary and Housekeeper's Directory. H. Colburn & R. Bentley, 1830.

Dolby, Richard. Truffles with Champagne.

Douglas, Norman. Venus in the Kitchen. Heinemann, 1952.（『台所のヴィーナス――愛の女神の料理読本』鳥影社、2007年）

Douglas, Norman. Love's Cookery Book.

Dumas, Alexandre. See Davidson, Alan & Jane.

Dunlop, Fuchsia. Shark's Fin and Sichuan Pepper. Ebury, 2008.

Esquire Handbook for Hosts. Edited by P. Howarth. Thorsons, 1999.

Eustache audot, Louis. French Domestic Cookery.

Farley, John. The London Art of Cookery. Fielding, 1783.

Fearnley-Whittingstall, Hugh. River Cottage Every Day. Bloomsbury, 2009.

Fearnley-Whittingstall, Hugh, & Fisher, Nick. The River Cottage Fish Book. Bloomsbury, 2007.

Fearnley-Whittingstall, Hugh. The River Cottage Meat Book. Hodder & Stoughton, 2004.

Field, Eugene. The Writings in Prose and Verse of Eugene Field. C. Scribner's Sons, 1896.

Fisher, M. F. K. Consider the Oyster. Duell, Sloan & Pearce, 1941.（『オイスターブック』平凡社、1997年）

Floyd, Keith. Floyd on Britain and Ireland. BBC, 1988.

Gaskell, Elizabeth. North and South.

Gill, A. A. The Ivy: The Restaurant and its Recipes. Hodder & Stoughton, 1997.

Gladwin, Peter. The City of London Cook Book. Accent, 2006.

Glass, Leonie. Fine Cheese. Duncan Petersen, 2005.

Glasse, Hannah. The Art of Cookery Made Plain and Easy. 1747.

Graham, Peter. Classic Cheese Cookery. Penguin, 1988.

Graves, Tomás. Bread and Oil: Majorcan Culture's Last Stand. Prospect, 2001.

Grigson, Jane. English Food. Macmillan, 1974. Grigson, Jane. Fish Cookery. Penguin, 1975.

Grigson, Jane. Jane Grigson's Fruit Book. Michael Joseph, 1982.

Grigson, Jane. Jane Grigson's Vegetable Book. Michael Joseph, 1978.（『西洋野菜料理百科――野菜の博物誌』河出書房新社、1995年）

Grigson, Sophie. Sophie Grigson's Herbs. BBC, 1999.

Harbutt, Juliet. Cheese: A Complete Guide to over 300 Cheeses of Distinction. Mitchell Beazley, 1999.

Hay, Donna. Flavours. Murdoch, 2000.

Hay, Donna. Marie Claire Cooking. Murdoch, 1997.

Henderson, Fergus, & Gellatly, Justin Piers. Beyond Nose to Tail. Bloomsbury, 2007.

Henderson, Fergus. Nose to Tail Eating. Macmillan, 1999.

Hieatt, Constance B., Hosington, Brenda, & Butler, Sharon. Pleyn Delit: Medieval Cookery for Modern Cooks. University of Toronto, 1996.

Hill, Tony. The Spice Lover's Guide to Herbs and Spices. Wiley, 2005.

Hirsch, Dr Alan. Scentsational Sex. Element, 1998.

Hollingworth, H. L., & Poffenberger, A. D. The Sense of Taste. Moffat Yard & Co., 1917.

Hom, Ken. A Taste of China. Pavilion, 1990.

Hooper, Edward James. Western Fruit Book. Moore, Wilstach, Keys & Co., 1857.

Hopkinson, Simon, & Bareham, Lindsey. Roast Chicken and Other Stories. Ebury, 1994.

Hopkinson, Simon, & Bareham, Lindsey. The Prawn Cocktail Years. Macmillan, 1997.

Ibsen,Henrik. Peer Gynt.

Jaffrey, Madhur. Madhur Jaffrey's Quick and Easy Indian Cookery. BBC, 1993.

Jaffrey, Madhur. Madhur Jaffrey's Ultimate Curry Bible. Ebury, 2003.

James, Kenneth. Escoffier: The King of Chefs. Continuum, 2002.

Johnson, Samuel. A Journey to the Western Islands of Scotland. J. Pope, 1775.（『スコットランド西方諸島の旅』中央大学出版部、2006年）

Kamp, David. The United States of Arugula. Broadway, 2006.

Kapoor, Sybil. Taste: A New Way to Cook. Mitchell Beazley, 2003.

Katzen, Mollie. Still Life with Menu Cookbook. Ten Speed Press, 1994.

Kaufelt, Rob, & Thorpe, Liz. The Murray's Cheese Handbook. Broadway, 2006.

Keller, Thomas. The French Laundry Cookbook. Workman, 1999.

Kennedy, Diana. Recipes from the Regional Cooks of Mexico. Harper & Row, 1978.

Kitchen, Leanne. Grower's Market: Cooking with Seasonal Produce. Murdoch, 2006.

Lanchester, John. The Debt to Pleasure. Picador, 1996.（『最後の晩餐の作り方』新潮社、2006年）

Lang, Jenifer Harvey. Tastings. Crown, 1986.

Larkcom, Joy. Oriental Vegetables. John Murray, 1991.

Lawson, Nigella. Forever Summer. Chatto & Windus, 2002.

Lawson, Nigella. How to be a Domestic Goddess. Chatto & Windus, 2000.

Lawson, Nigella. How to Eat. Chatto & Windus, 1998.

Levene, Peter. Aphrodisiacs. Blandford, 1985.

Lewis, Elisha Jarrett. The American Sportsman. Lippincott, Grambo & Co., 1855.

Leyel, Mrs C. F., & Hartley, Miss O. The Gentle Art of Cookery. Chatto & Windus, 1925.

Locatelli, Giorgio. Made in Italy. Fourth Estate, 2006.

Luard, Elisabeth. Truffles. Frances Lincoln, 2006.

Maarse, H. Volatile Compounds in Foods and Beverages. CRC Press, 1991.

Mabey, Richard. The Full English Cassoulet. Chatto & Windus, 2008.

Marinetti. The Futurist Cookbook (1932). Translated by Suzanne Brill. Trefoil, 1989.

Marsili, Ray. Sensory-Directed Flavor Analysis. CRC Press, 2006.

McGee, Harold. McGee on Food and Cooking. Hodder & Stoughton, 2004.

Michelson, Patricia. The Cheese Room. Michael Joseph, 2001.

Miller, Mark, with McLauchlan, Andrew. Flavored Breads. Ten Speed Press, 1996.

Miller, Mark. Coyote Café. Ten Speed Press, 2002.

Murdoch, Iris. The Sea, The Sea. (『海よ、海』集英社、1982年)

Ojakangas, Beatrice A. Scandinavian Feasts. University of Minnesota, 2001.

Oliver, Jamie. Jamie's Dinners. Michael Joseph, 2004.

Olney, Richard. The French Menu Cookbook. Collins, 1975.

Orwell,George. In Defence of English Cooking.

Parsons, Russ. How to Pick a Peach. Houghton Mifflin Harcourt, 2007.

Paston-Williams, Sara. The National Trust Book of Traditional Puddings. David & Charles, 1983.

Pern, Andrew. Black Pudding and Foie Gras. Face, 2008.

Perry, Neil. The Food I Love. Murdoch, 2005.

Phillips, Henry. History of Cultivated Vegetables. Henry Colburn & Co., 1822.

Plath, Sylvia. The Bell Jar. Heinemann, 1963. (『ベル・ジャー』河出書房新社、2004年)

Pomés, Leopold. Teoria i pràctica del pa amb tomàquet. Tusquets, 1985.

Puck, Wolfgang (www.wolfgangpuck.com).

Puck, Wolfgang. Wolfgang Puck's Modern French Cooking for the American Kitchen. Houghton Mifflin, 1981.

Purner, John F. The $100 Hamburger: A Guide to Pilots' Favorite Fly-in Restaurants. McGraw-Hill, 1998.

Raven, Sarah. Sarah Raven's Garden Cookbook. Bloomsbury, 2007.

Reboux, Paul. Book of New French Cooking. Translated by Elizabeth Lucas Thornton. Butterworth, 1927.

Renowden, Gareth. The Truffle Book. Limestone Hills, 2005.

Robuchon, Joel. The Complete Robuchon. Grub Street, 2008.

Roden, Claudia. A New Book of Middle Eastern Food. Penguin, 1985.

Roden, Claudia. The Book of Jewish Food. Viking, 1997.

Rodgers, Judy. The Zuni Café Cookbook. Norton, 2002.

Rose, Evelyn. The New Complete International Jewish Cookbook. Robson, 2004.

Rosengarten, David. Taste. Random House, 1998.

Round, Jeremy. The Independent Cook. Barrie & Jenkins, 1988.

Roux, Michel. Eggs. Quadrille, 2005.

Saint-Ange, Madame E. La Bonne Cuisine de Madame E. Saint-Ange. Translated by Paul Aratow. Ten Speed Press, 2005.

Saulnier, Louis. Le Répertoire de La Cuisine. Barron's Educational Series, 1914.

Saveur Editors. Saveur Cooks Authentic Italian. Chronicle, 2008.

Schehr, Lawrence R., & Weiss, Allen S. French Food: on the table, on the page, and in French Culture. Routledge, 2001.

Scott Key Fitzgerald, Francis. Tender is the Night. (『夜はやさし』作品社、2014年)

Slater, Nigel. Real Fast Food. Michael Joseph, 1992.

Smith, Delia (www.deliaonline.com).

Smith, Delia. Delia's How to Cook Book One. BBC, 1998.

Smith, Delia. Delia Smith's Complete Cookery Course. BBC, 1982.

Smith, Delia. Delia Smith's Summer Collection. BBC, 1993.

Smith, Delia. Delia Smith's Winter Collection. BBC, 1995.

Tan, Christopher. Slurp: Soups to Lap Up and Love. Marshall Cavendish, 2007.

Thackeray,William. Great and Little Dinners.

Thompson, David. Thai Food. Pavilion, 2002.

Toussaint-Samat, Maguelonne. A History of Food. Blackwell, 1992.

Uhlemann, Karl. Uhlemann's Chef's Companion. Eyre & Spottiswoode, 1953.

Vetri, Marc, & Joachim, David. Il Viaggio di Vetri: A Culinary Journey. Ten Speed Press, 2008.

Waltuck, David, & Friedman, Andrew. Chanterelle: The Story and Recipes of a Restaurant Classic. Taunton, 2008.

Weinzweig, Ari. Zingerman's Guide to Good Eating. Houghton Mifflin Harcourt, 2003.

Weiss, E. A. Spice Crops. CABI, 2002.

Wells, Patricia. Bistro Cooking. Kyle Cathie, 1989.

Wells, Patricia. Patricia Wells at Home in Provence.

Scribner, 1996.

White, Florence. Good Things in England. Jonathan Cape, 1932.

Willan, Anne. Reader's Digest Complete Guide to Cookery. Dorling Kindersley, 1989.

Wolfert, Paula. The Slow Mediterranean Kitchen. Wiley, 2003.

Wright, John. Flavor Creation. Allured, 2004.

Wright, John. Mushrooms: River Cottage Handbook No.1. Bloomsbury, 2007.

Wybauw, Jean-Pierre. Fine Chocolates: Great Experience. Lannoo, 2006.

Zieglar, Herta. Flavourings: Production, composition, applications. Wiley-VCH, 2007.

Zola,Émile.Nana （『ナナ』新潮社、2006年）

その他

Buttery, Ron G.; Takeoka, Gary R.; Naim, Michael; Rabinowich, Haim; & Nam, Youngla. Analysis of Furaneol in Tomato Using Dynamic Headspace Sampling with Sodium Sulfate. J. Agric. Food Chem., 2001, 49 (9) pp.4349-51.

Claps, S.; Sepe, L.; Morone, G.; & Fedele, V. Differenziazione sensoriale del latte e della caciotta caprina in rapporto al contenuto d'erba della razione. In: Proceedings of I formaggi d'alpeggio e loro tracciabilità. Agenzia Lucana per lo Sviluppo- Associazione Nazionale Formaggi Sotto il Cielo, 2001, pp.191-9.

Kurobayashi, Yoshiko; Katsumi, Yuko; Fujita, Akira; Morimitsu; Yasujiro; & Kubota, Kikue. Flavor Enhancement of Chicken Broth from Boiled Celery Constituents. J. Agric. Food. Chem., 2008, 56 (2) pp.512-16.

Simons, Christopher T.; O'Mahony, Michael; & Carstens E. UC Davis. Taste Suppression Following Lingual Capsaicin Pre-treatment in Humans. Chemical Senses, 2002, 27 (4) pp.353-365.

＊本文に書名が出てくる文献で、日本語版発行時に邦訳があることが確認されたものについては、書誌情報を記した。邦訳が複数ある場合は本書発行時点でもっとも広く読まれていると思われるものを記載した。

索引（レシピ） Recipe Index

あ

アーティチョークとグリンピースのシチュー	281
アーティチョークとグリンピースのパイ	280
アーティチョークとパンチェッタのグラタン	177
アーティチョークと豚肉のピクニックパイ	176
アーティチョークのパルメザン和え	86
アーモンドとブラックベリーのクランブル	344
アーモンドとブルーベリー入りホイップクリーム	344
アイヤードソース	332
青リンゴとホースラディッシュのサワークリーム和え	385
秋のパンツァネッラ	165
アスパラガスのアーモンド和え	340
アスパラガスのピーナッツドレッシング和え	182
アニスとアーモンドのビスケット	251
アニスシードのトッピング	257
アバスコン・モルシージャ	51
アフェリア	494
アブゴレモノスープ	190
アホブランコ	152
アボカドとイチゴのヴィネグレット	370
アボカドとチポトレ唐辛子のスープ	278
アボカドとマンゴーとカニの和えもの	279
アルゴビスープ	170
アルメニアのクミンとアンズスープ	111
アンズとラズベリーのタルト	481
アンチョビのせ焼きトマト	224
アンチョビのソースとブロッコリーのパスタ	226

い

イタリア・ピエモンテ州のローストパプリカ	367
イチゴジャムとシナモンのホットサンド	371
イチゴとアマレットのソース	370
イチジクとオレンジのバー	485
インジジャムン	439

う

ウォルドーフサラダ	132

え

エッグノッグのタルト	188
エビをのせたグリンピースのピューレ	194
エビをのせた豆のタイム煮こみ	464
エライチゴシュト	448

お

オードゥーブチーズ	79
オイスターローフ	310
お好み焼き	185
オレンジとアーモンドのケーキ	417

か

牡蠣採りビリーの牡蠣とセロリ	208
カシスとアーモンドのケーキ	474
カシスのシャーベットとパスティスのアイスクリーム	475
ガジナ・エン・ペピトリア	342
カスタニャッチョ	328
ガドガドのドレッシング	26
カリフラワーとクルミとデーツのサラダ	169
カリフラワーのケッパー風味	169
カルダモン・クレーム・パティシエールのアンズタルト	445
カルダモンとシナモンのホットドリンク	446
カルダモンとマンゴーのラッシー	448
カルドベルデ	122

き

きのこと栗のスープ	102
キャロットラペ	320
キュウリとニンジンのピクルス	260
ギリシャ風ロースト仔羊肉のトマトオルゾ添え	369
緊急時のケーキ	335

く

クール・ア・ラ・クレームのイチジク添え	94
果物のシチュー	384
クミンとレモンのダール	115
クミン風味カリフラワーのロースト	112
クラムカジノ	231
グリンピースのフリッター、タラゴンソース添え	281
クルートバロン	106
クルミとセロリのスープ	330
クルミとパセリのソース	333
クルミとバナナのカルパッチョ	332
クルワイ・ブワット・チー	408
クローブ味の鶏肉とタマネギのサンドイッチ	148
黒キャベツのブルスケッタ	164
クンパオ・チキン	27

け

ケッパー、アンチョビ、レモン風味のバター	138
ケッパー入りバターソース	140

こ

コーヒーとオレンジの酒	21
コーヒー味のアイシングのかかったカルダモンケーキ	22
ココケマド	406
ココナッツ、チェリー、キャラメルのチョコレートバー	407
ココナッツカスタード・プディング	186

ゴマ入りエビトースト、キュウリのピクルス添え......258
コリアンダーシードとリンゴのアイスクリーム......495
コリアンダーシードにつけたオリーブ......244
コリアンダーリーフとにんにくのソフリト......273
コリアンダーリーフとココナッツのフラットブレッド......271
コリアンダーリーフとピーナッツの麺......274
コンテチーズとバナナ......92

さ

サーゴゴーシュト　たっぷりのコリアンダー添え......275
サーモンステーキ　サワークリームとディルのソースがけ......217
サーモンとキャビアのピザ......227
ザジキ......153
サバのルバーブソース添え......360
サフラン・インダクションケーキ......248
サフランバター......67
サワークリームときのことタラゴンのソース......100

し

シーザーサラダ......225
塩味アーモンド入りチョコレートスープ......12
塩コショウ風味のカリフラワーとチリソース......170
シトロレッネ・ラタフィア......495
シナモンとグレープフルーツのチーズケーキ......303
シナモンとイチジクのシロップ......302
シナモン風味のバナナブレッド......393
ジャガイモとコリアンダーリーフのスープ......272
ジャガイモとローズマリーのピッツァ・ビアンカ......128
ジャガイモのクミン炒め......113
シャク......306
シャルティバルシェ......117
シャンボールのフレンチマティーニ......482
シューファルシ（キャベツの肉づめ）......164
生姜とオレンジのケーキ......439
生姜入りトマトソース......442
生姜とチョコレートとアーモンドのフロランタン......441
白身魚のグリル......239
新米水夫のクラブケーキ......323

す

すいかのステーキ　ローズマリー風味......452
すいかのモヒート......470
スコッチエッグ......43
スターアニスのストック／ソース......253
スッファ（洋梨とシナモンの甘いクスクス）......389
ストロベリー・ロマノフ......417
スパイシーなバターナッツカボチャのケサディーヤ......323
スパゲッティ・アーリオ・オーリオ・エ・ペペロンチーノ......292
スパゲッティ・コルフィオーテ（コルフ風スパゲッティ）......313
スプリットピーとローズマリーのスープ......285

せ

セージとリンゴのダンプリング......459
セージとジュニパーベリーの鴨の詰め物......461
セロリアック・レムラード......321
セロリのタイ風サラダ......131

そ

ソーセージとブドウのソテー......357
ソーセージとトマトのラグー......43
ソーセージとブロッコリーのパスタソース......46
ソフトチーズとリンゴ......98

た

ダークチョコレートとカルダモンのタルト......13
ターメリックに漬けた魚のディル炒め......203
タイムのアイスクリーム......465
タクリア......494
タプナード......244
卵炒飯......185
タマネギとビーツのチャツネ......150
タマネギとアンチョビのビゴリ......146
タマネギとセージと豆のブルスケッタ......149
タマネギとタイムのクリームスープ......464
タラゴン風味の鶏肉料理......254
タラゴン風味の鶏の丸焼き......255
担々麺風、スパイシーな豚肉とピーナッツのラーメン......45

ち

チーズのためのフェンネルシード・クラッカー......78
チェリーとバニラのクラフティ......350
チミチュリソース......61
チョコレートとローズマリークリームの小さなポット......453

つ

冷たいパセリソース......267

て

ディルと豚肉のギョウザ......265
ディルとグリンピースのロシア風サラダ......264

と

唐辛子とベーコンのコーンブレッド......294
唐辛子を混ぜたジャガイモのパプリカ詰め......293
トマトとジャガイモのクリームスープ......125
トラウトのクレソンソース......134
鶏肉とパプリカ......37
鶏肉にかけるクレソンソース......136
鶏肉のココナッツミルクがけ......407
鶏肉のタイム焼き......35
トリュフとベーコン......160
ドレストクラブ......184

な

ナイトシャツを着た洋梨 386

に

ニヴェルネ風ニンジン 321
ニンジンとオレンジ風味のサラダ 318
にんにくとバジルの風味豊かなトマトソース 156
にんにくとローズマリーのパスタ 157

は

海南鶏飯（ハイナンチーファン） 442
パースニップとグリンピースのスープ 315
バーニャ・カウダ 225
バーベキュービーンズ 232
バイ・カパオ（タイの鶏肉のバジル炒め） 299
パイナップルとコリアンダーリーフの黒豆スープ 377
バインミー 260
バジル、ミント、ズッキーニのパスタ 300
パスタ・アマトリチャーナ 368
バターナッツカボチャ、豆、ローズマリーのシチュー 325
バッファロー・チキンサラダ 84
バナーヌ・バロネット 393
バナナとカルダモンのライタ 447
バナナのオムレツ 189
パプリカと卵のサンド 287
パプリカ風味のフライドポテト 125
バラとチョコレートチップのアイスクリーム 489
バルシチ（ボルシチ） 118
ハンガリー風チェリースープ 305
パンチェッタとセージのリゾット 458

ひ

ビーツと山羊のチーズのリゾット 119
ピーナッツとニンジンのサラダ 28
ピーナッツバターとジャム・サンドイッチ・サンデー 357
ピカーダ 337
ビッグマックパイ 264

ふ

ファバダ 50
フィッツロヴィア風ベイクドチキン 304
フィリピンのアドボ 44
プーレ・ア・ラ・クラマール 283
フェタチーズとオリーブの和えもの 246
豚肉とアニスの蒸し煮 39
豚肉のクミンソース焼き 41
豚肉の生姜焼き 443
豚肉のソーセージに添える栗のピューレ 327
プティポワ・ア・ラ・フランセーズ 283
ブラックプディングとポロネギのパテ 49

ブラックプディングと仔羊肉のロースト 51
ブラッドオレンジで風味づけしたマルテーズソース 420
ブルーチーズとイチジクのストロー 82
ブルーチーズとセージのソース 83
ブルーベリーとバニラケーキ 491
プレ・オ・コンテ 36
ブロッコリー、パンチェッタ、松の実、
　　サンドライトマトのリングイネ 174
ブロッコリーとにんにくの焼きそば 173

へ

ヘーゼルナッツとイチジクのタルト 336
ヘーゼルナッツとローズマリーのクスクス 339
ヘーゼルナッツ・メレンゲルラードのイチゴ添え 373
ベーコンの脂のストック 205
ベイクウェルタルト 480
ペスト風味のスコーン（やわらかい山羊のチーズ用） 301

ほ

ホースラディッシュのソースとベーコンのオープンサンド 143
ポータベラの山羊のチーズ詰め 107
ポーチドエッグと揚げたセージをのせたヨーグルト 456
ホットトディー 433
ホワイトチョコレートとアーモンドのバーク 502

ま

マーマレードとチェダーチーズのタルト 421
マグロとたっぷりのにんにく 218
マグロのクミン焼き 112
マフェ 27
マヨネーズとケチャップとホットソース 276
マルテーズソース 417
マンゴーとココナッツのもち米ご飯 412
マンハッタン 348

み

ミニ・キャビア・チーズケーキ 212
ミルクチョコレートとナツメグのタルト 16
ミントとカシスのターンオーバー 468
ミントとにんにくのダールカレー 471
ミント風味のレモネード 472

も

モヒート 429
桃とブラックベリーのコブラー 403

や

焼き栗 238
焼きチョコレートバナナ 394
山羊のチーズとにんにくのピザ 75
山羊のチーズとラズベリーのフール 76

山羊のチーズとローズマリーのタルト 77
山羊のチーズのイチジク挟み焼き 487
ヤマウズラと洋梨の蒸し煮 38
ヤンソンさんの誘惑 223

ゆ
魚香茄子（ユイ・シャン・チェー・ヅー） 109

よ
洋梨とアーモンドクロワッサンのプディング 387
洋梨とクルミとブルーチーズのドレッシングのサラダ 388
羊肉のケッパーソースがけ 141

ら
ライムとシナモンのシャーベット 428
ラズベリービネガーとミントのドレッシング 483
ラタトゥイユ 154
ラブナ（ヨーグルトチーズ）のクルミと蜂蜜添え 96
仔羊肉（または仔牛肉か若鶏の肉）とグリンピースの
　シチュー 282
仔羊肉とアーモンドと米のスープ 64
仔羊肉とペルノ　プロヴァンス風 65
仔羊肉のレモン風味 436

り
リンカーンシャー・ポーチャー・ポット 91
リンゴとヘーゼルナッツのケーキ 385
リンゴソース 383
リンゴとブラックプディングのデザート 384
リンゴのオレンジソースがけ 380
リンゴのソムタム 414
リンゴのフリッター　バニラシュガーがけ 501

る
ルバーブとアーモンドのクラナカン 359
ルバーブと仔羊肉のホレシュ 362

れ
レイジー・プッタネスカ 245
レモンとコリアンダーリーフのクラストをまぶした魚 432
レモンとバジルのスパゲッティ 435

ろ
ローズマリーとアンズのマムール 450
ローズマリーとタマネギをトッピングしたファリナータ 453
ローズマリーのアイスクリーム 437
ローズマリー風味の魚のグリル 451
ロブスターロール 129

わ
ワイルドマッシュルーム・スープ 121

和風ナスの煮物　生姜風味 108

索引（一般用語）
General Index

あ

ア・ラ・フォレスティエール	106
ア・ラ・ムニエル	436
ア・ラ・ロッシーニ	161
アークティック・フラウンダー	203
アークティックロール	500
アーティザン・ドゥ・ショコラ	503
アーティチョークハート	175,177
アーティチョークボトム	178,280
アートショッパ	233
アーノルド・ベネット・オムレツ	229
アーブロース・スモーキー	229
アーモンドブリトル	355
アーモンドフレーク	12,65,344,389, 392,441,480
アーリオ・オーリオ・エ・ペペロンチーノ	291-292
アイヴィー	159,482
アイオリソース	152,157,291
アイスバーグレタス	234
アイスワイン	411
アイバンホー	344
アイリス・マードック	341
青エンドウ豆	285
青唐辛子	25,170,289-291,331,352,471
赤キャベツ	62,326,381
赤タマネギ	154,246,448
赤チコリ	235
赤レンズ豆	471
秋のケーキ	385
アクアビット	66,263
『悪魔を憐れむ歌』	274
アグリドゥルセ	293
アサフェティダ	155
アジアーゴチーズ	457
亜硝酸エステル	237
アステカ文明	499
アスパラガス・ピー	281
アップサイドダウンケーキ	378,388-389
アッフミカータ	235
アップルブランデー	80,98
アドボ	44
アナットー	248
アナナス・コモサス	379
アニェッロ・アッラ・ロマニョーラ	67
アニスシード	251,254,257,278,484
アネトール	251,256-257
アバッキオ	454
アヒ・レモン・ドロップ	295
アピキウス	155
アビドゥルセ	273
アビナオ	74

アヒルの肉	147
アフォガート	499
アブサン	251
アフターエイト	470-471
アペリティーボ	121
アマノのマダガスカル	19
アマレッティ	322,344-345
アマレット	340,343-344,348,359,370
アミガサタケ	32-33,100,106, 118,180-181
アミノ酸	200
アミューズブーシュ	318
アムチュール	411
アメディのチョコレート	17,74
アモック	406
アラック	233,251
アラン・サンドランス	197,213,498
アラン・デイヴィッドソン	190,192,206, 217,419
アラン・デュカス	135
アラン・ヒルシュ	325
アラン・ベネット	349
アリイン	152
アリゴ	89
アリコチーズ	74
アリシン	152
アリス・アーント	16
アリス・ウォータース	341
アリスタ・アル・フォルノ・コン・パターテ	454
アリネア	361,451
アリントンビビン	379
アルーマター	123
アルカロイド	423
アルジェリアン・コーヒーストア	21
アルデヒド	392
アルニカ	87
アルフォンソマンゴー	362
アルフリック	379
アルベキーナ・オリーブ	238
アルボンディガス	291
アレキサンドラ王妃	403
アレクサンドル・エティエンヌ・ショロン	363
アレクサンドル・デュマ	16,116,327,397
アレクサンドルI世	417
アレグラ・マクエヴディ	451
アロス・コン・ココ	406
アロマ・オ・ジェンデ・マーク・チーズ	98
アン・ウィラン	249
アン・オブ・クレーヴズ	451
あん肝	53
アンコウ	193,195,200,237,239
アンゴスチュラ・ビターズ	348,444
アンジェリカ	462
アンジュ	387
アンショアイアッド	224
アンズタケ	84,100-101,105,425
アンソニー・フリン	168
アンソニーズ	168

アンティクーチョ	25
アントニオ・カルルッチョ	101
アンドリュー・カルメリーニ	431
アンドリュー・バーン	51,444
アンドリュー・マクラウクラン	135
アントワンズ	209
アントン・チェーホフ	176
アンナ・デル・コンテ	396
アンフェタミン	429

い

イースター	67,179,266,454
イートンメス	372-373
イエコル・フィカトム	487
イエトオスト	73
イエロー・スプリットピー	365
イエローペッパー	256
イカ	170,185,443
イガイ	433
イカンビリス	405
イケア	445
イザベラ・ビートン	165,442
イザベラ種	356
イスタンブール・メイゼ	269
イスラム	343
インチオシアン酸メチル	138
イタリアンハニー	481
イニスボタン	436
イノシシ	160
イブリン・ローズ	109
今泉輝男	215
イマムバユルドゥ	366
イル・タルトゥーホ・ディ・ペスカトーレ	223
インサラータパンチェスカ	126
インスティンクト	277
インディア・ペールエール	84

う

ヴァーダパーウ	294
ヴァシュラン・グラッセ	21
ヴァシュラン・デュ・オードゥーブ	79
ヴァシュラン・モン・ドール	79,120
ヴァタパー	25,194
ヴァローナ	17-18,74
ヴィアローネナノ	284
ウィーピングタイガー	223,427
ヴィオレット・ドゥ・ボルドー	481
ヴィクトリアケーキ	419
ヴィクトリア女王	34,349
ヴィシーキャロット	321
ヴィテッロ・トンナート	56
ヴィネグレット	175,244,252,263, 333,370-371,434
ヴュー・ブローニュ	78
ウィリアムグラント＆サンズ	261
ウィリアムス種	387,389
ウィリアム・トンプソン	356
ウィルキン＆サンズ	480

519

ヴィン・デ・ノワ 329
ヴィンサント 355
ウー・ア・ラ・ネージュ 189
ウーヴァ・フラゴーラ 356
五香粉 302,323
ウーゾ 251
ヴェステルボッテン 263
ウェスト 492
ウエストコム 89
ウェストファリアン・ハム 237
ウエハース 445
ウエボス・コンパターテス 124
ウエボス・メキシカーノ 291
ウエボス・ランチェロス 187
ウェルチのグレープフルーツジュース 357
ヴェンキ 504
ウェンズリーデールチーズ 92
ヴェントレスカ 216
ウオヴォ・アル・プルガトーリオ 187
ヴォージュ・オ・ショコラ 17,245
ウォータービスケット 212
ウォーレン・ゲラティ 492
ウォルナット・ツリー・イン 367
ウコン 248,303,406,471
ウサギ 49,118,157,433
ウジェニー皇后 403
牛の脳 140
ウスターソース 132,222,225,441
ウズラ 32,37-38,43,100,183,185-186,209,233,356
ウッディーズ・レモン・ラグジュリー・レイヤー・ケーキ 504
ウナギ 40,195,214,227,229-230
ウフ・ジェシカ 181
馬に乗った悪魔 210
馬に乗った天使 210
ウルフギャング・パック 212,227
温州ミカン 416

え

エイ 140,200,336
エイダン・バーン 255
エヴァ・ガードナー 212
エギュベル修道院 397
エクタ・イエトオスト 73
エスカルゴ 433
エスカロップ 440
エスター・グリーンウッド 33
エストラゴール 251
エスプレット唐辛子 92,217
エチレン 278
エッグノッグ 16,188
エッグベネディクト 233
エド・ゲイン 382
エドモンド&エレン・デクソン夫妻 360
エドワード・ジェイムス・フーパー 376
エドワード・テリー 375
エドワード・バンヤード 326,351,484

エドワード・リアー 284
エビ 25-26,44,101,121,139,258,293,329,364,411
エボシガイ 121
エポワス 78
エミール・ゾラ 79
エメンタールチーズ 92,234
エライチゴシュト 448
エリザ・アクトン 200
エリザベス・ギャスケル 128
エリザベス・デイヴィッド 56,58,108,125,201,214-215,238,243,250,341,366,381,396,400,418,457,462,500
エリザベス・ルアード 159
エリック・リパート 486
エル・ブリ 168,270,352
エルヴィス・プレスリー 395
エルサレム・アーティチョーク 176
エルブ・ド・プロヴァンス 463
エルレイ 502
エレファントガーリック 152
塩化アンモニウム 256
『園芸家と田舎の技と味わいの雑誌』 282
エンチラーダ 73
エンドルフィン 293
エンパナダス・ピピアン 127

お

オイゲノール 227,232,298-309,365,393,443,498
オイスターソース 27,172-173,207-208
オイスターロックフェラー 209,252
雄牛のレバー 53
オーギュスト・エスコフィエ 176,349,403,483
オークレア大学 287
オーク材の樽 227,265,291
オーシャルバンティエ 383
オータムハニー 481
オーツ麦 48,485
オート・キュイジン 425
オードヴィー 75,202,387-388,433
オートミール 68,359,444
オオバコエンドロ 273
オールスパイスの実 299
オグデン 354
お好み焼き 184-185
オシェトラ・キャビア 211
オストレア・エデュリス 207
オックステール 58,193,314
オッソブーコ 269
オットレンギ 494
『オデュッセイア』 48
おひたし 134
オヒョウ 205
オムレツ 106,124,136,159,180,188-

189,229,249,254,268,299,399
オムレット・オ・トマト 187
親子丼 187
オランデーズソース 180,183,214,229,233,253,417
オリジナル・メイズ・オブ・オナーショップ 345
オルジャ 343
オルソ 75,174
オレガノ 25,60,244,246,369,436,465-466
オレキエッテ・パスタ 46
オレンジ・カンタロープメロン 240
オレンジタイム 463-464
オレンジの花 420,451
オレンジバルサムタイム 463
オレンジフラワー・ウォーター 21,303,389,420-421,451

か

カーウェルテセメック 219
ガーキン 61,89,258-259
ガージャルハルワー 319
ガーデンクレス 136
カーネーション 418
カーネル・サンダース 304
カーペットバッグ・ステーキ 208
海塩 35,61,121,186,214,465
カイエンヌペッパー 60,125,225,278,305,442,471,494
海藻 162,198,200,216,233
カイラン 172
カヴァイヨンメロン 396-397
カウサ 250
ガエタ 242
カカオ 12,15-17,74,335,337,485,499,502,504
カシア(桂皮) 302,304,340,427-428
ガジナ・エン・ペピトリア 342
カシューナッツ 28,33,326,451
ガジュツ 443
花椒 109,302
カスタード 16,79,188-189,312,361,378,400
カスタードアップル 378
カスタードタルト 16,79,361,500
カストラディーナ 66
カストリーズ・クレーム 26
ガスパチョ 352,364-365,424
カスレ 466
ガチョウ 32,34,166,183,240,244,261,327,457,487
カッテージ 94
ガドガド 26,127
カトリーナ・マーコフ 17
カトルエピス 164,308
ガナッシュ 18,109,254,434,486
カニ 101,121,175,184,192,195-200,225,279,424

カニみそ 184,192
カネロニ 97
カバナ 406
カフェ・タッセ 503
カフェオレ 503
カプサイシン 290,292-293
カブラレス 81-83
カプリル酸 72-73
カプロン酸エチル 91
カポナータ 16,366-367
カマン・カカディ 25
カマンベールチーズ 79,95,98,111,171,320
カムジャタン 42
ガムペースト 320
カメ 14,29,463
鴨 25,29,33,118,
　　150,183,186,213,318,327,386,418-
　　419,460-461
カモメの卵 183,186
カヤ 186
ガラ 380
カラスミ 240
カラブリーゼ 172,178
カラブルクラ 42
カラマタオリーブ 245-246
カラミンサ・ネペタ 106
ガランガル 58,203
カランツ 146
ガリ 438
ガリアーノ 251-252,255
ガリアメロン 240,397
カリオ 58
ガリシアーノ 252
ガリシアキャベツ 122
ガリソン・デクス 202
ガリッグ 254
カリフォルニアロール 215
カルーア 20
カルヴァドス 80
カルソッツ 157,289
カルチョーフィ・アッラ・グイダ 179
カルチョーフィ・アッラ・ロマーナ 178
ガルディエーヌ 243
カルディナル 475,483
カルド・デ・パパ 272
ガルトン・ブラッキストン 465
カルバクロール 465
カルパッチョ 60,170,332,432
ガルビン・アット・ウィンドウズ 112
カルボナード・デ・ブッフ 82
カルボン 266
ガルム 222-223
カレイ 195,200-201,205,458
カレー 25,33,37,58,64,104,111,192,
　　196-197,205,261,265,271,275,290,
　　303,314,376,405-406,409,427,447,
　　471-472
ガレス・リナウデン 158

カレン・スキンク 228
ガロファーノ 418
カワカマス 159
甘草 15,41,46,87,214-215,242-
　　243,251,256,298,392,435,475
カンタロープ 240,354,396-397
カントゥチーニ・ビスケット 355
カンネッリーニ豆 149,217,224,324-
　　325,394,456,464
ガンバス・アル・ピルピル 291
カンパリ 403,424
ガンボ 196,210

き
ギー 319
ギー・サヴォワ 176,318
キース・フロイド 141
キーマカレー 67
キーマナン 274
キーライム 426
キール 475,503
キーンズ 87,89
キウィ 396
キウィバーガー 189
キオッジャ種のビーツ 116
キクイモ 176
キクラゲ 103
キジ 32,183
キシュカ 48
ギシュル 23
キッシュロレーヌ 233
キッチンW8 105
キットカット 305,491
キッパー 229
ギドリー・パーク 282
キニーネ 423,462
キヌア 333
ギネス 474
貴腐ブドウ 411
キムチ 82,162,185,290
キャビア・カスピア 227
キャラウェイシード 62,78,185,319
キャラウェイタイム 464
キャラメル 14,17,73-74,86,92,98,168,
　　189,194,227,235,240,336,340,370,
　　385,406-407,426-428,485-486,
　　503
『キャリー・オン』 403
キャロット・ココナッツ・サニーサイドアップ 320
キャロルズ・レストラン 104
キャンティ 432
キャンドルナッツ 216
牛丼 59
キュウリウオ 215
ギョウザ 101,265-266
魚醤 44,222,375,405,426
ギリシャ風サラダ 74,246
キルシュ 348-350,393,403

キンカン 418
キングズリー・エイミス 461
金箔 57,501

く
グアイアコール 227
グアカモーレ 270-271,276,279
グァバ 413
クイーンズ・フェイヴァリット・ソーダ 482
グウェン・ハイマン 431
グーグークラスター 16
グージョン 259
グースベリー 355,359-360,476
クープ・ヴィーナス 403
クープ・ダンティニー 403
クーリビヤカ 101
クーリビヤック 101
クールブイヨン 203
クエン酸 272,360,409,431,490
グエン種のアボカド 277
クスクス 27,37,65-66,211,324,338-
　　339,367,389,431,472,494
『クックス・イラストレーテッド』 243,497
クッチーナビアンカ 168,204
『グッドフェローズ』 40
クネル 159,281,459,501
グミ 353,355,360,400
クメルウェック 62
クモガニ 120,196
グラーヴ産の白ワイン 210
クラウディア・ロデン 416
クラウンディル 263
グラサレマチーズ 76
グラタン・ドフィノワーズ 159
クラッカー 78-79,87,93,112,140,175,
　　460,484
グラッセチェリー 349
クラップショット 123
クラナカン 359
グラニースミス種のリンゴ 29,414
グラニータ 352
グラニュー糖 12,41,169,188-189,248,
　　251,336,344,350,373,396,413,429,
　　437,441,445,453,465,474-475,
　　480-481,492
グラバラックス 217
クラブサンドイッチ 205,232,234
グラブジャムン 397,439,488
クラフティ 350,389
クラブブリトルグル 101
クラブルイ・サラダ 184
クラマト 364
グラモーガンソーセージ 90
グラン・アケッツ 361,451
クラントロ 273
クランベリー 162,165,349,378,418-
　　419,454
グランマルニエ 416

グリアード・デ・マリネ 59
クリームシクル 498
クリームブリュレ 189,444
グリーン・アンド・ブラックス 88,502
グリーン・カルダモン 447
グリーン・グレープ 356
グリーンオリーブ 201,242-
　　245,286,403,431
グリオット 68
クリシュナ 446
グリシン 200
クリスチャン・ディオール 386
クリスト 237
クリストファー・タン 12
グリビッシュソース 139
クリミニマッシュルーム 101-102,107
グリュイエールチーズ 36,89-
　　90,105,155,171,196,204
グリン・クリスチャン 113
グルコシノレート 163
グルタミン酸 200,363
クルフィ 503
クルミオイル 96,102,135,137,298
クルミの酢漬け 57
グルメバーガー・キッチン 189
クレイゲート・ペアメイン 379
グレイリング 214,216
グレインマスタード 321
グレービーソース ... 42,44,56,130,159,308,
　　394,406,454
クレーム・アングレーズ 483
クレーム・ド・ノアゼット 335
クレーム・ド・マント 468
クレーム・パティシュエール 498
クレーム・フレッシュ ....
　　14,114,217,227,254,281
クレームキャラメル 168,189
グレナデンシロップ 362
クレピネット 284
クレフトフィーバ 263
クレマン・フォジエ 327
クレメンタイン 418
グレモラータ 269
クロウメモドキ 454
クロード・ボジ 466,499
クローネンブルグビール 234
クローブ・ドロップス 308
黒キャベツ 163-164
クロクルミ 330,333
グロスターシャー・オールド・スポット種 383
クロテッドクリーム 189,250,372
黒ブドウ 21,358
クロワッサン 20,82,380,387
クワイ 28
燻製ウナギ 444
燻製サーモン 96,135,139-
　　142,148,223,227-230,259
燻製サバ 142,229

燻製トラウト 135,142
燻製ニシン 227
燻製ハドック 228

け

ケアフィリーチーズ 90
ゲイラパイ 43
ゲヴュルツトラミネール種の白ワイン ... 112
ゲーリー・アレン 249
ケール 122,164,440
ケサディーヤ 73,323
ケジャリー 228-229,405
ケソ・アニェホ 73
ケソ・チワワ 73
ケソ・デ・カブラレス 83
ケソ・フレスコ 73
ケチャップ 16,36,60,120,125,142-143,
　　156,195,203,207,253,272,276,365,
　　368,494
ケチャップマニス 29,253,353
ケッパーベリー 138-139
ケッペ 151
ケトン2-ヘプタノン 81
ケネファ 342
ケバブ 66-
　　68,72,92,114,151,259,307,468
ゲフィルテ・フィッシュ 143
ゲラニオール 490
ケルティック・プロミスチーズ 78,80
ケン・ホム 153

こ

コアントロー 95,397,399,416
コイ 127
仔牛のレバー 53-54
高脂肪生クリーム 13,76,83,91,95,
　　178,256,267,284,380,387,393-394,
　　406,441,453,465,475,482,489
香辛料 ... 12,15-16,21,26,33-34,42,47,60,
　　64-66,81,92,108,111,131,148,158,
　　162,164,170,201,203,214,219,248,
　　259,270,284,293,302,310,342,362,
　　364,370,381,427-429,443,446,461,
　　484,488,493,498
コーシャーソルト 62
ゴーダチーズ 332
コーディアル 129,258,308,474
コーニッシュ・サフランケーキ 250
コーラ 302,426-428,443
コールスロー 82,169,259,319,381
ゴールデン・ジュビリー 349
ゴールデンデリシャス 380-381
コーンスターチ ... 305-306,437,445,490
コーンブレッド 205,294,394
コカコーラ 376
ゴシュタバ 448
ゴシュト・アル 128
コショウの実 40,44,140,217,443

コスレタス(ロメインレタス) 84,144
コチュ 290
コッカリーキ・スープ 35
コック・ダルジャン 356
骨髄 61,106,175,193
コテッジパイ 123,128,142
粉砂糖 20,22,76,95,251,303,338,370,
　　451,474,492,500
仔羊のレバー 53
ゴフィオ 75
子豚 40
コブミカン(カフィアライム) 409,426
コブラー 403-404
コミス 387
コミュナール 475
小麦ビール 84
米 26,48,64-
　　66,68,101,108,119,248,303,412,433,
　　446,458
米酢 44,63,109,203,231,259-260
コモンタイム 463
仔山羊肉 58
コラーゲン 378
コラヴォルペ・ニコラ 486
コリアンダーの根 58,270
コリン・マクフィー 407
コルカノン 122
ゴルゴンゾーラチーズ 81-83,106,286
ゴルゴンゾーラピカンテ 85
コルシカ・ブローチュ 94
コルニッション 89,139,258,261
コルマ 33
コルミノ・パティオ 197
コン・ペペロンチーノチーズ 90
コンキリエ 300
コンクガイ 198
コンコード 356-357,476
コンスタンティン・ブランクーシ 312
コンソルジオ 87
コンディトル&クック 390
コンテチーズ 36,92,336
コンビーフ 162,264

さ

ザ・キャンティーン 233
ザ・グリーク・ゴッズ 486
ザ・スター・イン 51,444
『ザ・ソプラノズ 哀愁のマフィア』 ... 129
ザ・ファッティ・クラブ 57,353
ザ・ファット・ダック 422
ザ・フレンチ・ランドリー 465
ザ・ローグ・クリーマリーチーズ 235
サーゴゴーシュト 274-275
サーディン 198,214,216-219
サーニー 74,436
サーフンターフ 193,282
サーモン ... 96,101,116,142,148,183,214-
　　217,227,229,239,282,360

サイモン・ホプキンソン............ 122,276,381
サイモン&ガーファンクル............ 384
サイラス・トディワラ............ 409
『サヴォアー』............ 277
サヴォイホテル............ 229
サウザンドアイランド・ドレッシング............ 184
ザカリ・ペラチオ............ 353
酢酸イソアミル............ 390
ザクロ............ 33,64,68,256,331,362
刺身............ 142,216,438
サツィヴィ............ 33
サッカリン............ 470
サッカレー............ 61
ザッハートルテ............ 399-400
ザッフェラーノ............ 160
サテ............ 25-26,29,293
サバ............ 101,214-219,222,226-227,267,360,451
ザバイヨーネクリーム............ 211
サビス............ 49
サビロイ............ 202
ザボン............ 413
サミュエル・ジョンソン............ 259
サム&サム・クラーク............ 50
サムファイア............ 196,214
サモサ............ 409
サヤインゲン............ 26,298,414,433
サヤエンドウの葉............ 256
サラ・パストン=ウィリアムズ............ 386
サラ・ベルナール............ 403
サラ・レイヴン............ 474
サラート............ 239
サラダ・フリゼ・オー・ラードン・エ・オーフ・ポシェ............ 233
サラダ・フレシェール............ 424
サラダ菜............ 283
サラトガ・クラブハウス............ 234
サラ・ベルナール............ 403
ザリガニ............ 116,196,263
ザルガイ............ 198
サルサ............ 73,112,205,219,259
サルサベルデ............ 267
サルスエラ............ 364
サルティンボッカ............ 62,458
サレール............ 87
ザワークラウト............ 46,162,195,228,461
サワークリーム............ 14,69,84,100-101,104,117,122,134,143,169,187,217,227,229,233,278-279,305,371,385,492
サワーチェリー............ 68,305,350
サワーピクルス............ 260
サン・マルスラン・チーズ............ 97
サン・メテオ・ホテル............ 20
サングイナッチョ............ 48-49
サングリータ............ 429
懺悔の火曜日............ 445
サンセール産白ワイン............ 181

サンダニエーレハム............ 237,239
サンチュ............ 63
サンドライトマト............ 173-174,245,289
サンバル............ 469
サンバル・ブラチャン............ 195
サンブーカ............ 243
サンマルコの日............ 284
サンマルツァーノD.O.P............. 363

し

シイタケ............ 101-102,104,158,231
シーバス............ 200,202-203,239,253
シーラ・ルーキンス............ 229
ジーラアルー............ 113
ジーン・ジョージズ............ 425
シェ・ジャン............ 425
シェ・ジョー............ 201
シェ・パニーズ・カフェ............ 457
シェイキングビーフ............ 427
シェイク・シャック............ 353
ジェイソン・アサートン............ 444
ジェイミー・オリヴァー............ 394
ジェイムス・ハーヴィー・ローガン............ 478
ジェイムズ・ビアード............ 234,482
ジェイン・グリグソン............ 181,195,353,375,386
ジェーロ・ディ・メロン............ 353
ジェナーロ・コンタルド............ 121
ジェニー・チョ・リー............ 413
ジェニファー・ガーナー............ 392
シェパーズパース・バッファローブルーチーズ............ 82
シェパーズパース............ 81
シェプ............ 265
シェヘラザード............ 490
シェリー............ 12,102,109,302
シェリービネガー............ 102,137,153,388,451
ジェレミー・ラウンド............ 356
ジェントルマンズ・レリッシュ............ 222
鹿肉............ 79,477
鹿のレバー............ 54
ジゴ............ 141
シザーハンズ............ 178
シシングハーストブルー............ 450
シタビラメ............ 101,195,200,204,419
七面鳥............ 32,34,37,57,64,131,163,234,260,327,336,458,463
シトラール............ 114,197,409,431,438
シトロネラール............ 409
シトロン............ 426
シナボン（シナモンロール）............ 304
シナミント............ 307
シナリン............ 175
シネオール............ 453
シビル・カプール............ 113,229
ジフ・ピーナッツバター............ 476
ジメチルスルフィド（DMS）.... 156,158,162
ジャイアントパフボール............ 103

ジャイナ教............ 155
ジャガイモ料理............ 113,126
シャクシュカ............ 187
ジャケットポテト............ 120
ジャコモ・カステルヴェートロ............ 175
ジャジュク............ 261
ジャッガリー............ 439
ジャック・プティオ............ 132
ジャックフルーツ............ 413
シャッフェン・バーガー............ 499
シャトーヌフパペワイン............ 240
ジャニファー・ハーヴェイ・ラング............ 84
ジャフアオレンジ............ 466
ジャフアケーキ............ 460
シャブリ............ 187,199
シャランテ............ 396
シャランテメロン............ 396
シャルキトリー............ 159
ジャルジーラ............ 427
シャルティバルシェ............ 117
シャルドネワイン............ 76,227,398,504
シャルバット............ 343
シャロンフルーツ............ 400
ジャン・ジオノ............ 341
ジャン・ジョルジュ・ヴォンゲリヒテン............ 444
シャンセル............ 218
シャンティクリーム............ 418,500
ジャン・ティンゲリー............ 34
シャントレル............ 180
ジャンドゥジャ............ 17
シャンパン............ 79,160,234,396,403,460
シャンブル・ドット............ 243
シャンボール............ 482
ジャンボン・クリュ............ 237
ジャンボンペルシェ............ 269
シュークルート・ガルニ............ 46,164,228,460
シュークルート・ドゥ・ラ・メール............ 195,228
重曹............ 294,485,500
ジュディ・ロジャース............ 240-241,481
シュトルーデル............ 256,380
シュナップス............ 402
シュペートレーゼ............ 85
シュマルツ............ 187
ジュリア・チャイルド............ 413
ジュリー・ロッソ............ 229
ジュリエット・ハーバット............ 436
シュリンプマッシュルーム............ 101
ジョイ・ラーコン............ 172
生姜焼き............ 443
紹興酒............ 27,253,265,323
樟脳（しょうのう）............ 438,446,456
醤油............ 26,28,44-45,59,63,108,134,148,168,172-173,182,185,188,195,231,253,259,261,265-266,299,323,427,429,438,442-443
ジョエル・ロブション............ 211,222,434
ジョージ・オーウェル............ 470

索引（一般用語）

ショートクラスト・ペストリー ....
　77,177,235,264,280
ジョールズ・アルシトール 209
ジョルジオ・ロカテッリ 102,126,331,363,
　392
ジョン・F・パーナー 88
ジョン・イヴリン 379
ジョン・ジェラルド 62
ジョン・トヴェイ 318
ジョン・バーネット 361
ジョン・ファーレイ 198
ジョン・ライト 103
シルヴィア・プラス 33
シルサラダ 116
ジレズー兄弟 425
白インゲン豆 49-50,248,437,456
シロオオハラタケ 100
白菜 162,290
ジン 255,286,460-462,474-475,482,
　493
ジンジャーエール 441,443-444
ジンジャービア 444,461
ジンジャーブレッド 23,342,438,440
ジンジャーブレッド・マン 440
ジンジャーミント 444
シンシン・ヂ・ガリーニャ 196
ジンファンデル 265
ジンフィズ 462

す
酢 25,33,40,42,44,57,69,116,139,
　143,207,222,258-261,266,338,
　353,365,442
スイートオニオン 147-148,270,378
スイートオレンジ 416,419,424
スイカズラ 397
『スイスファミリー・ロビンソン』 160
スウィートベルモット 348
スヴィキリ 143
ズートドロップ 256
ズーニー・カフェ 241,457,481
スーパークレーマ・ジャンドゥジャ 17
スエット 68,102,224,459
スエットプディング 234
スカイ・ギンジェル 396
スカイポイントチリ 290
スカンピ 195
スキャッチャータ 255,358
スクワッシュ 322-323,354,429
スコヴィル値 292,295
スコッチ・ボンネット・チリ 292
スコッチウッドコック 183
スコッチボンネット・ペッパー 41
スコット・フィッツジェラルド 394
スコルダリア 126,139,154
スコルツォネラ 315
寿司 142-143,215,438
スターアニス（八角） 166,231,251,

253,255-257,298,302,318,387
スタヴェッキオ 93
スッファ 389
スティーヴ・ジョンソン 454
スティルトンチーズ 57,74,81-
　82,84,137,357,382
スティンキング・ビショップチーズ ...78,80,112
ステーキ・オー・ロックフォール 82
ステーキ＆キドニー・プディング 208
ステーキフリット 123
ストック 27,35,37-
　39,42,49,57,59,66,88,105,118,129,
　131,134,136,141,149,153,159-160,
　170-171,204-205,246,253,266,268-
　269,272,280,283285,302,308,312,
　315,323,327,330,343,376-377,420,
　431,442,458,491
ストラヴェッキオ 93
ストリーキーベーコン 43,231
ストロガノフ 56,62,100
ストロベリーフラノン 364
スニッカーズ 17
スパータン 344
スパイスアイランド 450
スパゲッティ 58,141,157,291-
　292,313,435
スパゲッティ・カルボナーラ 233
スパゲッティ・ボロネーゼ ....
　60,62,224,233,312
スパゲッティ・ボンゴレ 196
スパニッシュオムレツ 124,249
スプリッツ・アル・ビター 403
スプリットピー 285,365,425
スプリンググリーン 440
スプルー 180
スペアミント 23,266,468,472,493
スペイン風オムレツ 124
スペック 239
スペンサー・バージ 57
スマッカーズ 476
スミレ 215,403,480,500
スモークリキッド 227
スモールエイジ（野生のセロリ） 129
スモモ 255,257
スルタナレーズン 335
スルフィド 104,152
スルホキシド 152
スルンデン 26

せ
聖金曜日 250
西洋ゴボウ 314-315
せいろ 440
セヴルーガ・キャビア 211
セージダービー 89
セッジャーノ 485
セビチェ 139,198,427-428
セミヨンワイン 403

セムラ 445
セモリナ粉 451
セラーノハム 217,237-238
セリ科の植物 318,321
セルブラソーセージ 160
セルフレイジング・フラワー ....
　22,271,439,459,485,492
セロリアック 129-
　130,132,159,186,202,240,320-
　321,402
セロリシード 42,129-130,185-186
セロリソルト 129,186
セントジョン・レストラン 61
全粒粉パン 96,139,144,330,357,382

そ
ソアーヴェ 146
『草上の昼食』 402
ソーヴィニヨン・ブラン 181
ソースショロン 363
ソーセージ 39,42-
　43,46,48,50,55,90,97,104-105,118,
　122,151,176-177,202,208,210,
　227,231,268,289,293,299,327,357,
　401,454,457,461,466,494
ソーセージ・マックマフィン 43
ソーダファウンテン 482
ソーテルヌワイン 336,358
ソール・ベロー 63
ソッカ 452
ソパ・デ・リマ 38
ソフィ・グリグソン 481
ソフリト 273
ソムタム 414,426
ソラ豆 50-51,114,266,281
ソルティドッグ 461
ソルトビーフ 130

た
ダアーティショー・ア・ラ・トリュフノワール 176
ターキッシュデライト 24,383,489-490
ダークスピリッツ 444
ターティー 123
ダーティマティーニ 460
タートル 14
ターナップ 166
ダービーチーズ 89
ターメリック（ウコン） ....
　115,170,203,219,229,248,265-266,
　275,303,406,471
ダール 111,114-115,271,302,412,471
ターンオーバー 468
ダイアナ・ケネディ 278
大根 143,231
ダイジェスティブ・ビスケット 303,392
大豆 60,253,426
ダイダイ 416,419,421-423,438
『タイタニック』 394

台所	35-36,40,72,155,282,396
タイニーチップ	480
耐熱皿	178,186,217,223,248,280,350,387
タイバジル	253,298-300
『タイム・アウト・ニューヨーク』	353
タイムハニー	466
タイユヴァン	217,465
『タクシードライバー』	382
ダグラス・ロドリゲス	454
タケリア	279
タコ	193,199
タコス・アル・パストル	378
タジン	64-66,111,307,328,362,419,421,431,435-436
ダニエル・ブールー	161,182
タバコ	14-15,22,208,248,308,350
タパス	264,291
タバスコ	210,267,276
タヒチ産バニラ	349
タヒニ	109
タブーレ	269
ダブルグロスターチーズ	171
タマキビガイ	121
卵焼き	183,188
タメルベリー	478
タラ	200-201,204,268,432
タラゴナ	289
タラゴン	65,69,73,76,87,100-101,103,180,193,251-256,280-284,298,314,361,363,463
タラゴンヒラタケ	100
タラトゥーリ	261
タラトールソース	332,337
タリアータ	135
タリアテッレ	102,229,396
タリアテッレ・オー・ピストゥ	92
ダリナ・アレン	470
ダル・ペスカトーレ	322
ダルストンディナー	127
タルタルソース	139-140,259
タルティフレット	120
タルトタタン	377,386,388-389
ダルマチア人	66
タレッジョチーズ	79
団子	118,162,439-440,448,459
タンジェリン	157,164,413,422
坦々麺	45
タンドリー・チキンレバー	53

ち

血	48-49,55,287,457
チーズケーキ	76,95,212,303,345,372,374,421,434,492
チーズバーガー	82,88
チェダーカリフラワー	171
チェダーチーズ	73,87-89,204,323,389,421
チェリー・ガルシア・アイスクリーム	349

チェリーエード	352
チェリークラフティ	350
チェリーズジュビリー	252,349
チェリモヤ	378
チェルケスチキン	33
チェロウ・ケバブ	67,72
チキン・コルドンブルー	36
チキンカチャトーレ	36
チキンキエフ	155
チキンティッカ・マサラ	36
チキンマレンゴ	196
チコリ	83,226,235,388,460
地中海風	139
チッピー	202
チップトリージャム	480
チナール	175
千葉真知子	168
チポトレ唐辛子	277-278
チポラータ	163,341
チモール	463,465,467
チャーカー・ラボン	203
チャービル	126,251,253-254
チャーリー・トロッター	314
チャールズ・キャンピオン	151
チャールズ・ディケンズ	207,249
チャールズ・ランフォーファー	14
チャイ	446
チャイブ	76,91,117,123,139,146,151,155,164,228,254,265
チャウダー	120,126,228,364,429,
チャツネ	25,47,51-52,104,150,206,210,271,294,382,399,434,472,487
チャナダール	115
チャバタ	165,287,335
チャパティ	67
チャプリネス	428
チャンドラー	344
チャンプ	48
チュイル	112
中華鍋	28,109,173,186
チョウザメ	211,227
チョッピーノ	364
チョリセロ	293
チョリソ	50,122,136,210,288
チリクラブ	195
チリコンカン	15-16,59-60,499
チリメンキャベツ	66,162,164
チレス・エン・ノガーダ	331
チンギアーレ・ビアンコ	454

つ

ツィメス	60
『ツイン・ピークス』	23
ツクリタケ	107
ツナメルト・サンドイッチ	204

て

ティアマリア	20
ティー・アンド・ケイクス	18
デイヴィッド・アンセル	111
デイヴィッド・ウィルソン	453
デイヴィッド・ウォルタック	181
デイヴィッド・カンプ	215
デイヴィッド・トンプソン	25,104,228
デイヴィッド・バーク	142
デイヴィッド・バイロン	377
デイヴィッド・リンチ	23
デイヴィッド・ローゼンガーテン	171,212,216,249
ディヴィニティーキャンディー	333
ディエゴ・リヴェラ	428
ディジョンマスタード	135,217,320,466
ティツィアーノ	237,356
ティッヘオコーチュー	41
ティリリハ	266
テイベリー	478
ティム・クッシュマン	352
デイム・ネリー・メルバ	483
ティラピア	203,205
ティラミス	20,392
ディルレリッシュ	264
デーツ	168-169,277,389,450
テキーラ	142,426-427,429
テストステロン	310
デセナール	270
テッド・ヒューズ	459
デニス・リアリー	233
デニッシュペストリー	304,445
デメル	399
デューク	344
デュカ	113
デュクセル	103
デリア・スミス	256,314,349,367,444,458,464-465
テリーズのチョコレートオレンジ	420
テルピノレン	315
デルモニコレストラン	14
テレンス・コンラン	18
天板	75,82,107,125,224,271,306,369,373,406,432,451,481,503

と

トゥイグレッツ	460
東京會舘	215
トウシキミ	256
東清鉄道	265
豆腐	26,29,148,227
糖蜜	15,64,232,440,485
ドゥルセ	293
ドゥルセ・デ・レチェ	332
トゥルヌド・ロッシーニ	60,161
ドースバラ	69
トード・スウェット	295
ドーバーソール	205

索引（一般用語）

トーマス・ケラー 23,211,465
ドール 378
ドクターブラウンのセルレイソーダ 130
トスカーナ風ロースト 42
トスカナブルー 450
ドッタート種のイチジク 485
ドナ・ヘイ 256,440
トニー・ヒル 303
トニックウォーター 423,460,462
トフィー 239,327,373,378,392,399-
　400,407
トブラローネ 12
トマス・グレイヴス 400
ドミニク・ル・スタンク 91
トム・エイケンス 202
トムコリンズ 462
トムヤムクン 101
ドモーリ 245
トラウト 134,214-216,227-
　230,239,253,349
トラファルガーF1 163
トランペットタケ 103,105
ドリアン 85
鶏肉のレバー 459
トリプトファン 293
トリプルクリームチーズ 372
トリメチルアミンオキシド（TMAO） 200
トルココーヒー 24
トルタ・デ・アルメンドロス・デ・サンティアゴ345
トルタ・デッラ・ノンナ 345
トルティーヤ.... 38,73,90,112,279,323,429
トルテッリ 322
トルテッリーニ 69
ドルドーニュ 466
ドルフ・ドゥ・ロヴィラ・スル 377
トレトーリ 216
トレビス 388
トロンクーダキャベツ 172
ドワイアンヌ・ドゥ・コミス 387
トンカツ 164
トンプソン＆モーガン 163
トンプソン種 356
ドンフロンテ 80

な
ナイジェラ・ローソン 28-29,94,349
ナイジェル・スレイター 18,217,380
ナイチンゲール 176
ナシレマッ 184,405
ナス料理 110
ナチョス 90
菜っ葉 162
ナツメ 137
ナディア・サンティーニ 322
ナポリタンアイスクリーム 372
ナポレオン 196
ナポレオン3世 262,403
生クリーム 12-13,16,48-

49,74,76,83,85,89,97-98,126,131,
135-136,150-151,168-169,188-189,
223,266,269,311,338,359,372,
380,387,402-403,416,437,464-
465,470,474,481-482,489,495
ナムプリック・オン 44
ナムプリック・カピ 195
ナリンギン 424
ナン 104
ナンドーズ 35
ナンプラー 58,60,136,194,203,205,223,
　272,289-290,353,414,426,429

に
ニース風サラダ 216
ニープ 123
ニール・ペリー 456
ニオイベニハツ 101
にぎり寿司 438
ニコール・ダイヴァー 394
ニコチン 22,329
ニコルソン・ベーカー 419
二酸化硫黄 399-400
西インド料理 463
ニシン 62,116,142,214,227
「偽カニ」 225
ニューイングランド風クラムチャウダー 463
ニューイングランドのロブスターロール ... 129
乳清 73,120,234,336
ニューヨーカー 132
ニョッキ 83,89,91,105,126,202,249,333
ニヨンス 242-243

ぬ
ヌーヴェル・キュイジーヌ 498
ヌートカトン 424
ヌガ・ドゥ・ポーヴル 485
ヌガー 333,485
ヌクチャム 203,426
ヌテラ 17

ね
ネクタリン 76,85,241,402-403
ネスレ 305,502
ネネット 243
ネピテッラ 106
ネロール 490

の
脳 140,175,286,336,424
野ウサギのシチュー 49
ノーマ 211
ノーマン・ダグラス 40
ノチーノ 329
ノチシャ 336,338,358
ノブ 135,158
ノラ 289,293
ノルマンドソース 101

ノンパレイユ・ケッパー 140

は
パ・アム・トゥマカット 157,366
パーキン 444
パーク 502-503
パークスウェルチーズ 86,90
パークロップ 228
バージ 151
バーズアイ 500
パーセ 465
バーチ 17
パープル・スプローティング 172
パープルブロッコリー 226
ハーベイ・ウォールバンガー 252
バーボン 348
パールオイスター・バー 129
パールシー料理 197
パイナップルセージ 377
ハイビスカス 499
バイヨンヌハム 240,320
ハインツのトマトケチャップ 125
ハインリヒ・ハイネ 375
パエリア 196,250,332,433
バガリポロ 266
バカリャウ 282
ハギス 67-68,123
バクラヴァ 488
パスタ・ジャンドゥジャ 17
バスティーラパイ 342
パスティシィオ 58
パスティス 251,257,343,475
パスティッチョ 58,313
パストラミ 130,162
バスマティ米 65,192,303,362
ハタ 200,420
バターペアー 387
バターミルク 117,389,481
パタタス・ブラバス 291
葉タマネギ 48
蜂蜜 41,60,64,72,76,82,84,96,193,
　236,248,256,303,324,329,333,343,
　359,380,386,392,400,433,436,440,
　448,455,474,481,485
パチャラン 255
バッカス 237
パッサータ 313
パッションフルーツ ... 277,361,413,420,504
バッタ 428
パッタイ 291
パット＆ハリー・オリビエリ 59
バッファロー・チキンウイング 84
バッファローウィング 131
ハッラー 187
パティオ13 268
バティストマンゴー 353
ハト 342
パトゥルジャンケバブ 68

パトゥルジャンビベル(ナス料理) 110
ハドック 206,227,229,268
パトフ 72
バトラー 193
パトリシア・マイケルソン 332
パトリシア・ウェルズ 20,218
パナカム 439
ハニーデューメロン 354,396-397
パニーノ 234,240
パニール 72
ハニカム 500
バニラ・アイスクリーム
     17,189,303,313,319,350,361-
     362,403,443,481,483,498-502
バニラ・エクストラクト 22,188,336,341
バニリン 348,497-498
葉ネギ .39,63,73,108,125,146,155,165,
     187,203,216,256,284,302,353,442
パネットーネ 486,498
バノフィーパイ 392
バノン 75
バノン・ア・ラ・フォイユ 75
パパイヤ 197,414
ババガナッシュ 109
ハバティチーズ 272
ハバナクラブ 430
ハバネロ 292,295,420
バビーズ 236
パプリカ粉
     15,33,54,90,125,139,289,293,331
バブル・アンド・スクイーク 163
パブロヴァ 21,372,374
パボ 69
ハマグリ 192,195-196,232,364
ハム....36,97,118,160,162,166,213,228,
     231-234,237-241,269,377,402,422
ハム・ホック・ハッシュ 127
ハムステーキ 132,162,231,267,269
ハモン・イベリコ 234
ハモン・ハブーゴ 336,366
バラットのフルーツサラダ 482
ハラペーニョ 292,294,323
ハラペーニョジャックチーズ 90
バラモン文化 155
ハリーズバー 403
ハリー・チャンピオン 61
ハリエニシダ 408
ハリッサ 113,367
バルサミコ酢 . 44,82,109,242,312,363,
     396,461,486
バルフィ 405
ハルプトロッケンワイン 168
春巻 426,469
パルマハム 189,237,238-241,432
パルミジャーノ・レッジャーノ 86
ハルミチーズ 72,75,486
パルメザンチーズ 73,84,87,91,93,105,
     119,157,164,172-173,175,177,180,

196,225-226,280,284,292,300,322,
     325,331,435,451,458
ハロルド・マギー 34,123,143,200,211,
     237,240,257,267,270,397,495
バロワーズソース 69
パン・オ・ショコラ 335
パン・デ・イーゴ 484
パン・ハガティ 124
ハングタウンフライ 208
パンケーキ 18,48,155,338,434,452
ハンターズシチュー 36
パンチェッタ 62,67,160,173-
     174,177,235,281,368,458
パンツァネッラ 165,299
ハンナ・グラッセ 69,131,200,215,218
パンナコッタ 118,409,480,498,500
ハンバーガー .. 69,88,107,114,123,161,
     202,217,364
パン粉 . 43,53,60,90,103,106,159,169,
     175,177-178,194-195,201,203,
     209,215,222-224,232,269,271,
     284,301,304-305,324-325,344,357,
     404,432,434,450-451,461,485

ひ

ピーカン 14,329,349
ビーコン 324
ピーター・レーヴィン 181
ピーター・グラハム 82,389
ピーター・コーツ 216
ピーター・ゴードン 189,472
ピーターシャム・ナーサリーズ 396
ピーターズハニー 481
ピータン 440
ピーチメルバ 483
ピーナッツオイル 28,44-
     45,84,108,115,148,170,173,185,203,
     218,254,274,299,306,339,384,393,
     481
ピーナッツバター&カンパニー 30
ピーナッツバターカップ 17
ビーフ・オン・ウェックサンドイッチ 62
ビーフ・ブルギニヨン 62,460
ビーフウェリントン 63,103
ビーフタルタル 59,63
ビーフドーブ 243
ビーフペナン 57
ビーフルンダン 57
ビール....42,49,66,78,82,84,89,194,263,
     327,364,460,475
ビーンリーブルーチーズ 83
ピエール・マルコリーニ 504
ピエール・ガニェール 80
ピエチュラ 327
ヒエット 193
ピエロギ 104
ピカンテ 293
ピクルス

62,139,153,177,180,183,202,258-
     261,263-264,309,323,329,353,438,
     443,472,494
ビゴリ 146
ピザ........40,75,97,128,138,156,184,
     202,222,224,227,235,245,272-273,
     299,390,457,466
ピサラディエール 222,224
ピショリーヌ 242-243
ビス(メチルチオ)メタン 158
ビスコッティ 251,257
ピスタチオ 68,284,319,340,353
ピスタチオ・レンティスタス 452
ビステッカ・ア・ラ・フィオレンティーナ ... 432
ビストロモダン 161
ビターオレンジ 416,419,421,460
ビターレモン 423,431,462
ピッツァ・ビアンカ 128
ピットマストン・パイナップル 379
ひな鶏 244
ピニャコラーダ 252,377,408
ピノ・ノワール種 148,475
ビバンダム 122,276,367
ビフ・ア・ラ・リンドストロム 140
ピペラード 218,287
ヒマラヤスギ 303
ヒマワリ油 171,182,337,370-371
ピムス 261
ヒメジ 101,214-215
ピメントン 74-75,289,291,293
ヒュー・ファーンリー・ウィッティングストール ....
     166,183,192,204,229,349
ヒュー・モルガン 497
ヒューストンズ・トレイルズ・エンドカフェ 88
ヒュンカル・ベエンディ 68
ヒヨコ豆 65,113-
     114,288,294,324,332,452-453,472
ヒラタケ 100,207
ピラフ 50,66,68,322
ヒラメ 102,201,203
ヒラメのボンファム 103
ヒラリー・マンテル 345
ヒリノ・メ・セリノ 42
ぴりぴり 35
ビリヤニ 250
ピルビン酸 147
ピロシキ 104
ビワ 400
ピンクレディ 380
ビンタルサン 23
ヒンメル・オンド・イエタ 48

ふ

ファーガス・ヘンダーソン 54,57,186
ファーマーズ・マーケットカフェ 127
ファゴット 284
ファジーネーブル 402
ファジョーリ・アルウッチェレット 457

索引(一般用語)

527

ファッティグマン	445	フォックス・グレイシャー・フルーツキャンディー		フリーダ・カーロ	428

ファッティグマン　445
ファド　268
ファニー・ファーマー　268
ファリナータ　452-453
ファルーデ　490
ファルファッレ　300
フアン・アマドール　132
フィアース・ポテト　291
フィーノシェリー　343,346
フィールドピー　280,285
フィオーリ・ディ・シチリア　498
フィオナ・ベケット　418
フィジェットパイ　235
フィッシュ・アンド・チップス　202,216,233
フィッシュケーキ　135,202,228,259
フィッシュパイ　194,204,227
フィッシュフィンガー　60
フィッシュミント　218
フィノッキオーナ　40
ブイヤベース　53,121,201,204,249
ブイヨンの素　130,231
フィリップ・サール　255
フィリップ・ハワード　105
フィリッポ・マリネッティ　418
フィルベルトン　337
フィレ・ミニヨン　84
フィロ生地　76
フィンゼルブ　254
ブーケガルニ　160,165,418,463
ブーダン・ノワール　48,494
ブーリッド　154
フール　13,76
ブール・ドゥ・ノワゼット　336
ブール・ノワール　336
ブール・ノワゼット　336,338
ブールブラン　498
プーレ・ド・ランド　159
フェガト・アッラ・ヴェネツィアーナ　53
フェセンジャン　33
フェタチーズ　68-69,72,74-75,196,246,352,435,468,486
フェラフェル　113
フェラン・アドリア　270
フェルテ種　278
フェルナンデス・デ・オビエド　375
フェレロ・ロシェ　17,338
フェンスゲート・イン　57
フェンネル　39-40,42-43,46,51,78,87,112,118,214,218,244,249,251-258,418,454,462
フェンネルの花粉　256
フェンネルの球根　39,256,387,462
フォアグラ　48,51,53,60,63,159,161,176,178,193,255,444,487
フォー　274,302,427,468
フォーボー　223
フォーリコール　66
フォカッチャ　222,246,358

フォックス・グレイシャー・フルーツキャンディー　460
フォンダン　256,471
フォンティーナチーズ　89,389
ブカティーニ　313
フクシア・ダンロップ　66,148
フクロタケ　101
フジ　380
フジョー　75
豚肉料理　256,285,309,381,399
豚の耳　42,224
豚のレバー　53
フタリド　330
プッタネスカ　224,245
プッラ　445
プディングスパイス　443
ブナシメジ　103
ブラータチーズ　97
ブラートブルスト　342
フライズ・ターキッシュデライト　489
フライドポテト　34,120-121,123-125,127,195,202,208,216,268,291
ブラウニー　14-15
プラウマンズランチ　382
ブラウンクラブ　198
フラウンダー　200,203
ブラウントラウト　349
ブラウンマッシュルーム　102,107
フラオ　76
ブラザーティ・ディ・コーダ・ディブエ　58
プラチナ　331
ブラック・カルダモン　447
ブラック・フォレスト・ガトー　349
ブラックブリーム　239
ブラックラズベリー　478
ブラッディマリー　132,364,460
ブラッド・ピット　392,399
ブラッドオレンジ　147,416-417,420,422
フラットブレッド　69,135,271-272,454
プラムトマト　44,65,91,154,156,363,368
ブラムリー　380-381,383
プラリュ　15
フラワーフォレスト・デーリー　89
ブラン・ド・ブラン　398
フラン　181
ブランカフェバー　503
フランク・シナトラ　212
フランコ・タルシオ　367
フランジェリコ　335,338
フランジパーヌ　336
ブランシュ・ダンティニー　403
フランソワ・シャルティエ　467
フランソワ・ベンジ　213
フランベ　348
ブリア・サヴァラン（人名）　35,37,159
ブリア・サヴァラン（料理）　94,97,372
ブリー・ド・モー・チーズ　97
フリースナホルカーズチーズ　88

フリーダ・カーロ　428
ブリーチーズ　98,135,372,389
フリードリヒ・フォン・ホルシュタイン　183
ブリオッシュ　81,168,176,492
ブリック・チー・ファー　290
ブリック・ナンプラー　289
ブリッジロール　136
フリッター　38,103,219,281,394
フリッタータ　183
フリット　120,125
ブリトー　279
ブリヌイ　212,227,229
フリュイ・ド・メール　199
ブリュノワーズ　326
プリンスマッシュルーム　340
ブル・ド・テルミニヨン　81
ブルー・エレファント　57
ブルー・リース　370
フルーツケーキ　73,92,335
フルーツサラダ　295,345,348,377,398
ブルーテソース　170
ブルートヴルスト　48
フルール・デュ・マキ　466
プルーン　35,87,92,210,328,389,400,420
ブルガリアンローズ　261
ブルゴーニュワイン　127
プルコギ　63
ブルサンチーズ　97
ブルスケッタ　85,105,149,163-164,299,459
フルムダンベール　81,85
プレ・オ・エクルヴィス　
プレイス　200,458
プレザオラ　314,432
ブレス産の鶏肉　196
ブレッドソース　147,163
プレバーン種　380,382
プレモナタ　58
フレヤ　120
フレンチ・ランドリー　465
フレンチオニオンスープ　59,90
プロヴォローネチーズ　59
ブロートコーレンス醸造所　460
フローレンス・ホワイト　216
プロセッコ　179,356,403
ブロッコフラワー　172
ブロッコリーレイブ　93,172
ブロップ　166
プロメライン　378
プロン　207
プワゾン　386
フンザ産アンズ　400
プンシュ　233
文旦　424

へ

ベアトリス・オジャカンガス　223

ベアルネーズソース 65,180,253,363
米国嗅覚味覚療法研究財団 258,325
ベイビーベラ 107
ベイリーズ 460
ヘーゼルナッツ・メレンゲルラード 373
ヘーゼルナッツオイル 335,337-338,385
北京ダック 147
ペコリーノ・ジネープロ 461
ペコリーノ・ロマーノ 73,105,368
ペコリーノチーズ 90,106
ベサン粉 453
ベシャメルソース ...58,69,150,177,229,268
ベシュ・エイグロン 403
ベシュ・カルディナル・クリ・ドゥ・フランボワーズ
......483
ベスカードフリート 121
ベスト 92,105,273-274,298,300-
301,333,457
ベストリー ...43,58,60,63,77,102,177,189,
235,236,264,280,329,342,370,392,
445,450,480,482
ヘストン・ブルーメンソール 170,213-
214,244,338,363,373,422
ペッパーズ・アンド・エッグズ 287
ペッレグリーノ・アルトゥージ
117,238,280,357,457
ベドウィン 21
ペトロセリナム（パセリ） 268
ペドロヒメネス・シェリー 81,302-303
ペニシリウム・ロックフォルティ 81
ベニバナ 248
ペパークレス 136
ペパーミント 444,468,471-472
ベビーキャロット 468
ベビーホウレン草 278,324
ベラズー 242
ベリー 80,456
ベリーニ 356,403
ベリエ 268
ベリベリ 35
ベルーガ・キャビア 211
ベルギーエシャロット 26,38,44-45,58-
59,61,101-103,136,146,155,159,
164,175,180,208,227,253-254,360,
435,469
ベルシャード 269
ベルシャクルミ 330,333
ベルシャライム 426
ベルセベス（甲殻類） 121
ベルノ 65,193,243,255,318
ヘレン・レニー 454
ベロッチ 76
ベン＆ジェリーズ 349
ペンギンの卵 183
ベンズアルデヒド 340,348
ベンディックス 471
ヘンドリックスジン 261
ヘンリー・フィリップス 204

ヘンリー8世 345,451
ヘンリー・ジェイムズ 187
ヘンリック・イプセン 284

ほ
ボイセンベリー 478
ポー 330
ポークジャーキー 41
ホージントン 193
ポータベラマッシュルーム 107
ポートワイン 74,81-
82,132,357,396,460,474,492
ボーフォールチーズ 336
ポーラ・ウォルファート 360
ホーリー・バジル 228,298-299,308
ポール・A・ヤング 74
ポール・ヒースコート 17
ポール・ルブー 318
ポケ（生マグロ） 216
ポケロネス（アンチョビ） 222
ボジョレーワイン 341
ボスク種 387,389
ボストン・クーラー 443
ホタテ 48,101,105,135,140,158,162,
168,192-193,198,213,232,235,314,
411,425
ボッティチェッリ 237
ポッテッドシュリンプ 310
ポットヌードル 60
ホットポット 128
ホットワイン 419,484,493-494
ホップファーム 437
ポッロ・トンナート 56
ポティマロン 322
ポテトチップス 60,90,124-
125,127,234,242,441,470
ポテトドフィノワーズ 89
ポテトパンケーキ 48
ホテル・ザッハー 400
ポトフ 308
ボナ 499
ポパダム 472
ポフェンバーガー 37
ボラの肝 53
ボリジ 258,371
ホリングワース 37
ポルケッタ 454
ポルコ・ア・アレンテジャーナ 197
ポルシチ（バルシチ） 117-118,143
ポルチーニ 100-102,104-106,121,491
ボルドー 127,210,305,481
ポルペッテ 217
ホレシュ 132,362
ポレンタ 44,53,106
ボロネーゼ 60,62,224,233,312
ポロネギ 35,49,77,105-106,
118,125,141,151-152,155,157,234,
265,283,289,458

ホロホロチョウ 463
ポワール・ベルエレーヌ 18
ホワイトアスパラガス 180
ホワイトベイト 219
ポン・レヴェックチーズ 78,80

ま
マーク・ヴェトリ 491
マーク・トウェイン 163
マーク・ヒックス 419
マーク・ビットマン 91,361,452
マーク・ミラー 135,257
マーコナアーモンド 87
マーティン・ラーシュ 84
マーマレード 20,83,274,416,419,421-
422,426,428,439
マール 78-79
マールイ・モンターニャ 196
マイケル・ケイン 282
マイタイ 343
マイタケ 32
マイヤーレモン 423,434
マオンチーズ 400
マカダミア 349
マカロニチーズ 85,158,312
マカロン 399
マギリッツァ 266
マクドナルド 189,204,263
マクリルソーパ 217
マグロ 56,112,138,200,214-218
マグロンヌ・トゥーサン・サマ 161
真下一郎 215
マジパン 20,340,342,348,474
マシュティ・マローン 489
マシュマロフラフ 28
マスカットワイン 355
マスカルポーネ 303,501
マスコバド糖 439
マスタード 36,49,56-
57,59,62,90,116,139-140,142,162,
180,196,217,222,225,320,400,466
マスタードオイル 54,57
マスタードシード 25,409
マスタケ 32
マスティッククリーム 451
マダガスカル産バニラ 497
マダム・E.サン＝アンジュ 326
マッサマン・カレー 25,29
マッシュルーム 94,100,102,105-
107,127,159,170
マツタケ 57,451-452
松の実 32,48,63,92,173-
174,189,274,298,324,326,328,345,
349,435,451-452
マティーニ 243,272,286,460,482
マデイラソース 60
マデイラワイン 159,181,330
マテガイ 197

529

マドゥール・ジャフリー 448,471
マトウダイ 195,202-203
マドレーヌ 409,421,434
マドンナ・デッラ・サルーテ祭 66
マネ 402
マフィン 233,294,349,491,494
マフェ 27,29
マホレロチーズ 74
マムール 450,486
マムネム 375
マヤゴールド・チョコレート 88
マヤゴールド 120
マラスキーノ 348,403
マリア＝グラツィア・インヴェンタート 287
マリー＝アントワーヌ・カレーム 203,417
マリーローズソース 276
マリオ・バターリ 69,256
マリオン・カニンガム 491
マリスコス 120
マリブ 405
マルガリータ 426-427
マルコ 198
マルコ・ピエール・ホワイト 158,198
マルサラワイン 188
マルセラ・ハザン 56
「丸太の上のアリたち」 131
マルテーズソース 200,417,420
マルメロ 375,386,421
マレンヌ 207
マローファットピース 280,285
マロングラッセ 326-327
マンガロミルク50％ 15
マンゴージンジャー 443
マンゴーチャツネ 472
マンサニージャ・クラム 291
マンサニージャ・オリーブ 242
マンサニージャ・シェリー 76
饅頭 195
マンステールチーズ 111
マンダリン 157,270,416,419,425
マンチェゴチーズ 74,87,234,484
マンハッタン・クラムチャウダー 364

み

ミートボール 40,64-65,306,337
ミシェル・ブラス 371
ミシュミシーヤ 65
ミセス・ライエル 434
味噌 108
ミチェラーダ 364
『未知との遭遇』 233
ミッヴィ 498
ミックススパイス 113,404,443,493
ミッシェル・クリュイゼル 15
ミッシェル・ルー 96,483
ミツバチ 390
ミニョネットソース 208
ミューズリー 335,344,350

ミュスカデワイン 243
ミラノ風リゾット 249
ミリーンズ 74
ミリスチシン 312
ミリスティカ・フラグランス 310
ミルポワ 149

む

ムーア料理 36
木須肉（ムースーロー） 103
ムール・フリット 120
ムール貝 25,101,192-196,232
ムカゴニンジン 315
ムガル料理 36
ムサカ 58,68-69,312-313
ムデュラ・バルジェコ 54
ムラート 15

め

メアリー・コンティーニ 244
メイズ・オブ・オナー 345
メイムーン 421
メイラード反応 503
メース 131,203,284,310-311
メートル・ドテル・バター 436
メープルシロップ 18,30,320,329-330,338,359,389,418,448,485
メール・フィユー 159
メカジキ 214,218
芽キャベツ 162-163,165,211,233,326
メランザーネ・パルメジャーナ 366
メルカプタン 424
メレンゲ 21,189,372-373,386,498,501
麺 29,34,45,60,105,173,203,302,490
メントール 445,468,470,472

も

モーリー・カッツェン 187
モーレ 15,270-271,276,279,302,305,337
モカ 23
モスコミュール 444
モスタルダ 322
もち米 260,412
モッツァレッラ 94,97,108,128,178,242,277-279,299-300,356,364
モティ・マハル 104
モトレール 239-240
モモ肉 37,141,159,305-306,435,461
モモフク・ベーカリー 82
モリー 406
モルシバン 51
モルタデッラ 160,494
モルティーザーズ 59
モルネーソース 204
モレ・デ・カカワテ 293
モレスク 343
モレロチェリー 68,305,349
モワルーショコラ 465

モンゴメリー 87
モンテカルロ 272
モントレージャックチーズ 73,260
モンブラン 14
モンモランシーチェリー 68

や

山羊肉 27,29,58
屋台料理 353
ヤフニットザーラ 274
山芋 185
ヤマウズラ 32,38,233
ヤマシギ 53

ゆ

ユーカリ 13,285,401,405,426,445,450,453-454,456,461
ユーコンゴールド 128
ユージン・フィールド 382
『ユーレマンのシェフの手引書』 116
柚子 228
ユダヤ料理 60,187
ユッケ 63
『ゆでた牛肉とニンジン』 61

よ

洋梨酒 80
ヨーグルト 54,68,95-96,110,113,153,255,258,261,275,278,294,319,370,398,418,434,447-448,456,466,471,474,480

ら

ラ・カマルグ 243
ラ・キュイジーヌ・ドゥ・ジョエル・ロブション 501
ラ・サンブレス 460
ラ・メゾン・デュ・ショコラ 254
ラ・メレンダ 91
ラーダー 446
ラード 15,313
ラーブプラー 218
臘肉（ラーロウ） 231
ラー油 45
ライウィスキー 348
ライオルチーズ 89
ライギョ 203
ライスプディング 405
ライタ 261,447,472
ライ豆 49-50,433
ライムコーディアル 274,426
ライムバジル 429
ライムリーフ 58
ラウラ・エスキヴェル 36,331
ラウラム 33-34
ラウントリーズ 471
ラガービール 127,474

530

ラガヴーリン 233
ラク 251
ラグーソース 311
ラクサ・ハーブ 34
ラクサレマク 34
ラクトン 265,412
ラクリッツ 256
ラグレイン種の黒ブドウ 21
ラクレットチーズ 89
ラザニア 164,491
ラザニア・アルフォルノ 58
ラス・パーソンズ 258,457
ラス・ブラバス 291
ラス&ドーターズ 148
ラソイ・ヴィニート・バーティア 412
ラタフィア 495
ラッシー 114,389,412,447-448
ラッテ・サル 245
ラデュレ 399
ラビオリ 48,69,85,470
ラビトス・ロワイヤル 486
ラブスカウス 61,140
ラブナ 95-96
ラフロイグ 233,447
ラベッジ 129-130,193,330
ラベンダー 325,361,401,416,431,450,481,493,495
ラムシャンク 64
ラムババ 488
ラム酒 21,188,233,277,316,343,375,392,405,408,429-430,433,444
ランカシャーホットポット 128
ランカスター・レモンタルト 345
ラングスティーヌ 105,215
ラングルチーズ 79
ランチオニン 104
ラントゥ・ラーティッコ 166
ランデヴー 454
ランドクレス 136
ランバサード・オーベルニュ 89

り

リージ・エ・ビージ 284,431
リーシーズ 17
リースリング種 168,305,403,411
リーニー・キッチン 376
リヴァロチーズ 78-80
リエット 261
リオハワイン 291
リカール 475
リガトーニ 169,177
リグレイのダブルミント 151
リコリス・オールソーツ 256
リゾット 93,103,105-106,118-119,126,142,152,170-171,193,228,235,238,249,281,299,431,457-458,491
リチャード・オルニー 32,154,376

リチャード・コリガン 142,362
リチャード・ドルビー 160
リチャード・メイビー 102
リック・ベイレス 15,73,278,420
リッツホテル 136
リットン・スプリングス 265
リナロール 494
リモチェッロ 431
猟獣類 460,477
緑茶 361,476
リルト 376
リンカンシャー・ポーチャー 86,91
リングイネのボンゴレ 364
リンゴ酒 52,80,236,323,380,382,386,474,501
リンゴ酢 83,183
リンジー・バーハム 122,276
リンツァートルテ 482
リンデン(菩提樹) 409
リンブルガーチーズ 90

る

ル・ガヴローシュ 399
ル・シュクル 501
『ル・パリジャン』 469
ルイ 184
ルイ・ユスターシュ・オドー 117
ルイ14世 171
ルイユ 53
ルーケンカソーセージ 210
ルカデス 488
ルネ・レセッピ 211
ルビー・グレープフルーツ 424
ルブロションチーズ 120
ルラーデン 62
ルンダン 57
ルンペイエ・カチャン 26

れ

レ・ジュモー 425
レ・ムエット・ディアボア 217
レイ・マルシリ 56
レイモンド・カパルディ 41
レーズン 15,30,32,131,169,321,335,355,400,420,454
レオニー・グラス 87
レオポルド・ポメス 366
『レグロン』 403
レッド・フランネル・ハッシュ 61,140
レッドオニオン 57,83,90,126,138,147-148,324,352,412,494
レッドカラント 162,495
レッドスナッパー 205
レッドブラックベリー 478
レッドフレイン 143
レモネード 472,474
レモンキュウリ 258
レモングラス 44,58,101,194,197,409-410,435

レモンタイム 203,434,463
レモンの塩漬け 431,435-436
レモンバーベナ 468
レモンバーム 409
レモンマートル 409,431
レリッシュ 264,418
レンズ豆 111,143,233,285

ろ

ロウティサリー(回転式グリル) 34
ローイスト 277
ローヴ・デ・ガリグ 466
ローヴ種の山羊 466
ローガンベリー 478
ローグリバー・ブルー 81
肉夾饃(ロオジャーモー) 42
ローズ・リーヴィー・ベランバーム 504
ローズウォーター 36,343,375,421,450,486,488-490
ローストターキー 37
ローフード運動 277
ローランド・メスニエール 342
ローリエ 27,44,59,160,278,308,311,342,361,369,418,445,453,500
ロールモップス 62
ロココ 503
『ロサンゼルス・タイムズ』 258
ロシア風サラダ 264
ロスチャイルド 399
ロスティ 124,204
ロソリエ 116
ロックス 96,148
ロックセロリ 268
ロックフォールチーズ 81,83,236,358,425
ロバート・リード 37
ロバート・キャリアー 381
ロバート・バーンズ 359
ロブスカウス 62
ロブスター 121,129-130,135,158,175,183,192-193,195-198,213,232,310,318,322,364,424,498
ロブスター・テルミドール 196
ロホ 269
ロマネスコ 172
ロメスコソース 289
ロメリッホ 120-121
ロリポップキャンディー 353
ロン・G・バタリー 364

わ

ワイリー・デュフレーヌ 320
ワイルドライス 322
ワイルドリーキ 234
ワカメ 413
和牛 57
ワサビ 142-143,285,438

綿菓子	324,371,377,403
ワックスビーン	49-50
ワニ肉	193
ワルカベストリー	342
ワンタン	265

その他

1-オクテン-3-オン	100
2-ノナノン	81
2-メチル-3-フランチオール	56
3-sec-ブチル-2-メトキシピラジン	315
3-メトキシ-2-イソブチルピラジン	292
6-n-プロピルチオウラシル化合物	166
A.A.ギル	159
BLTサンド	367
d-リモネン	434
E.A.ウェイス	73
F.W.バービッジ	85
H.フォーマン&サン	116,229
KFC（ケンタッキーフライドチキン）	304
M.F.Kフィッシャー	208
M.ドゥシャ	331
O Ya	352
UHT牛乳	503
wd〜50	320

索引（組み合わせ）
Pairings Index

アーティチョーク 175-179
貝・甲殻類	175
牡蠣	175
グリンピース	280
ジャガイモ	176
トリュフ	176
ハードチーズ	86
豚肉	176
プロシュート	237
ベーコン	177
ミント	178
仔羊肉	178
レモン	179

アーモンド 340-346
アスパラガス	340
アニス	251
アンズ	341
イチゴ	370
イチジク	484
オイリーフィッシュ（脂分の多い魚）	341
オリーブ	242
オレンジ	416
貝・甲殻類	192
カシス	474
カリフラワー	168
カルダモン	445
コーヒー	20
ココナッツ	341
サフラン	248
シナモン	342
生姜	342
チェリー	348
チョコレート	12
唐辛子	289
鶏肉	342
にんにく	150
ハードチーズ	87
バターナッツカボチャ	322
バナナ	392
バラ	343
ブドウ	355
ブラックベリー	344
ブルーベリー	344
ヘーゼルナッツ	335
ホワイトチョコレート	502
メロン	345
桃	345
洋梨	387
ラズベリー	480
仔羊肉	64
リンゴ	380

ルバーブ	359
レモン	345
ローズマリー	346

アスパラガス 180-182
アーモンド	340
アニス	180
オイリーフィッシュ（脂分の多い魚）	214
オレンジ	417
貝・甲殻類	192
きのこ	180
グリンピース	281
白身魚	200
ジャガイモ	181
卵	183
トリュフ	181
ハードチーズ	87
ピーナッツ	181
プロシュート	237
ミント	182
レモン	431

アニス 251-257
アーモンド	251
アスパラガス	180
イチゴ	252
イチジク	484
ウォッシュチーズ	78
オイリーフィッシュ（脂分の多い魚）	214
オリーブ	242
オレンジ	252
貝・甲殻類	192
牡蠣	252
カシス	474
きのこ	100
キュウリ	258
牛肉	253
クルミ	329
グリンピース	281
ココナッツ	253
サフラン	249
シナモン	302
白身魚	253
スウェーデンカブ	166
卵	254
チョコレート	254
唐辛子	289
トマト	363
鶏肉	254
ニンジン	318
ハードチーズ	87
パースニップ	314
パイナップル	255
バジル	298
バナナ	392
バニラ	255
豚肉	39
ブドウ	255

ベーコン	231
ミント	256
メロン	396
山羊のチーズ	256
洋梨	387
仔羊肉	65
リンゴ	256
ルバーブ	257
レモン	257

アボカド 276-279
イチゴ	370
オイリーフィッシュ（脂分の多い魚）	215
貝・甲殻類	276
キュウリ	276
グレープフルーツ	424
コーヒー	277
コリアンダーリーフ	270
ソフトチーズ	277
チョコレート	277
ディル	263
唐辛子	277
トマト	278
鶏肉	32
ナツメグ	310
パイナップル	375
ブドウ	355
ブルーチーズ	81
ヘーゼルナッツ	278
ベーコン	278
マンゴー	278
ミント	279
ライム	279

アンズ 399-401
アーモンド	341
オレンジ	399
カルダモン	445
きのこ	100
クミン	111
シナモン	302
生姜	399
チョコレート	399
ハードチーズ	400
バニラ	400
バラ	400
豚肉	400
マンゴー	411
桃	401
山羊のチーズ	72
ラズベリー	481
仔羊肉	65
ローズマリー	450

アンチョビ 222-226
オリーブ	222
カリフラワー	222
牛肉	222

クレソン	223
ケッパー	138
ココナッツ	405
白身魚	200
ジャガイモ	223
セージ	223
ソフトチーズ	94
卵	183
タマネギ	146
唐辛子	289
トマト	224
にんにく	224
ハードチーズ	225
パイナップル	375
ビーツ	116
ブロッコリー	225
ライム	426
仔羊肉	66
レモン	226
ローズマリー	226

イチゴ　370-374

アーモンド	370
アニス	252
アボカド	370
オレンジ	417
キュウリ	371
ココナッツ	371
シナモン	371
ソフトチーズ	372
チョコレート	13
トマト	364
パイナップル	376
バニラ	372
ブドウ	356
ヘーゼルナッツ	373
ホワイトチョコレート	373
ミント	373
メロン	396
桃	402
ラズベリー	374
ルバーブ	360

イチジク　484-487

アーモンド	484
アニス	484
オレンジ	484
クルミ	485
シナモン	302
ソフトチーズ	304
チョコレート	485
ハードチーズ	87
バニラ	486
ブルーチーズ	81
プロシュート	238
ヘーゼルナッツ	336
ミント	486
山羊のチーズ	486

ラズベリー	481
レバー	487

ウォッシュチーズ　78-80

アニス	78
クミン	111
クルミ	79
ジャガイモ	120
にんにく	79
ベーコン	79
洋梨	80
リンゴ	80

オイリーフィッシュ
（脂分の多い魚）　214-219

アーモンド	341
アスパラガス	214
アニス	214
アボカド	215
貝・甲殻類	215
きのこ	101
キュウリ	215
牛肉	56
クミン	112
クレソン	134
グリンピース	282
ケッパー	138
生姜	438
ジャガイモ	216
タイム	216
卵	216
タマネギ	216
ディル	217
唐辛子	217
にんにく	218
パセリ	267
ビーツ	116
豚肉	40
ホースラディッシュ	142
ミント	218
ライム	219
ルバーブ	360
レバー	53
レモン	219
ローズマリー	451

オリーブ　242-246

アーモンド	242
アニス	242
アンチョビ	222
オレンジ	418
貝・甲殻類	243
牛肉	243
ケッパー	243
コリアンダーシード	244
白身魚	201
ジャガイモ	244
ジュニパーベリー	460

タイム	463
唐辛子	290
トマト	245
ニンジン	318
にんにく	245
パプリカ	286
プロシュート	238
ホワイトチョコレート	245
山羊のチーズ	246
レモン	431
ローズマリー	246

オレンジ　416-423

アーモンド	416
アスパラガス	417
アニス	252
アンズ	399
イチゴ	417
イチジク	484
オリーブ	418
牛肉	418
クルミ	418
クレソン	418
クローブ	419
グレープフルーツ	424
コーヒー	20
コリアンダーシード	419
コリアンダーリーフ	270
サフラン	419
シナモン	303
ジュニパーベリー	460
生姜	438
白身魚	419
タイム	463
タマネギ	147
チョコレート	420
唐辛子	420
ニンジン	318
ハードチーズ	421
パイナップル	422
バニラ	498
バラ	421
ビーツ	422
ベーコン	422
マンゴー	411
ミント	468
メロン	396
桃	402
ライム	426
リンゴ	380
ルバーブ	422
レモン	423
ローズマリー	451

貝・甲殻類　192-199

アーティチョーク	175
アーモンド	192
アスパラガス	192

第1欄

アニス	192
アボカド	276
オイリーフィッシュ（脂分の多い魚）	215
オリーブ	243
カリフラワー	168
きのこ	101
キャベツ	162
牛肉	193
キュウリ	258
クミン	193
グリンピース	193
クルミ	329
グレープフルーツ	424
クレソン	134
ケッパー	139
ココナッツ	194
コリアンダーリーフ	194
魚の燻製	194
サフラン	249
ジャガイモ	120
白身魚	195
セロリ	129
タイム	463
卵	184
ディル	263
唐辛子	195
トマト	364
鶏肉	196
トリュフ	158
ナツメグ	310
にんにく	196
パースニップ	314
ハードチーズ	196
パイナップル	197
バジル	197
パセリ	197
バターナッツカボチャ	322
バニラ	498
パプリカ	197
ピーナッツ	25
豚肉	197
ブラックプディング	48
ベーコン	231
マンゴー	411
ライム	198
仔羊肉	198
リンゴ	381
レモン	198

牡蠣　207-210

アーティチョーク	175
アニス	252
きのこ	207
キャビア	211
牛肉	207
すいか	352
セロリ	208
卵	208

第2欄

タマネギ	208
唐辛子	209
鶏肉	209
ナツメグ	310
パセリ	209
豚肉	210
ベーコン	210
ホースラディッシュ	142
レモン	210

カシス　474-476

アーモンド	474
アニス	474
コーヒー	21
ジュニパーベリー	475
ソフトチーズ	95
チョコレート	13
ピーナッツ	476
ミント	468

カリフラワー　168-171

アーモンド	168
アンチョビ	222
貝・甲殻類	168
キャビア	211
クミン	112
クルミ	168
ケッパー	169
サフラン	249
ジャガイモ	169
チョコレート	170
唐辛子	170
トリュフ	171
ナツメグ	171
にんにく	171
ハードチーズ	171
ブロッコリー	172

カルダモン　445-448

アーモンド	445
アンズ	445
コーヒー	21
ココナッツ	405
コリアンダーシード	446
サフラン	446
シナモン	446
生姜	439
チョコレート	13
ニンジン	319
バナナ	447
バニラ	498
バラ	488
ベーコン	447
ホワイトチョコレート	503
マンゴー	447
洋梨	388
仔羊肉	448

第3欄

きのこ　100-107

アスパラガス	180
アニス	100
アンズ	100
オイリーフィッシュ（脂分の多い魚）	101
貝・甲殻類	101
牡蠣	207
牛肉	56
栗	101
クルミ	102
ジャガイモ	121
白身魚	102
ソフトチーズ	95
タイム	103
卵	103
タマネギ	103
ディル	104
トマト	104
鶏肉	32
トリュフ	104
にんにく	104
ハードチーズ	105
パセリ	105
バターナッツカボチャ	105
豚肉	105
ブルーチーズ	106
ブルーベリー	491
ベーコン	106
ミント	106
山羊のチーズ	107
ローズマリー	451

キャビア　211-213

牡蠣	211
カリフラワー	211
魚の燻製	227
ジャガイモ	122
ソフトチーズ	212
卵	212
鶏肉	33
バナナ	212
ヘーゼルナッツ	336
ホワイトチョコレート	213
レモン	213

キャベツ　162-165

貝・甲殻類	162
牛肉	162
栗	326
魚の燻製	228
ジャガイモ	122
ジュニパーベリー	460
生姜	440
卵	184
タマネギ	163
唐辛子	290
鶏肉	163
トリュフ	158

索引（組み合わせ）

ナツメグ	311
ニンジン	319
にんにく	163
豚肉	164
ブルーチーズ	82
ベーコン	165
仔羊肉	66
リンゴ	381

キュウリ　258-262

アニス	258
アボカド	276
イチゴ	371
オイリーフィッシュ（脂分の多い魚）	215
貝・甲殻類	258
クミン	113
ケッパー	139
白身魚	259
すいか	352
タマネギ	147
ディル	259
トマト	365
ニンジン	260
にんにく	153
バラ	261
ピーナッツ	25
豚肉	261
ミント	261
メロン	397
山羊のチーズ	262
ルバーブ	360

牛肉　56-63

アニス	253
アンチョビ	222
オイリーフィッシュ（脂分の多い魚）	56
オリーブ	243
オレンジ	418
貝・甲殻類	193
牡蠣	207
きのこ	56
キャベツ	160
グリンピース	282
クルミ	57
クレソン	135
クローブ	308
ケッパー	57
コーヒー	22
ココナッツ	57
シナモン	58
ジャガイモ	123
ジュニパーベリー	58
生姜	440
スウェーデンカブ	58
セロリ	130
タイム	464
卵	59
タマネギ	59

ディル	263
唐辛子	59
トマト	60
トリュフ	60
ニンジン	60
にんにく	61
パースニップ	314
ハードチーズ	88
パセリ	61
パプリカ	286
ビーツ	61
ピーナッツ	25
豚肉	40
ブラックベリー	477
ブルーチーズ	82
ブロッコリー	172
ベーコン	62
ホースラディッシュ	62
ミント	469
洋梨	63
ライム	427
レバー	63
レモン	432

クミン　111-115

アンズ	111
ウォッシュチーズ	111
オイリーフィッシュ（脂分の多い魚）	112
貝・甲殻類	193
カリフラワー	112
キュウリ	113
コリアンダーシード	113
コリアンダーリーフ	271
ジャガイモ	113
卵	185
ニンジン	319
ビーツ	114
豚肉	40
マンゴー	412
ミント	114
ライム	427
仔羊肉	66
レモン	114

栗　326-328

きのこ	101
キャベツ	326
セロリ	326
チョコレート	14
鶏肉	326
バターナッツカボチャ	322
バニラ	327
豚肉	327
プロシュート	238
洋梨	327
仔羊肉	328
ローズマリー	328

グリンピース　280-285

アーティチョーク	280
アスパラガス	281
アニス	281
オイリーフィッシュ（脂分の多い魚）	282
貝・甲殻類	193
牛肉	282
魚の燻製	228
ジャガイモ	123
白身魚	282
卵	185
タマネギ	283
ディル	264
鶏肉	283
パースニップ	315
ハードチーズ	284
豚肉	284
プロシュート	238
ベーコン	233
ホースラディッシュ	285
ミント	469
仔羊肉	67
ローズマリー	285

クルミ　329-334

アニス	329
イチジク	485
ウォッシュチーズ	79
オレンジ	418
貝・甲殻類	329
カリフラワー	168
きのこ	102
牛肉	57
クレソン	135
コーヒー	22
シナモン	330
セロリ	330
ソフトチーズ	95
チェリー	349
チョコレート	14
唐辛子	331
鶏肉	33
ナス	331
ナツメグ	311
ニンジン	320
にんにく	331
パースニップ	333
ハードチーズ	332
バジル	298
パセリ	333
バナナ	332
バニラ	333
ビーツ	333
ブドウ	356
ブルーチーズ	83
ブロッコリー	334
山羊のチーズ	72
洋梨	388

リンゴ 381

グレープフルーツ 424-425
アボカド 424
オレンジ 424
貝・甲殻類 424
クレソン 425
シナモン 303
ジュニパーベリー 461
パイナップル 376
豚肉 41
ブルーチーズ 83

クレソン 134-137
アンチョビ 223
オイリーフィッシュ（脂分の多い魚） 134
オレンジ 418
貝・甲殻類 134
牛肉 135
クルミ 135
グレープフルーツ 425
魚の燻製 135
ジャガイモ 135
卵 136
鶏肉 136
パースニップ 314
ビーツ 116
豚肉 137
ブルーチーズ 137
山羊のチーズ 137

クローブ 308-309
オレンジ 419
牛肉 308
コーヒー 308
シナモン 303
生姜 308
タマネギ 147
トマト 365
ハードチーズ 88
バジル 298
バニラ 498
豚肉 309
ベーコン 232
桃 309
リンゴ 381

ケッパー 138-141
アンチョビ 138
オイリーフィッシュ（脂分の多い魚） 138
オリーブ 243
貝・甲殻類 139
カリフラワー 169
牛肉 57
キュウリ 139
魚の燻製 139
ジャガイモ 139
白身魚 140

ソフトチーズ 140
トマト 365
パセリ 267
ビーツ 140
山羊のチーズ 73
仔羊肉 141
レモン 141

コーヒー 20-24
アーモンド 20
アボカド 277
オレンジ 20
カシス 21
カルダモン 21
牛肉 22
クルミ 22
クローブ 308
コリアンダーシード 493
シナモン 23
生姜 23
チェリー 23
チョコレート 23
バナナ 392
バニラ 499
バラ 23
ヘーゼルナッツ 24
ホワイトチョコレート 503
山羊のチーズ 73

ココナッツ 405-410
アーモンド 341
アニス 253
アンチョビ 405
イチゴ 371
貝・甲殻類 194
カルダモン 405
牛肉 57
コリアンダーリーフ 271
魚の燻製 228
シナモン 406
白身魚 406
卵 186
チェリー 406
チョコレート 14
ディル 265
唐辛子 290
鶏肉 407
ニンジン 320
パイナップル 408
バジル 299
バナナ 408
バニラ 408
ビーツ 409
ピーナッツ 26
豚肉 41
ホワイトチョコレート 503
マンゴー 412
ライム 427

ラズベリー 409
レモン 409

コリアンダーシード 493-496
オリーブ 244
オレンジ 419
カルダモン 446
クミン 113
コーヒー 493
コリアンダーリーフ 493
にんにく 493
豚肉 494
ブルーベリー 494
山羊のチーズ 495
リンゴ 495
レモン 495

コリアンダーリーフ 270-275
アボカド 270
オレンジ 270
貝・甲殻類 194
クミン 271
ココナッツ 271
コリアンダーシード 493
ジャガイモ 272
白身魚 272
すいか 352
唐辛子 290
トマト 272
鶏肉 33
にんにく 273
パイナップル 376
パセリ 273
ピーナッツ 274
豚肉 41
マンゴー 412
ミント 469
山羊のチーズ 73
ライム 274
仔羊肉 274
レモン 432

魚の燻製 227-230
貝・甲殻類 194
キャビア 227
キャベツ 228
グリンピース 228
クレソン 135
ケッパー 139
ココナッツ 228
ジャガイモ 228
ソフトチーズ 96
卵 229
タマネギ 148
チェリー 349
ディル 229
パセリ 229
ホースラディッシュ 229

索引（組み合わせ）

537

レモン 229

サフラン 248-250
アーモンド 248
アニス 249
オレンジ 419
貝・甲殻類 249
カリフラワー 249
カルダモン 446
ジャガイモ 249
白身魚 201
鶏肉 250
ナツメグ 250
バラ 489
ホワイトチョコレート 503
仔羊肉 67
ルバーブ 361
レモン 433

シナモン 302-307
アーモンド 342
アニス 302
アンズ 302
イチゴ 371
イチジク 302
オレンジ 303
カルダモン 446
牛肉 58
クルミ 330
グレープフルーツ 303
クローブ 303
コーヒー 23
ココナッツ 406
生姜 440
すいか 353
ソフトチーズ 304
タイム 304
チェリー 305
チョコレート 305
トマト 306
ニンジン 306
パイナップル 377
バターナッツカボチャ 306
バナナ 393
ピーナッツ 26
豚肉 306
ブルーベリー 491
ミント 307
洋梨 389
ライム 427
仔羊肉 307
リンゴ 381

ジャガイモ 120-128
アーティチョーク 176
アスパラガス 181
アンチョビ 223
ウォッシュチーズ 120

オイリーフィッシュ（脂分の多い魚） 216
オリーブ 244
貝・甲殻類 120
カリフラワー 169
きのこ 121
キャビア 122
キャベツ 122
牛肉 123
クミン 113
グリンピース 123
クレソン 135
ケッパー 139
コリアンダーリーフ 272
魚の燻製 228
サフラン 249
白身魚 202
スウェーデンカブ 123
セロリ 130
卵 124
タマネギ 124
ディル 265
唐辛子 125
トマト 125
鶏肉 34
トリュフ 126
ナツメグ 126
にんにく 126
パースニップ 315
ハードチーズ 88
パセリ 268
ビーツ 127
ピーナッツ 127
豚肉 42
ブラックプディング 48
ベーコン 127
ホースラディッシュ 142
ミント 470
仔羊肉 128
レモン 433
ローズマリー 128

生姜 438-444
アーモンド 342
アンズ 399
オイリーフィッシュ（脂分の多い魚） 438
オレンジ 438
カルダモン 439
キャベツ 440
牛肉 440
クローブ 308
コーヒー 23
シナモン 440
白身魚 440
卵 440
タマネギ 148
チョコレート 441
唐辛子 441
トマト 442

ナス 108
にんにく 154
バターナッツカボチャ 443
バニラ 443
豚肉 443
マンゴー 443
ミント 444
メロン 397
ライム 444
ルバーブ 444
レモン 433

ジュニパーベリー 460-462
オリーブ 460
オレンジ 460
カシス 475
キャベツ 460
牛肉 58
グレープフルーツ 461
セージ 461
ハードチーズ 461
豚肉 462
プロシュート 239
ルバーブ 361
レモン 462

白身魚 200-206
アスパラガス 200
アニス 253
アンチョビ 200
オリーブ 201
オレンジ 419
貝・甲殻類 195
きのこ 102
キュウリ 259
グリンピース 282
ケッパー 140
ココナッツ 406
コリアンダーリーフ 272
サフラン 201
ジャガイモ 202
生姜 440
セロリ 202
タイム 203
ディル 203
トマト 203
にんにく 154
パースニップ 204
ハードチーズ 204
パセリ 268
ブドウ 204
プロシュート 239
ベーコン 205
ヘーゼルナッツ 336
ホースラディッシュ 143
マンゴー 205
ライム 428
レモン 206

538

すいか 352-354

牡蠣	352
キュウリ	352
コリアンダーリーフ	352
シナモン	353
チョコレート	353
唐辛子	353
トマト	353
豚肉	353
ミント	470
メロン	354
山羊のチーズ	74
ライム	354
ローズマリー	452

スウェーデンカブ 166-167

アニス	166
牛肉	58
ジャガイモ	123
ナツメグ	166
ニンジン	166
豚肉	42
仔羊肉	67

セージ 456-459

アンチョビ	223
ジュニパーベリー	461
卵	456
タマネギ	149
トマト	456
鶏肉	34
ハードチーズ	89
パイナップル	377
バターナッツカボチャ	457
豚肉	457
ブルーチーズ	83
プロシュート	458
ベーコン	458
リンゴ	459
レバー	459

セロリ 129-132

貝・甲殻類	129
牡蠣	208
牛肉	130
栗	326
クルミ	330
ジャガイモ	130
白身魚	202
ソフトチーズ	96
卵	186
タマネギ	149
鶏肉	130
トリュフ	159
ナツメグ	311
ニンジン	320
ピーナッツ	131

豚肉	42
ブルーチーズ	131
プロシュート	239
ホースラディッシュ	132
仔羊肉	132
リンゴ	132

ソフトチーズ 94-98

アボカド	277
アンチョビ	94
イチゴ	372
イチジク	94
カシス	95
きのこ	95
キャビア	212
クルミ	95
ケッパー	140
魚の燻製	96
シナモン	304
セロリ	96
トマト	97
トリュフ	97
ナス	108
にんにく	97
バジル	299
パプリカ	97
ブドウ	98
リンゴ	98

タイム 463-467

オイリーフィッシュ(脂分の多い魚)	216
オリーブ	463
オレンジ	463
貝・甲殻類	463
きのこ	103
牛肉	464
シナモン	304
白身魚	203
タマネギ	464
チョコレート	465
トマト	465
鶏肉	34
にんにく	154
豚肉	466
ベーコン	233
山羊のチーズ	466
仔羊肉	467
レモン	434

卵 183-190

アスパラガス	183
アニス	254
アンチョビ	183
オイリーフィッシュ(脂分の多い魚)	216
貝・甲殻類	184
牡蠣	208
きのこ	103
キャビア	212

キャベツ	184
牛肉	59
クミン	185
グリンピース	185
クレソン	136
ココナッツ	186
魚の燻製	229
ジャガイモ	124
生姜	440
セージ	456
セロリ	186
タマネギ	187
ディル	187
唐辛子	291
トマト	187
鶏肉	187
トリュフ	159
ナツメグ	188
パセリ	268
バナナ	188
バニラ	189
パプリカ	287
ビーツ	189
豚肉	42
ブラックプディング	48
プロシュート	189
ベーコン	233
レモン	190

タマネギ 146-151

アンチョビ	146
オイリーフィッシュ(脂分の多い魚)	216
オレンジ	147
牡蠣	208
きのこ	103
キャベツ	163
牛肉	59
キュウリ	147
グリンピース	283
クローブ	147
魚の燻製	148
ジャガイモ	124
生姜	148
セージ	149
セロリ	149
タイム	464
卵	187
トマト	366
鶏肉	35
ナツメグ	149
ニンジン	321
にんにく	155
ハードチーズ	90
パプリカ	150
ビーツ	150
豚肉	151
ブラックプディング	49
ベーコン	234

539

ミント 151
仔羊肉 151
レバー 53
ローズマリー 452

チェリー 348-351
アーモンド 348
クルミ 349
コーヒー 23
ココナッツ 406
魚の燻製 349
シナモン 305
チョコレート 349
バナナ 393
バニラ 349
ヘーゼルナッツ 350
桃 402
山羊のチーズ 350
仔羊肉 68

チョコレート 12-19
アーモンド 12
アニス 254
アボカド 277
アンズ 399
イチゴ 13
イチジク 485
オレンジ 420
カシス 13
カリフラワー 170
カルダモン 13
栗 14
クルミ 14
ココナッツ 14
シナモン 305
生姜 441
すいか 353
タイム 465
チェリー 349
唐辛子 15
トマト 16
ナツメグ 16
パイナップル 377
バナナ 394
バニラ 499
バラ 489
ビーツ 117
ピーナッツ 16
ブラックプディング 49
ベーコン 17
ヘーゼルナッツ 17
ホワイトチョコレート 504
ミント 470
山羊のチーズ 74
洋梨 18
ライム 18
ラズベリー 18
レモン 434

ローズマリー 453

ディル 263-266
アボカド 263
オイリーフィッシュ（脂分の多い魚）217
貝・甲殻類 263
きのこ 104
牛肉 263
キュウリ 259
グリンピース 264
ココナッツ 265
魚の燻製 229
ジャガイモ 265
白身魚 203
卵 187
ビーツ 117
豚肉 265
ミント 266
仔羊肉 266
レモン 434

唐辛子 289-295
アーモンド 289
アニス 289
アボカド 277
アンチョビ 289
オイリーフィッシュ（脂分の多い魚）217
オリーブ 290
オレンジ 420
貝・甲殻類 195
牡蠣 209
カリフラワー 170
キャベツ 290
牛肉 59
クルミ 331
ココナッツ 290
コリアンダーリーフ 290
ジャガイモ 125
生姜 441
すいか 353
卵 291
チョコレート 15
トマト 291
鶏肉 35
ナス 109
にんにく 291
ハードチーズ 90
パイナップル 377
バターナッツカボチャ 323
パプリカ 292
ピーナッツ 293
豚肉 293
ブロッコリー 173
ベーコン 294
マンゴー 413
ミント 294
山羊のチーズ 74
ライム 428

レバー 54
レモン 295

トマト 363-369
アニス 363
アボカド 278
アンチョビ 224
イチゴ 364
オリーブ 245
貝・甲殻類 364
きのこ 104
牛肉 60
キュウリ 365
クローブ 365
ケッパー 365
コリアンダーリーフ 272
シナモン 306
ジャガイモ 125
生姜 442
白身魚 203
すいか 353
セージ 456
ソフトチーズ 97
タイム 465
卵 187
タマネギ 366
チョコレート 16
唐辛子 291
鶏肉 36
ナス 366
ナツメグ 311
にんにく 366
ハードチーズ 90
バジル 299
バニラ 499
パプリカ 367
ピーナッツ 27
豚肉 43
プロシュート 240
ベーコン 367
ホースラディッシュ 368
ライム 429
仔羊肉 368
レモン 369

鶏肉 32-38
アーモンド 342
アニス 254
アボカド 32
貝・甲殻類 196
牡蠣 209
きのこ 32
キャビア 33
キャベツ 163
栗 326
グリンピース 283
クルミ 33
クレソン 136

ココナッツ	407
コリアンダーリーフ	33
サフラン	250
ジャガイモ	34
セージ	34
セロリ	130
タイム	34
卵	187
タマネギ	35
唐辛子	35
トマト	36
トリュフ	159
にんにく	155
パースニップ	37
ハードチーズ	36
バジル	300
バナナ	394
パプリカ	37
バラ	36
ピーナッツ	27
ブドウ	356
ブルーチーズ	84
ベーコン	234
ヘーゼルナッツ	337
洋梨	38
ライム	38
レモン	435

トリュフ　158-161

アーティチョーク	176
アスパラガス	181
貝・甲殻類	158
カリフラワー	171
きのこ	104
キャベツ	158
牛肉	60
ジャガイモ	126
セロリ	159
ソフトチーズ	97
卵	159
鶏肉	159
にんにく	159
豚肉	160
ブルーチーズ	84
ベーコン	160
レバー	161

ナス　108-110

クルミ	331
生姜	108
ソフトチーズ	108
唐辛子	109
トマト	366
ナツメグ	109
にんにく	109
パプリカ	110
プロシュート	240
仔羊肉	68

ナツメグ　310-313

アボカド	310
貝・甲殻類	310
牡蠣	310
カリフラワー	171
キャベツ	311
クルミ	311
サフラン	250
ジャガイモ	126
スウェーデンカブ	166
セロリ	311
卵	188
タマネギ	149
チョコレート	16
トマト	311
ナス	109
パースニップ	312
ハードチーズ	312
バターナッツカボチャ	312
バニラ	500
仔羊肉	312
リンゴ	313

ニンジン　318-321

アニス	318
オリーブ	318
オレンジ	318
カルダモン	319
キャベツ	319
牛肉	60
キュウリ	260
クミン	319
クルミ	320
ココナッツ	320
シナモン	306
スウェーデンカブ	166
セロリ	320
タマネギ	321
パセリ	321
ピーナッツ	28
ヘーゼルナッツ	337
リンゴ	321

にんにく　152-157

アーモンド	152
アンチョビ	224
ウォッシュチーズ	79
オイリーフィッシュ（脂分の多い魚）	218
オリーブ	245
貝・甲殻類	196
カリフラワー	171
きのこ	104
キャベツ	163
牛肉	61
キュウリ	153
クルミ	331
コリアンダーシード	493

コリアンダーリーフ	273
ジャガイモ	126
生姜	154
白身魚	154
ソフトチーズ	97
タイム	154
タマネギ	155
唐辛子	291
トマト	366
鶏肉	155
トリュフ	159
ナス	109
バジル	156
パセリ	269
豚肉	44
ブロッコリー	173
ヘーゼルナッツ	337
ミント	471
山羊のチーズ	75
仔羊肉	156
レバー	54
ローズマリー	157

パースニップ　314-316

アニス	314
貝・甲殻類	314
牛肉	314
グリンピース	315
クルミ	333
クレソン	314
ジャガイモ	315
白身魚	204
鶏肉	37
ナツメグ	312

ハードチーズ　91

バナナ	316
豚肉	316
ベーコン	235
ハードチーズ	86−93
アーティチョーク	86
アーモンド	87
アスパラガス	87
アニス	87
アンズ	400
アンチョビ	225
イチジク	87
オレンジ	421
貝・甲殻類	196
カリフラワー	171
きのこ	105
牛肉	88
グリンピース	284
クルミ	332
クローブ	88
ジャガイモ	88
ジュニパーベリー	461
白身魚	204

541

セージ	89
タマネギ	90
唐辛子	90
トマト	90
鶏肉	36
ナツメグ	312
パースニップ	91
パイナップル	91
バジル	91
バナナ	92
ブドウ	92
ブロッコリー	93
ベーコン	234
洋梨	389
リンゴ	382

パイナップル 375-379

アニス	255
アボカド	375
アンチョビ	375
イチゴ	376
オレンジ	422
貝・甲殻類	197
グレープフルーツ	376
ココナッツ	408
コリアンダーリーフ	376
シナモン	377
セージ	377
チョコレート	377
唐辛子	377
ハードチーズ	91
バナナ	378
バニラ	378
豚肉	378
ブドウ	356
ブルーチーズ	84
プロシュート	240
ベーコン	235
ホワイトチョコレート	504
マンゴー	413
ラズベリー	482
リンゴ	378

バジル 298-269

アニス	298
貝・甲殻類	197
クルミ	298
クローブ	298
ココナッツ	299
ソフトチーズ	299
トマト	299
鶏肉	300
にんにく	156
ハードチーズ	91
ミント	300
山羊のチーズ	300
ライム	429
ラズベリー	481

レモン	435

パセリ 267-269

オイリーフィッシュ（脂分の多い魚）	267
貝・甲殻類	197
牡蠣	209
きのこ	105
牛肉	61
クルミ	333
ケッパー	267
コリアンダーリーフ	273
魚の燻製	229
ジャガイモ	268
白身魚	268
卵	268
ニンジン	321
にんにく	269
ベーコン	269
ミント	269
レモン	435

バターナッツカボチャ 322-325

アーモンド	322
貝・甲殻類	322
きのこ	105
栗	322
シナモン	306
生姜	443
セージ	457
唐辛子	323
ナツメグ	312
豚肉	323
ブルーチーズ	85
ベーコン	323
山羊のチーズ	324
ライム	429
リンゴ	324
ローズマリー	324

バナナ 392-395

アーモンド	392
アニス	392
カルダモン	447
キャビア	212
クルミ	332
コーヒー	392
ココナッツ	408
シナモン	393
卵	188
チェリー	393
チョコレート	394
鶏肉	394
パースニップ	316
ハードチーズ	92
パイナップル	378
バニラ	394
ピーナッツ	395
ベーコン	395

ヘーゼルナッツ	338
洋梨	390

バニラ 497-501

アニス	255
アンズ	400
イチゴ	372
イチジク	486
オレンジ	498
貝・甲殻類	498
カルダモン	498
栗	327
クルミ	333
クローブ	498
コーヒー	499
ココナッツ	408
生姜	443
卵	189
チェリー	349
チョコレート	499
トマト	499
ナツメグ	500
パイナップル	378
バナナ	394
ピーナッツ	28
ブラックベリー	500
ブルーベリー	491
ヘーゼルナッツ	338
桃	403
ラズベリー	500
リンゴ	501
ルバーブ	361

パプリカ 286-288

オリーブ	286
貝・甲殻類	197
牛肉	286
ソフトチーズ	97
卵	287
タマネギ	150
唐辛子	292
トマト	367
鶏肉	37
ナス	110
ベーコン	287

バラ 488-490

アーモンド	343
アンズ	400
オレンジ	421
カルダモン	488
キュウリ	261
コーヒー	23
サフラン	489
チョコレート	489
鶏肉	36
メロン	397
リンゴ	490

レモン 490

ビーツ 116-119
アンチョビ 116
オイリーフィッシュ(脂分の多い魚) ... 116
オレンジ 422
牛肉 61
クミン 114
クルミ 333
クレソン 116
ケッパー 140
ココナッツ 409
ジャガイモ 127
卵 189
タマネギ 150
チョコレート 117
ディル 117
豚肉 117
ホースラディッシュ 143
山羊のチーズ 118
リンゴ 382
レバー 54

ピーナッツ 25-30
アスパラガス 181
貝・甲殻類 25
カシス 476
牛肉 25
キュウリ 25
ココナッツ 26
コリアンダーリーフ 274
シナモン 26
ジャガイモ 127
セロリ 130
チョコレート 16
唐辛子 293
トマト 27
鶏肉 27
ニンジン 28
バナナ 395
バニラ 28
豚肉 45
ブドウ 357
ブロッコリー 29
ミント 472
ライム 29
仔羊肉 29
リンゴ 29

豚肉 39-47
アーティチョーク 176
アニス 39
アンズ 400
オイリーフィッシュ(脂分の多い魚) 40
貝・甲殻類 197
牡蠣 210
きのこ 105
キャベツ 164

牛肉 40
キュウリ 261
クミン 40
栗 327
グリンピース 284
グレープフルーツ 41
クレソン 137
クローブ 309
ココナッツ 41
コリアンダーシード 494
コリアンダーリーフ 41
シナモン 306
ジャガイモ 42
ジュニパーベリー 462
生姜 443
すいか 353
スウェーデンカブ 42
セージ 457
セロリ 42
タイム 466
卵 43
タマネギ 151
ディル 265
唐辛子 293
トマト 43
トリュフ 160
にんにく 44
パースニップ 316
パイナップル 378
バターナッツカボチャ 323
ビーツ 117
ピーナッツ 45
ブドウ 357
ブラックプディング 49
ブロッコリー 46
ベーコン 46
洋梨 390
リンゴ 383
ルバーブ 47
ローズマリー 454

ブドウ 355-358
アーモンド 355
アニス 255
アボカド 355
イチゴ 356
クルミ 356
白身魚 204
ソフトチーズ 98
鶏肉 356
ハードチーズ 92
パイナップル 356
ピーナッツ 357
豚肉 357
ブルーチーズ 357
メロン 398
桃 403
ローズマリー 358

ブラックプディング 48-52
貝・甲殻類 48
ジャガイモ 48
卵 48
タマネギ 49
チョコレート 49
豚肉 49
ベーコン 50
ミント 50
仔羊肉 51
リンゴ 383
ルバーブ 51
レバー 51

ブラックベリー 477-478
アーモンド 344
牛肉 477
バニラ 500
ホワイトチョコレート 477
桃 403
山羊のチーズ 75
ラズベリー 478
リンゴ 384

ブルーチーズ 81-85
アボカド 81
イチジク 81
きのこ 106
キャベツ 82
牛肉 82
クルミ 83
グレープフルーツ 83
クレソン 137
セージ 83
セロリ 131
鶏肉 84
トリュフ 84
パイナップル 84
バターナッツカボチャ 85
ブドウ 357
ブルーベリー 492
ブロッコリー 85
ベーコン 235
桃 85
洋梨 85

ブルーベリー 491-492
アーモンド 344
きのこ 491
コリアンダーシード 494
シナモン 491
バニラ 491
ブルーチーズ 492
桃 404
リンゴ 384
レモン 436

索引(組み合わせ)

543

プロシュート　237-241
アーティチョーク　237
アスパラガス　237
イチジク　238
オリーブ　238
栗　238
グリンピース　238
ジュニパーベリー　239
白身魚　239
セージ　458
セロリ　239
卵　189
トマト　240
ナス　240
パイナップル　240
メロン　240
桃　241
洋梨　390

ブロッコリー　172-174
アンチョビ　225
カリフラワー　172
牛肉　172
クルミ　334
唐辛子　173
にんにく　173
ハードチーズ　93
ピーナッツ　29
豚肉　46
ブルーチーズ　85
ベーコン　173
レモン　174

ベーコン　231-236
アーティチョーク　177
アニス　231
アボカド　278
ウォッシュチーズ　79
オレンジ　422
貝・甲殻類　231
牡蠣　210
カルダモン　447
きのこ　106
キャベツ　165
牛肉　62
グリンピース　233
クローブ　232
ジャガイモ　127
白身魚　205
セージ　458
タイム　233
卵　233
タマネギ　234
チョコレート　17
唐辛子　294
トマト　367
鶏肉　234
トリュフ　160

パースニップ　235
ハードチーズ　234
パイナップル　235
パセリ　269
バターナッツカボチャ　323
バナナ　395
パプリカ　287
豚肉　46
ブラックプディング　50
ブルーチーズ　235
ブロッコリー　173
ホースラディッシュ　143
リンゴ　235
レバー　54

ヘーゼルナッツ　335-339
アーモンド　335
アボカド　278
イチゴ　373
イチジク　336
キャビア　336
コーヒー　24
白身魚　336
チェリー　350
チョコレート　17
鶏肉　337
ニンジン　337
にんにく　337
バナナ　338
バニラ　338
洋梨　338
ラズベリー　482
リンゴ　385
ローズマリー　338

ホースラディッシュ　142-144
オイリーフィッシュ（脂分の多い魚）　142
牡蠣　142
牛肉　62
グリンピース　285
魚の燻製　229
ジャガイモ　142
白身魚　143
セロリ　132
トマト　368
ビーツ　143
ベーコン　143
リンゴ　385

ホワイトチョコレート　502-504
アーモンド　502
イチゴ　373
オリーブ　245
カルダモン　503
キャビア　213
コーヒー　503
ココナッツ　503
サフラン　503

チョコレート　504
パイナップル　504
ブラックベリー　477
ラズベリー　482
レモン　504

マンゴー　411-414
アボカド　278
アンズ　411
オレンジ　411
貝・甲殻類　411
カルダモン　447
クミン　412
ココナッツ　412
コリアンダーリーフ　412
生姜　443
白身魚　205
唐辛子　413
パイナップル　413
ミント　472
桃　413
ライム　413
リンゴ　414
ルバーブ　362

ミント　468-473
アーティチョーク　178
アスパラガス　182
アニス　256
アボカド　279
イチゴ　373
イチジク　486
オイリーフィッシュ（脂分の多い魚）　218
オレンジ　468
カシス　468
きのこ　106
牛肉　469
キュウリ　261
クミン　114
グリンピース　469
コリアンダーリーフ　469
シナモン　307
ジャガイモ　470
生姜　444
すいか　470
タマネギ　151
チョコレート　470
ディル　266
唐辛子　294
にんにく　471
バジル　300
パセリ　269
ピーナッツ　472
ブラックプディング　50
マンゴー　472
メロン　398
山羊のチーズ　75
ライム　429

ラズベリー	483
仔羊肉	69
レモン	472

メロン 396-398

アーモンド	345
アニス	396
イチゴ	396
オレンジ	396
キュウリ	397
生姜	397
すいか	354
バラ	397
ブドウ	398
プロシュート	240
ミント	398

桃 402-404

アーモンド	345
アンズ	401
イチゴ	402
オレンジ	402
クローブ	309
チェリー	402
バニラ	403
ブドウ	403
ブラックベリー	403
ブルーチーズ	85
ブルーベリー	404
プロシュート	241
マンゴー	413
ラズベリー	483

山羊のチーズ 72-77

アニス	256
アンズ	72
イチジク	486
オリーブ	246
きのこ	107
キュウリ	262
クルミ	72
クレソン	137
ケッパー	73
コーヒー	73
コリアンダーシード	495
コリアンダーリーフ	73
すいか	74
タイム	466
チェリー	350
チョコレート	74
唐辛子	74
にんにく	75
バジル	300
バターナッツカボチャ	324
ビーツ	118
ブラックベリー	75
ミント	75
洋梨	76

ラズベリー	76
仔羊肉	69
レモン	436
ローズマリー	76

洋梨 387-390

アーモンド	387
アニス	387
ウォッシュチーズ	80
カルダモン	388
牛肉	63
栗	327
クルミ	388
シナモン	389
チョコレート	18
鶏肉	38
ハードチーズ	389
バナナ	390
豚肉	390
ブルーチーズ	85
プロシュート	390
ヘーゼルナッツ	338
山羊のチーズ	76
リンゴ	386

ライム 426-430

アボカド	279
アンチョビ	426
オイリーフィッシュ（脂分の多い魚）	219
オレンジ	426
貝・甲殻類	198
牛肉	427
クミン	427
ココナッツ	427
コリアンダーリーフ	274
シナモン	427
生姜	444
白身魚	428
すいか	354
チョコレート	18
唐辛子	428
トマト	429
鶏肉	38
バジル	429
バターナッツカボチャ	429
ピーナッツ	29
マンゴー	413
ミント	429
レモン	436

ラズベリー 480-483

アーモンド	480
アンズ	481
イチゴ	374
イチジク	481
ココナッツ	409
チョコレート	18
パイナップル	482

バジル	481
バニラ	500
ブラックベリー	478
ヘーゼルナッツ	482
ホワイトチョコレート	482
ミント	483
桃	483
山羊のチーズ	76

仔羊肉 64-69

アーティチョーク	178
アーモンド	64
アニス	65
アンズ	65
アンチョビ	66
貝・甲殻類	198
カルダモン	448
キャベツ	66
クミン	66
栗	328
グリンピース	67
ケッパー	141
コリアンダーリーフ	274
サフラン	67
シナモン	307
ジャガイモ	128
スウェーデンカブ	67
セロリ	132
タイム	467
タマネギ	151
チェリー	68
ディル	266
トマト	368
ナス	68
ナツメグ	312
にんにく	156
ピーナッツ	29
ブラックプディング	51
ミント	69
山羊のチーズ	69
ルバーブ	362
レモン	436
ローズマリー	454

リンゴ 380-386

アーモンド	380
アニス	256
ウォッシュチーズ	80
オレンジ	380
貝・甲殻類	381
キャベツ	381
クルミ	381
クローブ	381
コリアンダーシード	495
シナモン	381
セージ	459
セロリ	132
ソフトチーズ	98

索引（組み合わせ）

ナツメグ	313
ニンジン	321
ハードチーズ	382
パイナップル	378
バターナッツカボチャ	324
バニラ	501
バラ	490
ビーツ	382
ピーナッツ	29
豚肉	383
ブラックプディング	383
ブラックベリー	384
ブルーベリー	384
ベーコン	235
ヘーゼルナッツ	385
ホースラディッシュ	385
マンゴー	414
洋梨	386
レバー	55

ルバーブ　359-362

アーモンド	359
アニス	257
イチゴ	360
オイリーフィッシュ（脂分の多い魚）	360
オレンジ	422
キュウリ	360
サフラン	361
ジュニパーベリー	361
生姜	444
バニラ	361
豚肉	47
ブラックプディング	51
マンゴー	362
仔羊肉	362
ローズマリー	454

レバー　53-55

イチジク	487
オイリーフィッシュ（脂分の多い魚）	53
牛肉	63
セージ	459
タマネギ	53
唐辛子	54
トリュフ	161
にんにく	54
ビーツ	54
ブラックプディング	51
ベーコン	54
リンゴ	55

レモン　431-437

アーティチョーク	179
アーモンド	345
アスパラガス	431
アニス	257
アンチョビ	226
オイリーフィッシュ（脂分の多い魚）	219

オリーブ	431
オレンジ	423
貝・甲殻類	198
牡蠣	210
キャビア	213
牛肉	432
クミン	114
ケッパー	141
ココナッツ	409
コリアンダーシード	495
コリアンダーリーフ	432
魚の燻製	229
サフラン	433
ジャガイモ	433
ジュニパーベリー	462
生姜	433
白身魚	206
タイム	434
卵	190
チョコレート	434
ディル	434
トマト	369
鶏肉	435
唐辛子	294
バジル	435
パセリ	435
バラ	490
ブルーベリー	436
ブロッコリー	174
ホワイトチョコレート	504
ミント	472
山羊のチーズ	436
ライム	436
仔羊肉	436
ローズマリー	437

ローズマリー　450-455

アーモンド	346
アンズ	450
アンチョビ	226
オイリーフィッシュ（脂分の多い魚）	451
オリーブ	246
オレンジ	451
きのこ	451
栗	328
グリンピース	285
ジャガイモ	128
すいか	452
タマネギ	452
チョコレート	453
にんにく	157
バターナッツカボチャ	324
豚肉	454
ブドウ	358
ヘーゼルナッツ	338
山羊のチーズ	76
仔羊肉	454
ルバーブ	454

レモン	437

[著者紹介]
ニキ・セグニット (Niki Segnit)
飲食分野の作家。イギリス・ロンドンに夫と共に在住。
腕のいい漁師の父親と、料理上手な母親の間に生まれる。幼少期から食への強い関心を持ち、長じて飲食物マーケティングの専門家になる。マーケティングの仕事においては、数々の有名ブランドのマーケティングを行った経験を持つ（菓子、軽食、ベビーフード、香辛料から、乳製品、蒸留酒、ソフトドリンクまで）。マーケティングの仕事に従事するかたわらで、世界の料理を自ら試作する経験を重ねる。食に関する様々な経験を生かして、本書を執筆。2010年に刊行された本書の原著は、同年度の「アンドレ・シモン賞」（飲食に関する優れた著作に与えられる賞として有名）を受賞するなど、高い評価を得た。その後本書は10カ国語に翻訳され、広く世界で読まれている。

[訳者紹介]
曽我佐保子 (そが・さほこ)
翻訳家。お菓子研究家。津田塾大学国際関係学部卒業。バベル翻訳大学院(USA)卒業。文芸・映像翻訳専攻翻訳修士号(MST)ホルダー。自宅でお菓子教室を開き、レシピ開発も手がける「お菓子な翻訳家」。レシピ翻訳を多数行っている。主な訳書に『子どものためのシルバースプーン』『なにを作ろうかな&どうやって作るの』（ファイドン）、『にげだした王女さま』（バベルプレス）など。

小松伸子 (こまつ・のぶこ)
出版社、編集プロダクション勤務を経て、1996年にイギリスのエセックス大学哲学科に入学。卒業後、2000年に帰国し、編集・ライター・翻訳業に従事。ドラマ・映画などのエンターテインメント関連書籍や旅行ガイド本・ムックなどの編集を多数手がける。近年は、料理レシピ本、エッセイ、美術関連書の翻訳に取り組んでいる。

装幀　　水戸部 功
DTP　　株式会社ユニオンワークス、菊地和幸
編集協力　仁科貴史

THE FLAVOUR THESAURUS
by Niki Segnit

Copyright ©2010 by Niki Segnit
First published 2016 in Japan by Rakkousha, Inc.
Japanese translation published by arrangement with
Bloomsbury Publishing Plc through The English Agency(Japan) Ltd.

風味の事典

2016年 8 月15日　第1刷
2021年10月10日　第4刷

著　者　　**ニキ・セグニット**
訳　者　　**曽我佐保子**
　　　　　小松伸子
発行所　　**株式会社 楽工社**
　　　　　〒190-0011 東京都立川市高松町3-13-22春城ビル2F
　　　　　電話 042-521-6803
　　　　　www.rakkousha.co.jp
印刷・製本　**大日本印刷株式会社**
ISBN978-4-903063-70-6

本書の一部あるいは全部を無断で複写複製することは、
法律で認められた場合を除き、著作権の侵害となります。

好評既刊

歴史を変えた6つの飲物

ビール、ワイン、蒸留酒、コーヒー、茶、コーラが語る
もうひとつの世界史

トム・スタンデージ 著

定価（本体各2700円＋税）

17カ国語で翻訳版刊行。読み出したら止まらない、世界的ベストセラー！
エジプトのピラミッド、ギリシャ哲学、ローマ帝国、アメリカ独立、フランス革命……。
歴史に残る文化・大事件の影には、つねに"飲物"の存在があった！
6つの飲料を主人公として描かれる、人と飲物の1万年史。
「こんなにも面白くて、しかも古代から現代まで、人類史を短時間で集中的に
説得力をもって教えてくれる本は、そうそうない」──ロサンゼルス・タイムズ紙

プロローグ　生命の液体
第1部　メソポタミアとエジプトのビール
　第1章　石器時代の醸造物
　第2章　文明化されたビール
第2部　ギリシアとローマのワイン
　第3章　ワインの喜び
　第4章　帝国のブドウの木
第3部　植民地時代の蒸留酒
　第5章　蒸留酒と公海
　第6章　アメリカを建国した飲み物
第4部　理性の時代のコーヒー
　第7章　覚醒をもたらす、素晴らしき飲み物
　第8章　コーヒーハウス・インターネット
第5部　茶と大英帝国
　第9章　茶の帝国
　第10章　茶の力
第6部　コカ・コーラとアメリカの台頭
　第11章　ソーダからコーラへ
　第12章　瓶によるグローバル化
エピローグ　原点回帰
註／索引

好評既刊

パーフェクト・カクテル
ニューヨーク最先端バーのスーパーテクニック

デイヴ・アーノルド 著

［日本語版監修］　一般社団法人日本バーテンダー協会会長
岸 久

定価（本体12000円＋税）

"世界のベストバー"ランキング 第1位獲得バーテンダー ジム・ミーハン氏、推薦！
「革新的なカクテルを創造するために、著者が10年以上かけて蓄積してきた研究成果を、
本書で楽しみながら学ぶことができる。カクテルに携わるすべての人にとっての必読書だ」
カリスマ・バーテンダーが、最先端のカクテル作成ノウハウを惜しみなく公開。
レシピ120点、カラー写真450点収録。

- 第1部　**準備編**
  - 第1章　計量・単位・道具
  - 第2章　材料
- 第2部　**トラディショナル・カクテル**
  - 第3章　氷と氷を入れた酒と基本法則
  - 第4章　シェイクとステア、ビルドとブレンド
  - 第5章　カクテル計算法:レシピの内部構造
- 第3部　**新しいテクニックとアイデア**
  - 第6章　カクテルの新しい冷やし方
  - 第7章　ニトロマドリングとブレンダーマドリング
  - 第8章　レッドホット・ポーカー
  - 第9章　急速インフュージョンと圧カシフト
  - 第10章　清澄化
  - 第11章　ウォッシング
  - 第12章　炭酸化
- 第4部　**カクテルの明日を求める3つの旅**
  - 第13章　リンゴ
  - 第14章　コーヒー
  - 第15章　ジン・トニック

好 評 既 刊

料理の科学
素朴な疑問に答えます
① ②

ピッツバーグ大学名誉化学教授
ロバート・ウォルク 著

定価（本体各1600円＋税）

料理の
科学

ピッツバーグ大学名誉化学教授
ロバート・ウォルク
ハーバー保子 訳

素 朴 な 疑 問 に 答 え ま す

Q パスタをゆでるとき 塩はいつ入れるのが正解？
Q「一晩寝かせて」って何時間？
Q 赤い肉と紫の肉 どちらが新鮮？
Q 脂肪と脂肪酸の違いは？
Q 魚はなぜ生臭い？
Q 白砂糖が体に悪いってほんとう？

①

プロの料理人も一般読者も、ノーベル賞受賞者も絶賛した全米ベストセラーに、日本の読者向けの情報を補足。「料理のサイエンス」入門の書。実冊レシピ付。

「なぜ」がわかれば、
料理はもっと楽しくなる！

楽工社

料理の
科学

ピッツバーグ大学名誉化学教授
ロバート・ウォルク
ハーバー保子 訳

素 朴 な 疑 問 に 答 え ま す

Q 電子レンジ加熱の料理が速く冷めるのはなぜ？
Q 放射線の「食品照射」、ほんとうに安全？
Q 炭火とガスの火 長所と短所は？
Q 余った生卵 冷凍して大丈夫？
Q 氷を速く作りたい時
　水よりお湯を使ったほうがいい？
Q 冷凍食品をいちばん速く解凍する方法は？

②

誰もが感じる疑問を、わかりやすく、根本から解説。

3つ星レストラン「エル・ブジ」元料理長
フェラン・アドリア氏 推薦！

楽工社

「パスタをゆでるとき、塩はいつ入れるのが正解？」
「赤い肉と紫の肉、どちらが新鮮？」
——料理に関する素朴な疑問に科学者が楽しく回答。
「高校生でもわかる」「類書の中で一番わかりやすい」と評判の、
「料理のサイエンス」定番入門書。

[1巻]
第1章　甘いものの話
第2章　塩——生命を支える結晶
第3章　脂肪——この厄介にして美味なるもの
第4章　キッチンの化学
第5章　肉と魚介

[2巻]
第6章　熱いもの、冷たいもの——火と氷
第7章　液体——コーヒー・茶、炭酸、アルコール
第8章　電子レンジの謎
第9章　キッチンを彩る道具とテクノロジー